ヴェーバー『職業としての学問』の研究
（完全版）

野﨑敏郎 著

晃洋書房

故
北原淳先生の思い出に

まえがき――本書の成立事情について――

マックス・ヴェーバーが『職業としての学問』について語ってから百年近くが経過した。彼は、ドイツ自由学生同盟の招きにおうじて、一九一七年十一月七日（午後八時開始）に、ミュンヒェンのシュタイニッケザール（Steinickesaal. シュタイニッケ書店内にあった付設ホール）で、この演題を掲げた第一回目の講演（以下「原《げん》講演」と呼ぶ）をおこない、さらに、その内容を大幅に改訂したうえで、一九一九年前半期（おそらく一月二十七日）に、同じホールで第二回目の講演（以下「再講演」と呼ぶ）をおこなった。そして同年六月下旬～七月初頃に同題の小冊子を刊行した。本書は、この講演録の全訳およびそれにかんする研究成果である。講演録の初版本には、イマヌエル・ビルンバウムの「あとがき」が付せられていた。この「あとがき」は、第二版以降では削除されたが、この講演の背景を知るうえで重要なものなので、併せて訳出した。初版は、原著者（講演者）自身が校訂した唯一の版である。また、この講演をめぐる時代状況を知るためには、初版のかたちがもっとも望ましい。そこで、本書においては、『職業としての学問』初版本を復元し、そのうえで時代考証をおこなっている。

第Ⅱ部・研究編において詳解するように、この講演録の成り立ちと意図と語られた内容とは、きわめて特異な様相を呈しており、当時のドイツの大学事情、政治・社会・文化状況、学問的論争問題等を、また当時ヴェーバーが置かれていた個人的境遇を知らないと、必要最低限の読解すらできない。日本の一般読書界にあっては、あたかもこの小冊子が「職業としての学問」にかんする平易な解説書・入門書であるかのような錯誤がすっかり定着してしまっているが、実際には、この講演録は、そんな俗受けする軽薄な代物ではない。それどころか――講演録の成立史を仔細に考証すると――故意にわかりづらく書かれており、また意図的に不完全な姿に調えられていることが判明した（詳細は研究編Ⅶを参照）。そのため、じつに一九一七年または一九一九年にこの講演を直《じか》に聴いた学生たちや、刊行直後にこの講演録を読んだドイツ人研究者たち、さらにヴェーバーの直接の友人たちでさえ、この講演録の論旨を理解できなかった。しかも、この講演録が反響を呼びつつあった一九二〇年六月にヴェーバーが急逝したため、世の誤読・誤解にたいして彼自身が自著の真意を説く機会は永遠に失われた。こうした事情を斟酌すると、当時の大学事情や社会文化状況を知らない現代日本の読者が、ガイドラインなしにこの講演録を理解することは事実上不可能だと判断できる。読者は、このことに十分留意し、これが入門書であるかのような予断を捨て、この講演録が踏まえている歴史的問題状況を確認しながら、それにたいするヴェーバーの批判的論点と巨視的な社会観とを細大漏らさず読みとろうと努めなくてはならない。この講演録を《読む》という作業は、じつは、通常の論文を読むときよりもはるかに大きなエネルギーを必要とするのである。

こうした事情を踏まえると、現代日本の読者が意味をとりあぐねて道に迷いそうな箇所に、《里程標》として、さまざまな種類の解説ないし訳注を配するのが合理的である。さらに、本書における読解・解釈は、この講演録の従来の邦訳や、この講演録にかんする従来の研究・解釈とはあまりにも異なるので、ただたんに訳出して提供するだけでは、従来の邦訳を読んでいた読者を困惑させることが懸念される。したがって、なぜこういう訳文になるのか、なぜこういう解釈になるのかを、典拠・論拠をしめしてていねいに説く必要もある。ところがその結果、本書においては、いたるところに大量の注解を付することになった。また正確かつ厳密な解説をなそうとすると、どうしても長くなり、その結果、読者にはかえって煩わしいだろうという事態が多々発生した。

こうした事情を考慮して、別途刊行する『職業としての学問』（晃洋書房、二〇一六年春刊行予定、以下《圧縮版》とする）においては、本書のなかから、この講演録をさしあたり通読するために最低限必要な注記のみを抜きだし、それを圧縮して配した。この講演録を通読するためには、この《圧縮版》が便利であろう。しかし、《圧縮版》だけではまだ『職業としての学問』の奥義に足を踏みいれることは叶わない。そこで、ここに上梓する『ヴェーバー『職業としての学問』の研究』においては、主として研究者に向けて、多方面から情報を提供し、筆者が発見した未公刊史料も駆使して、この講演録の正確・厳密な読解へと誘《いざな》う。本書は、『職業としての学問』を理解するための情報源の《完全版》であり、読者が、訳文とともに要説・個別注解を読み、そこに記されている典拠に直《じか》に当たって追検証をおこない、また研究編によってヴェーバーの思想全体を把握するための書物である。この追検証作業を怠る者は、本書からなにも得ることができない。重要な典拠・論拠および考証の詳細は本書にのみ記しており、《圧縮版》には、考証によって得られた結論を記しているにすぎない。したがって、研究者・大学院生が学術書・学術論文・学会発表等において引用するさいには、《圧縮版》ではなく、かならず本書（《完全版》）を典拠としなくてはならない。

本書の第Ⅰ部・読解編は、一　『職業としての学問』の訳文と要説・個別注解、二　ビルンバウムの「あとがき」とこれにたいする個別注解、三　全四十段落の論理構成——この三つの部分から成る。便宜上番号を振ったが、原典の本文と「あとがき」にはもちろん番号は付せられていない。要説・個別注解においては、とくに、この講演録中で語られているさまざまな事項に関連するヴェーバーの他の著作中の記述をしめし、読者が理解を深めることができるように配慮した。ヴェーバーの他の著作は、その大半がすでに邦訳されているが、今回採録しようとして該当箇所を点検したところ、既存の邦訳中にかなりの数の不備を発見したので、すべて筆者が新たに訳しなおした。また、講演中で引用されている文献の出典をしめし、その該当箇所を訳出した。『職業としての学問』は、講演録であることもあって、ヴェーバーは出典をほとんど記していない。そしていまでは彼がなにを引き合いに出したのかがわからなくなっている。それどころか、当時の聴衆も、目の前にいる講演者がいまなにを引き合いに出したのかが聴いていてわからなかったと思われるケースもすくなくない。あるいは、そもそもいま語られたのが引用的文脈であることにすら気づかなかったであろうケースもある。『マックス・ヴェーバー全集』の編集者は、そうした出典の索出を試みているが、明らかにまちがった文献を参照指示している脚注もみうけられるので、筆者が突きとめることができたかぎりにおいて、正しい出典を指示することに努めた。本文と典拠とを突きあわせたときにはじめてヴェーバーがなにを言おうとしているのかがわかるケースがかなりある。とくにトルストイの『なにをなすべきか』と『懺悔』は、この講演録を理解しようとする者にとって、座右に置くべき必読文献である。典拠の一定の部分は邦訳が存在せず、また存在する場合でも、その原典も邦訳もかなり入手困難であるため、該当箇所をいちいち訳出した。こうして、この講演録にかかわる十分な情報を盛ろうとした結果、本書は、「翻訳書」の域をはるかに逸脱したので、この講演録にかんする『研究』と銘打つことになった。

初版から『全集』版にいたるまでの編集上の問題についても立ちいって言及した。とくに『科学論集』版においては、編者によって、かなりの数の脚色・改変・改竄がおこなわれてきたので注意されたい。最近の研究者は、『科学論集』ではなく『マックス・ヴェーバー全集』版を用いているが、そこでは、『科学論集』第三版以降における改変がほとんどすべて否定されている。『全集』版は、じつは本書と同様に初版に立ちかえっているのである。しかし研究者の大半はこのことに気づいていないようであり、いまも『科学論集』第三版以降の誤編纂の悪影響が残っていると思われるので、これを一掃することに努めた。

要説・個別注解および研究編において、この講演中でヴェーバーの与えた論旨にかんする有益な研究を紹介し、また研究史上の問題点も指摘している。ただし、あくまでも本編（訳文）を読むさいに理解の一助とするために限定して言及するにとどめており、ここに挙げていない研究を低くみているのではない。

従来の邦訳・英訳の問題点も指摘している。長年にわたって奇怪な——しばしば驚くほど幼稚な——誤認・誤訳が繰りかえされ、それが定着してしまい、ヴェーバーの真意の理解が妨げられてきたので、これを一掃する。これによって、正確な読解にもとづく『職業としての学問』研究のための手がかりを得ることができる。また従来の「訳」を読みおえて——当然にも——釈然としない気分に囚われていた人は、これによって誤訳の呪縛から解放される。ただし、紙幅の関係から、従来の邦訳中とくに重大な錯誤の指摘のみにとどめ、英訳の誤りは、邦訳群との関連で適宜言及するにとどめた。既存の邦訳・英訳は、どれも全編にわたっておびただしい数の誤訳（重要な論旨を正反対に取りちがえる致命的な誤訳もすくなくない）に塗れており、もしもすべての誤訳を指摘するならば、とてつもなく膨大なものになるにちがいないが、それは紙の無駄であろう。

この講演の周辺事情を知るために、巻末に重要資料を掲げた。新聞記事は、『マックス・ヴェーバー全集』にも収録されているが、筆者は、元の掲載紙そのものを閲覧し、その記事が掲載されている体裁を復元した。フリートヨフ・ノーアクの書簡中に引用されているビルンバウムの記述は、この講演録の成立事情を明示する第一級の史料である。ゲオルク・シュタイニッケの回想記は、筆者の知るかぎり、日本では紹介されたことがないと思う。

凡　例

（一）段落番号と注番号について

① すべての段落に番号を振った。訳注・研究においては「段落⑬」等と記している。

② 訳文にたいする注の番号は、段落毎にリセットした。各段落要説にたいする注は、その段落の個別注解の後ろに置いている。

（二）原書頁との照合について

① ドイツ語原文との照合の便を図るため、各段落冒頭に、各版の該当箇所のノンブルをしめした。本書の底本であるドゥンカー&フンブロート社初版（A）、よく普及している『科学論集』第六版（B）、研究者がレファレンスとしている『マックス・ヴェーバー全集』版（C）、安価で入手しやすいレクラム文庫版（D）である。現在入手可能な『科学論集』第七版（一九八八年のＵＴＢ版）は、第六版の写真複製版なので、ノンブルはＢと同一である。

Ａ＝Weber, M., *Geistige Arbeit als Beruf, Vorträge vor dem Freistudentischen Bund, erster Vortrag, Wissenschaft als Beruf*. München und Leipzig: Duncker & Humblot, 1919, 39 S.

Ｂ＝Weber, M., Wissenschaft als Beruf. *Gesammelte Aufsätze zur Wissenschaftslehre*, 6., erneut durchgesehene Auflage, herausgegeben von J. Winckelmann. Tübingen: J. C. B. Mohr（Paul Siebeck）, 1985, S. 582–613.

Ｃ＝Weber, M., Wissenschaft als Beruf. *Max Weber Gesamtausgabe, Abteilung I, Bd. 17, Wissenschaft als Beruf 1917/1919–Politik als Beruf 1919*. Tübingen: J. C. B. Mohr（Paul Siebeck）, 1992, S. 70–111.

Ｄ＝Weber, M., *Wissenschaft als Beruf*.（Universal-Bibliothek, Bd. 9388）Stuttgart: Ph. Reclam, 1995.

（三）文献の省略・略号について

① 邦訳・英訳等の略号は以下の通りである。訳注においては、これら既訳の問題を取りあげているが、岡部拓也訳は、ウェブサイト上に公開された試訳であることから、基本的に取りあげていない。ただ、岡部訳のなかには、注目すべき正訳も含まれているので、そのかぎりにおいて言及した。

間場訳＝間場寿一訳　一九六八『職業としての学問（対訳）』三修社

岡部訳＝岡部拓也訳　二〇〇二「職業としての科学」（http://jaguar.

eng.shizuoka. ac.jp/etc/WB-ja.html）

尾高訳①＝尾高邦雄訳　一九三六『職業としての学問』岩波書店

尾高訳②＝尾高邦雄訳　一九八〇『職業としての学問（改訳）』岩波書店

出口訳①＝出口勇蔵訳　一九五四「職業としての学問」『世界大思想全集　社会・宗教・科学思想篇二一　ウェーバー』河出書房（一二七～一六六頁）

出口訳②＝出口勇蔵訳　一九六五「職業としての学問」『世界の思想一八　ウェーバーの思想』河出書房新社（一二九～一七〇頁）

出口訳③＝出口勇蔵訳　一九六八「職業としての学問」『世界の大思想Ⅱ―七　ウェーバー　宗教・社会論集』河出書房（一九七二年版では『世界の大思想二〇』）（三五九～三九二頁）

出口訳④＝出口勇蔵訳　一九八二「職業としての学問」『完訳・世界の大思想一　ウェーバー　社会科学論集』河出書房新社（三六三～四〇八頁）

中山訳＝中山元訳　二〇〇九『職業としての政治／職業としての学問』日経ＢＰ社（一五九～二四四頁）

三浦訳＝三浦展訳　二〇〇九『現代訳　職業としての学問』プレジデント社

三木訳＝三木正之訳　一九九二「職業としての学問」『訳稿ドイツ講演選』私家版（三～四二頁）

渡辺編＝渡辺金一編注　一九七四『Wissenschaft als Beruf』南江堂（対訳ではなく、原文に詳細な編注が付せられている）

ES＝Science as a vocation. E. Shils (ed.), *Max Weber on Universities; The Power of the State and the Dignity of the Academic Calling in Imperial Germany*. Chicago & London: The University of Chicago Press, 1974（pp. 54–62）（雑誌初出一九七三年、『職業としての学問』は段落⑰までの抄訳）

GCW＝Science as a vocation（translated by G. C. Wells）. J. Dreijmanis (ed.), *Max Weber's Complete Writings on Academic and Political Vocations*. New York: Algora, 2008（pp. 25–52）

G&M＝Science as a vocation. H. H. Gerth & C. W. Mills (eds.), *From Max Weber: Essays in sociology*. New York: Oxford University Press, 1946（pp. 129–156）

HHB＝Science as a profession and vocation（translated by H. H. Bruun）. H. H. Bruun & S. Whimster (eds.), *Max Weber; Collected methodological writings*. London & New York: Routledge, 2012（pp. 335–353, 448–452）

MJ＝Science as a vocation（translated by M. John）. P. Lassman & I. Velody (eds.), *Max Weber's 'science as a vocation.'* London: Unwin Hyman, 1989（pp. 3–31）

RL＝Science as a vocation（translated by R. Livingstone）. D. S. Owen & T. B. Strong (eds.), *The Vocation Lectures; Science as a Vocation, Politics as a Vocation*. Indianapolis: Hackett, 2004（pp. 1–31）

② 本書中でたんに『全集』とのみ記しているのは、モール・ジーベック社（J. C. B. Mohr（Paul Siebeck））から順次刊行されている『マックス・ヴェーバー全集』（*Max Weber Gesamtausgabe*）である。

③ ヴェーバーの著作とその邦訳のいくつかを以下のように表記（略記）し、またその邦訳を以下のように指示する。

『価値自由論』＝『社会学系科学と経済学系科学の「価値自由」の意味』（WL6: 489–540, 戸田訳＝戸田武雄訳「社会学的及び経済学的科学の『没価値性』の意味」『社会科学と価値判断の諸問題』有斐閣、一九三七年、木本訳＝木本幸造監訳『社会学・経済学の「価値自由」の意味（改訂版）』日本評論社、一九七二／八〇年、松代訳＝松代和郎訳『社会学および経済学の「価値自由」の意味』創文社、一九七六年、中村訳＝中村貞二訳「社会学・経済学における『価値自由』の意味」『完訳世界の大思想一 ウェーバー 社会科学論集』河出書房新社、一九八二年）

『客観性論』＝『社会科学および社会政策にかかわる認識の「客観性」』（WL6: 146–214, 富永・立野訳＝富永祐治・立野保男訳、折原浩補訳『社会科学と社会政策にかかわる認識の「客観性」』岩波書店、一九九八年、徳永訳＝徳永恂訳「社会科学および社会政策的認識の『客観性』」『現代社会学大系五 ウェーバー社会学論集――方法・宗教・政治――』青木書店、一九七一年）

『社会学的基礎概念』（MWGI/23: 147–215, 浜島訳＝浜島朗訳「社会学の基礎概念」『現代社会学大系五 ウェーバー社会学論集――方法・宗教・政治――』青木書店、一九七一年、阿閉・内藤訳＝阿閉吉男・内藤莞爾訳『社会学の基礎概念』恒星社厚生閣、一九八七年）

『職業としての政治』（MWGI/17: 157–252, 西島訳①＝西島芳二訳『職業としての政治』岩波書店、一九五二年、西島訳②＝西島芳二訳（改訳）『職業としての政治』角川書店、一九五九年、市西訳＝市西秀平訳「職業としての政治」『世界大思想全集 社会・宗教・科学思想篇二一 ウェーバー』河出書房、一九五四年、清水訳＝清水幾太郎・禮子訳「職業としての政治」『世界の思想一八 ウェーバーの思想』河出書房新社、一九六五年、浜島訳＝浜島朗訳「職業としての政治」『現代社会学大系五 ウェーバー社会学論集――方法・宗教・政治――』青木書店、一九七一年、脇訳＝脇圭平訳『職業としての政治』岩波書店、一九八〇年、中山訳＝中山元訳『職業としての政治／職業としての学問』日経BP社、二〇〇九年）

「中間考察」＝『世界宗教の経済倫理』の「中間考察――宗教的現世拒否の階梯と方向とにかんする理論――」（MWGI/19: 479–522, 杉浦訳＝杉浦宏訳「宗教的現世拒否の段階および方向の理論」『宗教社会学論集第三巻 世界宗教の経済倫理Ⅱ 中間考察 ヒンヅー教と佛教Ⅰ』みすず書房、一九五三年、中村訳＝中村貞二訳「宗教的現世拒否の段階と方向の理論」『世界の大思想Ⅱ―七 ウェーバー 宗教・社会論集』河出書房、一九六八年、徳永訳＝徳永恂訳「宗教的現世拒否のさまざまの方向と段階の理論――世界宗教の経済倫理『中間考察』――」『現代社会学大系五 ウェーバー社会学論集――方法・宗教・政治――』青木書店、一九七一年、大塚・生松訳＝大塚久雄・生松敬三訳「世界宗教の経済倫理 中間考察（宗教的現世拒否の段階と方向に関する理論）」『宗教社会学論選』みすず書房、一九七二年）

『ヒンドゥー教と仏教』の「アジアの信仰の一般的性格」（MWGI/20: 526–544, 安藤訳＝安藤英治訳「アジア宗教の一般的性格」『世界の大思想Ⅱ―七 ウェーバー 宗教・社会論集』河出書房、一九六八年、池田他訳＝池田昭・山折哲雄・日隈威徳訳『アジア宗教の基本的性格』勁草書房、一九七〇年、深沢訳＝深沢宏訳『ヒンドゥー教と仏教』東洋経済新報社、二〇〇二年、古在訳＝古在由重訳『ヒンドゥー教と仏教』大月書店、二〇〇九年（「アジア的宗教類型の

一般的性格」は刊行委員会による補訳）

『文化科学論』＝『文化科学の論理の領域における批判的研究』（WL6: 215–290, 松井・諸田訳＝松井秀親・諸田実訳「エドゥアルト・マイヤーに関する論評——文化科学の論理学の領域における批判的研究・一九〇六年・第一部——」「歴史的因果考察における客観的可能性と適合的因果連関——文化科学の論理学の領域における批判的研究・一九〇六年・第二部——」福島大学『商学論集』三三（四）、三四（一）、一九六五年）、森岡弘通訳『歴史は科学か』みすず書房、一九六五年

『理解社会学論』＝『理解社会学のいくつかのカテゴリーについて』（WL6: 427–474, 林訳＝林道義訳『理解社会学のカテゴリー』岩波書店、一九六八年、海老原・中野訳＝海老原明夫・中野敏男訳『理解社会学のカテゴリー』未來社、一九九〇年）

『倫理と精神』＝『プロテスタンティズムの倫理と資本主義の精神』（初版では「精神」は引用符つき）（MWGI/9: 123–425, RSI: 17–206, 梶山訳＝梶山力訳『プロテスタンティズムの倫理と資本主義の精神』有斐閣、一九三八年、阿部訳＝阿部行蔵訳「プロテスタンティズムの倫理と資本主義の精神」『世界大思想全集 社会・宗教・科学思想篇二一 ウェーバー』河出書房、一九五四年、大塚訳＝大塚久雄訳『プロテスタンティズムの倫理と資本主義の精神』岩波書店、一九八八年、梶山・安藤訳＝梶山力訳、安藤英治編『プロテスタンティズムの倫理と資本主義の《精神》』未來社、一九九四年、中山訳＝中山元訳『プロテスタンティズムの倫理と資本主義の精神』日経BP社、二〇一〇年）

『ロッシャーとクニース』＝『ロッシャーとクニースおよび歴史的国民経済学の論理的諸問題』（WL6: 1–145, 松井訳＝松井秀親訳『ロッシャーとクニース』未來社、一九八八年）

（四）史料・文献の扱いについて

① 巻末の史料・文献一覧は、①原典および翻訳等（刊行順）、②未公刊史料一覧、③文献一覧の三部に分かれているので、一覧を検索するさいには注意されたい。

② 未公刊史料からの引用にさいして、囲み注ではそれを略号化して処理し、その史料の詳細情報と所蔵館は巻末史料一覧の「②未公刊史料一覧」に記した。

③ 各種著作集等からの引用にさいして、囲み注ではそれを適宜略号化してしめし、その文献の詳細書誌情報は巻末文献一覧の「③文献一覧」に記した。略号化しなかった文献は、〈著者—刊行年〉方式の囲み注でしめした。

④ ヴェーバーの著作は、おおむね『全集』版を用い、『全集』未収録の文献は、『宗教社会学論集』（RS）『科学論集』（WL6）等から引用している。

⑤ ヴェーバーが読んだ文献は、必要におうじてヴェーバーが参照したと推定される版を用いたが、『純粋理性批判』『資本論』など、とくにその必要がないと判断した場合には、最近の利用しやすい版を用いた。その文献の初出年を記している場合もあるが、その必要がなければ、たんに使用した版の刊行年のみを記している。

⑥ 参照した邦訳は、巻末文献一覧の欧文献のうしろに付記しているが、訳文は、かならずしもそれに従っていない。

⑦　トルストイの著作からの引用は、ヴェーバーが読んだディーデリヒス社版（ラファエル・レーヴェンフェルト監修によるドイツ語訳）『トルストイ著作集』（TSW: L. N. Tolstoj. *Sämtliche Werke* (ca. 1900–12). TGW: L. N. Tolstoj. *Gesammelte Werke* (1910–12), von dem Verfasser genehmigte Ausgabe von R. Löwenfeld. Jena: E. Diederichs）および『著作集』に入れられていないレーヴェンフェルト監修本を底本とし、これを各種邦訳と勘案した。

⑧　『聖書』からの引用は、新共同訳一九八七年版に拠った。筆者が用いたのは『聖書　新共同訳（旧約聖書続編つき、引照つき）』（日本聖書協会、一九九三年刊）である。

（五）用語および訳文中の補足について

①　ヴェーバー独特の用語は、なるべく従来のヴェーバー研究において定着しているものを用いたが、「文化人間（Kulturmensch）」（徳永恂による）、「分野代表者（Fachvertreter）」「無給名誉職的（plutokratisch）」「有給被用者的（bureaukratisch, bürokratisch）」「没落してプロレタリアート化しつつある（proletaroid）」「検証に適した（kontrollierbar）」「強制権力（Gewalt）」「追検証する（nachkontrollieren）」「無我陶酔（Mania）」「浄福感（Sensation）」「文化的所産（Kulturgüter）」「強要する（aufoktroyieren）」「教唆する（ansuggerieren）」「宿《やど》し（Haben）」「内なる力（Dämon）」「価値選択（Wertung）」「価値査定（Bewertung）」「心性倫理（Gesinnungsethik）」「正嘱託教授（ordentlicher Honorarprofessor）」「余業可能（abkömmlich）」「帰属共同（Gemeinschaft）」「利害共同（Gesellschaft）」（以上、筆者による）など、変更した場合もすくなくない。また、bestehen は「現存する」「存する」「存立する」と訳し、Religiösität は「信仰」と訳した。

②　訳注および研究中で、「員内准教授（etatmäßiger außerordentlicher Professor）」と「員外准教授（nichtetatmäßiger außerordentlicher Professor）」とを使いわけている。従来、この両者は、一括して「員外教授」と訳されてきたが、まったく不適切である。なぜなら、大学定員内の存在である（固定俸のつく）前者と、定員外の存在である（固定俸のつかない）後者とは別物だからである。しかも、もしも前者を「員内員外教授」などと訳すと、奇怪な形容矛盾に陥ってしまう。だからかならず両者を適切に訳しわけなくてはならないのである。なお、後者は定員外の存在だが、それでもその学部の専任教員である。

③　訳文中に、訳者による文言を補う場合には、〔…〕（キッコー）で囲んでそれをしめした。

目次

第Ⅱ部　研究編・資料編

第Ⅰ部 読 解 編

職業としての精神労働

自由学生同盟における講演集

第一講演
マックス・ヴェーバー教授
（ミュンヒェン）
職業としての学問

ミュンヒェン＆ライプツィヒ
ドゥンカー＆フンブロート社
1919年

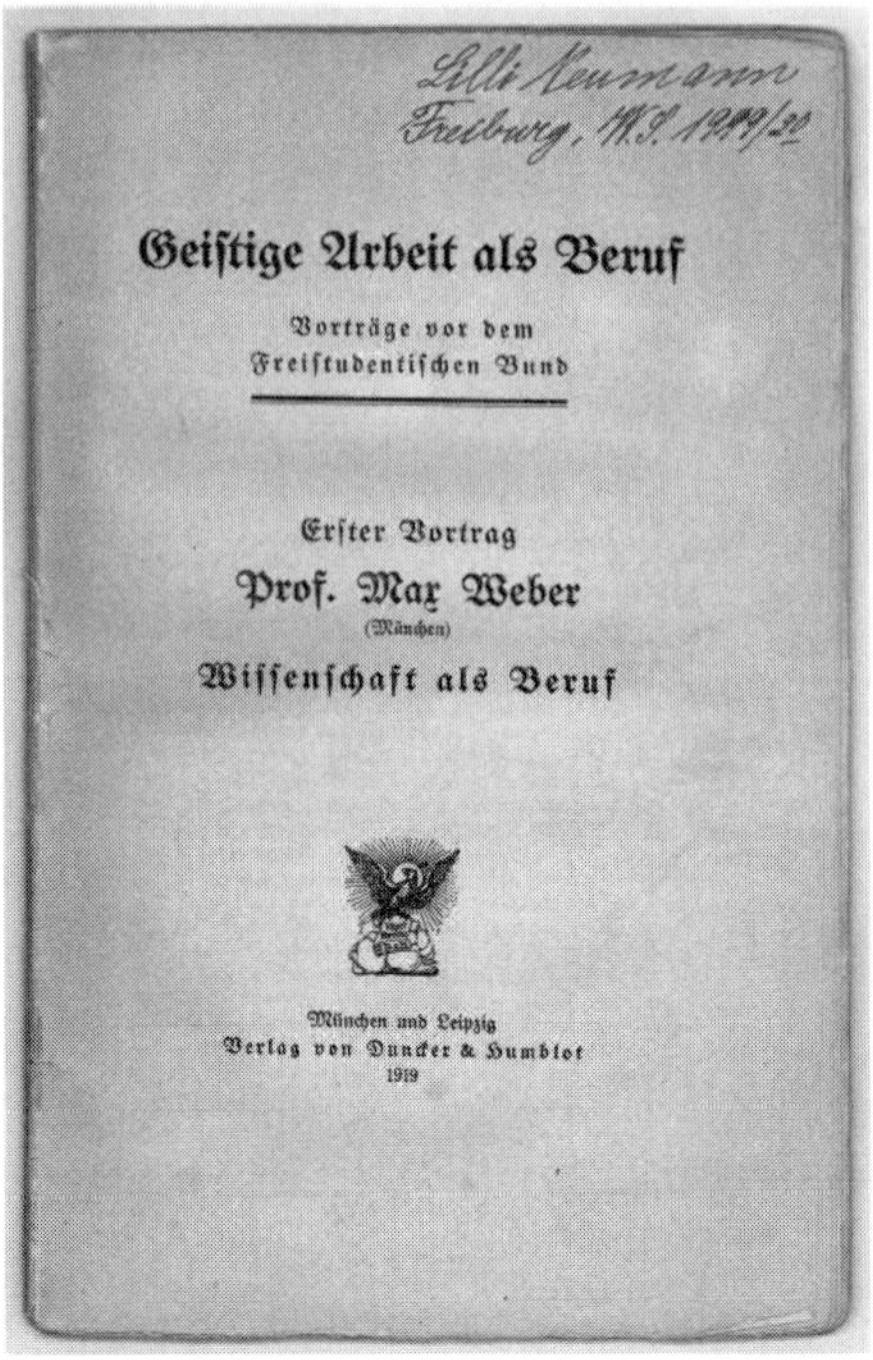

上右写真は，本訳の底本であるドゥンカー＆フンブロート社1919年刊初版本の表紙である（筆者所蔵）．右上に署名・書き込みがあり，フライブルク大学学生リリ・ノイマン（Lilli Neumann）が1919/20年冬学期中に購入したものだとわかる．

この訳を上左にしめした．まず講演企画のタイトルである「職業としての精神労働」が大きく記され，この講演企画およびこの叢書の主催者である自由学生同盟の名が掲げられている．そのうえで，もともと四つの講演から成るはずだったこのシリーズの第一講演が，ミュンヒェン大学教授マックス・ヴェーバーによる「職業としての学問」であることがしめされている．この表題紙（表紙）の表記にはいくつかの問題がある（研究編354～357頁を参照）．

表紙裏には「版権所有」とのみ記されている．表紙が第１頁，表紙裏が第２頁に当たり，本文のノンブルは「３」から開始される．ヴェーバーによる本文は，第３頁から第37頁までで，その後ろに，自由学生同盟の代表者であるビルンバウムの「あとがき」（第38～39頁）が置かれ，裏表紙（第40頁に当たる）には，「アルテンブルク，ザクセン＝アルテンブルク／ピエラー宮廷印刷所／シュテファン・ガイベル社」と記されている．

版元のドゥンカー＆フンブロート社は，いまもこの小冊子を提供しつづけおり，入手は容易だが，表紙の体裁は一新された．また，初版の巻末に置かれていたビルンバウムの「あとがき」は，第二版以降では省かれている．

一　職業としての学問（訳文と要説・注解）

段落①（A3, B582, C71, D3）

① 諸君の求めにおうじて、「職業としての学問」についてお話しすることにします[①1]。現在われわれ経済学者のあいだには、つねに外的事情から出発するというある種の専門癖がありまして、ここではしたがって、職業としての学問は、この語の内容上の意味においてどうなっているのか[①2]という問いから出発することにしたいのです。しかし今日《こんにち》実際上このことは、学業を終え[①3]、学究生活のなかで学問に職業として従事しようと決心した学生の状態がどうなっているのかという問いを基本的に意味します。この点でドイツにおけるわれわれ〔＝大学関係者〕の事情の特殊性がどこに現存するのかを理解するために、この点においてドイツともっとも鋭い対照が存している外国において、つまりアメリカにおいてどうであるのかを比較検討して描きだすのが有益です。

段落① 要説

「職業としての学問」という演題は、講演企画および叢書「職業としての精神労働」を発案し、ヴェーバーにこの講演を依頼したイマヌエル・ビルンバウムがつけたものであって、ヴェーバーが希望したものではない（研究編三二六頁を参照）。この事実は、この講演録を読みすすめるうえできわめて重要である。ヴェーバーは、この演題をおおむね無視し、企画者やこの講演を聴きに来た聴衆（学生たち）の期待を終始故意に裏切りつつ、主知主義的世界と反主知主義的世界の双方の問題性を徹底的に暴き、学生たちがそれぞれ安住しようとする知的世界を粉々に破砕し、この演題から予想されるのとはまったく異なる知的地平へと彼らを引きずりこむ。彼は、まず、学問を職業とすることを希望する者にとって、外的事情にどのような解決困難な問題が待ちかまえているのかを描き、その困難を克服できたと仮定して、今度は内的事情においてどのような解決困難な問題が横たわっているのかを描くという手順をとる。

当時の学生たちの希望は、この第Ⅰ部の「二」に訳出しているビルンバウムの「あとがき」に顕著に認めることができる。彼は、現代において、精神労働が職業として成立しうるという証左を、ヴェーバーに求めたのである。しかし、この講演の内容は、そうした学生たちの期待している――この演題から想像される――内容とは徹頭徹尾かけはなれており、講演者は、逆に、彼らの視野に入っていないことに、つまり彼らが目を向けようとしない根本問題に目を向けさせることを狙っている。その点から言うと、これから読みすすめていくのは、非常にトリッキーな《策術講演》である。したがって、「職業としての学問」という演題に拘泥することなく、講演者がこれから提示するさまざまな問題群に誠実に向きあうという態度で、この講演録を読みすすめることが肝要である。

段落①への個別注解

（①1）**【語句・文意・文法】**「ことにします」と訳したのは助動詞 sollen である。この助動詞は、〈行為者がその行為をなすように、行為者以外の何者かの意志が仕向けている〉ことを表しており、この場合、企画者の慫慂によってヴェーバーの講演が実現したことをしめす。

（①2）**【語句・文意・文法】**経済学者の目からみたときに、「職業としての学問は、この語の内容上の意味においてどうなっているのか」という問いは、経済学の観点からみたとき職業とはなにか、また学問を生業としている者はどのような境遇に置かれるのかという問いを意味している。「内容上の（materiell）」という形容詞の含意については個別注解②5を参照。

【関連記述】「職業」は、ひとりの人間の営為であって、それは「細分化され、専門化され、結びあわされ」ており、彼にとって職業は、「継続的な扶養機会または営利機会の基礎である」。また「典型的な職業と、所得機会・営利機会の典型的な形態とは相互に関連している」（MWGI/23: 339）。近代の職業労働にあっては、それに従事する者が生産手段から切りはなされているか、あるいは専門的に細分化された労働に従事させられている。

こうした近代の職業の枠に嵌めこまれて労働に従事することを余儀なくされた者は、まさにその職業労働に意味をみいだすことができない。この講演において、「職業」概念は、そうした近代に生きる人間が抱えこんでいる不条理性と不可分に結びつけられている。

（①3）**【語句・文意・文法】**大学入学資格を得た学生は、各地の大学で六学期（三年）以上学んだうえで、各種国家試験を受け、あるいは学位論文を作成して、将来の就職に備える。単位取得や卒業といった制度はない。ひとつの大学だけに在学しつづけることはむしろ稀で、学生時代は遍歴時代でもあるのが通例である。しかし各大学の科目は、学生の学修進度におうじて開講されており、移った先の大学において、その学生がそれまでどのような履修を積んできたのかを明らかにする必要がある。また、学位論文作成等にさいして、専門領域にかんする標準的な科目をひととおり履修したことを証明する必要も生じる。こうしたケースで、学生たちは、講義科目を履修したことを、その講義の担当者に認定してもらい、受講証明を受けとったうえで、次の大学に移って学修を続ける。

【付帯状況】約二十年後（ナチス期）の事例だが、一九三八年からハイデルベルク大学で学んだ前田護郎の留学記は興味深い。その修学状況にかんする箇所を紹介しよう。「ドイツには日本の大学院に相当するものはない。だから正規の課程を終えたもので講義を聞きたいものは聴講生になる。又、何年間大学に正式に在籍しても構わないから、国家試験やドクトル試験を在学のまま受ける人もあり、あるいは退学してしまって準備する人もある。日本の卒業という聴講修了と試験合格の合成品のような考えはないし、第一学生という語それ自体『学問しつつあるもの』という堂々たる肩書で、紳士としての待遇を受ける。大学は一学期ごとにどこに変ってもよく、従って自分のつきたいと思う数名の教授がドイツの二つか三つの大学に分かれている場合も、三年くらいかかればみなにつけるようになる。気分転換と視野拡大のために転学は頻繁に行われる。外国の大学へ行ってもいいのである。また、自習のために一年位休学しても構わないことになっている」（前田護郎　一九五七：二五頁）。前田は、受講証明が必要な場合の特別受講証明試験（Fleißprüfung, 義務ではなく権利としての試験）についても詳細に綴っている（前掲書：七六～八一頁）。

段落②（A3f., B582f., C71-73, D3-5）

②ドイツでは――誰でも知っているように――、職業として学問に従事する若者の行路は、通例「私講師[②1]」として始まります。彼は、ひとつの大学において[②2]、〔まず〕当該の分野代表者〔である教授〕との協議[②3]にもとづき、その教授の承認を得て、〔書き下ろしの〕書物の形態[②4]を調えて〔教授資格請求論文を提出し〕、かつたいていは〔論文審査よりも〕はるかに込みいった手続を要する試験〔＝試験講義および口頭試問〕を学部教授団列席のもとで受けて[②5]、〔やっとのことで〕教授資格を取得し[②6]、そして〔こんなに苦労して資格を取得したのに、〕今度は〔なんと〕無給で、学生から徴収される聴講料によって報酬を得るだけで[②7]、彼の講義資格権（venia legendi）の範囲内で[②8]、自分の決めた論題についての講義をおこないます。通例アメリカでは、その行路はまったく別様に、つまり「助手[②9]（assistant）」として任命配置[②10]されることによって始まります。それは、ドイツにおいて自然科学系学部や医学部の大研究所[②11]でつねに生じる方式といくぶん似ており、ドイツの研究所では、私講師としての正規の教授資格は、助手たちのなかのほんの一部の者が、しばしば後になってからようやく取得するだけでしょう。この対照が実際に意味しているのは、ドイツにあっては、学問に従事する男の行路が、概して無給名誉職的前提[②12]のうえに成りたっているということです。というのは、資産がまったくない若い学者にとって、そもそも学究行路の〔そうした〕諸条件に身をさらすことはきわめて危険なことだからです。彼は、あとあと生計を立てるに足るだけの勤め口にもぐりこむ機会があるかどうか、なんとも見当がつかないまま、すくなくとも何年かはそのように身をさらすことに耐えられなくてはなりません[②13]。これにたいしてアメリカでは、有給被用者的制度[②14]が存立しています。ここでは若者は最初から給与を得ています。もちろん額はわずかです。給与額はたいていかろうじて半熟練工の賃金程度です[②15]。それでも固定給を受けとるので、みたところ彼は安定した地位から出発するようです。しかしながら、ドイツの助手と同様、彼に解雇が通告されることがありうるという規程があり、期待に添わないと、多くの場合無情に解雇されることを覚悟しなくてはなりません。この期待は、なんといっても〔講義室を〕「大入満員[②16]」にすることに向けられているのです。こうしたことは、ドイツの私講師にあっては起こりえません。ひとたび彼を雇った者は、〔通常は〕もはや彼を解雇しないでしょう[②17]。〔とはいえ、〕たしかに彼は〔その地位にたいする〕「請求権[②18]」をもちません。しかしそれでも彼は、何年も勤めていれば、一種の道義上の権利を有していて、雇用主が自分のことを顧慮してくれるという趣旨の〔暗黙の〕相互諒解[②19]を確保

しているのです。また――しばしば重要なことですが――他の私講師の教授資格取得の問題が生じた場合にもそうです。原則として、優秀だと認定された学者には誰にでも〔新規に〕教授資格を授与するのがいいのか、それとも「開講需要」を考慮するのがいいのか、つまりすでに勤務している講師たちに教授活動の独占権を与えるのがいいのか[②20]という問題は、頭の痛いジレンマであり、これはあとで述べる大学職務の二重の性格と関連しています。たいていは、既存の講師たち〔＝既得権者〕に益するように決定されます。しかしこのことは、当該分野の主任教授が、主観的にはもっとも良心的な態度をもって、それでも彼の門下生たちを身びいきするという危険が増大することを意味します。〔そこで、この問題に対処するため、〕私個人は、――実を申しますと――私の許で学位を取得した[②21]学者が、私以外の教授の許で、また他大学において、能力を認定され教授資格を取得しなくてはならないという原則に従ってきました。しかし〔皮肉なことに、〕その結果、私のもっとも優秀な門下生のひとりが、他大学において拒否されてしまいました[②22]。こういうことが原則になっているという彼の言を誰も信じなかったからです。〔教授資格授与制度には、こうした困難や不条理性がつきまとっているのです。〕

段落② 要説

（一）

ドイツの大学にかかわる独特の外的事情としてヴェーバーが重視するのが私講師（Privatdozent）の問題である。私講師という職位には、ドイツの大学の外的困難と内的困難とが結びついているのであり、アメリカとの対比で、この職位の基本矛盾を描くことによって、ドイツの大学・大学人が抱えている外的事情と内的事情とが不可分に絡みあっていることをしめそうとするのが彼の意図である。

ドイツが、無給名誉職的前提に立って私講師を遇しているのは、私講師を独立技能者とみなしているためと考えられるが、その地位は時代とともに性格を変えている。私講師の歴史的起源とその変遷、またこの職位の性格をめぐる諸問題については、別府昭郎が優れた考察を提供しているので、そのなかから、この講演録に直接関連する論点を拾っておこう。

古い時代には、学位を取得した者にたいして「教授免状（licentia docendi）」が与えられた。しかし私的教員による私的講義が無制約に放任されていたわけではなく、十七世紀の事例においても、彼は、学部教授団全員に公開された討論によって、自己の教授能力を証明する必要があった。

啓蒙主義時代における学問の進歩によって、教員の能力がますます厳しく問われることになった。ただたんにマギステルやドクトルの学位を取得しただけでは不十分で、それ以上の研究能力・教授能力が求められるようになったのである。たとえば、一七三六年のゲッティンゲン大学学則は、私講師について、「教授権能は、学部の中で賞賛に値するほど卓越した人物もしくは学則のなかで規定されたいくつかの前提条件を満たす人物を除いては、軽々しく授与されるべきではない」としている。私講師の高度な精選が必要になったのである。

こうした事情から、十八世紀中葉になると、大学教授資格試験制度が導入され、大学教員になろうとする者にとって、階梯が一段階増やされることになった。こうして、大学教授資格試験によって講義資格権（venia legendi）を獲得することが義務づけられ、私的に講義する権利を、大学（学部）が公的に認定する制度が確立する。

　大学教授資格試験を早い時期に規則化（明文化）したのは、一八一六年施行のベルリン大学学則であり、各学部は、これにもとづいて一八三八年に学部規則を整備した。哲学部規則によると、私講師は、品行や熱心さについて学部の監督を受ける。私講師は、正教授予備軍だが、年功ないしそれに類する事項によって正教授への昇進要求を提出することは認められない。このことから、私講師は、学部との契約にもとづいて私的に教えるという機能を担った公人だと考えられる。しかし、領邦国家から公務員として遇せられないので、完全な公人ではない。私講師との法的契約関係を有し、私講師の過失によって罷免を提訴する権利を有するのはあくまでも学部であり、私講師は国家そのものとのあいだに直接的な法的関係を有していない。私講師は、伝統的なギルドとしての大学と、国家機関としての大学という「ドイツ大学の構造的二重性の矛盾の集約点」である。

　古い時代には、自由な独立自営業的な教師であるマギステル・レゲンスが存在していたが、これは十八世紀以降消滅し、その一部が変質して残存したのが私講師だと思われる。マギステル・レゲンスとの決定的な違いは、私講師にあっては大学教授資格試験が義務化されたことであり、この試験制度が導入されたことによって、マギステル・レゲンスは淘汰されたのであろう。そこには二つの意図がある。ひとつは、私事としておこなわれていた私的な教育を、大学教育の新しい要素として摂取し、私的教育を大学・学部の監督下に置くことであり、もうひとつは、私的教師になる者に厳しい条件をつけて、私的に教える者を制限することである。

　こうして私講師は、その有していた営業の自由と教授の自由に一定の制約を被り、否応なしに、領邦国家の保護と監督の下に入ることになった。さらに十九世紀後半になると、大学教師の国家官職化が進行し、私講師も官僚制のなかに強固に組みいれられた。ここでは、私講師は、国家官僚である正教授の下に位置づけられ、正教授の監督下に置かれた。この大学教員の階層制によって、「教授と私講師との官僚的格差」が顕在化したのである（別府昭郎　一九七八：八八〜九三頁、同　一九八二／八四（上）：一一〜一二頁、同（下）：二一、二三〜二四頁）。こうした「格差」のもとで、この段落②で描かれているような「当該分野の主任教授」と門下生たちとの不健全な関係が生じるのである。

　教授資格審査が、なぜ異様なほど込みいった手続を要するのか、また、そもそもなぜ学位取得だけでなく、体系的な教授資格請求論文と厳しい試問とが課せられなくてはならないのか（なぜこんな二段構えの制度になっているのか）は、こうした歴史的経緯を踏まえると理解できる。中世においては、私的教師が自由な自営業的存在として私的講義をおこなうことができたが、啓蒙主義的発想から、そうした営業の自由と教授の自由はしだいに排斥され、学問そのものの発達は、大学における講義に高度な内容を要請するようになり、その結果、教授権能は「軽々しく授与されるべきではない」ものとされるにいたる。さらに十九世紀前半のシュタイン・ハルデンベルク改革期に設立されたベルリン大学は、率先して大学教授資格審査を制度化し、国家に奉仕する大学という姿を確たるものとする。かくて私講師は、伝統的なギルドとしての大学と、国家機関としての大学という「ドイツ大学の構造的二重性の矛盾の集約点」という様相を帯びるにいたる。そしてヴェーバーの時代になると、大学教員の階層制が確立し、私講師は正教授の監督下に置かれ、私講師の採用＝大学教授資格審査は、往々にして大学・学部・正教授のさまざまな思惑が交錯する修羅場と化している。大学教授資格審査は、ドイツの国制・権力関係の変遷、経済成長、科学技術の進歩、大学の官僚制化などが絡みあって、じつに複雑な様相を呈しており、これによって獲得される私講師職位そのものがドイツの大学の諸矛盾を体現しているのである。

この講演のなかでヴェーバーが縷々述べているドイツの私講師の話には、〈報酬や権利や自由が乏しく、地位が不安定で、義務や束縛だらけのこんな私講師に誰がなりたいのですか〉というニュアンスが込められている。こうした私講師という職位にまとわりついている――義務・待遇等々の――外的不条理性は、現代の学問従事者が置かれる内的不条理性――それはこの講演の後段で詳細に展開される――の制度的前提なのである。

ヴェーバーは、十九世紀後半から二十世紀前半にかけて顕在化したドイツの大学のこうした問題構造を、暗黙のうちに――言わなくてもわかっていることとして――前提し、そのうえで話をすすめている。現代日本の読者も、この前提（ドイツの大学の問題状況にかんする認識）を共有したうえで、このあとの論述を読まなくてはならない。

（二）

ヴェーバーは、この段落中で、ドイツの大学にかんして、ひとたび私講師を雇った者は、通常は「もはや彼を解雇しないでしょう」と述べている。〈通常は解雇しないだろう〉というのがこの文の原意であり、ヴェーバーは、〈けっして解雇できない〉とは言っていない。〈解雇できない〉というのでは、ドイツにおける大学問題の基礎事実に反しており、とくにヴェーバー自身がよく知っている問題事例（アーロンス事件）を無視することになる。ヴェーバーはもちろんそのような事実誤認をしていない。それどころか、通常でないケースにたいして、つまり私講師を解雇しようとする策動にたいして、彼は厳しい批判の目を向けている。

思想・信条を理由とした私講師解雇に道を開いたのがアーロンス事件である。[23] 優れた物理学者である私講師レーオ・アーロンスが、同時に社会民主党の活動にも積極的に関与していることから、一八九二年にもちあがったこの問題は、一八九八年の「アーロンス法」制定にいたるまで六年間紛糾する。杉浦忠夫は、一八九〇年の社会主義者鎮圧法廃止後のドイツ政治の方向性を濃厚に反映しているこの事件を丹念にトレースし、その基本性格を、ヴィルヘルムⅡ世の教育政策の方向を反映したものとし、またいわゆる講壇社会主義者たちの存在すら許容しようとしない保守政治家シュトゥムの意向が貫徹された事件として捉えている（杉浦忠夫　一九九一）。

政治的・思想的な理由によって私講師を解雇しようとする意向は大学教授のなかにも伏在する。第二回ドイツ大学教員会議（一九〇八年）において、ヴェーバーは、大学教員の思想・信条の自由について詳論し、これを擁護している。ところがそれにたいして、自分の大学のなかに社会民主党員やそのシンパがいる場合、その者を懲罰にかけることができるかどうかを探ろうとする教授が会議参加者のなかにいた。これをみたヴェーバーは、この教授に向かって、「ごろつき（Lump）」という激しい言葉を浴びせて罵倒した（Verhandlungen II: 22）。

ヴェーバーは、弟アルフレートと入念な準備をしたうえでこの会議に臨んでおり、アルフレートは、問題提起として、「アーロンス法」とローベルト・ミヒェルスのケースを挙げ、私講師の思想・信条の自由を強く要求し、兄マックスも、「どのような党派性を奉ずる者であっても教授資格が許諾されなくてはならない」と力説している（ebd.: 17, 21）。このように、ヴェーバーは、私講師をはじめとする大学教員の思想・信条の自由を擁護し、これを掘りくずそうとする政府や大学や保守的な大学教授の動きを強く批判しつづけてきた。このことが、私講師身分にたいする彼の問題提起の根底にある。

（三）

一方、アメリカについてはどうみるか。ヴェーバーは、ドレースデンで開かれた第四回ドイツ大学教員会議（一九一一年）において報告を担当し、そこにおいて、すでにアメリカとドイツの大学を比較対照していた。そのなかから、『職業としての学問』の論旨と直接関連する論点を拾っておこう。

教派によって創設された旧いカレッジにたいして、今日《こんにち》のアメリカでは大都市大学が発達しつつあり、カレッジの旧慣は廃止される途上にある。ところがその一方で、まさにそうした大都市大学を支えている実業界は、むしろカレッジの伝統を存続させることを欲している。つまり、アメリカの国家・社会に適応し、実業界に資する新しい人材の養成を求めている。ところが実際には、アメリカの大学には、優秀な人材を国家に供給するための試験制度が欠けており、ドイツに存在するようなそうした制度が早晩整備されるであろうことは確実である。そうなると、アメリカの大学が国家にたいする相対的独立性を保持できるかどうかが問題になるだろう。

アメリカの大学における自由講義は厳正・厳密で、聴講者を一方向に誘導するようなものではない。一方初学者向けのカレッジ講義は苛烈なトレーニングであり、ドイツのような粗放な授業ではない。学生組織は、ドイツのそれのような官僚主義的体質を免れている。

制度面では、アメリカの大学は、ドイツとは比較にならないほど厳しい相互競争のなかにあり、とりわけ若手教員の能力上の選別は容赦ない性格のものになっている。ドイツにおいては、大学自治権と国家官僚制との闘争状態が長年続いているが、アメリカはそうでない。総長が大学を管理しており、ドイツなら文部行政担当省の認可が必要になるような事柄でも、アメリカでは強大な権限を有する大学当局（総長）が処理しうるのである。ただし大学制度の官僚制化がしだいに浸透し、また教員の被雇用者化も浸透している。若手教員の教育負担は過重で、しかも解雇される可能性がある（Drejmanis 2010: 123–131）。このように、アメリカにはドイツとは別の問題があるというのがヴェーバーの提示した論点である。

段落②への個別注解

（②1）**【語句・文意・文法】**「私講師（Privatdozent）」は、ドイツ語圏の大学に特有の職位である。私講師は、教授資格取得規程にしたがって、必要な手続を経た後に、特定の学部における講義開講権を認定される（Jellinek 1908: 55）。

私講師は、ドイツの国立（王立）大学の専属教育スタッフである。ところが、専任教員でありながら、国家公務員の官吏規則や俸給規程の適用を受けず、いくらか例外はあるが教授会に出席する義務も権利もない。国家公務員としての待遇を受けないので、国家公務員としての義務も負わないが、所属学部の監督下に置かれ、当該学部の懲戒規程の適用を受ける（ebd.）。また、後述される教授資格審査は学部の権限において実施される。したがって、厳密に言うと、私講師は学部に雇用された者である。私講師のうち、一定の学問実績を認められて、学部から「教授（Professor）」の称号を授与された者を「員外准教授（nichtetatmäßiger außerordentlicher Professor）」と呼ぶ（ebd.: 54）。

ドイツの大学で講義活動をおこなうためには、まず学位請求論文（Dissertation）をもって学位（博士号）を取得すること（Promotion）が必要だが、それだけでなく、学位論文とは別の教授資格請求論文（Habilitationsschrift）を執筆し、それをもって教授資格（Habilitation）が認可されてはじめて私講師として教壇に立つことができる。筆者の知るかぎり、学位も教授資格もなしに大学教員に採用された例は、フリードリヒ・アルトホフただひとりだけである。これは、新設されたシュトラースブルク大学を運営するうえでの便宜的人事であり、まったく例外的な事例である。

私講師は、ひとつの大学のひとつの学部の専任教員でありながら、公務員としての待遇を受けず、しかもそれにもかかわらず、大学・学部から職務上の縛りをかけられる。たとえば、私講師は、たしかに所属学部において講義をおこなう権利を有するが、同時に講義をおこなう義務を負う。病気等の理由で講義活動を遂行できない場合には、大学にその旨申請して許可を得なくてはならない。許可なしに閉講すると教授資格を剥奪される。

その教授資格は、特定の大学の特定の学部において講義をおこなう権利を意味しており、A大学で教授資格を取得した者が、その資格をもってB大学で講義をおこなうことは（原則として）できない。そのため、臨時代講が必要なケースでは煩瑣な手続を必要とした。たとえば、C大学で正教授に欠員が生じてなかなか後任が決まらないとき、重要な講義に穴を空けることは好ましくないので、これを埋めるためにD大学の私講師に代講を依頼する場合、レンタル移籍の手続が必要であった。つまりその学期のみに限定して、その私講師のC大学への移籍をD大学に了承してもらわなくてはならなかった。

（②2）**【語句・文意・文法】**厳密には、教授資格はひとつの学部が授与するものだから、ある学部で教授資格を得た者が、同じ大学の他の学部で授業を担当する権利はなかった。ただし、部門によっては学部間の垣根が低く設定されている場合があり、とくにハイデルベルク大学では、法学部科目と哲学部国家学・官房学部門の科目との相互乗り入れが制度化されていた。ゲオルク・イェリネクは、法学部の公法学ゼミと哲学部の国家学ゼミとを合同開講しており、ヴェーバーが哲学部で開いていた国民経済学ゼミにも、法学部学生が参加していた。おそらくこうした事情を念頭に置いて、ヴェーバーは、当該箇所で、「ひとつの学部において」ではなく「ひとつの大学において」と表現しているのであろう。

（②3）**【語句・文意・文法】**「分野代表者（Fachvertreter）」とは、ある学部の部門（Fach）中に配属されている各専門分野を代表する正教授のことである。たとえば、もしも財政学にかんする論文によって教授資格を取得しようとする者がいれば、国家学・官房学の部門に属している財政学担当の正教授の指導を仰ぎ、論文提出を認めてもらわなくてはならない。また中世史の論文によって教授資格を取得しようとする場合、歴史学の諸部門（Fächer）のなかの中世史担当の正教授に依頼して論文提出の許可を得ることになる。この「部門（Fach）」には、学部にたいする相対的独立性や個別の権能がない。

教授資格請求論文を作成・提出するためには、まず当該学部の分野代表者である教授との「協議（Rücksprache）」をもち——つまり分野代表者の研究指導を受け——、その論文テーマについて、彼の「承認（Zustimmung）」を得る必要があった。これなしには、そもそも教授資格の請求（論文の提出）ができない。

②4）【語句・文意・文法】教授資格請求論文は、すみやかに書物として刊行しなくてはならない。というのは、個別注解②6に記すように、公開講義の期日までに、教授資格請求論文を印刷して届けることが義務づけられているからである。

教授資格請求論文たるべき「書物」は、申請者が以前に刊行したものであってはならず、申請者の旧稿を寄せあつめた論文集であってもならない。あくまでも教授資格を請求するために今回特別に書きおろして出版したものだけが教授資格請求論文に値する。したがって、当該箇所の「書物の形態を調えて（auf Grund eines Buches）」は、〈未公刊の新稿を著書として書きおろし、それを提出して〉という意味になる。

筆者のみた実例では、教授資格請求論文にするつもりで公刊した著書を、すみやかに特定の学部に提出して審査を仰ぐケースもあり、一方、要するに公開講義に間に合えばいいので、肉筆原稿のまま提出し、審査後に出版社に回すケースもある。

②5）【語句・文意・文法】論文審査を通過した者は、特定のテーマにかんする試験講義（Probevortrag）を暗誦によって〈原稿・レジュメ抜きで〉おこなったうえで、その場で口頭試問を受けなくてはならない。試験講義には、出席可能な学部教授全員が出席することになっており、また学生たちも聴講に来ている。

次注に記すように、試験講義にすぐ続けておこなわれる口頭試問（Kolloquium）にさいしては、まず冒頭で、教授資格申請者の研究ともっとも関連の深い分野の教授たちが専門的な質問を浴びせ、その後は他の教授たちも質問を投げかける。学部教授たちは、その専門分野にかかわらず、試験講義および口頭試問に出席することが義務づけられており、出席する以上、彼らは、みずからの専門に引きよせてさまざまな質問を浴びせかける。

とくに、教授資格申請者の論文や試験講義の内容が、列席している教授の専門領域における論争問題に踏みこんでいるような場合、教授資格申請者と教授との対質が苛烈を極め、激しい論戦の様相を呈することもあった。ほかならぬヴェーバー自身が教授資格審査を経験したときがそうであり、試問後にも、彼の教授資格請求論文『ローマ農業史』にたいするテーオドール・モムゼンからの公然たる批判にたいして、ヴェーバーは反論を試みている（JB: 344）。

教授資格取得のための手続は（おそらく必要以上に）煩瑣であり、審査の実質もたいへん厳格なものであった。当該箇所において、ヴェーバーが「試験（Examen）」にたいして用いている „for-

„formell" という形容詞は、「形式的な」「型通りの」「形だけの」という意味ではない。辞書に掲載されている訳語から採るならば、「格式張った」「堅苦しい」という訳語が原意に近いが、なお不十分である。ヴェーバーにあっては、この „formell" という形容詞が特別な意味を有していることを理解したうえで、当該箇所を解釈しなくてはならない。

中野敏男の周到な考証によると、ヴェーバーは、„formell"―„materiell" という対概念と、„formal"―„material" という対概念とを明確に使いわけている。法の創造や法の発見にさいして、諒解可能でない手段（たとえば神託やまったくの恣意）が執られた場合、それは formell な意味で非合理である。また法の創造や法の発見の決定規準が、一般性を欠く価値や感情や政治的なものであるとき、それは materiell に非合理的である。この „formell"―„materiell" という対概念にあっては、法の営みの合理性が、手続きについてなのか内容についてなのかが問題とされる。したがって「定式手続き的（formell）」―「内容的（materiell）」という対概念である。この含意で用いられているのが個別注解①2の „materiell" であり、„formell" は『職業としての政治』のなかでも用いられている（段落⑧⑨要説（二）を参照）。これにたいして、„formal"―„material" という対概念は、法的決定の基準の性質にかかわるもので、決定が形式上一義的におこなわれたときには formal に正当であり、なんらかの実質的な価値規範に準拠して決定が下された場合、それは material な問題とされる。したがって「形式的（formal）」―「実質的（material）」という対概念である（MWGI/22-3: 303-305, 中野敏男　一九九三：四三～四七頁）。後者の対概念はこの講演中でも用いられている（個別注解⑰3を参照）。

ヴェーバーのこうした概念構成を踏まえて、この „formell" を「込みいった手続を要する」と訳した。実際、試験講義と口頭試問は、講義論題の設定、講義準備期間の設定、講義に続く口頭試問の手順など、ずいぶん煩瑣な手続を必要とする事柄である。第二次世界大戦後、スイスで教授資格試験を実際にくぐりぬけた前田護郎は、「学部長自ら出席して数名の教授が行う数世紀以来の伝統に則る格式ばった光景に接して、みずからの無力を感じた」と述懐している（前田護郎　一九五七：八一～八二頁）。

②6　**【語句・文意・文法】**教授資格取得手続について、ハイデルベルク大学の学則から確認しよう。学部によって規程が異なっており、ここでは、ヴェーバーの所属していた哲学部の規程（一九〇二年）を紹介する。

哲学部で教授資格を取得しようとする者は、①大学における学修を開始してからすくなくとも六年経過していることをしめす証書、②文科系ギムナージウム卒業証書（ただし政治経済学領域においては不要）、③博士の学位証書、④書類提出の時点でまだ公刊されていない論文――この四点を提出しなくてはならない。また併せて、博士論文、その他の公刊された学術論文、履歴書を添えなくてはならない。

学部は、申請者の人となりについて、入念に遺漏なく調査しなくてはならない。

ハイデルベルク大学で博士号を取得したが優良でなかった者および他大学で博士号を取得した者は、三〇三マルクを支払うこと（教授資格を取得できなかった場合には二三五マルクが返却される）。

諸証明を提示し、学部教授たちによる論文審査を通過した場合、学部長は、申請者にたいして、「学部教授団列席のもとでおこなうよう義務づけられている試験講義（der vor der Fakultät zu haltende Probevortrag）」の三つの論題を提示することを求め、学部教授団が、そのなかからひとつの論題を選択する。試験講義は約三十分間で、その準備のために七日間の猶予が与えられる。この講義はすべて暗誦されなくてはならず、原稿やレジュメの類をもちこんで読むことは禁じられる。この講義が終了すると、すぐ口頭試問がおこなわれる。口頭試問の冒頭で積極的に発言できるのは、申請者の研究と関連のある専門の教授たちのみであり、その後は他の教授たちも質問が許される。学部教授団は、その講義科目等（専門分野）を度外視して、試験講義および口頭試問に出席することが義務づけられる。

試験講義および口頭試問の結果は、学部教授団の票決によって決し、可か不可かが言いわたされる。可とされた場合、諸文書はとりまとめられてハイデルベルク大学特別評議会に上程され、ここを経てバーデン大公国法務・文部省の裁可を得るよう取りはからわれる。

省の裁可が得られた場合、申請者は、学部によって決められた公開講義（öffentliche Vorlesung）の期日に合わせて、教授資格請求論文二〇〇部を印刷して学部に届けなくてはならない。この公開講義の終了後、申請者は、学部の名代としての学部長から、公印を押された授与証とともに、「講義資格権の範囲内で（venia legendi）」講義をする権利を授けられ、また特別評議会および省からその旨公示される。

なお、教授資格取得料として、ハイデルベルク大学で博士号を取得した者は三二マルク、それ以外の者は四二マルク五〇ペニヒを支払わなくてはならない（Jellinek 1908: 90-92）。

三点付記する。第一に、この規程中で、教授資格審査のために三〇三マルクを支払い、資格取得ができなかった場合には二三五マルクが返却されるとされている。ということは、資格取得の可否にかかわらず、申請者は六八マルクを負担しなくてはならないことになる。個別注解②21にしめすように、博士の学位審査の場合、学位が認定されなければ全額返金されるのだが、教授資格審査の場合にはそうではない。これは、教授資格審査においては、とくに厳格で入念な審査が求められ、主査である分野代表者をはじめとして、学部の教員たちがきわめて大きな労働負担を強いられるからだと解される。

第二に、哲学部内の「政治経済学（国民経済学および財政学）領域」で教授資格を取得しようとする場合、文科系ギムナージウムを卒業している必要はないとされている。当時の経済学者のなかには、たとえばヴィルヘルム・レクシスのように、理系の教育を受け、ギムナージウムの数学・自然科学の教師を務めた経歴の持ち主がいる。この領域のこうした特殊性を考慮して、こうした例外規定が設けられているのである。

第三に、申請時に、公刊された学術論文を添付することが義務づけられていることから明らかなように、教授資格請求に先立って、一定数の公刊された学術的業績を積んでいるかどうかが、審査にさいして重要な考査項目になっている。だから、ホーニヒスハイムが、学位論文の加筆に固執するあまり、出版を延期しつづけているのをみて、彼の指導に当たっていたヴェーバーは、「こんなにも長期にわたって君によって一行も印刷されていないのに、なんで君の教授資格について云々できるのか、私には理解できない」と述べ、早期出版を厳命している（MWzG: 209）。

【付帯状況】 博士号取得にかんしては、かなりいいかげんな審査がおこなわれていたケースもあるが、一般には厳格な審査がおこなわれていた（個別注解②21を参照）。そして教授資格取得にかんしては、例外なく審査はいっそう厳格であり、そのさいに課せられる口頭試問も往々にして苛烈である。前注においてみたように、ヴェーバーがベルリン大学で教授資格を取得するさいには、モムゼンとのあいだで激しい論戦が繰りひろげられた。しかし日本では、ドイツの教授資格取得にかんする（常識に類する）こうした事実があまり知られていないので、以下にいくつかのケースを紹介しよう。

カール・ラートゲンは、日本における教育研究活動を終えて一八九〇年に帰国するさいに、すでに教授資格請求論文『日本の国民経済と国家財政』（一八九一年刊）の主内容を固めていたと推察される（野崎敏郎　二〇〇五：一七三～一七四頁）。一八九〇年末にこの草稿を読んだ義兄グスタフ・シュモラーは、その質の高さに驚倒し、十二月二十六日付クナップ宛書簡のなかでその興奮を伝えている（GStAPK/GS131a: 40f.）。

ラートゲンは、シュモラーと相談してから、ベルリン大学教授アードルフ・ヴァーグナー（財政学の分野代表者）に論文提出を打診し、許諾を得たのちに、本格的に執筆にかかる。執筆中の苦労や逡巡は、兄ベルンハルト・ラートゲン宛書簡中に綴られている（HStAM/340. Nl B. Rathgen. Ungeordnete Briefe）。それによると、ラートゲンは、財政学の専門家であるヴァーグナーと、東アジア研究（中国研究）の専門家であるフェルディナント・フォン・リヒトホーフェンを審査員に想定し、彼らから浴びせられるであろう質問を想定し、遺漏のないよう注意深く論述を調え、八百頁に及ぶ大冊の論文を仕上げて刊行し、これをベルリン大学哲学部に教授資格請求論文として提出している。本審査は、実際にヴァーグナーとリヒトホーフェンが担当し、入念な審査と厳格な試験講義・口頭試問を経て、ラートゲンは教授資格取得に成功している（UAB1218: 278-290）。

グスタフ・ラートブルフは、指導教員フランツ・フォン・リストの助言を受けて教授資格請求論文の構想を温め、私講師コールラウシュがハイデルベルク大学からケーニヒスベルク大学へと転出したのを好機として、教授資格取得を試みる。その苦闘ぶりを、彼みずからが次のように活写している。

「私は、行為概念についての教授資格請求論文を、短期間のうちにベルリンの刑法学ゼミナールで仕上げられるよう望んだが、これにかんする論文作成活動は苦痛になった。つまり、どうにか満足する状態と、気の滅入る絶望的な不満足とのたえず蒸しかえされる繰り返しになった。そして残念なことに、この苦しい創造過程に、しだいにまたしても両親を巻きこんだ。私のハイデルベルクの後援者フォン・リーリエンタール教授には、送付された論文はたしかにいい出来だが、教授資格請求論文としては短すぎるように思われたとき、事態はさらに苦しいものとなった。どの方向に拡張を企てるべきかという問題が長く私を苦しめた。私は結局、行為の問題を個々の影響作用において追跡せず、むしろ、行為概念を、刑法体系にたいするその意味において精査する前に、法体系一般の本質にかんする方法論的詳論を先立たせることに決めた。この著述過程の長い継続と私の苦悶に満ちた手紙とは父を心配させ、父は、とうとうハルツ地方のシールケへと私を呼びよせたほどであった。この地において、われわれの知己の間柄である宿泊客全員が期待して見守るなか、ホテルのベランダで、論文はついに完成した。それは、二つの部分からなる奇怪な代物になっており、半分は刑法学説論で、半分は一般法理論だった。そしてフォン・リーリエンタール教授は、新たに追加された体系論の部分のために、ゲオルク・イェリネク教授を、〔法〕学部から共同審査員に委嘱させることが必要だと判断した。イェリネクの意見は、彼の人間的・学問的細やかさの証だった。最後に、一九〇三年末、私の教授資格取得は、列席した学部教授団と多数の学生たちを前にした試験講義で完了した」（GRG16: 213）。

ラートブルフは、教授資格請求論文の執筆にさいして、分野代表者であるリストと協議を重ねつつ準備し、別の私講師の転出によって、自分が私講師になるチャンスが生じたことを捉えて、論文作成に集中する。しかし、教授資格請求論文には高い質と大きな分量とが要求されるから、ラートブルフは、その重荷に呻吟し、リーリエンタールの助言を得て、大きな苦痛をともないつつ加筆に努め、また父の計らいでホテルに自発的缶詰状態をつくって、ようやく論文の完成に漕ぎつけるのである。

この経緯にかんして注意すべきことが二点ある。第一に論文の分量である。最終的に完成された論文「刑法学体系にたいする行為概念の意味および法学体系論論考」は二部から成り、第一部は「法学体系論について」、第二部は「刑法学体系にたいする行為概念の意味」である。分量を確認すると、第一部は、『グスタフ・ラートブルフ全集』版で三九頁、初出版で六二頁、第二部は、同全集版で五〇頁、初出版で八〇頁である（GRG7: 75–167）。そしてリーリエンタールは、第二部だけでは教授資格請求論文として薄すぎると判断しているので、これは、法学領域でどの程度の分量が要求されるのかを推しはかる目安になる。

第二にイェリネクの関与である。第一部に一般法理論を入れることになったので、リーリエンタールはイェリネクに委嘱して、教授資格審査に加わってもらった。つまり、教授資格請求論文の審査には、その論文の内容におうじた専門家が必要なのである。そしてイェリネクは、実際に細心の配慮と学識とをもって審査に当たったのであって、たんに審査員に名を連ねただけなのではない。このことから、〈ドイツの教授資格審査は形式的なものにすぎなかった〉などという珍訳がまったく事実に反していることが明らかである。

ラートゲンとラートブルフの例は成功例だが、失敗例も重要である。ルカーチ・ジェルジ（ドイツ名ゲオルク・フォン・ルカーチ）は、一九一一年にブダペシュト大学で教授資格取得に失敗した後、一九一二年から一九一八年まで、ハイデルベルク大学哲学部で教授資格取得を試みている。このときヴェーバーは、いわば副指導教員の立場からルカーチを指導し、その教授資格取得のために尽力した。

このとき正嘱託教授（ordentlicher Honorarprofessor）であったヴェーバーの立場は非常に特殊なものである（この職位については研究編三二八〜三二九頁を参照）。簡単に言うと、これは、固定俸をともなわず、講義活動をおこなったときだけ講義報酬が支払われる職位である。拙著中で詳細に追跡検証したように（野﨑敏郎　二〇一一）、ヴェーバーは、一九一七年にいたるまで、ハイデルベルク大学から退職する意思はまったくないので、この職位に就くことによって、健康が恢復すればいつでもハイデルベルクで講義を開始できる態勢をとったのである。また彼は、講義が可能なまでに恢復しなくても負担できる研究指導（実質的にゼミ指導に相当する）を、実際に無報酬で遂行しつづけた。そして正嘱託教授ヴェーバーの研究指導がじつに懇切なものだったことについて、関係者の証言すべてが一致している。彼は、どの同僚たちにもまして、情熱的に学生教育に尽力していたのである。しかも、ハイデルベルク大学哲学部では、エーミール・レーデラー、エーミール・ラスクといったヴェーバーの指導を受けたユダヤ人たちが、実際に教授資格を取得して教鞭を執っていた。ルカーチがヴェーバーの指導を仰ぐことにしたのはこのためである。

ところが、ルカーチはやっかいな問題に直面せざるをえなかった。哲学・美学分野の代表者はヴィルヘルム・ヴィンデルバント以外にありえず、教授資格申請のためには彼の承認が必要だが、彼はルカーチにたいしてきわめて冷淡であったため、論文を提出する見込みが立たなかった。これをみたヴェーバーは、ヴィンデルバントになんとかルカーチの研究の価値を認めさせようと骨を折ったが（MWGII/7: 625）、結局奏功しなかった。ヴィンデルバントの没後、その後任としてハイデルベルクにやってきたハインリヒ・リッケルトの許で、ルカーチはようやく一九一八年春に教授資格請求論文の提出に漕ぎつける（が同年末に却下される）。

教授資格審査過程において、人物審査は厳格であり、とくに思想審査は厳しかった。教授資格審査にさいしては、多分に属人的要素が混ざりこむのが不可避であり、ドイツのなかでは比較的開明的だったハイデルベルク大学哲学部にあっても、ユダヤ系外国人であるルカーチにたいして、やはりそれだけで難色をしめす向きもあるから、ルカーチの才能とヴェーバーの献身的な努力をもってしても、教授資格取得は非常に困難であった。『職業としての学問』ほかにみられるヴェーバーの大学批評において、大学組織や大学教授陣にたいする苛烈な批判がそこここでみられるのは、こうしたドイツの大学の問題状況を、彼が目の当たりにしてきたからである。

ハイデルベルク大学哲学部の規程では、「どの申請者にかんしても、種々の証明によって、あるいは学部構成員にとくに察知された他の状況を提示することによって、申請者の人となり（der sittliche Charakter）が明らかに周知されたかどうかについて、学部は入念に調査しなくてはならない」（Jellinek 1908: 91）とされている。このように人物審査が厳格であることには理由がある。教授資格を授与すると、資格を得た人物が、その学部において、ひょっとすると生涯教授権を行使するかもしれない。そしてそれを排除することは（通常は）非常にむずかしい。だから、学部の意に添わない人物には最初から教授資格を授与せず、そうした人物を排除しようという配慮が働くのである。

それにもかかわらず人物考査が不徹底で、不適格者に教授資格を与えてしまった（と推断できる）失敗例として、ハンス（ヨハネス）・シェラーを挙げることができる。彼は、ハイデルベルク大学哲学部で一八六六年に教授資格を取得しているが、そのさいに問題となったのは、業績が不十分であること、とくに教授資格請求論文が学位論文の焼き直しにすぎないことであった。そのため学部内には、彼に教授資格を授与することにたいして難色をしめす向きがあったが、経済学領域の授業需要の高さを考慮した学部長エードゥアルト・ツェラーは、学部教授陣を説得し、いくらか強引にシェラーの教授資格の承認を取りつけている（UAH/IV/102/66: 89）。

こうして私講師として勤務しはじめたシェラーは、二十年後の一八八六年には員外准教授になるが、その後他大学から正教授として招聘されることはなく、員外身分のまま一九一七年に死去する。彼は、じつに半世紀にもわたって哲学部に居座りつづけたのである。

ある種の名物講師であるシェラーは、学生たちの揶揄の対象になっている。彼は、私講師を二十年も続けたのちにようやく員外准教授になっている。員外准教授には固定給がなく、あいかわらず聴講料収入のみに頼っている存在にすぎない。そこで学生たちは、彼に「万年私講師（ewiger Privatdozent）」というレッテルを貼っていた。また彼が、講義のなかで、人類の生成発展にかんする叙述を長々と展開していることから、彼の講義では、学期末になり、もう終講してしまう頃になって、ようやく猿が登場したというジョークが、学生たちのあいだで流布されていた（MWzG: 217f.）。

ハイデルベルク大学の同僚たちや他の学者たちにとって、シェラーの存在はなんとも疎ましいものだった。ラートブルフは、いったいシェラーという人物はほんとうに生きているのか、「幽霊」ではないのかと語っている。シェラーがある学会の席上で発言しようとすると、それをみたゲオルク・フォン・ベロウは、「ああ、例のシェラーだ」と聞こえよがしに野次を飛ばした。そしてそのシェラーの発言を、議長はすぐ途中で遮ってしまった。どういう発言だったのかは定かでないが、のちにヴィンデルバントは、そのときのシェラーの発言を「戯言」と切って捨てている。またシェラーの著書出版にかんする問い合わせを読んだヴェーバーは、その出版社にたいして、その書物の内容が「無意味」そのものだとしても、出版したからといって危険はないだろう（出版社に経済的損失が及ぶことはないだろう）と回答したという（ebd.: 217–219）。じつに散々な扱いである。

もともと経済的にかなり困窮していたシェラーが最終的に破産したとき、そういう人物を大学の講師リストに載せておくのは好ましくないという意見が出されたが、これにたいして温情的対応を求める声にヴェーバーも同調している（ebd.: 218）。こうして「万年私講師」の権利は守られた。

シェラーの事例をみると、学部が、人物考査に厳格性をもたせている理由がよくわかる。そして、その「厳格性」は、往々にして思想審査にも繋がっていくのである。

以上のように、ドイツの教授資格審査は、その手続があまりにも煩瑣で、審査が過度に厳密であること、それにもかかわらず不適格者を排除することに失敗してきたこと、審査における価値判断が、往々にして露骨な思想審査をも混ぜこんでおり、申請者を不条理な状況に追いこみ、有能な人材にたいして門戸を閉ざしてしまうことなど、多くの問題を孕んでいる。ヴェーバーが問題視しているのはこうした諸事情なのである。

【翻訳史】当該箇所にしめされている教授資格審査過程は、ヴェーバーの時代におけるドイツの大学事情を考えるうえで、ごく基本的な常識事項なのだが、これまでの邦訳者たちにあっては、なにか教授資格審査がひどく簡単なことであったかのように誤認されており、また審査手続の手順も理解されておらず、論外である（尾高訳②：

一〇頁、出口訳④：三六五頁、間場訳：三〜四頁、中山訳：一六二頁、三浦訳：六頁）。この箇所は、べつに翻訳・解釈上の難所でもなんでもなく、ヴェーバーは、教授資格請求論文の準備・執筆と資格審査の流れについて、わかりやすく時系列順に語っているだけだから、ヴェーバーが語った（書いた）通りの順に普通に訳していればまちがえるはずがないのだが。尾高の場合、私講師を、尾高自身が任ぜられた副手と同列視したための錯誤だと思われる（尾高邦雄一九七九：八七頁）。邦訳者のなかでは、三木だけが、「打ち合わせ」→「承認」→「著書」をまとめること→「試問」を受けることという順序を正しくしめしているが、三木もまたこの手続を「形式的な」ものと見誤っている（三木訳：三頁）。

　尾高・出口・間場がひどい迷妄に陥っているのをみた渡辺は、懇切な注をつけ、①分野代表者たる教授との協議およびその承認、②書物のかたちで教授資格請求論文を提出すること、③学部の教授たちが居並ぶ前で試験講義をおこない、口頭試問を受けること――この三段階をすべてクリアしなくては教授資格の取得ができないことをていねいにしめし、既訳の不備を正しく指摘した（渡辺編：六二頁）。この指摘がなされたのは一九七四年だが、尾高は一九八〇年に、出口は一九八二年に改訳するさい、渡辺の正当な助言を黙殺し、その後も意味不明の誤訳をさらしつづけた。

　英訳にも問題があり、原意に沿っていない（G&M: 129, ES: 54, MJ: 3, RL: 1, GCW: 26）。とくにシルズは、教授資格取得手続が"perfunctory"（かたちだけのもの）であるかのように誤認している。これにたいして、ブルーンは、"after having consulted the full professor responsible for that area of specialization, and with his approval, he acquires the right to teach at a particular university on the basis of a thesis and an examination - which is mostly something of a formality - by the faculty" と正確に訳している（HHB: 335）。ひとつ注文をつけるならば、„vor der Fakultät" の „vor"（〜の眼前で）の含意が抜けているが。

　邦訳すべてにおいて（また一部の英訳において）、なにか当時のドイツの大学で教授資格を取得するのが非常に容易であったかのような奇怪な文意が与えられているが、事態はまったく逆であり、ヴェーバーは、審査がきわめて厳格で、教授資格取得が困難であることを強調している。こうした事情は、彼自身が語っているように、聴衆であるミュンヒェン大学の学生たちの「誰でも知っている」ことだから、この講演においては簡略な記述にとどめているのである。

（②7）【語句・文意・文法】当該箇所で「今度は（nun）」と言われているのは、〈教授資格を取得すること自体が非常に困難である〉という論旨を受け、〈苦労してようやく資格を取得しても、さらに今度はまた別の困難（経済的困難）が待ちうけている〉という論旨展開になっているからである。

【関連記述】こうしたドイツ私講師の困難は、当然にも、教授資格取得にさいしても講師の職務遂行にさいしても、もともと講師がある程度の有産層に属していることが必要であるという論旨へと結びついていく。こうして、才能があっても無産層に属している者は講師層から排除され、資産がカリスマを駆逐するのである。「教育免許の獲得のために必須である教育過程は、かなりの費用と待機期間とを生じさせるから、かかる努力は、同時に、財産所有のために才能（「カリスマ」）を抑圧することを意味している」（MWGI/22-4:

231）。

【付帯状況】私講師は、学生の聴講料のみによって報酬を得るのが通例だが、私講師が、聴講料免除の科目を受けもち、まったく報酬なしで講義することもあった。これは稀でない。ヴェーバー自身もそうした科目を受けもったことがある。ただし、演習授業のための特別な手当が（学生指導のための蔵書強化の名目で）支払われたケースもある。この講演の聴衆は学生たちであり、彼らは聴講料免除の科目があることを当然よく知っているから、ヴェーバーはこうしたことについて事細かに語ることはしていない。

一方、場合によっては、たとえば正教授が病気等で休職しているあいだ、あるいは正教授ポストが空席になっているあいだ、重要な基幹講義（Hauptvorlesung, 正教授の義務として指定された講義）に穴を開けるわけにはいかないので、私講師がピンチヒッターとしてこの講義科目を受けもつことがあり、このときには、政府および大学評議会の承認を経て、特別な講義報酬が（聴講料とは別に）この私講師にたいして支給された。緊急避難的な措置だが、そのケースは稀でない。ヴェーバーが一八九二年にはじめてベルリン大学で講義を受けもったとき、たまたまレヴィン・ゴルトシュミットが病気休職することになり、その基幹講義（商法）をも私講師ヴェーバーがピンチヒッターとして受けもったから、このときヴェーバーにたいしてこうした特別報酬が支払われたはずである（ただし、ベルリン大学公文書館に関係史料は所蔵されていない）。

私講師には固定的な俸給がなく、しかも固定的な俸給がないにもかかわらず講義の義務があり、さらに無報酬で講義を受けもつこともあった。こうした私講師の身分・職位そのものが有している矛盾・不条理性に目を向けたときにはじめて、ヴェーバーがなぜ（アメリカと対比しつつ）私講師の問題を長々としゃべっているのかが理解できる。ドイツの大学の近代的発展が不可避的に抱えこまざるをえなかった問題性が、私講師という不条理な存在に凝縮されたかたちで刻印されているのである。

（②8）**【語句・文意・文法】**ある専門分野にかんする厳しい教授資格審査を通過することによって、私講師はその分野の専門家であることを公的に認められ、その分野における専門講義を開講する権利を獲得する。これは、ここでヴェーバーが述べているように、あくまでもその「講義資格権の範囲内で」のことであり、専門として承認されていない領域にかんする講義を開講する自由はない。

（②9）**【語句・文意・文法】**この引用符つきの「助手」は、ドイツ語の「助手（Assistent）」と区別するため、わざわざ英語で „assistant“ と書かれており、しかもラテン文字で印刷され、他の地の文のフラクトゥーア（Fraktur, ドイツ文字）と区別されている（下図）。

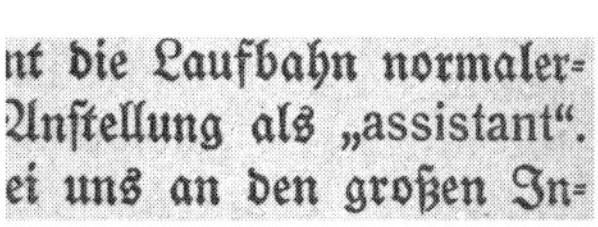
nt die Laufbahn normaler=
Anstellung als „assistant“.
ei uns an den großen In=

（②10）**【語句・文意・文法】**任命配置（Anstellung）は、固定給をともなうひとつのポスト（Stelle）に就けることを意味している。アメリカにおける助手の任命配置は、俸給を受給することなく聴講料収入にのみ頼っているドイツの私講師の不安定な地位と際立った対照をなしている。

（②11）**【関連記述】**ヴェーバーは、ドイツにおける研究所組織の発展について論じたなかで、ギーセン大学においてユストゥス・フライヘル・フォン・リービヒの研究所が設置された意義に言及し、次のように述べている。「科学研究経営および科学教育経営の分野においてもまた、大学の現存する『研究所』（その最初の大経営的事例は、ギーセン大学におけるリービヒの実験室であった）における官僚制化は、物的経営手段にたいする需要増大に対応する関数であり、この関数は、国家によって特権を与えられた長の手中に物的経営手段を集中させることによって、多数の研究者・講師を彼らの『生産手段』から分離するのであり、それはちょうど、資本主義的経営が労働者を彼らの生産手段から分離するのと同じである」（MWGI/22-4: 200f.）。

（②12）【語句・文意・文法】「無給名誉職的（plutokratisch）」とは、〈無給で職務を遂行しなくてはならないので、その能力のある有産層に適合した〉という意味である（渡辺編：六二頁）。これは、すぐあとに出てくる「有給被用者的」と対にされている（個別注解②14を参照）。

【典拠】この問題は、すでにフランツ・オイレンブルクが取りあげていた。彼は、各大学勤務者の統計調査に依拠して、准教授・私講師層の（父親の）出自が地主・工場経営者・商人等の富裕層に偏っていることを指摘している（Eulenburg 1908: 17–19）。

【関連記述】無給名誉職的原理は、学者のみならず政治家として身を立てる場合にも働いており、ヴェーバーは、『職業としての政治』において、政治家として生きるためには、レンテ生活者（不労所得によって生計を立てうる者）のような余業可能な層が適していることを指摘し、「（経済的な意味において）もっぱら政治のために生き、政治によって生きるのでない人々による国家または政党の指導は、必然的に、政治的指導者層の『無給名誉職的』な人員補給を意味する」と述べている（MWGI/17: 170f.）。もちろんこれは好ましいことではなく、無産者層が政治に参加できるようにするためには、政治によって報酬が得られることが必要である。

（②13）【語句・文意・文法】私講師は、経済的問題のみならず、教授や研究所長から有形無形の圧力を受け、学部教学上の要請に即事に対応しなくてはならないこともあり、また各大学の人事政策上の思惑に巻きこまれる。彼は、ほかにも学究行路上に横たわっているさまざまなリスク（だから「諸条件」と複数形になっている）に身をさらすことに耐えなくてはならないのである。

【翻訳史】他動詞「耐える（aushalten）」の目的語は単数の代名詞 es だから、それは「諸条件（Bedingungen）」ではなく、動名詞の「身をさらすこと（sich auszusetzen）」だと解さなくてはならない。間場は、「大学の教職につくための経歴に必要な諸条件に身をさらすことは、非常な冒険である」と訳し（間場訳：五頁）、三木も、「学究生活の諸条件に身をゆだねるということは」「全く冒険的という外ないのであります」と訳し（三木訳：三頁）、岡部も「学歴環境に身をさらす」と訳している。この三つの訳が正しく、他の邦訳では「身をさらすこと」が脱落していて論外である（尾高訳②：一〇頁、出口訳④：三六六頁、中山訳：一六二～三頁、三浦訳：六頁）。

（②14）【語句・文意・文法】「有給被用者的（bureaukratisch）」（『科学論集』初版以降では、この語は „bürokratisch“ に変更されたが、『全集』では „bureaukratisch“ に戻された）は、個別注解②12の

「無給名誉職的（plutokratisch）」と対語にされており、〈俸給が与えられて職務を遂行するので有産層である必要がない〉という意味で用いられている。通例この語は「官僚制的」と訳されているが、それでは意味が伝わらない。渡辺が指摘するように、ここでこの語は、官僚制のもつさまざまな特徴のなかで、俸給を支給するため、任用される官吏が特定の層に偏らないという側面に特化して用いられている（渡辺編：六二頁）。

ドイツとの対比で、アメリカにおいて特徴的なのは、あくまでも有給被用者的制度であって、ドイツよりもアメリカにおいて官僚制が発達しているのではない。それどころか、まったく逆に、ドイツにくらべてアメリカでは官僚制は未発達であるというのがヴェーバーの見立てである（段落㉞要説および個別注解㉞4を参照）。したがって、当該箇所を不用意に「官僚制的」と訳すと、ここではアメリカで官僚制が発達していると述べられているのに、後段になると正反対の趣旨が述べられていることになり、大きな齟齬を来《きた》す。当該箇所の bureaukratisch と後段の Bureaukratie とでは異なった意味が与えられているのだから、かならず異なった訳語を与えなくてはならない。

②15）**【関連記述】**「かろうじて半熟練工の賃金程度」の給与額については、ヴェーバー自身の記述から確認できる。彼は、一九〇四年にアメリカを訪問したさい、労働者にインタヴューする機会を得ており、そのなかで、労働者の平均年収を約千ドルとしている（RSI: 208）。また講演『社会主義』のなかで、アメリカの労働者たちのなかには、教養の水準が高く、アメリカの大学教員よりも賃金の高い人々がいることを述べている（MWGI/15: 604）。

②16）**【語句・文意・文法】**渡辺は、この „volle Häuser‘ machen“（会場を満杯にする）について、当時の学生用語からの借用ではないかと推測している（渡辺編：六二頁）。ドイツ語には „sich die Hosen vollmachen“（粗相をしてズボンを汚す／びくびくしている）という慣用句があり、学生が、この „Hosen“（ホーゼン）と „Häuser“（ホイザー）とを掛けてこしらえた駄洒落ではないかと思われる。

②17）**【語句・文意・文法】**原文は、„hat man ihn einmal, so wird man ihn nicht mehr los.“である。ひとたび私講師を雇った者は、通常は彼を解雇することはないだろうという意味である。ここで（たんに man とだけ記されている）「雇った者」とは、直接には（厳密には）学部である。なぜなら、申請者に教授資格を付与し、彼を私講師として採用し、講義権を授与するのはその学部であって、この件にかんして、政府は形式的な認可を与えはするが、実質的に公的な関与をしないからである。しかし、ヴェーバーがここで与えている文意からすると、「雇った者」のなかには政府（直接には各国の文部行政担当省）も含まれていると判断できる。

この一文を正確に読み、とくに werden（「だろう」という確実性のない推量）の含意をしっかり汲みとることは重要である。というのは、たしかに通常は、政府・大学が私講師を解雇しようとすることはないけれども、政治的・思想的理由によって私講師を解雇しようとする策動は、幾度も繰りかえされてきたからである。その端的な例が、要説（二）にしめしているアーロンス事件である。

【翻訳史】渡辺が指摘するように、この文（hat man ihn einmal, so wird man ihn nicht mehr los）の主語 „man“ は、私講師を指す

のではなく、私講師の雇用主を指しており、目的語の„ihn"は、「地位」や「資格」ではなく「私講師」である（渡辺編：六二頁）。だから、〈雇い主は、いったん採用した私講師を通常は解雇しないであろう〉という意味になる。邦訳は、主語と目的語を取りちがえたり、私講師を解雇することはできないかのように誤認したりしている（尾高訳②：一一頁、出口訳④：三六六頁、間場訳：七頁、中山訳：一六三頁、三浦訳：七〜八頁）。三木は、受動態に変えて„ihn"を主語に立て、「一旦、私講師として採用されたならば最早、くびになるということはないでしょう」と訳しており（三木訳：四頁）、これが邦訳中ではもっとも原意に近いが、それでも意を尽くしていない。

　英訳にも問題がある。ガースとミルズは、"once one has him, one cannot get rid of him"と訳し、ジョンもこの文を写している（G&M: 130, MJ: 4）。シルズは、"once he is appointed, he remains permanently"と訳し（ES: 55）、リヴィングストンは、"once you have him, there is no getting rid of him"と訳している（RL: 2）。ウェルズは、"once you have him, you can never get rid of him"と訳し、ブルーンもこれに倣っている（GCW: 26, HHB: 336）。邦訳群とはちがって、主語と目的語は正しく把握されているが、"cannot"や"permanently"や"can never"を付加したのはまちがっている。強いて言えばリヴィングストンがやや原意に近いが、"there is no getting rid of him"では werden の含意が消えてしまう。

（②18）【語句・文意・文法】法律用語の借用なので、「請求権」が引用符つきにされている。私講師は、法律上その地位の保全を要求できるわけではないが、伝統的慣習として地位の保全が期待できるという意味である。ここでは「伝統」や「慣習」にかんするヴェーバーの議論が想起されよう。しかし大学におけるこの慣習は「アーロンス法」によって破られた（要説（二）を参照）。このことは、政府による大学人事への介入が一段と強化されたことを意味する。

（②19）【語句・文意・文法】「一種の道義上の権利を有する」の動詞 haben が接続法第Ⅰ式（引用的文脈を指示）なので、そういう「趣旨の」とした。「相互諒解（begreifliche Vorstellung）」の begreiflich は、〈思考実験・追体験をしてみてなるほどと理解できるような〉という意味であり、ここで具体的には〈雇用主（政府・大学）と被用者（私講師）との相互間で納得がいくような〉という意味になる。

　ここでヴェーバーが語っているように、私講師の地位は、たしかに通常は保障されており、その専門講義開講は私講師の権利である。しかし同時に講義開講は義務でもあり、講義不開講は、病気等のやむをえない理由が大学・政府によって正式に了承されることを必要とした。また、私講師は、付帯義務として、彼が資格取得した大学（彼の勤務校）が所在する都市に居住しなくてはならず、自宅を訪ねてくる学生を随時指導する必要から、開講期間中は旅行に出ることが禁じられているケースもあった。これは、学生が講師の私宅に質問に来ることを想定してのことであろう。

【関連記述】ヴェーバー自身も、ベルリン大学に私講師として勤めていたとき、私講師の職位にまつわるさまざまな問題に直面した模様である。うんざりした彼は、一八九一年一月三日付ヘルマン・バウムガルテン宛書簡のなかで、無給の私講師という地位にたいして、もしも金銭的な自立性が確保されている地位が得られるなら、学問研究のために内的な落ち着きを得られるのにと嘆いている（JB:

326)。私講師身分に投影されているドイツの大学の悪しき伝統にたいして、ヴェーバーは生涯にわたって批判的であった。

（②20）**【関連記述】**新規採用に門戸を開くのか、それとも既存の講師たちに優先権を与えるのかという問題を、ヴェーバーは思想問題と結びつけ、「新規就任（Zulassung）」の問題として重視している。

　第二回ドイツ大学教員会議における議論（の不毛）を振りかえりつつ、政治的あるいは宗教的にラディカルな信念を有している教員が、その信念を明らかにしたのちも教壇上に留任すること（*Belassung*）ができるか否かという問題と、そうした信念を有する者が教員として新規に就任すること（*Zulassung*）ができるか否かという問題とを切りはなしたうえで、事実上両方とも否定しようとする風潮にたいして、彼は声を大にして異を唱えている（Dreijmanis 2010: 78）。ここには、みずからの既得権に安住しようとする教授たちを厳しく糾弾する彼の姿があざやかにしめされている。

（②21）**【語句・文意・文法】**ハイデルベルク大学哲学部の規程（一九〇七年七月十日付）から、学位取得の手続をみよう。

　まず申請書類を提出するさいには、履歴書を添え、またこれまで在籍した学校・大学の証明書類を添える必要がある。

　学部は、ギムナージウムまたは実科ギムナージウムの修了証書を求めるが、政治経済学または地理学専攻の場合、実科高等学校の証書でも可とする。

　学部は、大学に三年間（六学期）以上在籍していた証明書を求める。他国の大学や各種高等教育機関で学んだ期間を算入することもできるが、どの場合でも、もっぱらドイツ語で教授される大学に最低四学期間以上在籍していなくてはならない。

　学術論文たる価値を有する未公刊の論文を提出し、独力で学問的活動が可能であることを証明しなくてはならない。

　学部が、これを博士論文としてふさわしいと認定した場合にのみ、口頭試問が課せられる。口頭試問は、主たる専門分野ひとつと、隣接分野二つにかんして実施される。哲学部では十六の専門分野が指定され、歴史学または国家学を専門分野とする候補者にかんしては、隣接分野としてさらに国法・国際法・行政法・商法を選択することができる。

　口頭試問の結果、「最優等（summa cum laude）」「優（magna cum laude）」「良（cum laude）」「可（rite）」と評価される。ただし、「最優等」は、博士論文が優秀である場合に限る。

　試問を通過した者は、博士論文を改稿することなく自費で公刊しなくてはならず、刊行物には履歴書を添えなくてはならない。

　博士論文試験料は三五〇マルクで、申請時に五〇マルク、口頭試問前に三〇〇マルクを支払う。博士号を取得できなければ全額返金される（Jellinek 1908: 104-108）。

【付帯状況】学位取得にはさまざまなケースがある。審査が厳格性を欠いていたケースを二つみよう。平田東助は、一八七五年にヨハン・カスパル・ブルンチュリのもとで学位を取得しており、彼は日本人の政治学博士第一号とされている。ところが、筆者がハイデルベルク大学に問いあわせたところ、平田の学位論文は同大学に所蔵されていないことが判明した。平田はどうやら学位論文を書かないまま学位を認定されたらしい。「経歴談」中で、平田は、国法・国際公法・財政経済の四科目の試験を受け、「第二等の及第」をもって学位を取得したと述べている（加藤房蔵編　一九二七：三六三頁）。このことから、彼は論文なしで学位を取得したと推定できる。

論文なしで学位を取得したケースはほかにもある。ゲオルク・ミヒャエリスは、独逸学協会学校教師として赴任するにあたって、青木周蔵の勧めで、法学博士号を取得しておくことに決め、ルードルフ・フォン・イェーリングが便宜を図ってくれることを事前に確認したうえで、ゲッティンゲン大学に向かった。審査にさいしては、いくらか難色をしめす教授もいたが、イェーリングのとりなしで、無事に学位を取得することができた（Michaelis 1922: 52f.）。

しかし、平田やミヒャエリスのように学位が粗製濫造されるケースは、むしろ例外だったと思われる。平田の場合、帰国後の日本におけるキャリア形成にとって有利になるだろうというブルンチュリの配慮が、またミヒャエリスの場合、異国で教壇に立つとき、学位を取得しておいたほうがよかろうという青木とイェーリングの配慮が働いており、いずれも特殊な状況下の出来事である。ミヒャエリスの自伝記述は、大学研究者のあいだでよく知られているが、それは、特異なケースだから有名なのであって、十九世紀においてこうした情誼的審査がひろく横行していたことを意味しない。筆者は、ハイデルベルク大学やハンブルク大学で、ヴェーバーとほぼ同時代の学位論文をいくつか読んだことがあるが、長さはさほどでなくても、そこでは、内容の充実した水準の高い考察が提示されていた。学位審査にさいしては、しっかりした研究成果の提出が求められ、またそれを厳密に審査するのがやはり一般的だったと考えるべきである。

ヴェーバー自身がベルリン大学で学位を取得するさいには、審査にさいして、ヴァルター・ロッツらから突っこんだ質問を浴びせられ、これを退けた後、さらにテーオドール・モムゼンとのあいだでかなり激しい論戦を繰りひろげなくてはならなかった（GStAPK/MW21: 2a–b, LB1: 121, LB2: 132）。

（②22）【語句・文意・文法】『全集』によると、他大学で不利益を被ったヴェーバーの門下生はローベルト・リーフマンである（MWGI/17: 73）。リーフマンは、結局一九〇〇年にギーセン大学で教授資格を取得することができた。

【付帯状況】ドイツの教授資格制度の問題性をみたヴェーバーは、公平性を確保するため、自分の許で学位を取得した者は、他大学で教授資格を取得せよという指針を立て、それを実行した。この事情についてはホーニヒスハイムの証言がある。ヴェーバーは、「原則的に、彼自身の門下生にはけっして教授資格を授与しなかった。これによって、彼はたぶん、そう実際にかなりの数の若者を冷遇した。というのは、そうすると、この人たちは、たぶん他大学で教授資格授与許可を申請したことだろうからである。しかしそうすると、〔他大学では、〕この人たちの指導教員〔＝ヴェーバー〕は、なんでまたこの人たちに私講師職位を認可しなかったのかと怪訝に思われたことであろうし、それにおうじて、当該の若者にたいして疑いの目が向けられたことであろう。マックス・ヴェーバーは、こうした帰結がわかっており、私〔＝ホーニヒスハイム〕にたいして、このことを率直に打ちあけてくれた。それにしても、またしても彼は、一方では彼の門下生の利益への配慮、〔他方では〕彼にとってはずっと重要だと思われる別の義務という二つの義務のあいだで選択せざるをえなかった。彼にとって、門下生の教育活動を経由して間接的に自分の見解を説きひろめるために、自分の門下生への教授資格授与を押しとおすことは、疑問の余地なく現存している正教授の権力的地位を悪用することだと思われたのである。すでにこのことが、この考えられないほど謙虚な男には、影響力行使の不法なかたちにみえたのである」（MWzG: 223）。

ところが、当該箇所に記されているように、ハイデルベルク大学以外の大学においては、他大学における教授資格取得を命ずる正教授がいるとはとうてい信じてもらえないので、リーフマンは、ハイデルベルクでなにか問題を起こしたのではないかという疑心暗鬼を招き、教授資格審査そのものを拒否されたのである。ヴェーバーの配慮がまったく裏目に出た皮肉な事例であり、聴衆はここで溜息と失笑を漏らしたことであろう。

自分が指導した学生にたいして、あえて他の大学で教授資格を取得するよう命ずるヴェーバーの準則は、たしかに学生にとってかなり酷だろう。ただ、これにかんしては、ハイデルベルク大学哲学部特有の事情が働いていた可能性がある。というのは、同学部は、原則として（私講師や員外准教授から正教授への）内部昇任による正教授採用を認めていないからである（員内准教授から正教授への昇任は可能である）。同学部で教授資格を取得し、私講師として勤務しはじめた研究者は、員外准教授になることはできるが、そのまま同学部で正教授ポストに就くことはできない。正教授になるためには他出しなくてはならない。そして同学部の正教授たちは、ほとんど例外なく他大学からの転籍者である。したがって、ヴェーバーがリーフマンを他大学に送ろうとしたのは、この逸材を、いったん他大学で勤務させたあと、将来的にハイデルベルク大学に招くというルートをつくっておくためだったとも解される。

後年になると、この転籍原則は緩められていく。ハイデルベルク大学哲学部で教授資格を取得して勤務しはじめ、しかも内部昇任によって正教授になったケースとして、フリードリヒ・グンドルフとエーミール・レーデラーを挙げることができる。グンドルフは一九一一年に、レーデラーは一九一二年にハイデルベルク大学で教授資格を取得し、私講師・員外准教授を経て、一九二〇年八月二十八日付で、両者同時に員内准教授に昇任している（UAH/PA4780）。員内准教授は、もともと正教授に昇任できる職位であり、両者ともその後正教授になっている。これは、他大学で正教授職を獲得することが困難なユダヤ人研究者にたいして執られた例外措置だったと思われる。

なお、他大学ではなく同一大学内で、他の教授に教授資格や学位の審査を委ねるケースは珍しくなかった。たとえば個別注解②6【付帯状況】に記したラートゲンの例がそうである。彼はシュモラーの門下生であり、日本から帰国したあとシュモラーの私的助手を務めていた。しかしシュモラーは、ラートゲンの教授資格審査に自分で当たろうとはせず、ヴァーグナーとフェルディナント・フォン・リヒトホーフェンに托している。理由は、ヴェーバーと同様、公正かつ厳格な審査を望んだからであろう。

（②23）　アーロンス以外に、政治的理由で私講師資格（venia legendi）を失った例として、ヴェーバーと直接交流のあったニコライ・ブーブノフを挙げることができる。ブーブノフは、ハイデルベルク大学哲学部の私講師だったが、第一次世界大戦が勃発すると、ロシア出身であるという理由で私講師資格を剥奪されたのである（MWGII/9: 256）。彼は、戦後になってハイデルベルク大学の教壇に復帰することができた（段落㉕要説（四）を参照）。

段落③④（A4f., B583f., C73, D5）

③アメリカと異なっている他の点は、ドイツでは一般に、私講師が担当しなくてはならない講義数が、彼が希望するよりもすくないということです。たしかに彼は、その権利に則って、彼の専門分野にかんするどの講義[③1]をもおこなうことができます。しかし〔もしもそんなことをすると〕、それは古株の講師たちにたいする無礼で思慮を欠いた振る舞いとみなされ、〔したがって〕通例「大」講義[③2]を担当するのは分野代表者であり、〔私〕講師は副次的講義で満足することになります。[③3]長所は、まあいくらか不本意ではあっても、若い時期に、学問研究のために時間があるという点です。[③4]

④この点で、アメリカでは根本的に異なった制度になっています。講師は、まさに有給であるという理由で、まさにその若い時期に重い講義負担を課せられていることが明らかです。たとえばゲルマン諸語の部門では、正教授ならゲーテにかんする講義を〔週〕およそ三時間担当することでしょうし、それで十分なのですが、これにたいして若い助手（assistant）なら、週十二時間担当して、ドイツ語を教えこむかたわら、だいたいウーラント級[④1]の詩人たちにいたるまで、なんらかの講義を割りあててもらうなら喜ばしいところです。というのは、権限をもつ担当部局[④2]が講義計画を策定しており、ドイツにおいて研究所助手がそうであるように、〔アメリカの〕助手（assistant）はこれに従属しているからです。

段落③④要説

この二つの段落において、アメリカにおける授業負担配分が、ドイツにおけるそれと対比されているのだが、聴衆であるミュンヒェンの学生たちにとって、後者はわかりきっていることなので、ここでは触れられていない。しかし現代日本の読者にたいしては、後者がどうなのかも提示する必要がある。講演者自身の（正教授就任後の）勤務実態を中心に例示しよう。

ヴェーバーは、フライブルク大学で五学期担当している。安藤英治が閲覧した開講予告科目一覧と、筆者が調査した会計掛の記録とのあいだには若干の異同がある。開講予告と実際の開講状況とが異なっているのである。これを整理しなおしたものが**表1**である。受領記録のある講義科目は実際に開講されており、受領記録を欠く講義科目は開講されなかった可能性が高いが、聴講料免除で開講された可能性もある。演習科目は聴講料が免除されているため、実際に演習がもたれたけれども会計掛の記録はないと推定される。

基幹講義である「理論的国民経済学」「財政学」「実践的国民経済学」は、週四～五回各一時間、「ドイツの労働問題」「貨幣・銀行制度」は週二回各一時間、公開講義（聴講料免除）である「国民経済学の歴史」は週一回一時間、「取引所制度および取引所法」も週一回一時間、演習科目は週一回各二時間である（安藤英治　一九七二a：二一七頁）。

彼はまた、哲学部科目のみならず、法学部からの依頼で「ドイツ法制史」「商法演習」も担当している（UAF/B17-17, 18, 19, 26, 27）。最近刊行された『全集』講義編各巻には、ヴェーバーが担当した講義科目一覧が付せられているが、フライブルクで予告なしに開講さ

表１　フライブルク大学におけるヴェーバーの開講状況

学期	科目名	予告	受領(注1)	備考
1894/95年冬学期	講義「一般的理論的国民経済学」	あり	あり	合同開講(注2)
	講義「財政学」	あり	あり	
	演習「官房学演習」	あり	なし	
1895年夏学期	講義「実践的国民経済学」	あり	あり	開講予告の副題「経済政策」
	講義「ドイツの労働問題」	あり	あり	開講予告では「ドイツの都市と農村における労働問題」
	講義「農業政策」	なし	あり	
	演習「官房学演習」	あり	なし	合同開講(注2)
	演習「商法演習」	なし	なし	法学部科目，開講中止か(注3)
1895/96年冬学期	講義「理論的国民経済学」	あり	あり	受講者51名
	講義「貨幣・銀行制度」	あり	あり	開講予告では「貨幣・銀行・取引所制度」，受講者42名
	講義「ドイツ法制史」	なし	あり	法学部科目
	演習「官房学演習」	あり	なし	合同開講(注2)
1896年夏学期	講義「理論的国民経済学」	あり	あり	受講者72名
	講義「国民経済学の歴史」	あり	なし	会計掛記録なし
	演習「商法演習」	あり	あり	法学部科目，参加者6名
	演習「官房学演習」	あり	なし	合同開講(注2)
1896/97年冬学期	講義「財政学」	あり	あり	受講者33名
	講義「取引所制度および取引所法」	あり	なし	会計掛記録なし
	講義「国民経済学」(注4)	なし	あり	受講者51名
	演習「官房学演習」	あり	なし	合同開講(注2)

（注１）　聴講料受領日の日付記録およびヴェーバーの署名の有無.
（注２）　シュルツェ＝ゲファーニッツとの合同開講.
（注３）　会計掛の記録では，科目名がいったん記入されたものの抹消されている.
（注４）　理論系か実践系かは不明.
（出典）　UAF/B17-17, 18, 19, 26, 27. AVUF（各学期）．安藤英治 1972: 127頁.

れた科目「ドイツ法制史」（一八九五／九六年冬学期）が抜けている（MWGIII/7: 123-125）。

開講予告されなかったため、開講回数・時間数が判然としない科目もあるが、彼は、おおむね週六〜一〇時間の講義を担当し、かつ演習を二ないし四時間受けもっている。平日で講義も演習もない曜日はせいぜい一日のみであり、一八九五／九六年冬学期の平日は毎日授業がある。当時の大学教授の授業負担はかなりのものである。

つぎに、ハイデルベルク大学哲学部における一八九七年夏学期、一八九七／九八年冬学期、一八九八年夏学期の開講科目をみてみよう（表２）。基幹講義は、「一般的国民経済学」「実践的国民経済学」（以上二科目は週五回各一時間）「財政学」（週四回各一時間）の三科目である。他の科目は週一〜二時間（週一回二時間または週二回各一時間）だから、基幹講義とそれ以外とで講義負担に大きな差がある。

この表にはヴェーバーの担当科目のみを掲げたが、一八九七年夏学期においては、「一般的国民経済学」をヴェーバーが担当し、「実践的国民経済学」「財政学」は員外准教授エマヌエル・レーザーが担当している。一八九七／九八年冬学期は、「一般的国民経済学」は開講されず、「実践的国民経済学」をヴェーバーが、「財政学」を私講師カール・キンダーマンが担当している。一八九八年夏学期は、「一般的国民経済学」をヴェーバーが、「実践的国民経済学」「財政学」をレーザーが担当している。このように、時間数が多く、負担の重い基幹講義科目を、ヴェーバー、レーザー、キンダーマンの三人で適宜分担しながら切りまわしていることがわかる。

これ以降になると、ヴェーバーは、体調不良のため授業遂行が困難になるので、通常の授業負担状況をみるには適さない。その後非

表2　ハイデルベルク大学におけるヴェーバーの開講状況

学期	科目名	備考
1897年 夏学期	講義「一般的（「理論的」）国民経済学」 演習「国民経済学ゼミナール」	
1897/98年 冬学期	講義「実践的国民経済学（商業政策・工業政策・交通政策）」 講義「農業政策」 演習「国民経済学ゼミナール」	
1898年 夏学期	講義「一般的（「理論的」）国民経済学（文献史を除く）」 講義「労働問題と労働運動」 演習「国民経済学ゼミナール」	文献史（学説史）は レーザーが担当

（出典）　AVUH（各学期）.

表3　ミュンヒェン大学におけるヴェーバーの開講状況

学期	科目名	備考
1919年 夏学期	講義「社会学のもっとも一般的なカテゴリー」 演習（題目不明）	水・時間数不明 曜日・時間数不明，計14日間
1919/20年 冬学期	講義「一般社会経済史要綱」 演習「社会学的論文および批評」	月水各二時間 週二回各二時間，土曜日午前（注1）
1920年 中間学期		開講なし
1920年 夏学期	講義「一般国家論および政治（国家社会学）」 講義「社会主義（入門講義）」 演習「社会学的ゼミナール」	月火木金各一時間 月水各一時間 週二回各一時間，曜日指定なし

（注1）　開講予告科目一覧においては voraussichtlich zwei je 2stündige Kurse, Sa. vormittag とのみ記されている（VVUM 1919/1920: 12）．週二回各二時間を予定しているのに，ここには土曜日（Sa.）の午前しか記されていない．土曜日午前に二時間ずつ二回演習をおこなったとは考えにくいので，もうひとつの曜日が脱落していると思われる．

（出典）　1919年夏学期はレプジウスによる（Lepsius 1977: 109）．他の学期はミュンヒェン大学開講予告科目一覧（VVUM）による．亀嶋庸一編 2005: 36頁．

常に長い期間、通常の授業遂行ができない状態が続き、ようやく一九一六〜一七年頃にある程度まで健康を恢復した彼は、一九一七年に、ミュンヒェン大学とヴィーン大学から正教授就任を依頼され、この二つの大学のどちらかに赴任することを考えはじめる。また同時に、ハイデルベルク大学哲学部において（また法学部学生をも念頭に置いて）社会学講義を開講することも依頼され、これらを念頭に置いて、新しい講義計画を練っている。『職業としての学問』の原講演がおこなわれる前の週、彼はヴィーンに旅行しており、そのときヴィーン大学法学・国家学部から具体的な招聘条件を提示されている。ただ、これによって翌一九一八年夏学期に彼がヴィーンで担当した講義一科目と演習一科目は、健康上担当可能かどうか試験的に受けもったものなので、これも、通常の授業遂行状況を確認するためには適さない。むしろ、一九一九年に着任したミュンヒェン大学国家経済学部における担当科目の負担状況を参照するべきだろう。

彼がヴィーン大学就任を断念したのは、主として政治的理由からだが、同時に、試験業務負担と授業負担が過重であることも、理由のひとつとして挙げられている（GLA235/2643: 198）。また、一九一八年秋頃に就任を依頼されたベルリン商科大学の招聘条件について、ここでは毎日講義をおこなわなくてはならず、体力的にみて担当可能かどうか疑問だとして難色をしめしている（MWGII/10: 252）。そして最終的にミュンヒェン大学に移ることに決めるのだが、着任にさいして、やはり健康上の理由から、彼はいくつか注文をつけ、バイエルン文部省の担当官フランツ・マットにたいして、授業負担を軽くするよう求めている（BHStA/MK17/MK69316）。

しかし、実際にバイエルン政府とのあいだで合意された時間数はけっして軽いものではない。彼は、それまでの体調不良の経験や、新しい職場で勤務しはじめるときの負担感や精神的ストレスなどを勘案し、あくまでも最初の学期の負担を小さくし、その後徐々に負担を大きくしていくよう求めたのであって、他の教員よりも優遇された待遇に安住しようとしたのではない。そのことは、実際の開講状況（表3）にもはっきりしめされている。

着任が遅れたため、一九一九年夏学期の開講予告科目一覧にヴェーバーは記載されておらず、この学期の配当時間数は不明である。一九一九／二〇年冬学期は、講義が週四時間、演習も週四時間である。一九二〇年夏学期になると、平日は毎日出勤し、週計六時間の講義を担当し、かつ演習を週四時間展開している。しばしば誤解されているが、彼は、健康上の理由から講義負担を大幅に軽減してもらっているけれども、それでもなおこれだけの授業を受けもっているのであって、現代日本の大学教授の平均的勤務状況と比較しても、けっして負担が軽いわけではない。しかも彼は、それでも自分の負担が他の同僚教授たちにくらべて軽すぎることから、自分を正教授から員外身分に降格させるよう大学にたいして求めている（LB1: 683, LB2: 722）。

こうした勤務実態をみると、たしかに基幹講義の負担が非常に大きいことが理解できる。また、演習科目は聴講料が免除されていることが多く、そのため受講者名簿が作成されず、演習参加者数がわからないことも多いのだが、ひとつ注意すべきは、正教授たちが、演習の正規の登録者だけを研究指導しているわけではないことである。たとえば、パウル・ホーニヒスハイムが、ハイデルベルク大学において、ラートゲンの「国民経済学演習」に登録しているのは、記録上は一九〇五／〇六年冬学期の一学期のみであるが（UAH/Rep.27/1026）、彼は、これ以外にもラートゲンに私淑して指導を仰いでいたことを明言している（MWzG: 224）。同様に彼は、ヴェーバー家にも足繁く通い、教授資格請求論文の作成指導を受け、さらにその後も長期にわたってヴェーバーと連絡をとりつづけ、一九一九年四月二十三日・三十日付ヴェーバー宛書簡においては、現在の自分の置かれている状況を詳細に綴り、指導を仰いでいる（BSBM/Ana 446.C.（6））。

ハイデルベルク大学においてヴェーバーの演習に参加した学生の数は、正規の登録簿で確認できるケースでは、ひとつの演習につき二十名未満だが、ヴェーバー自身は、バーデン政府宛退任（降格）願（一九〇〇年一月七日付）のなかで、「ゼミナールのために大がかりな課題論文に取りくませている約三十名の諸氏の利益」について述べている（圏点引用者、GLA235/3140）。このことから、正規の登録者以外にも多くの学生を指導していることがわかる。常時抱えていた指導すべき学生の数はこれほど多かったのである。

　さらに、ハイデルベルク大学の経済学教授たちは、マンハイム商科大学の教育活動にも駆りだされており、加えて、各種資格試験業務やバーデン歴史委員会業務などの国家任務も委嘱されている。ヴェーバーらの正教授は、きわめて大きな任務負担を強いられていたと考えなくてはならない。ドイツの高等教育体制のもとで、大学教師に過重な負担が押しつけられていることが、後述される「ドイツの大学の伝統」の問題に結びつく。

段落③④への個別注解

(③1)【編集史】この「どの講義」は、ドゥンカー&フンブロート社初版では „jede Vorlesungen" であるが、『科学論集』初版において、マリアンネ・ヴェーバーはこれを „alle Vorlesungen" に改変した(WL1: 526)。同第二版において、ヴィンケルマンもマリアンネに倣っていたが、同第三版以降、彼はこれを „jede Vorlesung" に再変更した(WL3: 584)。『全集』版でも „jede Vorlesung" のままである(MWGI/17: 73)。たしかに „jeder"(あらゆる)は本来複数形と結びつかないはずだが、„all"(すべての)との意味上の接近から、とくに口語では複数形をとることが珍しくない。この箇所は „jede Vorlesungen" のままでいいのではなかろうか。

　基本的にドゥンカー社初版に依拠しているディルク・ケスラーは、この箇所にかんしては、マリアンネに倣って „alle Vorlesungen" に改変している(Kaesler 2002: 476)。

(③2)【語句・文意・文法】「大」講義とは、個別注解②7【付帯状況】に記した基幹講義のことである。基幹講義は、それ以外の講義よりも時間数が多い。たとえば基幹講義が月曜日から金曜日まで週五回各一時間であるのにたいして、他の講義は、通例週一～二時間とされている。このように、基幹講義が「大」講義と呼ばれていたのは、他の講義と比較して〈時間数の多い大規模な講義〉だからである。

　したがって、ここで語られている「大」講義は、けっして〈聴講者の多い講義〉という意味ではないのだが、たとえばハイデルベルク大学哲学部国家学・官房学部門における基幹講義である「理論的国民経済学」「実践的国民経済学」講義は、他の講義にくらべて聴講者が相対的に多いのはたしかであり、他大学でも、正教授による基幹講義は概して多くの学生を集めていたから、学生たちは、これを「大」講義という俗称で呼んでいたようだ。とくに各種国家資格試験の審査官である分野代表者の教授が担当している基幹講義は、その資格試験の内容と密接な係わりをもっているから、多くの学生が押しかけた。

(③3)【語句・文意・文法】「副次的講義」は、前注にしめした基幹講義以外の特殊講義を指す。ヴェーバー自身が担当した講義でいうと、「労働問題論」「農業政策」等がこれに当たる。部門講義群の配置は、現代の大学のカリキュラムにくらべるとはるかに自由度が大きいが、基幹講義を中心として、それを補う位置づけの副次的講義群が配されるというのが通例である。私講師による講義もそのなかに組みこまれており、正教授・員外准教授・私講師のあいだで、担当講義の内容について、ある程度の調整がおこなわれるのが通例だった。

　一般には、正教授の科目内容を決定したあと、員外准教授・私講師の科目を調整していたと思われ、私講師や員外准教授の勤務は、とかく窮屈なものであった。しかしヴェーバーは、ハイデルベルク大学に着任したとき、同じ部門に勤務している員外准教授エマヌエル・レーザーと私講師カール・キンダーマンにたいして、「あなたたちはもちろん望むままに講義をおこなってよろしい」と確約し、彼らが自由に講義論題を設定してかまわないことを明言した（MWzG: 223）。しかも彼は、各スタッフの担当講義内容を調整するさいに、自分の講義内容を決めてから員外准教授・私講師陣の科目内容を確定させるのでなく、逆に、レーザーやキンダーマンの開講予告科目をみたうえで、自分の科目内容を調整している模様である。一八九八年夏学期に「一般的国民経済学」を開講するさい、彼は講義資料を印刷に付している（Weber 1898/1990）。この講義は緒論と六部から成っており、そのうち第一部のみレジュメがつけられている。それをみると、経済カテゴリー論と経済発展史と経済学説史とが包括された大がかりで野心的な講義を目論んでおり、当初、この講義は学説史を含んでいたことがわかる。ところが、開講直前に印刷された開講予告には「文献史（学説史）を除く」と記されており（AVUH 1898SS: 15）、学説史の講述を取りやめたことが明らかである。これは、同学期にレーザーが「国民経済学発展史」を講ずるので、それに譲ったと考えるのが自然である。このように、ヴェーバーは、他の准教授・私講師たちの開講状況をみたうえで、それとの内容上の棲み分けを図りつつ自分の講義内容を決定している。正教授でありながらこうした配慮をしていたのは、かなり稀な例ではなかろうか。

【付帯状況】ドイツの大学における講義事情から、他の講義において論じられることを、私講師が重複して――あるいは正教授の基幹講義に対抗してあえて同じ対象設定をして――講ずることは嫌がられた。

　しかし規程上は、正教授が講じているのと重なる内容を私講師が講じることは認められている（Jellinek 1908: 55）。よく知られているように、ショーペンハウアーは実際にこれを敢行し、ヘーゲルの講義への挑戦としてみずからの講義を展開した。またハイデルベルク大学員外准教授ハンス・シェラーは、相当な偏屈者として知られており、講義間のバランスや学生たちの学修進度におうじた講義展開をほとんど考えず、ひたすら自己流の講義活動に没頭したらしく、学生たちからはからかわれ、また同僚たちからは疎まれた（個別注解②6の【付帯状況】を参照）。

③4）**【付帯状況】**ドイツの私講師たちが、担当科目数・時間数がすくないので研究のための時間を確保できるというのは、もちろん程度の問題である。

④1）**【人物】**ルートヴィヒ・ウーラントはドイツの詩人・学者・政治家で、『ドイツ古民謡集』等で知られている。当該の文脈では、さほど有名でない文学者の一例として引き合いに出されている。

【典拠】ヴィンデルバントは、『十九世紀ドイツ精神生活のなかの哲学』（初出一九〇九年）のなかで、ヴィーン体制下のドイツ連邦にたいする幻滅感の所在にかんして、「そこここにおいて、たとえばウーラントの熱情的な言句のなかに、政治生活の新たな現実が、かつて偉大な民族運動を喚起した理想にもはやまったく相応していないではないかという事態にたいする憤激が燃えあがっている」と評している（Windelband 1927: 42）。

（④2）【語句・文意・文法】【関連記述】「権限をもつ担当部局（die amtlichen Fachinstanzen）」（複数形）は、カリキュラム編成にかんする権限を公式に有する（„amtlich“はこの意味である）複数の管轄部局を指している。論説「ドイツの大学におけるいわゆる『教職の自由』」では、教授資格申請が辿らなくてはならない「管轄部局審級順序（Instanzenzug）」として、「学部・〔大学〕評議会・政府側官庁」が挙げられている（Dreijmanis 2010: 74）。

段落⑤⑥（A5f., B584f., C74, D6）

⑤さて、ドイツにおいて明瞭に認めうることは、大学制度の近年の発展が、科学の広範な諸領域において、アメリカの制度の方向へと向かっていることです。医学系または自然科学系の大研究所は「国家資本主義的（⑤1）」事業体です。それは、きわめて広範にわたる経営手段（⑤2）なしには管理できません。そして資本主義的経営が導入されるところではどこでもそうであるように、「生産手段からの労働者の分離（⑤3）」という事態が生じます。労働者は、つまり助手は、国家によって利用に供せられている労働手段に頼っています。その結果、彼は、工場の職員と同様、研究所長に従属しています――というのは、研究所長はまったく無邪気身勝手に、この研究所が「自分の」研究所だと考えており、所内で好きなように振るまっているからです――。そして助手は、しばしば「没落してプロレタリアート化しつつある（⑤4）」存在やアメリカの大学助手（assistant）なら誰でも直面するような困難に直面しています。

⑥ドイツにおけるわれわれの大学生活は、われわれの生活全般と同様、非常に重要な諸点においてアメリカ化しつつあり、私の信ずるところでは、今日《こんにち》私の専門領域においても高度にすすんでいるように、また昔の熟練職人（⑥1）が工場のなかでそうであったのとまったく同様に、職人〔と同様の教員〕が労働手段（主として蔵書）そのものを所有しているような諸領域に、この発展は蔓延していくことでしょう。この発展は全面的に進行中です。

段落⑤⑥要説

独米対比のひとまずの締めくくりとして、大学制度の発展過程が取りあげられ、「生産手段からの労働者の分離」という事態が大学になにをもたらすのかが論じられる。短い記述だが、大学が資本主義的経営へと変質し、かつ専門分化・官僚制化が進行するときに生じる事態が明示されており、重要な箇所である。これは、基本的にヴェーバーがマルクスから学んだ論点であり、それをヴェーバー流に鋳なおし、敷衍している。

付言しておくと、ヴェーバーは、学者と労働者との類比を、マルクスからではなく、ショーペンハウアーとニーチェから受けついでいる。その典拠は段落⑫⑬要説（二）にしめしている。

ヴェーバーは、『資本論』をかなりくわしく研究しており、講義中でも引用している。またエルゼ・リヒトホーフェン（ヤッフェ）にたいして、スミスとリカードの著作とともに、『資本論』を読むことを勧め、彼女に自分の蔵書三巻を与えている（亀嶋庸一編 二〇〇五：八～九頁）。彼が用いていたのは、マイスナー社版『資本論』第一巻第三版（一八八三年）、第二巻（一八八五年）、第三巻（一八九四年）であった（MWGIII/1: 107, 109, 116, 765）。

当該箇所ともっとも密接に関連する記述は講演『社会主義』のな

かにある。「不可避の全般的官僚制化は、非常にしばしば引き合いに出される社会主義的常套句の——つまり『労働手段からの労働者の分離』という常套句の——背後に隠れている事態です」。この事態は経済的生産過程のみに特有のものではなく、大学においても同様であり、「昔の〔私〕講師や大学教授は、自分で調達した蔵書や自分で制作させた技術用具を用いて仕事をしたのであり、またたとえば化学者は、科学研究活動に必要な物資をこうしたやりかたでつくりだしました。これにたいして、近代的大学経営体の内部にいる今日《こんにち》の労働力の大多数、とりわけ大研究所の助手たちは、この点では誰か〔他の業種の〕労働者とまったく同様の境遇にあります。彼らには、つねに解雇が通告されることがありえます。彼らが研究所の室内で有する権利は、〔他の〕労働者が工場の室内で有する権利となんら変わるところがありません。彼らは、他の労働者と同様に、現行の服務規程を遵守しなくてはなりません。化学研究所か物理学研究所において、解剖学教室か付属病院において用いられている資材あるいは器具・機械等々にかんして、彼らには所有権がありません。それどころか、これらのものは王国の財産であって、しかも研究所長が報酬を得てこれらのものを管理しています。一方、助手が受けとっている収入は、職業訓練を受けた労働者の収入と本質的に変わらないやりかたで査定されるのです」(MWGI/15: 607f.)。

同様の論旨は『支配の社会学』中にもある（個別注解②11を参照）。『新秩序ドイツの議会と政府』（一九一七〜一八年）においても次のように述べられている。「この決定的な経済的基礎が、物的経営手段からの労働者の『分離』であり、経済においては生産手段からの、軍においては戦争手段からの、公的行政においては物的行政手段からの、これらすべてにおいて資金源からの、大学研究所と実験室においては研究手段からの『分離』である。こうしたものが、近代の権力政治的・文化政治的・軍事的国家経営体にとっても、資本主義的私経済にとっても、決定的な基礎として共有されている」(MWGI/15: 452)。

『経済行為の基礎カテゴリー』のなかでは、生産手段の所有から労働者が切りはなされていくさいの技術的諸条件を網羅したうえで、労働者から剥奪（Expropriation）された生産手段を管理する主体として、「団体の管理幹部による管理」と、「所有者における生産手段の専有（Appropriation）にもとづく、所有者自身あるいは所有者によって任命された者による管理」との二種がしめされている(MWGI/23: 337)。

『職業としての政治』のなかでも、行政機構にかかわって、次のように述べられている。「現在、すべての国家秩序は、権力者がそれらの者の服従に依拠することができるはずの人的スタッフ——官吏であれ、そのほか何者であれ——が、貨幣・建築物・戦争物資・車輌・馬匹そのほかなんであれ、そうした行政手段を自分の所有下に保持するという原則にもとづくか、それとも、今日《こんにち》資本主義的経営の内部において、被用者や労働者が物的生産手段から『切りはなされて』いるのと同じ意味で、行政スタッフが行政手段から『切りはなされて』いるか、このいずれかに分類できます。」「近代国家においては、事実上ただひとつの尖端に、政治運営の全手段にたいする利用権が集中されており、官吏が支出する資金、あるいは彼が利用している建築物・備蓄品・器具・戦争機械の個人的所有者であるような官吏はひとりもいないということがわかります。このように、今日《こんにち》の『国家』においては——この点が国家という概念にとって本質的です——行政スタッフ、つまり行政官僚と行政労働者が、物的行政手段から『分離される』ことが完全に貫徹されています」（MWGI/17: 163f., 165f.）。

この段落⑤⑥では、ドイツの大学生活のみならず、ドイツの社会生活全般がアメリカ化しつつあることのみが語られているが、同時にまた、アメリカの大学が、またアメリカの社会生活全般がドイツ化しつつあることにもヴェーバーは目配りをしている。この点は、多くの読者が見過ごしてきたと思われるので、注意を促しておきたい。それは、この講演録の後段で語られているアメリカにおける官僚制化の進行である。第四回ドイツ大学教員会議（一九一一年）において、ヴェーバーは、「遅かれ早かれ、なんらかのやりかたで〔ドイツと〕似たような状況がアメリカの大学にも生じる時機がアメリカに到来するだろう」と述べ、アメリカの大学が、いずれドイツと同様に、国家官僚制のために奉仕する役割を担わせられることになるであろうことを予測し、そのときアメリカの大学が国家にたいする独立性をなお保持できるかどうかを危惧している（Dreijmanis 2010: 124）。

段落⑤⑥への個別注解

⑤1）【語句・文意・文法】【関連記述】この「国家資本主義的」が引用符で括られていることについて、渡辺は、『古代農業事情』のなかの「『資本』〔という語〕のもとに理解されるものは、つねに私経済的『営利資本』でなくてはならない」という規定を引き（MWGI/6: 335）、資本主義にかんするヴェーバーの基本規定は、経済外的強制を排したところにあるから、この規定に則ると、「国家資本主義的」なる概念そのものが自己撞着しており、したがってヴェーバーはこの語を引用符つきで用いたのであろうと指摘している（渡辺編：六四頁）。

⑤2）【語句・文意・文法】【関連記述】「経営（*Betrieb*）」とは、「一定の種類の継続的な目的行為」を指し、「経営団体」は、この継続的な目的行為をおこなう管理幹部を有する目的団体を指す（MWGI/23: 209）。したがって、「経営団体」概念のもとには、会社のみならず、国家・官庁・学校等も包含される（世良晃志郎訳注『支配の社会学Ⅰ』、創文社、一四頁）。私経済的な支配において作用する「経営」の存立を支えるのは、①通常の活動が官職的義務として明確に分配されていること、②これらの義務履行に必要な命令的強制権力（Befehlsgewalten）も明確に分配されていること、また命令を強制するための手段が明確に規則化されていること、③義務の継続的履行を可能にするために、権限を有する者が計画的に任命されていること——この三つである。また経営手段の集中という事態が、行政の官僚制化と相提携して進行する（MWGI/22-4: 157, 200）。

⑤3）【典拠】資本関係を創出する過程は、労働者を、自分の労働諸条件の所有から分離する過程であり、これによって、一方では生産手段が資本に転化し、他方では直接生産者が賃労働者に転化することになる。これは、いうまでもなくマルクスの『資本論』第一巻第七篇第二十四章「いわゆる本源的蓄積」において展開されている議論である。端的には次のように定式化されている。「資本関係は、労働者と労働を現実化する諸条件の所有との分離を前提とする。資

本主義的生産がひとたび自分の足で立つやいなや、それは、かかる分離をただ維持するだけでなく、たえず発展する階梯において再生産しもする。したがって、資本関係をつくりだす過程は、労働者を自分の労働諸条件の所有から分離する過程、すなわち一方では社会の生活手段および生産手段を資本に転化し、他方では直接生産者を賃労働者に転化する過程以外のなにものでもありえない。つまり、いわゆる本源的蓄積は、生産者と生産手段との歴史的分離過程にほかならない。この過程が『本源的なもの』として現出するのは、それが資本の前史を、また資本に相応する生産様式の前史をなしているためである」（MEGAII/10-1: 642f.）。

（⑤4）**【語句・文意・文法】【関連記述】**„Proletaroid“という形容詞は、生産手段・管理手段を失い、没落してプロレタリアート化しつつある存在を指すための用語であり、ヴェーバーは、中産層が没落していく様子をしめすためにこの語を用いている（MWGI/22-2: 246）。

また、ロシアの革命的知識人層を特徴づけたなかで、「社会学的思考と広範な文化関心という点で非常に高度な教育を受けた没落してプロレタリアート化しつつある下級官吏層、とりわけ自治行政団体のそれ」が挙げられている（MWGI/22-2: 288）。『ロシアにおける市民的民主主義の状態』においては、「『没落してプロレタリアート化しつつある』知識人層」が、ブルジョア的知識人層と並びたって独自の道を歩んだという文脈が与えられている（MWGI/10: 109）。この用例では、生産手段を失って没落しつつある下級官吏や知識人層が、ブルジョア層と対比されている。

『世界宗教の経済倫理』への「緒言」においては、ユダヤ教特有の知識人層が、「ますます没落してプロレタリアート化しつつある合理主義的な小市民的知識人層」を代表していたことが述べられている（MWGI/19: 87）。

【典拠】ヴェーバーは、ゾンバルトの『プロレタリアート』に依拠している（MWGI/22-2: 246）。ゾンバルトが、「純血種の」プロレタリアートにたいして、「雑種」たる「没落してプロレタリアート化しつつある存在（proletaroide Existenzen）」について述べているとき、そこで念頭に置かれているのは、さまざまな職種の中間層が半ばプロレタリアート化しながら没落していく姿である（Sombart 1906: 5-7）。

【翻訳史】邦訳・英訳ともに„proletaroid“の意味を捉えておらず、たんに「プロレタリア」ないしそれに近い存在とするにとどまっており、それが、没落してプロレタリアート化していく過渡的存在を指していることを伝えていない（尾高訳②：一四頁、出口訳④：三六八頁、間場訳：一三頁、三木訳：五頁、中山訳：一六七頁、三浦訳：一一頁、G&M: 131, ES: 56, MJ: 5, RL: 4, GCW: 27）。ブルーンも、わざわざここに注をつけ、ゾンバルトを参照していながら、たんに「独立自営の『零細層』」とするだけで、proletaroid 的存在の過渡的性格をみていない（HHB: 449）。

（⑥1）**【語句・文意・文法】【関連記述】**「熟練職人（Handwerker）」は、資本主義化の影響を比較的に受けにくいため、仕事のための手段を自己所有というかたちで保つことのできる例のひとつである。ヴェーバーは、物的生産手段の占有が、個々の労働者か労働者の団体によってなされているケースとして、物的生産手段を所有している小農・職人・船主・運送業者など、流通経済の拘束をあまり受けない事例を挙げている（MWGI/23: 324）。

段落⑦（A6, B585, C74–76, D6f.）

⑦資本主義的で同時に官僚制的な経営体すべてにおいてそうであるように、技術的な優位性[⑦1]はまったく疑問の余地がありません。しかし、その経営体内部において支配している「精神[⑦2]」は、ドイツの大学の古い歴史的気風[⑦3]とは別物です。こうした大規模な資本主義的大学経営体の長と、古い流儀のよくいる凡庸な正教授[⑦4]とのあいだには、外的にも内的にも尋常でない深い溝が現存しています[⑦5]。内的な姿勢においてもそうなのです。このことについて、ここでこれ以上立ちいろうとは思いません。内的にも外的にも、古い大学制度[⑦6]は無実化しました。ところが、大学行路に固有の契機[⑦7]は持続しており、またかなり増大しつつあります。こうした私講師にとって、くわえて助手にとって、いつかうまく十全の正教授や、まして研究所長のポストに就くかどうかは、まったくもって僥倖であるような出来事です。たしかに、偶然が支配しているだけでなく、それがまあじつに途方もなく高度に支配しているのです。この世で、偶然がこんな役回りを演じている行路を〔ほかには〕ほとんど知りません。私の一身上では、かつて非常に若かった頃、いくつかのこれ以上ないほどの偶然のおかげで、ある部門[⑦8]の正教授ポストに任命されまして、その当時その部門には、私と同年配の人々[⑦9]が明らかに私よりも適任だったので、それだけにいっそうこのこと〔＝偶然の支配〕を言うべき理由があります。そしてもちろん私は、この経験のために、多くの人々のいわれのない運命を、研ぎすまされた眼でみつめようと思いました。この人々にあっては、偶然は〔私とは〕まったく逆に働きましたし、いまもなおそうですし、彼らは、その全才能にもかかわらず、この選抜装置のなかでは、彼らにふさわしいはず[⑦10]のポストに手が届かないのです[⑦11]。

段落⑦要説

段落⑤⑥でみたように、歴史的にみて資本主義的・官僚制的経営体へと変貌しつつあるドイツの大学にあっては、精神の危機が深化している。また大学が変わりつつあるのに、その拠って立つ制度が旧態依然たるものにとどまっており、この制度疲労がさまざまな問題を引きおこしている。この段落⑦においては、そうした制度の形骸化がもたらす問題の端的な一例として、私講師の境遇が取りあげられ、とくに、私講師が正教授ポストを獲得しようとするさいの大きな困難に焦点が挙げられている。

ここでヴェーバーが語っているのは、フライブルク大学におけるフィリッポヴィチ後任人事の一件である。この特異な人事過程の真相は長く謎とされてきたが、拙著においてはじめてその全容を解明した〔野﨑敏郎　二〇一一：一四～三七頁〕。ここでは要点のみをしめす。

当初フライブルク大学哲学部は、フリードリヒ・フライヘル・ヴィーザーとマックス・ゼーリングの二名を候補に挙げ、一八九三年二月二十四日の教授会でこれを承認したが（Biesenbach 1969: 200）、招聘工作は不調で、ゼーリングは辞退し（GLA235/43005）、ヴィーザーの招聘も実現しなかった。

一方ヴェーバーは、三月二十・二十一日に開催された社会政策学会大会において、東エルベの農業労働者にかんする詳細かつ綿密な報告をおこない、その斬新な着眼と鋭い論点提示によって学会員たちを驚倒させた。フィリッポヴィチもまたヴェーバーの経済学者としての傑出した能力に瞠目し、彼を自分の後任に据えるよう、バーデンの文部官僚ルートヴィヒ・アルンスペルガーに推薦する。アルンスペルガーはこれを受けて機敏に動き、早くも三月三十一日付フリードリヒ・アルトホフ宛書簡において、ヴェーバー招聘の可能性について打診する（GStAPK/FA-B3（2）: 97a-b）。

　これ以降、フライブルク大学およびバーデン政府は、ヴェーバー招聘に向かって尽力する。ところがこのときアルトホフは、ヴェーバーをベルリン大学法学部において員内准教授へと昇任させようと考えている。また彼には、以前、別の若手経済学者をめぐって、アルンスペルガーとの引き抜き競争に敗れた経験があった。そこで彼は、フライブルク大学のこの人事の妨害を図り、ヴェーバーをベルリンにとどめておくために裏工作を展開し、事態を故意に紛糾させる。この問題は、バーデンとプロイセンの官僚間に伏在する遺恨を背景にしてこじれていくのである。さらに、パウル・ラーバント（シュトラースブルク大学教授）がベルリン大学法学部に赴任するのを阻止するため、空きポストにヴェーバーを就けて「蓋」をしようとする法学部教授陣の思惑も絡む。

　一方フライブルク大学は、新たな推薦書を作成し、これを七月六日の教授会で承認する。この推薦書では、第一位ヴェーバー、第二位カール・ヨハネス・フックス、第三位ヴァルター・ロッツとされている（Biesenbach 1969: 200f.）。しかし大学評議会は、バーデン政府にたいして、とくにそのうちのヴェーバーを第一位に、フックスを第二位に推している（GLA235/43005）。政府提出にさいしてロッツの名が落とされたのである。

　このときフライブルク大学は、同大学に勤務しはじめたばかりの員内准教授（固定俸のつく専任教員枠内の准教授）ゲルハルト・シュルツェ＝ゲファーニッツを正教授に昇任させることをも検討していたと思われる。アルトホフがヴェーバーを慰留している以上、バーデン側としては、フックスかロッツのいずれかを選ばざるをえない状況も考えられたから、それならむしろシュルツェ＝ゲファーニッツを正教授へと昇任させたほうがいいという意見が（フライブルク大学内あるいはバーデン政府内で）出たとすると、この理由でロッツに代えてシュルツェ＝ゲファーニッツを入れたことになる。シュルツェ＝ゲファーニッツを昇任させるとすると、彼はすでにこの大学の専任教員なのだから、わざわざ推薦書を作成する必要はない。だから、最終的に政府に提出された推薦リストに彼の名は記載されていない。

　この人事は、その後もアルトホフの妨害行為のために遅々としてすすまず、ようやく翌一八九四年一月二十日付で新たに作成された推薦書（第三リスト）では、第一位ヴェーバー、第二位ルートヴィヒ・エルスター、第三位カール・オルデンベルクとされているが（MWGII/7: 288）、大学評議会は、あくまでもヴェーバー一名のみを強く推薦し（一月二十四日付）、政府はこれを受けて、ついに正式に彼の招聘に踏みきる（GLA235/43005）。アルトホフはなおもその受諾を渋るが、最終的に四月三十日に割愛を認め、ヴェーバーは同年十月に着任する。

　こうした経緯を踏まえて、この人事選考過程で候補に挙げられた経済学者たちをみてみると、ヴィーザー（一八五一年生）とゼーリング（一八五七年生）はヴェーバーとともにリストに入れられたわけではなく、また年齢もヴェーバー（一八六四年生）と同年配とは言えない。エルスター（一八五六年生）も同年配ではない。これにたいして、フックス（一八六五年生）とロッツ（一八六五年生）とオルデンベルク（一八六四年生）は、ヴェーバーとともに推薦リストに入れられており、年齢も合っている。またシュルツェ＝ゲファーニッツ（一八六四年生）は、推薦リストには入っていないが、彼を正教授に昇任させることも考慮されている模様である。以上のことから、ヴェーバーが「明らかに私よりも適任だった」「私と同年配の人々」と言っているなかに、フックス、ロッツ、オルデンベルク、シュルツェ＝ゲファーニッツの四人が含まれていることはまちがいない。

　ヴェーバーのフライブルク招聘にかかわるこの紛糾は、彼にとって、大学や教授たちの腐敗の問題、大学行政の問題、さらには現代官僚制の問題を考究する重要な契機となり、それは彼の生涯の研究テーマになる。これについては前掲拙著中で解明した。

段落⑦への個別注解

（⑦1）**【語句・文意・文法】**資本主義化と官僚制化とがすすんだ組織は、たしかに技術的な優位性を備えることになるが、大学組織においてそうした資本主義化と官僚制化とが進行することは、ヴェーバーの考える大学の役割——とくに高度な教育——を果たすために、かならずしも適しているとは言えない。

（⑦2）**【語句・文意・文法】**周知のように、ヴェーバーは、資本主義の成立・展開と「精神」の問題について、詳細な考察を展開している。ここで注意すべきは、彼の論ずる「資本主義の『精神』（der „Geist" des Kapitalismus)」が、古い経済社会体制を破砕し、新たに資本主義の経済社会体制を創造・構築する精神であるのにたいして、当該箇所で述べられているのは、「その〔＝すべての資本主義的・官僚制的経営体の〕内部において支配している『精神』（der „Geist", der in ihnen herrscht)」であって、この二つの「精神」はまったく別物だということである。前者は、〈アンシャン・レジームを破壊して資本主義を創出する精神〉であり、特定の時代に特定の条件のもとで特定の地域にのみ存立しえた歴史的個体である。これにたいして、後者は、〈すでに創出された資本主義の内部で支配的な精神〉であり、時代・条件・地域差があっても広範に確認できる心性である。

【関連記述】ヴェーバーは、こうした「資本主義の『精神』」の性格づけと、自分の論述中のその位置づけとを、ラッハファールへの反批判において明示している。「私の詳論〔＝『倫理と精神』〕にあっては、近代資本主義の揺籃期に存在し、——多くの他の力とともに——共同で資本主義の建設に当たった生活様式のある特定の構成要素を分析し、その変化と消滅とを跡づけることが問題であった」。かかる試論は、「一回限りの発展に特徴的なものを突きとめなくてはならない」のであり、そこで問題となるのは、あくまでも「ひとつの個別的構成要素だと表されている宗教的諸契機」である。この論題に関係するのが、「あらゆる時代においてかかる経済体制〔＝資本主義体制〕に共通しているものすべてなのか、それともこうした種類の特定の歴史的体制の独自色なのか」と問うならば、それは「後者のみ」である。「私が特別に分析した近代資本主義の『精神』のあの構成要素——『職業義務』の思想と、この思想につきまとっているすべての事柄――は、結局、〔表現の一般的な意味における〕資本主義の『精神』が担っている経済行為の内部では、またしても特定の歴史的一断面においてのみみられるのであり、他方で、この構成要素は、経済的なものの領域を越えて、人間行動のまったく異質な領域に入りこんでいる」（MWGI/9: 609f., 615, 617）。

⑦3）**【語句・文意・文法】**「ドイツの大学の古い歴史的気風（die althistorische Atmosphäre der deutschen Universitäten）」とは、すぐ次に述べられている古風な大学教授に代表される精神である。

⑦4）**【語句・文意・文法】**„Gewöhnlicher Ordinarius"という奇妙な表現は、„ordentlich"（正規の）„ordinär"（平凡な、普通の）の類語である„Ordinarius"（正教授）と„gewöhnlich"（普通の）とを引っかけたもので、頭の古い正教授をからかった表現である。そこで、「よくいる凡庸な正教授」と訳した。

⑦5）**【語句・文意・文法】**「尋常でない（außerordentlich）」は„ordentlich"（正規の）の対義語である。„Ordentlich"の類義語である„Ordinarius"（正教授）の頭の古さと、大学経営者の資本主義的発想とのあいだにある埋めがたい溝が、この対比表現によってしめされている。

【関連記述】ヴェーバーは、学長の性格づけにかんして、独米を対比して次のように論じている。「兼職のかたちで大学の実務を管理する〔一年〕交替制の学長が、理事会員にたいして――事情によっては事務職員にたいしてすら――置かれている地位は、その〔＝非専門職的な長の〕典型的な例である。自律的に、比較的長期の任期で選出される大学学長（アメリカ型）なら、例外的な人物を度外視すれば、たんに慣例の文言や威厳のみから成っているのではない大学『自治運営』をもたらしうるであろう。そして一方では大学教授団の虚栄心が、他方では官僚たちの権力関心が、このような結論を引きだすことに抵抗しているにすぎない」（MWGI/23: 578）。ドイツの学長は、一年任期で、ほとんど連続再選されないから、大学運営にかんして実質的な権力を振るうことなく、事実上事務スタッフに依存せざるをえない。だから、ドイツの大学がある程度までアメリカ的経営体に近づいても、経営のトップが強力なリーダーシップを発揮するにはいたらない。こうした問題がヴェーバーの念頭にある。

⑦6）**【語句・文意・文法】**ドイツにおける大学と大学人とのあいだに存する基本矛盾を規定するため、この「大学制度（Universitäts*verfassung*）」と、すぐ次に記されている「大学行路（Universitäts*laufbahn*）」とが対《つい》にされている。高等教育制度が旧態たるままで硬直し、機能不全を来《きた》し、有名無実化している一方で、大学組織はアメリカ化され、資本主義的に変質していくから、制度と実態との乖離・矛盾が激化している。そこに不可避に発生するさまざまな問題は、大学で働く者に転嫁され、彼らにたいする皺寄せがますます激化していく。こうして彼らの行路に困難が増大していくことが、この対比表現によってあざやかにしめされている。

【翻訳史】尾高は、この「大学制度」を「職員の編制」に矮小化している（尾高訳②：一五頁）。「制度」に付せられている強調を取りさったのも、尾高が故意におこなった改悪である（尾高訳②：八二頁）。ヴェーバーは、ドイツの大学制度が機能不全に陥っている様子を観察し、そこから得られた知見を提示しているのであって、ここでUniversitäts*verfassung*を強調しているのは、ドイツの大学制度が、現実に学問に従事している者たちやその後継者たちや学生たちに大きな問題を押しつけていることを深刻に受けとめているからである。尾高には、ヴェーバーのこうした強い問題意識はまったく理解できなかったのであり、そのことが、この改竄において露わになっている。

樋口辰雄は、（当該箇所に限ったことではないが）尾高のこうした恣意的な強調除去を「一種の学問的ルール違反」と判定している（樋口辰雄　一九九八：八〜九頁）。樋口の批判は正当である。

（⑦7）　この「大学行路に固有の契機」は、ドイツの大学に長年にわたって伏在し、またしばしば顕在化してきた（私講師から正教授にいたるまでの）大学教員の研究・教育・言論活動全般にかかわる伝統的・構造的問題性を指している。

【翻訳史】　尾高は、この「大学行路に固有の契機」を「職員の昇進」に矮小化し、強調も取りさっている（尾高訳②：一五頁）。これに続く議論において、ヴェーバーは、この「契機」の一例として任用問題を取りあげているのであって、昇進における偶然性だけが大学人の行路に固有の問題だとしているのではない。ここでも尾高の無理解が明らかである。

（⑦8）　**【語句・文意・文法】**「ある部門（Fach）」とは、当時フライブルク大学哲学部に置かれていた「国民経済学部門（volkswirtschaftliche Fächer）」のことである。なお、この部門は、ヴェーバー在職中の一八九六年秋に法学部に移管され、法学部は法学・国家学部へと改称する。

（⑦9）　**【語句・文意・文法】**　要説でみるように、ヴェーバーが「明らかに私よりも適任だった」「私と同年配の人々（Altersgenossen）」と言っているのは、直接には、カール・ヨハネス・フックス、ヴァルター・ロッツ、カール・オルデンベルク、ゲルハルト・シュルツェ＝ゲファーニッツの四人である。しかしひとつ注意すべきは、この四人のいずれをとっても、どうみても不遇の存在ではないことである。『職業としての学問』が最初に語られた一九一七年にいたるまでに、フックスはフライブルク大学を経てテュービンゲン大学正教授になっており、ロッツはミュンヒェン大学正教授になっており、オルデンベルクはマールブルク、グライフスヴァルトを経てゲッティンゲン大学正教授になっており、シュルツェ＝ゲファーニッツはフライブルク大学正教授になっている。しかも四人とも比較的若年で正教授職を獲得している。したがって、すぐ次に、「この人々にあっては、偶然は〔私とは〕まったく逆に働きましたし、いまもなおそうですし、彼らは、その全才能にもかかわらず、この選抜装置のなかでは、彼らにふさわしいはずのポストに手が届かないのです」と言われていることは、この四人には明らかに当てはまらないから、この文脈は整合性を欠いていて奇妙である。ここで有能にして不遇な人物と言われているのは、むしろ個別注解⑦11にしめすゾンバルト（一八六三年生）らのことだと思われる。

（⑦10）　**【語句・文意・文法】**「はず」と訳したのは „würde“ である。当該箇所の „die Stelle, die ihnen gebühren würde“（彼らにふさわしいはずのポスト）は、〈本来なら優秀な同年配者たちに当然与えられてしかるべきなのに、現実にはそうなっていないポスト〉をしめしており、この〈そうあるべきことが現実にはそうなっていない〉という含意が接続法第Ⅱ式で表現されている。

【翻訳史】　接続法第Ⅱ式の含意を正しく表現しているのは、邦訳中では「本来なら当然相応しい筈の地位」と訳した三木のみであり（三木訳：七頁）、英訳中では、仮定法を用いたシルズと、should を用いたリヴィングストンと、would を用いたブルーンである（ES: 56, RL: 4, HHB: 337）。他の訳者たちは、たんに「ふさわしいポスト」等とするのみで、接続法を見逃していて論外である（尾高訳②：一五〜一六頁、出口訳④：三六九頁、間場訳：一七頁、中山訳：一六九頁、三浦訳：一四頁、G&M: 132, MJ: 6, GCW: 28）。

⑦11【語句・文意・文法】【関連記述】偶然のなせる業で、不運にも能力にふさわしい地位に就くことができない人々として、ここでヴェーバーが念頭に置いているのと推定できるのは、ヴェルナー・ゾンバルト、ローベルト・ミヒェルス、ゲオルク・ジンメル、ルカーチ・ジェルジである。とくにゾンバルトにかんしては、彼が私講師職からすら閉めだされたことを、ヴェーバーは公の場（新聞紙上）で強く非難している（Dreijmanis 2010: 62, 70）。

【付帯状況】ゾンバルトにまつわる諸事情についてみておこう。ヴェーバーは、ゾンバルトを、自分のいる大学の正教授に招こうと幾度も企てている。筆者が確認したかぎりにおいて、ヴェーバーがフライブルクからハイデルベルクへと転出するさいのフライブルク大学後任人事（一八九七年）、ヴェーバーが病気休暇に入るのを機に新設されたハイデルベルク大学経済学第二教授ポスト人事（一九〇〇年）、ヴェーバーが正教授を退任するときのハイデルベルク大学後任人事（一九〇三年）、ラートゲンがハンブルクへと転出するさいのハイデルベルク大学後任人事（一九〇七年）——この四回にわたって、ヴェーバーはゾンバルトを強く推薦している。またヘルクナーの転出にともなうカールスルーエ工科大学後任人事（一九〇二年）において、ヘルクナーはゾンバルトを教授候補第一位に推薦している。

ところが、アルトホフはゾンバルトをひどく嫌っている。たとえば、一九〇二年のカールスルーエ人事はバーデン大公国の人事だから、プロイセン文部省の一官僚にすぎないアルトホフはまったくの部外者なのだが、彼は、わざわざバーデン公使を呼びつけて（つまり外交ルートを使って）、ゾンバルト（の人物と思想）にたいする貶価を吹きこむ。そのためゾンバルトは、バーデン政府に忌避されて教授候補リストから外されてしまうのである（GLA448/2376）。また翌一九〇三年にハイデルベルク大学でヴェーバー後任人事がすすめられていたとき、ある学会に視察に訪れたバーデン政府高官は、学会における討論でひどく冷笑的なやりとりをするゾンバルトの姿を目にして、心証を悪くし、ゾンバルトをヴェーバーの後任にすることを拒否した（MWzG: 168）。

ここでゾンバルトを翻弄している偶然性と不運は、おそらくブレスラウ時代に生じたと思われるアルトホフとの悶着、そのアルトホフによる露骨な人事妨害工作、移籍を希望する他の教授の動向との兼ね合い、バーデン政府の各方面への目配り、バーデン政府高官の目に留まったゾンバルトの印象がひどく悪かったことなどである。

段落⑧⑨（A6f., B585f., C76–78, D7–9）

⑧さて、才能そのものではなく僥倖がこれほど大きな役回りを演じるということは、この選抜にさいして当然ほかのどういった選抜ともまったく同様に浮上してくるさまざまな人間的弱点[⑧1]にのみとくに帰せられることではなく、またそうした弱点にとくに

帰せられることはけっしてありません。明らかに非常に多くの凡庸な人物[⑧2]が各地の大学で大層な役回りを演じているという状況を、学部あるいは〔文部行政担当〕省の面々の人的資質[⑧3]が劣っているせいにするなら、それは正しくありません[⑧4]。そうではなく、人間協働の法則自体[⑧5]、とりわけ多くの公的機関[⑧6]の協働の法則自体のせいなのでして、この場合、〔教授候補を政府に〕推薦する学部[⑧7]と〔教授を任命する文部行政担当〕省との協働の法則自体のせいなのです。これに対応する例として、何百年にもわたる教皇選出にさいしての経過[⑧8]を辿ることができます。これは、〔大学人事と〕同様の人選例のなかで、もっとも重要で検証に適したもの[⑧9]です。「本命」だと言われている枢機卿が好機をものにすることは非常に稀です。それよりも、たいていは第二位か第三位の候補者が選ばれます。同じことはアメリカ大統領選挙でも生じ[⑧10]、両党大会の「指名」を受け、その後本投票に臨むのが、最有力で、しかるに[⑧11]もっとも旗幟鮮明な候補であることはきわめて例外的で、むしろたいていは第二位の候補であり、第三位であることも多いのです。アメリカ人たちは、すでにこれらの分類に社会学的術語表現を案出しており[⑧12]、こうした事例について、集合意志形成を通じた選抜の法則を研究すると、さぞ興味深いことでしょう[⑧13]。今日《きょう》ここでそういうことはしません。しかし、大学教授団にかんしてもまたこの法則は当てはまります。しかも、ここにおいてしばしば誤った選択[⑧14]が生じることに驚くには及ばず、むしろ対比的に観察したとき、ともかく正当な任命の数が、それにもかかわらずめざましく多いこと[⑧15]に驚くべきです。いくつかの国において議会[⑧16]が、もしくはいままでドイツでそうだったように君主たち[⑧17]が〔両者の作用はまったく同様です〕、または〔この両者とは別に〕今日《こんにち》〔ロシア・ドイツその他における〕革命的強制権力者たち[⑧18]が、政治的理由から介入するところでのみ、怠惰で凡庸な人物か野心家ばかりが好機をわがものとすることが確実視されてもさしつかえないのです[⑧19]。

⑨任命人事論議[⑨1]を回想したがる大学教員はいません。というのは、そうした論議が気持ちのいいものであることはほとんどないからです。しかもそれでも、私が知っている数多くの事例において例外なく、純粋に私情抜きの理由をもって決定させようとする善意志が働いていた[⑨2]と、私はあえて述べておきます。

段落⑧⑨要説

（一）

段落⑦においては、ドイツの大学制度の問題構造が描かれた。これを受けて、段落⑧では、そうした問題の責任は関係者個人に帰せられるべきものでなく、人間協働の法則が問題だと論じられる。こうした問題について、ヴェーバーは社会学的な議論を展開し、これによって大学人事の問題性を解明しようとするのである。

ドイツの大学は教授人事権を有しておらず、大学教授の任命権は、名実ともに文部行政担当省の専決事項であり、学部側は、教授候補推薦リスト（通例三名）を省に提出することができたにすぎない。しかも、省側は、このリストになんら拘束されることなく教授を任命できたし、現にそうした専断人事はすくなくなかった。しかし、そうであるからこそなおさら、当該学部は、省にたいして、自分たちが推薦する候補のなかから選んでもらおうと知恵を絞った。そこに働くのが人間協働の法則である。このことを、ヴェーバーは、みずからの体験から重々承知しており、したがってここではなんら典拠なしにしゃべっていると考えてさしつかえないのだが、重要な文献的根拠が存在するので、これをみよう。

ヘルムホルツは、正教授（から構成される学部教授会）と政府とが、教授人事にあたってどのような関係に立つのかについて、次のように描出している。「私講師の認可と同様に、空席になった教授ポストの新規補充も、無条件でも最終的にでもないにせよ、学部教授団に、つまり正教授たちの合議体に依存している。正教授たち〔から成る合議体〕は、ドイツの大学において、かつての博士団体の遺産をなしており、そこには古い団体権が委譲されている。彼らは、いわば古い時代の学位取得者の特別委員会をなしており、政府との相互作用のもとに構成されている。新しい正教授任命のもっとも普通の形式は、政府にたいして、人選と招聘のために、学部教授団が三名の候補者を推薦提案するという形式であり、そのさい政府は、もちろん推薦された候補者たちに無条件に拘束されるとはみなしていない。しかしながら、激烈な党派間抗争の時期を除くと、学部の推薦提案を黙殺することは、全体として稀なことに属する。さほど歴然たる懸念が存在しない場合、専門家団体の推薦提案に反して、広範な人々を前にして公にその能力が確証されなくてはならないような〔＝識者のあいだで信用されていない〕教師を〔あえて〕招聘することは、実務を執る官吏たちにとって、ともかく不愉快な属人的責任〔を負わせられかねないこと〕なのである」（Helmholtz 1896b: 207）。

ここにしめされているように、学部教授会と文部行政担当省とのあいだには、緊張関係とともに、ある種の馴れ合い関係が成立しているのが常である。一部で誤解されているが、学部推薦を無視した専断人事は、べつにアルトホフが始めたことではなく、以前からの慣行である。たしかにアルトホフは、どうしても必要だと判断すれば専断人事を強行したが、それ以外は、大学・学部との無用な軋轢を避けるため、むしろ専断人事を回避するよう努めていた。これが、彼の退任後になると、凡庸なエピゴーネン官僚による粗雑な専断がエスカレートする。専断人事が問題化したケースとして知られているベルンハルト事件は、アルトホフが退任した後に生じており、アルトホフ在任中であれば、専断回避が試みられたかもしれない。この事件は、アルトホフ以後のアルトホフ体制（アルトホフなきアルトホフ体制）の問題性の一端をしめすものと捉えるべきであろう。

ドイツの学部教授会による教授候補推薦慣行については、かなり早い時期から日本でも知られていた。ラートゲンは、一八八二〜八三年の政治学講義（東京大学文学部）のなかで、ドイツの「学長と正教授は正教授たちによって選出され、〔文部〕大臣によって任命される」こと、また正教授の地位は、彼らの意思に反して奪われることがないことを学生に伝えている（阪谷八五二（一）：二―三頁）。また森鴎外は、「大学の自由を論ず」（初出一八八九年）のなかで、ドイツの諸大学において、「正教授より成れる部会が、教授候補者を撰ぶ」けれども、「之を認可するの権は則ち政府に在り」と記している（鴎外全集㉒：二〇）。ドイツから帰国した彼は、官許学伝習所の感のある新制帝国大学をみたとき、日本の大学（学部）が、せめて教授候補を選定する権利を確保することが、人事面で重要なことと考えたのであろう。こうした鴎外の大学論が、ヘルムホルツらのそれに大きく負っていたことが近年明らかにされている（清田文武一九九一：一五九〜一六二頁）。これよりもすこしあとの時期に、高根義人も、ドイツの大学教授推薦慣行を踏まえ、さらにそれを強化する観点から、日本においても、「教授ノ候補者ハ各分科大学教授会ヲシテ之ヲ推薦セシム可シ」と提言している（高根義人　一九〇二：九頁）。

（二）

一方、アメリカ大統領選挙にさいして働く人間協働の法則について、『職業としての政治』のなかでは、アメリカ大統領選挙が、猟官制（spoils system）と、それをめぐって争いあう「定見のない政党」同士の対立という脈絡のなかで独特の政治力学に大きく左右される有様が描かれている。これらの政党は、「純粋に猟官者の組織であり、個々の選挙戦にたいして、投票獲得の機会におうじてその政綱を——すべての類似点にもかかわらず、他国ではまずみられないほど——変更していくのです。まさに政党は、まったくもって、官職授与権にとってもっとも重要な選挙戦、つまり連邦大統領の地位や各州知事の地位をめざした選挙戦に向けて仕立てあげられています。政綱と候補者は、両党の『全国大会』において、議員たちからの干渉を受けないで確定されます。したがって党大会によって確定されるのですが、この大会は、手続上は（formell）非常に民主的に代表者集会から派遣された〔代議員から成っており〕、その代議員の側をみると、その代表権を、党の第一次選挙人集会である『予備選挙集会（primaries）』に負っています。すでに予備選挙集会で、代議員たちは元首候補者の名において選挙され、個々の政党の内部では、『指名』の問題をめぐってもっとも苛烈な闘争が荒れくるうのです。大統領の掌中には、なんといっても三十万から四十万の官職任命権があります。この指名は、大統領によって、各州上院議員の意見聴取のもとにのみ実行されます。したがって上院議員は強力な政治家です。これにたいして下院は、政治的には相対的に非常に無力です。なぜなら、下院は官職任命権を奪われているからであり、また、議会を含めて誰の意に反してでも権力を行使しうる権限が人民から与えられている大統領の補佐役以外の何者でもない閣僚は、議会の信任・不信任にかかわりなく、その職務を執行できるからです。これは、『強制権力分立』のひとつの帰結なのです」（MWGI/17: 213f.）。この記述は、ブライスの論著を参照して書かれている（ebd.: 213）。

段落⑨では、こうした人間協働の法則によってしばしば予想外の展開をみせる大学教授人事の経緯が、多くの関係者を不快にさせる性質のものであること、しかもそこにはべつに関係者の悪意が働いているのではなく、むしろ善意が働いているにもかかわらずそうなってしまうことが指摘されている。

段落⑧⑨への個別注解

（⑧1）**【語句・文意・文法】** 単数形の „Menschlichkeit“ は「人間性」だが、複数形の „Menschlichkeiten“ は、人間的な弱さ・不完全性を意味する。人事過程のそれぞれの段階において、たえずさまざまな人々の思惑が交錯しており、文部行政担当官が、それらを顧慮しつつ適材を任命しようとしても、どうしてもうまくいかないケースが多々生じる。そうした右顧左眄の迷走と紛糾は、人事制度そのものに内包されている問題性に起因するのであって、これを個々の担当官の „Menschlichkeiten“ のせいにするのは適切でない。

【翻訳史】この„Menschlichkeiten"を、尾高・間場・中山は「情実」と誤訳し（尾高訳②：一六頁、間場訳：一七頁、中山訳：一六九頁）、出口と三木は「人情」にほだされることと捉え（出口訳④：三六九頁、三木訳：七頁）、三浦は「人間性」と誤訳しており（三浦訳：一四頁）、いずれも当たっていない。複数形の„Menschlichkeiten"は〈人間的なさまざまな弱さ〉をしめしており、この「弱さ」は、けっして情にほだされて凡庸な人物を選んでしまうことのみを指すのではなく、選抜過程において、選ぶ側が厳密な人物考査を貫きえないさまざまな事情全般を指しているので、これを「情実」「人情」に矮小化することはできない。またこれは「人間性」一般ではないので、三浦訳も適切でない。

　英訳は、この„Menschlichkeiten"にたいして、人間的な"inferiority" "inadequacies" "failing" "shortcomings"等の訳語を与えており（G&M: 132, ES: 56, MJ: 6, RL: 4, GCW: 28, HHB: 337）いずれも原意を押さえている。

⑧2）**【語句・文意・文法】**各地の大学で幅を利かせている非常に多くの凡庸な人物とは、いわゆる「懲罰教授（Strafprofessor）」（＝御用学者）のことである。既述のように、ドイツの大学（学部）は、教授任命権をもたなかったが、それでも、政府は、たいていの場合は大学側の意向を汲んで正教授を任命してきており、学部が提出する教授候補推薦リストのなかから任命されるのが通例だった。しかし、学部側が、政府の意向に沿わない人物ばかりを候補に挙げている場合、政府がそれを無視して任命するケースがある。その一例として知られているのがベルリン大学の経済学者ルートヴィヒ・ベルンハルトである。また、リストに載っている人物を任命しながら、その一方で、いわば《バランスをとる》ため、同時に、学部推薦抜きでリスト外の人物を任命するケースもあり、その一例として知られているのが、マイネッケ人事（プロテスタントの歴史学者の任命）への《対抗措置》としてシュトラースブルク大学に招聘されたカトリックの歴史学者マルティン・シュパーン（段落㉖要説（二）を参照）である。政府から大学にたいするこうした報復・懲罰的人事によって就任した人物は、一般に「懲罰教授」と揶揄され、彼らは、政府にたいしては当然大きな発言力を有する一方、同僚からは疎まれることが多かった。

　ヴェーバーは、論説「ベルンハルト事件」（一九〇八年）のなかで、そうした「懲罰的教授ポスト（Strafprofessur）」に就任したベルンハルトを、プロイセン政府によって派遣された「〔御用〕商人」のひとりと呼び、酷評している（Dreijmanis 2010: 61）。また、一九〇一年に弱冠二十六歳でシュトラースブルク大学正教授に任命されたシュパーンが、ジャーナリズムと歴史学との関係を取りあげた会議に参加したことを知らされたヴェーバーは、「彼の振る舞いについては、そういう会議に出席することによって、彼が支持するカトリックの新聞と懇ろにやっていこうとしているという説明だけが可能だと思う」と冷ややかに論評し、すぐにこの話を打ちきった（MWzG: 204）。この二つのエピソードは、「懲罰教授」にたいして彼がどのような態度をとっていたのかをよくしめしている。

⑧3）**【語句・文意・文法】**ヴェーバーがここで言及している文部行政担当省は、彼の直接の経験に即すと、プロイセン文部省、バーデン法務・文部省（のちバーデン文部省）、オーストリア文部省、バイエルン文部省だとみられる。またヴェーバー関連人事に直接関与

した「面々」（省の担当官）は、『職業としての学問』の原講演がおこなわれた一九一七年秋までの時点では、フリードリヒ・アルトホフ（プロイセン）、ルートヴィヒ・アルンスペルガー、フランツ・ベーム、ヴィクトル・シュヴェーラー（以上バーデン）らである。『職業としての学問』の再講演がおこなわれた一九一九年上半期まででみると、カール・ハインリヒ・ベッカー（プロイセン）、フランツ・マット（バイエルン）らが加わる。

⑧4）【付帯状況】ヴェーバーがこうしたことをわざわざ断っているのは、一九一一年の第四回ドイツ大学教員会議において、彼がアルトホフ体制との絡みで大学人事の問題性を取りあげたとき、以前バーデン政府の大学行政担当官だったフランツ・ベームから抗議された経緯があるからである（MWGII/7: 284-286）。ここでヴェーバーは、けっして政府側の担当者が不正な判断をしたと言うつもりはないのだと予防線を張っている。

⑧5）【語句・文意・文法】「協働（Zusammenwirken）」は、かならずしも協力関係を意味しているわけではない。教授候補を推薦する学部側と、教授を任命する文部行政担当省側とのあいだには、ほとんどつねに深刻な緊張と軋轢が生じており、そこには、およそ協力関係とは程遠い疑心暗鬼と腹の探り合いとが渦巻いている。ここでヴェーバーが述べている„Zusammenwirken“は、むしろこうした緊張に満ちた駆け引きをしめしている。

【翻訳史】„Zusammenwirken“を、既訳のいくつかは「協力」「協同」と誤訳している（尾高訳②：一六頁、出口訳④：三六九頁、間場訳：一七頁、中山訳：一六九頁）。一方、三木が「人間が一緒に事を為すという際」の「共同作業」と訳し（三木訳：七頁）、三浦が「人間が組織的に動くとき」「一緒に活動するとき」と訳しているのは当を得ている（三浦訳：一四頁）。

英訳をみると、ガースとミルズ、ジョン、リヴィングストン、ブルーンが“human co-operation, human cooperation”と訳し（G&M: 132, MJ: 6, RL: 5, HHB: 337）、シルズ、ウェルズが“human interaction”と訳している（ES: 57, GCW: 28）。このケースでは、“cooperation”よりも“interaction”のほうが適切であろう。

⑧6）【語句・文意・文法】„Körperschaft“は、公的権能を有する団体を指すので、「公的機関」と訳した。以下に挙げられている事例では、学部教授会、文部行政担当省、教皇選出会議（コンクラーヴェ）、アメリカの両党大会、いくつかの国の議会がこれに該当する。

⑧7）【語句・文意・文法】当該学部の教授会は、人事案件にたいして、そのポストを埋めるべき教授候補を政府（文部行政担当省）に推薦することができるが、人事権そのものは大学側に付与されておらず、それは政府の専決事項であった。政府は、なんら学部推薦に拘束されず、学部推薦リスト（原則として三名まで）の下位の人物を任命することはむしろありふれており、それどころか、政府は、このリストを無視して、学部が推薦しなかった候補を任命することもできたし、そもそも学部からの推薦なしに教授を任命したケースもある。

ヴェーバー自身もそうしたケースを体験している。一八九六年に、ハイデルベルク大学におけるクニースの後任人事においてバーデン政府が任命したのは、学部推薦リストの補欠候補（実質的に第三位にあたる）に挙げられていたヴェーバーであり、これは彼にとってまったくの奇貨だった。その裏事情についてはすでに詳細に究明した（野﨑敏郎　二〇一一：第二章）。

【翻訳史】ドイツの大学人事をめぐる問題状況は、今日《こんにち》ではよく知られている。またその摩擦の誘因となっている教授候補推薦制度についてもよく知られている。それは当時のドイツにおける大学人事にかんする初歩的な常識事項だが、尾高はこのことを知らず、この箇所の「推薦する（vorschlagend）」の意味を理解できなかったため、「推薦する学部」を「或る学部」とごまかしていた（尾高訳①：一九頁）。

要説（一）で引用しているヘルムホルツの講演録やラートゲンの講義や鴎外・高根の論稿にしめされているように、尾高が一九三六年に初訳した時点までに、ドイツの大学人事手順について日本でも知られるようになっていたから、この程度の常識事項を知らない尾高の不明・無知が指摘されて当然だが、それにもまして、彼が、一九八〇年に改訳するさいに、この箇所の訂正を怠ったことは大きな問題である（尾高訳②：一六頁）。

この改訳時までに、日本におけるドイツ大学史研究は大きく進展し、なかでも、上山安敏らによるヴェーバー大学論の邦訳およびその詳細な研究は、単行本として刊行され、ひろく知られていた（上山安敏　一九七八、上山他編訳　一九七九）。しかもそこにはじつに懇切な解説が付せられており、これを参照して理解することになんの困難もない。たとえば、上山らは、ベルンハルト事件（一九〇八年）との係わりで、「当時のドイツでは大学教授の任命は、学部により推薦された二ないし三名の候補者の中から、文部大臣が任命するという方式をとっており、したがって学部の推薦権が慣行として承認されていたわけであるが、それは、法的に保障されておらず、文部省は、これに拘束されずに、みずから教授を任命することができた」と記し、教授人事にかんする正確な解説を提供している（上山他編訳　一九七九：三頁）。

上山らの労作『ウェーバーの大学論』が刊行されたのは一九七九年十月で、尾高の改訳が刊行されたのは翌一九八〇年十一月である。改訳時の尾高の「あとがき」は一九八〇年七月に書かれており（尾高訳②：八四頁）、彼は「全文を訳し直すことにした」（同八一頁）はずだったが、当該個所は訂正されていない。尾高が上山らの訳業を読んでいれば、当該箇所の「〔教授候補を政府に〕推薦する学部」と「〔教授を任命する文部行政担当〕省」との関係を即座に理解できたはずである。『職業としての学問』の訳者でありながら、尾高は上山らの訳業を読まなかったのであろうか。事情はどうあれ、一九三六年の初訳当時、ドイツの大学について無知だった尾高は、その後四十四年間ドイツの大学について学ぶことなく、改訳時においても依然として無知でありつづけた。

出口・間場・三木・中山はこの箇所を正しく訳しているが（べつに賞めているのではなく当たり前のことである）、三浦は尾高訳を引き写しにしたため、「推薦する」を抜かしている（三浦訳：一四頁）。英訳は"recommend""propose"等を用いている（G&M: 132, ES: 57, MJ: 6, RL: 5, GCW: 28, HHB: 337）。

⑻8）**【関連記述】**教皇の選出過程（コンクラーヴェ）は、（ドイツ国王の選定とともに、）カリスマ的従士団による後継者指名のもっとも重要な例であり、従士たちによる後継者指名と、それに続く民衆による歓呼賛同とによって成就される。これは近代的な意味における選挙ではなく、カリスマの存在を認識し、承認する儀式である。

したがって、教皇選出にかんする規範は、全員一致の達成に努めるものであり、また選ばれる人物は、カリスマの担い手として承認される請求権を有している（MWGI/22-4: 498）。

（⑧9）【語句・文意・文法】「検証に適した（kontrollierbar）」は、〈同様の人選例として、大学人事と対比しながら検証するのに好適である〉という意味である。渡辺は、„kontrollieren“（検証する）という動詞の内包する経験科学的実証可能性に注意を促している（渡辺編：六五頁）。この講演中では、動詞„nachkontrollieren“（追検証する）とその過去分詞形„Mittel zuverlässig kontrollierter Erfahrung“（信頼できる検査を経た試験の手段）という用例が後出する。

【翻訳史】邦訳は、いずれにあっても検証可能性の含意を読みとることができない（尾高訳②：一六頁、出口訳④：三六九頁、間場訳：一七頁、三木訳：七頁、中山訳：一七〇頁、三浦訳：一五頁）。英訳をみると、ガースとミルズ、ジョンは“controllable”と訳し（G&M: 132, MJ: 6）、リヴィングストン、ブルーンは“verifiable”と訳し（RL: 5, HHB: 337）、ウェルズは“comparable”と訳している（GCW: 28）。英語の“control”にも「（実験結果などを）照合する」という意味があるから、“controllable”でも悪くはないが、〈仮説などについて、実験や調査によって、それが正しいかどうかを確かめる〉という含意を明示するためには、リヴィングストンの選んだ“verifiable”のほうが適切であろう。ウェルズの“comparable”だと、検証可能という含意は弱くなってしまうと思う。シルズはこの„kontrollierbar“を抜かしている（ES: 57）。

（⑧10）【関連記述】この問題について、ヴェーバーは、『職業としての政治』においても立ちいって論じており、とくに党組織運営の発達とともに実権を強化していく人的装置が、人民投票的民主制の到来を帰結させることを強調している（MWGI/17: 202-204）。

（⑧11）【語句・文意・文法】「しかるに」の原語は„aber“である。「最有力の（allererst）」と「もっとも旗幟鮮明な（prononciertest）」とをつなぐこの„aber“は、〈最有力の候補は、急進的な志向性をもつ有権者にも保守層にも受けいれられるような玉虫色の装いを凝らした穏健な候補であることが多く、最有力でありながら主義主張が明確である候補というのはむしろ稀である〉という意味を担っている。このように、「しかるに」という逆説が効いている。

【典拠】「最有力で、しかるにもっとも旗幟鮮明な候補（der allererste, aber: prononcierteste, Mann）」は、ジェームズ・ブライスの言う“able but dangerous Favourites”（有能ではあるけれども問題を孕む本命候補）（Bryce 1890: 181）を、ヴェーバー流に翻案した表現である。

なお、『倫理と精神』のなかでも、ブライスの論著から引用されている（MWGI/9: 291, RSI: 117）。

【編集史】驚いたことに、ヴィンケルマンは、『科学論集』第三版以降、この„aber“を„also“に改変してしまった（WL3: 586）。彼は、当該箇所には、むしろ„also“（それゆえ／つまり）のほうがふさわしいと思いこんだようである。しかし、「最有力」と「旗幟鮮明」とは本来合致しない。ヴィンケルマンの改変に従うと、「最有力であるがゆえに旗幟鮮明な候補」または「最有力の、つまり旗幟鮮明な候補」となるが、まったく意味が通らない。『全集』版では、当然„aber“に戻されている（MWGI/17: 76）。右に記したように、ヴェーバーが依拠したブライスの表現も“but”である。

【翻訳史】間場は、「第一候補であり、しかも最も際だった人物」と訳している（間場訳：一九頁）。この「しかも」という訳語は適切である。邦訳中で、„aber“の含意を表現しているのはこれひとつだけである。

英訳で„aber“の含意を表現しているものは皆無だが、シルズが„prononciertest“を“original”と訳しているのは参考になる（ES: 57）。ここでヴェーバーは、たんに傑出していて有力なだけでなく、独自の見識と政策理念を有している候補を指しているからである。

（⑧12）【典拠】ヴェーバーは、ここで「アメリカ人たち」としているが、アメリカ大統領選挙にさいして働く政治力学についてはイギリス人ブライスが、「本命候補（Favourites）」「対抗馬（Dark Horses）」「郷士（Favourite Sons）」という三分類をしめして詳細に分析しており、ヴェーバーが言及しているのは、主としてこのブライスの立論である（Bryce 1890: 181–195）。『全集』編集部が作成したヴェーバー旧蔵書リスト中にブライスの当該書が記載されており、それは第二版（一八九〇年）である（Arbeitsstelle der Max Weber Gesamtausgabe）。ヴェーバーのこの旧蔵書は、現在ハイデルベルク大学図書館に所蔵されている。

（⑧13）【語句・文意・文法】当該箇所では、接続法第Ⅱ式の„wäre“が用いられている。これは〈非現実的な仮定〉を表現しており、〈研究してみると興味深いだろうが、ここでは敢行しない〉という意味である。

（⑧14）【翻訳史】尾高は、「誤った選択」を「同様の番狂わせ」と誤訳している（尾高訳②：一七頁）。この„Fehlgriffe“は無冠詞であり、大学人事で不適格者が選ばれてしまうケース一般を指している。「同様の」と限定的に解すべきいかなる理由もない。

（⑧15）【付帯状況】偶然的・突発的な不確定要素を孕み、またしばしば第二位・第三位の候補が任命されながらも、結果として適任者が選ばれてきた人事例のいくつかについては、拙著中で詳細に分析した（野﨑敏郎 二〇一一）。

とくにヴェーバー自身に即してみると、なんといっても一八九六～九七年におけるハイデルベルク大学哲学部国民経済学・財政学教授人事がその顕著な例である。このときクニースは、グスタフ・シェーンベルクを強力に推したのだが、哲学部（およびこの人事に関与した法学部教授たち）はこれを退け、ゲオルク・フリードリヒ・クナップ、カール・ビューヒャー、ヴェーバーの三名の候補をバーデン政府に推薦している。

この三名に順位は明記されていないが、一八九六年十一月二日付推薦書のなかでは、「予期に反してクナップの獲得もビューヒャーの獲得もなさそうな場合」にはヴェーバーを任命するのが望ましいと示唆されている（GLA235/3140）。したがって、ヴェーバーは第三位の補欠候補だったことが明らかである。なぜこの補欠候補が任命されたのかについても拙著中で詳説した。

なお、このとき推薦書の作成に携わった委員会メンバーのなかには、後出のディートリヒ・シェーファーが含まれている（個別注解㉘4を参照）。

（⑧16）【語句・文意・文法】議会が教授の任免に政治的介入をなした複数の例と言われていることが、直接なにを指しているのかは判然としない。筆者がこの記述から得た感触としては、フランス革命期の国民公会による教育改革の試みではないかと思われる（松島鈞　一九六八、とくに一九四〜二〇二頁）。またアメリカにおける大学改革の動きが念頭に置かれているのかもしれない（潮木守一　一九九三a）。

（⑧17）【語句・文意・文法】君主たちが教授の任免に政治的介入をなした複数の例と言われていることのうちに、アーロンス事件（段落②要説（二）を参照）が含まれていることは確実である。また君主と教授との対立事例として、ゲッティンゲン七教授事件（一八三七年）がよく知られている。

特殊な例だが、一八四八年のシュレースヴィヒ＝ホルシュタイン蜂起にさいして、キール大学教授ヨハン・グスタフ・ドロイゼン、ユストゥス・オルスハウゼン、ローレンツ・シュタインらは、公然と蜂起政権に参画し、そのため、蜂起挫折後、デンマーク政府によって追放された（柴田隆行　二〇〇六：七三〜七七頁）。

【付帯状況】『職業としての学問』の出版準備をしている頃、ヴェーバー自身も君主からの圧力を受けた模様である。彼が一九一八年秋にベルリン商科大学から就任するよう打診されたとき、この人事案を聞きつけたプロイセン王（ドイツ皇帝）ヴィルヘルムⅡ世は、自分にたいして批判的なヴェーバーをベルリンに招聘するのなら、彼を黙らせておく保証を求めたという。この噂話を耳にしたヴェーバーは、当然これにたいする不快感を露わにしている（一九一八年九月二日付妹クラーラ宛書簡、MWGII/10: 246）。

（⑧18）【語句・文意・文法】この箇所の解釈にあたっては、まず文法的に整理することから始めなくてはならない。当該箇所の原文は、„wo, wie in einzelnen Ländern, die Parlamente **oder**, wie bei uns bisher, die Monarchen（beides wirkt ganz gleichartig）**oder** jetzt revolutionäre Gewalthaber aus *politischen* Gründen eingreifen,“ である（太字引用者）。三つの事柄が二つの „oder“ で繋がれ、並列されている。構文としては、»A oder B oder C« となる。A の „die Parlamente“ と B の „die Monarchen“ と C の „revolutionäre Gewalthaber“ が、動詞 „eingreifen“ の主語である。ここまでは誰でもわかる。

しかし、もしもたんに「AまたはBまたはC」という文意であるのなら、»A oder B oder C« ではなく »A, B oder C« となるはずである。この講演中では、たんに »A, B oder C« の意味でありながら »A oder B oder C« となっている用例もあることはあるが、当該箇所は、A・B・Cの三者間に明らかな階層差が設けられている。つまり、この文構造は、»›A oder B‹ oder C« ＝《〈AもしくはB〉またはC》か、»A oder ›B oder C‹« ＝《Aまたは〈BもしくはC〉》のいずれかである。この場合はもちろん前者である。つまり、まず《〈AとBのいずれか〉が（下位選択として）述べられ、続いて《〈AもしくはB〉とCとのいずれか》が（上位選択として）述べられている。当該箇所においてヴェーバーは、まず「いくつかの国において、議会が政治的理由から介入するところで」（A）もしくは「いままでドイツでそうだったように、君主たちが政治的理由から介入するところで」（B）の二者（従来の事例）を並べたうえで、あらためてもうひとつの選択肢として、「今日《こんにち》革命的強制権力者たちが政治的理由から介入するところで」（C）というケース（新たに生じた事例）を提示しているのである。したがって、Bのなかに記されている「ドイツで（bei uns）」は、Cの「今日《こんにち》革命的強制権力者たちが政治的理由から介入するところで」には意味上の影響を及ぼさないことに注意しなくてはならない。ここに記されている「革命的強制権力者たち（revolutionäre Gewalthaber）」は、ドイツの革命家たちという限定を受けていないのである。

さらに決定的なのは冠詞の有無である。この「革命的強制権力者たち（revolutionäre Gewalthaber）」には（「議会（**die** Parlamente）」「君主たち（**die** Monarchen）」とはちがって）（太字引用者）定冠詞が付せられていない――つまりドイツの革命家たちに限定されておらず、不特定の革命家たちとされている――ことである。当該箇所を読解しようとする者はこのことに十分留意しなくてはならない。

以上のことを確認したうえで、二つの解釈可能性について考えてみよう。まず第一の可能性として、この文言が一九一七年十一月七日にすでに語られていたとすれば、つまりここで「今日《こんにち》」と言われているのが一九一七年秋時点のことであるとすれば、このときまだ起きていないドイツ革命は当然無関係であり、「革命的強制権力者たち」はロシア革命の当事者たちだと判断する以外にない。

ロシアでボリシェヴィキが蜂起したユリウス暦一九一七年十月二十五日は、まさにヴェーバーが原講演をおこなっている十一月七日当日である。この日の午後八時に講演に臨んだヴェーバーが、この蜂起にかんする詳細な情報をすでに得ていたとは考えにくいので、彼は、十月革命前夜の緊迫したロシア情勢を念頭に置いて語っていると解される。したがってこのとき念頭に置かれている「革命的強制権力者たち」は、ボリシェヴィキだけではなく、十月革命によって駆逐された諸勢力をも含んでいることになる。

実際彼は、この講演に先立つ時期に、「ロシアの外見的民主主義への移行」（一九一七年四月二十六日付）と「ロシア革命と講和」（同年五月十二日付）を書き、そのなかでロシアの権力状況を詳細に分析している（MWGI/10: 238–260, 291–297）。ここに描かれているのが「革命的強制権力者たち」の姿である。

つぎに第二の可能性として、「今日《こんにち》革命的強制権力者たちが政治的理由から介入するところで」という箇所が、一九一七年十一月七日に語られたときには存在せず、後の改稿にさいして付加され、また一九一九年に再講演をおこなったさいに述べられた文言であるとすれば――つまりこの「今日《こんにち》」が一九一九年上半期の時点のことであるとすれば――、ヴェーバーの眼前で展開されている大きな歴史的変動は、けっしてドイツに限られたことでないことに留意しなくてはならない。まずロシアの革命勢力は、十月革命以後さまざまな困難に直面しつつ、内外の反革命攻勢と戦いつづけている。またオーストリア・ハンガリー帝国は崩壊し、チェコスロヴァキア、ユーゴスラヴィア、ポーランド、ハンガリーの分離独立への動きが加速している。一九一九年上半期の時点で、これらの国々において革命勢力が安定的に権力を掌握していたわけではないが、ドイツの各支邦における権力闘争とともに、ヴェーバーは、ヨーロッパ各国におけるさまざまな動向を視野に入れて、不特定の「革命的強制権力者たち」について語っていると考えるのが至当である。

とくにハンガリーでは、この講演録を含む『職業としての精神労働』シリーズの「あとがき」（ビルンバウム執筆）が書かれた一九一九年三月に、ハンガリー・レーテ共和国が樹立され、ルカーチがクン政権下で教育人民委員を務めはじめている。当該箇所では、革命的強制権力者たちによる大学人事への介入が問題にされているから、ハンガリー革命政権下のルカーチによる大学行政がどうなるかについてヴェーバーが関心をもたなかったとは考えられない。

ルカーチが担当したこの時期のハンガリーにおける高等教育行政について、ルカーチ自身が後年次のように語っている。「独裁の直前期に、教員たち、とりわけギムナージウムの教員たちのあいだに、急進的な運動が勃興しました。そして教育人民委員部は、省事務次官以上の旧指導幹部全員を省外へと放逐することに成功し、われわれは、彼らのかわりに、大学局の指導的地位すべてに、この急進的な教員組合運動の指導者たちを任命したのです」(GLW18: 92)。ここにしめされているような教育行政の荒療治の一端をヴェーバーがつかんでいたとすると、当該箇所において、ヴェーバーの脳裏にはハンガリー・レーテ共和国の動向もオーバーラップしていたことになろう。

ただし、『職業としての学問』の加筆・校正は、ハンガリー・レーテ共和国樹立よりも前に基本的には済んでいたというのが筆者の得た感触なので、「革命的強制権力者たち」のなかにクン政権が含まれているか否かはいくらか微妙である。

二つの可能性のいずれを採る場合でも、この「革命的強制権力者たち」のなかにロシアの革命的指導者たちが含まれていることはまちがいなく、この箇所をドイツの革命的強制権力者たちのみに限定して解釈しようとするのは不適切である。

筆者がこの箇所を読んだ感触としては、もしも第一の可能性を採るなら、「革命的強制権力者たち」が無冠詞・無限定であることには違和感が大きい。それならヴェーバーは、むしろ、「ロシアの革命的強制権力者たち（russische revolutionären Gewalthaber）」「あの（例の）革命的強制権力者たち（jene revolutionären Gewalthaber）」等と限定的な言い回しを選んだはずである。一方、第二の可能性を採り、かつドイツの革命的指導者たちのみを指ししめそうとしたと仮定するならば、ヴェーバーは、「革命的強制権力者たち」に定冠詞を付すか、あるいはむしろストレートに、「ドイツの革命的強制権力者たち（unsere revolutionären Gewalthaber）」と明言したはずである。

無冠詞・無限定の「革命的強制権力者たち」という表現は、第二の可能性を採り、かつヴェーバーが（ロシアとドイツのみならず）ハンガリー他のヨーロッパ各国における革命への烽火をも念頭に置いていたと解釈するときに、もっとも自然に納得できるものである。したがって筆者はこの解釈を採り、この「革命的強制権力者たち」の件《くだり》を、一九一九年上半期の校正作業のなかで加筆ないし手直しされた部分だとみなす。

なお、「強制権力（Gewalt）」については個別注解㉜12を参照。

【編集史】当該箇所にかんして、『全集』の脚注が、断り書きなしに、ドイツ革命期の大学人事問題を長々としめしているのは、あたかもここでヴェーバーが革命期のドイツのみに言及しているかのような印象を与えるので、適切とは言えない――そこに書かれている事実関係自体は重要な情報だが――（MWGI/17: 77）。

【翻訳史】「革命的強制権力者たち」を、尾高・出口・中山・三浦は、「現在のドイツ（わが国）」の革命的強制権力者たちと誤認している（尾高訳②：一七頁、出口訳④：三七〇頁、中山訳：一七一頁、三浦訳：一六頁）。また渡辺も同様の誤った注記をしている（渡辺編：六五頁）。これにたいして、間場は「現在」（間場訳：一九頁）、三木は「現今の革命的権力者たち」（三木訳：七頁）と正しく訳している。

英訳をみると、ガースとミルズ、ジョンはドイツの革命家のみと誤認している（G&M: 133, MJ: 7）。一方、シルズ、リヴィングストン、ウェルズ、ブルーンは正しく訳している（ES: 57, RL: 5, GCW: 29, HHB: 337）。

⑧19）**【語句・文意・文法】**このことは確実視されてもかまわないことだとされている。つまり、〈議会や君主たちや革命的強制権力者たちが政治介入をして、その結果凡庸な人物がチャンスを得る〉という事態は、ある程度までは現実に生じてきた事実を述べたものだが、ある程度までは、〈そういうことが過去においても現在においても生じてきた可能性がある〉という想定上の事態をしめしたものである。当該箇所の助動詞 können は、dürfen と同じく〈許可・権利〉を意味する。

【翻訳史】既訳のほとんどは、これがヴェーバーの見解でないという点を無視している。わずかに三木だけが、「チャンスを独り占めするものだと思って間違いはないのであります」としている（三木訳：七〜八頁）。

⑨1）**【語句・文意・文法】**ここでヴェーバーが念頭に置いているのは、自分自身の就任の経緯、それにともなって生じる他の人事の経緯（たとえば自分がハイデルベルクへと転出した後のフライブルク大学における後任人事）、自分が推薦した人物が政府によって忌避された挫折例（たとえばゾンバルトやジンメルをハイデルベルクに招聘しようとして実現しなかった人事例）、自分が他の教授等から聞いた人事の伝聞情報などの多種多様な人事例であり、したがって不特定・無限定の„Besetzungserörterungen“（任命人事論議、無冠詞の複数名詞）と表現している。そしてそうした人事例のほとんどすべてが、どの大学教授にとっても（招聘された人物にとっても、招聘されなかった人物にとっても、また招聘しようと努力した教授にとっても、それに反対した教授にとっても）不愉快な思い出である。

ヴェーバーが経験し、また見聞した「任命人事論議」については、拙著中で詳細に解明した（野﨑敏郎　二〇一一）。

【翻訳史】いくつかの邦訳は、「その就任のときの事情」（尾高訳②：一七頁）、「自分の就任のいきさつ」（出口訳④：三七〇頁）、「自分が就任したときの事情」（中山訳：一七一頁）、「自分が就任したときに教授会で何が討議されたかについて」（三浦訳：六頁）と誤訳している（以上圏点引用者）。この四人の訳者は、もともと存在しない「その」や「自分」を不当に付加している。

これにたいして、間場は、ここを不特定の「就任のいきさつ」と訳しており（間場訳：一九頁）、これが正しい。渡辺も、この点を正しく把握しており、ヴェーバーの自己体験も含まれているが、それのみに限定されたものとはみなしていない（渡辺編：六五頁）。三木も、「任用の際の論議」と正訳している（三木訳：八頁）。

ガースとミルズ、ブルーンは“discussions of appointments”と訳し（G&M: 133, HHB: 337）、シルズは“discussions regarding appointments”と訳し（ES: 57）、ジョンおよびウェルズは“discussions about appointments”と訳している（MJ: 7, GCW: 29）。いずれにおいても“appointments”は無冠詞複数である。リヴィングストンは“the discussions that precede the filling of posts”と訳しており

（RL: 5）、無冠詞複数の "posts" によって、それが不特定のさまざまな人事であることをしめしている。当該箇所の英訳はすべて正しい。

⑨2）【語句・文意・文法】任命人事において作用していた善意志とは、たんに教授を任命する文部官僚の意志だけを指すのではない。これは、教授候補の選定にあたる学部スタッフ（通例学部長が指名する小委員会メンバー）、それを審議し、ときには投票によって決を下す学部教授会、おおむね教授会決定を尊重しようと配慮して省への提案をなす大学特別評議会（評議員は全学部から選出されている）、特別評議会からの提案を受けて、最終的に人事権を発動する文部官僚それぞれの深謀遠慮を指している。

段落⑩（A7–9, B586–588, C78f., D9f.）

⑩ こんなことを言うのは、これから〔＝この段落で〕お話しするようなことが明らかにされなくてはならないからです。学者の運命の決定がこのように広範囲にわたって「僥倖」であることは、集合意志形成による選抜が不備だからというだけではありません。むしろ、自分に学者としての能力があると思っている若者は誰でも、彼を待ちうけている課題が二重の性格を有していることをわきまえざるをえません。[⑩1]〔つまり〕彼は、学者としてのみならず、教師としてもまた適格だとみなされることになっているのです。[⑩2] そしてこの両者〔＝学者としての適性と教師としての適性〕は、まったくもって重なりあいません。[⑩3] ある人が、まったく傑出した学者であり、かつどうしようもなく拙劣な教師であることが〔想定上は〕ありえます。[⑩4]〔これにたいして〕私が想起するのは、ヘルムホルツ[⑩5]あるいはランケ[⑩6]のような人々の〔よく知られている非常に優れた〕教育活動です。そしてこれはけっして稀な例外ではないのです。[⑩7] さてそれにしても、ドイツの大学、とくに小さな大学は、じつにばかばかしいやりかたで聴講者獲得をたがいに競いあっている有様です。大学都市の家主たち[⑩8]は、学生数が千人に到達するとお祭り騒ぎをして、二千人目の学生が来ると、もう喜びのあまり松明行列をしています。聴講料の利害は――じつに率直に白状してもらいたいことですが[⑩9]――すぐ隣接する部門[⑩10]における「人気のある」人物の任用に連動して左右されており、またこれを度外視しても、聴講者数はどのみち数字上把握可能な証明指標ですし、一方学者の値打ちは計測不能で、大胆不敵な新進はたいてい〔そしてまったく当然のことながら〕評価が定まっていません。したがって、たいていすべての人が、聴講者数の多さの計りしれない祝福と価値とについてのこのような暗示を受けているのです。[⑩11] ある講師にかんして、彼は拙劣な教師だという烙印が押されれば、たとえ世界有数の学者だとしても、彼にとってそれはたいてい大学における死刑宣告を意味します。一方で、ある講師が優秀な教師なのか拙劣な教師なのかという問いの答は、学生様が彼に栄誉を与えた証である聴講者数によって出されるのです。さてしかし、学生たちがひとりの教師のもとに押しかけてくるという状況は、熱意とか、それどころか口調とかいったまったく外面的なことによって、大幅に――とてもありそうにないと思われかねない[⑩12]ほどに――規定されているのが事実です。私は、とにかくかなり豊富な経験と冷静な熟考にもとづいて、マスプロ講義にたいする深い不信を抱いていますが、こうした講義はやはりたしかに避けられないものなのです。〔それにしても〕民主主義は、〔講義室ではなく

ほかに〕あるべき落ち着き場所〔をみつけられそうなものですが[⑩13]〕。しかし〔これにたいして、かりに今後も〕われわれ〔＝ドイツの大学人〕がドイツの大学の伝統にもとづいてドイツの大学で学問的修錬を営むこととしておくと[⑩14]、その修錬は知的エリート層の事象[⑩15]であり、このことを、われわれは率直に認めたほうがいいのですが、現実には認めようとしない方々が多いのです[⑩16]。さて、もちろん他面からみると、熟達してはいないけれども理解能力のある頭脳〔＝学生〕が学問的諸問題を理解し、また――われわれにとってこのことがもっぱら決定的なのですが――こうした諸問題にかんする自立した思考へと到達するように〔われわれ教師が〕この諸問題を詳解することが[⑩17]、たぶんあらゆる教育的課題のなかでもっとも困難なものだというのは正しいのです。しかしたしかに、この課題が解決されるかどうかを聴講者数が決定するわけではありません。そして――〔「職業としての学問」という〕われわれ〔＝この場にいる者たち〕の論題に立ちもどりますと――まさにこの〔＝学生教育の〕技能は個人の天賦の才であって、学者の学問的資質とはけっして一致しません。しかし、フランスとはちがって、ドイツには〔教育任務を免除された〕学問の「不死なる者たち」の団体[⑩18]が存在しておらず、〔そのためやむなく〕ドイツの伝統に則るとすれば、大学は、〔今後もひきつづき〕研究と教授という両方の要求を満たすという縛りをかけられます[⑩19]。しかしこの要求に対応する〔二つの〕能力がひとりの人間のなかに宿っているかどうかはまったくの偶然事なのです。〔このように、この伝統や要求が大きな問題を孕んでいることはまったく明らかです。〕

段落⑩ 要説

（一）

段落⑨までに述べられてきたことは、大学教員の運命が僥倖に左右されているという問題であった。このことはまた、大学教員の教育活動・研究活動についても当てはまる。教育能力と研究能力とを両方とも備えることはきわめて困難である。しかもその教育能力は、多数の学生を呼びよせる能力だとみなされており、研究能力は計測できない。大学都市の利害からすると、講義室を満杯にすればいいのだが、ヴェーバーからみると、マスプロ講義は、大学における修錬の有しているエリート的性質に適合しない。学生を自立した思考へと導くという課題を直視すると、ドイツの大学は、過去から現在にいたるまで、ますます大きな困難を抱えこんできていると言わざるをえない。こうした有様は、この段落⑩の中程を過ぎたあたりと、段落末尾近くで語られている「ドイツの大学の伝統（die Tradition der deutschen Universitäten, unsere Tradition）」の問題性として指摘され、批判される。この講演のなかで、彼がこの「伝統」をどう描いてきたのかを、以下に多少敷衍しながら確認しよう。

まず教員採用制度および教員雇用制度をみてみると、学究生活をめざす若者は、非常に労苦の多い教授資格審査をくぐりぬけて私講師になり、基本的に無給で、聴講料収入に頼って教授活動を遂行しなくてはならない。彼には講義をする権利があるが、同時にそれは義務でもある。ときとして聴講料すら得られない授業を無報酬で受けもつこともある。私講師という地位は、もともと無給名誉職的諸前提のうえに成りたっているから、資産をもたない者はとくに過酷な条件下に置かれ、将来安定した研究職に就くチャンスがあるかどうかはまったくの僥倖に委ねられている。しかも教員間の競争・軋轢もあり、古株の教員にたいして気を遣う必要もある。

ではドイツの（自然科学・医学系の）研究所助手はどうであるかというと、たしかに固定給はあるものの、解雇されるかもしれないという不安がつきまとっている。そしてドイツの大学は、全体としてアメリカ的制度に近づき、資本主義的経営体になりつつあるが、そこでは研究手段からの研究者の分離が生じており、アメリカ的研究所に勤務する研究員は、そこにおいて実権を握っている研究所長に否応なしに従属させられ、不安定状況に直面している。そして資本主義的・官僚制的大学経営体の内部で支配的な「精神」と、ドイツの大学の古い歴史的気風とが衝突し、古い大学制度全体が、制度疲労を起こして有名無実化している。

ところが教員採用・雇用にかんする古くからの契機だけは存続し、しかも助手や私講師の数は増えているから、形骸化している制度によって雇用される助手・私講師の職位そのものに付随する諸矛盾が激化する。つまり、助手・私講師が増えたのに、正教授ポストはあまり増えていないから、不安定状況のなかで呻吟し、能力があるのに適切なポストを得られない教員がいままで以上に多くなる。そうした僥倖に支配されているなかでも、正当な任命人事が多かったのはたしかだか、いかんせんポストの数がすくなすぎる。

こうして、大学の矛盾した状況はますます深刻化し、その皺寄せを被らざるをえないドイツの大学教員は、ひとりで非常に多くの学生を抱えることになる。しかもドイツの大学制度において、教員は研究と教育との二つの任務を押しつけられているが、高い研究能力と高い教育能力とを兼ねそなえることもまた僥倖に委ねられており、研究能力が正当に評価される可能性はほとんどない。教育能力は聴講者数によって計られる始末である。

以上のように、ドイツの大学・大学都市につきものの古くからの奇妙なしきたりや古色蒼然たる歴史的気風と、アメリカ化・資本主義化によって変質しつつあるいくつかの要素との二者が絡みあって、大学制度そのものが正常に機能しなくなり、いたるところでさまざまな矛盾が噴出しており、しかも頑迷固陋たる大学正教授たちは、その矛盾を若い私講師たちに転嫁して問題の根本的解決を先送りにしている——これがドイツの大学の現状である。こうした矛盾を引きおこした原因である二者のうち、制度疲労ないし形骸化が顕著になっている古くからの大学のしきたり、そのなかにおける正教授たちの頭の古さ、学生数にしか関心をしめさない市民たちの滑稽な姿——これこそが「ドイツの大学の伝統」である。また、この箇所までの講演の流れのなかでは、どちらかというと脇役的に語られ、かならずしも明示的に指摘されてはいないが、文部行政担当省の古い体質も、この「伝統」のなかに繰りいれることができよう。

旧態依然たる教員採用制度、教員運用制度、文部行政担当省の問題性、さらには大学都市における市民層の了簡の狭さをも含むその「伝統」は、さまざまな問題の元凶である。それとともに、この「伝統」が内包している行政装置は、大学問題の現状にまったく対処できていない。そのため、大学教育の現場で生じるさまざまな負担が大学教員に転嫁されている。だからこの講演を語りはじめるとき、ヴェーバーは、「ドイツの大学の伝統」のために大学の現場に——とりわけ若い私講師層に——どれほど大きな皺寄せが来ているのかを詳述し、その不条理な問題状況を剔り、鋭く告発したのである。

　これを踏まえてこの段落を読むと、ここでヴェーバーは、今後もむざむざとこの伝統に従うべきだなどという能天気な発言をしているのでないことは明らかである。それどころかまったく逆に、このような奇怪な伝統に唯々諾々と従うことなく、これに毅然と対峙し、新しい大学像を展望し、そこで担われるべき学術文化のありかたを徹底的かつ批判的に洗いなおし、現代における学術研究の方法的規準を提示し、同時にドイツにおける高等教育の刷新をめざそうというのがヴェーバーの真意である。またこの点が、ドイツの大学の伝統が内包している諸問題を不問に付すヘルムホルツの大学論と、ヴェーバーのそれとの決定的な対立点である。この重要な論旨を汲みとることができないと、この講演を読む意味はない。当該箇所を講演当日に語ったとき——とくに「ドイツの伝統に則るとすれば（unserer Tradition gemäß）」という三語を口にしたさい——、ヴェーバーは、「こんな伝統はもううんざりだね」といういかにも辟易した風の素振りを、聴衆に向かってあからさまにしめしたことであろう。

　この講演のなかで、ヴェーバーは、「ドイツの大学の伝統」を終始厳しく批判している。それは、べつにこの講演にかぎったことではなく、彼は、生涯を通じて一貫してドイツの大学の伝統を批判しつづけ、また大学の近代的変容のなかで、その「伝統」がもはや意味をもたなくなっているにもかかわらず、そうした遺物・遺制が存続していること——たとえば私講師のような時代後れの存在が旧態依然たる雇用形態を保持していること——を問題視している。彼は、硬直した伝統の問題性とともに、近代知の不条理性の縮図を凝視しているのである。

　この問題は、とりわけ後継者養成問題として深刻である。優れた才能をもつ若手はすくなくないのに、彼らはひどく苦労して（またかなりの出費をともなって）教授資格を取得しなくてはならず、しかも私講師になっても待遇はあきれるほど劣悪であり、将来の見込みもない。だから、才能があるのみならず行動力のある者は、かかる「ドイツの大学の伝統」にさっさと見切りをつけ、旧態依然たる大学を去って政界や官界に転じていく。若手研究者の苦悶とそうした頭脳流出とを長年にわたってみてきたヴェーバーは、かかる現状を踏まえて、いま現場の大学教員たちはなにをみつめ、なにを考え、どう行動しなくてはならないのかを力説しているのである。

　この講演の末尾で語られる大学人の姿を先取りしておくと、そこで描かれているのは、まさにいまみているようなドイツの伝統的な大学の〈暗い現状と先のみえない将来〉を見据え、不条理な日常性にたいして批判的なスタンスを堅持しながら、倦まず弛まず学究と学生教育の営みに献身する姿である。これは、当該箇所までに明るみに出され告発されたドイツの大学の伝統的状況（その為体）が内包する制度疲労と諸矛盾とを受け、この先の箇所で剔りだされる大学教授の腐敗実態を踏まえ、さらに現状にたいする深い分析と思慮とを欠いている浮ついた学生を痛烈に揶揄したうえで、望ましい大学人像として呈示される。それは、フェアな教育環境として規定される大学において、価値自由な学問研究を展開する大学人の姿である。

　この段落⑩において赤裸々に浮きたたせられているドイツの大学の外面的不条理性は、後段で展開される大学人の内面的不条理性の前提であり、この二つの不条理性を併せてはじめて、ヴェーバーがこの講演において見据えている（大学に生きる）知性の現代的運命が理解可能になるのであって、個別注解⑩1で指摘している助動詞 müssen と、個別注解⑩2・⑩14・⑩19で指摘している助動詞 sollen とを正確に読解することは、この講演全体を理解するうえで要となっている。というのは、四箇所とも、従来は正反対の文意に取りちがえられてきたからである。

この講演のなかでドイツの大学の伝統に言及されるとき、そこではひとつの例外もなく批判的文脈が与えられている。それどころか、現在までに確認されているヴェーバーの全発言を通じて、彼がドイツの大学の伝統を肯定的に価値査定した箇所はひとつもない。彼は、とくに一九〇八年頃から亡くなる一九二〇年まで、折に触れ、大学にかかわるさまざまな個別問題に寄せて、多くの発言をなしている。そのなかで、アルトホフの個人的力量や、バーデン政府高官の個人的厚情や、同僚教員たちの個人的配慮にたいしては、率直に謝意を呈し、それを高く評価しているが、その一方で、ドイツの大学制度の伝統的側面にたいして、大経営体化ないしアメリカ化していく大学組織にたいして、大学を支配下に置こうとする高等教育行政にたいして、さらに既得権への安住を図る旧態依然たる大学教授たちにたいしては、まったく非妥協的に批判的態度を貫いている。彼自身の言を借りるならば、アルトホフ個人にたいしては、たしかにドイツの大学人がそれぞれ負うところがあるはずだが、ドイツの大学行政の伝統をアルトホフ流に変形して構築された「アルトホフ体制(System Althoff)」は、学問的後継者を、権力を握っている文部官僚の子分と化してしまう「『不正行為』の体制」であって、それは打倒すべき対象にほかならないのである（Dreijmanis 2010: 162)。

このように、個人と制度とを区別して、個人の力量の問題なのか、それとも制度自体がおかしいのかを見極め、さらにその制度の問題が、何千年にもわたる文化人間（個別注解⑳3を参照）の営みの歴史に根ざしたものであることを解明し、これによって問題の所在を明確化するのが、ヴェーバーの大学論・学問論・科学論の真骨頂である。ここにみるように、立論の社会科学的視座が明確であることと歴史的視野の広さとが、ヴェーバー以前の立論の——またヴェーバーの死後に現れた凡百の『職業としての学問』批判の——遠く及ばないところである。

（二）

ヴェーバーが強調した研究活動と教育任務との相剋の問題にかんする重要な事実をしめしておく。ドイツにアカデミー・フランセーズは存在しなかったが、教育任務を負わずに研究に専念できる機関は、すでに一九一一年に設立されている。それはカイザー・ヴィルヘルム協会（マックス・プランク協会の前身）であり、この協会の設立を強力に推進したのは、ほかならぬアルトホフであった（後出段落⑪要説を参照）。またアルトホフは、独米間の交換教授制度の創設のためにも尽力し、サバティカル制度の充実を図っていた。一九一〇年代には、この制度を利用して在外研究に勤しみ、一定期間研究に専念できるという恩恵に浴したドイツ人教授たちがいる。とくにハイデルベルク大学で一九〇〇年から一九〇七年までヴェーバーの同僚だったラートゲンは、ハンブルク拓殖研究学院に移籍後、一九一三年にこの制度を利用してコロンビア大学で在外研究に入っている。ラートゲンに『社会経済学綱要』の原稿を依頼していたヴェーバーは、このとき、アメリカにいるラートゲンにたいしてたびたび原稿督促状を送っている（ただし書簡の現物は未発見）。ヴェーバーがこの制度について知っていたことはまったく明らかである。それだけに、彼が、この講演中でなぜカイザー・ヴィルヘルム協会や独米交換教授制度の存在――この二つはアルトホフが遺した貴重な置き土産である――に触れていないのか、いくらか疑問がある。

ドイツの大学の伝統がきわめて不条理な状況を現出させており、これをいくらかでも緩和するために、新たな研究機関を設立したりサバティカル制度を充実させたりする必要があるということは、ヴェーバーのみならず、個人としてのアルトホフの認識でもあった。そして――ヴェーバーとはちがって――権力に与っているアルトホフは、実際にこうした制度づくりのために奔走し、それを（みずからの引退後に）実現させている。ここにも、非凡なカリスマ文部官僚アルトホフの見識と力量がしめされている。

段落⑩への個別注解

〈⑩1〉**【語句・文意・文法】** この文意を正確に汲みとることは、ヴェーバーの大学論の基調を、つまり彼がドイツの大学のどのような問題を注視しているのかを理解するうえできわめて重要である。当該箇所の助動詞 müssen は、外的諸事情・制約によって不可避に強制された受動的当為を表し、〈やむをえずそうせざるをえない〉〈そうすることを余儀なくされる〉〈そうする以外に術がない〉という受動的含意を表現しているのであって、主体的に〈しなくてはならない〉という能動的な意味合いを含んでいない。

〈⑩2〉**【語句・文意・文法】** 原文は „er **soll** qualifiziert sein als Gelehrter nicht nur, sondern auch: als Lehrer.“（太字引用者）である。簡単な文だが、問題は助動詞 sollen の解釈である。ここは、「学者としてのみならず教師としてもまた適格であるとみなされることになっている」と解釈するのが至当である。この sollen は、〈主語以外の者の意思の反映・貫徹〉をしめす。この文例で、sollen は、「彼（er＝大学教師）」の雇用主である政府や、彼が勤務している大学の当局者や、大学生たちや、大学町の住民たちが、彼を学者としても教師としても適格である者として遇していることをしめしている。

もしもここを、「彼は、学者としてのみならず教師としても適格であるべきだ」などと誤読すると、あたかもヴェーバーがそのように主張しているかのようなあべこべの文意に化けてしまう。ここが sollen 解釈の要諦であって、文脈におうじて多様な意味を担うこの助動詞に託されている含意を正確につかみとることは、かならずしも容易でない。ヴェーバーはここで、大学教師が二つの重い任務を要求されているという外的状況を sollen によって明示したうえで、その要求は不当だと論じているのである。しかし、これまで、日本人読者のなかで、この文を正確に読みとった人ははたして何人いるだろうか。

【翻訳史】 三木は、「彼に求められるのは、学者としてだけでなく、教師としての能力です」と訳している（三木訳：八頁）。この訳文にあっては、学者としての能力と教師としての能力を両方とも「求められる」という外的状況がしめされており、ヴェーバーの与えた文意が正確に写しとられている。

これにたいして、他の邦訳者たちは、この文意を理解できず、〈彼は、学者としても教師としても適格であるべきだ〉という意味に誤訳している（尾高訳②：一八頁、出口訳④：三七一頁、間場訳：二二頁、中山訳：一七二頁、三浦訳：一七頁）。いずれにあっても、学者としての能力と教師としての能力の両方を、あたかもヴェーバー自身が要求しているかのような説教的訳文に陥っている。致命的な誤訳である。

英訳をみると、ガースとミルズは、“he must qualify not only as a scholar but also as a teacher”と訳し（G&M: 133）、シルズは、“he should be qualified not only as a research worker but also as a teacher”と訳し（ES: 57）、ジョンは、“he must be qualified not only as a scholar but also as a teacher”と訳し（MJ: 7）、リヴィングストンは、“he must be properly qualified not only as a scholar, but also as a teacher”と訳し（RL: 5）、ウェルズは、“he is to become qualified not only as a scholar but also as a teacher”と訳し（GCW: 29）、ブルーンは、“he must have qualifications not only as a scholar, but also as a teacher”と訳している（HHB: 337f.）。それぞれ、“must”か“should”か“be to”を用いて„sollen“の含意を表現しようとしている。この三つの表現のいずれにも、〈どうしてもそうすることになる〉〈そうすることになっている〉という含意がある。

（⑩3）**【付帯状況】**この概嘆は、ヴェーバー自身の体験からくる自嘲的な響きを有している。一八九七年春にハイデルベルク大学に着任したのち、かなりの過労状態であった彼は、この年の夏に旅行先のスペインでマラリアに感染したことを引き金として、しだいに心身が不安定化する。その後講義の短縮ないし中止を経て、休暇中に療養に努めながら、さらに講義不開講を余儀なくされる。そして一九〇二年秋には無理に復帰を図って失敗するなど、数年間迷走したあげく、一九〇三年秋に正教授を退任し、正嘱託教授に配置替えされる。彼は、その後もハイデルベルク大学でなんとか講義活動を再開しようとするが、結局果たせなかった。一方、研究活動はその間《かん》にむしろ大きな進捗をみせ、『倫理と精神』『儒教と道教』『ヒンドゥー教と仏教』『古代ユダヤ教』といった大作論文を次々に世に送りだしている。研究と教育とが合致せず、学者としては充実した活動を展開しながら、教師としては満足のいく成果を残すことができなかった例として、彼は自分自身を含めて考えているのであろう。

この箇所と、この段落末尾（後出個別注解⑩19の箇所）においては、大学教員が研究と教育という二つの任務を兼務することが強要されているが、これは事実上不可能に近いことが強調されている。このことから判断すると、ヴェーバーは、ドイツの大学の伝統と現状とを追認するならば、大学人の職責を果たすことのできる者は今後もほぼ皆無だと考えていることが明らかである。したがって彼は、将来の大学において、これまで大学教員に押しつけられてきた過重負担を軽減させるべきであるか、研究任務を担当する研究職と、教育任務を担当する教育職とを分離すべきであると考えていることがわかる。

（⑩4）**【語句・文意・文法】**ある人物が、傑出した学者であり、かつ拙劣な教師でもあるというケースは、なるほど想定しうるけれども、ヴェーバーは、現実にそうした人物が存在すると言っているのではない。次の個別注解⑩5・⑩6・⑩7を参照。

（⑩5）**【典拠】**ヴェーバーは、ヘルムホルツの『講演・談話集（*Vorträge und Reden*）』を読んでいた。この傑出した物理学者・生理学者・音響学者は、教育者としても卓越した技量を発揮していた。彼は、眼球光学の理論を学生に教えるとき、どのように講義すれば聴講者たちにわかりやすく伝わるのかを思案しながら、問題の角度を変えて多角的に論ずるよう工夫している（Helmholtz 1896a: 12）。また彼の許からは多くの俊英が巣立っている。だからヴェーバーは、この回想講演録によって、ヘルムホルツが優れた教師だという傍証をみているのである。

『講演・談話集』第一巻の一八八四年版、一八九六年版、一九〇三年版は、ハイデルベルク大学図書館に所蔵されている。

（⑩6）**【典拠】**教師としてのランケにかんして、ヴェーバーはランケの『自伝』を参照している。ヴェーバーは、『ロッシャーとクニース』のなかで『ランケ著作集』第二十四巻を引用している（WL6: 38）。『自伝』は、この著作集の第五十三〜五十四巻に収録されており（Ranke 1890）、同じものは『世界史』第四巻の付録にも収録されている（Ranke 1910）。いずれもハイデルベルク大学図書館に所蔵されている。

この『自伝』のなかで、ランケは、フランクフルト・アン・デア・オーダーのギムナージウムに勤務していた当時について、次のように回想している。自分の語った世界史について、生徒たちの反応が非常によかったので、関連書を次々に読み、また同僚と議論した。そして、「言語学的研究と一般的科学的研究は、歴史研究をすでに内包しており、〔そのため〕こうした研究から本格的な歴史研究への移行はこの上なく容易に遂行された。第I年次生（最上級生）に古代文学史を講義するという課題を得たことによって、この移行は、私にはなおいっそう媒介され〔＝促進され〕た。この講義を、決まりきった教則本で片づけることは、なんとしても私の気質と性格には添わなかった」（Ranke 1910: 689）。そこでランケは、古代の歴史家たちの著作を体系的に精読することに決め、さまざまな書物を渉猟して、生徒たちとともに古代史探究に取りくみ、ますますそれに深入りしていったのである。

ここに綴られているように、ランケは、その学生教育への情熱から、たんなる語学教育にとどまることなく歴史研究へと歩みいり、やがてその方面の専門家になったのであって、その独特の学問行路から、教育と研究との合一が果たされた例として貴重なのである。

（⑩7）**【語句・文意・文法】**文の流れから、学者として傑出しているが教師としては拙劣な人物の例として、ヘルムホルツとランケが引き合いに出されているかのようにみえる。これにたいして矢野善郎は、ヴェーバーの採用している方法論的合理主義からすれば、非合理性は合理性からの偏差として描かれるはずだから、いい教師の見本を挙げずに悪い教師の見本だけをあげつらうのは不自然だと指摘し、またヘルムホルツとランケの優れた教育活動が当時ひろく知られていた事実をしめし、「より背景的な歴史的なコンテクスト」を考えると、当該箇所の真意は、じつはヘルムホルツとランケをいい教師の例として挙げていることにあると論じた（矢野善郎　二〇〇八：七二、七六頁）。

筆者は、矢野の解釈を正しいと考える。というのは、直前の文をみると、「ある人が、まったく傑出した学者であり、かつどうしようもなく拙劣な教師であることがありえます」となっており、これは明らかに想定上の話であって、現実にそうした教師がいるとは言っていないからである。前後関係を加味して当該箇所を整理すると、〈学者としての能力と教師としての能力とが重なりあうことはきわめて考えにくく、学者としては優秀でも教師としては無能な人物がもしかするといるのかもしれないけれども、実際には、ヘルムホルツやランケのように二つの能力を備えている人物も存在したのであり、それがけっして稀な例外でないのもたしかである〉という文意になる。

ヘルムホルツやランケの例は、当該箇所でヴェーバーが断っているように、稀な例外でないかもしれないが、それでもやはりドイツの大学教員の大多数がそうした二者の幸福な合一を果たすことができるわけではないとヴェーバーは考えている。

(108)【語句・文意・文法】「家主たち（Hausagrarier）」は大学町の有力者層である。„Agrarier"（地主）が農地保有者を指すのにたいして、„Hausagrarier"は、屋敷地をも貸与している不動産業者である。たとえばC・ベッカーは、„Hausagrarier"の題目の下に、ドイツ都市屋敷地所有者組合中央会の動向を伝えている（Becker 1901）。

(109)【語句・文意・文法】原文は、„man soll das doch offen zugeben"である。助動詞sollenは、„Ihr sollt still sein"（君たち静かにしなさい）や„man soll mich in Frieden lassen"（邪魔しないでもらおう）と同様、〈話し手の要求・願望〉を指示している。したがって、「人はやはりこれを率直に白状するべきである」と訳すのは不適切であり、「率直に白状してもらいたい」と訳すのが正しい。ここでは、話し手であるヴェーバーが、自分以外の人々にそうしてほしいという願望を述べているのである。ヴェーバーは、この文例のように、不定代名詞manをしばしば〈不特定の他人〉の意味で使う。

【翻訳史】尾高は「実をいえば」と誤訳し（尾高訳②：一八頁）、出口は「率直にみとめねばならぬことだが」と誤訳し（出口訳④：三七一頁）、間場は「正直に認めねばならないが」と誤訳している（間場訳：一三三頁）。この三つの訳にあっては、なにかヴェーバー自身も率直に認めなくてはならないかのようにみえる。

一方、三木は「こういう事も率直に認めたが宜しいでしょうが」と訳し（三木訳：八頁）、中山は「これは率直に認める必要のあることですが」と訳している（中山訳：一七三頁）。この二つの訳では、「認める」主体が誰なのか判然とせず、文脈から、やはりヴェーバー自身も「認める」必要があるかのようにみえる。三浦訳では、当該箇所は完全に欠落している（三浦訳：一八頁）。

(110)【語句・文意・文法】多くの聴講者を集める教員が隣接部門に来ると、かならずしもこちらの部門に好影響があるとはかぎらない。隣接部門の講義に学生が集中し、こちらは閑古鳥が鳴くこともある。ここで「連動して左右する」と訳した„mitberühren"は〈たがいに関連して動かす〉だから、隣接部門の動向によって、こちらの部門の聴講料の利害が影響されて動く――聴講者・聴講料が増えるかもしれないし減るかもしれない――という意味である。

【付帯状況】同一部門に新たに教員が着任することによってもまた聴講料の額は左右される（この場合、教員ひとりあたりの聴講料は減る）。ラートゲンは、ハイデルベルク大学に着任するにあたって、一九〇〇年三月二十七日付でバーデン政府高官に書簡を書き、そのなかで次のように述べている。「近いうちにマックス・ヴェーバーがすっかり恢復し、その教育活動を再開するであろうことを私が切に希望していることにご留意下されば幸いです。ヴェーバーのような高く評価する同僚とともに働くことができるなら、じつに喜ばしいことですし、聴講料の減少が予想されるとしても、それはそれで好ましく感じます」（圏点引用者、GLA235/3140: 108f）。このときハイデルベルク大学哲学部国家学・官房学部門は、経済学・財政学教授ポストをひとつ増やし、二人教授体制をとるにいたった。したがって、ラートゲンの着任後、ヴェーバーが療養休暇から復帰して講義活動を再開するならば（実際には実現しなかったが）、二人で聴講者を分けあうことになるため、ラートゲンとしては、自分の取り分の「減少」が避けられないと予想されるのである。

（⑩11）**【語句・文意・文法】**〈たくさんの聴講者を集めることのできる先生がいい先生だ〉という暗示は、大学都市にいる人々全体を支配する。そして集まる学生数が教師の評価を決めてしまうという状況もまた、大学と学問とをめぐる不条理性の一例である。これはたんなる笑い話ではない。学生数・聴講者数という計測可能性が支配する状況は、近代における主知主義的合理化過程——それはこの講演における大きなテーマである——の一部であり、近代の大学組織が抱えこんだアイロニカルな悲劇の一端をしめしている。

【関連記述】聴講者数と聴講者にたいする講義担当者の《受け狙い》との危険性について、『価値自由論』では次のように指摘されている。「講師が個人的に『告白』を始めると、学生たちの顔つきは明るくなり、彼らの表情は集中力を増すことを、また同様に、彼の講義の聴講者数は、彼が告白をするだろうという〔学生たちの〕期待によってきわめて有利な影響を受けることを、どの講師ももちろん観察することであろう」（WL6: 498）。講義室に学生が溢れ、学生の評判のいい講義が望ましいわけではない。講義室を満杯にしようとする工夫は、しばしば講義を時局講演か漫談か放談か雑談に変質させてしまうからである。ヴェーバーは、そうした《受け狙い》の講義のやりかたにたいしてきわめて懐疑的である。

【付帯状況】聴講者数確保（およびそのための優秀な教育スタッフ獲得）は、各大学にとってたいへん重要な問題である。フライブルク大学哲学部・法学部のケースを例示しよう。

一八九三年に、同大学を退職することが決まったオイゲン・フォン・フィリッポヴィチの後任人事がすすめられるが、同大学を所管するバーデン政府の高等教育担当官ルートヴィヒ・アルンスペルガーと、プロイセン文部省のアルトホフとのあいだに伏在している確執から、アルトホフは、プロイセン域内の優秀な経済学者（ヴェーバーとフックス）がフライブルクに転出するのを阻止しようとする（段落⑦要説、研究編Ⅳ—一を参照）。

こうして人事が暗礁に乗りあげたまま年末を迎えたとき、フライブルク大学哲学部長エーミール・ヴァールブルクは、バーデン政府にたいして嘆願書を提出し、経済学人事のすみやかな遂行を求めるとともに、経済学正教授欠員状態が続いているため、「仄聞するところでは、一部は学生たちのあいだで、また一部は法学部の関係教員たちのあいだで」苦情を招いている模様だと危惧している（一八九三年十二月十三日付、GLA235/43005）。このままだと学生たちがフライブルクを離れてしまうことを懸念しているのである。

また、フライブルク大学法学部長グスタフ・リューメリンは、他学部の人事であるにもかかわらず、とくに嘆願書を提出し、必要な経済学系の授業が遂行されていないため、教学上支障を来《きた》しており、以下の点に留意されたい旨上申している。第一に、法学部学生にとって、経済学・行政学（経済政策）・財政学の講義を受講することが望ましい。第二に、財政関連官吏になろうとする者にとって、法学部のいくつかの講義を受講することが望ましい。このように、哲学部の利害と法学部のそれとは相互に関連している。そして経済学教授の存在は、学生にとっても大きな関心事であり、欠員が補充されないと、次の夏学期（一八九四年夏学期）の「開講予定科目一覧」に経済学関連講義の記載が欠けてしまい、教務上の支障が生じるだろう（一八九三年十二月十六日付、GLA235/43005）。

　ドイツ各地の大学で学んでいる学生たちは、各大学から送付されてくる次学期の講義一覧（ドイツの各大学間では、それぞれの開講予定科目一覧を送付しあっていた）をみて、次の学期にどの大学で受講するかを決めていた。リューメリンにとって、フライブルク大学の次学期の開講予定科目一覧に経済学科目が欠けると、哲学部のみならず法学部学生の動向にも悪影響が出ると予想されるのである。

　経済学スタッフの陣容が手薄なことが学生たちの不満を招き、それが次学期の学生確保に響く。これを憂慮した両学部長の嘆願書は、この時代においても、やはり学生確保が非常に重要な問題であったことをしめしている。

【翻訳史】当該箇所の原文は、„unter dieser Suggestion von dem unermeßlichen Segen und Wert der großen Hörerzahl steht daher meist alles“である。動詞„stehen“の主語は„alles“であり、それ以外ではありえない。このように、主語が文末に置かれることは、ドイツ語ではべつに不思議なことではない。そしてこの„alles“の意味は「すべての人」であり、「すべてのもの」ではない。間場は、「ほとんどのもの〔＝者〕が、……この影響を受けることになる」と訳し（間場訳：二三頁）、岡部は、「ほとんどすべての者が、……影響をうけます」と訳し、三浦は、「ほとんどすべての人は、……暗示にかかってしまうのです」と訳している（三浦訳：一八頁）。この三つの訳にあっては、文法は正しく把握され、意味も通っている。英訳中では、ガースとミルズ、ジョン、リヴィングストン、ブルーンが正しく訳している（G&M: 133, MJ: 7, RL: 6, HHB: 338）。

　一方、尾高、出口、中山、三木、シルズ、ウェルズは、主語を見失って誤訳に陥っている（尾高訳②：一九頁、出口訳④：三七一頁、中山訳：一七三頁、三木訳：八頁、ES: 57f., GCW: 30）。

⑩12）**【語句・文意・文法】**原文は、„in einem Grade, wie man es nicht für möglich halten **sollte**“であり（太字引用者）、「（思われ）かねない」と訳したのは„sollte“である。この助動詞が、〈非現実的な仮構〉を指示する接続法第Ⅱ式のかたちをとっているのは、〈大学事情に疎い部外者には、まさかそんなことがあるなんてとても考えられないと思われるのではないか〉という含意を表現するためである。

【翻訳史】既訳中では、リヴィングストンが、“to a degree that might scarcely be thought possible”と訳しており（RL: 6）、“might scarcely”によって、接続法第Ⅱ式の含意にもっともよく添っている。

⑩13）**【語句・文意・文法】**原文は、„die Demokratie da, wo sie hingehört“である。主節は動詞を欠いており、„die Demokratie“が主語（一格）なのか目的語（四格）なのかも判然としない。厳密に原文の通りに訳すと、「民主主義、それ〔＝民主主義〕があるべき場所に」となる。

　ここで注意すべきは、ヴェーバーがこの「民主主義」を喜んで承認しているわけではないということである。この事態は、アメリカ的大衆民主主義がドイツにも入りこんできていることをしめしているのであって、この避けがたい「民主化」現象にどう対処すべきかが彼にとっては問題なのである。

　こうした「民主化」がすすめば、かつてはごく少数のものだけが聴講する恩恵に浴していたことが、多くの人々に開放されることになるから、たしかに一概に否定されるべきことではない。しかしながら、この「民主主義」を好ましいものとみることはできない。ヴェーバーがすぐつぎに、これとの対比で、大学教育が勝《すぐ》れて「知的エリート層の事象」であることを強調しているのはそのためである。こうした「民主主義」が叢生するのが避けられないことだとしても、それにたいしてドイツの大学教員はどのように対処するべきかが問題だとするのが、これに続く文章の考察課題である。そしてヴェーバーは、むしろ大学教育のもつ一種のエリート主義的な性格を強調し、その重要性に注意を促しており、民主主義の名のもとに、そうしたエリート主義的な性格が失われようとしていることにたいして、彼は強い危機感を抱いている。したがって、筆者は、この（不完全な）文のニュアンスを、場所を選ばぬ民主主義の（雑草のような）叢生にたいしてあからさまな不快感を表明したものとみる。

　彼がこの種の「民主主義」にたいしてつねにきわめて批判的であり、「大学の民主化」に懐疑的であることは、彼の大学観を理解するうえで重要である。この講演の後段においても、アメリカ人が「こんなもの」を「民主主義」と呼んでいると言って嘲笑している（段落㉞）。

【翻訳史】こうした含意を読みとった三木は、「デモクラシーも結構ですが、それはそれに相応しい場所でやって貰いたいものです」というみごとな訳文を与えている（三木訳：九頁）。ヴェーバーの真意を、行間まで余さず掬いとった達意の名訳である。また岡部は、「民主主義というものは、適切な場所でのみ用いられるべきです」と訳しており、この訳も正確である。

　一方、尾高・出口・間場・中山・三浦は論旨を取りそこなっている（尾高訳②：一九頁、出口訳④：三七二頁、間場訳：二五頁、中山訳：一七四頁、三浦訳：一九頁）。

　英訳をみると、ガースとミルズは、“democracy should be used only where it is in place”と訳している（G&M: 134）。シルズは、“democracy should be practised where it is appropriate”と訳している（ES: 58）。ジョンは、“democracy should only apply where it is appropriate”と訳している（MJ: 8）。リヴィングストンは、“democracy is all very well in its rightfull place”と訳している（RL: 6）。ウェルズは、“democracy has its place”と訳している（GCW: 30）。ブルーンは、“democracy has its proper place”と訳している（HHB: 338）。ガースとミルズおよびジョンが“only”を補い、ガースとミルズ、シルズ、ジョンが“should”を補って原意を表現している。リヴィングストン、ウェルズ、ブルーンの訳では、英語圏の読者は原意を読みとることができないだろう。

（⑩14）**【語句・文意・文法】**ヴェーバーはここで、「われわれがドイツの大学の伝統にもとづいてドイツの大学で学問的修錬を営むこととしておくと（wie wir sie nach der Tradition der deutschen Universitäten an diesen betreiben **sollen**）」という含みのある表現をとっている（太字引用者）。この „sollen“は〈一応の取り決め〉〈譲歩・

認容〉を意味している。〈われわれが、今後ドイツの大学で学問的修錬を営もうとするとき、ドイツの大学のこれまでの伝統にもとづいてやっていくことが適切なのかどうかははなはだ疑問だが、ここで踏みこんで問題にすることはせず、ひとまずこれまでの伝統に則って仕事をすすめることにしておくとすれば〉というのが、講演者の与えた„sollen“の含意である。この含意をしっかり捉えないと、この先の論旨を見失う。

【翻訳史】 尾高・出口・中山・三浦訳では、„wir sollen sie betreiben“が消しさられてしまっているので論外である（尾高訳②：一九頁、出口訳④：三七二頁、中山訳：一七四頁、三浦訳：一九頁）。一方、間場は、「われわれがドイツの大学の伝統にしたがって〔学問的な訓練を〕行なうならば」と訳し（間場訳：二五頁）、三木は、「ドイツの大学の伝統に従ってそこで行なうべき学問的習練」と訳しているが（三木訳：九頁）、„sollen“の意味が汲みとられているとは言えない。一番ましなのは間場訳だが、この従属節中の„sollen“を〈仮定〉の意味に解していることは正しくない。そしてどの訳にあっても、あたかもヴェーバーがなんの疑問ももたずにドイツの大学の伝統に従おうとしているかのような奇怪な訳文に陥っている。

英訳をみると、ガースとミルズは、“as we are held to practice it in accordance with the tradition of German universities”と訳し（G&M: 134）、シルズは、“if we are to carry it on in accord with the traditions of the German universities”と訳している（ES: 58）。この二つの訳のいずれにおいても原意はほぼ捉えられており、“be held to”や“be to”によって、〈われわれ自身の主体的能動的意向ではなく外的事情によってしぶしぶながらドイツの大学の伝統に従わざるをえないとすれば〉という含意が表現されている。またシルズは、“carry it on”によって〈昔ながらのやりかたを引きつぐ〉という意味を浮きたたせている。接続詞に“as”でなく“if”を選択したことも加味すると、シルズの訳のほうが優れている。ジョンは、“academic education, as practised by the German university tradition”と訳して済ませており（MJ: 8）、邦訳群と同様、„sollen“の含意が汲まれていない。リヴィングストンは、“academic training of the kind that we are supposed to provide in keeping with the German university tradition”と訳しており（RL: 6）、“be supposed to”によって„sollen“の含意を表現している。ウェルズは、かなり崩して、“the scientific training that is traditional in German universities, which we should be providing”と訳しており（GCW: 30）、ブルーンは、“academic training, of the kind that we should provide at our German universities, in keeping with their tradisions”と訳している（HHB: 338）。この二つの英訳にあっては、これが、ドイツの大学の伝統によって現代の大学人に押しつけられている事態だという意味を読みとることはできそうにない。

⑩15）**【関連記述】** ヴェーバーは、ラウエンシュタイン城文化集会に参加したとき、マックス・マウレンブレッヒャーの講演にたいして批評を加えており（一九一七年五月三十日）、この応答は、ヴォルフガング・シューマンによって「知的エリート層と議会主義（Geistesaristokratie und Parlamentarismus）」と題されている（MWGI/15: 706）。

またヴェーバーは、一九一九年から翌年にかけて『倫理と精神』

を改訂したさいに補充した記述のなかで、「ドイツにおいて、知的エリート層（die Kreise der Geistesaristokratie）にいたるまでなおしばしばはっきりと残滓が感得されるようなかたちで残存している家父長制的雰囲気」に言及している（RSI: 171）。

『倫理と精神』のこの箇所の邦訳にはいずれも疑問がある（阿部訳：四〇〇頁、大塚訳：二二三頁、梶山・安藤訳：三〇六頁、中山訳：四一一頁）。問題は、原文中の „fühlbare Rückstände“（複数形）をどう解するかだが、これを「遅れ」と解するのはおかしい。「遅れ」に複数形はありえないからであり、また、〈なにが〉〈どのように〉遅れているのかも説明できないからである。「家父長制的雰囲気が、しばしば痛切に感得されるさまざまな遅れにおいて存在する」というのでは、どうしても文意を理解できないので、筆者は、この Rückstände を「（種々の）残滓」と解する。つまり、〈知的エリート層にいたるまでのさまざまな層において、家父長制的雰囲気が、さまざまな残り滓・名残というかたちでそこここに感得される〉という意味にとる。これ以外に可能な解釈はないと思う。

【典拠】「知的エリート層の事象」は、ソクラテスが彼の門下生たちを鍛えたやりかたである。とくにソクラテスにかんするどの著作と特定することは困難だが、この講演中で、ソクラテスの論理の万力に押さえつけられた彼の「門下生たちが納得したたいへんな体験」（段落㉓）と言われているのがそれである。ヴィンデルバントは、『哲学史教程』のなかで、プラトンの教育論に言及し、ポリス市民のための教育は「教養教育の貴族主義の原理（das Prinzip der *Aristokratie der Bildung*）」に立つものだったと特徴づけている（Windelband 1892/1907: 104）。

「知的エリート層の事象」について、すでにシェリングは、一八〇二年の講義のなかで論じていた。「学問の王国はなんら民主制ではなく、まして衆愚政治ではなく、それはもっとも高貴な意味におけるエリート主義である。もっとも秀でた者が力を有するのが当然である」（Schelling 2008: 29）。

ゲーテも、エッカーマンにたいして、「情熱や感情は大衆的なものになるかもしれないが、理性は、いつの世もただ卓越した人々個々人のものでしかないだろう」と語っていた（GWM19: 284）。

ニーチェも、「われわれの教育機関の将来について」のなかで、教育の大衆化要求に異を唱えて、次のように述べている。「まさにもっとも優秀な人々、つまりそもそも高次の基準によって、教師という名誉ある名に値する人々は、ギムナージウムの現下の状況にあって、選抜されずに寄せあつめられたこれらの若者たちの教育には、おそらくもっとも不適であり、むしろこうした人々は、自分が与えうる最良のものを、ある意味では若者たちに秘密にしておかざるをえない」。これにたいして、高等教育機関の刷新を呼号する者たちの声が騒々しく聞こえている。「まさにここでこそ、正しく聴きとる術を心得なくてはならない。まさにここでこそ、教養という言葉の聞こえのいい効果に惑わされず、このように性懲りもなく自分たちの時代の教養欲求について語る人々に向きあわなくてはならない。そうすれば、奇妙な幻滅を、つまりわれわれが、よき友よ、非常にしばしば味わったのと同じ幻滅を味わうだろう。教養欲求のあの騒々しい伝令たちは、近くに寄って真面目に観察すると、たちまち真の教養の、つまり精神のエリート的本性《ほんせい》に密着した教養の、熱烈な、それどころか狂信的な反対者に化ける。というのは、実際に彼らは、自分たちの目標として、偉大な個々人による支配から大衆を解放することを思いえがき、実際に彼らは、知性の王国におけるもっとも神聖な秩序を、つまり大衆の恭順を、大衆のへりくだった服従を、天才の王笏の下にある大衆の忠誠衝動を、転覆させようと躍起になっているからである」(NSWK2: 450)。このなかの「精神のエリート的本性《ほんせい》(die aristokratische Natur des Geistes)」が、先に引用したヴィンデルバントのプラトン教育論とともに、当該箇所の「知的エリート層の事象」の直接の典拠であろう。

ニーチェは、『力への意志』のなかでも、「エリート主義：デカルト、理性の支配、意志の優越の証拠」と記している(NSWK9: 69)。「知的エリート層の事象」は、学問の大衆化の進行とともに掘りくずされようとする「知性の王国」を意味している。そして、「知性の王国」における教育が「知的エリート層の事象」であることをわきまえている優秀な教師は、「選抜されずに寄せあつめられたこれらの若者たちの教育」には適さないのである。

【付帯状況】 こうした「知的エリート層の事象」は、肉体的にも精神的にもおそろしくハードな切磋琢磨である。そこでは教師の力量が問われるとともに、よほど能力と持続力のある学生でないともちこたえることができない。たとえ「民主的」で門戸が誰にでも開放されていたとしても、その鍛錬のなかで多くの者は脱落していき、ごく少数のタフな者だけが残る。だから「知的エリート層の」と言われているのである。

ヴェーバー自身の修学時代の研鑽ぶりが、まさに「知的エリート層の事象」そのものであった。彼は、ハイデルベルク大学哲学部において、歴史学者ベルンハルト・エアトマンスデルファーの演習に参加し、厳しく鍛えられている。書簡記述を辿ってみよう。一八八二年夏学期に、ヴェーバーは彼の講義によって史料の扱いかたを教わり、また彼から招待を受ける(一八八二年五月十六日付)。冬学期には彼の講義二つとゼミに登録する(十一月四日付)。結局彼のゼミに残ったのは三人だけで、金曜日の夕方には彼の部屋で書物に囲まれて快適に過ごす(十一月十三日付)。そのゼミのテーマがルネサンス期にさしかかると、ますます興味が高まる。彼の二つの講義からも非常に多くのことを学ぶ(一八八三年二月十二日付)。彼のゼミではたいへん多くのことを学ぶことができたと満足する(二月二十三日付)。講義が終了する頃、他の学生たちとともに彼の家を訪れ、くつろいで過ごす(三月七日付)。エアトマンスデルファーのほうも、ハイデルベルク大学における自分の前任者トライチュケとバウムガルテンとの論争に関心をもち、後者に批判的ながらも、バウムガルテンの優秀な甥(ヴェーバー)との交流を深め、次学期にもヴェーバーたちがゼミに参加することを希望する(一八八三年二月十二日付、二月二十三日付、三月七日付)(JB: 46f., 59, 62f., 68–70, 71, 73)。この書簡群に綴られているように、歴史の諸問題とその研究アプローチについて貪欲に学ぶ姿勢をみせているヴェーバーにとって、エアトマンスデルファーの演習は非常に刺激的で有益なのだが、反面、これについていくことのできない者は脱落していき、結局三人しか残らなかった。

ハイデルベルクにおけるヴェーバーの同僚であったラートゲンが、かつて日本で教えていたとき(一八八二年から一八九〇年まで)の学生の鍛えかたも同様である。門下生のひとりの回想を読もう。「勉強の方は学校以外は大抵図書館に通ふた。其の頃は一体に図書館に行く事が盛であつたが、私は殊に図書館に行つて教師の云ふた事を広く探つてゐた。教師には今独逸のハンブルグ殖民大学に居るラートゲン氏がゐて、此の人は自分の講義した事を試験に書くと機嫌が悪い。お前達は筆記を暗誦して来たのか、暗記するやうなものは大学に入学する必要はないと云はれてゐた。自分で調べて先生の説を弁駁したり、或は自分の創意に出たりすると大変に誉られた。それ故大学時代には脳髄の働きを機械的にせぬやうに力めたものだ。従つて図書館にはよく通つた。是れは何も私一人と云ふ訳ではなかつたが、私は図書館が殊に好きであつたから、講義の間には常に図書館で勉強したのである」（阪谷芳郎　一九〇九：一九頁）。

このように、阪谷芳郎は、図書館の虫となって知識を吸収し、また添田寿一・中川恒次郎・浜田健次郎らとの自主的な研究活動を通じて「自分の創意」を鍛え、これをもって教師ラートゲンに立ちむかった。しかし、こうした研鑽を積んだ者はむしろ稀だったかもしれない。東京大学（「帝国大学」になる前の「東京大学」）で学んでいた学生の多くは中途で脱落し、卒業まで漕ぎつけた者はすくなかった模様である。

ラートゲンと親しかったハインリヒ・ヴェンティヒは、マックス・ゼーリングの紹介で渡日し、一九〇九年から一九一三年まで東京帝国大学経済学部において教鞭を執った。その苛烈な指導は後年まで語り種になっており、この指導を受けた大内兵衛が、その厳格な演習について活写している。演習の全参加学生は、与えられたテーマにかんする議論を英語でなすことを強要され、その議論の内容にたいして、たえずヴェンティヒから罵倒されつづけた。しかしそれによってはじめて、どのようにして調査が可能か、外国との比較にさいしてはどのような相違点を研究しなくてはならないか、日本の現在の資料についてはどの点を調べなくてはならないか、いまいかなる調査がなされているかといった重要事項を知ることができた（大内兵衛　一九五五：七〇～七四頁）。大内にとって、「一生涯の内で、彼ほどに威圧を感じた先生はないのであり、また彼にあてられて質問をつづけられたときほど、自分の思想の不正確を自覚したことがない」のである（大内兵衛⑫：二八九頁）。

こうした「知的エリート層の事象」は、今日《こんにち》でも基本的には変わっておらず、若手研究者を鍛えるその実態は、しばしば常人の想像の域を超えている。さまざまな分野の研究者が修学時代を語るのを読むと、理性はどのようにして鍛えられるのか、またそこでどれだけ膨大な労力が費やされるのかを知ることができる。たとえば学生時代の大野晋は、橋本進吉の「爽快な演習」のためにほとんど全精力を費やし、毎週真剣勝負を繰りかえした（大野晋　一九九二：二〇一～二〇四頁）。肥前栄一は、大学院生当時、大野英二によって、大野自身と競合する研究課題を与えられ、「鬼のように厳しい」「時として異常」な指導を受けた。何人かの弟子たちは挫折したという（肥前栄一　二〇〇五：一二五～一二六頁）。佐伯胖は、ワシントン大学大学院の初学年次に、「嵐の中を裸で歩くような」知識の詰め込みを強要され、一年間で院生数が半減するなかを潜りぬけた。自主的な研究ができるのはそのあとのことである（佐伯胖　一九八二：九～一〇頁）。こうした体験は、あらゆる分野の研究者が共有している。

（⑩16）**【語句・文意・文法】**原文は、„das **sollten** wir uns nicht verhehlen" である（太字引用者）。この sollten（sollen の接続法第Ⅱ

式）は、本来そうであるはずのこと、そうするのが望ましいことにかんして、現実にはそうなっていないことを表す。この場合、〈われわれがこのことを認めたほうがいいことは明らかなのに、現実には認めない人が多い〉という意味になる。もちろんヴェーバー自身は認めているので、他の人たちにたいして認めることを促している文である。

【翻訳史】尾高は「認めざるをえない」と誤訳し（尾高訳②：一九〜二〇頁）、出口は「承認しなければならないだろう」と誤訳し（出口訳④：三七二頁）、間場は「見落すべきではない」と誤訳し（間場訳：二五頁）、中山は「認める必要があるのです」と誤訳し（中山訳：一七四頁）、三浦は「隠すべきではありません」と誤訳している（三浦訳：一九頁）。いずれも、sollten が接続法第Ⅱ式であることを見逃していて論外である。三木訳では当該箇所が脱落している（三木訳：九頁）。

　ガースとミルズ、シルズ、ジョン、ウェルズ、ブルーンは"should"によって（G&M: 134, ES: 58, MJ: 8, GCW: 30, HHB: 338）、リヴィングストンは"must"によって（RL: 6）、この„sollten"を表現しようとしているが、非現実性の含意が十分に汲みとられていないように思われる。

（⑩17）**【語句・文意・文法】**「詳解すること（Darlegung）」は、論拠を挙げて説明し、教師みずからの見解を明確にしめすとともに、それを聞いている学生たちが、その論証を追体験し、自分自身でその見解に到達するように仕向けることを指す。

【典拠】こうした教育方法にかんしては、すでにシェリングが論じていた。「教師が、著述者がふつうやるように、到達した結果を開陳することではなく、すくなくとも高等学問においては、それに到達すべきしかたそのものをしめし、そしてつねに学問の全貌を、いわばはじめて学生の眼前に彷彿とさせるということが、いきいきした教授法の真に卓越したところである」（Schelling 2008: 26f.）。

（⑩18）**【語句・文意・文法】**「不死なる者たち」の団体とは、アカデミー・フランセーズ（Académie française）のことである。定員は四十名で、会員は終身制である。会員が死んで欠員が出ると補充され、こうして代謝を繰りかえしながら永遠に四十名が生きつづけることから、その印には"à l'immortalité"と刻まれ、会員は"les Immortels"（不死なる者たち）と呼ばれた。この"les Immortels"のドイツ語訳が、ここでヴェーバーが語っている„die Unsterblichen"（不死なる者たち）である。ここで彼は、アカデミー・フランセーズ会員が教育任務を免除されていることを引き合いに出している。

（⑩19）**【語句・文意・文法】**アカデミー・フランセーズの会員ならば研究活動に専念すればいいのだが、ドイツの伝統（段落⑩要説（一）にしめしているように、ヴェーバーはこの「伝統」にたいしてきわめて懐疑的・批判的であることに注意）では、大学教員は研究と教育という二つの任務を負わされている。しかもこの相反する性格をもつ任務を両方とも担う能力のある教師は、現実にはきわめて稀であり、このこともまたドイツの大学の不条理性をしめしている。

　わずかにヘルムホルツやランケや後出のヴァイエルシュトラースらが優れた教育活動を展開してきたけれども、その結果、ヴァイエルシュトラースは、激務に耐えかねて大きく健康を損ねてしまった

〈個別注解⑭20を参照〉。ヴェーバー自身も、同様に心身を磨りへらし、長年にわたって講義活動ができない状態が続き、ようやく『職業としての学問』の原講演がなされた頃になって講義可能な状態までもちなおしたものの、結局亡くなるまで注意深く生活することを強いられることになった。したがって、こうした過酷な教育任務をドイツの大学教員に押しつけつづけるのは明らかに不当である。

この箇所について、〈大学教員は、研究も教育もBerufとして担うべきである〉とヴェーバーが論じているかのような錯誤に陥っている読者がほとんどだが、これはそういう趣旨の発言ではない。ドイツの大学において、長年にわたって大学教員にたいして過大で無理な二つの任務要求がなされてきたこと――また今後もそうであろうということ――、しかもそれにもかかわらず、教員たちが研究と教育とを担うことのできる地位・待遇・条件はまったく保障されないままであることを踏まえ、彼は、〈かりにドイツの大学の伝統に則って考えると、今後も大学教員は研究と教育との二つの任務を負うことを否応なしに要求され押しつけられることにならざるをえないが、教員がこの要求に応じられるような地位・待遇・条件はまったく整備されてこなかったから、それを果たすことのできる者はとうてい存在しえない〉というドイツ的問題状況を告発しているのである。

当該箇所でヴェーバーは、ドイツにおいて大学制度や教員任用に問題・欠陥があることを強調し、批判し、その打開を訴えているのであって、ドイツの全大学教員に向かって――ドイツの大学の問題状況を不問に付したまま――「研究と教育の任務に邁進せよ」などという空疎で無意味な説教をしているのではない。むしろ、個別注解⑩3にも記したように、新時代の大学が受けもつべき多様で重要な社会的役割に鑑みて、今後、大学教員の過重任務負担を軽減させるか、研究任務を担当する者と教育任務を担当する者とにスタッフを分化させるべきだと彼は考えているのであろう。

この発言を、ヴェーバー自身のその後の大学における活動に照らしてみると、ミュンヒェン大学国家経済学部で授業を遂行するなかで、彼は、自分が「いまはとにかく文筆人であり、教壇人ではない」ことを吐露していることが重要である（一九一九年六月二十八日付妻宛書簡、MWGII/10: 667, 巻末資料四―一）。研究と教育とを両立させるのはやはり無理であり、その無理な要求を押しつけられているところに、ドイツの大学人の過酷な状況があるというのが、ヴェーバーの基本認識である。

原文は、„es **sollen** unserer Tradition gemäß die Universitäten beiden Anforderungen: der Forschung und der Lehre, gerecht werden."であり（太字引用者）、ここでふたたび〈外的強制による不可避的・受動的事態〉をしめすsollenが用いられている。この„gerecht werden sollen"は、ドイツの大学の伝統に従うかぎり、研究と教育という二つの要求を「満たすことを強いられる」という意味である。筆者は、〈逃れることのできない不条理な境遇〉という含意の重みに鑑みて、この„sollen"を「縛りをかけられる」と訳した。

【翻訳史】三木は、「フランスとは違いまして、我が国にはアカデミー・フランセーズのような、学問の『不滅の人ら』といった団体はございません。むしろ我が国の大学は、伝統に従って二様の要請即ち研究と教育と、この両方に応じてゆかねばなりません。そのいずれもに対する能力が、一人の人間に結合しているかどうかは、全き偶然でしかありません」と訳している（三木訳：九頁）。要請に「応じてゆかねばなりません」という表現によって、また前後関係から、ドイツの大学がどうしてもいやいやながら二つの要請に応じざるをえない事情を読みとることができる。

三木以外の邦訳は、„gerecht werden sollen"の含意を完全に見誤り、なにかヴェーバー自身が、ドイツの大学教員に向かって、研究と教育の任務を押しつけているかのような奇怪な訳文に陥っている（尾高訳②：二一〇頁、出口訳④：三七二頁、間場訳：二五頁、中山訳：一七五頁、三浦訳：二〇頁）。なかでも尾高は、「わが国の伝統にもとづいて、大学は研究ならびに教授というふたつの課題を等しく尊重すべきである」と誤訳して、原意をひどくねじまげている。この「尊重すべきである」という珍訳は、„et^{3} gerecht werden"を、「正当に評価する」という意味だと見誤ったために生じたものである。„Et^{3} gerecht werden"は、正しくは、〈（望みを）かなえる〉〈（要求を）満たす〉〈（課題を）果たす〉〈（問題に）対処する〉という意味である。三浦も、尾高と同様、この初心者レベルの錯誤に陥っているのだが、姜尚中はこのことに気づいていない（三浦訳：一二四頁）。

もしも当該箇所で、ヴェーバーが、ドイツの大学の伝統の要求するように、研究と教育のために尽くさなくてはならないと主張しているとするならば、ドイツの大学の伝統にたいして一貫して非妥協的に対峙しつづけてきた彼が、当該箇所で突如態度を豹変させ、「ドイツの大学の伝統に則って、みなさん研究と教育の任務に邁進しなさい」と命令し、その直後また態度を翻して、そんな伝統の要求に応じることのできる人材が得られるかどうかはまったくの偶然に委ねられているから、研究と教育の任務を押しつけるドイツの大学の伝統は不当だと鋭く批判していることになる。つまり、長年——またこの講演中でも——ドイツの大学の問題状況を告発し、それと対峙しつづけてきた彼が、当該箇所を語ったその瞬間だけ発狂し、そのあとすぐ正気に戻ってふたたびドイツの大学問題を告発しはじめるという奇怪な解釈に陥ってしまう。もちろんこんなばかげた解釈は不可能なのだが、三木以外の邦訳者たちと姜尚中は、大真面目でこの《発狂的解釈》にしがみついている。

『職業としての学問』にかんしては、ドイツ語授業のための学修版が何種類か作成され、それは、日本各地の大学で、さまざまな機会に取りあげられてきた。しかしはたして、この箇所を正確に読解し、研究と教授という二つの過大な任務が——それに見合う制度的保障がないまま——ドイツの大学教員たちに押しつけられているこの不条理で不当きわまりない事態にたいして、ヴェーバーが厳しい批判を浴びせ、それを告発しているという論旨が、日本の学生たちに正しく教えられた例があっただろうか（もしもあったのならぜひ教えてもらいたい）。それどころか、〈大学教員は、研究と教育という二つの任務にまじめに取りくまなくてはならないのであって、大学制度を批判したり政治活動をしたりするべきではない〉という論旨であるかのように偽装され、学生たちに《発狂的解釈》が押しつけられてきたのではないだろうか。ヴェーバー自身は、まったく逆に、ドイツの大学制度の不備・矛盾を鋭く告発し、〈当面打開される見込みがないので、現場の大学教員たちは、当分のあいだこれまでの伝統にしたがって研究と教授の二つの職務に当たることを余儀なくされることだろうが、学問への道を志す者は、こうした問題状況を見据え、学問および学術体制のありかたに批判的な目を向け、将来に向かってその根本的刷新をめざすべきである〉と力説しているのである。この論旨は、この講演全体を理解するうえで決定的な意義を有しており、ここを正確に把握できないと、この先の論旨展開がまったくみえなくなる。

英訳もみよう。ガースとミルズは、“according to German tradition, the universities shall do justice to the demands both of research and of instruction”と訳し（G&M: 134）、シルズは、“German university traditions require on the contrary that we do justice both to research and to teaching”と訳し（ES: 58）、ジョンは、“in accordance with German tradition, universities should do justice to the demands of both research and teaching”と訳している（MJ: 8）。独英辞典では、gerecht にたいして fair が、Gerechtigkeit にたいして justice が充てられているので、こういう訳文になるのだろう。三つとも原意を完全に再現できてはいないように思われるが、ドイツの大学の伝統が、教員にたいして二つの任務を押しつけているという意味合いを読みとることはできそうである。リヴィングストンは、“in the German tradition the universities are supposed to do justice to both tasks, research and teaching”と訳し（RL: 7）、ウェルズは、“in our tradition, the universities are supposed to satisfy both demands: research and teaching”と訳している（GCW: 30）。この二つは、“be supposed to”を用いることによって、二つの要請に応じることとされているという含意を表現しており、原意を読みとることができる。ブルーンは、“according to our tradition, the universities must satisfy both demands: for research and for teaching”と訳しており（HHB: 338）、“must”を「せざるをえない」という受動的含意にとるならば、原意を読みとることができる。

段落⑪（A9, B588, C79f., D11）

⑪学究生活は、かくして野放図な僥倖の世界です。教授資格取得のために若い学者たちが助言を求めて来ると、言いきかせる責任はほとんど引きうけられないほどです。相手がユダヤ人[⑪1]なら、当然「あらゆる希望を捨てよ[⑪2]（lasciate ogni speranza）」と告げることになります。しかしユダヤ人でない者にたいしてもまた、「毎年毎年凡庸な人物が次々にあなたを追いこしていくことを、内心落ち込みもせず意気阻喪もせずに、自分が耐えしのぶと思いますか」と、相手の良心にかけて問わないわけにはいきません。そうするともちろん、「わかっています。私はただ自分の『使命』にのみ生きるのです」という答が毎回返ってきます。しかしすくなくとも私は、彼ら自身の内面が傷つくことなしに耐えるのをほとんどみたことがありません。

〔休憩[⑪3]〕

段落⑪ 要説

ドイツの大学は、その悪しき伝統によっても、またその資本主義的・官僚制的経営体化しつつある肥大化した様態によっても、科学者に大きな困難をもたらしている。その諸矛盾は、とりわけ私講師にたいする不当な扱いとなって顕現する。そればかりか、そうした困難を重々承知のうえで私講師になろうとする優秀な若者を排除している。それを端的にしめしているのがユダヤ人らにたいする差別である。そこで、ヴェーバーは、ドイツ大学問題批判の最後にこの問題を取りあげている。

ドイツの諸大学においてとくに不遇を強いられたのは、ユダヤ人研究者、社会民主党員の研究者、カトリックに属する研究者、それに外国人である。段落②要説（二）に記したアーロンスは社会民主党員のユダヤ人である。ヴェーバーと係わりのあった社会民主党員研究者としては、ローベルト・ミヒェルスがよく知られているほか、ヴェーバーをヴィーン大学に招こうと尽力したルード・モーリッツ・ハルトマン（テーオドール・モムゼンの女婿に当たる歴史学者）がいる。

ヴェーバーが問題視した「アルトホフ体制」の創出者フリードリヒ・アルトホフは、この点にかんしては非常に開明的な人物である。プロイセン文部省の高等教育担当局長であるアルトホフは、さまざまなコネを使って個人情報を集め、場合によってはみずから大学講義室にもぐりこんで教師の品定めをおこない、どこに有能な若手研究者が埋もれているのかを探しまわり、見込んだ人物に適切な働き場を与えるよう腐心している（潮木守一　一九九三b：二七頁）。ところが、ドイツ各地の大学教授たちは、ユダヤ人を嫌悪し、すこしでもマルクス主義の影響を受けている研究者を排除しようとし、カトリック信者も忌避している。

端的な事例をひとつ挙げよう。ブレスラウ大学のある教授は、一八九三年三月五日付で、アルトホフに宛てて書簡を送りつけている。ブレスラウにおいて、ユダヤ人たちが博士号や私講師職を獲得しようとしており、それは、政治的実践活動のための宣伝を目的としており、また裕福な女性を射止めようとする企てでもあるとこの教授は決めつける。そして自分たち教授陣はこれを阻止しようとしているが、ユダヤ人たちは反ユダヤ主義だと騒ぎたてているので、私講師にかんする票決を極秘のものとしたいというのが、この教授の意向であり、その手立てを講ずるために、アルトホフに助力をお願いしたいというのがこの書簡の趣旨である。この教授は、すでに「哲学部と医学部において、〔講師中の〕約半数がユダヤ人であるブレスラウで、これ以上ユダヤ人を許容するのは由々しきことだ」と考えている。私講師になろうとするユダヤ人たちは、あくまでもブレスラウのユダヤ人グループに属しているのであって、「けっして大学に属しているのではなく、彼らはつねに大学の外に立っている」との見立てである（GStAPK/FA133: 6a-b）。なんとも露骨なユダヤ人攻撃だが、アルトホフは、かかる放言を意に介することなく、その後も優秀なユダヤ人の登用に努めていく。

『フランクフルト新聞』は、一八九七年の論説中で、アルトホフの業績の重要性を次のように強調している。「学部が締めつけられ、教授たちがたんなる官吏に貶められていることは、〔たしかに〕政治的にずっと囚われのない立場からみると望ましくない。しかし、個々の〔教授たちの〕内輪同盟の狭量さから守るために、省の権限がまったく余計なものであることはけっしてない。こうした例を挙げると、カトリックやユダヤ人の学者にたいする党派的狭量さは、文部省よりもむしろ学部のほうに、はるかに容易に居座っている。党派的理由から、他の点では有能な学者を文部省が拒絶したことが一回あるとすれば、同様の理由から、同様の者を、学部が〔省にたいして〕推薦すらしなかったことが十回はある」。またアルトホフが引退したとき、同紙は長文の論説を掲載し、そのなかで、「大学と学部の自由は、かならずしも学問の自由と同義ではない」と痛烈に揶揄するユダヤ人研究者の言を引き、優秀なユダヤ人研究者を引きたてつづけたアルトホフを称賛し、また左はヘルクナーから、右はシュパーンにいたるまで、じつに多様な人材を、アルトホフが党派性に拘泥することなく登用してきたことを特筆している[⑪4]。

しかし、ブレスラウ大学教授陣の為体から容易に推測できるように、アルトホフが強力に推す教授候補にたいして、当該学部教授会が難色をしめすケースが生じる。そのため、たとえばユダヤ人の優れた研究者がいる場合、当該大学・学部の意向を無視するかたちで任命せざるをえないこともある。しかしこの場合、アルトホフの強権発動で任命できたとしても、そのユダヤ人研究者は、赴任先で、同僚たちからなにかにつけて冷遇されることにならざるをえない。

そこでアルトホフは、後年になると、既存の大学とは別の新しい研究組織の創出に力を尽くし、これは、アルトホフ没後にカイザー・ヴィルヘルム協会として結実し、その発展には、プロイセン文部省で辣腕を振るったカール・ハインリヒ・ベッカー（かつてハイデルベルクでヴェーバーの同僚だったイスラム研究者）が尽力する。こうした経緯から、この協会には、既存の大学において活動の場を確保できなかったユダヤ人研究者たちが多く集うことになる。そのなかにはアルベルト・アインシュタインもいる[⑪5]。こうしたアルトホフらの精力的な学術支援活動に支えられて、ドイツの科学は飛躍的な発展を遂げるのである。

アルトホフにとって、ある少壮学者がプロイセンの発展にとって有益な人物であれば、ユダヤ人だろうとカトリックだろうと――また多少マルクス主義の影響を受けていようと――問題ではなかった。ヴェーバーその人も、マルクスの業績からも積極的に吸収しようとしている筋金入りの自由主義の闘士である。その彼をベルリン大学に任用したのも、アルトホフの鑑識眼によっているのである。

それゆえヴェーバーは、アルトホフの築いた体制を厳しく批判する一方で、カリスマ文部官僚アルトホフ個人の力量・見識を高く評価している。ユダヤ人や社会民主党員やカトリックの研究者にたいして露骨な就任阻止を企てたのは、頑迷固陋たる大学教授たちであり、この点を捉えたヴェーバーは、「教授会の自治」なるもののまやかしにたいして、一貫してきわめて批判的である。ドイツ大学教員会議におけるヴェーバーの発言をみると、保守的な大学教授をほとんど名指しで「ごろつき」と罵倒していることすらある(Verhandlungen II: 22)。『職業としての学問』のなかでも随所で大学教授批判がみられるのは、こうした事情による。

ヴェーバーの勤務していたハイデルベルク大学は、この点で比較的に開明的であり、改宗ユダヤ人であるゲオルク・イェリネクが法学部の正教授に採用されたことをはじめとして、ほかにも幾人かのユダヤ人研究者たちが勤務している。しかしバーデン法務・文部省（のちに分離して文部省となる）がユダヤ人にたいして好意的であったわけではない。たとえば比較言語学者ザロモン・レフマンは、長年にわたって功労があったが、昇任の機会も、他大学からの正教授招聘の機会も得られなかった。そこでハイデルベルク大学哲学部は、せめて彼の待遇改善を実現させようと試み、政府に強く働きかけて、ようやく嘱託教授への昇格を実現させている。

このときレフマンの待遇改善のために尽力したヘルマン・オストホフは、国家学・官房学部門の改革・拡充のためにヴェーバーに協力してもいる。こうしたハイデルベルク大学哲学部の教授たちの開明的な気風は、ヴェーバーにとって非常に快いものであった。

もちろんこの大学にもそうした開明的な人物ばかりがいるわけではなく、ヴィンデルバントのような古色蒼然たるスタンスをとる教授もおり、そのためルカーチは苦渋を味わうことになった。しかしそのヴィンデルバントも、ユダヤ人であるエーミール・ラスクの才能を高く買い、彼を私講師として任用させている。

ヴェーバーは、三度にわたってゲオルク・ジンメルをハイデルベルク大学に招聘しようとしたが、これを果たせなかった。また、ヴェーバーが所属していた哲学部国家学・官房学部門には、エマヌエル・レーザーが員外准教授として勤務している。このユダヤ人経済学者を員内身分に昇格させようとする試みは、哲学部教授陣によって熱心に取りくまれたが、バーデン政府は結局これを承認しなかった。

そして、開明的なハイデルベルク大学も、マルクスの強い影響下にあるユダヤ系外国人のルカーチには教授資格を与えようとしなかった。ヴェーバーは、『職業としての学問』の原講演を語っているちょうどその頃、ルカーチの教授資格取得のために腐心しつづけており、翌一九一八年夏には、ハンガリーにいるルカーチを訪ねている。これと前後してルカーチは、一九一八年五月に教授資格請求論文をハイデルベルク大学哲学部に提出するが、この論文をめぐって、学部内で前代未聞の紛糾が生じ、紆余曲折の末却下される（Sauder 1984）。いくつかの事情を勘案すると、この「却下」は、正確には、再提出を期待して見送られたという事態である。

カトリック教授の事例としては、ヘルマン・レースラーを挙げることができる。彼にかんしては、ドイツ法学界における論争や、そのビスマルク批判を通じて、ドイツにおけるその地位が揺らいでいたが、とりわけ一八七七年に彼がカトリックに改宗したことが決定的な要因となって、ロストック大学教授を去ることになり、翌年渡日して日本政府の法律顧問となる（ジーメス　一九七〇：二四～二七頁）。ドイツの多くの大学では、正教授としての資格に宗派的な縛りがかけられていたのである。

第二回ドイツ大学教員会議（一九〇八年）の議題（研究と教授の自由）が、まさにこの問題を取りあげている。そして法学者カール・アーミラ（ミュンヒェン大学教授）は、この会議に先立って公にした綱領的文書において、教団の影響力を排除する項目を入れている（Amira 1908: 76f.）。ルター派が多数派であるドイツにあって、バイエルン王国はカトリックの伝統が強固であり、アーミラは、他の支邦でカトリックの学者たちが不当な扱いを受けていることにたいして問題を提起したのである。

この段落⑪は、こうした問題状況を踏まえたヴェーバーの内部告発である。

段落⑪への個別注解

（⑪1）**【付帯状況】** 高い能力をもつユダヤ人が不当な扱いを受け、彼らが学者として身を立てるのがきわめて困難であることについて、ヴェーバーはたえず気にかけている。たとえば彼は、ホーニヒスハイムにたいして次のように書きおくっている。「〔教授〕招聘リストの案件について問われると、私は、ⓐユダヤ人のリストと、ⓑ非ユダヤ人のリストの二つの推薦リストを提出することにしている。つねに、リストⓐの最下位の者はリストⓑの最上位の者よりも優秀だ。しかし彼ら〔＝文部行政担当省の担当官たち〕がリストⓑ〔のみ〕に手を伸ばすであろうことは確実だ」（Baumgarten 1964: 611）。このことはホーニヒスハイム自身も記している（MWzG: 172）。優秀な人物が、ユダヤ人だというだけで排斥されていることから、ヴェーバーは、政府にたいして、ユダヤ人リストの三名が、非ユダヤ人リストの最上位の者よりも優秀であることを、こうしたかたちでアピールしていたのである。

しかし、ここでヴェーバーが語っている二種の推薦リストがどの人事の推薦リストなのかは判然としない。カールスルーエ総合公文書館には、彼が関与したハイデルベルク大学哲学部国家学・官房学部門の人事関連書類が――ほとんど断簡零墨にいたるまで――保存されているが、そのなかに、彼の作成した「二種の推薦リスト」はみあたらなかった。こうしたリストを、彼はまったく私的に作成して、参考までに高等教育担当行政官に手渡していたのかもしれない。

（⑪2）**【語句・文意・文法】**ダンテ『神曲』第三歌第九行の「われを過ぎんとするものは一切の望みを捨てよ」が引用されている（ダンテ　二〇一〇：二二頁）。

ヴェーバーは当該箇所でイタリア語のまま引用している。パウル・ポッホハンマーによるドイツ語訳『神曲』では、当該箇所は„die Hoffnung lasst zurück beim Weiterschreiten!“と訳されており（Dante 1901: 9）、この訳書はヴェーバーの旧蔵書中に含まれている（Arbeitsstelle der Max Weber Gesamtausgabe）。

【関連記述】ダンテのこの章句は、『国民国家と経済政策』のなかで、やはりイタリア語のままで引用されている（MWGI/4: 559）。

（⑪3）**【付帯状況】**『職業としての学問』の再講演と『職業としての政治』とを聴いたヘルムート・プレスナーは、両講演において、「休憩が非常に長く続きました」と語っている（Ando 2003: 606）。長年に及ぶ病疾のため、ヴェーバーが（比較的大きな会場で）講演活動を再開することができたのは、ようやく一九一六年十月二十七日のことである（LB1: 590, LB2: 625）。しかしその一カ月後に書かれた書簡を読むと、やはりまだ心身状態はかなり不安定であったことがわかる（MWGII/9: 652f.）。『職業としての学問』の原講演がおこなわれた一九一七年十一月頃は、それよりは状態が改善されていたと思われ、また再講演がおこなわれたと推定される一九一九年初頭は、すでにヴィーン大学における講義活動を経ているので、講演という労働が心身に与える負荷にかなりもちこたえることができるようになっていたと推察されるが、それでも途中でたっぷり休憩をとらないと、ヴェーバーは長い講演を完遂できないのである。

ヴェーバーがこの講演中で何回休憩をとったのかはわからないが、筆者は、この段落⑪のあとと、段落⑰のあとと、段落㉛のあとの三回ではないかと考える（個別注解⑰10・㉛3を参照）。次の短い段落⑫は、休憩後再開するさいの前振りであろう。

この休憩は、あくまでも彼の肉体的・精神的疲労におうじて随時挟まれており、かならずしも内容上の大きな括りをつけて中断されているのではないと思われる。この点注意されたい。

（⑪4）*Frankfurter Zeitung*, Nr. 118, 29. April 1897, Erstes Morgenblatt, S. 1. Nr. 268, 27. Sept. 1907, Abendblatt, S. 2. 潮木守一　一九八

六：一五九～一六〇頁。

(⑪5) アインシュタインの五十歳の誕生日に寄せたベッカーの祝辞にたいして、アインシュタインは一九二九年三月二十日付で礼状を書いている（GStAPK/CHB1-326)。

段落⑫⑬ (A9f., B588f., C80f., D11f.)

⑫学者稼業の外的諸条件にかんして、必要なだけのことはどうやらみてきました。

⑬さてしかし諸君は、実のところ、なにか別のことについて、つまり科学に向かう内的使命[⑬1]について聴きたがっているのだと思います[⑬2]。現今において、職業としての科学の営みにたいする内的状態は、まずもって、科学が、かつては想像もつかなかったほどの専門化の段階に入ったことによって規定されており、この段階は、将来にわたってずっと続くでしょう。〔これまで話してきたような〕外的な面で〔=「職業」を意味するBerufにおいて〕そうであるだけでなく、いやむしろまさに〔これから話す〕内的な面で〔=「使命」を意味するBerufにおいて〕こそ、事態はそうなっています[⑬3]〔=科学者は専門化の枠内に縛りつけられています〕。つまり〔この事態（=この専門化の有様）がどういうものであるかというと、ヘルムホルツ・トルストイらが問題視したように〕、個々の科学者が、科学の領域において、実際になにかまったく十全なことをしているというたしかな自覚を獲得することができるのは、〔いまや〕ただ非常に厳密な専門化がなされた場合においてのみということになっています[⑬4]。〔ところが〕われわれは、ときに隣接領域にまで手を伸ばすような研究をしており、たとえば、まさに社会学者たちは、否応なしにたえずくりかえしこれをしないわけにはいかないのですが、こうした研究すべてが負わされているのは、せいぜい専門家がその専門的見地からは容易に立ちいたらないような有益な問題設定を専門家に提供する程度で、しかし〔その一方で、われわれ〕自身の研究はどうしてもきわめて不完全なものにとどまらざるをえないという諦念です[⑬5]。〔そんなわけで、〕科学研究者が、人生においていつか一度、そしておそらく二度とないほどに、なにかあとあとまで残るであろうことをここでなしとげたという十全な感情を実際にわがものとすることが可能なのは、ただ厳密な専門化によってのみだということになっています。真に決定的で高水準の業績は、今日《こんにち》つねに専門家の業績だとされているのが実情なのです。それゆえ、一度いわば遮眼革を装着し[⑬6]、自分の魂の運命は、この手稿のこの箇所のこの——まさにこの——判読[⑬7]を正しくなすかどうかにかかっているのだという想念にのめりこんでいく能力をもたない者は、それならやはり科学とは縁のないままでいるのがいいとされる有様です[⑬8]。このような者は、科学の「体験」[⑬9]と呼ばれうることをけっして内面で味わうことはないのでしょう。ある者に、部外者なら誰でも苦笑するようなこの奇妙な熱中がないならば、つまりこの情熱がないならば、つまり〔カーライルの言を借りると〕、「汝が生《せい》を享ける前に数千年の時が経過したにちがいない。そして次の数千年がじっと待っている[⑬10]」——なにを待っているのかというと、この判読が汝にうまくいくかどうかをである[⑬11]——ということがないならば、その者は科学に向かう使命をもっていないのであって[⑬12]、汝はなにか別のことをするのがいいということにされています。というのは、人間自

身にとって、情熱なしになしうることなど、すこしの価値もないからです。[13]〔われわれ研究者が、こうした身動きのとれない枠のなかで情熱を注いで仕事をせざるをえないように仕向けられていることが、現代科学の大きな問題状況です。〕

段落⑫⑬要説

この二つの段落は、ほとんどつねにひどく誤読されつづけてきたので、くわしく検討する必要がある。

（一）

まず、段落⑫は、「学者稼業の外的諸条件」について、ここまで述べてきたことが「必要（nötig）」だったという短い一文だけなのだが、そこに込められている内容は驚くほど重要である。ここまで述べてきたような外的諸条件が、これから述べる内的諸問題と不可分に絡みあっており、それが現代科学および科学者の逃れられない運命としてのしかかってくることが、ここで暗示されている。

この段落⑫までの論旨をみると、それがヘルムホルツの大学論――その大学自由論・講義論・私講師論――にたいする痛烈な批判に満ちていることが明らかである。ヴェーバーにとって「必要」だったのは、現代の科学と科学者の内的問題に踏みこむ前に、ヘルムホルツに代表されるような通俗的ドイツ大学論の欺瞞性を暴き、ドイツの大学が抱えている外的問題状況を明示しておくことだったのである。そのことは、講演の冒頭にさりげなく述べられていた（段落①）。

第一に、ヘルムホルツは、ドイツにおける大学の自由について次のように論じている。「ドイツの男にとって、その学生時代を回想することは、人生の黄金時代を回想するようなものである。ドイツの文学や詩には、こうした心情の吐露が満ちている。これにたいして、ヨーロッパの他国民の文学には、これに類したものはみられず、その徴候すらみあたらない。ドイツの学生にのみ、学生時代にたいするこうした喜びに満ちた思い出が〔後年〕生じることだろう。この時代において、彼は、若々しい自己責任を享受し、――さしあたり他人の利害のための仕事をなお免除されて――、人類がこれまで知識や見解の点で獲得しえたもののなかでもっとも優れた貴重なものを追いもとめるという課題に専念して生活することが許されており、このことは、同じものを追いもとめている大勢の仲間たちと友好的に切磋琢磨し、また自立した頭脳による思想の働きかたを彼に学ばせる教師たちと日々精神的な交わりをなすことに大きく負うものである。」「一度、第一級の人物と接触するようになると、生活にたいする精神的尺度が変わる。それと同時に、こうした接触は、人生が提供しうるもののなかでもっとも興味深いものである。」「国家と国民にたいしてよりよい貢献がなされるのは、自由に耐えることができ、自分の力と洞察とによって、つまり学問にたいする自分の関心によって研究し努力する術を知っていることをしめした人々によることはいうまでもない」（Helmholtz 1896b: 202f.）。ここでは、大学生が享受する自由と、教員が享受する教授の自由とが礼賛され、自由に耐え、自由のなかで自己責任を貫徹できる精神のみが、真に国家と国民の負託に応えうる人材を養成するための条件だと主張されている。

これにたいして、ヴェーバーは、そもそもドイツの大学に自由はないと断じ、ヘルムホルツのような牧歌的な大学自由礼賛論を真っ向から否定する。これは、この講演中でこれまで述べられてきたドイツの大学の外的諸事情においてすでに明瞭なのだが、ある論稿のなかできわめて鮮明なかたちでしめされているので、これを参照しよう。

その論稿は「ドイツの大学におけるいわゆる『教職の自由』」（一九〇八年）である。この表題においてすでに、ドイツの大学には「教職の自由」があるかのように偽装されているが、じつはそうでないことが明示されている。

ヴェーバーは、この論稿中で、「そもそもわれわれは、今日《こんにち》『教職の自由』という名をもって適切に言いあらわすことのできるなにかを確保しているのであろうか、またそうだとすると、この領域〔＝大学教育の領域〕において、教権主義が、われわれから、なおもなにか本質的なものを奪いとるとでも言うのだろうか」という根本的な問いかけをなす。もちろん彼自身はこの問いに否定的である。イタリアでは、ドイツ以上に厳格な学問的審査によって教授資格審査がおこなわれているが、だからといって、ミヒェルスのような社会民主党員を排除するようなことはなく、自分の門下生や、自分の友人や、自分と同じ信条の持ち主を選り好みするようなこともないのである。このように、イタリアでは厳格かつ公明正大な制度運用がなされているのにたいして、「ドイツでは、『学問の自由』は政治的・宗派的参内資格の範囲内で〔＝党派的・宗派的縛りのなかで〕存立しており、その外にはない」のであり、あたかもドイツの大学に、イタリアのような学問教授の自由があるかのように装うことはしないでいただきたいと述べて、この論稿を締めくくっている(Dreijmanis 2010: 73-76)。

第二に、ヘルムホルツは、ドイツの大学の講義について、次のように論じている。「ドイツでは、大学の授業が、できるだけ学術をみずから促進する能力を明らかにしめした教授者によってのみおこなわれるよう企図されている。われわれは、このことを、無条件に、教授者のもっとも主要な資格だと考えている」(Helmholtz, a. a. O.: 203)。これにはたしかに難点もあり、「優れた科学的業績を挙げ、精神的独創性をもつ人々が、ずいぶんしばしば、まったくたどたどしく、ぎごちなく、つっかえながら講義をすることは否定できない。それにもかかわらず、この種の教授者が多数の忠実な聴講者をもつ一方で、思想の空疎な弁舌者は、最初の講義では驚嘆され、二度目の講義が終わると倦怠を覚えられ、三度目の講義の後では顧みられなかったことをみうけることが稀でない」。講義をなす者は、「人知の限界において研究し、人知に新たな領域を獲得した者でなくてはならない」(ebd.: 204)。

これにたいして、ヴェーバーは、聴講者を多数獲得しうるかどうかは、学問とはかけはなれた理由によるのだとし（段落⑩）、ヘルムホルツの言うような訥々たる講義者は、学生から顧みられなくなるのだとみなしている。

第三に、ヘルムホルツは、私講師について、「ドイツの大学が、教授者の認可において確保している広範な人材」に注意を促し、教授領域がいちじるしい「専門化（Specialisirung）」を経た今日《こんにち》でも、教授資格取得者の地位は正教授と変わることがない点を特筆する(Helmholtz, a. a. O.: 206)。そして次のように述べる。「わが国の大学制度のなかで、私講師の採用ほど、つねに外国人が声を大にして驚嘆するものはない。固定俸もなく、たいてい非常にわずかな聴講収入しかなく、将来の見込みがまったく不確実であり、身を削る学問研究に献身する若者が多数みいだされることについて、不思議がり、われわれを羨望する。そして、すぐにも協力者から競争相手に変じるかもしれないこうした多数の若者を、学部教授団がすすんで認可することにたいしても同様に、世俗的な実際的利害の見地から判断することによって不思議がる。また、きわめて稀な例外を除いて、このような多少なりとも面倒な関係において、卑劣な競争手段が用いられることを聞かないことも不思議がるのである」(ebd.: 206f.)。

これにたいして、ヴェーバーは、私講師の職位そのものが矛盾に満ちており、私講師の任用にさいしても、正教授の思惑に左右されてしまうことを問題視している（段落②③）。

以上のように、①ドイツの大学の自由について、②ドイツの大学の講義について、③ドイツの私講師のありかたについて、ヘルムホルツがこれらを賛美するのにたいして、ヴェーバーは、これらを真っ向から否定する。《ドイツ大学人の手前味噌》と評されるべきヘルムホルツの立論を全面否定し、この通俗的ドイツ大学論の問題性を鋭く剔抉したうえで、ヴェーバーは、数多の――きわめて解決困難な――困難を抱えた現代の大学に生きる者の内面の問題を掘りさげていく。こうして、ドイツの大学が抱えている外的諸問題――とりわけ制度上の諸問題――と、その内的諸問題――現代科学そのものと現代科学者の営みそのものとが内包する諸問題――とを一体のものとして捉えるところに、凡百の大学論が遠く及ばないこの講演の大きな特色がある。

ヘルムホルツの大学論がどのような思潮を代弁しているのか――したがってまたヴェーバーがその思潮にいかに抗っているのか――については研究編三五八～三五九頁を参照されたい。

（二）

こうした背景を踏まえて、次の段落⑬では、専門化という知の官僚制化が進行し、それが研究労働に従事する者の内面を腐敗させていく状況が剔られていく。

この段落の全内容は、「職業としての科学の営みにたいする内的状態 (die innere Lage gegenüber dem Betrieb der Wissenschaft als Beruf)」が、専門化という事態によって規定されていることの具体的な描写と、それにたいする痛烈な批判である。このことをしめしているのが、「外的な面でそうであるだけでなく、いやむしろまさに内的な面でこそ、事態はそうなっています。つまり、個々の科学者が、科学の領域において、実際になにかまったく十全なことをしているというたしかな自覚を獲得することができるのは、ただ非常に厳密な専門化がなされた場合においてのみということになっています (nicht nur äußerlich, nein, gerade innerlich liegt die Sache so: daß der Einzelne das sichere Bewußtsein, etwas wirklich ganz Vollkommenes auf wissenschaftlichem Gebiet zu leisten, nur im Falle strengster Spezialisierung sich verschaffen kann)」という文だが、この一文は、従来ひどく誤読されてきたので、まずこの文の意味するところを確認しておこう。

われわれの直面している事態（= die Sache）がどういうものであるのかというのが、この段落の基調である。「外的な面で（äußerlich）」というのは、ここまで描出してきた内容、つまり研究者の職位とそれをとりまく外的状況のことを指している。つまりこれは、Berufという多義的な名詞の担っている内容物のうち、「職業」という意味内容のことである。一方、「内的な面で（innerlich）」というのは、これから（この段落で）話す内容、つまり名詞Berufのうち、「使命」という意味内容のことを指している。そして内的な面でこそ専門化が深刻になっていることを、ヴェーバーはこの段落で問題視するのである。「事態はそうなっています（die Sache liegt so）」の「そう（so）」は、この文の直前に述べられている〈職業としての科学の営みにたいする内的状態が、専門化という事態によって大きく規定され、専門化の枠内に縛りつけられた科学者の内面が歪められている〉という事態を指しており、また次のコロン以降の〈科学者が十全な仕事をしているという充足感を得られるのは、狭い専門の枠内でのみになってしまっている〉という事態をも指している。ヴェーバーは、この文において、〈これからわれわれの直面している事態についてお話しします〉〈この事態は、専門化が進行するなかで科学者の内面に生じた問題です〉と述べているのだが、従来、ここでヴェーバーが、なにか〈現代は専門化の只中にあるのだから、専門のなかに閉じこもって研究しろ〉という不当な主張をなしているかのような荒唐無稽な「解釈」が幅を利かせてきた。もちろん彼はそんな愚劣な議論をなしているのではない。当時までに、現代科学の専門化にかかわる問題は、多くの科学研究者によって、また思想家によって、すでに認識され指摘され批判されていた。当該箇所は、そうした認識を共有し、それを踏まえたヴェーバーによる専門化批判である。ヴェーバーがこの専門化批判において依拠したのは、直接にはヘルムホルツとニーチェとトルストイとマリアンネ・ヴェーバーであるが、古くはシェリングとゲーテとショーペンハウアーによっても言及されていた。

シェリングは、一八〇二年の講演中で次のように論じている。「過去そのものを学問の対象とすることと、過去にかんする知見をもって知そのものに置きかえてしまうこととは別物である」。後者の意味における歴史的知識は、学問の原像からかえって遠ざかるものである。われわれの大学の「学問的組織はすべて、まったくもって、歴史的知識によって知をその原像からこのように隔離することからみずからを導きだそうとしたのである。まず、すでに存在しているものを所有するためにのみ学ばなくてはならないことが膨大であることが原因で、知を可能なかぎり多様な分科に分かち、生きた有機的な構造物総体を最小単位にまで細分してしまった。そもそも知の孤立化された部分はすべて、つまり個別の学問はすべて、普遍的精神がそうした個別学問から抜けおちたかぎりにおいて、たんに絶対知にいたるための手段たりうるにすぎないのだから、かかる細断の必然的帰結として、知への手段および準備を越えて、知そのものを失ったも同然だったのであり、また学問に従事している多くの人々が、手段を目的そのものと取りちがえ、手段を目的として妥当させようと努めていたあいだに、あの唯一のもの、そしてその単一性において絶対的なものは、まったくもってもっとも優秀な人々のあいだに隠遁してしまい、いつの時代でも、このような人々のあいだでさえ、絶対的なものが無限の生命として現出することは非常に稀だったのである」（Schelling 2008: 19f.）。

ゲーテは、一八二四年五月十八日付の記録中で、「科学の世界でも、博識や仮説に引きつけられて、もはや目も耳も利かなくなった連中に出くわす」と語っている（GWM19: 499f.）。

ショーペンハウアーは、「人間の知識はあらゆる方面で見通しがきかないものになっており、およそ知る価値がある（wissenswerth）のではないかと思われるものについて、その千分の一だけですら知りうる個人は皆無である」とし、「しかも『この〔諸学の〕なかで業績を挙げよう』と欲する者は、ひとつのまったく特殊な専門分野にのみ従事することを許され、他のいっさいのことに係わりをもたないほど、諸学が広範に拡張されるにいたった」と述べている。そしてその結果として、学者は、いまや「彼らの特殊な専門分野の外では正真正銘の牡牛〔のような愚者〕」である。ショーペンハウアーは、こうした専門内に閉塞している学者を、「一生涯を通じて、特定の道具か機械のために用いられる特定のネジか鉤か把手だけを生産し、こうしてそのなかではもちろん信じがたいほどの達人業（Virtuosität）に到達し、それ以外のことはなにもしない工場労働者と似たり寄ったりである」として罵倒した（Schopenhauer 1988 (5): 430）。

ヘルムホルツは、一八六二年の講演中で、科学相互間の共有的関係が弛緩していることを指摘し、次のように述べている。「われわれのみるところ、現代の学者たちは、あまりにも際限なく広がったなかのひとつの細目に没入しているため、最高の博学者であっても、今日《こんにち》の科学の小さなひとつの部分領域以上のものを脳裏に巡らせることはもはや考えられません。」「〔科学の〕全体を鳥瞰し、〔さまざまな領域の〕連関の糸を掌中に保持し、自家薬籠中のものとするなどということを誰がなすのでしょうか。当然の成り行きとして第一に現出するのは、個々の研究者が、どんどん狭小化していくひとつの領域を自分自身の研究の持ち場として選択することを強要され、隣接領域にかんしては、不完全な知識しか保持しえないという事態です」（Helmholtz 1896a: 159, 162）。専門化が進行するなかで、遮眼革を装着して狭い領域のなかで仕事をすることができない者は、科学者たる資格をもたないとされるにいたった。これは「強要（zwingen）」された事態なのであって、そこには大きな問題があることを、ヘルムホルツは明言し、強調している。

ニーチェは、先のショーペンハウアーの記述を引用しながら、この問題を、科学者の工場労働者化として捉えている。今日《こんにち》、教養の減少という趨勢が指摘されている。そこで取り沙汰されているのは、「現在、科学に奉仕させるために科学者を酷使しようと企てられており、これとともに、科学者の教養は、ますます偶然的で不確かなものになっていくだろうという一般的事実です。というのは、現在、科学研究は、きわめて広範な領域に拡張されているので、たとえ最高度ではなくても優れた素質をもっていて、なお科学のなかでなんらかの仕事をなそうと欲する者は、まったく特殊な一専門領域に取りくむことになり、その結果、これにたいしてほかのいっさいのものにまったく意を向けないでいるからです。」「限定された専門科学者は、こうなると、一生涯を通じて、特定の道具か機械のために用いられる特定のネジか把手だけを生産し、こうしてそのなかではもちろん信じがたいほどの達人業に到達し、それ以外のことはなにもしない工場労働者と似たり寄ったりです。」「『狭小なもののなかの忠誠』が、『車夫の忠誠』が、大々的な論題となり、専門領域以外の無教養が、高潔な節度のあらわれとして誇示されています。」「現在すでにわれわれは、重大な性質を有するあらゆる普遍的な問題において、とりわけ最高の哲学的諸問題において、科学に従事する人自身がもはやまったく発言しないという時点にいるのです」(NSWK2: 419-421)。

ヴェーバーは、段落⑤において、学者を、分業体制のなかの労働者になぞらえていた。これは、直接にはこのショーペンハウアーとニーチェの議論を踏まえたものである。

トルストイは、『なにをなすべきか』のなかで、専門化のすすんだ科学の現状を痛烈に批判している。精神的労働と肉体的労働との分化がすすみ、さらに分業が細分化され、「専門化」の段階にいたると、精神的労働を担当している者たちは、肉体的労働に従事している者たちのために奉仕するという本来の任務を忘れ、ただたんに肉体的労働者たちを科学研究や芸術作品の題材としたにすぎない。民衆が精神上の食物を必要としているのに、学者たちや芸術家たちはそれを供給しようとせず、その間隙を縫って別の者たちが跳梁し、書籍や絵画や歌集を流布させている。「われわれは専門化させられた。」「われわれは民衆の頭脳だ。」「さてしかし、民衆は、われわれからなにを学んだのか。またわれわれはなにを教えているのか。」「民衆のことを、われわれはすっかり忘れてしまった」(TSW1-4 (2): 112-114)。

このなかの「専門化」を論じた箇所は、リッターによって、「われわれは専門化させられた (wir haben uns specialisiert)」と訳されている (ebd.: 114)。ヴェーバーは明らかにこれを読んでおり、トルストイのこの記述は、ヴェーバーの「専門化」論のもっとも重要な典拠である。

こうした専門化状況に浸りきっている科学者は、民衆に奉仕するのではなく国家に奉仕するようになる。科学と芸術は、国家権力を支えることを義務づけられ、その国家権力の助けを借りて、「無為徒食の権利と他人の労働の搾取とを手に入れ、そして教会がそうだったように、自分の使命 (Bestimmung) に背いたのである」(ebd.: 116)。

たしかに、科学によって、鉄道・蒸気機関・電信などの利便性が獲得されはしたが、それが民衆の境遇を改善したかというと、むしろ逆である。鉄道を建設するために森は焼かれ、蒸気機関は労働者の仕事を奪い、電信によっていちはやく需給状況を把握した商人は、労働者の生産物を安く買いたたいている。鉄道も蒸気機関も電信も、政府や資本家や富豪の利益のためのものである。それらが労働者や農民の役に立つことがあったとしても、それはまったくの偶然にすぎない。それでもなお科学は、「科学のために科学が存在する」などという愚にもつかない遁辞を弄して立てこもっている (ebd.: 120-136)。トルストイにとって、現代科学は、細分化されたなかで、現実から超然としてみずからの職分に専念しているかのようにみせかけながら、じつはひたすら権力に奉仕する洗練された御用学問であり、これに従事する科学者は、自分がそうした現状追認の役割を担わせられていることに気づかない愚か者であるか、あるいはそれに気づかないふりをしながら仕事に没頭する自己欺瞞の主なのである。

ヴェーバーは、トルストイによるこの強烈な告発を真正面から受けとめたうえで、現代における科学と科学者とのありかたを怜悧に考察している。トルストイが槍玉に挙げたような客観性と価値自由を装う論者たち――「無前提」を装い、「事実をして語らしめる」という手法を弄して既成事実を追認する者たち――を、ヴェーバー自身は「似非価値自由」の主と呼んで痛罵している。「われわれの専門領域〔＝社会学と経済学〕のなかで、強力な利害関係者集団の強固で意図的な加担によって支持されているこうした似非価値自由で傾向的な連中が疑う余地もなく存在していること（die unbezweifelbare Existenz dieser pseudowertfreien, tendenziösen）」「物質的利害に絡めとられている似非価値自由の預言者（der *pseudo*-wertfreie Prophet）」と規定されているのがそれである（WL6: 495, 498）。「無前提」「科学のための科学」などという美辞麗句を掲げて冷静中立な活動を装っている者たちは、ヴェーバーの目からみると、まったく器用に立ちふるまいながら、権力にすりよって利益を得ている似非学者なのである。こうしたヴェーバーの価値自由論――あるいは価値自由の敵たちにたいする彼の態度――を、トルストイの立論と関連づけて理解することは重要である。

　典拠としてもうひとつ重要なのは、トルストイの問いかけに呼応しているマリアンネ・ヴェーバーの小論文である。「今日《こんにち》『科学』は、何百万もの書棚と人間の頭脳とのうえに散らばっている巨大な世界である。この世界にあっては、個々の研究者は、誰でも、強力な機械のなかの小さな歯車にすぎず、どの個人も、真理を覆っているヴェールのほんの一端をめくるにすぎない。科学は、もはや個々の人間の認識努力という奉仕において存立しているのではなく、個々人の認識は、もはや個々の人間精神のなかにはなんら宿る場所をみいだすことのない知の創造のために存在しているのである。」「もはや誰も掌握することのできないこの科学が、人間にとって永続的に文化価値として通用するであろうことをわれわれは確信しているのか。科学は、生《せい》に疎遠で把握不能であるという点において、個々人を永続的に科学への奉仕へと強制する力をもつのか」。かかる科学に従事する女性が生みだすのは「さまざまな文化的所産（Kulturgüter）であり、これは、客観物たる文化作品にくらべると、たしかに現世において束の間のものである〔にすぎない〕のだが、それでもやはりこれは、個人自身がそもそも生みだしうる最高かつ最良のものに属しており、また生みださなくてはならないものであり、つまり人類の精神文化は、もはや個々人によって制御されることのない知の巨大な機構を通じて、最終的に硬直化（Erstarrung）とたんなる専門人存在（das bloße Fachmenschentum）とのうちに終焉を迎えるべきではないのである」（Weber, Marianne 1906: 25f.）。この最後の箇所（この論文の末尾）は、一九〇四年に夫とともに渡米したときに見聞したアメリカのあまりにもドライな職業人たちの姿を投影しており、また一九〇四／〇五年の夫の著作『倫理と精神』の末尾における「職業人」「外枠（Gehäuse）」「専門家」にかかわる一連の記述を受けている（MWGI/9: 420-423）。

　以上にみたように、ヴェーバーは、ヘルムホルツとニーチェとトルストイとマリアンネ・ヴェーバーの――とりわけトルストイの――見解を受けついで、専門化の問題について批判的考察を巡らせているのである。

（三）

　こうした専門内閉塞状況のなかで、研究者がそれに抗して、それを打破する術はないのであろうか。これにたいする手がかりを与えてくれるのが、比較研究の位置づけである。

　この段落において、ヴェーバーは、比較研究のような境界越えの研究をするなと主張しているのではない。まったく逆に、主知主義の深化によってもたらされた科学の閉塞状況を打破するためには、境界越えの研究が是非とも必要なのであり、ヴェーバー自身が、そうした研究を敢行しており、また今後もそうした研究を発展させようという強い意欲をもっている。

　この文意は、従来ほとんど理解されていなかった。それは、この段落において、あたかも専門への自己閉塞をヴェーバー自身が説いているかのように誤読されてきたからである。こんな解釈では、彼が、それまで長年にわたって境界越えの研究に精力的に取りくんできた事実、また『職業としての学問』を刊行したまさにその時点において、さらにそれ以降においても、『経済と社会』と『宗教社会学論集』とに収録するはずの――いたるところで境界越えを敢行している膨大な――論稿に入念な加筆をなし、また新稿を加えているという事実を説明できない。かかる《専門内自己閉塞》説にあっては、彼が、あたかも他人にたいしては狭い専門のなかに閉じこもることを強要しながら、自分自身はそれに従わず、好き勝手に境界越えの研究をしているかのような言行不一致のヴェーバー像が捏造されてきたのである。

　なるほど彼は、この講演のなかで、境界越えの研究の積極的な意義についてあまり語っていない。それは、この講演の聴衆の多くが、これから学問の世界に入ろうとする人々だからである。個別の研究領域においてなんの経験も積んでいない初心者が、いきなり比較研究をしようとしても、とうていできるものではない。だからこの講演中に限定すると、ヴェーバーは、そうした高度な研究にかんして語ることを自制しているのである。

　しかしこの段落⑬中では、挿話的なかたちにおいてではあるが、「まさに社会学者たちは、否応なしに何度もくりかえしこれをおこなわざるをえない」ことが指摘されている。この講演録の読者は、この発言の意味をしっかり捉えなくてはならない。ヴェーバーにとって、狭い専門のなかに閉じこもることなく、研究者としての自己課題の当否、その課題意識の適切性、研究者としての自己の存在の意味づけ、総じて科学研究者の自己認識を自問することは、個々の研究者がかならず――不断に自覚的に――なさなくてはならないはずの職責（Beruf）である。そしてみずからの研究成果を、有益なものとして、研究蓄積の一環として位置づけ――あるいはその研究成果とその蓄積とがはたして「進歩」の名に値するのかを批判的に吟味し――、さらに隣接領域との関連づけをなすこともまた、研究蓄積の進捗におうじておこなうべき課題である。そのとき「比較」という視座設定が意味をもつ。

　ヴェーバーは、境界越えの研究――とりわけ比較社会学的研究――にたいして、末梢的専門化・細分化の流れに押しながされることなく（あるいは専門内への自己閉塞に安住することなく）、近代知の閉塞状況に風穴を開けるための手段という重要な位置づけを与えている。

「隣接領域にまで手を伸ばすような研究」を、社会学者は否応なしにおこなわざるをえないが、そこにはどうしても限界がある。こうした趣旨を、ヴェーバーは、一九一四年六月二十一日付ゲオルク・フォン・ベロウ宛書簡のなかで述べている。「私は、たぶんこの冬に、『社会科学綱要』〔正確には『社会経済学綱要』〕へのかなり包括的な寄稿を印刷させはじめるでしょう。これは、『好事家は比較するものだ』と指弾されるのを覚悟のうえで、政治諸団体の形態を比較しつつ体系的に取りあつかいます。私見では、〔ヨーロッパの〕中世都市に特有のもの、つまり歴史がまさにわれわれに提示するはずのもの（この点ではわれわれは完全に同意見です！）は、他の（古典古代の、中国の、イスラムの）都市には欠けていたものを突きとめることによってのみ説きあかすことができますし、それはすべてのことについて同様です。そのとき、この特有のものを因果的に説明することが歴史の論題です。先生が根本において見解を異にするとは想像できません。多くの言辞に、反対よりもむしろ賛成の意が表明されています。しかも、こうしたきわめてささやかな予備研究をわれわれに提供することができるのは、私の理解する社会学です。そのさい、あらゆる領域の専門家たりうることは結局は不可能ですから、ひとつの大領域に完全に精通している研究者の不興を買うことは、残念ながらほとんど避けられません。それでもやはり、私は、こうした研究が学問的に無用だと納得してはいません」（MWGII/8: 723f.）。

　ヴェーバーのこうした比較社会学構想にたいして、ベロウは、七月八日付返書のなかで、「われわれは、『比較』の問題において容易に意見の一致をみることができると思います」と賛同し、ベロウ自身の研究計画においても比較の視点を打ちだしたいとしている（BSBM/Ana 446.C.(6)）。この当時、歴史の専門研究者であるベロウにとっても、比較社会学的研究が有益であると認識されていたことがわかる。

　ヴェーバーは、比較社会学的研究のような《境界越え》の限界とリスクを重々承知しながら、それでもなおそれを敢行することの意義を力強く積極的に主張している。そしてその営みは、ベロウのような歴史学者にとっても有益なのである。ここに、近代知の展開過程のなかですべての研究者に否応なしに割りふられた狭い専門の枠のなかに閉じこもることなく、その閉塞状況の打破をめざすヴェーバーの強い意思――およびその脱却のための具体的な手立て――を感得することができる。またそれは、歴史学をはじめとする隣接領域の研究者たちとの協力協働（今風に言えば学際的研究交流）によって実現されるはずのものでもある。

　『宗教社会学論集』への「序文（Vorbemerkung）」においても、ヴェーバーは同趣旨を述べている。それはとくに「比較」という方法に係わっており、自分の叙述が、隣接領域にまで手を伸ばしたものであること、そうした叙述の価値を過大評価すべきでないことに注意を促している。「翻訳の利用に頼り、そのほかに、記念碑・史料・文献といった資料の利用法・評価法にかんして、しばしば非常に異論の余地のある専門文献から情報を得ることに頼り、自分ではその文献の価値を自力で評価しえない者〔＝ヴェーバー自身〕は、自分の成果の価値について非常に謙虚に考えるのがまったく当然である。」「最終的な判断を下す権利があるのは専門家だけである。そして当然のことながら、こうした特殊な目標を備え、こうした特殊な観点のもとにある専門の叙述が、たんにいままで公にされていなかったので、そもそもこの論文集が書かれたのである。じきに『克服』されるであろうということは、結局はすべての科学研究成果に当てはまることであり、この論文集は、〔ほかの研究成果よりも〕はるかに強い度合いと意味とにおいてそのように定められている。こういう研究成果にあっては、やはりどうしても、このように比較をしながら他の専門領域へと境界を越えることになり、じつに憂慮すべきことにこれは避けられないのだが、そのときまさに、到達の度合いにかんして非常に強い諦念という帰結を引きださなくてはならないのである」（RSI: 13f.）。この「序文」のなかでヤスパースの著書『世界観の心理学』が引用されており（ebd.: 14）、この論著は一九一九年十月に刊行されたものなので（Jaspers 1958: 306）、ヴェーバーのこの「序文」はそれ以降に執筆されたものである。

　このように、ベロウとの往復書簡（一九一四年六～七月）、『職業としての学問』（一九一九年六～七月頃刊行）、『宗教社会学論集』への「序文」（一九一九年十月以降）の三つの史料・文献の論旨は完全に整合的である。第一次世界大戦に先立つ時期から亡くなるまで、やがて『宗教社会学論集』に収録されることになる膨大な境界越えの論稿を、ヴェーバーは精力的に執筆し、また加筆している。それによって、非専門家＝好事家と指弾されることを十分承知のうえで、彼はあえてその営みに重要な価値を認めており、それは、専門のなかに閉じこもることを拒否する営みである。

　これにたいして、もしも《専門内自己閉塞》説を採ると、この三つの史料・文献を整合的に読むことができない。この説に立つと、ベロウ宛書簡で境界越えの研究に意欲を燃やしていたヴェーバーが、『職業としての学問』ではそうした研究を否定したことになり、それにもかかわらず、『職業としての学問』よりもあとの時期に執筆した『宗教社会学論集』への「序文」では、慎重な位置づけを与えながら、境界越えの研究の意義を主張したことになる。これでは、彼は、みずからの学問の根幹にかかわる重要事項にかんして、短期間のうちにすくなくとも二度立場を翻したことになるから、《専門内自己閉塞》説は、奇怪な《二重変節説》でもある。そしてもしもこの説に立つと、彼は、〈専門のなかに閉じこもれ〉という『職業としての学問』の見地（だったはずのこと）を、結局はさっさと放棄してしまったことにもなる。ここから明らかなように、《専門内自己閉塞》説は、そもそもまったく成りたちえない虚説である。

（四）

現代科学にあっては、極端な自己限定状況が常態化し、なぜそうした限定が必要なのか、なんのためにそうした限定をしているのかが往々にして見失われてしまう。しかも科学者の世界では、狭小な限定のみが強調され、それが「科学のための科学」として美化され、「なんのために」という問いが排除される。ヴェーバーは、そうした状況を、腐朽した主知主義の成れの果てとして厳しく批判するのだが、だからといって、自己限定を無用視するものではない。この段落では、そうした自己限定を、一面では必要なこととして確認しつつ、そこには大きな陥穽があることを強調しているのである。

　ひとつの主題に自己限定し、そこに集中することができないようなら「なにか別のことをするのがいい」という言句は、直接にはルカーチに向けられている。ルカーチの教授資格請求論文の内容について入念に検討していたヴェーバーは、ルカーチの論稿『小説の理論』を読んだとき、こういうエッセイを書くことにかまけているかぎり、いつまで経っても教授資格請求論文の完成に辿りつくことはできないと感じ、一九一六年八月十四日付で、次のようにルカーチに書きおくっている。「もしも、体系的な著作を仕上げ、そのあいだはほかのことを〔いっさい〕断念することが、学兄にとってほんとうに耐えがたい苦痛と心理的圧迫〔をもたらすもの〕なのだとすると、それならもう私は、すすまぬ気持ちで、学兄にたいして『教授資格取得をおやめなさい』と助言することでしょう。それは、学兄が教授資格に『値しない』からではありません。そうではなく、教授資格が学兄にとって無益だからであり、〔ハイデルベルク大学哲学部の〕学生たちにとってもまた無益だからであり、最終的に、またもっとも高貴な意味において無益だからです。それなら学兄の天職（Beruf）はなにか別のものなのです――」。こう突きはなしながら、ヴェーバーは最後に、「しかし学兄は、自分が正しいと考えることをなすことでしょう」と付けくわえている（MWGII/9: 497）。

　これはじつにヴェーバーらしい率直な助言であり、またいかにも彼らしい直截《ちょくせつ》な表現をとっている。そして、もしも教授資格取得を望むのなら、それは主知主義のしきたりに則って与えられるものだから、どうしても厳しい自己限定のうえで苦行を持続する必要があるが、もしもその教授資格という主知主義の枠そのものがルカーチにとって意味のないものならば、別のところに自分の道を求めるのがいいだろうという後段の記述はきわめて重要である。ヴェーバーは、主知主義を容認する立場からルカーチを束縛しようとしているのではなく、大学は主知主義の砦だから、そこに職を求めるかぎり、いわば《相手の土俵》で戦わざるをえないのだと指摘し、そうした営みに意味をみいだすことができるかと、ルカーチにたいして根源的な――また挑戦的な――問いをなしているのである。

　『倫理と精神』の周知の論述は、当該箇所の意味するところを伝えている。「近代の職業労働が禁欲的特質を刻まれているという思想は、べつに新しいものではない。専門労働への自己限定と、人間存在のもつファウスト的多面性をそれによって断念するよう定められることとは、今日《こんにち》の世界では価値ある行動一般の前提であること、したがって『行為』と『断念』とは、今日《こんにち》では不可避的に相互に規定しあっていること、こうした市民的生活様式――それが無様式でなくまさにひとつの様式であろうとするのなら――の禁欲的基調を、ゲーテもまた、人生知の高みから、彼の『遍歴時代』において、またファウストに与えた末期《まつご》において、われわれに説こうと望んだ。彼にとって、この認識は、完全で美しい人間存在の時代から断念して訣別することを意味しており、こうした時代が、われわれの〔＝現代の〕文化発展の成り行きにおいてもはや繰りかえされないであろうことは、古代アテネの全盛期が〔現代において〕繰りかえされないであろうことと同様である。ピューリタンは職業人であろうと欲した――われわれはそうあらざるをえない（der Puritaner *wollte* Berufsmensch sein, — wir *müssen* es sein）」（RSI: 203）。

　右にしめした『倫理と精神』中の記述の梶山力訳（一九三八年）の意義をみよう。最後の箇所 „wir *müssen* es sein“ を、梶山は、「我々はかくあらざるをえない」（梶山訳：二四四頁）と訳していた。この „müssen“ が、「職業人でなくてはならない」という積極的・能動的な含意を有しておらず、「職業人であらざるをえない」という〈外的に強制された縛り〉〈否応なしの逃れられない宿命〉にたいする消極的な〈しぶしぶながらの不本意な承認〉を表現していることを、梶山は鋭く見抜いていた[⑬⑭]。彼の非凡な言語感覚のおかげで、われわれ日本の読者は、この箇所について、最初から正確な理解をなすことができたのである。

　『倫理と精神』、ベロウとの往復書簡、『職業としての学問』、『宗教社会学論集』への「序文」を整合的に理解するためには、なによりもまず《専門内自己閉塞》説を完全に否定し、『倫理と精神』においても『職業としての学問』においても、ひたすら本分への献身をなす禁欲的プロテスタンティズムにたいする痛烈な批判が展開されていることを念頭に置くことが重要である。

(五)

厳しい自己限定を人生訓としていたゲーテにたいして、ヴェーバーが明確に距離を置いていることも重要な事実である。

たしかに、自己限定への決断とその実行は、学問研究の過程のなかで不可欠であり、それは科学研究の必要条件だが、それはあくまでも科学研究の一側面であり、ひたすら自己限定のなかに閉じこもっていていいのではない。ヴェーバーは、〈自己限定はなるほど必要だが、そうした限定された世界に閉じこもらざるをえないように仕向けられている現状には大きな問題がある〉と主張しているのである。

現代科学にあっては、極端な自己限定状況が常態化し、なぜそうした限定が必要なのか、なんのためにそうした限定をしているのかが往々にして見失われてしまう。しかも科学者の世界では、狭小な限定のみが強調され、それが「科学のための科学」として美化され、《なんのために》という問いが排除される(要説(二)のなかのトルストイの告発を参照)。ヴェーバーは、そうした状況を、腐朽した主知主義の成れの果てとして厳しく批判するのだが、だからといって、自己限定を無用視するものではない。そうした自己限定を、一面では必要なこととして確認しつつ、そこには大きな陥穽があることを強調しているのである。

すでにみたように、ニーチェは次のように語っている。「現在、科学研究は、きわめて広範な領域に拡張されているので、たとえ最高度ではなくても優れた素質をもっていて、なお科学のなかでなんらかの仕事をなそうと欲する者は、まったく特殊な一専門領域(ein spezielles Fach)に取りくむことになり、その結果、これにたいしてほかのいっさいのものにまったく意を向けないでいるのです」。そしてニーチェは、ショーペンハウアーに倣って、こうした研究者を、高度な分業によって細分化されたなかで働く「工場労働者」になぞらえている(NSWK2: 419f.)。ヴェーバーの論旨がニーチェのこの発言と重なっていることについては、すでに樋口辰雄が指摘している(樋口辰雄 一九九八:一〇〜一一頁)。ニーチェにあってもヴェーバーにあっても、専門化(の深化)がもたらした問題がいかに深刻であるかが語られている。

これにたいして、ゲーテにあっては、むしろみずからの取りくむべき問題への専心に力点が置かれていた。英語とイギリス文学の研究を手がけているエッカーマンにたいして、ゲーテは、「英語に打ちこみ、君の全力を有益なことにたいして傾注し、君にとっていい結果にならないことや君にふさわしくないことはすべて捨ててしまいなさい」と忠告している。また「われわれは、ただ黙々と正しい道をしっかり前進し、他人は他人で好きなように行かせようじゃないか。これが一番いい」と述べている(GWM19: 117. 216)。ゲーテの人生観を、この言にしめされていることだけに単純化できるとは思わないが、彼のスタンスとして、自分の持ち分から逸脱しないことが基調となっていることはたしかである。

　ゲーテのソネットはこうした境地をよくしめしている。「大きな仕事を望む者は集中しなくてはならない／限定（Beschränkung）のうちにはじめて匠が立ちあらわれる／そして法則だけがわれらに自由を与えることができる」（GWH1: 245）。最後の「法則だけが自由を与える」という件《くだり》はヘーゲルを想起させる。実際ヘーゲルは、その意志論において、ゲーテのこの言を引用している。「意志においては、普遍的なものが、同時に、私のものという意味を本質的に有するのは個別態としてであり、〔意志のなかでも〕直接的な意志、つまり形式的な意志においては、〔普遍的なものが私のものという意味を有するのは〕みずからの自由な普遍性にまだ満たされていない抽象的な個別態としてである。それゆえ知性固有の有限性が始まるのは意志においてであって、意志が思惟へとふたたび上昇し、みずからの目的に内在的普遍性を付与することによってのみ、意志は形式と内容との差異を揚棄し、客観的無限意志となるのである」。このように、「思惟する理性は、意志としては、有限性へと自己決断することなのである」。これにたいして、「何事も決定しない意志はなんら現実的な意志でなく」、みずからを律する力のない者は、ただもう逡巡のうちにたゆたうばかりで、自己限定によって無限性を放棄して全体性を断念しようとはしない。「こうした気分は、美しい気分であろうと望んでも、死んだものである。ゲーテによれば、偉大な者になろうとする者は自己限定しなくてはならない。思いを切ること（Beschließen）によってのみ、人間は現実のなかへと――それがどんなに彼にとってつらいものであろうと――歩をすすめるのである」（HWS7: 64f.）。

　ヴェーバーのスタンスは、こうしたゲーテのスタンスとはまったく異なっており、自分の分を守って当面する課題に専心する精神（たとえば禁欲的プロテスタンティズム）は、それだけではけっして不条理な主知主義時代を生きぬく「人格」たりえないという点が、ヴェーバーの立論を理解するうえで要となる。この講演中ではそこここにゲーテの影がみえるけれども、ヴェーバーは、かならずしもゲーテにたいする共感をもって引用しているのではない。むしろそこにはゲーテにたいする冷厳な批判が内包されている。読者はこのことに十分注意しなくてはならない。

　この段落⑬の最後に、「われわれ研究者が、こうした身動きのとれない枠のなかで情熱を注いで仕事をせざるをえないように仕向けられていることが、現代科学の大きな問題状況です」と補筆した。このように補ったのは、この段落の真意と力点が、これまでこの講演録の読者にまったく理解されていなかったからである。彼は、この段落全体において、徹頭徹尾現状を冷徹に観察し、描出し、問題視し、批判しているのであって、自分の主張をなしているのではない。語っているヴェーバーにとって、これはまったく自明のことであり、また主知主義からの解放を望んでいる当日の聴衆たちにも、近代科学の問題状況はある程度までわかっているから、この段落が、〈諸君も重々わかっていると思うが、いま科学はこんな閉塞状況にあり、科学者はそのなかに押しこめられて息が詰まりそうだ〉という論調（口調）で語られていることはわかりきっている。しかし現代日本の読者がヴェーバーと同じ問題意識を有していないと、この段落の趣旨を理解できない。そして現実に、この問題意識の欠落した自称「訳者」たちが、荒唐無稽な《専門内自己閉塞》説を長年にわたって流布してきたので、老婆心ながら、ここに補筆して、この段落の趣旨を再度明示しておいた。

段落⑬の趣旨は、段落㊳の冒頭で再度呼びだされる。そこでは、この専門化状況が、外的に強制された「所与の状況」であって、ヴェーバーが望むものでないことがあらためて明示されている（段落㊳要説（一）を参照）。

段落⑫⑬への個別注解

（⑬1）**【語句・文意・文法】** Berufには、「職業」という意味と、「使命」「天命」「天職」「職分」という意味とがある。ここでは「科学に向かう内的Beruf（der *innere* Beruf zur Wissenschaft）」と言われているので、明らかに後者の意味であり、この場合「使命」が適訳である。当該箇所では、後者の意味であることを明示・強調するためにinnerという形容詞が付されている。

【関連記述】 ヴェーバーは、一九一八年十月十日付アルヴィーネ・ミュラー宛書簡のなかで、「私の内的『使命』（mein innerer „Beruf"）は学問の仕事と学問の専門教育です」と語っている（MWGII/10: 253）。

【典拠】 ローレンツ・フォン・シュタインによると、「内的使命」は、「人格総体と合致するような世界観へ、そして第一に個々人の内的生活総体を、また〔第二に〕個々人の外的生活総体をも、意識的に従わせるような世界観へと、個々人の見解と能力すべてを昇華させること」である（Stein 1883: 42f., 柴田隆行　二〇一四：八六頁）。

【翻訳史】 樋口辰雄が指摘するように、この「学問に向かう内的使命」を、尾高はひどく歪曲して、あたかも「学問を職業とする者の心構え」であるかのように誤訳し、このBerufが「使命」を意味することを理解していない（尾高訳②：二二頁、樋口辰雄　一九九八：九頁）。出口も、この誤訳を引きずって、「学問を天職とするものの精神状態」と誤訳している（出口訳④：三七三頁）。三浦も、尾高・出口に倣って、「職業としての学問に向かう心の問題」に矮小化している（三浦訳：二二頁）。ヴェーバーは、あくまでも学問にかかわる「使命」について語っているのであって、「心構え」「精神状態」などという人の属性について語っているのではない。尾高・出口・三浦は、Berufの内的性質の問題を、人の内心の問題に引きさげてしまっている。これにたいして、間場は「学問に対する内的な使命」、中山は「学問への内的な召命」と正しく訳している（間場訳：二七頁、中山訳：一七六頁）。べつに貶めているのではなく、これが当たり前であるが、後出個別注解⑬3【翻訳史】にしめすように、間場・中山もまた、専門化の時代における内的使命の危機の問題を正確に捉えることができず、これをたんなる主観的態度の問題にすりかえてしまっている。三木は「学問に対する内的な使命感」と訳しているが（三木訳：一〇頁）、「感」を入れると人の属性になってしまうので適切でない。

ガースとミルズ、およびウェルズは"the *inward* calling for science"と訳し（G&M: 134, GCW: 30）、シルズは"the inner or deeper vocation of science"（強調なし）と訳し（ES: 58）、ジョンは"the inner vocation for science"（強調なし）と訳し（MJ: 8）、リヴィングストンは"an *inner* vocation for science"と訳し（RL: 6）、ブルーンは"the *inner* vocation for science"と訳している（HHB: 338）。

（⑬2）**【語句・文意・文法】** この箇所に顕著にしめされているように、

ヴェーバーは、この講演において、聴衆である学生たちから終始一貫して——また意識して——距離を置いている。これまで彼が縷々述べてきた大学人にかかわる外的諸条件も、学生たちが聴きたがっている内容とはおよそかけはなれており、彼はそれを十分承知したうえで、あえて（わざと）そうした外的困難から語りはじめたのである。そして学生たちの顔色を観察しながら話をすすめてきた彼は、「そろそろ学生たちがうんざりしてきたな」と判断し、ここで話題を変える。

　ところが、この先の話もまた、学生たちが聴きたがっていることとは大きくかけはなれている。この講演において、彼は、「職業としての学問」という——もともと彼ではなく企画者（ビルンバウム）がもちこんできた——論題を語るかのようにみせかけながら、じつは聴衆の期待を徹底的に裏切りつづけ、ドイツの大学人（学問に職業として従事している者およびその予備軍である学者志望学生）が置かれている過酷・非情な状況を詳細に論じ、今日《こんにち》における大学学問の没落を確認し、そこに近代知の運命を浮き彫りにし、そうした不条理な世界に聴衆とヴェーバー自身とを追いこみ、いったいここから抜けだす途はあるのかと根源的な問いを投げかけ、かついかなる種類の結論・回答・処方箋をも与えず、〈いまは先のみえない夜の時代だ〉〈大学に生きる者が絶えず直面しつづける不条理な日常性に対峙しつづけよ〉という意味深長な言辞を残し、聴衆（とヴェーバー自身）を奈落に落としたまま立ちさるのである。

（⑬3）**【語句・文意・文法】** 専門化がますます深化しているという事態は、科学者が、自分に与えられた狭い専門の枠内でしかものを考えることができなくなっているという内的使命の危機をしめしている。

【翻訳史】 三木は、「外面的だけでなく、まさに内面的に、事態はこうなっているのであります。つまり個々の学者は、なんらか真に完全なものを学問分野において果たそうとする確たる自覚を、ただ極めて厳密な専門化を行なった場合にのみ、手に入れることができるわけであります」と訳している（三木訳：一〇頁）。専門化の深化という事態にあっては、「個々の学者」の営みがいちじるしく矮小化されてしまうという原意を、この訳は表現している。

　三木以外の邦訳者たちは、この箇所を完全に読みちがえており、そのため、この箇所のみならず、この段落⑬全体の読解に失敗している。この誤読・誤認はきわめて重大なので、立ちいって検討しよう。まず尾高は、「こんにちこの職業にたずさわるものの客観的境遇にとってはともかく、その主観的態度にとって決定的なことは、なによりもまず学問がいまやかつてみられなかったほどの専門化の過程に差しかかっており、かつこの傾向は今後もずっと続くであろうという事実である。こんにちなにか実際に学問上の仕事を完成したという誇りは、ひとり自己の専門に閉じこもることによってのみ得られるのである」と誤訳している（尾高訳②：二二頁）。尾高は、文脈をすっかり解体し、恣意的に繋ぎなおしている。ここで語られているのは、「客観的境遇」と「主観的態度」との単純な対比ではなく、外的な面（つまり「職業」としてのBeruf）のみならず、内的な面（つまり「使命」としてのBeruf）においてもまた深刻な専門化が進行しているという問題状況の指摘なのだが、尾高は、前者について、「客観的境遇にとってはともかく」などとはぐらかしているのが大きな問題である。「にとってはともかく」に該当する表現は原文中のどこにも存在せず、これは尾高の捏造以外の何物でもない。この奇怪な「意訳」にあっては、外的な面において専門化が進行しているという問題状況が、あたかもどうでもいいことであるかのように歪曲されている。また、「内的な面（innerlich）」を「主観的態度」に矮小化するのも不当である。末梢的専門化の諸問題が研究者の内面にまで桎梏としてのしかかってくるのは研究者の主観の問題ではない。

出口は、「学問の領域で個人がなにかほんとうに完成した仕事をしおえたとはっきり意識するのは、ひたすら自己の専門領域に身を打ちこんでいる時だけというのが、生活の外的条件からいってだけではなくて、心構えそのものからいって本当だ、というのが実情である」と誤訳している（出口訳④：三七三頁）。科学者が充足感を感得しうるのは「ただ非常に厳密な専門化がなされた場合においてのみ」であって、ヴェーバーは、専門化によってもたらされたその状況を問題視しているのに、出口は、これをなんら問題視せず、「ひたすら自己の専門領域に身を打ちこんでいる時」（明らかな誤訳）においてのみ意識できるという「心構え」の問題にすりかえている。ただ、この訳では、それでも「実情である」という表現によって、科学者の置かれている境遇の問題性をわずかに窺わせている。

間場は、「個人が学問領域において、本当に完全なものを仕遂げたという確かな自覚をもつことができるのは、きわめて厳密な専門化の領域においてのみだという事情が、外面的な諸条件にだけでなく、否まさに、内面的な態度にもみられるのである」と訳している（間場訳：二九頁）。この訳は、かなり原意に近づいているが、„innerlich“を「内面的な態度」と解しているため、尾高の「主観的態度」や出口の「心構え」と同様に、内的使命の問題を主観性の問題へと矮小化してしまっている。

中山は、「これは外面からみてそうであるだけではなく、精神的なあり方からみてもそうなのです。学者がある学問の領域で仕事を完成させたという誇りをもつことができるのは、きわめて狭い専門の分野の仕事についてだけなのです」と誤訳している（中山訳：一七六頁）。ここでも„innerlich“が「精神的なあり方」に矮小化されており、「非常に厳密な専門化」のなかで仕事をせざるをえないという問題を孕んだ状況にかんして、中山は、これを「きわめて狭い専門の分野の仕事」をすれば誇りが得られるという現状追認へとすりかえている。

三浦は、「そういう事態によって学問は制約されています。学問が単に形式的に専門分化しているだけでなく、まさに学問をする人間の内面も専門分化しているのです。／学問の分野で何か実際に完成した仕事をしたという確信は、この上なく厳密な専門的研究をなしえたときにのみ得られるものです」と誤訳している（三浦訳：二二頁）。ここでもひどく書きかえられているが、「専門分化」という「制約」によって「学問をする人間の内面も専門分化している」という記述には、この状況の問題性がしめされている。これは、三浦の翻訳能力の所産ではなく、三浦自身の現状認識が反映した記述なのだろう。

ガースとミルズは、“not only externally, but inwardly, matters stand at a point where the individual can acquire the sure consciousness of achieving something truly perfect in the field of science only in case he is a strict specialist.” と訳し（G&M: 134）、シルズは、“the individual can be sure of accomplishing something really definitive and complete in the fiedl of science, only if he follows the lines required by the most rigorous specialisation" と訳し（ES: 58）、ジョンは、"not merely on the surface but also in essence, the matter is such that an individual can be confident of having achieved something really perfect in the area of knowledge only through the most thoroughgoing specialization" と訳し（MJ: 8）、リヴィングストンは、"not just outwardly, but above all inwardly, the position is that only through rigorous specialization" と訳し（RL: 7）、ウェルズは、"not only externally, no, especially inwardly, the situation is that the individual can only really achieve complete success in the sphere of science under conditions of the most rigorous specialization" と訳している（GCW: 31）。ブルーンは、"this situation does not simply concern [science in its] external aspect; no, precisely in its internal aspect it means that an individual can only feel certain of achieving something completely perfect in the scientific domain [if he is working] under conditions of rigorous specialization" と訳している（HHB: 338f.）。ブルーンは、[if he is working] と補うことによって、これが限定された状況下における事態であることを明示している。

専門化がますます深化し、それにともなう問題がますます深刻化していること、とりわけ科学者の置かれている状況には大きな問題があるという文意を（わずかながら）読みとることができるのは、既存の邦訳中では、三木訳と三浦訳だけである。英訳は、それぞれある程度まで表現できているが、ガースとミルズの訳では、「その研究者が専門家である場合のみ」と誤訳されており、〈高度に専門化が進行しているその狭い枠内でのみ〉という原意が歪められている。

（⑬4）【語句・文意・文法】「ということになっています」としたのは、この直前の箇所で、「内的な面でこそ、事態はそうなっています」と語られており、その「事態」とは、専門化が高度に進行したなかで科学者が追いこまれている事態（この段落⑬全体を通じて展開されている問題状況）だからである。

この段落で語られているすべてが、科学が現代において陥っている深刻な問題状況の批判的描出である。語っているヴェーバーにとって、このことはまったく自明なので、彼はいちいち接続法第Ⅰ式にせずに済ませている（この段落中ではたしかに接続法第Ⅰ式が用いられているが、それは間接話法ではない）のだが、日本の読者は、ほとんどつねにこの段落を誤読しており、厳密な専門化のなかで仕事に励めとか、専門家であれとか、情熱をもって仕事をしろとか、ヴェーバーがあたかもそういう陳腐な説教をしているかのような珍解釈が堂々と罷りとおってきた。この失態はいまなお繰りかえされている。

この段落で彼が論じているのは、高度に細分化された分業体制のなかに押しこめられて仕事をさせられている労働者の境遇と同様に、厳密な専門分化が進行するなかで、科学の営みが、また科学者の仕事そのものが、深刻な隘路に突きあたっているという事態である。それは、主知主義の深化によって不可避的にもたらされた研究労働の矮小化の問題なのである。

従来の誤訳・誤読の悪影響が浸透している現時点では、日本の読者にたいして、ここで語られているのがヴェーバー自身の積極的な主張ではなく、現代科学の世界において（科学者たちの業界において）こういう状況になっていておおいに問題だという現状描出と批判であることを、くどいほどしめしておく必要があるので、筆者は、以下この段落中の文の末尾に、「ということになっています」「実情なのです」「有様です」等の表現を付加し、これらすべての記述が、問題を孕んだ現状の描出・批判であることを明示した。

(⑬5)【語句・文意・文法】この「諦念」は、比較研究のような境界越えの研究をなすにあたっては、どうしても専門外の事項にまで踏みこまなくてはならないから、その成果は、隣接領域の研究者による批判を招かざるをえず、それにたいして謙虚に耳を傾けながらすすめなくてはならないことを指している。

【翻訳史】当該箇所のなかに、„wie gerade z. B. die Soziologen sie notwendig immer wieder machen müssen“（たとえば、まさに社会学者たちは、否応なしにたえずくりかえしこれをしないわけにはいかないように）という重要な節が挿入されている。ところが尾高はこの節をひどく矮小化し、「社会学者の仕事は本来こうした性質のものであるが」とねじまげている（尾高訳②：二二頁）。もしもこの節を正確に訳すと、ヴェーバーが、「しないわけにはいかない（machen müssen）」として、境界越えの研究を公然と認めていること、しかもそれが「否応なしにたえずくりかえし（notwendig immer wieder）」しないわけにはいかないほど重要なものと位置づけられていることが露わになる。それでは、《専門内自己閉塞》説に立つ尾高は困るのである。だから彼は、自分にとって都合の悪いこの節をまともに訳すことができず、「否応なしに（notwendig）」「たえずくりかえし（immer wieder）」「しないわけにはいかない（machen müssen）」をことごとく無視し、「本来こうした性質のもの」という程度にはぐらかしたのである。

出口は、「社会学者などは絶えずどうしてもやらなければならないことなのだが」と訳し（出口訳④：三七三頁）、間場は、「たとえば、他ならぬ社会学者が本来絶えずやらねばならないことだが」と訳し（間場訳：二九頁）、三木は、「例えばとりわけ社会学者が幾度もやらざるをえないような」と訳している（三木訳：一〇頁）。この三つの訳では、おおむねヴェーバーの与えた含意を表現できているが、「否応なしに（notwendig）」という強調を汲みとったのは出口だけである。

一方中山は、「社会学という学問では、他の領域にまたがる仕事をせざるをえないのです」と訳して済ませ（中山訳：一七七頁）、三浦は、「社会学者は隣接領域にしょっちゅう手を広げざるを得ませんが」とねじまげ、出口らの旧訳よりも後退している（三浦訳：二二頁）。この二つの新訳では、「否応なしにたえずくりかえし（notwendig immer wieder）」の重みが消えている。

英訳では、「否応なしに（notwendig）」が“necessarily”に、「たえずくりかえし（immer wieder）」が“again and again”“repeatedly”“always”“often”“constantly”に、「しないわけにはいかない（machen müssen）」が“must undertake”等に置きかえられているが、表現の脱落も散見される（G&M: 134, ES: 58, MJ: 8f., RL: 7, GCW: 31, HHB: 339）。

(⑬6)【語句・文意・文法】研究者が求められるのは、いったん遮眼革を装着して狭い範囲内に自己を厳しく限定し、そこに沈潜没入し、解明すべき事項を徹底的に掘りさげたあとで――つまりこの箇所のすぐあとで述べられる「非常に労苦の多い作業」の基礎のうえに立って――、あらためて広い視野に立ち、周辺事情や隣接領域の研究を幅広く顧慮しつつ考証することである。遮眼革の装着は必要ではあるが、もちろんつねに遮眼革を着けたままでは視野狭窄に陥ってしまう。ヴェーバーは、けっしてそうした偏屈な研究者になれと説いているのではない。

„Scheuklappen haben（tragen）"（遮眼革を着けている）という慣用表現は、「視野が狭い」という否定的含意をもっている。「一度（einmal）」遮眼革をわざわざ自分で「装着する（anziehen）」ことをせざるをえないのが現代科学の現状である。もちろんそれは、「一度（einmal）」そうすべきだという文脈においてであって、本来なら、科学者たる者は、自己限定状態に安閑としてとどまりつづけるのではなく、あらためて自己自身や自分の専門領域の置かれている問題状況に目を向けていくのが当然である。しかし現状では、専門化がすすむなかで、研究手段から分離され、決められた研究活動に従事させられている科学者は、たえず遮眼革を着けたままで、視野狭窄に陥らざるをえなくなっており、ヴェーバーはこれを問題視しているのである。

【付帯状況】ルカーチは、自伝的文章のなかで、「遮眼革」を、教条主義によくみられる態度をしめすものとして指弾している。「主観主義的論証のうちにある教条主義は、対象の内部へのどのような掘り下げにも反対し、対象から出発するどのような一般化にも反対した。自分の知的相貌にかかる遮眼革を装着して我慢している者は、出来合いの教義の言い替えしか提供できず、現実とのいかなる結びつきをも失ってしまったのである」（GLW18: 48）。彼は、おそらく『職業としての学問』におけるヴェーバーの議論を念頭に置いてこの記述を書いている。彼もまた、遮眼革を着けるなと言っているのではなく、遮眼革を着けたままでいることの問題性を――ヴェーバーと同様に――指摘している。

⑬7）**【語句・文意・文法】**「手稿（Handschrift）」とは、活版印刷されたものとタイプライターで打たれたものとを（現代だともちろんパソコンで印字されたものをも）除外した肉筆の文書一切を指す。かならずしも古文書だけを指すのではなく、ヴェーバーの時代の人が書いた肉筆文書をも含む。また肉筆の草稿・メモ類のみならず、肉筆で浄書された公文書・書簡等をも含む。

「判読（Konjektur）」は、〈事実を集め、これにもとづいて推定すること〉を意味する。当該箇所の場合、手稿中の文字群の字形（筆跡）を見極め、それがアルファベットのなんなのかを読みとり、ひとつひとつの単語の正体を突きとめる（ermitteln）作業を指す。

これはやや古い用語法のようで、いまは„Entzifferung"（判読）を用いるのが一般的である。そのためもあってか、ファーラントとケスラーは、この„Konjektur"の意味を理解できず、不完全に伝承された（破損をともなった）テキストの推定復元であるかのように勘違いしている（Vahland 1995: 10, Kaesler 2002: 482）。ヴィンケルマンは「推定にもとづく判読（Lesart）」と注記している（Winckelmann 1992: 541）。

【付帯状況】悪筆をもって知られているヴェーバーその人の手稿は、あらゆる手稿のなかで超弩級の難物であり、その筆跡の判読は、ヴェーバーの同時代人にとっても、現代ドイツ人歴史研究者にとっても至難の業である。妻マリアンネも判読に失敗しているケースがあり（個別注解㉗11を参照）、当のヴェーバー自身でさえ、自分が以前書いたノートを判読できなかったと推定できるケースもある（野崎敏郎　二〇〇五：二七〇～二七二頁）。プロイセンの文部官僚アルトホフは、ヴェーバーからの来簡のいくつかを下僚に浄書させていた。アルトホフ自身には読めなかったためというのがその理由のひとつである。また筆者が、ドイツの公文書館でヴェーバーの書簡を判読したとき、読めない単語を館のスタッフに尋ねても、結局そのときは判明しないこともあった。この場合、考えうる単語を片っ端から当てはめてみて、その単語の正体を突きとめることになる。当然これは非常に長い時間を要する作業であり、突きとめるまでに一年ほどかかったこともある。「自分の魂の運命は、この手稿のこの箇所のこの――まさにこの――判読を正しくなすかどうかにかかっているのだという想念にのめりこんでいく」とはこのことである。そして、結局ひとつの単語に絞りこむことができないケースもあり、『全集』の書簡編をみると、複数の判読可能性が併記されている箇所が散見される。

ヴェーバーが当該箇所でしめしているような判読作業にともなう辛苦については、実際にそれを敢行した人でないと理解しがたいと思われるが、三好洋子の回想は、その呻吟ぶりをよく伝えている（三好洋子　一九八一：ii～iii頁）。

【翻訳史】 Handschrift が「写本」と訳されているのは誤っており（尾高訳②：二二頁、出口訳④：三七三頁、中山訳：一七七頁）、Konjektur が「解釈」と訳されているのも誤りである（尾高訳②：二二頁、中山訳：一七七頁）。間場は「原稿」の「解読」（間場訳：二九、三一頁）、三木は「原典」の「解読」と訳しており（三木訳：一一頁）、この二つは間違いとまでは言えないと思うが、「解読」は、基本的に未知の言語の究明を指す用語であり、当該の文脈は、どちらかというとドイツ語・ラテン語その他の既知の言語の文字群の索出作業を指しているから、「解読」とするのは適切でない。結局、「古文書」の「判読」と訳した三浦だけが正しい（三浦訳：二三頁）。生松敬三も、ここを正しく「この手稿のこの箇所の、まさにこの判読」と訳している（クルティウス『読書日記』みすず書房、一九七三年、一四九頁）。

英訳は、“conjecture”“conjectural reading”等を用いているが（G&M: 135, MJ: 9, RL: 8, HHB: 339）、ウェルズの“conjectural emendation”だと、むしろ「修正」「校訂」の意味が強くなるので不適切である（GCW: 31）。またシルズは、“his particular interpretation of a certain passage in a manuscript”と誤訳している（ES: 59）。邦訳群の「解釈」と同様に、この“interpretation”はまちがっている。

（⑬8）**【語句・文意・文法】** 原文は、„wer also nicht die Fähigkeit besitzt, sich einmal sozusagen Scheuklappen anzuziehen und sich hineinzusteigern in die Vorstellung, daß das Schicksal seiner Seele davon abhängt: ob er diese, gerade diese Konjektur an dieser Stelle dieser Handschrift richtig macht, der bleibe der Wissenschaft nur ja fern.“である。この箇所の終わりのほうに出てくる動詞 bleiben が接続法第Ⅰ式の „bleibe“になっているのは、要求話法だと解するのが自然である。つまり、特定の小さな事項に全神経を集中させていく能力をもたない者は「科学とは縁のないままでいろ」と科学者の業界では主張されているという含意である。これは、あくまでも〈現在科学者のあいだではこんなことが要求されています〉という文意なのであって、ヴェーバー自身の主張ではない。彼は、他人の主張（他人の要求）を引き合いに出したまでのことなのである。

【翻訳史】ドイツ語のまともな読解能力を有している者なら、当該箇所を、あたかもヴェーバー自身の主張であるかのように誤読することはないはずである。ところが、これまでこの箇所が正確に訳されたことがない。特定の小さな事項に全神経を集中させていく能力をもたない者は「科学とは縁のないままでいろ」と「されている」という箇所にかんして、尾高は「まず学問には縁遠い人々である」と誤訳し、あたかもこれがヴェーバー自身の主張であるかのように取りちがえている（尾高訳②：二二頁）。出口も、「学問にはそもそも縁なき衆生なのである」と誤訳し（出口訳④：三七三頁）、中山も「学問とは縁遠い人なのです」と誤訳している（中山訳：一七七頁）。この三人は、そもそもこの „bleibe“ が接続法第Ⅰ式であることに気づいてすらいないので論外である。

これにたいして、間場・三木・三浦は、これが接続法第Ⅰ式であることに気づいたものの、間場は「もはや学問とは全く縁のない人であってもらいたいものだ」と誤訳し（間場訳：三二頁）、三木も「学問とは無縁であって頂きたいのです」と誤訳し（三木訳：一一頁）、三浦も「学者なんてやめましょう」と誤訳している（三浦訳：二三頁）。この三つの訳にあっては、あたかもヴェーバー自身がこんなことを要求しているかのようである。

もしもヴェーバーが、自分の願望・要望をしめすつもりだったのなら、彼は、„bleibe“ ではなく、助動詞 mögen の接続法第Ⅰ式 „möge“ を使ったはずである。というのは、そうでないと、誰の要求なのか見分けがつかないからである。典型的な用例をこの講演中から挙げておくと、段落㉟のなかで、世界観や党派的論争問題にも首を突っこもうとする教授にたいして、彼は次のように論じている。「自分には若者の助言者たる能力があると思っていて、しかも彼らから信頼を得ている教授は、彼らとの人対人の個人間交流のなかでその大任を果たせばいいのです。そしてもしも彼が、自分には世界観と党派的見解とのさまざまな争いに介入する能力があると思っているならば、彼は、〔講義室の〕外で、生《せい》の市場でそれをなせばいいのです」。このなかの「果たせばいい」が „tun möge“ であり、「なせばいい」が „stehen möge“ である。また、論説「ドイツの大学におけるいわゆる『教職の自由』」の末尾においても、同様に、要求話法のために „möge“ を（二箇所で）用いている（Dreijmanis 2010: 76）。同様に、もしも当該箇所を願望・要望表現にするつもりだったのならば、„wer ... der **bleibe** der Wissenschaft nur ja fern“ ではなく、„wer ... der **möge** der Wissenschaft nur ja fern **bleiben**“ としたはずである。ヴェーバーは、他人の要求と自分の要望とをかたちのうえではっきり区別する書き手である。

英訳も全滅である。ガースとミルズは、“may as well stay away from science” と誤訳し（G&M: 135）、シルズは、“will always alien to science and scholarship” と誤訳し（ES: 59）、ジョンは、“should have nothing to do with science” と誤訳し（MJ: 9）、リヴィングストンは、“should keep well away from science” と誤訳し（RL: 8）、ウェルズとブルーンは、“should stay well away from science” と誤訳している（GCW: 31, HHB: 339）。

【研究史】当該箇所においてヴェーバーは、彼自身の主張として、専門化のなかに身を置きつづけろなどと言っているのではない。

まったく逆に、専門化の枠のなかで仕事をせざるをえないような閉塞状況を打破することが急務だと論じている。しかしこの文意を理解していない者があまりにも多い。たとえば尾高は、初訳時に、ヴェーバー自身が「専門への自己閉塞及び仕事《ザッヘ》への専心」を要求したかのように誤読していた（尾高訳①：五頁、尾高訳②：八七～八八頁）。後年になっても、ヴェーバーが「学問の職分と限界、学問と政治の区別、教壇上の予言や扇動の排撃、専門への自己閉塞と仕事《ザッヘ》への献身」の必要を説いたかのように強弁している（尾高邦雄　一九七五：二七頁）。

　これにたいして、折原浩は、この箇所について、専門への自己閉塞を甘受しているかのようにみえながら、じつはそうでないことにすでに気づいていた。「ここのところ（＝段落⑬）だけをとり出して、ウェーバーは『専門に閉じこもれ』と説いているとするひとつの解釈が生まれてきます。しかし全体の脈絡のなかでこの個所を読みかえしてみますと、この『完成』とか『あとあとまで残る』とか『充足』とかは、すぐあとに出てくる『学問の内的な定め』ないし、より高次の『客観的な運命』に照らしてみれば、幻想でしかない――幻想に目をくらまされ、〈運命〉を凝視しないかぎりでの主観的な『意識』ないし『感情』でしかない、ということが、あとのところで暴露されることになります。ここではまだ、ウェーバーがその点を問題とせず、『完成』がありうるかのように、ですから暫定的に、いったん幻想を幻想のままに認めて、叙述を進めているだけです。」「ということは、そのような幻想に色どられた意識――すなわち、『学問的業績』の価値を素朴に信じて、『業績達成』の『充足感』を味うべく、ひたすら『専門』に閉じこもるというような意識――を、そのまま肯定してしまうということなのでしょうか。むしろそのような意識を徹底的に粉砕するために、そのためにこそ、それをいわば〝外からねじ伏せる〟のではなく、かえってそれに内在し、執拗につきまとい、それがおのずから〈難破〉し〈挫折〉する地点へと、一歩一歩導いてゆこうとするのではないでしょうか」（折原浩　一九七一：一〇頁）。

〈この箇所でヴェーバーは専門閉塞の幻想を暫定的に認めている〉とする折原の解釈自体は誤っている。というのは、すでにみたように、ヴェーバーは、この段落⑬においてすでにそうした幻想の問題性を剔抉しているからである。しかしそれでも、一九七一年の時点において、《専門内自己閉塞》説にたいして根本的な疑義が提出されていたことを確認することは重要である。

　折原稿の初出は一九七一年十二月（『情況』第四一号）で、この論稿は、翌年には、改稿（当該箇所はやや簡略化された）のうえ、比較的によく普及された講演集に収録されたから（折原浩　一九七二）、尾高はこれを読んでいてしかるべきだが、彼は、ヴェーバーのこの論旨をついに理解することなく、一九三六年初訳時の錯誤を、一九七五年のヴェーバー解説文にいたっても繰りかえしたのである。『職業としての学問』にかんする戦後の研究成果を、彼が一貫して無視しつづけたこと、またヴェーバーが問題視したことを、あたかもヴェーバー自身の見解であるかのように彼が取りちがえていたことをしめす一例である。

　なお、折原稿は、再度手直しされタイトルも変更されたうえで、『大学―学問―教育論集』に収録されている（折原浩　一九七七）。

（⑬9）**【語句・文意・文法】**渡辺は、この箇所について、「体験」を叫びたてるゲオルゲらの主張を逆手にとって、「科学の領域では、貴方がたのいわゆる体験とは、本当はこうなのですよ」と語ったものだと詳解している（渡辺編：六七〜六八頁）。

⑬10）【典拠】この一節は、トマス・カーライルからの引用として、ヴェーバーが幾度か用いているが、カーライルの著作中に、正確にこれに該当する文はない。しかしこれに対応する文はある。またカーライルからさらにさかのぼると、その原典（原点）はダンテであることが判明する。一方、『全集』の脚注は、カーライルの原文とともに、カーライル研究者パウル・ヘンゼルのセント・ルイスにおける講演（学会発表）を参照指示している（MWGI/17: 81）。たしかにヴェーバーの直接の引用源はヘンゼルだが、ヘンゼルによるカーライルへの言及は、セント・ルイス講演以外にもうひとつある。なにがどう受けつがれていったのか、以下に整理しよう。

この引用文のもととなっているのはダンテの『神曲』であり、ダンテ→カーライル→ヘンゼル→ヴェーバーと引用連鎖がすすむ。そして引用されるつど変形と解釈替えがすすみ、ヴェーバーによる引用になると、もうダンテの原意はほとんど消えている。

ダンテは、『神曲』の「地獄編」第二十一歌（一一二〜一一四行）において、「一二六六年」の年月について語っている。「ここの道が崩れてから数えて／昨日の今からおよそ五時間の後が／ちょうど千二百六十六年目だ」（ダンテ　二〇一〇：一四二頁）。ダンテは、キリストの磔刑を西暦三四年の出来事だと解しており、これに一二六六年を加えた西暦一三〇〇年が、『神曲』において地獄に入った年と設定されている（平川祐弘　二〇一〇：六二頁）。つまり、キリストの磔刑から『神曲』の物語が始まるまでの一二六六年間が、ここで問題となる「沈黙の一千年」なのである。

この「一千年」を論じたカーライルの著作は、講演集『英雄と英雄崇拝』のなかのダンテ論である。カーライルは、もしもダンテがフィレンツェの行政官として成功していたならば、今日《こんにち》知られている彼の作品は生まれず、「沈黙の一千年は声なく続き、聴き耳を立てる次の一千年（というのは一千年以上はあるだろうから）はけっして『神曲』を聴くことがなかったであろう！」と評している（Carlyle 1897: 87f.）。つまりカーライルは、キリスト磔刑以降の沈黙の一千年間（正確には一二六六年間）が経過した西暦一三〇〇年に『神曲』が生まれ、その年から五四〇年後（一八四〇年五月十二日）に自分がこの講演（「詩人としての英雄」）をなしているが、『神曲』に匹敵する作品が出現しないまま、これからも「聴き耳を立てる」一千年以上の年月が続くだろうと論じ、ダンテの作品が孤絶した傑作であることを力説しているのである。日本流に表現すると、「ダンテの前にダンテなく、ダンテの後にダンテなし」という意味である。

ヘンゼルは、講演集『倫理学の主要問題』（初出一九〇三年）のなかでカーライルのこのダンテ評を引用し、それを敷衍しながら次のように論じている。「人間は、科学の対象としては、出来事の無限の流れのなかに編入され、宇宙におけるすべての他の出来事と同様に、自然法則具現のさして重要でない等価事例とみられる一方で、道徳的価値判断にとっては、この領域において扱いうる唯一の価値である。そしてこの立場からも、科学の立場からと同様に、現実の把握のために価値体系を定立することが可能である。諸物や出来事は、科学的見地においては、ただその合法則的結合にかんしてのみ考察され［るのにたいして］、その諸物や出来事の意味という観点においては、私の道徳生活にとって新たな予期しない関連づけを獲得する。そしていっさいの過去は、私がいま自分の持ち分で引きうけ、また継続して遂行しなくてはならない諸課題の準備と支度の観点のもとに出現しており、また私は、自分の義務にかなった行為と義務に反する行為との結果が将来にわたってけっして消ええないことを知っている。カーライルの言を借りるならば、数千年は汝が生まれうるために過ぎさり、いまや汝の生《せい》は実現したので、さらに次の数千年は、汝がこの汝の生《せい》をもって始めるであろうものをじっと待つのである」（Hensel 1903: 104f. ders. 1903/12: 99f.）。

ヘンゼルの論旨を確認しておく。人間という存在は、自然科学の考察対象としては、合法則的結合にかんする些少な事例群のひとつにすぎないが、「道徳的価値判断（sittliche Beurteilung）」にとっては、まったく独特の意味を獲得する。いっさいの過去は、いまここに存在している自己が課題として認識し担っているものの前提として出現したのであり、自己の行為は自己の証として時の裁定を待つ。ヘンゼルのこの主張には、価値判断の主体性と、その価値判断にもとづく決断主義とがあざやかに打ちだされている。

ヴィンデルバント門下の倫理学者ヘンゼルは、一八九八年以降、ヴェーバーのいるハイデルベルク大学哲学部に員外准教授として勤務した後、一九〇二年にエルランゲン大学に正教授として転出した。この講演集は、ハイデルベルク時代末期の講演に加筆したもので、その論旨は、「心性倫理（Gesinnungsethik）」と題された章をはじめとして、ヴェーバーの立論と関係が深い。ヴェーバーとこの同僚との関係は、まだくわしく研究されていないようである。

一九〇四年にセント・ルイスで開かれた学会において、ヘンゼルは「倫理学の諸問題」と題された講演をおこない、その末尾でふたたびカーライルの言を引用している。「汝が生《せい》を享ける前に何世紀もの時が経過し、そして［次の］何世紀もの時が、汝が人生において成しとげるであろうことをじっと期待しつつ待っている、いまやその人生が始まったのだから」。ヘンゼルはさらに続けて、カーライルとフィヒテとゲーテの思想をひとまとめに凝縮して、「働け、そして望みを捨てるな（work and despair not）」と締めくくっている（Hensel 1905: 414）。この「働け、そして望みを捨てるな」という言は、『職業としての学問』の論旨と――とくにその末尾と――じつによく呼応している。

【関連記述】一九〇四年に渡米してこの学会に参加していたヴェーバーは、ヘンゼルの講演を聴いて感銘を受ける。そして同じ学会でヴェーバー自身がおこなった講演の末尾で、この言をさっそく引用する。「私の同僚のひとりは、この学会でカーライルの言を引用しました。『汝が生《せい》を享ける前に数千年の時が経過し、そして汝がその生《せい》をもってなすであろうことを次の数千年がじっと待っている』。カーライルが信じているように、ひとりの人間が、はたしてその行動において、自分自身をかかる感情の共鳴板に置くことができるか、あるいは置きたいと欲するかどうかはわかりません。しかし、歴史のなかの国民の存在が永続する価値を有するはずならば、その国民はそのように身を置かなくてはならないのです」（MWGI/8: 243）。

ヴェーバーはその後、『ロシアにおける市民的民主主義の状態について』のなかでもこの言を引用し、これを、「カーライルの情熱的な人格信仰が、人と知りあうたびに語りかけた言葉」だと述べている（MWGI/10: 273)。『儒教と道教』のなかでも、救済の一回性を論じた箇所で、この言を、〈生《せい》というほんのわずかなただ一度のチャンスを救済のために有意義に使う〉という意味で用いている（MWGI/19: 466)。価値ある仕事をなす人格者が出現するのは気の遠くなるほど稀な偶然であり、そうした人物に見《まみ》えるためには途方もなく長い沈黙の時を要するのであり、かかる人格者をめざそうとする者は、孤独と沈黙のなかに身を沈める覚悟が必要であり、しかもただみずからの仕事に邁進するだけではなく、志をもち、将来への希望を捨てないことこそ重要だという趣旨は、ヴェーバーがおおいに共感するところであった。

それにしても、沈黙の一千年の後にようやく出現する人格者とは、直接にはダンテを指しているのであるが、曾孫引きしたヴェーバーが、この言がダンテにかんするものであることを知っていたか否かは定かでない。もしも、ヴェーバーがカーライルの講演集『英雄と英雄崇拝』を直接読んでいたとすれば、それがダンテにかんする発言であることを知っていたことになる。この講演集には四種類のドイツ語訳があり（Carlyle 1853a, ebd. 1853b, ebd. 1895, ebd. 1900)、ハイデルベルク大学図書館には前三者が所蔵されているから、ヴェーバーは容易に手にとって読むことができた。また、ヴェーバーの旧蔵書中に『神曲』のドイツ語訳があり、そこにはたしかに„vor zwölfhundert sechsundsechzig Jahren“（一二六六年前）と書かれている（Dante 1901: 81, Arbeitsstelle der Max Weber Gesamtausgabe)。ただ、筆者が文献考証を終えて得た感触としては、ヴェーバーは、ただヘンゼルの講演集と学会発表にのみ依拠して、「沈黙の一千年」について述べているように思われる。

（⑬11）**【語句・文意・文法】**当該箇所の原文は、„ohne diesen seltsamen, von jedem Draußenstehenden belächelten Rausch, diese Leidenschaft, dieses: ‚Jahrtausende mußten vergehen, ehe du ins Leben tratest, und andere Jahrtausende warten schweigend‘: —darauf, ob dir diese Konjektur gelingt, hat einer den Beruf zur Wissenschaft *nicht* und tue etwas anderes.“である。平叙文の主節における定形動詞第二位の鉄則に照らして、前置詞 ohne で始まる副詞句が„gelingt“まで長々と続いていることが明らかである。そして「部外者なら誰でも苦笑するようなこの奇妙な熱中」と「この情熱」と「このこと（dieses）」との三つの名詞はいずれも四格だから、この三者は四格支配の前置詞 ohne に支配されている。またこの三者は und で繋がれていない。〈A, B und C〉ではなく〈A, B, C〉だから、〈AつまりBつまりC〉という意味になる。ここまでは誰でもすぐわかる。

問題は「このこと」の内容である。これは、要するにカーライルからの引用文「汝が生《せい》を享ける前に数千年の時が経過したにちがいない。そして次の数千年がじっと待っている」であるが、そこにヴェーバーが補足的な内容を付加しているのでややわかりづらくなっている。彼が付加したのは、„darauf, ob dir diese Konjektur gelingt.“であり、ob 以下の従属節「この判読が汝にうまくいくかどうかということ」を„darauf“が引きとっている。そして彼は、この„darauf“を、引用文中の動詞„warten“に結びつけて、「この判読が汝にうまくいくかどうかを待つ」と言わせているのである。以上のように整理すると、ここにしめした訳文になる。

〈この手稿が書かれてからずいぶん長い時間を経て、いま自分の目の前にこの手稿があり、この箇所を読みとることに意味があるかどうかは定かでないが、とにかくこれを判読することに自分は没頭していて、それがうまくいくかどうかを時が見守るが、うまくいかなければ、この手稿はまた長い眠りにつくだろう〉という事態は、判読作業に従事する者の置かれている状態とその自己定位とをじつに的確に伝えている。筆者自身の経験でも、ドイツの公文書館のカウンターで文書ファイルを渡され、そこに貼りつけられている署名欄に鉛筆で閲覧署名をするとき、自分の直前に記されている閲覧者がこのファイルを開いたのが、いまから何十年も前（ときには戦前期）であったというケースがある。そして閲覧しおえ、そのファイルを公文書館の掛員に返却するさいに、「誰かがこのファイルをふたたび開くのは何十年後のことだろうか」という感慨に囚われることはめずらしくない。

光を当てられないまま眠っていたものに自分が取りくみ、作業に没入する。その営みは無に帰するかもしれないし、なんらかの成果を得たとしても、今後顧みられないまま忘れられるかもしれないが、それでもやるべきことをやるのが自分の使命だと信ずる——こうした姿勢と献身は、学問の営みに向かう者の孤独と気概をよくしめしている。もちろん、その境地にとどまったままでいいのではないが。

【翻訳史】 この箇所は、たしかに読解にいくらか時間がかかるかもしれない。筆者自身、この „darauf" が文法上どこに結びつくのか判定できずにすこしまごつき、数分ほど前後関係を洗いなおして、„darauf" が、カーライルからの引用文中にある動詞 warten と結びついていることに気づいた。引用符とコロンとダッシュに隔てられているのでわかりにくくなっているが、ヴェーバーは、この引用文を拡張して、„darauf warten"（そのことを待つ）と言わせているのである。訳しおえたあと渡辺の注釈を繰ってみると、彼もまったく同じ正解を出しており、„darauf" が「先行の warten をうけた副詞」だと正しく解説している（渡辺編：六八頁）。その後入手した三木訳では、挿入句が引用文に繰りいれられて、「お前がこの世に出現するまでに、何千年の歳月が経過せねばならなかったのだ。そしてこの先なお何千年の月日が、お前にこの判読のなされることを、黙って待っているのだ」と訳されている（三木訳：一一頁）。この訳だと „ob" の含意が表現されていないのだが、ともかくこの箇所を正しく訳出した唯一の邦訳である。牧野雅彦も、同様に尾高の誤訳を訂正している（牧野雅彦　二〇〇五：八頁）。

当該箇所の三木以外の邦訳はことのほかひどく、„darauf" を把握できなかったばかりか、的外れな自由作文をねじこんで文意を損壊しており、論外である（尾高訳①：二五頁、出口訳①：一三六頁、出口訳②：一三八頁、間場訳：三一頁、中山訳：一七七〜一七八頁、三浦訳：二三頁）。尾高と出口は、改訳時に手直ししようとして成功しなかった。この二人は、渡辺の仕事を当然読んでいてしかるべきだが、渡辺の指摘の後に改訳していながら、両者とも訂正を怠った（尾高訳②：二二〜二三頁、出口訳④：三七三〜三七四頁）。中山と三浦は、そもそも渡辺の仕事も三木の訳も知らないのであろう。これほど明白な初歩的誤訳についていちいちコメントする必要はないと思うので、読者は各自点検されたい。

英訳も苦戦を強いられている。ガースとミルズ、シルズ、ジョンも、やはり „darauf" がわからず、勝手な作文に走ってごまかしている（G&M: 135, ES: 59, MJ: 9）。これにたいして、リヴィングストン、ウェルズ、ブルーンは、„warten darauf, ob …"を正確に把握している（RL: 8, GCW: 31, HHB: 339, 449）。ただし、どの訳にあっても、この論旨全体が他人の見解の批判的引用であることは判然としない。

この箇所は、たしかに初心者がつまずきやすい箇所と言えばそうかもしれないが、一九三六年の初訳以来七十年以上にもわたって紛糾・迷走せざるをえないような難所ではない。現に筆者は構文をチェックして数分で正解に辿りついたし、渡辺は、すでにこの正解を一九七四年に提出している。三木もリヴィングストンも牧野もウェルズもブルーンも正しく訳している。通常のドイツ語読解能力があれば問題なくクリアできる箇所であり、ここの訳出に失敗した者は、最低限の初歩的ドイツ語読解能力が欠如していることを露呈している。

付言すると、渡辺が丹念に作成した編注を読んでしばしば痛感するのは、三木以外の訳者たちは、なぜこうした精密な読解に努めないのかということである。わかりやすい訳を提供しようと努力するのは結構だが、わかりやすい訳を工夫するのは、まず訳者自身がヴェーバーの原意を正確に余すところなく汲みつくしたあとの問題である。尾高・出口・間場・中山・三浦は――また誤訳に陥った英訳者たちも――、文法分析・原意把握を終えないまま和文（英文）をいじくりまわし、読者も自分もなんとかごまかしうるような辻褄合わせに走って失敗している。

（⑬12）**【語句・文意・文法】**「科学に向かう使命をもっていない」というのは、その人が科学研究に向いていないということではない。ヴェーバーはここで、「向き」「不向き」といった個人的性向を問題にしているのではなく、近代科学特有の不条理性に耐えつつ、完結をみることのない営みに参画することに意味と価値とを認める人格であるか否かを問題にしている。

（⑬13）**【関連記述】**『職業としての政治』において、情熱は、本分への情熱的献身、またその本分を司る神ないし内なる力《デーモン》への情熱的献身だと定義づけられ、それが責任性と結びつき、この仕事にたいする責任性が行為の決定的な規準となったときにはじめて政治家を創りだすとされている（MWGI-17: 227）。また真正の情熱は「不毛な激昂」ではないことをも語っており、このときのメモにも、「真正の情熱――不毛な激昂ではない」と書きつけられている（ebd.: 249, 153）。

「内なる力《デーモン》」については段落㊵要説（五）を参照。

【典拠】ヘーゲルは、『歴史哲学』のなかで次のように論じている。「われわれの考えでは、その活動を通じて作用しあった人々の関心なしに成立したものごとなどそもそもなにひとつないのであって、十全の個人が、一般に抱かれ、また抱かれるかもしれないようなほかのあらゆる関心・目的を無視し、個人に内在する意欲への傾向をみずからひとつの対象へと向け、この目的に自分の全欲求と全精力とを集中させるかぎりにおいて、そうした関心を情熱と呼ぶのだから、そもそも世界において情熱なしに偉業が成就されたことなど一度もないと言わなくてはならない」（HWS12: 37f.）。

（⑬14）梶山訳を踏襲し、阿部行蔵は「そうせざるを得ない」と正訳し（『倫理と精神』阿部訳：三一七頁）、大塚久雄は、「われわれは天職人たらざるをえない」と正訳している（『倫理と精神』大塚訳：二六七頁）。「天職人」が適切な訳語かどうかは留保するにしても、消極性・不本意性の含意は梶山訳から受けつがれている。ところが奇怪なことに、中山元は、この箇所を「職業人でなければならないのである」と改変してしまった（『倫理と精神』中山訳：四九二頁）。これでは、なにか職業人たることをヴェーバー自身が称揚しているかのような能動的なニュアンスが乗ってしまうので非常にまずい。梶山・阿部・大塚がすでに正訳しているにもかかわらず、中山は、ここをわざわざ改悪してしまったのである。

段落⑭（A10–12, B599–591, C81–83, D12–15）

⑭ところが〔かりにこうした専門化に順応できて情熱を注ぐことができたとして、〕今度は[⑭1]、かかる情熱の限りを尽くしても、その情熱がどんなに本物で心底からのものであっても、なおなかなか成果を〔無理に〕引きずりだすことはできないという事実に直面することになります。もちろんこの情熱が、決定的なことの、つまり「天啓」[⑭2]の前提条件ではあるのですが。今日《こんにち》若者たちのあいだで、科学は、ちょうど「工場において」[⑭3]製造されるように、研究室か統計資料室において、ただ淡々と頭脳を使うだけで製造される計算問題ということになっており、それは全「霊」[⑭4]を込めるものではないという考えがひろく行きわたっているのはたしかです。この考えにかんしてとくに指摘すべきは、その考えにあってはたいてい、工場で生じていることについても、研究室で生じていることについても、なんらかの明晰な理解の一致が存していないことです[⑭5]。どこにあっても〔＝工場でも研究室でも〕、人間がなにか価値あることをなしとげるためには、なにかを――そしてもちろん正しいことを――着想することがなくてはなりません。しかしこの着想を〔無理に〕引きずりだすことはできません。この着想は、なんらかの冷淡な計算とはぜんぜん関係がありません。たしかに、この計算も不可欠の前提条件ではあるのですが。たとえば、どの社会学者であれ、いい年になってもなお、何万ものまったく些末な計算問題を、ひょっとすると何カ月も頭のなかに抱えこんでいるとしても、なんといっても恥じることはないのです[⑭6]。なにかを解こうとするとき、頭に抱えこんでいたことを機械的な補助手段[⑭7]にまるごと任せきる試みは不利益をともない、また結局得られる結果はしばしばわずかです。しかしもしも、その計算の方向について、また計算中に出てきた個々の結果の及ぶ範囲について、なにか決定的なことがそれでも「着想」されないならば、このわずかばかりのものすら得られません。着想が醸成されつつあるのは、ただ非常に労苦の多い作業の基礎のうえにのみであるのが通例です[⑭8]。たしかに、かならず醸成されるものではありませんが。好事家たちの着想は、専門家のそれとまったく同等かそれ以上の射程を科学的に有することがあります。われわれ〔＝専門家〕の最良の問題設定と最良の認識とのなかには、まったく好事家のおかげであるものが多いのです[⑭9]。ヘルムホルツがローベルト・マイヤー[⑭10]について語ったように、好事家と専門家とを隔てるのは、好事家には揺るぎない確かな研究方法が欠けており、それゆえたいてい、着想をその射程において追検証し、かつ見極めるか全展開させる態勢にないという点によってのみなのです[⑭11]。着想が研究を代行することはありません。そして今度は研究についてみると、研究には、着想を代行したり着想を引きずりだしたりすることはできません。情熱にそれができないのと同じです。〔研

究と情熱の〕両者が――とりわけ両者が合わさって――着想を招きよせるのです。しかし、着想が降りてくるのは、われわれの機嫌がいいときではなく、着想の機嫌がいいときです[⑭12]。実際、最良の着想がある人の脳裏に浮かぶのは、イェーリングが描出しているように、長椅子に体を預けて葉巻をくゆらせているときか[⑭13]、ヘルムホルツが自然科学的な精密性をもって特筆しているように、だらだらとした上り坂を散歩しているときのように[⑭14]、あるいは似たような、いずれにせよそれを期待していないときであり、デスクに向かって細かく穿鑿したり探しもとめたりしているときではないというのは正しいのです。ただし、もしもそうしたデスク上の穿鑿と情熱的な問題提起を終えていないならば、もちろんその最良の着想は浮かんでこないでしょう。しかしどうあれ、「天啓」が降りるか否かというこの僥倖は、どの科学研究にあっても付随的に紛れこんでおり、科学研究者は、この僥倖をも甘受せざるをえません[⑭15]。ある人が、優れた研究者であり、しかもそれでも価値ある着想が浮かんできたことが一度もないということも〔想定上は〕ありえます[⑭16]。ただし、科学においてのみそうであり、たとえば帳場では、研究室とは別様に事が運ぶとでも考えるとすれば[⑭17]、それはたいへんな誤りです。「商人的想像力」のない、つまり着想、独創的な着想のない商人や大企業家は、一生を通じて、よくて番頭かテクノクラートにとどまりうる男にすぎなかったのであって[⑭18]、この男が独創的な新しい被造物をかたちづくることはけっしてないでしょう。実務生活の諸問題が近代的経営者によって処理されている領域よりも、科学の領域で、天啓が大きな役割を果たすということは、――科学者の妄想が思いこんでいるのとはちがって――まったくないのです。そして他方で――これもよく誤解されているのですが――〔科学の領域では、〕天啓が果たす役割が芸術の領域よりも小さいということはないのです。数学者が、デスクに向かって、定規または他の機械的な器具もしくは計算機を使って、なにか科学的に価値のある成果に到達するかのように思いえがくのは幼稚な考えです[⑭19]。ヴァイエルシュトラース[⑭20]のような人の〔図形抜きの〕数学的想像力[⑭21]は、意味と成果という点では、芸術家の想像力とは当然まったく異なった方向性をもっており、それとは質的に根本的な違いがあります。しかし心理的経過という点では違いがありません[⑭22]。〔科学の想像力と芸術の想像力の〕両者とも〔プラトンの「マニア」[⑭23]という意味における〕無我陶酔と「天啓」なのです。〔成果がこうした僥倖に大きく左右されていることも、科学者の置かれている問題状況です。〕

段落⑭　要説

段落⑬における激烈な専門化状況批判を受け、段落⑭では、かりにこうした専門化状況に順応できたとしても、さらにまた別種の厄介な困難に直面せざるをえないという問題状況が描かれる。しかし、この段落もまたほとんどつねに誤読されてきたので、十分注意して読む必要がある。

（一）

この段落の前半部において、研究活動の実際について、踏みこんだ記述がなされている。この箇所を読むときに注意すべきは、①なにかを解こうとするとき、頭に抱えこんでいたことを機械的な計算手段にまるごと任せきる試みがどのような不利益をともなうのか、また、②結局それによって得られる結果がわずかだというのはどのような事態なのか、さらに、③計算の方向や計算結果の及ぶ範囲について人間の側の着想がないと、このわずかばかりのものすら得られないのはなぜなのかである。

①の「不利益」は、たんに機械の導入にともなうコスト負担だけではない。機械的な手段を利用して計算等の単純作業を効率化しようとしても、人間に代わって機械に研究してもらうことはできない。機械になにもかも丸投げしようとすると、その丸投げが正当かどうかを厳しく問われるから、結局あらためて研究を一からやりなおさなくてはならなくなることもありうる。このように、機械的な補助手段の利用にはリスクがともなうのである。ヴェーバーの時代には、社会科学の世界でも新しいツールが使われはじめ、煩雑な統計分析等において大きな期待が掛けられたが、同時にそのリスクについても反省されはじめていることがわかる。

②について、機械的な手段の導入にさいしては、その大きな期待から、ある種の幻想がともなうものだが、そこで得られるものは、期待されたよりもはるかに小さく、省力化・高速化・高度化を図るつもりが、かえって意外なほど多くの人間的労力を必要とすることが多く、効率化にも繋がらないことが多いのである。

③について、計算のための手順を決めること（一種のプログラム作成）は非常に厄介な人間的作業であり、計算プロセスが正当であるか否かの判断、さらにその計算結果の分析・評価は人間がおこなわなくてはならないのであって、ただ数値を文字通り機械的に処理させただけでは、算出された数値から意味を引きだすことはできない。このように、研究活動の全過程においてつねに人間的思索が不可避なのであって、これなしに、機械が有意味な結果を自動的に提供してくれるわけではない。

個別注解⑭6にしめすように、この例示は、ヴェーバー自身の計算・分析経験に依拠している。彼が非常に入念な分析を試みているのにたいして、おそらくこの当時、研究活動そのものの官僚制化にかんする彼のような問題意識をもたず、深く考えないまま機械的手段を使って大量に計算をおこない、計算結果の意義について多角的に考察することを怠り、その数値をただ提示するだけで「研究成果」となすような――その後現在にいたるまで世界中で増殖しつづけている――テクノクラート的研究者が目につくようになってきたのであろう。このすこしあとの箇所で、「番頭」と並べて「テクノクラート（technischer Beamter）」に言及されているのは、この事態にも関連していると思われる。ここにもまた近代知の問題状況の一端がしめされている。神に疎遠な時代に、精神的支柱を失い、内容空疎な「業績」の本数を稼ぎ、成果・成功を僥倖に委ねる科学者は、「精神を欠いた専門人」（RSI: 204）そのものである。こうした者が出現する素地が、ここに描出されているのである。

（二）

つぎに、研究と着想との絡み合いが論じられる。この箇所は、いかにして研究と着想とを両立させるかという研究過程の妙味を描いた論述ではない。研究と着想との非合理的な関係のゆえに、研究者は「天啓」等々の僥倖に翻弄されざるをえない。しかも、往々にして、専門研究者よりも素人好事家のほうが着想に恵まれることがある。こうした研究過程の問題状況を、ヴェーバーは浮きたたせているのである。

この問題状況を打開するためには、専門研究者と素人好事家との相互裨益関係の構築が重要な課題となる。これについて、ヴェーバーは、ヘルムホルツのマイヤー評価を参照しながら論を組みたてている（典拠は個別注解⑭11にしめしている）。折原浩は、この課題について、ニーチェとヴェーバーを例にとって解説し、着想に富む好事家と検証作業能力を備えた専門家との相互裨益関係について考証を巡らしている。当該箇所を理解するうえで有益なので紹介しよう。

「（社会科学にたいする）ディレッタントの着想は、独創性においてしばしば、専門家にまさるとも劣らない。この点は、事実として認めなければならない。たとえば、ニーチェによる『ルサンチマン』（『主人』にたいする『奴隷』の、無力なるがゆえに『返り討ち』をおそれて行動としては表出しえず、『抑圧』され、内攻し、もっぱら宗教倫理的観念の領域で『代償的』充足をみいだすような復讐感情＝『怨恨』）の発見は、フロイトによる『無意識』の発見と同様、当時の社会科学者たちの思いおよばないところであった。」「しかし、社会科学者は、その着想を仮説として、検証しつつ展開する。すなわち、『主』と『奴』の二項対立図式を、『（そのときどきの歴史的—社会的諸条件のもとで）富・権力・威信などを相対的に恵まれ、特権的に享受している社会層』と、逆に『相対的に剥奪され、抑圧されている社会層』といった社会科学的対概念に鋳直し、後者がすべて、『ルサンチマン』に根差す宗教倫理を展開したのかどうか、たとえば、後者の典型たる『パーリア民』（定住者の仲間内から社会的また宗教儀礼的に疎隔—差別された客人民）としての『ユダヤ教徒』が、『（旧約聖書中の）詩篇』にみられるような顕著な『ルサンチマン』倫理を展開したのにたいして、後者としては等価のヒンドゥー教『パーリア・カースト』が、さほどではなかったのはなぜか、といった諸問題を、さまざまな宗教—文化圏から集められた経験的データによって系統的に検証し、と同時に、『被抑圧層』における『ルサンチマン』の抱懐と宗教倫理的展開の度合を左右する、『世界像』の（たとえば『ユダヤ教』と『ヒンドゥー教』との）差異といった要因の介在を、探知—発見していく。」「したがって、ニーチェ自身といえども、こうした経験科学的検証と展開に乗り出す姿勢を示さないかぎりは、社会科学者とはいえないし、また（これを忘れてはならないが）そうした枠をはめるべきでもない。この意味での社会科学者ではないということが、思想家としてのニーチェの独創性ないし意義一般を否定するものでないことは、断るまでもない」（折原浩　一九八八b：三一〜三二頁）。

主知主義的合理化のすすんだ時代においては、あらゆる分野に精通した博学者などどこにも存在しえず、ある狭い領域における専門家は、隣接領域にたいしては半可通であるにとどまり、さらに他の領域にかんしては素人にすぎない。だから、好事家と専門家との——また隣接領域の専門家同士の——相互裨益関係を構築するためには、この事態をたえず自覚すること——これもまた価値自由の要件のひとつである——が重要になる。

（三）

ヴェーバーは、この段落において、聴衆（読者）に向かって、研究活動のすすめかたを解説しているのではない。着想を得るコツを伝授しようとしているのでもない。「無我陶酔」を勧めているのでもない。この段落⑭全体において、情熱をもって倦まず弛まず研究を積み、さらに天啓に与って有効な着想を得るという僥倖があったときにはじめて有益な研究成果が生ずるという現代科学研究の危うさを彼は問題視しているのであって、段落⑭の力点はここにある。堀米庸三も、当該箇所について、「偶然が作用する」という問題を強調した文脈だと正しく解している（堀米庸三　一九六九：六二頁）。

この講演の前半部（段落⑪まで）において、私講師という職位に端的にしめされている大学教員の置かれた境遇の不当性と、そこにおける僥倖の支配とが描かれ、大学教員の地位の外的不条理性が剔抉されていた。この論旨を受けて、段落⑬⑭では、研究過程においても僥倖が支配し、研究者はそれを甘受せざるをえないという内的不条理性が浮き彫りにされている。

このように、段落⑭を、研究過程における不条理性の指摘だと理解したときにはじめて、次の段落⑮を理解できる。段落⑮では、僥倖の支配に翻弄されるため、僥倖を自分のほうに向けようとして、偶像崇拝に走る者たちの有様が批判的に描かれるのである。

これにたいして、従来の素人読者のように、もしも、段落⑭を、着想を得るコツの伝授等々だと読んでしまうと、そうした着想を得るためには僥倖に頼らざるをえないから、「体験行為」や「センセーション」を追いもとめることはまったく当然の正当な行為だというおかしなことになってしまう。これでは段落⑭から段落⑮への《橋渡し》ができず、論旨の道筋を見失う。

読者は、段落⑬⑭も段落⑮も、僥倖に翻弄される現代科学者の置かれた不条理性にかんする醒めた批判的記述であることを念頭に置き、段落⑪までで展開されていた論旨と、段落⑬以降に展開されている論旨とを、たえず対比しながら、整合的な読解を心がけなくてはならない。

段落⑭への個別注解

⑭1）この「今度は（nun）」は、この講演の論旨展開を理解するうえできわめて重要である。段落⑬において、ますます狭く細分化されていく科学の専門化状況が描かれていた。この不条理な状況に置かれた科学者が、かりにそうした専門化に順応できて情熱を注ぐことができたとしても、「今度は」別の種類のさらに大きな問題に直面せざるをえないという現代科学の深刻な隘路が、この段落⑭において描かれるのである。このように、段落⑬で描かれた状況と、段落⑭で描かれる状況との双方にたいして、ヴェーバーが明確に否定的・批判的立場に立っていることを、この「今度は」があざやかにしめしている。

⑭2）**【語句・文意・文法】**「天啓」は、古い時代には神から授かった賜物とみなされていたが、神に疎遠な時代にあってはたんなる偶然の産物である。

⑭3）**【語句・文意・文法】【関連記述】**「工場」は、「エルガステーリオン（作業場）」の対義語である。エルガステーリオンと工場については、さまざまな著作中で言及されており、端的な規定は「経済行為の社会学的基礎カテゴリー」中にある。「一、機械的な動力源、二、機械、三、労働の専門化および労働の結合」がすべて揃っているのが工場であり、エルガステーリオンにはこのいずれかが欠

けている（MWGI/23: 331）。固定資本をもち、機械を動かすことを基軸として工業労働を組織化し、労働者を分業体制のもとに置き、専門労働に従事させるのが工場である。

⑭4）【語句・文意・文法】当該箇所の「霊（Seele）」がカッコ書きになっているのは、おそらく若者たちのあいだで、「体験」を成就させるための「霊」の作用が取り沙汰されていたためであろう。

⑭5）【語句・文意・文法】「～について明晰な理解の一致が存する（über et. besteht Klarheit）」の語義について、Duden の *Das große Wörterbuch der deutschen Sprache in zehn Bänden*, Bd. 5. の „Klarheit“ の項をみると、„darüber besteht Klarheit“（それについて明晰性が存立している）と „darüber ist man sich einig“（それについて意見が一致している）とが同義だとされている。現今の若者たちが囚われている考えによると、工場でも研究室でも、頭を創造的に働かすことなく機械的な作業がすすめられ、それによって製品や研究成果の製造がおこなわれているということになるが、「工場で生じていること」についても「研究室で生じていること」についても、彼らのあいだで明晰な見解の一致がみられないというのが原意である。

【付帯状況】ヴェーバーが勤務していたハイデルベルク大学では、経済学教育の一環として、工場見学が実施されていた。たとえば、一九〇〇年夏学期にカール・キンダーマンが担当している講義科目「商工業活動における労働問題」は、現地視察（Exkursion）をともなっていた（野﨑敏郎　二〇一一：一〇三頁）

⑭6）【語句・文意・文法】これは、ヴェーバー自身の経験を指している。一九〇九年一月八日付パウル・ジーベック宛書簡のなかで、彼は次のように嘆じている。「いまやっかいなことに、六週間のあいだ、『論叢』論文のために五万もの計算標本をあつかう仕事に『息切れ』しているため、自分の考えをもつことがなんについてもできません。これが終わったあとならなんとかなるでしょう」（MWGII/6: 19）。この調査研究は、「工業労働の精神物理学に寄せて」（一九〇八～〇九年）として結実し、『社会科学・社会政策論叢』誌に掲載される。こうした調査標本分析過程における頭の使いかたと、着想を生みだすときの頭の働きかたとはまったく異なっているため、地道で退屈な前者の作業をすっかり終えてしまわないと、独創的な発想が動きださないのである。

⑭7）【語句・文意・文法】ここで「機械的な補助手段」として念頭に置かれているのは、十九世紀末から二十世紀にかけて、主としてアメリカで開発された統計用の（とりわけ国勢調査用の）集計装置である。ゴールドスタインによると、統計処理における自動計算装置の必要性が問題とされたのは、一八八〇年代にアメリカ合衆国内務省統計調査室で提起されたのがはじめてで、ハーマン・ホレリスとジョン・ショウ・ビリングズの尽力で、人口統計計算にかんする研究がすすみ、リレー電気回路をもつカード穿孔装置が開発された。そしてこれに依拠して一八九六年にタビュレーティング・マシン社（現ＩＢＭ）が設立された。一九〇六～〇七年には印書機能をもった計数機が開発され、人間が件数を数える必要がなくなった。この計数機を開発したジェームズ・パワーズは、一九一一年にパワーズ・タビュレーティング・マシン社を設立し、これ以降、先行のタビュレーティング・マシン社（一九一一年にコンピュータ・タビュレーティング・レコーディング社と改称）と競いあうことになる

（ゴールドスタイン　一九七九：七三〜八〇頁）。ヴェーバーが言及している「機械的な補助手段」は、こうした開発競争のなかで進化しつづけている集計装置のことである。

　こうした計算機の開発は主知主義的「進歩」だが、それにともなって、機械に頼ろうとする知的頽廃もすすむことになる。機械的補助手段の利用という事態のなかにも、そうした主知主義の陥穽が潜んでいるのである。

　なお、アメリカの国勢調査におけるパンチ・カード・システムの発達についてはレオン・トルースデルがまとめている（Truesdell 1965）。ほかに、ヴェーバーの時代までに実用化されていた「機械的な補助手段」としては、カルキュレーティング・マシン（一八八六年）、アディング・マシン（一八八六年）、コンプトメータ（一八九〇年）などがあった（内山昭　一九八三：一六八〜一六九頁）。

【関連記述】ヴェーバーは、一八九〇年代の東エルベの農業労働者実態調査と、一九〇八年の工業労働者心理調査に取りくみ、さまざまなデータ集計をおこなった。またドイツ社会学会の活動のなかで、大規模調査の必要性を訴えていた。とくに一九〇一年のドイツ社会学会会務報告における周到な調査方法吟味（段落㉙要説（二）を参照）からわかるように、彼は、社会調査のありかたについて、方法的省察を欠かさなかった。

　こうした省察は、『理解社会学論』の次の記述にも反映されている。「統計的データ（そしてここにはたとえば『実験心理学』の多くのデータも含まれる）が、なんらかの理解的に解明可能なものを含む行動の経過や結果をしめしているところにおいてはじめて、またそのデータが具体的な事例において実際に有意味に解明された場合にはじめて、われわれ研究者にとって『説明された』ことになるのである」（WL6: 437）。このように、調査結果は、「解明（Deutung）」という人間的な頭脳労働を経てはじめて意味を獲得するのであって、それはけっして機械的手段に委ねることはできないのである。

【典拠】当該箇所の論旨にかんして、その直接の典拠を特定することは困難である。彼の周囲では、とくに社会政策学会の会員たち、たとえばシュモラー、ヴァーグナー、エンゲル、クナップ、ラートゲンらが、練達の統計研究・統計批判をなしており、また彼らは統計学そのもののありかたについても批判的考究をすすめていた。クニースも統計学者である。そうした人々の研究蓄積や実証研究活動方法からヴェーバーは学ぶことが多かったと推察される。

　また、〈近代世界における機械〉にかかわる重要な問題群にかんして、ヴェーバーは、おそらく『資本論』第四篇第一三章「機械設備と大工業」から学んでいる。マルクスは、この章の冒頭で、「これまでになされたすべての機械的発明が、どの人かの日々の労苦を軽減したかどうかは疑わしい」というジョン・ステュアート・ミルの言を引用し（MEGAII/10-1: 333）、機械と労働の問題を掘りさげる。産業革命の出発点たる機械は、やがて機械制生産へと発展し、機械設備の体系は巨大な自動装置（ein großer Automat）を形成する（ebd.: 342）。発達した機械装置は、人間の手そのものに取ってかわる（ebd.: 346）。これによって過剰人口が増大し、資本は、この過剰人口をほしいままに使役できるようになり、「機械設備は、マニュファクチュアにおいて男子労働者が資本の専制に対抗してなお対置していた抵抗を、ついに打ちくだく」（ebd.: 362）。機械制の進歩にともなって労働の強度が増していく（ebd.: 368）。労働時間は延長され、人間労働は、機械への適合を強いられる。こうして、機械制生産は、一方では労働者を駆逐し、他方では労働者の支配を強化するから、機械装置の導入にともなって、「労働者は、労働手段〔＝機械〕そのものにたいして、つまり資本の物質的な存在様式にたいして闘う」ことになる（ebd.: 385）。

なお、佐武弘章によると、機械設備の体系が巨大な自動装置を形成しつつあるというマルクスの現状認識は、現実からは乖離しており、それは、彼が依拠した文献が、十九世紀中葉のイギリス工業の発達段階を過大評価していたことに起因するらしい（佐武弘章　一九八四：四〇頁、Hobsbawm, E. J. 1964/68: 354f.）。

マルクスは、このように、機械に適合させられ、機械に支配される労働者の有様を詳細・克明に描いている。そしてヴェーバーは、マルクスのこの分析を、研究労働に置きかえて応用している。すでに段落⑤において、『資本論』から引用され、生産手段からの労働者の分離という事態の意味が強調されていた（段落⑤⑥要説を参照）。この事態と連動するのが機械制生産の問題であって、研究過程に高度な機械が侵入してきたことから、研究者の労働が機械への適合を余儀なくされ、やがて研究活動そのものが機械に左右される事態へといたることが予想されるのである。そしていうまでもなく、この事態は、百年後の今日《こんにち》ではますます深刻化している。

マルクスの機械論は、ヘーゲルの機械論にたいする長大な批判である。ヘーゲルは、「生産活動の抽象化は、労働活動をますます極度に機械を使ったものに化し、これによって最後には人間を労働活動から解除し、機械をして人間の代行をさせうることを可能にする」と述べていた（HWS7: 352f.）。ヘーゲルは、機械の「進歩」を、人間労働の軽減をもたらすものとして肯定的に評価しているのだが、マルクスもヴェーバーも、そうしたヘーゲルの議論に同調していない。逆に、現にそうした「進歩」が深刻な事態を引きおこしていることをマルクスは克明に論証し、ヴェーバーは、マルクスから学びとったものを持論に鋳なおしているのである。

ヴェーバーがヘーゲルの『法の哲学』を読んでいたかどうかはわからないが、読んでいた場合、古い版を用いていたかもしれないので、念のためガンス版第三版（一八五四年）の該当頁も挙げておく（Hegel 1854: 255）。ハイデルベルク大学には、初版（一八二一年）、ガンス版初版（一八三三年）、ガンス版第二版（一八四〇年）、ラッソン版初版（一九一一年）が所蔵されている。

（⑭8）**【語句・文意・文法】**原文は、„nur auf dem Boden ganz harter Arbeit bereitet sich normalerweise der Einfall vor." である。„Sich vorbereiten"は〈兆が現れる〉という意味であり、この場合、非常に労苦の多い作業を倦まず弛まず続けるという土台のうえに、正しい着想が準備され、やがて開花するという過渡的な事態をしめしている。ただたんに着想が〈生じる〉という意味ではない。

【翻訳史】既存の邦訳中で、„sich vorbereiten"の含意を写しとっているのは、「全く厳しい労働の地盤の上にのみ、通常、思いつきは準備されるのであります」と訳した三木のみである（三木訳：一二頁）。他の邦訳者たちは、「あらわれる（現われる）」（尾高訳②：二四頁、出口訳④：三七四〜三七五頁）、「生れてくる」（間場訳：三三、三五頁）、「生まれてこない（生まれません）」（中山訳：一七九〜一八〇頁、三浦訳：二六頁）と誤訳している。

(⑭9) 【関連記述】『宗教社会学論集』への「序文」においても、「ほとんどすべての科学は、好事家になにがしかを負っており、〔しかも〕しばしば非常に価値のある観点を負っている」と述べられている(RSI: 14)。

(⑭10) 【人物】ユーリウス・ローベルト・マイヤーは医師であるが、アマチュアの物理学者としても活動した。エネルギー保存の法則をいちはやく主張し、一八四二年にそれを公にしたが、世に認められず、長く不遇の日々を送った。彼の業績の意義を高く評価したのがヘルムホルツである。

(⑭11) 【語句・文意・文法】この「好事家と専門家とを隔てるのは、好事家には揺るぎない確かな研究方法が欠けており、それゆえたてい、着想をその射程において追検証し、かつ見極めるか全展開させる態勢にない」という箇所において、ヴェーバーは、ヘルムホルツを引き合いに出しながら、専門家とはどのような存在なのか、専門家の研究方法とはどのようなものなのかについて論じている。好事家に欠けているもの(したがって専門家のみが有しているもの)は、①揺るぎない確かな研究方法、②着想をその射程において追検証する態勢、③着想を見極めるか全展開させる態勢である。

①の研究方法とは、ある着想が、ある特定の専門分野において意義を有するか否か、また発展性をもち、検証可能性が確保されているかどうかを吟味し、また実験等の手段によって実際に検証するという方法である。

②について、ひとつの着想にかんして、さまざまな条件を設定し、実験を繰りかえすことによって追検証する(nachkontrollieren)ことは、その着想が正しいか否かを判定するだけにとどまらず、ヴェーバーが「その射程において(in seiner Tragweite)」と付記しているように、その着想がどのような場合にどの範囲内で妥当するのかという妥当性と限界を明らかにする作業でもある。

③は、着想がどれだけ妥当するのかしないのか、あるいは適切な着想でないので別の着想に取ってかえるべきなのか、その着想がその方面の研究全体にとってどのような意義をもつのかもたないのかといった事項を総合的に判定・鑑定すること(見極め)と、その着想を全面的に展開させることとを指している。

【典拠】ヘルムホルツは、『力の保存について』を公表したあと、すでにローベルト・マイヤーが同様の着想を得ていたことを知り、その後いくつかの論稿・講演中で、この非専門家を評価し、その功績に注意を促している。ヴェーバーが読んだヘルムホルツの『講演・談話集』にも、マイヤーの業績を論評した論稿が収められている(Helmholtz 1896a: 401-414)。

またヘルムホルツは、『力の保存について』を論文集に収録するさい、長い補注を加え、そこにおいて、マイヤーの業績の正しい評価を試みている。そこで引き合いに出されているのは、ヘルムホルツがピーター・ガスリー・テイトに宛てた書簡の一部であり、この書簡はテイトの著書中で紹介されている(Tait 1868: ix-xii)。テイトが、その著作中でマイヤーの業績を低く見積もろうとしているのをみたヘルムホルツは、マイヤーとジュールの学説史上の位置づけについて再考するようテイトに求めている。以下に紹介しよう。

「この領域(輻射と吸収)におけるキルヒホフによる発見は、他の多くの研究者たちが先立ってすでにこの発見のすぐ間際まで来ていたがゆえに、科学史上もっとも教訓的なケースのひとつだと言わなくてはなりません。この領域において、キルヒホフの先行者たちが彼にたいしてとる位置は、力の保存にかんしてＲ・マイヤーとコールディングとセガンがジュールとＷ・トムソンにたいしてとる位置とだいたい同じです。」

「そこでＲ・マイヤーにかんして、あなたが彼にたいしてとった見地を私は理解することはできますが、それでもこの機会に、あなたとすべて同意見ではないということを明言しておかないわけにはいきません。自然科学の進歩は、現存する事実からたえず新たな帰納が立てられ、それからこの帰納の帰結が新たな事実に関連するかぎりにおいて、この帰結が実験によって現実と照合されるということに依拠しています。このあとのほうの仕事〔＝実験による現実との照合作業〕の必要性についてはまったく疑いを容れません。またこの仕事は、しばしば労力と洞察力の莫大な費消を要するもので、この仕事をよく遂行する者にたいして、最高の功績と評価されます。しかしそれでも、発見の栄誉は、その新しい発想を発見した者に与えられるのであり、実験による検証は、明らかにそのあとにつづく非常に無思考的な種類の作業です。また、その発想の発見者が、このあとのほうの仕事の遂行を必然的に義務づけられるのだと無条件に求めることもできません。」

「Ｒ・マイヤーは、検証実験を実行しうる態勢にはなかったのです。彼は、彼の知っていた物理学者たちから拒絶され、（さらに何年も後には私にも同様のことが起き）、最初の論述を圧縮したうえで公刊する場所をかろうじて得ることができました。」

「ジュールがマイヤーよりもはるかに多くのことをなしたことを、またマイヤーの最初の論文には数多の明晰でない箇所があることを、誰も否定しないでしょうが、それでもやはりマイヤーは、自然科学の最新の偉大な進歩を引きおこしたこの思想を、誰にも依存せず独自に発見した人物とみなされなくてはならないのであり、同時期に他人が他国で他の活動領域において同様の発見をなし、その後もちろん彼よりもよく〔実験的検証を〕遂行したからといって、すくなくともそれで彼の功績が減ずることはないと考えます」（Helmholtz 1882: 71-73）。

ヘルムホルツは、新しい発想の発見という功績と、その発想の追検証の功績とを明確に区別し、発見者（マイヤー）には発見の功績がきちんと認められるべきであり、この功績を、その発見物を実験的手段によって追検証して発展させた者（ジュール）の功績によって埋もれさせるべきではないことを強調し、正当な評価を促している。

この書簡記述を読んでただちに看取できるのは、ヴェーバーが当該箇所で依拠したのがこの補注の記述にまちがいないということである。ヴェーバーは、すでに『ロッシャーとクニース』（一九〇三〜〇六年）のなかで「エネルギー保存」の公理に言及しているから（WL6: 50）、この頃までにヘルムホルツの論文集を読んだと推断できる。とくに、ヘルムホルツは、この補注のなかで、「Ｒ・マイヤーは、検証実験を実行しうる態勢にはなかったのです（R. Mayer war nicht in der Lage[,] Versuche anstellen zu können）」と表現している（Helmholtz, a. a. O.: 72）。ヘルムホルツは、マイヤーについて、能力がなかったと言っているのではなく、首尾一貫した研究方法をもたず、完備された実験手段ももたなかったところにマイヤーの限界をみている。ヘルムホルツが用いたこの „in der Lage sein, et. zu tun" という熟語をヴェーバーが借用し、„daß er daher den Einfall meist nicht in seiner Tragweite nachzukontrollieren und abzuschätzen oder durchzuführen in der Lage ist"（それゆえたいてい、着想をその射程において追検証し、かつ見極めるか全展開させる態勢にない）と表現したことは、疑問の余地なく明らかである。

なお、この熟語表現には、〈～することができる〉という意味もあるが、ここではむしろ、〈～することが可能な状態にあり、それが可能な立場・態勢・条件を確保している〉という本来の意味を採るべきである。というのは、ここで話題になっているのは、ある仮説を検証する手段（実験手段）を有しているか否かであって、実験手段があれば素人でも検証できるケースがありうるからである。ここでは、〈能力〉ではなく〈手段・態勢・条件〉が問題にされているのである。

【編集史】以上のように、当該箇所の典拠はまったく明らかだが、『全集』編集者はこれを突きとめることができなかった（MWGI/17: 82）。その理由は、『全集』編集者が、『力の保存について』のエンゲルマン社版（一八八九年刊）のみを参照し、一八八二年の論文集版（Helmholtz 1882）を参照することを怠ったからである。論文集版のためにヘルムホルツが加筆した補注が、後年のエンゲルマン社版ではカットされており、そのためそこにはヴェーバーが依拠した記述が欠けているのである。岩波文庫版と『世界の名著』版にはこれが収録されている（矢島祐利訳『力の恒存について』岩波書店、一九四九年、八四～八九頁、高林武彦訳「力の保存についての物理学的論述」『世界の名著第六五巻　現代の科学Ⅰ』中央公論社、一九六九年、二七九～二八二頁）。

なお、ヘルムホルツの記述との関連で、ゲーテの記述が興味深い。ゲーテは、モーツァルトの書簡中にある次の件《くだり》を引用して称賛している。「あなたがた好事家に苦言を呈さなくてはなりません。というのは、あなたがたにあっては、二つのことが生じるからです。あなたがたは、固有の思想をもっておられず、他人の思想を借用するか、あるいは、固有の思想をもっておられる場合、それをきちんと扱うことがわかっておられないかなのです」（GWM19: 168）。

【研究史】マイヤーの立論については山本義隆がまとめている（山本義隆　二〇〇九：三〇七～三三四頁）。マイヤーとヘルムホルツの関係については杉山滋郎がくわしく論究しており（杉山滋郎　一九八七）、杉山は、マイヤーとジュールの推論の対比的検討もおこなっている（杉山滋郎　一九八二：一九一～一九五頁）。テイトによるマイヤー批判については、杉山のほか、渋谷一夫も言及している（杉山滋郎　一九八七：六一頁、渋谷一夫　二〇〇八：六頁）。

⑭
12）**【語句・文意・文法】**着想が降りてくるかどうかは、畢竟人間の側の自由にはならず、僥倖に任せる以外にない。このこともまた学問研究の内包する不条理性のひとつである。しかも、大学が資本主義的・官僚制的経営体と化しつつある時代にあっては、その着想が得られたか否かによって大学教員が勤務評定されることになる。まじめに研究活動に勤しんでいる研究者が正当な評価を受けず、脚光を浴びるのがむしろ一種の山師的似非学者であるという事態は、こうした素地のうえに生じる。

【典拠】この記述は、ヘルムホルツの回想録を受けている。ヘルムホルツは、着想が降りてくるのが「偶然の事態（ein zufälliger Umstand）」であることを明示し、状況を打開する着想が得られないときの苦しみを、不毛の荒野で悪しき霊に引きまわされる動物の姿になぞらえている（Helmholtz 1896a: 15f.）。この「動物（Thier）」は、ゲーテの『ファウスト』第一部「書斎」におけるメフィストフェレスの台詞からの引用である（GWH3: 60）。

（⑭13）**【典拠】**ルードルフ・イェーリングは、ローマ法史を取りあつかう方法について語ったなかで、次のように述べている。「このとき肝心なのは、あまり強すぎも軽すぎもない上質の高級葉巻と、くわえてソファーか寝台です。実定法史の史料で十分に満腹したあと、誰にも邪魔されないようにドアに鍵をかけ、葉巻に火をつけ、ソファーのうえに寝そべります。そのとき、私自身で試験済みなのですが、両足を高く突きのばそうとするかどうかは、人それぞれによります。このとき、身の回りのことや自分自身のことはすべて忘れ、意志の力を奮って全思考を古代に向けます。自分は古代に生きたのであり、たんに自然の稀な気紛れによって、あれこれの大学でローマ法の私講師か教授として、転生の途上十九世紀にふたたび姿を現わしているにすぎず、自分はもともと古代ローマ人であったし、そして古代について書物から得たわずかばかりの知識は、自分の記憶の最後の残滓にすぎず、この記憶は、精力的な活動によって、すでにギリシャ哲学が転生説において可能だとみなしたことをじつにいきいきと再現するのだという想念に沈潜します。こんなふうにしばらくうつろな目で夢想しながら横になっていると、古代の記憶がじっさいに再想起され、古代像が心の奥底から（「無意識」の領域から）ふたたび立ちあらわれ、自分が吐いた葉巻の煙のなかに映しだされます。自分自身が古代ローマの街路を歩くのをみて、ローマ法制史のみごとな事例のすべて、たとえば握取行為、法廷譲渡、夫権をともなう婚姻、法廷への召喚等々に参加するのです。こうしたことすべてが、たった一本の葉巻で、ソファーで体験できるなんて、じつに信じられません。しかしもちろん、煙を出す術を心得ていなくてはなりませんし、たいていの人はこれがわかっていません。だからこそ、彼らは、葉巻に火をつけてソファーに寝そべっても、なにもみえないのでして、彼らは、巨大な煙をこしらえ、煙の出しかたを心得ている他の人々よりも強い煙をこしらえはするのですが、煙のなかにいかなる像をもみつけないのです。それゆえ彼らは、他の人もそれはできないと主張するか、あるいは、それはできると他の人が主張すると、その像は、煙草の麻酔が引きおこしたその人の想像の啓示以外のなにものでもなく、学問は異議申し立てをもってこれを却下したのだと主張するのです——典拠が尽きたところでは学問もまた活動停止するのだと——。私としては、その場所〔＝典拠史料が欠けていて想像力で補うしか術がなくなるところ〕こそ、学問がまさに始まる場所だと主張します——私は愚直に煙を出しつづけています」（Jhering 1884/1912: 125f.）。

ここにみるように、イェーリングは、寓話風に想像（Phantasie）の啓示（Eingebungen）のもつ重要性について語っている。彼の論旨は、ヴェーバーの引用とはやや異なり、〈葉巻を吸う〉という行為それ自体を問題としているのではなく、法制史研究者の想像する歴史像が映じられる〈煙〉の比喩によって、史料的に突きとめられる事態のみが歴史研究の対象なのではなく、むしろ史料に残っていないものや、もともと史料として痕跡が残らないような性格の事象を、学問的想像力によって補うことによってこそ学問が開始されるのだという点を力説している——だから「煙を出す」術を強調している——のである。

ハイデルベルク大学図書館には、この本の第十一版（一九一二年）が所蔵されている。

⑭14）【典拠】ヘルムホルツは、着想を得ることのできるケースについて、まず「私の経験の及ぶかぎりでは、頭が疲れているときにも、デスクに向かっているときにも、けっして着想が浮かんでくることはなかった」とし、まず第一に、自分の抱えている問題の「あらゆる錯綜した諸事態を脳裏で概観し、その事態を書きとめることなく〔脳裏で〕自由に総覧できるように、私の問題を幾度もあらゆる方向へ、あちこちへと向けていく」ことが必要であり、そこまで漕ぎつけるためには長期にわたる予備的研究が不可欠だと論ずる。第二に、この予備的研究のために当然疲労するが、良質の着想を得るためには、その疲労が過ぎさり、「完全な肉体的生気と平静な爽快感とのひとときが生じなくてはならなかった」。したがって、そうした着想が得られるのは、朝起床したときや、とくに「晴れた日に森深い山をゆっくりした足取りで登っているとき」だった。しかしすこしでも飲酒すると着想は妨げられてしまった（Helmholtz 1896a: 15f）。

ヘルムホルツは、いかにも生理学研究者らしく、根を詰めて仕事をしている最中、およびその作業による疲労から回復しないうちには、良質の着想が浮かんでくることはなく、疲労から回復し、心身があらゆる束縛・拘泥から解放された状態にいたったときに着想を得ることができるものだと論じている。このように、彼は、着想へといたる生理的過程を合理的に説明しているのだが、ヴェーバーはむしろ、着想の獲得が僥倖を頼りにした偶然事であることを強調している。ヘルムホルツの生理学的分析とヴェーバーの論旨とは明らかに合致しないのだが、これはヴェーバーによる引用にはほとんどつねにみられることである。

⑭15）【語句・文意・文法】原文は、„wie dem aber sei: diesen Hazard, der bei jeder wissenschaftlichen Arbeit mit unterläuft: kommt die ‚Eingebung' oder nicht?, — auch den muß der wissenschaftliche Arbeiter in Kauf nehmen.“である。しかしどうあれ、「天啓」が降りるか降りてこないかという僥倖は、どの学問研究にあっても付随的に紛れこみ、不可避的にまとわりついているものであり、この僥倖をも、学問研究者は甘受せざるをえないという文意だが、途中に疑問文が挿入されているせいで、文構造を把握しづらくなっている。この箇所にかんしては渡辺も訳例を提示しており、「ともあれ、すべての科学上の仕事につきものの、»霊感«がやって来るか否かという（…）この僥倖、この僥倖（den）もまた、科学にたずさわる者が（科学にたずさわったことの代償として）甘受しなければならないところである」と詳解している（渡辺編：六九頁）。これが文構造の十全な説明である。

後段で言及されるスワンメルダム（段落㉕要説（一）および個別注解㉕5を参照）にとって、自然が神の被造物であることは自明であり、自然探究において真理が発見されることは、神から授かった着想という賜物のおかげであった。これが「天啓」であり、彼は、科学の営みにおいて神の手助けを確信することができた。ゲーテも、神と自然と科学との合一を確信していたが、それはすでに彼の時代においては受けいれられなくなっていた。ここにゲーテの孤独がある。

ヴェーバーは、もちろんスワンメルダムともゲーテとも世界観を共有しておらず、科学の営みにおいて着想が得られるか否かは、神に疎遠な時代においては、もはや僥倖以外のなにものでもないとみなしている。そしていまや、科学の営みになんらかの価値を見出すことすらできなくなっており、これが近代の運命だと認識したヴェーバーは、この運命に立ちむかうことを、科学を使命とする人格の課題としている。しかしこの講演の聴衆は、こうした運命と時代の課題とに目を向けようとしていないので、彼らの頭をひっつかんで、ここに彼らの目を向けさせるのが、ヴェーバーの狙いである。

【翻訳史】出口は、「しかしそれはさておき、『霊感』があらわれるか否かは、すべての学問研究にまぎれこむ偶然であって、学者はこの巡り合せをあらかじめ覚悟していなくてはならない」と訳している（出口訳④：三七五頁）。三木は、「いずれに致しましても、この幸運、どんな学問研究の場合にもそこに紛れ込んできます、この偶然というものを、つまり果たして『霊感』が訪れるか否かといった事をも、学問に従事する人は、甘受しなければなりません」と訳している（三木訳：一三頁）。中山は、「いずれにしてもこうした『霊感』が訪れるかどうかは、すべての学問的な仕事にともなう偶然であって、学者たるものは、これをうけいれなければならないのです」と訳している（中山訳：一八一頁）。この三つの訳においては原意が確保されている。

これにたいして、尾高と間場と三浦は、文構造を把握できず、脱落と混乱を招いている（尾高訳②：二五頁、間場訳：三七頁、三浦訳：二八頁）。

（⑭16）**【語句・文意・文法】**優れた研究者が、それにもかかわらず着想に恵まれないということの記述は、あくまでも想定上の可能性を示唆したものであって、実際にそういう研究者が存在するということを意味していない。

（⑭17）**【語句・文意・文法】**当該箇所を「とても考えるとすれば」と訳したのは、科学においてのみそう「であり（sei）」、帳場では別様に「事が運ぶ（gehe）」という二つの動詞が接続法第Ⅰ式だからである。これはもちろん他人の考えを引き合いに出すという文脈（間接話法）なので、このように訳した。

（⑭18）**【語句・文意・文法】**「よくて番頭かテクノクラートにとどまりうる男にすぎなかった（nur ein Mann, der am besten Kommis oder technischer Beamter bliebe）」の動詞„bliebe"は接続法第Ⅰ式である。この用法は可能法だと判断し、「とどまりうる」と訳した。

（⑭19）**【語句・文意・文法】**「到達する」という動詞は、„kommen"の接続法第Ⅱ式„käme"である。これは〈非現実性〉を表現し、〈到達できるわけがないのに到達できるという幻想に陥っている〉という意味なので、「到達するかのように」と訳した。

（⑭20）**【人物】**カール・テーオドール・ヴィルヘルム・ヴァイエルシュトラースはドイツの解析学者である。十九世紀後半の関数論に大きな貢献をなし、後進に大きな影響を与えた（ボタチーニ　一九九〇：二二五〜二二六、二八八〜二九六、三一四〜三三〇頁）。教師としての彼には生徒を惹きつける力があったことが報告されている（Lorey 1916: 185）。また思想史的にはフッサール哲学への影響が知られている（佐々木力　一九八五／九五（下）：一六九〜一七〇頁）。

エーミール・ランペによる事績紹介によると、ヴァイエルシュトラースは、一八五七年以降、ベルリンで、週十二時間にも及ぶ講義をはじめとして、さまざまな激務をこなしていたが、しだいに神経系の異常がみられるようになり、一八六〇年三月には講義中に目眩に襲われ、翌年末にはついに職務遂行不能に陥る。一八六二年の医師の所見では、神経系の興奮を自制することができず、「痙攣性の発作（krampfhafte Erscheinungen）」もなお持続すると見込まれることから、講義活動の再開は保証できないとされている（Lampe 1897: 7f., ders. 1899: 30f.）。そしてこれ以降、亡くなるまで、彼は、非常に制限された活動を余儀なくされるのである。

　一方ヴェーバーは、一八九八年（ヴァイエルシュトラースが没した翌年）に精神神経疾患を発症し、職務の遂行に困難を抱えるようになる。この年の夏に滞在したコンスタンツァー・ホーフにおける療養記録（一連の妻宛書簡、BSBM/Ana 446.C（2））をみると、彼にあってもまた、神経系の興奮とそれによる不眠が生じていることがわかる。このときヴェーバーは、医師から、似た症例としてヴァイエルシュトラースの名を聞かされていたのかもしれない。またヴェーバーは、この頃ランペの講演録を読んだと思われる（研究編注4を参照）。

（⑭21）**【語句・文意・文法】**ヴァイエルシュトラースの「数学的想像力」とは、彼の解析学的直観を指している。つまり、図形に依存した視覚的想像（幾何学的想像）を徹底的に排除したヴァイエルシュトラースにおいては、たしかに視覚的刺激抜きに論理が構築されているが、だからといってそこにはなんの直観もなんの想像もないかというと、そうではない。彼が数論的証明を発見するさいには、かならずなんらかの想像力が作用しているのである。

　ここでヴェーバーが述べている「数学的想像力」は、もちろん主観的・恣意的な思いつきの類を指すのではなく、ある理念の具現化を果たすための論理の発見であり、真理を一挙につかみとる論理直観である。とりわけヴェーバーは、幾何学者のような図形に依拠した想像力ではなく、そうした視覚的想像をいっさい排除した解析学者の数論的想像力を取りあげていることに注意しなくてはならない。

【典拠】ヴァイエルシュトラースが一八九七年に亡くなった直後には、多くの追悼文・回想録が公にされた。前注に記したランペの講演録はそのひとつである。そしてヴェーバーが言及している当該箇所の論旨は、アンリ・ポアンカレによる追悼文（一八九九年）を踏まえたものと推定できる。このなかでポアンカレは、ヴァイエルシュトラースが直観にたいして限定した役割しか与えなかったこと、直感的意想は解析され、直感的性質を保存しながら諸要素に還元されていくこと、最終的には究極的要素＝整数にまで還元され、すべてが整数から派生するものとして再構築されることを論じている（Poincaré 1899: 16）。

　この追悼文は、大幅に削減されたうえで、ポアンカレの遺稿集『科学者と詩人』に収録されており、該当箇所はこの遺稿集にも含まれている（Poincaré 1910: 209）。ヴェーバーは、ハイデルベルク大学に所蔵されている初出誌（*Acta Mathematica*）を閲覧したか、一九一〇年に刊行された『科学者と詩人』を購入して読んだかのいずれかによって、ヴァイエルシュトラースの直観にかんする知見を得たのであろう。

　ポアンカレは、他の著作においてもヴァイエルシュトラースに言及しており、『科学の価値』と『科学と方法』のなかで、解析学者の発想と幾何学者の発想との対比を試みている。それは、直接にはヴァイエルシュトラースとリーマンとの方法論の差異であり、とくにリーマンの幾何学的想像力と、それを峻拒したヴァイエルシュトラースの数論的論理直観とを対比している（Poincaré 1904/06: 11. ebd. 1908/2003: 93）。

十九世紀前半から中葉にかけての数学史が、こうした解析学的方法と幾何学的方法という二つの潮流（zwei Richtungen）の対立関係のなかで展開してきたことを、アルフレート・クレープシュは、すでに一八七一年の講演中で強調していた（Clebsch 1872: 1f.）。ポアンカレは、それに続く十九世紀後半以降の数学論争を、ヴァイエルシュトラースとリーマンとに代表させながら論じている。そしてヴェーバーは、当該箇所で、リーマンにはまったく触れず、ヴァイエルシュトラースだけを取りあげている。このことから、ヴェーバーは、図形的想像力を排除しても、なおそこになんらかの想像力が働いていることをしめしたかったのだと推断できる。

ポアンカレの科学論はドイツでもよく読まれている。『科学の価値』は、フランス語版（*La valeur de la science*）が一九〇四年に刊行されたのち、ドイツ語初版（*Der Wert der Wissenschaft*）が一九〇六年に刊行され、さらにその第二版が一九一〇年に刊行された。『科学と方法』は、フランス語版（*Science et méthode*）が一九〇八年に刊行されたのち、ドイツ語版（*Wissenschaft und Methode*）が一九一四年に刊行された。

ヴェーバーが、ポアンカレによってヴァイエルシュトラースの直観について考察したのは第一次世界大戦勃発以前である。というのは、次注に記す『支配の社会学』の記述は、大戦以前のものと推定されているからである。したがって、ヴァイエルシュトラースにかんする典拠に限定すると、一九一四年刊のドイツ語訳『科学と方法』を除外してよかろう。しかし、『科学と方法』のなかには、ヴァイエルシュトラース以外にも、トルストイの科学観、事実の選択、科学者と科学といった重要な問題に係わる論点が提示されている。ヴェーバーは、『支配の社会学』を書きおえたあと、『科学と方法』のドイツ語訳も読み、これを手がかりとして、のちに『職業としての学問』に結実する諸論点を彫琢していったのであろう。

なお、ヴァイエルシュトラース門下にソーニャ・コヴァレフスカヤがいる。彼女は、一八六九年秋から二学期間（一年間）ハイデルベルク大学で学んだあと、ベルリンに移り、ヴァイエルシュトラースにその才能を認められたが、ベルリン大学では女性の学籍登録が認められていなかったため、ヴァイエルシュトラースに頼みこんで個人レッスンを受けている（Leffler and Kovalevsky 1895: 22）。彼女の事績については、すでにマリアンネ・ヴェーバーが言及していた（Weber, Marianne, 1906: 22）。

（⑭22）**【関連記述】**ヴェーバーは、『支配の社会学』のなかで、「悟性（Verstand）」と「直観（Intuition）」との区分問題にかかわって、ヴァイエルシュトラースの数学的想像力に言及している。「人間が行動する諸領域には、たしかに深甚な相違があるけれども、心理学的に観察すると、宗教的・芸術的・倫理的・科学的『理念』、またとりわけ政治的ないし社会的組織にかかわるその他すべての『理念』は、本質的に同一の性質のうえに成立している。ある理念を『悟性』に、他の理念を『直観』に（あるいはその他通例なされるように〔理念を〕仕分けして）割りふろうとするのは、『その時代に事える』主観的な『価値選択行為』である。たとえばヴァイエルシュトラースのような人の数学的『想像力』は、芸術家の、預言者の、またデマゴーグのような人の『想像力』とまったく同じ意味において『直観』なのであって、この点に相違が存するのではない」(MWGI/22-4: 481f. 世良晃志郎訳『支配の社会学II』創文社、一九六二年、四一二頁。世良訳では「心理学的に観察すると」が脱落している)。数学者の思惟が悟性に属し、芸術家の思惟が直観に属するかのように区分しようとすること自体がすでに恣意的評価なのであり、これは心理学的な観察からすれば正しくない。ヴァイエルシュトラースの数学的想像力もまた直観なのである。

ヴェーバーは、ここにさらに次のような注をつけている。「そしてほかにつけくわえると、ここではわれわれに関係していない『価値』領域においてもまた、かかる理念が合致する点がある。それらの理念すべては——芸術家の直観もまた——、みずからを客観化するために、つまりそもそもみずからの現実性を確証するために、『把捉』を、あるいはもしもそう言いたければ、『作品』の要求によって把捉されたものを意味しており、なにかほかのもののような主観的『感知』または『体験』を意味しているのではないという点においてである」(ebd.: 482)。

このことはすでに『ロッシャーとクニース』のなかで強調されていた。「認識作用の心理的経過にかんして言うと、『直観』に割りあてられる役割は、その本性にしたがって〔中略〕すべての知識領域において同一であり、そのあとわれわれが思惟的構成にさいして多岐にわたる概念的規定性に接近しうる——また接近しようと欲する——程度のみが、認識目標におうじてそれぞれ非常に異なっているのである」(WL6: 111)。

「直観」については、『文化科学論』でも、次のように論じられている。「ランケは過去を『読みといた』のであり、『直観』というこの天賦の才を駆使しない場合、〔ランケよりも〕数段劣る歴史学者の認識の進歩はうまくいかない。そうなると、彼は歴史学の下級官吏のようなものにとどまる。しかし数学や自然科学の真に偉大な認識にあっても、〔歴史学の場合と〕まったく事情は変わらない。こうした認識はすべて、〔まず〕想像のなかで『直感的に』仮説として閃き、ついで事実に即して『検証(verifizieren)』される。つまりすでに獲得されていた経験知を使用することによって、認識の『妥当性』が検査され、そして論理的に正確に『定式化』されるのである。歴史学の場合もまったく同様である」(WL6: 278)。

(14)23) **【典拠】**『全集』は、プラトン『パイドロス』二四四a～二四五aを参照指示している(MWGI/17: 83)。「われわれの身に起こる数々の善きものの中でも、その最も偉大なるものは、狂気を通じて生まれてくるのである。むろんその狂気とは、神から授かって与えられる狂気でなければならないけれども」。ものの名前を決めた古人たちも、マニアーを「恥ずべきものとも、非難すべきものとも、考えてはいなかった」のであって、予言術を「マニケー」(狂気の術)と名づけ、その「予言術が占い術よりも、その名前においても、その実際の仕事においても、いっそう完全なものであり、いっそう尊ぶべきものであるのと同じ程度に、ちょうどそれだけ、神から授けられた狂気は、人間から生まれる正気の分別よりも立派なものであるということを、古人はまさしく証言している」。また疾病と災厄から逃れる道をみいだしたのも狂気であった。「この狂気は、神々への祈願と奉仕にすがって、それにより、罪を浄めるための儀式をさぐりあてて、そのときの災悪から解放される手段を、神に憑かれ正しい仕方で狂った者のために発見し、かくして自分がその心に乗りうつった人を、現在のみならず未来においても、完全に破滅から救ってやった」。さらに「この狂気は、柔らかく汚れなき魂をとらえては、これをよびさまし熱狂せしめ、抒情のうたをはじめ、その他の詩の中にその激情を詠ましめる」のである（プラトン⑤：一七三〜一七六頁）。

ヴィンデルバントは、『パイドロス』を、プラトン全盛期の最高の書とみなし、「そこでは、『テアイテトス』においてすでに鋭く強調されていた『哲学者の合唱』と演説家学校とのあいだの対立が詳論されている」と評している（Windelband 1900/20: 52）。

十九世紀から二十世紀初頭にかけて、『パイドロス』のドイツ語訳は何種類も出ており、ハイデルベルク大学には、ディーデリヒス社版（一九〇四年刊）とマイナー社版（一九一四年刊）が所蔵されている。またヴェーバーの若い頃にはシュライエルマッハー版『プラトン著作集』を読むことができ、これもハイデルベルク大学に所蔵されている。一九一八年には、ミュンヒェンのゲオルク・ミュラー社からシュライエルマッハー訳の新版が出ている（ただしハイデルベルク大学には所蔵されていない）。ディーデリヒス社版と、ミュラー社版シュライエルマッハー訳の該当頁をしめしておく（Platon 1904: 32-34, ders. 1918 (1): 79f.）。

【関連記述】『パイドロス』の同じ箇所には、『儒教と道教』のなかでも触れられている。「ギリシャ的調和は、『パイドロス』において、プラトンがあらゆる偉大なものを麗しい狂気から発したものとみなすことを妨げなかった」（MWGI/19: 458）。

段落⑮（A12f., B591, C84, D15）

⑮さて〔このように〕、科学的な天啓に誰もが与るかどうかは、われわれの知ることができないさまざまな運命に、くわえてなんといっても「天賦の才」に委ねられています。わけてもかかる疑う余地もない真理〔＝科学の営みの成果が運命・僥倖に委ねられているという真理〕のゆえに、まったく当然にもまさに若者のあいだによく浸透している心的態度は、いまやいくつかの偶像[⑮1]にすがりつく方向をとっており、この偶像にたいする崇拝が、今日《こんにち》あらゆる街角やあらゆる雑誌において広められているのを目にします。かかる偶像がなんであるかというと、「人格」と「体験行為」[⑮2]です。この二つは緊密に結びついており、「体験行為」が「人格」をかたちづくり、「体験行為」が「人格」に属する〔ようになる〕という考えが多数派です。「体験する」ことに汲々としている人がおり――というのは、体験行為が、たしかにある個人の身分相応の行状に対応しているからで――、それがうまくいかないと、すくなくとも、自分が有している〔はずの〕この天賦の賜物にふさわしいことを装わなくてはなりません。かつてこれをドイツ語で「エアレープニス（体験）」と呼んでいた人がいます。〔いま諸君が外来語で〕「センセーション（浄福感）」〔と呼んでいるもののこと〕です。[⑮3]そして「人格」とはなんであり、なにを意味するのかについて、いまよりも適切な考えがあったと思います。

段落⑮ 要説

段落⑭において、研究そのものにつきまとう僥倖に翻弄されている科学者の姿が描かれた。これを受けて、段落⑮では、専門的科学研究にたいして懐疑的な若者たちの意識に立ちいって言及される。

(一)

ドイツの若い世代が惹きつけられている「偶像」は「人格」と「体験行為」である。『価値自由論』中では次のように述べられている。「ドイツの現代における真の流行価値である『体験（Erlebnis）』希求は、強い度合において、『日常』に内的に耐えぬく力の減少の所産なのかもしれず、また個々の者が、自分の『体験行為（Erleben）』に例の公開性を与えたいという欲求をますます強く感じており、おそらくこの公開性もまた、距離感情の、したがってまたスタイル感情と品位感情の喪失だと価値査定されることがあるのかもしれない」（WL6: 519）。ヴェーバーはここで、「体験」は、日常に耐えぬく力を失った者が求めるもので、「体験行為」をひけらかしたいという欲求は虚栄心の発現だと指摘している。

上山安敏は、一九一〇年代のこうした思潮を追跡し、「自由ドイツ青年」が、ヴァンダーフォーゲルの一部を巻きこみつつ、「思索」を嫌い、「感情」ないし「意志」を好む若者たちを吸収していく過程を克明に描いている。この運動は、神智学・神秘主義とも結びついた世界観形成に寄与し、とりわけヴュネーケン思想におけるカリスマたる師（指導者）にたいする帰依の影響を受けながら、逆にヴュネーケンへの反発もあって、青年運動内部で緊張を生んでいた。とりわけ若い世代は、彼の貴族的エリート・デモクラシーと衝突せざるをえなかった。しかし第一次世界大戦が始まると、戦争にたいして慎重姿勢をとっていたヴュネーケンも含め、運動は戦争色に染められていく（上山安敏　一九八六／九四：九七〜一二〇頁）。そしてヴェーバーがヴュネーケンをひどく嫌っていたことはよく知られている（巻末資料五を参照）。

上山はまた、ヴェーバーとゲオルゲとの交友についても重要な指摘をしている。ヴェーバーは、ゲオルゲの詩を深く読みこんでおり、それを高く評価していた。一方ゲオルゲ支持者の側は、ヴェーバーを、責任倫理を備えた指導者たる資格をもつ人物として一目置いていた。ヴェーバーの友人であるジンメルとリッケルトが、またマリアンネ・ヴェーバーの活動仲間であるゲルトルート・ボイマーが、ゲオルゲとヴェーバーとを橋渡ししようとしていた。とりわけゲオルゲの代弁者と目されていたグンドルフは、ハイデルベルク大学哲学部におけるヴェーバーの同僚でもあり、ヴェーバー家に足繁く通っていた。そこでグンドルフの仲介によって、一九一〇年夏にゲオルゲがはじめてヴェーバー家を訪れ、以来両者の交友が続く。しかしゲオルゲにとって得るところは乏しかったらしく、二年後に訪問を止めている。この出来事について、上山は、アカデミズムの外側で叢生した文化サークルが、専門主義・相対主義を克服しようとし、体験と直観に依拠した同志的結合を希求し、知のパラダイム変革を志向していたと特徴づけ、ここにゲオルゲとヴェーバーとの接点を見出している。ゲオルゲにあっては、師と帰依者とを秘教的な規範主義で結びつけ、青年たちに大きな影響を与えており、それは既存のアカデミズムへの反感に支えられていたが、帰依者が売文業に憂き身をやつすことを懸念したゲオルゲは、グンドルフらに、大学に職を置きながら既成の学問への挑戦をなすことを許容した（上山安敏　一九八四／二〇〇一：三〇〜三九頁）。

ヴェーバーからみたとき、ゲオルゲとその支持者たちの活動は、知の官僚制化（＝専門化）のなかで硬直化し劣化した旧いアカデミズムへの挑戦として注目すべきものと映じた。しかし、ヴェーバーとゲオルゲらとのあいだには越えがたい溝がある。そのことはヴェーバー自身が語っている。「シュテファン・ゲオルゲと彼の門下の芸術と意欲とが私にはどれほど高貴なものに映ろうとも、彼らは、決定的な点において、察するところ、あるいはおそらく、究極的に私とは『別の神々』に仕えているのでしょう。このことは、私がたしかに、内心では、ゲオルゲ個人が自分の使命に向きあうときの質朴で真正の真摯な態度にたいして、またF・グンドルフが、自分の課題と自分の『師』に忠節を保つときの純粋さと真正の献身ぶりにたいして、無条件の純粋に人間的な肯定を献呈せざるをえないという事情によっても、変わるものではありません」（一九一〇年十一月二十六日付パウル・アウグスト・フォン・クレーナウ宛書簡、MWGII/6: 697）。こうして、ヴェーバーにあっては、ゲオルゲらがめざしたのとは別の途を提示する必要が生じる。そしてその一端が、『職業としての学問』における「人格」論としてしめされているのである。

(二)

ヴェーバーは、ヴュネーケンやゲオルゲらに対置して、科学研究に従事する「人格」の問題を掘りさげようとする。「人格」「人格者」概念には、まずこの箇所で引用的に言及され、次の段落⑯以下において追々深められていく（が、結局この講演では語りつくされない）。ヴェーバーが「人格」「人格者」についてどのように考えていたのかを知っておかないと、この講演録のこのあとの論旨をまったく理解できなくなるので、ここにまとめておこう。

当該箇所の「人格」はカッコ書きになっているから、引用的文脈である。これがヴュネーケン支持者やゲオルゲ支持者における人格崇拝を指していることは明らかで、「人格」への帰依は、これらのグループの顕著な特徴である。ゲオルゲ支持者グンドルフは、かかる帰依を次のように正当化している。

人格者であれという要求がなされるとき、「偶然的な個々の局限された形式は、つまりちっぽけな人間が生まれつき抱えこんでいるひとつかみの衝動・願望・着想・能力といったものは、十分活かされてしかるべきであり、それは最終目的であろうとし、それにたいする畏敬の念を要求する」。人格者たらんとする者は、「清浄に黙して状況の抑圧の下に沈潜する時代の犠牲者であるか、あるいは全面的に刷新された生活へと彼を導いてくれる師匠（Meister）を探すか」のいずれかの途をとるのであり、「自分が師匠ではないと思う者は、〔かかる師匠への〕奉仕者か門弟になることを学ぶ――それはせかせかした虚栄心よりはましである――。」「もしも、彼らがちっぽけな存在であるからといって彼らを嘲笑する者がいるのなら、笑われた彼らは、最高の象徴を思いだせばいい。キリストの門弟（使徒）のなかには天才はひとりもいなかったし、ユダのほかには、今《こん》日《にち》の理解におけるひとりの人格者もいなかった。しかし彼ら――貧しき漁民たち――は忠実で、奉仕と信仰と愛に満ちていたから、彼らは、世界において、ユダヤ人や異教徒のなかのはるかに才能あるソフィストたちの誰よりも、自分自身においてずっと充実した実りの多い者たちなのであり、彼らの血は、今日《こんにち》なお偉大な愛の泉のなかを流れているのである」（Gundolf 1908: 111f.）。

　これにたいしてヴェーバーは、主知主義的合理化過程を経た近代という不条理な時代を生きぬくためには、グンドルフが夢想するのとは別の「人格」が必要だと考えている。以下にヴェーバー自身の「人格」「人格者」概念の含意を簡単にみておこう。

　ヴェーバーは、後代の人々「のうちに、われわれの本性《ほんせい》のなかの人間的偉大さと高貴さとを彼らが形成しているという感情と結びつく資質を育ててあげたいのです」と述べている（MWGI/4: 559）。こうした資質（Eigenschaften）が「人格」をかたちづくるのであり、「人格」概念は、「一定の究極的『価値』と生《せい》の『意義』とにたいしてみずからがとる内面的関係において恒常性を保つこと」のうちにその本質を有している（WL6: 132）。

　こうした「人格」は、他の「人格」への帰依によってではなく、他の「人格」から学びとることによって体得される。学問の世界における「人格」がどのようなものであるのか——ありうるのか、あるべきなのか——については、『価値自由論』のなかで立ちいって検討されている。

　「今日《こんにち》教室のなかで学生がなによりもまず教師から学ぶといいはずのこと〔しかし現実には学んでいないこと〕は、第一に、与えられた課題の実直な遂行で満足する能力、第二に、たとえ自分に都合の悪い事実であっても、事実をひとまず認め、事実の確定を、それにたいする価値査定的態度決定とは区別する能力、第三に、自分個人を当該の問題の後ろに引きさがらせる能力であり、それゆえとりわけ頼まれてもいないのに個人的な嗜好感情やその他の感情をみせびらかそうとする欲求を抑える能力である」。これは、四十年前よりもはるかに緊要なことになっている（WL6: 493f.）。そしてこの論旨を受けて、「人格」のありかたに言及される。「『人格』は、いかなる機会にあっても〔たえず〕監視されていなければ、いわば喪失してしまうにちがいないだろうという意味において『首尾一貫したもの』であり、またそうであるはずだと〔一般に〕主張されてきたが、これはまったくもって当たっていない。いかなる職業上の課題にあっても、持ち分そのものが、それ自体の権利を要求し、その固有の決まりにしたがって片づけられることを欲する。いかなる職業上の課題にあっても、それを課せられている者は、自己限定をなし、そして厳密に持ち分に属してはいないことを、多くの場合はじつに自分の好悪を、排除しなくてはならない。そして強固な人格は、いかなる機会にあっても、まずもってそれに固有のまったく『個人的な特色』を気にかけるところにしめされるということ〔が主張されてきたが、それ〕は当たっていない。そうではなく、いま成熟しつつある世代こそ、なによりもまず、『人格者であること』は、意図してそうなりたいと欲してなることができるものではなく、そうしたものに（たぶん）なるためには、ひとつの持ち分への無条件の献身というただひとつの道があるのみだという考えに、ふたたび自分を習熟させることが望ましい。こうした献身と、その献身に由来する『日々の要求』とが、個々の場合にどのような様相を呈するにせよ」（ebd.: 494）。これにたいして、人格崇拝は、持ち分への献身にたいして有害な作用を及ぼすのである（ebd.）。

　ここにしめされているように、外面的な首尾一貫性や、固有の個人的特色を有していること（たとえば常人とは異なった奇矯な言動をなすこと）が人格を形成するのではなく、厳しい自覚的自己限定をなして、みずからの持ち分（本分）に献身することが、ひとまず人格者たる必要条件である。そして重要なことは、こうした自己限定と持ち分（本分）への献身をなしたとしてもなお、それだけでは現代において人格者としての条件を満たさないということである。いま引用した最後の箇所で、「こうした献身と、その献身に由来する『日々の要求』とが、個々の場合にどのような様相を呈するにせよ」と留保されていることから、持ち分（本分）への献身と「日々の要求」の充足行為とが、不可欠ではあるがけっして人格者の最終的行為ではないことがまったく明らかである。

この問題については今井弘道が詳細に論究している。とりわけ、ヴェーバーが、禁欲的プロテスタンティズムの「人格」を批判的克服の対象とみなしているという今井の指摘は重要である。かかる「人格」は、なんら現世における行為の結果に責任をもつ主体ではなく、また「人格」と「倫理」とのあいだの分裂の可能性を自覚する内的論理を有していなかったのである（今井弘道　一九八八a：一二八頁）。禁欲的プロテスタンティズムの生活信条やゲーテの仕事にたいする信条は、神の眼差しを意識しながら、現世において、ひたすら自分の持ち分（本分）への献身をなすということだが、呪力剥奪が進行した段階において、つまり神に疎遠な時代において、心安んじてそのような営みに没入するなどということは、もはや――いまや――純然たる時代錯誤にすぎない。

指針なき時代において真に「人格者」たりうるのは、合理的な実践的判断を可能にするために世界を客観化し、目的合理的な行為を遂行するとともに、その一連の行為連鎖が全体としてひとつの価値を体現するものとして整合性・統一性を有することを日々確証する実践的行為主体だけである。『職業としての学問』末尾の（憧憬し待ちこがれるだけでなく、それとともに自分の仕事に取りかかり、自分の命の糸を操る内なる力にしたがって「日々の要求」を満たすという）絢爛たるレトリックは、この文脈に沿ったものとして解されなくてはならないのであって、職務上の「日々の要求」を満たせばそれで十分なのではなく、またそれを満たすことが最終目的なのでもない（前掲書：一〇五～一〇六、一一二～一一四頁）。ヴェーバーの求める人格者は、むしろ人間としての「日々の要求」を満たす存在であり、たとえば法に則して解するなら、「自らの『確信』に従って法を承認することによって法に妥当性を与え、あるいはそれを自らの良心に基づいて拒否し、場合によっては不服従や抵抗に訴える主体」なのである（今井弘道　一九八八b：一六頁）。

かかる実践的行為主体は、ただみずからの奉ずる究極の価値から演繹される行為をなすことにのみひたすら固執するのではなく、時代の運命を直視し、そのなかで、みずからのなす行為連鎖が――予期されない副産物をともないながら――どのような結果を招くのかを冷徹かつ明晰に観察し、その行為の結果ないし波及効果にたいして責任をもち、柔軟な態度で、みずからの目的の達成のために最適な行為を不断に追求する者である。この問題は、とりわけ段落㊱㊲において詳論される。

「人格」概念が「神々の闘争」と結びついていることにかんしては、段落㉘要説（一）および段落㉜㉝要説（一）において考察する。

段落⑮への個別注解

⑮1）【語句・文意・文法】天啓が降りてくるかどうかは運命に委ねられているから、僥倖を自分のほうへと向けるため、何者かに帰依するか、あるいはなにかにすがろうとする者が出現する。このときにすがりつく対象が「偶像（Götze）」である。

⑮2）【語句・文意・文法】原語は„Erleben"である。当該箇所のすこしあとに語られている„Erlebnis"が「体験されたこと」を指すのにたいして、„Erleben"は「体験するという行為」を指す。

⑮3）【語句・文意・文法】原文は、„früher nannte man dies ‚Erlebnis' auf deutsch: ‚Sensation'"であり、〈かつて人はこれ（＝体験行為による人格形成）をドイツ語で„Erlebnis"と呼んでいた。これは、いま君たち若者が外来語で"sensation"と呼んでいるもののことである〉という文である。「センセーション」は、「打ちのめされるような体感・体験」「外的刺激によって得られる感銘」を意味するので、ここでは「浄福感」と訳したが、文脈によっては、単一の訳語で間に合わせることはできない。

【関連記述】当該箇所ともっとも関連の深い用例は、『世界宗教の経済倫理』への「緒言」のなかにある。「近代ヨーロッパの知識人たちが、いわば彼らの内面的家具調度に、お誂え向きに保証書つきで真正のアンティーク家具一式を配備するために――こうした出所〔＝こうした知識人たち〕から宗教的刷新が立ちあらわれたことはまだどこにもない――、多種多様な他の浄福感（Sensationen）以外に、『宗教的』状態の浄福感をも『体験（Erlebnis）』として享受したいという欲求を感じるかどうかは、現代の宗教的発展にとってはじつにどうでもいいことであり、〔他方〕知識人層の特質は、過去においてはさまざまな宗教にとってじつに重要だった」（MWGI/19: 101）。浄福感を体験として享受したいと欲しても、それはもはや現代人の宗教的心性の刷新に結実しない。要説にしめしたように、それは「『日常』に内的に耐えぬく力の減少の所産」なのであろう。ヴェーバーは、現代においてかかる体験希求に陥ることの時代錯誤性を、また「日常」からの逃避の非生産性を、聴衆（読者）にたいして冷徹に突きつけている。では、科学者が、科学研究の「日常」から逃避することなく、まさにその「日常」にどのように立ちむかうのか――これが次の段落⑯の論及課題になる。

なお、「緒言」のこの論旨には、この講演中でもう一度言及される（個別注解㊴1を参照）。

他の用例もしめしておく。「中間考察」のなかで、「センセーション」概念が五回用いられている。「純粋に恋愛的なセンセーションそのものの価値強調」「恋愛に固有のセンセーション的性格」「公然たるあるいは秘められた恋愛的センセーション」「合理的なものからの現世内的救済のこうした固有のセンセーションを価値強調すること」「性関係の純粋に動物的なものすべてを浄化するよう再解釈する価値の高い恋愛的センセーション」という用例であり、この概念は、現世内的救済や浄化をなす価値の高い体験を意味するものとして扱われている（MWGI/19: 505–507）。

まったく異なった文脈においても用いられている。ヴェーバーは、『職業としての学問』の原講演から二カ月余後の一九一八年一月十七日付エーリヒ・トルムラー宛書簡のなかで、いわゆる「究極の立場」なるものは「無駄口とセンセーションを招くだけで、それ以外になにももたらさない」と述べている（GPSI: 474. MWGII/10: 66）。

この場合の「センセーション」は〈空疎で空回りする物議〉という意味である。

【典拠】当該箇所にすぐつづいてゲーテに言及していることから、ヴェーバーはこの「体験」概念にかんして、グンドルフの近著を念頭に置いていると思われる。グンドルフは、その著『ゲーテ』への「緒言」において、「一般に芸術家の生《せい》と呼ばれ、あるいは最近では体験行為と呼ばれているものは、すでに最初から彼の芸術のなかに浸されており、彼の作品と同一の衝動、同一の力である」と述べている（Gundolf 1916/30: 2）。グンドルフは、「体験行為」をむしろ最近の用語としているから、人口に膾炙した言い回しは、「生《せい》」→「体験行為」→「センセーション」と変転したようだ。

「センセーション」について、渡辺はジンメルの「現代文化の葛藤」を参照指示している（渡辺編：七〇頁）。ジンメルのこの講演は『職業としての学問』と同時期のもので（一九一八年一月一三日）、当時の世情と若者の思潮を知るうえで参考になる。「現代の非常に多くの若者たちの独創性渇望は、けっしてただもっぱらというわけではありませんが、しばしば、自分を、自分自身と他人とにたいしてひとつのセンセーションに仕立てあげようとする虚栄心と努力なのです」（GSG16: 195）。ここでジンメルは、体験願望が結局は虚栄心と結びついていることを冷徹に観察している。

【翻訳史】非常に簡単な文だが、驚いたことに邦訳も英訳もすべてまちがっている。〈かつて人はこれをドイツ語で„Erlebnis“と呼んでいた。これは、いま君たち若者が外来語で“sensation“と呼んでいるもののことである〉という文が、〈かつて人はこの„Erlebnis“をドイツ語で„Sensation“と呼んでいた〉という文意に取りちがえられているのである（尾高訳②：二七頁、出口訳④：三七七頁、間場訳：四一頁、三木訳：一四頁、中山訳：一八四頁、三浦訳：三〇頁、G&M: 137, ES: 60, RL: 10, GCW: 33, HHB: 340）。もちろんこれではまったく意味が通らない。“Sensation“は（ドイツ語にとって）外来語だから、「ドイツ語で『センセーション』」などという訳になるわけがない。中山は、困ったあげく、「以前はこの『体験』という言葉は、『センセーション』という［外来の］言葉で表現されていました」と補って誤訳し、原文の„auf deutsch“（ドイツ語で）を消しさってしまった。

動詞„nennen“が「命名する」「呼ぶ」という意味であるとき、当然それは二つの四格の目的語をとり、「AをBと呼ぶ」というかたちをとる。Aは„dies“でBは„Erlebnis“である。これ以外にいかなる解釈可能性もない。ところが、以上に挙げた六つの邦訳と五つの英訳にあっては、「この『体験』」「ここにいう『体験』」「このやりがい」“this ‚experience‘“と誤認されているため、二つあるはずの目的語がひとつしかなくなっている。そこで窮した各訳者は、コロンに隔てられている„Sensation“をむりやり引っぱってきて、これをBに充ててごまかそうとした。彼らは、„dies ‚Erlebnis‘“を「この『体験』」と勘違いしてしまい、じつは„dies“（「これ」）と„Erlebnis“（体験）とが別々であること（別の二つの目的語であること）に気づかなかったのである。

きちんと文法的に読めば、そこにたしかに二つの目的語が存在することを察知できたはずである。最後まで文法的に読みぬくことは、ドイツ語解釈にとって決定的に重要であり、これを怠ると、ここにみたような初歩的な誤訳に陥って恥をかくことになる。

これにたいして、ジョンは、"formerly this was called mere 'experience' (Erlebnis) or, in plain German, 'sensation'"と訳している（MJ: 11）。彼だけが、„dies"と„Erlebnis"とが別々であることに気づいたのである。ところが、「ドイツ語で（in plain German)」を"sensation"に結びつけてしまったため、彼もまた〈ドイツ語で「センセーション」〉という迷妄に陥っている。"Formerly this was called mere 'experience' (Erlebnis) in plain German, or 'sensation'"ならよかったのだが。

念のために、原文の語順を入れかえ、次のように四格の目的語„dies"を文頭に置いてみよう。„Dies nannte man früher ‚Erlebnis' auf deutsch"（「人がかつてドイツ語で„Erlebnis"と呼んでいたのがこれである」）。この文がどのような構造になっているのかが一目瞭然である。

段落⑯（A13, B591f., C84f., D15f.)

⑯ご参集の諸君、〔その「人格」について考えてみますと、〕科学の領域における「人格者」〔となりうる者〕は、〔さしあたり〕純粋に本分に事えている者だけだ〔とされています〕⑯1。そして科学の領域でなくてもそうです。かつて、自分の本分に、そして自分の本分にのみ事えることとはなにかちがったことをなした偉大な芸術家など知りません。ゲーテ級の人物にあってすら、その芸術を問題にするかぎり、彼の「生《せい》」を芸術作品に仕立てようと恣《ほしいまま》に振るまうことにたいしては報いがありました⑯2。しかしこれには疑問を呈する向きがあるかもしれません。なんにせよ、そもそも自分を作品にするなどということが許されるためには、自分がとにかくゲーテのような人物でなくてはならないのであり、すくなくともこのことを誰もが認めることでしょう⑯3。かつて何千年のうちに存在したすべての人物と同様、誰にあってもそれが代償のないままでいられるわけではないのです。政治も例外ではありません⑯4。これについて今日《きょう》は触れません⑯5。しかし〔グンドルフが指摘しているように、〕科学の領域において、〔本来ならきちんと〕専念するはず⑯6の仕事の興行主としてノコノコと舞台に登場し、「体験行為」によって自己を正当化しようとし、自分がたんなる「専門家」とはちがう人間であることをいかに証明しているかを問いかけ、作法あるいは中身において、まだ誰も自分のように語らなかったことを語るということを、自分がいかにやってのけているかを問いかける人物は、もちろんなんら「人格者」ではありません。――こうした現象は今日《こんにち》大量に生じ、それはいたるところで小心翼々として幅を利かせており、〔もしも本分たる〕課題に、そして課題にのみ、心底没入するならば、自分が事えていると偽っている本分の高みと真価へと、彼を高めてくれるでしょうに、それを怠っておいてかかる問いをなす者を〔＝彼みずからを〕この現象は貶めています⑯7。芸術家にあっても例外ではありません⑯8――。〔しかも、これから立ちいって考察するように、純粋に本分に事えたとしても、それで十分だということにはけっしてならないのです。〕

段落⑯ 要説

（一）

段落⑮で「人格」の問題に立ちいたり、この段落⑯では、これについて述べられるのだが、注意しなくてはならないのは、第一に、この段落⑯の論旨は、ほとんどすべて他人の見解だということであり、また第二に、ヴェーバーは、この見解にたいして同意せず留保しているということである。このことは従来まったく見過ごされており、あたかも純粋に本分に事えていれば、それだけで「人格」の要件を満たすとヴェーバーが考えているかのように誤読されつづけてきた。そして、なにか「純粋に本分に事える」ことと、自己顕示を抑制することとが、ヴェーバー自身の主張であるかのように、またこの二つがこの講演録の結論であるかのように誤認されつづけてきたのである。

実際には、この段落⑯の文脈的位置づけ（次の段落との関係）は、「純粋に本分に事える」という「誰でも認める」ことと、グンドルフがゲオルゲの人格を称揚した主張とを並べて紹介したまでのことである。そして〈問題はその次にある〉と主張するための《前振り》がこの段落⑯なのであって、この段落⑯ではまだなにも結論が出ていない。つまり、段落⑰以降においてはじめて、ヴェーバー独自の――またヴェーバーが力説したい――見解がしめされるのである。しかも、このあと長々と展開されるのもまた、彼自身の主張そのものではなく、自分の主張をなすために必要とする長い予備的議論である。それは、ドイツの大学と大学人が抱えこんでいる問題状況を打破するため、その闘う相手を見極めようとする議論である。

これに先立つ段落⑬～⑮においてあざやかにしめされていたように、与えられた自分の領分において情熱を傾注し、一心に本分に事えたとしても、その成果は僥倖に委ねられており、そのため「人格者」や「体験」にたいする帰依・信仰が広まっている。こうした帰依・信仰を否定してみたところで、その帰依・信仰が蔓延する事情にはなんの変化もない。まだなにも事態は打開されていないのである。だから段落⑰以降の議論が必要になるのであって、ここに、段落⑯の過渡的位置づけがある。

段落⑫⑬要説（四）において指摘したように、ヴェーバーは、『倫理と精神』において、われわれが資本主義的経営と専門化の枠のなかに嵌めこまれ、否応なしに「職業人であらざるをえない」という状況に追いこまれているという問題性を剔っていた。『職業としての学問』においても、不可逆的に進行する専門化のなかに現代人が否応なしに組みこまれていく有様を克明に描き、その問題状況を鋭く告発している。そして、明らかにトルストイを意識しながら、この問題状況をいかにして打破することができるのか、その途を探っている。『倫理と精神』と『職業としての学問』との差異は、後者において、問題状況を描出するのみならず、その状況を打破するための方法的指針を呈示していることにあり、この《闘争の契機》が、『職業としての学問』の大きな特色をなす（研究編三九二、三九五～三九八頁を参照）。

（二）

この段落⑯の前半部では、科学の領域における「人格者」となりうる者は、純粋に本分に事えている者だけだというのが多くの世評であり、それはべつに間違いではないので、さしあたりは肯定しうるものであり、芸術家であっても、作品とすべき対象から離れ、自分の生《せい》を作品化しようとすると、実りはすくないことを覚悟しなくてはならないと論じられている。ここで重要なのは、この論旨が《留保つきの同意》であり、科学研究や科学者が抱えこんでいる現代の問題状況を顧慮すると、単純にひたすら本分に事えていればいいというわけにはいかないという論旨がこのあとの段落⑰以降で展開されるということである。

　自分の生《せい》を作品化しようとした事例としてゲーテが引き合いに出されている。これは、主としてゲーテの自伝『詩と真実』にかんするものとみてよさそうだが、ゲーテの全創作活動にかかわる論点でもある。ゲーテと交友のあったヘーゲルは、次のように指摘している。「ゲーテは、その全人生を詩情豊かに愛へと構成し、その才をこの散文へと注ぎこんだ――それが『〔若き〕ヴェルター〔の苦難〕』である。彼は、オリエント人たちのうちに愛の詩を知るにいたった――それが『西東詩集』である」（ヘーゲルのベルリン時代の箴言、Rosenkranz 1844: 555）。したがって、『詩と真実』のみならず、ゲーテがその生涯において自分自身の生《せい》を投影した作品群を創作したことにたいして生じたある種の代償を考える必要がある。

　当該箇所の典拠は、エッカーマンとジンメルだと思われる。まず前者をみよう。自伝という特殊な性質をもつ作品にはかなりの困難がともなう。エッカーマンは、自伝執筆にさいしてゲーテが味わった苦渋を伝えている。一八二四年一月二十七日付の記録によると、まさにそのとき執筆中の自伝にかんして、ゲーテは次のように語ったという。「ドイツのひとりの学者の生活か、それがなんだ。私の場合、これについてまあ好ましいことがあるかもしれないが、それを伝えることはできず、〔一方〕伝えうることは汗をかいて書くに値しない。それに、こっちが楽しく話したくなるような相手となる聴き手がいったいどこにいるのか」（GWM19: 75）。みずからの生《せい》を作品化しようとするときには、それがフィクションでないだけに、生《せい》の固い中核にある芯は、伝達不能だから断念せざるをえない。そして伝達可能なものは、退屈で平凡なことにすぎない。しかも自分のことを書いたところで、良質の読者が得られる可能性はきわめて低い。こうしたことが自伝執筆の代償なのである。

　しかもゲーテには敵が多い。それは、同年四月十四日付の記録中に列記されているように、「無知からくる敵たち」「妬む者たち」「自分が成功しなかったから私の敵になった者たち」「含むところがあって敵対する者たち」「思考法が相違し、意見が食いちがっているために敵対する者たち」である（ebd.: 100f.）。このように、片言隻句を捕らえて揚げ足をとろうと狙っている読者ばかりが多いのでは、自伝を書こうという意欲が起きないのも当然である。

　こうした事情から、一八二五年四月二十日付の記録中でゲーテは次のように述懐している。「私は、自分の本来の専門でないことに、じつに多くの時間を浪費してしまった。」「私は、自分の本来の仕事（Metier）をもっと尊重すればよかった」（GWM19: 141）。この発言が、当該箇所の直接の典拠であることはまったく疑いを容れない。

　ジンメルも、ゲーテにおける体験と創造との関連について論じている。体験と創造との「結合可能性は、生活過程が、その持続的性格や志向性や律動をもって、体験することにたいしても創造することにたいしても、共通の前提と造形として働く点にある。」「体験自体も、すでにあらかじめまさにその体験生成様式において、創造の相貌と芸術的価値の相貌とを帯びている。人格の根元の樹液によって、現実が吸収されて体験へと形成され、この樹液が芸術的に染めあげられているところにおいて、体験はいわばすでに技巧的な半製品なのであり、芸術作品にたいする体験の根本的な異質性は失われている」。だから体験にもとづいて創作をなそうとするかぎりにおいて、「芸術家は世界の事物をあらかじめ芸術作品化しうるものとしてみており、事物は、彼にとって、その事物のカテゴリーのなかから体験と化すのであり、このカテゴリーのいっそう活動的でいっそう自在な作用を通じて、事物は芸術作品と化すのである」。しかしもちろん、ゲーテの作品がこのように彼自身の体験によって制約されているかぎり、「彼の個々の作品にたいして、重みと完全性において、〔アイスキュロスの〕『オレステイア』あるいは〔シェークスピアの〕『リア王』に比して、『メディチ家の菩提』〔＝サン・ロレンツォ教会〕あるいはレンブラントの宗教画に比して、〔J・S・バッハの〕『ロ短調ミサ』あるいは〔ベートーヴェンの〕『第九交響曲』に比して、けっして充実していないと主張しようとする者にたいして、即座に反駁することはできないだろう。」「彼の創作は、彼の生活過程がすでに生活内容の受胎にさいしてかたちづくっていたものを具象化したまでなのである」（GSG15: 28-31）。このように、ジンメルはゲーテの作品の基本的限界を強調しているので、当該箇所の論旨と重なる。ヴェーバーは、ゲーテとエッカーマンとの会話記録とともに、ジンメルのこの記述をも念頭に置いているのであろう。

（三）

この段落の後半部では、科学の領域において、仕事への専念を怠り、自分がたんなる「専門家」とはちがう特別な存在であることを誇示し、自己宣伝に余念のない人物は「人格者」ではないことが提示されているが、これはヴェーバー自身の主張ではない。これはグンドルフとゲーテ（直接にはグンドルフ）の主張であり、当該箇所でヴェーバーは、この二人の言をひとまず肯定的に――しかし留保つきで――引用しているまでのことである。

ゲオルゲ支持者として知られている文芸評論家のグンドルフは、次のように論じている。「ひとつの才能や、ひとつの特別な弁才や、ひとつの特別な欲望をわがものとしているという理由だけで、自分を自己目的化するのに十分だと思っているような者、こうした人物は、彼の不明瞭な自我をみせびらかし、そして今日《こんにち》とかく珍奇なものにたいして献呈されがちな安っぽい名声を掻きあつめているのである」。そしてグンドルフは、そうした自己顕示に汲々とする者をゲオルゲと対比している。グンドルフによると、ゲオルゲは、そうした卑小な俗物どもとはまったく異なり、「清浄に黙して状況の抑圧の下に沈潜する時代の犠牲者」なのである（Gundolf 1908: 111）。

もうひとつの典拠はゲーテである。ゲーテは、批評家・評論家にたいして苦言を呈している。「偉大な人格を感じとって尊敬するためには、同様にその人自身もまたひとかどの者でなくては無理だ。エウリピデスにかんして崇高さを否認した者どもは、すべて哀れな難癖屋であり、こうした高揚にたいする能力がないのだ。別の言いかたをすると、この連中は、思いあがって、貧弱な世間の目の前で、実際の自分よりも多くのものを引きだしてみせかけようとし、また事実そうみせかけることのできた恥知らずな大ぼら吹きどもなのだ」（GWM19: 407）。

ここからわかるように、「ひたすら本分に事えよ」というのは、あくまでもゲーテの主張であってヴェーバーの主張ではない（段落⑫⑬要説（五）を参照）。ヴェーバーは、ゲーテとは異なり、本分に事えるだけではまったく不十分だと考えている。また「自己顕示に陥るな」というのはゲーテとグンドルフの主張であり、当該箇所でヴェーバーは、これを別段批判もせずに引用している。しかし彼は、ひたすら本分に事え、自己顕示を注意深く排すればそれでよしとしているのではない。この条件を満たしたうえで、その先が問題だというのが彼の持論であり、だから段落⑰以降の長い論述が必要なのである。

段落⑯への個別注解

（⑯1）【語句・文意・文法】この一文は、ほとんどつねに誤読されているので、三箇所語句を補った。ここで「人格者」とされているのは、ヴェーバー自身が「人格者」だと考えている存在ではなく、ここで語られているのは、あくまでも一般に考えられている「人格者」とはどういう存在なのかということであるにとどまる（だからこの語に引用符が付せられている）。なるほどここでは「人格者」が純粋に本分に事えている者だと規定されている。しかしそうしたありきたりの規定でヴェーバーが満足しているのではない。本分に事えるだけではけっして十分でない。つまり、純粋に本分に事えるならば、ただそれだけで科学の領域における人格者になることができるのではない。当該箇所は、〈科学の領域において「人格者」がいると仮定すると、その者はさしあたり本分に事えることに専心している者にちがいないと一般に考えられている〉という趣旨である。ここをみることが肝要なので、ここでは「人格者」〔となりうる者〕は〔さしあたり〕こういう条件を満たしているはずだ〔とされています〕と補った。

「とされています」と補うことの意味は、すぐあとで、ゲーテを例示しつつ「誰もが認めることでしょう」と語られていることと係わっている。この段落⑯の前半部は、あくまでも「誰もが認めるであろう」ことについて語り、ヴェーバーはそれにひとまず同意を与えるまでの話なのである（個別注解⑯3を参照）。

　科学の世界の人格者（とヴェーバーが想定する者）は、まず本分に事え、そしてさらに科学の進歩の問題性を凝視し、そこから「科学のための科学」に安住することなどできないことを自覚し（段落⑰）、呪力剥奪過程の不可逆的な進行によって際限なく続く主知主義的合理化の只中にあえて身を置きながら（段落⑱⑲）、同時に文化人間の不条理性をみつめ（段落⑳）、こうして人間の生《せい》と科学のありかたとをあらためて問いなおす者なのである（段落㉑）。従来の素人読者は、この段落の論旨を後段の論旨と結びつけることを怠り、本分に事える者が科学における人格者だと安直に思いこんで満足しているが、ヴェーバーの主張はまったく異なっている。この先を読みすすめるさいには、こうした論点に十分注意を払う必要がある。

（⑯2）【編集史】『全集』は、当該の記述を、ディルタイのゲーテ論に依拠したものとみなしている（MWGI/17: 84）。たしかにディルタイは、シェークスピアとの対照で、ゲーテにとって、芸術的形象が「究極のもの、つまり自分の生活、つまり自分の人格を芸術作品にかたちづくること」であったことを指摘している（WDGS26: 140）。またディルタイは、ゲーテ自身の内面から汲みとられた主題にかんして、生《せい》にかんする自身の思索をフィクションのなかに投影したのが彼の作品だとみており、また逆に、人間的なるものを追体験し理解することによって自己存在を拡大したともみている。したがってゲーテの自伝は、体験を基礎としながら、彼を取りまく精神世界をさまざまなかたちで吸収する個人の物語となる。こうして生《せい》と詩作との統一が図られ、みずからの生《せい》に依拠してのみ創作が可能になる（ebd.: 169–172）。ディルタイは、ここにゲーテの創作の特質――ないしある種の制約――をみている。しかしディルタイのこの評価が、当該箇所の「彼の『生《せい》』を芸術作品にしようと恣に振まうことにたいしては報いがあった」という記述と直接結びつくとは考えにくい。したがって、筆者は、いまのところこのディルタイ説を採っていない。要説（二）にしめしているように、典拠はエッカーマンとジンメルだとみる。

【付帯状況】ヴェーバー家ではしばしば文芸論が展開されていた。ヴェーバー家を訪問して文学について語らった人々としては、グンドルフ、ゲオルゲ、ルカーチらがいる。彼らとの議論のなかで、ヴェーバーはゲーテにかんする論点を醸成させたと考えられる。

『職業としての学問』の成立事情との係わりで注目されるべき著作は、グンドルフの『ゲーテ』（一九一六年）である。この大著を著者から献呈されたヴェーバー夫妻は、遅くとも一九一七年八月二十八日までにこれを読了した模様である（MWGII/9: 753）。夫妻が読んだこの本は現存しており、現在『全集』編集部に保管されている。筆者がこの本を閲覧したところ、そこには（夫妻による）数多くの書き込みが認められた（Arbeitsstelle der Max Weber Gesamt-ausgabe）。グンドルフの新著を読んで刺激を受けたヴェーバーが、ゲーテの作品群に（あらためて）手を伸ばし、それがこの講演に反映しているのであろう。

⑯3）**【語句・文意・文法】**「すくなくともこのことを誰もが認めることでしょう（wenigstens das wird jeder zugeben）」という付言は非常に重要である。ここでヴェーバーが語っていることは、べつに彼の独創的な見解なのではなく、彼はここで、一般に考えられ認められていることをひとまず肯定的に紹介したまでのことである。

⑯4）**【関連記述】**この点は、『職業としての政治』のなかで詳細に論じられている。政治の世界で幅を利かせている「私情抜きの責任感情がすっかり欠落した知的関心のロマン主義」、「不毛な激情に駆られた政治的好事家」を指弾したヴェーバーは、さらに次のように熱弁を振るう。「政治家は、まったくくだらないあまりにも人間的な敵を、日々刻々内省によって克服しなくてはならない。この敵は、じつに低劣な虚栄心であり、つまりあらゆる無私の献身と距離――この場合、自分自身にたいする距離――にとっての仇敵である」。虚栄心が出てくるとき、学者の場合には、それがさほど学問研究の妨げにはならないという意味で、比較的に無害である。しかし政治家の場合は問題が大きい。とくにデマゴーグは、「私情に囚われているため、現実の権力ではなく権力の華やかな外観を追求することに陥りやすく、一方責務に不誠実であるため、内容的な目的を欠いたまま、ただ権力のために権力を享受することに陥りやすい」（MWGI/17: 227–229）。こうしたロマン主義は、政治領域においては致命的だとヴェーバーは強調するのである。

　このなかの「政治家は、まったくくだらないあまりにも人間的な敵を、日々刻々内省によって克服しなくてはならない」という箇所（MWGI/17: 228）を、西島芳二は、「政治家は、毎日毎時、一つの全く些細な、余りにも人間的な敵を、自分の中で克服しなければなりません」と正しく訳している（西島訳①：七八頁、西島訳②：七七頁)。ところが他の訳では、〈虚栄心という人間的な敵を内省によって克服しなくてはならない〉という文意が、〈虚栄心という自分の内部にある敵を克服しなくてはならない〉という文意に取りちがえられている(清水訳：二二頁、浜島訳：五二一頁、脇訳：七九頁、中山訳：一一六頁)。ニーチェ風に「あまりにも人間的な敵」と規定されている虚栄心の発現を、たとえば人から指摘されて改めるといった外的な対応では不十分であり、あくまでもそれをたえず「内省によって(in sich)」克服しなくてはならないとヴェーバーは力説しているのであって、この„in sich"は「敵(Feind)」の属性ではない。

(⑯5)【編集史】「これ〔＝政治領域における本分への奉仕〕について今日《きょう》は触れません」という言い回しは、当然、〈これについては近いうちに別の機会においてお話しします〉という予告を内に含んでいる。この「別の機会」は『職業としての政治』である(MWGI/17: 84)。したがってこの箇所は、『職業としての政治』にかんする講演をヴェーバーが引きうけたあとに加筆されたものである。研究編三四〇頁に記すように、一九一八年六月八日には、すでに『政治』の担当者はヴェーバーに変更されている。

(⑯6)【語句・文意・文法】原文は、„der Sache, der er sich hingeben sollte."である。接続法第II式のsollteは、〈本来そうなされるのが当然だが、現実にはなされていない〉という含意を表現している。グンドルフに依拠したヴェーバーは、興行主よろしく登壇して得々と自分の功績を並べたてようとする俗物にたいして、こうした輩は、本来自分が果たすはずの仕事をおろそかにしているのだと痛罵している。

(⑯7)【語句・文意・文法】「高めてくれるでしょうに」と訳したのは„emporhöbe"である。これは接続法第II式であり、したがって非現実性をしめしている。ここでは、〈こうすれば高めてくれるのに、それを怠っているのは困ったものだ〉という意味を表現している。

【翻訳史】既存の邦訳を点検すると、そこに横行している完全な無理解と激しい改竄とに慄然とさせられる。それは、たんにこの箇所だけにとどまらず、この講演録全体の重要な論旨を、従来の自称「訳者」たちがいかにひどく歪めてきたかという証拠でもある。くわしく点検しよう。当該箇所の原文は、„eine heute massenhaft auftretende Erscheinung, die überall kleinlich wirkt, und die denjenigen herabsetzt, der so fragt, statt daß ihn die innere Hingabe an die Aufgabe und nur an sie auf die Höhe und zu der Würde der Sache emporhöbe, der er zu dienen vorgibt"(こうした現象は今日《こんにち》大量に生じ、それはいたるところで小心翼々として幅を利かせており、課題に、そして課題にのみ、心底没入するならば、自分が事えていると偽っている本分の高みと真価へと、彼を高めてくれるでしょうに、それを怠っておいてかかる問いをなす者をこの現象は貶めています)となっている。

尾高は、「こうした人々の出現はこんにち広くみられる現象であるが、しかしその結果は、彼らがいたずらに自己の名を落すのみであって、なんら大局には関係しないのである。むしろ反対に、自己を滅しておのれの課題に専心する人こそ、かえってその仕事の価値の増大とともにその名を高める結果となるであろう」と誤訳している(尾高訳②：二八～二九頁)。じつに奇怪な捏造文である。順にみていくと、〈自己顕示に汲々とするという「現象」が、そういうことをしている連中を貶めている〉という論旨が完全に破壊され、こうした連中自身が自己の名を落とすという論旨にすりかえられている。次の「なんら大局には関係しない」に該当する箇所はどこにもなく（„überall kleinlich wirkt"を訳したつもりなのか）、この「大局」とはなんなのかがまったく不明である。そしてさらに重大なのは、次の箇所の徹底的な歪曲である。〈課題に没入することによって自己を高めることができるであろうに、それを怠っておいて、「どうだ俺はすごいと思わないか」と問いかけるならば、そういうふるまいは、この問いをなす者を貶める〉という箇所が、文脈を無視してまったく恣意的に切りはなされ、あたかも自己を滅して課題に専心すればそれでいいかのような文がこしらえられている。原文のどこにも「自己を滅して」に該当する表現はない（„inner"を訳したつもりなのか）。尾高は、あたかも自己を滅して奉公することがヴェーバーの唱道する職業論であるかのように偽装している。これは尾高自身の職業論にすぎず、ヴェーバーとは無関係である。また、尾高のでっちあげた文脈では、「自分が事えていると偽っている本分の高みと真価へと、彼を高めてくれるでしょうに」のなかの「自分が事えていると偽っている（der er zu dienen vorgibt）」をどうしても組みいれることができないので、彼はこの箇所を訳さず、抹殺した。そして尾高の改竄にあっては、„emporhöbe"（高めてくれるでしょうに）が接続法第Ⅱ式であることも無視せざるをえないのである。

　出口は、「こうした現象はこんにち多くなっているが、その影響はどこでもいたって小さいものであり、かつ、そうした人々は、そんなことをして、自分の名を落とすだけのことである。これに反して、おのれを空しゅうして自分の課題に心をうち込む人々こそ、その仕事の尊さをたかめ、その名もおのずから挙がるというものである」と誤訳している（出口訳④：三七頁）。まず「その影響はどこでもいたって小さいもの」だという珍訳に驚かされる。もしも自己顕示がはびこるという現象の〈影響が小さい〉のなら、べつに気にすることもないはずだが。これは„kleinlich"の取り違えである。この形容詞（ここでは副詞として用いられている）は「了見の狭い」「こせこせした」「偏狭な」「卑しい」という意味であって、「大局に関係しない」でも「影響が小さい」でもない。そして出口の「おのれを空しゅうして」は、尾高の「自己を滅して」の真似である。出口は、全体の構文の取り違えも尾高の改竄を忠実に踏襲しており、「自分が事えていると偽っている」を抹殺し、„emporhöbe"が接続法第Ⅱ式であることも無視している。

　間場は、「これはこんにち、多くみられる現象であり、その影響はいたるところで小さく、そのようなことをだけ気にする人は、自己の価値をさげるだけである。これに反して、真底より学問の任務に、そして、それのみに没頭することはかえってその人を高め、彼が専念している仕事の威厳を増すのである」と誤訳している（間場訳：四三頁）。構文の取り違えと、„emporhöbe"が接続法第Ⅱ式であることの無視とは尾高・出口の真似であり、〈影響が小さい〉は出口の真似である。問題の「自分が事えていると偽っている（der er zu dienen vorgibt）」は、「彼が専念している仕事」に化けている。これは対訳なので、すぐ左の頁（四二頁）に記されている動詞„vorgibt"が抜けていることが誰の目にも明らかである。なにしろこの動詞は「偽る」「口実にする」「ふりをする」「詐称する」という意味なので、尾高改竄を踏襲するかぎり、この動詞を訳出することは断じてできない相談である。こうして、この動詞はまたしても抹殺されたのである。

　中山は、「現在ではこうした人々がたくさん登場していますが、大きな影響を及ぼすことはありませんし、自分の評判を落とすだけです。むしろみずからの課題に心の底から自己を捧げる人は、自分の仕事の価値を高めるとともに、評判も高くなるものです」と誤訳している（中山訳：一八五頁）。この訳の問題は間場訳と同様なので省略する。

　これにたいして、三木は、「尤もこうした事は、現今大量に出現している現象でありますが、それは結局小物たることを印象付けるのみなのでして、そうした問いをする人自身の品格を引き下げるというものであります。これに反し、課題に対して、課題のみに対して、心から献身しますならば、むしろその人が奉仕すると称するところの事柄そのものが持つ品位なり高邁さなりへと、引き上げられることでありましょう」と訳している（三木訳：一四～一五頁）。構文理解は完璧であり、„kleinlich“も正しく訳され、また邦訳史上はじめて„vorgibt“（称する）が日の目をみた。欲を言えば、もしも課題に専心するならば、品位・高邁さへと「引き上げられることでありましょう」という表現では、„emporhöbe“の含意がまだ十分に表現されていない。〈さぞ「引き上げられる」ことであろうに、現実にはそうなっていない〉という現状批判を明示するのが、この接続法第Ⅱ式である。

　三浦は、「こういう人が今はたくさんいて、いたるところでつまらぬ影響を及ぼしていますが、彼らは学問の世界では、まったくもって個性のない人なのです。彼らは結局は自分の評判を落としているのです。課せられた任務に身を捧げているふりだけするのはやめて、ほんとうにその任務に没頭しさえすれば、彼は事実の頂点、事実の尊厳へと高まっていくことができるはずですが」と訳している（三浦訳：三二頁）。当該箇所よりもずいぶん前に置かれている「科学の領域において、もちろんなんら『人格者』ではありません（auf dem Gebiet der Wissenschaft ... ist derjenige ganz gewiß keine „Persönlichkeit“）」が、こんなところに紛れこんでいて驚かされる。また訳文がラフで、個々の単語の含意がきちんと捉えられていない箇所も散見され、とくに「事実の頂点、事実の尊厳」は意味不明である。しかし構文は正確に捉えられており、„vorgibt“も訳されている。とくに「高まっていくことができるはずですが」は、接続法第Ⅱ式の„emporhöbe“の含意を正確に伝えている。

　英訳には、尾高・出口・間場・中山のような歪曲はみられない（G&M: 137, ES: 61, MJ: 11f, RL: 11, GCW: 33f, HHB: 340f.）。ただし、接続法第Ⅱ式の„emporhöbe“の含意を表現しているのは、should を用いたガースとミルズ、would を用いたウェルズ、could を用いたブルーンの三者だけである。

（⑯8）**【語句・文意・文法】**「こうした現象は今日《こんにち》大量に生じ」から「芸術家にあっても例外ではありません」までが、直前の文にたいする長い補足説明である。この段落⑯には、一般に言われていることと、グンドルフらが論じていることを引用した内容が盛られており、そのあとにつけられたこの長い補足説明だけが、ヴェーバー自身のコメントである。しかもこのコメントは、〈ひとまず本分への献身が正しいとしておくが、それだけでは往々にして自己欺瞞に陥りかねない〉という留保つきのコメントなのである。

段落⑰（A14f., B592f., C85f., D16–18）

⑰われわれの研究の前提条件は、このように芸術と事情を同じくしており、その諸条件に、今度は研究を芸術作品と決定的に分かつ運命が対峙しています。〔トルストイが執拗に論じているように、〕科学研究は進歩の系列に組みこまれているのです[⑰1]。これにたいして、芸術の領域では――この意味においては――なんの進歩もありません。〔ボードレールが鋭く批判したように、〕ある時代のある芸術作品は、新しい技術的手段を、あるいはたとえば遠近法の規則を体現したのであり、それゆえ、その手段や規則のいっさいの知識を欠く〔前代の〕芸術作品よりも純粋に芸術的に高度だとするのは正しくありません[⑰2]。もしも、その〔前代の〕作品が実質も形式も完備した[⑰3]ものであるのならばそのかぎりにおいて、つまりもしもその作品が、その対象を、かかる諸条件と手段を応用することなしに、芸術的に完備したかたちで完成されるように選びかたちづくったならばの話ですが。実際に「昇華」をみた芸術作品は、けっして凌駕されることはありません。つまりそれはけっして古くならないのです。個々人は、その作品の含蓄を、それに即して個々人で異なったやりかたで評価することができます。しかし実際に芸術的な意味において「昇華」をみた作品について、同様に「昇華」をみた別の作品によって「克服される」などと、いつか誰かが言いうることなどけっしてありません。これにたいして、科学において、われわれは誰でも、自分がなしたことが十年・二十年・五十年のうちに古くなることをわきまえています[⑰4]。まことにこれが運命であって、これが科学研究の意味です。ほかにその運命がなお通用するような別の文化要素すべてにたいして、まったく特有の意味において、科学研究は、その運命に従い、その運命に身を捧げているのです。どんな科学的「昇華」も新たな「諸問題」の前兆であり、「克服され」古くなることを欲するのです。科学に従事しようとする者は、誰でもこのことに満足しなくてはなりません。たしかに科学的著作は、長期にわたって、その芸術的価値ゆえに「嗜好品」として、あるいは研究のための修錬の教材として、重きを置かれて生きながらえることもあります。しかし科学的に克服されることは――繰り返しになりますが――われわれ〔＝科学者〕全員の運命であるのみならず、われわれ全員の目的でもあります。われわれは、自分以外の者がさらに先へすすむだろうという期待なしに研究することはできません。原理的にこの進歩は永遠に続きます。〔この現状と運命から逃れる術はありません[⑰5]。〕そしてそれ〔＝進歩問題〕によって、〔トルストイとともに〕われわれは科学の意味問題[⑰6]に逢着します。というのは、こうした規則に則っている事柄が、みずからのうちに意味と条理とを内包しているということは、たしかにさほど自明ではないからです[⑰7]。なにゆえ、現実にけっして完了せず、完了にいたる可能性もない事柄に従事するのでしょうか。そこでさしあたり〔の回答として〕は、まったく実践的な、広義には技術的な目的のために、言いかえると、科学的見聞がわれわれの実践的な行動を添わせうるように、われわれの手中に与えてくれる見込みに、なるほど。しかし、このことは実践家にとってのみ有意味です。

一方、科学に従事する男の内的定位そのものは——つまり、もしもそもそも彼がその定位を探しもとめているものとすると——彼の職責にたいしてどのようなものでしょうか。彼は主張します。科学に従事するのは、「科学そのもののために」[⑰8]、それにただそのためだけではありません。なぜなら、それによって他の者が、営業上または技術上の成果を引きだし、食生活の改善、衣料の改善、照明の改善、操作の改善を可能にしますからと[⑰9]。しかし、それでは彼は、これによって、つまりたえず古くなるよう決定されているこの被造物をもって、つまり永遠に続くこの細分化された営為のなかへと自分を組みこむことによって、有意味ななにをなしていると信じているのでしょうか。〔トルストイに倣って、〕このことはひろく熟考してみる必要があります。〔休憩[⑰10]〕

段落⑰ 要説

段落⑯では、「人格」の初期要件が確認されたが、それだけでは不十分だというのがヴェーバーの見地である。では、なぜ本分への献身だけでは不十分なのか、また現代にあってはなぜそうした献身が不可能なのかという疑問に答える必要がある。そこで、この段落⑰から、科学史が鳥瞰され、これを通じて、長期にわたる呪力剥奪過程を経て、現代の科学者が必然的に陥らざるをえなくなった深刻な隘路が解明されていく。そこで考察対象となるのが「進歩」と「意味」である。この二つの問題事象にかんして、ヴェーバーは、この段落⑰でトルストイを参照して考察している。あるいはむしろ、この段落⑰全体が——ボードレールからの引用を除くと——ほぼまるごとトルストイからの引用である。

トルストイもヴェーバーもニーチェを参照しているので、まずニーチェからみると、彼は、『力への意志』のなかで激しく「進歩」を罵っている。「『人類』は前進しておらず、『人類』〔なるもの〕は現存すらしていない。〔人類の〕様相全体は、とてつもない実験工房のそれであり、そこでは、成功する者も〔ときおり〕いるが、全時代を通じてまばらに存在し〔ているだけで〕、言いようもなく多数の者は失敗しており、そこには秩序・論理・相互連携・拘束性がまったく欠けている。キリスト教の出現がデカダンス運動であるということを、どうしてわれわれが見誤ることがあるだろうか。」「人間は、動物にたいしてなんら進歩〔した存在〕ではない。文化によって軟弱化した者は、アラビア人やコルシカ人と比較すると奇形児である。中国人は、ヨーロッパ人よりもよく育った類型であり、つまりしぶとく耐える類型である」(NSWK9: 65)。

トルストイは、「進歩」の欺瞞性にたいして飽くことのない攻撃を加えつづけた。さまざまな論稿中にそれを確認することができるが、とくにそれが凝縮されて表されているのが「進歩および教育の定義」と『懺悔』である。

前者において、彼は次のように論じている。人類がたえず変化を遂げてきたのは事実であり、その将来に向かう変化の方向を「前進」と呼ぶ。だが、「進歩と歴史的発展とを信ずる人々は、別の証明されていない命題を置いている。人類は、古い時代には幸福を享受することがすくなく、たしかにさかのぼればさかのぼるほどすくないのにたいして、時代の進歩にともなってたえず幸福が増大しているという命題である」。だが、人類の一小部分にすぎないヨーロッパの経験から導きだされたこの一般法則から、アジア・アフリカ・アメリカ・オーストラリアの十億の人々は除外されているではないか。ヨーロッパ人の「幸福」は、この十億の人々の抑圧のうえに成りたっているのである。また、いったい「幸福」とはなにを意味しているのか。「人類は、非常に多様な方向性を同時にもちながら生活を営んでいるので、特定の時代におけるその幸福の度合を個人が測定することは不可能である。ある者はもっぱら芸術の進歩をみており、別の者は徳性の進歩を、第三の者は物質的利便性の進歩を、第四の者は体力の進歩を、第五の者は社会秩序の進歩を、第六の者は科学の進歩を、第七の者は自由・平等・連帯の進歩を、最後に第八の者はガス灯やミシン縫い技術の進歩をみている」。こうした事情から、「進歩」が「幸福」をもたらすということは、「進歩の作用を受ける国民全員が、この作用を好ましい有益なものだと認めるときにはじめて」主張できることであろう。ところが実際には、国民の九割を占める勤労者たちは、「進歩」の成果に浴するどころか、「進歩」のもたらす害悪に直面しつづけているのである（TSW1–8: 223–228）。

『懺悔』において、トルストイは、「進歩」に順応して生きてきた自分の人生行路を振りかえり、自己完成への努力が進歩への努力にすりかわってしまい、最後にそれは自分と自分の家族が快適に暮らすことへの努力にまで堕落していったと述べている（TGW2–1: 23–28）。「進歩」にたいして悪態をつくにとどまったニーチェにたいして、トルストイは、一般に「進歩」と称されているものの問題性と、「進歩」を信奉する者たちの欺瞞性について詳細に考証を巡らせ、さらにはみずからの生《せい》のありかたをも自己批判している。

ヴェーバーは、「進歩」について、主知主義的合理化過程（呪力剝奪の深化）（段落⑲）のなかで、人間存在そのものの無意味性が顕在化し、これに抗して、なんとかして人類史に意味を付与しようとする欲求が生じ、この欲求におうじて浮上してきた概念だと捉えている。彼は、進化論的色彩を帯びたこの「進歩」観念に疑義を呈したロッシャーとランケに注意を促し、次のように述べている。「信仰心が抜けていくという人間の運命が辿る経過にたいして、此岸的であるにもかかわらず客観的な『意味』を付与したいという欲求が生じたそのときはじめて、『進歩』観念は不可欠なものとして立ちあらわれる」（WL6: 33）。ここにあざやかにしめされているように、「進歩」観念は、明るい未来に向かってたくましく前進する人類の姿をしめすものではなく、まったく逆に、理想を失い、規範を失い、あらゆる精神の拠りどころを失って退嬰化していく近代文化人間の自己正当化の方便にすぎない。

『客観性論』のなかでは次のように論じられている。「世界の現象の意味を、いまなお精力的に完全なものをめざしつつあるその研究成果から読みとることはできず、むしろその意味そのものをわれわれが創造できなくてはならないことを知らなくてはならず、つまり『世界観』は、けっして進歩しつづける経験知の所産ではありえないことを知らなくてはならず、したがって、われわれをもっとも力強く動かす最高の理想は、いつの時代でも他の理想との闘争においてのみ産みだされるのであって、われわれの理想がわれわれにとって神聖なのと同様、他の理想が他の人にとって神聖だということを知らなくてはならないのが、〔アダムとイブのように〕認識の木から果実をもいで食べた文化時代の運命なのである」（WL6: 154）。

「進歩」概念の問題性について、ヴェーバーは『価値自由論』のなかで立ちいって考察を巡らせている。「進歩」には、つねに、行動の「範囲」や「能力」の増大といった価値想念がつきまとっている。しかし、「進行する分化（fortschreitende Differenzierung）」を「進歩」と価値査定すべきかどうかを、経験的専門分野が決定することはできない（WL6: 518f.）。そして芸術史において進歩を認めることができるか否かについて詳細に論じられたあと、どんなに高く見積もっても、遠近法などの技術は、芸術を豊富化する「可能性」を与えるにとどまると述べられ、また歴史叙述の問題も取りあげられ、結局「価値選択する」ことによって科学的成果が損なわれ、「理解する」という課題がおろそかになる危険性が指摘される（ebd.: 519–524）。さらに、①たんなる分化の進展と、②手段の技術的合理性の進展と、③価値増加との三者を混同するわけにはいかないことが論じられ、技術的進歩が顕著に認められる領域においても問題のないことがわかっている限定された領域においてさえも、「進歩」概念を用いることは危険であることが指摘される。そして最後に彼は、「私は、『進歩』という表現の使用を、経験上使用してきわめて不適切であると判定する」と結論づけている（ebd.: 525–530）。こうしたヴェーバーの「進歩」理解は、直接にはロッシャーとランケとトルストイに依拠していると考えるのが至当である。

「科学そのもののために」という発想にたいして、根本的な疑問を鋭く投げかけたのもトルストイである。彼は次のように論じている。科学者が従事しているのは、「一方ではもっとも緊要なもの、その実他方では、科学に従事している者にとってもっとも都合のいいものだけである。なんといっても科学者はたいてい上流階級に属していて、彼らが関心をもつのは、自分の階級が旨味を享受するような社会秩序を維持することである」。したがって、「現存する社会秩序に適合する神学と哲学、また同様の歴史学と政治経済学といった科学の部門が勤しんでいるのは、主として、現存する社会秩序が、まさにそうでなくてはならないものであり、それは、人間の意志に基礎づけられていない不変の法則から導きだされたものであり、存立しつづけているものであり、それゆえこれに違反しようとする企てはどれも不法で無益だと証明することである。」「現代の科学者は、自分たちの地位に適合するように研究対象を選んだのは正当だと主張するために、『芸術のための芸術』という説にまったくよく似た『科学のための科学』という説を編みだした」。この説によると、「われわれ〔＝科学者〕の興味を惹く対象を研究するのが科学だということになる」（Tolstoj 1902: 294f.）。

また、現代の科学者たちが、事実のみを研究しているのだと主張するのにたいして、トルストイは、「事実の研究に専心するなどということはまったくもって不可能だ」と反論する。「というのは、われわれの観察下に置かれている事実は無数——この言葉が真に意味する通りに無数——だからである。事実の研究に先立って、理論をもち、これを基礎として、無数の事実のなかからどれかを選びだしうるようにすることが不可欠である。そして実際にこうした理論は存在しており、〔しかも〕たんに存在するどころか、最大限の明瞭性をもって定式化されている。ただ、現代科学の領域で活動している者の大多数は、これを無視するか、つまり知ろうとしないか、あるいは本当に知らないかであり、またときおりただこれを知らないという素振りをしめしているにすぎない」（TSW1–4 (2): 69）。生《せい》にとって重要な事柄を等閑視し、自分に都合のいい理論に則りながら、それを知らないふりをして、自分に都合のいい事実だけに拘泥している科学者を、トルストイは厳しく糾弾している。

　トルストイのこの科学者批判を受けて、ポアンカレは、『科学と方法』第一篇第一章において、「科学のための科学」の問題性を指摘し、もしも事実の選択が気まぐれや実益性によるものだとすれば、「科学のための科学」は成立しえないとし、科学者における事実選択の合理性を掘りさげていく（Poincaré 1908/2003: 13–20）。

　ヴェーバーが、「科学そのもののために」という通俗的な論法にたいして、単純に是認することなく留保しているのは、こうしたトルストイとポアンカレの議論を念頭に置き、選択の根拠を問う姿勢をとっているためである。

　なお、これについてはリッケルトも論じている。「人間が、知識を知識外に存する目的に用いるために知識を求めることを止め、知識のために知ることを欲するようになってはじめて、彼は科学的に振るまうと言うことができる」（Rickert 1999: 164）。これは一九二四年の論稿中の記述だから、ヴェーバーの議論を踏まえているとみることもできようが、むしろ、かなり以前から、ヴェーバーとリッケルトとのあいだで、こうした問題にかんする対論がなされていたのであろう。

段落⑰への個別注解

（⑰1）**【研究史】**ヴェーバーの「進歩」概念の含意にかんしては、河上倫逸が立ちいった考証を展開している（河上倫逸　一九九〇：七三〜一〇二頁）。

（⑰2）**【典拠】**ボードレールは、芸術において進歩はないという論陣を張っていた。とくに、一八五五年のパリ万博にさいして、文化生活の進歩と向上を強調する風潮にたいして批判を加え、十九世紀という高慢な時代を呪っている（ボードレール　一九八五：二六二〜二六五頁）。マックス・ブルンスのドイツ語訳『ボードレール著作集第四巻』においては、肝心のこの箇所が省かれているのだが、「進歩」を批判し、芸術の質はかえって落ちていることにかんする他の記述は収録されている。たとえば、技巧が完璧であることを評価基準としようとした結果、かえってもっとも耐えがたい愚作が現れてしまったこと、過去と現代とを比較すると、作品の質の低下は歴然としていること、想像力の低下や偉大なものへの侮蔑的態度などが芸術の退化を招いたこと等々を、ボードレールは力説している（Baudelaire 1905: 9, 166, 169f.）ヴェーバーは、これを読み、当該箇所で援用したものと推察される。この本はハイデルベルク大学に所蔵されている。

（⑰3）**【語句・文意・文法】**原語は „materialgerecht“（実質が完備した）と „formgerecht“（形式が完備した）である。この対概念は、個別注解②5にしめした „material“（実質的）—„formal“（形式的）という対概念の応用である。

【付帯状況】リッケルト、ヴェーバー、ヴィンデルバントの許で学んだエーミール・ラスクも、この „material“—„formal“ および „Materie“—„Form“ という対概念を使用している（LGS2: 287, 310–316, u. a.）。

（⑰4）**【関連記述】**『宗教社会学論集』への「序文」においては、「じきに『克服』されるであろうということは、結局はすべての科学研究成果に当てはまることであり、この論文集は、〔ほかの研究成果よりも〕はるかに強い度合いと意味とにおいてそのように定められている」と述べられている（RSI: 13f., 段落⑫⑬要説（三）を参照）。

⑰5）【語句・文意・文法】科学の進歩が永遠に続くだろうということの言は、その「進歩」に信を置くということをすこしも意味しない。むしろ、この逃れられない「進歩」の呪縛に絡めとられている近代文化人間（個別注解⑳3を参照）の深刻な運命をみるところにヴェーバーの真骨頂がある。

⑰6）【語句・文意・文法】科学の意味問題は、科学の運命と、それに従事する科学者の運命との不条理性をみつめるところに生じる。たとえば歴史研究にあっては、発掘調査や、さまざまな新発見によって、従来の研究が一挙に無意味化することがある。

⑰7）【語句・文意・文法】この箇所では、科学の無意味性・不条理性が強調されている。ヴェーバーは、科学進歩のうちに端的に現出している主知主義的合理化過程を克明に描きながら、その過程そのもののうちに深刻な無意味性・不条理性が内包されており、それは解決不可能なものだという認識をしめしている。

⑰8）【研究史】佐々木力は、「科学のための科学」というイデオロギーの問題にかかわって、トルストイとポアンカレとヴェーバーとの対比を試みている（佐々木力　一九九七：七二〜七六頁）。

⑰9）【典拠】この例示はトルストイから採られている。「わしには、機械工学・物理学・化学・科学技術に係わっている暇がない。わしの道具、わしの作業法、わしの家、わしの暖房、わしの灯をどうしたら改良できるのかを教えてくれる本をくれ」（TSW1-4（2）: 108）。ここでトルストイは、労働者が科学者にたいして投げかけるであろうこうした要求に仮託して、科学者は民衆の役に立たないことにうつつを抜かしていていいのかと問いつめている。

⑰10）【付帯状況】ヴェーバーは、ここで二回目の休憩をとったと思われる（個別注解⑪3を参照）。次の短い段落⑱は、さっきまで語っていた段落⑰の内容（進歩についての議論）を再度立ちあげ、それを主知主義論に繋げていこうとするものである。そして段落⑲の冒頭で、「まず次のことをはっきりさせましょう（machen wir uns zunächst klar）」と述べられており、この「まず（zunächst）」という一語は、〈この講演を再開して主知化過程についてお話しすることにしますが、まずはじめに……〉という含意を有していると思われる。

段落⑱⑲（A15f., B593f., C86f., D18f.）

⑱科学的進歩は一側面であり、たしかにわれわれが何千年ものあいだ支配されており、今日《こんにち》つねにきわめて激しく反対の立場がとられているあの主知化過程[⑱1]のもっとも重要な一側面です。

⑲そもそも、科学による――また科学によって方向づけられた技術による――この主知主義的合理化[⑲1]が、実際にはいったいなにを意味するのかを、まずはっきりさせましょう。たとえば、われわれ〔＝いまこのホールにいる者〕は今日《きょう》、たとえばこのホールに腰掛けている人は誰であっても、自分が暮らしている生活条件について、アメリカ・インディアンかホッテントット[⑲2]よりも熟知しているでしょうか。まずそうではないでしょう。われわれのうちで〔この会場まで〕路面電車を利用している人は、――もしも物理学の専門家でないとすれば――路電車両がどのようにして駆

動するようになるのかについてなにも知りません。またそれについて知る必要がありません。路面電車の運行〔時刻〕を「当てにする」[⑲3]ことができればそれで十分であり、それに自分の行動を合わせます。しかし、ひとつの路面電車路線系統が運行されるように、その路線系統〔のダイヤグラム等〕をどう編成するのかについてはなにも知りません。[⑲4]〔そうしたわれわれよりも、〕未開人は、自分の道具について、そうしたことをはるかによく知っています。もしもわれわれが今日《きょう》支払うとすれば、もしもこのホールに経済学の専門教授の面々がいたとしても、貨幣と引き換えになにか〔の商品〕を――あるときは多く、あるときはすくなく――買うことがあるということを、貨幣がいかに引きおこしているのかという質問にたいして、賭けてもいいですが、ほとんど全員が異なった回答をもちあわせていて譲らないことでしょう。[⑲5]〔これにたいして〕未開人は、日々の糧を得るためにどのようにそれをなすか、またそのさいどんな手立てが自分の役に立つのかを承知しています。[⑲6]それゆえ、主知化と合理化との増大は、人間が置かれている生活条件にかんする全般的知識の増大を意味するのではありません。そうではなく、それはなにか別のことを意味しています。つまり、もしも欲するとすれば、ただそれだけで、いつでもそれを学び知ることができるかのように[⑲7]〔短絡的に〕思いこむか信じこむことを、つまり、その内部で作用する神秘的で計測不能な力など原理的に存在しないなどと思いこむか信じこむことを、つまり、それどころか――原理的に――計測によって万物を統御できるなどと思いこむか信じこむことを意味しているのです。[⑲8]じつにこのことが現世の呪力剥奪[⑲9]を意味しています。かかる力〔＝神秘的で計測不能な力〕が存在していると信じている未開人とはちがって、もはや霊を鎮めるか霊に乞うために呪術的な手段に手を伸ばす必要はないことになります。[⑲10]そうではなく、技術的な手段と技術的な計測がこの役目を果たすことになります。とりわけこのことが主知化そのものを意味します。

段落⑱⑲要説

（一）

ヴェーバーは、段落⑱において、科学的進歩を「主知化過程」と規定しなおし、続く段落⑲において、現代の主知化状況の問題性に踏みこむ。その問題性を端的にしめすのが「呪力剥奪」である。

まず主知化と主知主義的合理化との「意味」がしめされる。それは、現代における人間の劣化・腐朽化である。科学と科学技術との恩恵に浴し、その成果を利用しながら日常生活を送っている現代人が、みずからが凭れかかっている科学・科学技術を熟知しているかというと、けっしてそうではない。個別科学の進歩によって、たしかに知識は増大したが、その知識をわがものとしているのはごくわずかな専門家のみであり、またその専門家も、別の領域にかんしては素人にすぎない。ここにしめされている喩え話を例にとるなら、路面電車車両の駆動系を設計しうる技術者が、運転士の労務管理やダイヤグラムの編成について熟知しているわけではない。貨幣理論の専門家が、かならずしも投資や蓄財に長けているわけではないし、天才的な投資家だからといって、経済政策担当者として高い能力を発揮することになるわけでもない。主知主義の支配する時代において、全体を見渡す能力をもつことは、古い時代よりもかえって困難になっている。それにもかかわらず、専門的細分化のなかに組みこまれている現代人の多くは、畑違いの事柄についても承知しているかのような気になり、なにか自分たちが未開人よりも知的・能力的に優越しているかのような錯覚に陥っている。そして科学の成果を集積すれば、その科学的計測によってなんでも統御できるかのような妄念に囚われている。主知化・合理化は、古い呪力を除去する一方で、科学への妄信をもたらしたのである。

ヴェーバーがこの講演をおこなっている時期以降、現代の科学技術や国家機構は、ますます高度で複雑で大がかりなシステムを構築していくが、個別システムの専門家をただ寄せあつめただけでは、その巨大なシステム全体を管理することはできない。それを管理できるかのように錯覚し、「科学的に統御できるはずだ」という短絡思考ないし妄信に依拠して暴走し、統御不能の事態を招くところに、科学信仰の陥穽がある。[⑲11] ヴェーバーはここを衝き、また将来起こりうる事態を正確に予見している。

後出段落㉕の末尾で、科学が幸福への道であるなどという幻想をいまどき信じこんでいる者は、せいぜい「教壇あるいは編集室にいる若干の大きな子供たち」だけだろうと揶揄される。科学知識を学び知り、それにもとづく計測に依拠して統御すれば、世の中のさまざまな問題を解決できるはずだなどという妄信・妄想を抱いている者もまた、ヴェーバーからみれば、おめでたい「子供たち」のひとりにすぎない。

こうした発言は、第一次世界大戦の体験を投影していると考えられる。この戦争にあっては、最新の科学技術による成果が次々に投入され、それは戦争の様相全体を大きく左右し、泥沼化と総力戦化が際限なく続き、戦況の短期的見通しすらつかなくなった。そして戦後になると、まさにヴェーバーがこの講演録の校正をすすめている最中において、戦後処理がどうなるのか、その結果ドイツがどのような運命を辿るのかについて、誰にも予測がつかないのである。

科学への妄信の問題は、社会科学の問題でもあり、とくにそれは社会主義体制の経済問題と結びついている。ヴェーバーは、一九一八年の講演『社会主義』において、無秩序な私経済体制にたいして、社会主義的計画経済が、計測によって一国の経済活動全体を統御できるなどと主張するのはまやかしだと鋭く論難し、むしろそこには、企業家と国家官僚との結託が、産業側による国家の統御が、そして資本主義よりも過酷な労働者の抑圧が蔓延するにちがいないことを解明している（MWGI/15: 613f.）。また、労働者には、生産管理にかかわる諸事項（計算・商品研究・需要状況・技術的訓練）を学ぶ機会がなく、サンディカリスト側に立つ知識層出身のイデオローグにも生産管理能力はない。そこで、ボリシェヴィキ政権は、この方面の専門知識を有する企業家を登用せざるをえなくなっている（ebd.: 627-629）。学び知ろうと欲すれば、ただそれだけで、いつでも学び知ることができるなどというのはまったく事実に反している。こうしたケースにおいて、どうしても経営方面の特別な専門知識を有する者に頼らざるをえないのが実情なのである。

主知主義的合理化によって人々の心中に蔓延している科学への妄信が、あるいは自然科学・社会科学のさまざまな専門家たちにたいする過度の信頼が、いかに非現実的で有害であるかについて、ヴェーバーは冷徹に剔っている。この論旨は、後述される「神々の闘争」論と結びつき、誰にも予測のつかない不透明性のなかで、なにをどう闘いとるのかが論じられる。

（二）

こうして、主知化過程の帰結が、「呪力剥奪」という問題状況であり、そこにおける欺瞞の支配であることが暴きだされた。「呪力剥奪」は、すぐ前の箇所にしめされている科学への妄信と密接な関連を有する概念である。ヨーロッパ人の価値を長年にわたって強固に規定してきた呪力が力を失い、人々が科学にもとづいて考えを巡らすようになると、今度は科学が信仰の対象となっていく。これが呪力剥奪過程の副産物である。J・S・ミルが定式化したキリスト教の史的展開（後出個別注解㉜3）のなかで、呪力剥奪が進行し、価値喪失が顕在化し、今度は人々が科学に拠りどころを求めるというパラドックスが生じたのである。

　呪力剥奪は、長い歴史過程において経済外的強制が崩壊し、お仕着せの価値体系が瓦解していったこと、また人間がさまざまな束縛から解放され、自由を獲得していったことを意味する。しかしこの語は、プラスの含意を指ししめすものではなく、むしろ、そうした遺制の崩壊や束縛からの解放によって、近代社会が——また近代人が——大きな矛盾と不条理性を抱えこむにいたったことをしめすための概念だということに注意する必要がある。ヴェーバーは、近現代における呪力剥奪状況の深化にたいして明確に批判的な立場をとり、呪力剥奪状況からの脱却をめざすのである。

　この講演録のなかでは、「呪力剥奪」の動詞形 entzaubern（呪力を失わせる）が三箇所で用いられている（「解きはなたれ」「剥ぎとり」「呪力を奪われ」と訳している）。

　現在までに確認されているかぎりで、この「呪力剥奪」概念の（公刊された著作における）最初の用例は『理解社会学論』（一九一三年）である。そこでは、主観的に目的合理的な行為と、客観的に妥当なものに正しく方向づけられた行為とが対比され、呪術的な観念に準拠した行為が、主観的には、非呪術的な行動よりも目的合理的でありうることが論じられ、その例として、「信仰心は、まさに現世の呪力剥奪が増大するとともに、（主観において）もっと目的非合理的な（たとえば『心術的な』あるいは神秘的な）意味連関の受容を必要とするようになる」と述べられている（WL6: 433）。

　『世界宗教の経済倫理』への「緒言」では、「現世の呪力剥奪と、救済への道を迷走的な『現世逃避』から引きはなして実践的に（aktiv）禁欲的な『現世改造』へと移しかえることとの双方が完全に達成されたのは、——世界中でみいだされるようないくつかの小さな合理主義的教派を度外視すれば——ただ西洋における禁欲的プロテスタンティズムの大きな教会形態と教派形態においてのみであった」と述べられている（MWGI/19: 114）。「中間考察」では、「合理的に経験的な認識活動が、たえず現世の呪力剥奪を徹底的に遂行し、また呪力剥奪を因果的体系へと変換させることを徹底的に遂行したところにおいては、『現世は、神によって秩序づけられ、したがってなんらかのかたちで倫理的に有意味に方向づけられた世界である』という倫理的要請のしめす諸要求にたいする緊張が立ちあらわれる」と論じられている。また「現世の呪力を剥奪した理論的思惟」にも言及されている（ebd.: 512, 520）。

　『儒教と道教』の結論部においては、「現世の全面的な呪力剥奪は、ただピューリタンにおいてのみ、あらゆる結果において遂行された」と述べられている（ebd.: 450）。

『倫理と精神』の改訂作業（一九一九〜二〇年頃）において加筆された箇所では、「呪力剥奪」の歴史的性格が次のように詳解されている。古代エジプト・バビロニアの倫理と比較したとき、古代イスラエル民族倫理の特別な地位と発達とは、「救済手段としての聖礼典魔術を排斥したというこの基本事態にもとづいていた」のであり、このことが、古代ユダヤの預言者とともに始まり、カルヴァン派において完結した「現世の呪力剥奪というあの巨大な宗教史的過程」をかたちづくった。これにたいして、「現世の『呪力剥奪』は、つまり救済手段としての魔術の排除は、カトリック信仰において、ピューリタニズムの（それ以前ではただひとつユダヤ教の）信仰ほど徹底的には遂行されなかった」。一方「再洗礼諸教派は、予定説の信奉者、とりわけ厳格なカルヴァン派とともに、救済手段としてのすべての聖礼典の価値を根底から剥奪し、こうして現世の宗教的『呪力剥奪』を最後まで徹底的に遂行した」。そして「現世の根底的な呪力剥奪は、内的に、世俗内的禁欲以外の途を許容しなかったのである」（RSI: 94, 114, 155f., 158）。

このように、「呪力剥奪」概念は、価値喪失状況ないし精神的拠りどころの喪失状況を表現しており、またその喪失状況によって顕現した（世俗内禁欲等の）人間精神のさまざまな問題状況を指ししめしている。かかる呪力剥奪状況にたいするこの痛烈な批判こそが、ヴェーバーの歴史認識と時代批判の根幹をなしており、この状況をどう打破するのかが、ヴェーバーにとって大きな課題である。研究者のなかには、なにかヴェーバーがこの「呪力剥奪」に加担しているかのような思い違いをしているケースが散見されるが、そうではなく、彼は、この巨大な歴史的呪力剥奪過程にたいして、はっきりと否定的・批判的な立場をとっている。

段落⑱⑲への個別注解

⑱1）**【語句・文意・文法】**「主知化過程」とは、人間の物心両面の生活において、因習・伝統・経験によって営まれることがすくなくなり、高度に分節化された知識体系によって合理的に制御されるようになる一連の歴史過程のことである。

【関連記述】主知化過程についてのもっともまとまった記述は、『宗教社会学論集』への「序文」にみることができる。そこでは、科学、芸術、建築、新聞と雑誌、高等教育機関と専門官僚養成、政党・議会・大臣・憲法・官僚制を備えた政治機構としての国家、計算にもとづく営利の合理的追求を可能にする資本主義的経営体、そこにおける自由な労働の合理的な組織、これを担うブルジョアジーとプロレタリアート、そうした経営体が負っている（精密な自然科学に基礎づけられた）技術革新、法と行政の合理的な機構が論じられている（RSI: 1–12）。

⑲1）**【語句・文意・文法】**「科学による――また科学によって方向づけられた技術による――この主知主義的合理化」とは、前注の「主知化過程」のうち、科学・科学技術による合理化を指す。

⑲2）**【関連記述】**アメリカ先住民について、ヴェーバーは、ブライジヒやハインリヒ・シュルツの論稿によって知識を得ている（WL6: 234f., MWGI/23: 241, MWGI/22-1: 116, 137, MWGI/22-2: 177, 211, MWGI/22-4: 470f., 532）。

またヴェーバーは、一九〇四年のアメリカ旅行のさいに白人から聴き取りをおこなっており、黒人と先住民とでなぜ異なった価値査定を与えるのかという質問にたいして、後者は「奴隷ではなかった」からだという回答を得たという（SSP: 460, MWGI/20: 59）。「種族ゲマインシャフト関係」中でも、黒人との対比で先住民が取りあげられている（MWGI/22-1: 171）。

【研究史】 ヴェーバーによる当時の人類学的成果の摂取については、牧野雅彦がくわしく検討している（牧野雅彦　二〇一一：九三～一二二頁）。

⑲3） **【語句・文意・文法】**「当てにする」と訳したのは „rechnen“ である。渡辺が指摘するように、これは合理的予測を意味している（渡辺編：七二頁）。この場合はもちろん、目的地への到着時刻を想定し、ここから逆算して、自分が乗るべき電車の発車時刻に遅れないように電停へ向かうことを指す。

⑲4） **【語句・文意・文法】** ミュンヒェンのように、いくつもの路面電車系統が市街中心部に進入・集中し、また郊外へと分散していく大都市路線にあっては、始発から終電にいたるまでの各系統の複雑なダイヤグラムを合理的に作成・統括することは、運行管理の専門家にしかなしえないことだったと推察される。また路線運行のためには、運転士の合理的な勤務スケジュールを立て、電車・軌道の保守点検のための人員を配置しなくてはならない。だから、「ひとつの路面電車路線系統（eine Trambahn）」の確立には多くの専門知識を動員する必要がある。

　この路電を引き合いに出した文脈においては、第一に、電車の駆動原理について、物理学（当時は機械工学がまだひとつの専門分野として分離独立していなかったことに注意）の専門家でない者はそれを知らないが、べつに知らなくても電車に乗ることはできると述べられる（当該箇所前半部）。つづいて第二に、したがって電車が何時何分に来るのか、また目的地まで何分を要するのか、したがって目的地到着が何時何分になるのかを見込むことができれば、電車利用者にとっては用が足りることがしめされ、この第二の文意を受けて、だからといって、電車のダイヤグラムをどのようにして作成するのか、運転士の勤務体制をどう管理するのか等々の専門知識は必要なく、ただ時刻表を読むことができれば十分だと述べられる（当該箇所後半部）。

　当該箇所後半部の原文は、„aber wie man eine Trambahn so herstellt, daß sie sich bewegt, davon weiß er nichts“ である。この前後をみると、„Straßenbahnwagen“ と „Trambahn“ とがきちんと区別されている。したがって、後半部で述べられているのは、Straßenbahn*wagen*（路面電車車両）を製造することではなく、Tram*bahn*（路面電車路線系統）を（その路線系統が運行できるように）確立する（herstellen）ことだと解するのが適切である。Trambahn を herstellen するというのは、〈路面電車軌道を敷設する〉という意味に解することもできるのかもしれないが、当該の文脈では時刻表が話題とされているので、軌道敷設だけでなく、〈合理的な運行計画を立ててダイヤグラムを作成すること〉、またあわせて〈ダイヤ運行に則って運転士の勤務スケジュールを調整し、電車・軌道の保守点検計画を立て、その他必要な手立てを講じること〉といった路線運行の総体の確立だと解するのが自然である。

　原文中の „daß sie [=Trambahn] sich bewegt“ の意味するところについて確認しておこう。Trambahn が sich bewegen するという

のは、〈路面電車の車両が駆動される〉という意味ではなく、〈路面電車の路線系統が運行される〉という意味である。あるウェブサイト上に、„Trambahn bewegt sich"が、〈コンサート開催にともなって特別な路線系統が運行される〉という文脈で使われている用例がある（„Eine Trambahn bewegt sich hier auf einer Sonderstrecke, um die Musikfreunde zu den Spielorten in der Innenstadt zu geleiten."＝「市中心部にある演奏会場まで音楽ファンを運ぶため、当地では特別な経路をとってひとつの路面電車路線系統が運行される」）(http://www.mvv-muenchen.de/de/home/fahrgastinformation/aktuelle_meldungen/2008/musiknacht/index.html)。ここで用いられている„eine Trambahn"は、もちろん「ひとつの路線系統」を指すのであって、これを、まさかたった一両の車両（あるいはたった一編成の電車）だと解する者はいないであろう。それでは大勢のファンを会場まで運ぶことはできない。

近代においては、さまざまな領域で知の複雑化がすすんでいる。蒸気機関が発明され、鉄道が発達し、さらにモーターという新技術が発明され、それが電車というかたちで実用化されると、これにともなって、電車の運行・整備体制がどんどん複雑化し、それを管理するにはますます高度な知識体系が必要になる。そうした知の増大を、近代人がすべて吸収しているわけではなく、ひとりの近代人は、そのうちのほんのわずかばかりを聞きかじっているにすぎないのだが、〈知らなくても利用できれば事足りる〉〈自分が十全な知識をもっているかのように振るまっていっこうに差し支えない〉という相互諒解が暗黙のうちに成立している。こうした瞞着のうえに成りたつ近代知のありようを、ヴェーバーは冷徹に分析し、近代人が、古代人や未開人にたいして知的に優越しているかのような迷妄にたいして痛烈な批判を加えている。知ったかぶりのうえにあぐらをかくことを当然視するこうした近代知の様態は、後述される末人の思い上がりに結びつく。

【関連記述】『理解社会学論』のなかで、当該箇所と同様の例示が用いられていた。「われわれが路電車両や圧力エレベーターや猟銃を正しく使用しているさいに、それらの開発設計が依拠している自然科学的法則についてなにかを知っているわけではなく、路電運転士や銃工さえも、部分的にしかその法則についての知識を得ていない」（WL6: 471）。この用例は、「路電車両（ein elektrischer Trambahnwagen）」の「開発設計（Konstruktion）」にかかわることであるから、『職業としての学問』の用例の前半部（「路電車両がどのようにして駆動するのかについてなにも知りません。またそれについて知る必要がありません」）と同一の論旨である。

『古代ユダヤ教』のなかでは次のように述べられている。「いったん文化をたっぷり抱えこんだ諸領域に囲まれて生き、その諸領域の技術に絡めとられた者は、〔自分の生きている〕周囲世界にたいしてかかる問いを投げかけることをしない。それはちょうど、たとえば毎日電車に乗ることに慣れた子供が、電車はいったいどのようにして運行するよう調えられることができて運行開始するのかという問いに、みずから思いいたることがないであろうことと同じである」（MWGI/21: 529）。これは当該箇所の後半部の論旨と同一である。子供が「電車はどんな仕組みで動くのだろう」という問いに思いいたることは十分ありうるが、「電車の運行体制はどうなっているのだろう」という問いに思いいたることはまずない。

【翻訳史】既存の邦訳・英訳はすべて誤っており、„wie man eine Trambahn so herstellt, daß sie sich bewegt, davon weiß er nichts" の意味を把握できず、これを〈路面電車車両を設計・製造する〉という意であるかのように誤認している（尾高訳②：三二頁、出口訳④：三八〇頁、間場訳：五一頁、三木訳：一七頁、中山訳：一九〇頁、三浦訳：三八頁、G&M: 139, MJ: 13, RL: 12, GCW: 35, HHB: 342）。

⑲5）【関連記述】この例示は、すでに『理解社会学論』において用いられていた。「貨幣が、実際にどのようにしてその奇妙な特質を帯びるにいたるのかは、貨幣使用者にはわからない。なんといっても、専門学者でさえこれについて激しく論争を交わして〔決着がつかないで〕いるのだから」（WL6: 472）。

貨幣にかんして、ヴェーバー自身は、次のような社会学的行為論の見地からの（したがって限定的な）規定を与えている。「貨幣による目的合理的な交換行為は、すべて、交換相手とのゲゼルシャフト関係の個別行為を含むとともに、ただ無限定〔＝不特定〕に思いうかべているだけの一定範囲内に、また思いうかべうるだけの一定範囲内にいる現下のまた仮想的な貨幣所有者・貨幣希求者・貨幣交換志望者たちが将来おこなうであろう行為への有意味な関連づけを含んでいる」（ebd.: 453）。「貨幣を使用した交換（購買）は、どんなものであれすべて、貨幣を応用したゲマインシャフト行為であり、その貨幣は、もっぱら他人の仮想的行為に関連づけることによってのみ、その機能を果たす」（MWGI/22-1: 194）。「『貨幣』は、非常に多数の、しかし未知で不特定の多くの他者が、彼らの側で将来交換において受けとるつもりであろうという期待に添うよう、行為者が自分の行為を方向づけるがゆえに、その行為者が交換にさいして受けとる交換財を意味する」（MWGI/23: 172）。

貨幣の特質全般にかかわる論点は、「経済行為の社会学的基礎カテゴリー」のなかで詳細に展開されている（MWGI/23: 216–448）。『一般社会経済史要論』においては、「貨幣は支払手段であり、同時に一定の人間集団の内部では交換手段でもある」と述べられ、また今日《こんにち》における貨幣の機能として、「制度化された支払手段（*oktroyiertes Zahlungsmittel*）」と「一般的交換手段」の二つが挙げられている（MWGIII/6: 84, 288）。

【典拠】さまざまな潮流の経済学者たちが、貨幣をめぐって長年にわたって論争しているので、ヴェーバーがここで述べている「経済学の専門教授の面々」が具体的に誰であるのか、またその著作がなんであるのかを特定するのは困難である。

高い蓋然性をもって推定できるのは、ゲオルク・フリードリヒ・クナップの『貨幣国定学説』である。「経済行為の社会学的基礎カテゴリー」中で、ヴェーバーはこの著作に再三言及している（MWGI/23: 415–427, 水沼知一　一九七七）。

ヴェーバーは、ルートヴィヒ・ミーゼスの『貨幣および流通手段の理論』を高く評価し、ハインリヒ・シュルツの『貨幣成立史綱要』を参照している（MWGI/23: 241）。また彼はジンメルの『貨幣の哲学』を熱心に読み、研究していた（LB1: 266, LB2: 288, MWGI/23: 148, RSI: 5, 34）。さらに、一九〇〇年および一九〇三年のハイデルベルク大学哲学部経済学教授人事にさいして、ヴェーバーらが作成した政府宛の推薦書において、カール・ヘルフェリヒが推薦されており、そのさい、ヘルフェリヒの『帝国創設以来のドイツ貨幣制度の改革』『貨幣制度と銀行制度にかんする研究』『貨幣と銀行第一巻貨幣』が、優れた業績として挙げられている（野﨑敏郎　二〇一一：一四四、二一六頁）。ヴェーバーが念頭に置いているのは、こうした学者たちの著作なのであろう。また、彼はこの講演中でマルクスの『資本論』に言及しているから（段落⑤⑥要説、個別注解⑤3・⑭7を参照）、その第一部第一篇「商品と貨幣」も含まれているのであろう。

⑲6）**【関連記述】** 未開人と現代人とは、『理解社会学論』のなかでも対比されている。社会的分化・社会的合理化の進歩は、通例、「合理的技術・合理的秩序に実際に巻きこまれている〔＝囚われている〕人々が、総じて通例彼らにたいして隠蔽されている合理的基礎から、総じてたえずどんどん遠くへ隔離されていく事態を意味しており、それはちょうど、『未開人』にたいして、魔術師の呪術的手順の『意味』が隠蔽されているのと同様である」。しかし、未開人と現代人とで異なっている点がある。それは、「『未開人』は、自分自身の生計の経済的・社会的諸条件について、通常の意味における『文明人』よりも無限にはるかに多くのことを知っている」ということである（WL6: 473）。この記述からわかるように、社会的分化・社会的合理化が進行し、現代人が合理的技術・合理的秩序に巻きこまれ、しかも現代人は、みずからが囚われているそうした分化・合理化の合理的基礎がどういうものであるのかがわからないように仕向けられている。ヴェーバーは、ここに文化人間（個別注解⑳3参照）の問題性をみており、すぐあとで述べられる「呪力剥奪」下に置かれている現代人は、未開人よりもかえってはるかに蒙昧な状態に陥っていることを鋭く剔っている。

⑲7）**【語句・文意・文法】**「できるかのように」と訳したのは、強調つきの „*könnte*" である。主知主義的合理化のなかで科学への妄信に陥った者は、「その専門事項については知らないけれども、知ろうとすればきっと知ることができるにちがいない」という短絡的な思い込みに頼って生きている。しかしそれがまさに思い込みにすぎないことを鋭く剔っているのがこの „*könnte*" であり、この接続法第Ⅱ式の助動詞は、「できる」などということは事実に反しているという重要な意味を担っている（この文意の詳細は研究編三六七頁を参照、また次の個別注解⑲8をも参照）。

【翻訳史】 当該箇所の „*könnte*" を、尾高は「できるということ」と誤訳し（尾高訳②：三三頁）、出口は「(知り)うるということ」と誤訳し（出口訳④：三八〇頁）、間場は「できること」と誤訳し（間場訳：五一頁）、中山は「できる」と誤訳し（中山訳：一九一頁）、三浦は「(情報を)得られる」と誤訳している（三浦訳：三九頁）。この五人は、„kann" と „könnte" との違いがわかっておらず、その結果重要な論旨を正反対にねじまげている。あまりにも初歩的かつ致命的な誤訳である。これにたいして、三木は、「いつでも知ることができるといった知識乃至は確信」と訳しており（三木訳：一七頁）、この「といった」に、〈現実からの離反〉というニュアンスがわずかに出ているが、もとより不十分である。

英訳はすべて、この „*könnte*" を "*could*" と訳している（G&M: 139, MJ: 13, RL: 12, GCW: 35, HHB: 342）。As if (as though) を使わず、ただ機械的に „*könnte*" を "*could*" に置きかえるだけで、〈できるかのように思いこまれているが、じつはできないのである〉という接続法第Ⅱ式の含意を英語圏の読者に伝えることができているのだろうか。

（⑲8）【語句・文意・文法】「力が存在しない（es keine Mächte gebe）」の動詞 gebe と、助動詞の「できる（könne）」とは、いずれも接続法第Ⅰ式であり、間接話法をしめしている（研究編三六七頁を参照）。ヴェーバーは、当時一般に蔓延していた科学信仰の有様を、間接話法によって表現しているのであって、ヴェーバー自身が科学信仰に陥っているのではない。当該箇所はほとんどつねに誤読されてきたので、ここをきちんとみきわめることが重要である。

個別注解⑲4でしめしたように、主知化と合理化によってもたらされる事態は、そのなかに生きる人間の知識体系の豊富化ではなく、むしろ不可知なものを既知であるかのように装う自己欺瞞の体系化である。そして主知化と合理化のなかで生きている近代人は、その主知化と合理化にたいする信仰のなかに浸っているのであって、けっして増大する知識をわがものとしているのではない。

この事態をあざやかにしめしているのが、当該箇所の「原理的に（im Prinzip）」である。なるほど、原理的には、あらゆるものを統御することが可能かもしれない。ただし、それは、統御に必要なあらゆる知見を網羅・収集・分析することが可能となった場合のみであり、現実には不可能である。たとえば、全国民の――また全世界の人間の――行動様式・需要・労働力等々をすべて正確に計測できたならば、社会主義計画経済はうまくいくかもしれない。だがそんな条件を満たすことなどとうていありえない。この「原理」と「現実」との背反を――とりわけ当時の社会主義者たちの強弁を念頭に置いて――ヴェーバーは見据えているのである。

【関連記述】この事態は、合理化によってもたらされた諒解的妥当の世界である。『理解社会学論』において、この事態は次のような例示によって説明されている。「帳簿係は、あるいは帳簿主任でさえ、簿記の規則を『知って』いて、その規則に則って、自分の行動を正しい――あるいはまた個々の場合には、思いちがいかごまかしの結果、誤った――適用に導くためには、そうした決まりが考案されるさいに従った合理的原理を覚えている必要がないことは明らかである。われわれが九九を『正しく』適用するためには、たとえば『二から九は引けないので、そこ〔＝上の位〕から一を借りる』という引き算原則の基礎にある代数の諸定理を合理的に理解している必要はない。九九の経験的『妥当』は『諒解妥当』の一例である」（WL6: 471. なお、ヴィンケルマンによって付加された強調を排除した）。そして未開人と文明人とを比較したとき、後者の特殊「合理的」特質は、後者の「日常生活の諸条件、つまりたとえば路面電車かエレベーターか貨幣か裁判か軍隊か医療といったものの諸条件、つまり原理的に合理的な存在の諸条件、つまり合理的な知識・製造・制御の諸条件は、掌握可能な人為的産物であるという一般に定着した信仰――これは『諒解』の性格にとって一定の重要な帰結をもたらす――」に存するのである（ebd.: 473）。

この箇所にかんして、林訳（九一頁）も海老原・中野訳（一二六頁）も文法上納得のいく解釈を提供していない。「原理的に合理的な存在（*prinzipiell* rationalen Wesens）」は二格であって、これを林のように三格に解したり、海老原・中野のように一格に解したりすることはできない。次の „der rationalen Kenntnis, Schaffung und Kontrolle“（合理的な知識・製造・制御の）も、„d. h.“ で繋がれていることから明らかなように、二格であって、三格ではない。

【典拠】科学の進歩が知識の豊富化をもたらさないことは、すでにヘルムホルツが論じていた。専門分化がすすむと、個々の研究者は、自分の研究領域の狭小化とともに、「隣接領域にかんしては不完全な知識しか保持しえない」という事態に立ちいたる（Helmholtz 1896a: 162）。またマリアンネ・ヴェーバーは次のように指摘している。「われわれの知識の宝庫の膨大な増加は、科学における分業の発達のおかげである。しかし他方では、人間文化が物質文化の背後に隠れていくことがわれわれの文化発展の固有性だと、たしかに当然認められたのと同様に、このこと〔＝科学における分業の発達〕によって、客観的知識量の増加にたいして個々人の精神文化の成長がはるかに立ちおくれてしまうという事態が引きおこされたのである」（Weber, Marianne 1906: 25）。

⑲9）【典拠】名詞のEntzauberung（呪力剥奪）と他動詞のentzaubern（呪力を失わせる）は、十八世紀から十九世紀にかけてひろく用いられるようになった。その古い用例として、荒川敏彦は、フリードリヒ・ゴットリープ・クロプシュトックの詩「ツューリヒ湖」（一七五〇年）、フリードリヒ・フォン・シラーの戯曲『オルレアンの少女』（一八〇一年）、クリストフ・マルティン・ヴィーラントの小説„Entzauberung"（一八〇四年）を挙げている（荒川敏彦 二〇〇二：五三頁）。

調べてみると、クロプシュトックは、「ツューリヒ湖」のほか、詩「夢」（一七八二年）のなかでもこの語を用いていることが判明した（Klopstock 2010: 96, 402f.）。また『オルレアンの少女』に先立つ時期に、ゲーテは、シラー宛書簡のなかで動詞„entzaubern"を用いている（一七九九年八月十日付、GWW14: 148）。ゲーテの『詩と真実』のなかにも用例がある（GWH10: 208）。十八世紀のものとしては、一七九三年に刊行された薬学事典中にも用例がある（Hahnemann 1793: 35）。

十九世紀前半になると、さまざまな作品中にこの語が出現するようになる。ヴィーラントは、前出の詩以外にもあちこちで用いており、フリードリヒ・ヘルダーリーンは、詩「ケイローン」（一八〇二〜〇三年）のなかで„entzaubernd"（現在分詞形）を用いている（Hölderlin 1951: 56）。フランツ・グリルパルツァーも„Entzauberung"（一八二四年）と題した詩を書いており（Grillparzer 1969: 161）、フリードリヒ・ヘッベルの『ルビー』（一八三七年の童話と一八五一年の戯曲）のなかにも用例がある（Hebbel 1963: 389, ders. 1970: 47）。クロプシュトックからヘッベルにいたる国民的文学者たちがこの語を用いており、彼らの影響力もあって、この語が十九世紀中頃にはひろく用いられるようになったのであろう。

ゲオルク・ランダウは、マールブルクの古い説話を一八四〇年に紹介したさい、これに„Hexenstücke"（魔女の話）という題を付していたが（Landau 1840: 280）、一八五四年にこれを再録したカール・リンカーは、題を„Entzauberung"に変更している（Lyncker 1854: 260）。このことから、やはり十九世紀中頃にはEntzauberungという語が普及しつつあること、またそれが魔女の呪力を「剥奪する」という活動的ないし破壊的ないし否定的含意を有していることがわかる。

ニーチェが名詞のEntzauberungと他動詞のentzaubernを使用していることはすでに指摘されている（樋口辰雄　一九九八：一九〜二四頁、荒川前掲論文：五三〜五四頁）。彼の著作中の用例を年代順に列挙する。

『反時代的考察』の「バイロイトにおけるリヒャルト・ヴァーグナー」（一八七六年）のなかに、「音楽の魔力を失わせる（die Musik zu entzaubern）」という用例がある（NSWK2: 353）。

一八八三年の遺稿（ツァラトゥストラ断片）中に、「徳の生硬さ、同情と正義とのなかの苦悶、来るべき者たちの友となるための孤立化と流浪。魅了（ein Zaubern）としての創作が、現存するものすべてにかんして幻滅（eine Entzauberung）を引きおこす。最高の手本を前にして気乗りがせず、なさなくてはならないことどもからの離反を招く（entfremden）」という用例がある（断片一六―九番、NWKG7 (1): 527)。この断片は、『著作・草稿集』（ナウマン社一八九七年刊）のなかに含まれているので、ヴェーバーが読んだ可能性がある（NWN2/12: 256）。なお、この断片中では、ヘーゲルとマルクスの重要概念であるEntfremdungも用いられている（この概念については研究編注14を参照）。

『ツァラトゥストラはこう語った』（一八八三～八五年）のなかに、「お前自身はお前のほうで呪力を解かれている！（du selber bist dir entzaubert!）」という記述がある（NSWK6: 283）。

『善悪の彼岸』（一八八六年）第二三九項に、「女の魅力喪失（die *Entzauberung* des Weibes）」という用例がある（NSWK7: 168）。

『この人をみよ』（一八八八年）のなかに、「トリスタン〔とイゾルデ〕の最初の一音が鳴ると同時に、レオナルド・ダ・ヴィンチの異彩はことごとく色を失う（alle Fremdheiten Lionardo da Vincis entzaubern sich beim ersten Tone des Tristan）」という記述がある（NSWK8: 327）。

このように、ニーチェによるEntzauberung, entzaubernの用例は、いずれも否定的な意味を有している。もっとも、これらの用例は、いずれもヴェーバーの用語法とは意味が大きく異なっている。

一方、『力への意志』の次の記述は、Entzauberungという語を用いていないが、ヴェーバーの論旨に通じている。「科学がその度合において優勢になったということは、いかに十九世紀が理想の支配から自由になったかを証明している。願望にさいしてある種の『謙虚さ』があってはじめて、われわれの科学的好奇心や科学的厳密性が可能になる。これが徳のわれわれのありかたである」（NSWK9: 70）。

ヴェーバーの「呪力剥奪」概念の直接の先駆は、ラートゲンの著作中にある。彼は、『日本人の国家と文化』（一九〇七年）の末尾で、日本における資本主義化が国民精神を変質させつつあることを指摘し、「初等学校は天の神性を剥奪し、警察は古い慣習を破壊し、〔資本主義的〕競争は昔からのしきたりを崩壊させている」と述べている（Rathgen 1907: 138）。このなかの「神性を剥奪する（entgöttern）」という他動詞は、ヴェーバーの「呪力剥奪」と同じ意味で用いられている。ここでラートゲンは、„Entgötterung"という事態によって日本の古い精神世界が崩壊しつつあるため、これに代わる新たな国民精神を確立する必要があると考えている（野﨑敏郎　二〇一三：一二〇～一二三、一二九頁）。ハイデルベルクでヴェーバーの同僚であったラートゲンのこの著作は、ヴェーバーが『ヒンドゥー教と仏教』のなかで日本について記述するさいに依拠した最重要文献である。このことはすでに別稿において指摘した（野﨑敏郎　二〇〇五：二七〇頁）。

ヴェーバーが「呪力剥奪」概念をはじめて用いたのが、『宗教社会学』草稿（一九〇九～一四年頃）および『理解社会学論』（一九一三年）だとすると——つまり一九〇七年以前の彼の著作・書簡中に用例がないと仮定すると——、彼は、この用語自体はニーチェや他の文学者たちから借用し、意味内容はラートゲンの „entgöttern" を受けついだと推断できる。彼は、一九〇七年のラートゲンの用語法から学んださい、ニーチェ他の用語法を思いだし、Gott（Entgötterung）よりも意味内容の広い Zauber（Entzauberung）を選んだのではなかろうか。なお、彼は „entgottet"（神を奪われた）という表現も用いている（段落㊳要説（四ａ）を参照）。

ルカーチは、『小説の理論』第二章のなかで、ある心性は、ア・プリオーリな実在要求と現実とが合致しないことを、「実在が呪力に覆われているという事態」とみなしており、この事態は「悪しきデーモンによってもたらされたもので、この呪力を解く言葉を発見するか、呪力と勇敢に闘争することによって、呪力剥奪と救済へと導かれるかもしれない」と述べている（Lukács 1920/71: 83）。ここでは、ヴェーバーの思想と用語法とがルカーチ流に読みかえられている。

なお、ヘーゲルの一八二四／二五年冬学期「自然法と国家学」講義中で、「営業の自由による市民社会の束縛解放（die Entfesselung der bürgerlichen Gesellschaft durch die Gewerbefreiheit）」について論じられている（Hegel 1973: 627）。この講義録は、ヴェーバーの時代にはまだ公刊されていなかったが、Entfremdung（entfremden）, Entfesselung（entfesseln）, Entzauberung（entzaubern）, Entgötterung（entgöttern）という一連の類語が、十九世紀から二十世紀にかけて、さまざまな論者によってさまざまな意味で用いられていたことがわかる。

【研究史】「呪力剥奪」概念の重要性については、とくにカール・レーヴィットがその論稿「マックス・ヴェーバーの学問への構え」（初出一九六四年）のなかで強調している（Löwith 1988: 419-447）。レーヴィットがこの概念に着目したのは非常に早く、『職業としての学問』の再講演（一九一九年）を直接聴いた彼は、翌一九二〇年夏頃に刊行されたエーリヒ・カーラーの『学問の職分』におけるヴェーバー批判を読み、さっそく同年九月十五日付カーラー宛書簡において反批判を展開し、Entzauberung 概念の含意と重要性をカーラーが見過ごしている点を鋭く衝いている（DLAM/A:Kahler, 91. 88. 71/1-12）。

ヴェーバーにおけるこの概念構成の由来と用例、またその含意と重要性については、ヴィンケルマンが立ちいって考証している（Winckelmann 1980）。

【翻訳史】マリアンネ・ヴェーバーの著した伝記を訳出した大久保和郎は、Entzauberung にたいして、「魔術からの解放」（LB1: 338, LB2: 368, 大久保訳：二五六頁）と「呪力剥奪」（LB1: 692, 694, LB2: 733, 735, 大久保訳：五〇九、五一〇頁）という二種類の訳語を与えている。「呪力剥奪」という訳語の初出情報をいま確認しえないが、大久保が、この訳書の分冊版第二巻を一九六五年に刊行したときにはじめて用いたのかもしれない。これについては山之内靖が指摘している（山之内靖　一九九三：一〇七頁）。

（⑲10）【語句・文意・文法】ここと次の文の末尾とを「ことになります」としたのは、個別注解⑲7にしめした „*könnte*" の含意を踏まえてのことである。現世が、もはや神秘的で計測不能な力によって支配されておらず、技術的な手段と技術的な計測によって万物を統御できるというのは、あくまでも主知主義の見解（主知主義的妄想）であって、ヴェーバーの見解ではない。すこし前に記されている「計測によって万物を統御できる」の「できる」は接続法第Ⅰ式（könne）であり、これは間接話法をしめしている。このことからも、この見解が彼のものでないことが明らかである（研究編三六七頁を参照）。

「もはや霊を鎮めるか霊に乞うために呪術的な手段に手を伸ばす必要はない」という節の主語は三人称の man である。これはヴェーバー以外の人々を指す。彼は、〈私はよくわかっているのだが、世間の人々はわかっていない〉という含意を表現するために、〈自分以外の不特定の人〉を意味する不定代名詞 man を頻用しており、これはこの講演中でもいたるところにみられる。

【翻訳史】「もはや霊を鎮めるか霊に乞うために呪術的な手段に手を伸ばす必要はない」の主語 man を、尾高・中山・三浦は「われわれ」「わたしたち」「私たち」と誤訳し（尾高訳②：三三頁、中山訳：一九一頁、三浦訳：三九頁）、出口は「現代人」と誤訳している（出口訳④：三八〇頁）。これにたいして、間場と三木は「人」と訳している（間場訳：五三頁、三木訳：一七頁）。

（⑲11）「呪力剥奪」によって科学信仰が顕現するという事態について、シュルフターは、「現世の呪力剥奪が、現世の呪力再興（Wiederverzauberung）への欲求を惹起していることは明らかだ」と指摘し、この段落⑲においてヴェーバーが鋭く衝いた《呪力剥奪のパラドックス》に注意を促している（Schluchter 2009: 12）。

段落⑳㉑（A16f., B594f., C87f., D19–21）

⑳さてしかし、それでは、西洋文化において何千年ものあいだ続いてきたこの呪力剥奪過程は、また科学が要素および推進力として他のものとともに組みこまれているこの「進歩」はそもそも、このまったく実践的なものやこのまったく技術的なものを凌駕するなんらかの意味を有しているのでしょうか。諸君が知っているように、この問いは、レフ・トルストイの作品[⑳1]のなかで、もっとも原理的なかたちで投げかけられています。彼は独特のやりかたでこれを問うにいたりました。彼の苦悩の全問題は、死が有意味な現象であるか否かという問いをますます巡るようになりました[⑳2]。そして彼にあっては、文化人間[⑳3]にとっては否であるというのが答です。そしてたしかに、「進歩」のなかに、つまり無限なるもののなかに投げいれられた個々の文明化された生《せい》が、たしかにそれ自身に内在する意味にしたがうと、いかなる終結をももつことが許されないと推察される[⑳4]がゆえに否なのです。というのは、進歩のなかにいる者の前方に、たしかにつねになおいっそうすすんだ進歩が存しており、死する存在は誰も、無限のなかにある高みに立つことがないからです。アブラハム[⑳5]あるいは誰か古い時代の農民[⑳6]は、「老いて満ちたりて」死にました。なぜなら、彼は生《せい》の有機的循環のなかにいたから、つまり彼の生《せい》も、その意味に則って、それが提供しうるものを、彼の人生の黄昏において彼にもたらしたから、つまり、彼には、解くことを欲するような謎がなにも残っておらず、それゆえ「十分」生きることができたからです。これにたいして、文化人間は、さまざまな思想・知識・問題をともなう文明の持続的豊富化のなかに投げいれられており、

彼は、「生きることが疎ましくなる」[⑳7]ことはありますが、生きることに満足することはありません。というのは、彼は、精神生活がたえず新たに産出するものから、じつにちっぽけな部分のみを、またつねにたんに暫定的なもののみを捕らえ、なんら最終的なものを捕らえることはなく、それゆえ死は彼にとって無意味な出来事だからです。[⑳8]そして死が無意味であるがゆえに、文化生活そのものもまた無意味であり、文化生活は、まさにその無意味な「進歩性」によって、死を無意味だと刻印するのです。トルストイ文芸の基調であるこの思想は、彼の後期小説群のいたるところに現れています。[⑳9]

㉑このことにたいして、どのような態度がとられているのでしょうか。「進歩」そのものが、技術的なものを超えるはっきりした意味を有していて、進歩に与ることが、はたして、それによって有意味な使命となるとでも言うのでしょうか。この問いを投げかけなくてはなりません。さてしかし、これは、もはや科学にとっての使命についての問いにとどまっておらず、それゆえ問題は、科学に身を捧げる者にとって、使命としての科学はなにを意味するかではなく、たしかに別の問い、つまり人間の生《せい》総体の内部において科学の職分はどのようなもので、科学にはどんな価値があるのかという問いです。

段落⑳㉑要説

（一）

呪力剥奪状況の問題性が明らかになったので、つぎに、呪力剥奪過程にはいったいどんな意味があったのかが問われ、また、主知主義に絡めとられ、呪力剥奪状況下で生きている現代人＝文化人間が、どのような問題を抱えこまざるをえなくなっているのかが剔られる。

神の意思に背き、人間の賢しらによって生みだされたさまざまな文化的所産に絡めとられて生きている文化人間にとって、生《せい》と死の意味問題は、けっして解くことのできないアポリアである。とりわけ科学・科学技術という文化的所産の生産や管理に直接係わっている科学者・技術者や、後出のイヴァン・イリイチのような法制官僚は、「進歩」する文化的所産の無限系列の只中に組みこまれており、呪力剥奪下の「進歩」すべてがそうであるように、意味への回答をけっして見出すことができないのである。

段落⑳と同一の論旨は、「中間考察」中にみることができる。「人間の存在内容の総体が、農民の存在の有機的円環軌道の外へと逸脱すること、つまり知的文化内容であれ、超個人的と価値選択されているそのほかの文化内容であれ、種々の文化内容をともなって生活がどんどん豊富化されていくことは、生活内容がたんなる素朴な所与のものから離脱することを通じて、同時に性愛の特別な地位を高める方向へと作用する。」「文化人間へといたる純粋に現世内的な自己完成が無意味であること、すなわち『文化』は究極の価値へと還元されうるように〔一見〕思われた〔けれども、まさにその〕究極の価値が無意味であることは、宗教的思惟にとって、――まさにあの現世内的な立場から観察すると――死が明らかに無意味であることからの帰結であり、死は、まさに『文化』の諸条件のもとでは、生《せい》の無意味性にたいして最終的な刻印を押すと思われた。農民は、アブラハムのように『生きることに満ちたりて』死ぬことができた。封建領主も英雄戦士もそうだった。というのは、彼らはいずれも自分の存在の円環軌道を充足させ、この軌道の外へと逸脱することがなかったからである。彼らは、彼らの生活内容の素朴な一義性からの帰結として、このようにそれぞれのやりかたで現世内的完結へといたることができた。しかし、『文化内容』に習熟するという意味において、あるいはそれを創造するという意味において、自己完成をめざしてあがく『教養ある』人間にはこれができなかった。たしかに彼が『生きることが疎ましくなる』ことはあったであろうが、ひとつの円環軌道を完結させるという意味において『生きることに満ちたりる』ことはなかったことであろう。というのは、彼の完結可能性は、文化的所産の完結可能性と同様、まさに原理的に無限のもののうちへと進入していったからである」(MWGI/19: 504, 518)。

段落⑳および「中間考察」に登場する「農民」は、直接には、トルストイの小品『三つの死』(一八五八年)およびこの作品にかんするトルストイの書簡に登場する農民フョドールを指している。『三つの死』は、貴婦人と農民と木の死を描いており、ヴェーバーは、これをドイツ語訳『トルストイ著作集』によって読んでいる(TGWI-4: 304-328)。フョドールは、御者セリョーガに長靴を貸したあと、石碑を設置するよう依頼し、「もうわしは死ぬときが来たんだよ——それだけだ」と言いのこし、明け方に静かに死んでいく。

この作品にかんするトルストイの書簡(アレクサンドラ・トルスターヤ伯爵夫人宛、一八五八年五月一日付)は、ヴェーバーがここで語っている「農民」の生《せい》と死とはどのようなものかをわれわれに教えてくれる。「農民が安らかに死ぬのは、要するに彼がキリスト教徒ではないからです。慣習通りにキリスト教の儀式すべてに参加しているとはいっても、彼の宗教はまったくの別物です。彼の宗教は、彼が共に生きてきた自然です。彼は木を切り、ライ麦を蒔き、これを刈り、雄羊を屠殺し、雄羊は彼のところで生まれ、〔それと同様に人間の〕子供たちは彼のところで生まれ、老いた者は死にます。そして農民はこの法則を承知しており、貴婦人のようにそこから逸脱したことはけっしてなく、彼はまっすぐに素直にこの法則に視線を向けていました。あなたは彼のことを“une brute”〔粗野な人〕だとおっしゃることでしょう。しかしそれなら、“une brute”でなぜいけないのですか。“Une brute”は、幸福と美、また全宇宙との調和であり、貴婦人のような不調和ではありません。木は安らかに、正直に、美しく死にます。それが美しいのは、それが偽らず、顔を歪めることなく、恐れず、悔いることもないからです」(Tolstoi 1913: 115)。「老いて満ちたりて」死んだ古い時代の農民とは、まさにこの“une brute”のことである。

この書簡は、ドイツ語版『トルスターヤ伯爵夫人との往復書簡集』(一九一三年刊)に収録されている(ebd.: 112-116)。しかもルカーチが、『小説の理論』(初出一九一六年)のなかでこの書簡を(いくらか省略しながら)引用している。引用に先立って、ルカーチは次のような短い評注を付している。「真に叙事詩的で、どの小説形式からも隔たっているトルストイの偉大な心性は、ひとつの生《せい》をめざしてすすんでいく。この生《せい》は、同一の感情をもつ人々、単純で、内的に自然に結びついた人々の共同生活に根ざし、自然の偉大な律動に密着し、誕生と死滅という自然の拍節のなかで立ち居振るまい、素朴でない形態の細々した切れ切れのもの、そうした形態の堕落させる硬直したものすべてをみずからのうちから排除する」(Lukács 1920/71: 130)。

ヴェーバーは、ルカーチのこの著作を読んで批評を加えているから（MWGII/9: 495-497）、当然ルカーチによるトルストイ引用を読んでいる。ルカーチは、この当時足繁くヴェーバー家に通って文学談義に花を咲かせていた。ルカーチがこの書簡をみつけてヴェーバーに提示したのか、ヴェーバーがみつけてルカーチにしめしたのかは定かでないが、どちらにせよ、ヴェーバーが――ルカーチによる引用のみならず――『往復書簡集』そのものを読んだ可能性は非常に高い。この書簡集はハイデルベルク大学に所蔵されている。

段落⑳の末尾でヴェーバーが念頭に置いているトルストイの作品は、『イヴァン・イリイチの死』（一八八六年）『主人と下男』（一八九五年）をはじめとする後期の作品群であろう（TGW1-7: 6-114, 214-306）。また右にしめした『三つの死』もその先駆的作品とみることができよう。

『イヴァン・イリイチの死』は、ヴェーバーの視座からみると、そこに典型的な文化人間の死の理不尽な有様をまざまざと読みとることができ、『職業としての学問』の論旨と重ねあわせて読むと興味深い。イヴァン・イリイチは、法体系と法務組織との主知主義的合理化がすすむなかで、それにみごとに適合して業績を上げた法制官僚であり、家庭という合理化のすすんでいない領域ではいささか手こずりながらも、職場の人間関係においても、上流社会とのつきあいにおいても、ほとんど理想的な文化人間として振るまうことができた。そしてその彼にあっても、生《せい》と死の問題は、まったく解くことのできないアポリアでありつづけたのである。

これにたいして、『主人と下男』の下男ニキータは、吹雪のなかで道に迷い、動くことができなくなったとき、平静に考えを巡らすことができた。「今夜、自分はもしかしたら、いやそれどころか高い確実性をもって死ぬにちがいないという考えが浮かんだが、この考えがとくに不愉快だともとくに恐ろしいとも思わなかった。この考えが彼にとってとくに不愉快ではなかったのは、彼の全生涯が間断のないお祭りではなく間断のない奉仕であり、これにかんして疲れはじめていたからだった。またこの考えが彼にとってとくに恐ろしくはなかったのは、いま自分が仕えているヴァシーリー・アンドレーイチのような主人たちとは別に、自分にこの生《せい》を与えてくださった至高の主人があって、この生《せい》において、自分がこの主人に従属しているということを感じていたからであり、そして死ねばこの主人の力の下にとどまること、またこの主人はけっして不正をしないことを知っていたからだった」（TGW1-7: 285）。この下男ニキータと、前出の農民フョドールとが、文化人間の対極に位置していることは明らかである。

（二）

段落㉑の論旨は、ヘルムホルツの科学観との対決の様相を帯びている。ヘルムホルツによると、「個々人と同様、一世代の人々もまた死滅するという考えに耐えなくてはならない」のだが、その世代は、「高尚な人倫的課題」を担っており、その課題の「完遂（Vollendung）」をもってみずからの「使命（Bestimmung）」を果たすものとされている（Helmholtz 1896a: 83）。これにたいしてヴェーバーは、課題の完遂によって使命が全うされることなどありえず、科学は人間の文化生活を無意味化するものだと主張するトルストイの見解をひとまず支持するのである。さてそれでは、いったいいつから生《せい》と死が無意味なものと化したのか、また人間の生《せい》総体とかかわらせると、いまなお科学にはどんな価値があるのかが問題になる。

　こうしてヴェーバーは、科学の使命についての考察を、その進歩する科学の枠内で考察することから踏みでて、人間の全生活過程において、つまり人類史において科学はどのような価値を有するのかという巨視的な考察へと移行する。そこで、段落㉒以下において、科学発展史を概観し、その意味づけをすすめる。

段落⑳㉑への個別注解

（⑳1）**【典拠】**ヴェーバーがここで念頭に置いているトルストイの著作は、「進歩および教育の定義」（一八六二年）、『懺悔』（一八七八～八二年）、『なにをなすべきか』（一八八二～八六年）、『生《せい》について』（一八八九年）、『芸術とはなにか』（一八九七～九八年）などである（TSW1-8: 209-262, TGW2-1, TSW1-3/4, TGW2-7, Tolstoj 1902）。

　トルストイの科学観・科学者観には、ポアンカレが、『科学と方法』第一篇第一章冒頭部において着目している。事実の選択という問題を前にすると、「科学のための科学」という観念自体が成りたたないというトルストイの批判を受けて、ポアンカレは、科学はいかにして事実を選択しうるか、また選択すべきかを論じている（段落⑰要説を参照）。したがって、当該箇所におけるトルストイ参照は、同時にポアンカレ参照でもある。

（⑳2）**【典拠】**原文では „sich um et.^{4} drehen" が用いられている。これは〈あるものの周りをぐるぐる回る〉という意味であり、トルストイの思考が、死の意味をめぐって堂々巡りを繰りかえしていることを指している。この表現にぴったり合致する著作が『懺悔』であることは疑いを容れない（TGW2-1）。このトルストイの半自伝的考察においては、生《せい》と死の意味を問いかけ、意味ある生《せい》と意味ある死を追いもとめ、さまざまな試みを繰りかえし、しかしつねに最初の問いかけに戻らざるをえず、近代科学と近代文化人間の諸領域にあっては求めるものがけっして得られないないことを悟り、ついに近代知からの訣別へといたる彼の苦悩に満ちた姿が生々しく綴られている。

【翻訳史】原文はまったく単純明快であり、当該箇所の „drehen" の用法は、„die Erde dreht sich um die Sonne"（地球は太陽の周りを回る）とまったく同一である。ところが、この „sich um et.^{4} drehen" を、尾高は「帰着する」と誤訳し（尾高訳②：三四頁）、出口は「集中していった」と誤訳し（出口訳④：三八一頁）、間場は「向かって行った」と誤訳し（間場訳：五三頁）、中山は「収斂していきました」と誤訳している（中山訳：一九二頁）。いずれにあっても、死が有意味な現象であるか否かという問い〈の周りをぐるぐる回る〉という意味が捉えられておらず、その問い〈のほうへ向かっていく〉かのように誤読されていて論外である。

　これにたいして、三木は、「彼の思い悩んだ問題はすべて、死というものはなんらか意味ある現象であろうか、それとも否かをめぐっており、それが晩年になるほど一層切実となったのであります」と正訳し（三木訳：一八頁）、三浦も、「彼は、果たして死には意味があるのかという大問題をめぐってずっと頭を悩ませ苦しんでいました」と正訳している（三浦訳：四〇～四一頁）。

　英訳では、"revolve around" または "brood about" によって、トルストイの苦悩が、死の問題を〈ぐるぐる巡っている〉という含意が正しく表現されている（G&M: 139, MJ: 14, RL: 13, GCW: 36, HHB: 342）。

（⑳3）**【語句・文意・文法】【関連記述】**「文化人間（Kulturmensch）」とは、主知化と合理化を基軸とした文化世界のなかに意識的に自己を定位している人間のことであり、文化的所産に奉仕し、したがって終焉のない発展過程のなかの一極小部分として自己を自覚している人間を指す。

『客観性論』においては次のように述べられている。「あらゆる文化科学の先験的前提は、」「われわれが、現世にたいして自覚的に態度をとり、現世に意味を付与する能力と意志を授けられた文化人間であるということである」（WL6: 180）。

後出個別注解㉙1**【付帯状況】**に記すヴィンデルバントの記述によると、キュニコス派のように、文化的所産を排斥すると、「自然人間（Naturmensch）」と化すことになる（Windelband 1892/1907: 68f.）。ここからわかるように、「文化人間」の反対概念は「自然人間」である。

Kulturmensch は、「文化人」とはまったくの別物なので、それと区別するため、徳永恂に倣って「文化人間」という訳語を採用する（浜島朗・徳永恂訳『現代社会学大系五 ウェーバー社会学論集――方法・宗教・政治――』青木書店、一九七一年、二七五頁）。細谷貞雄は「文化的人間」と訳している（細谷貞雄 一九七五：五〇頁他）。

【典拠】段落⑰要説で引用した箇所において、ニーチェは、文化に絡めとられている西洋人を「文化によって軟弱化した者（Kultur-Zärtling）」と評している（NSWK9: 65）。これが Kulturmensch の直接の典拠であろう。

当該箇所でしめされている「文化」は、トルストイにとって、人間を堕落させてきたものにほかならない。「われわれが文化と呼んでいるもの、つまりわれわれの科学、われわれの芸術、生活利便性の洗練化といったものはすべて、人間の倫理的・自然的欲求をはぐらかす試みであり、衛生学や医学と呼んでいるものもすべて、人間の本性《ほんせい》の自然的・肉体的要求をはぐらかす試みである」（TSW1-4: 199）。

（⑳4）**【語句・文意・文法】**「許されないと推察される」と訳したのは „dürfte“ である。助動詞 dürfen の接続法第Ⅱ式は、話し手の慎重な判定を表している。

（⑳5）**【典拠】**「アブラハム」は聖書からの引用である。「アブラハムは長寿を全うして息を引き取り、満ち足りて死に、先祖の列に加えられた」（『創世記』二十五：八）。

（⑳6）**【典拠】**要説（一）に記したように、この「農民」は、直接には、トルストイの小品『三つの死』（一八五八年）に登場する農民フョードルを指している。またこの作品にかかわるトルストイのトルスターヤ伯爵夫人宛書簡は、原久一郎訳『トルストイ全集第一巻』（春陽堂書店、一九六六年）の「解題」（一〇七六～一〇七七頁）のほか、川端香男里の『トルストイ』のなかでも訳出紹介されている（川端香男里 一九八二：二四～二五頁）。

（⑳7）**【典拠】**これはトルストイからの引用である。『懺悔』のなかで彼は次のように述懐している。「健康で、幸運にも恵まれた人間である私は、もはや生きていくことができないのではないかという感情を抱いた」（TGW2-1: 32）。また『主人と下男』のなかで、下男ニキータに、自分の人生が「間断のない奉仕であり、これにかんして疲れはじめていた」と語らせている（TGW1-7: 285）。

⑳8）【典拠】ルカーチは、『小説の理論』において次のように論じている。「ギリシャ人が形而上学的な生《せい》を送っていた圏域は、われわれのそれよりも小さかった。だからわれわれはみずからをこの圏域に移しいれることがけっしてできない。〔あるいは〕もっときちんと表現すると、この圏域の閉鎖性は、ギリシャ人の生《せい》の先験的な存在形態を形成しており、われわれにあってはこの圏域が破砕されている。われわれは、もはや閉じられた世界の内部で息づくことができない。われわれは精神の創造力を捻出した。だからわれわれにとっての理想像は、その具体的自明性を再現不可能なものとして失っており、われわれの思考は、けっして完全に成就されることのない接近という無限の道を歩む。われわれは形成作用を捻出した。だからわれわれの手が疲れ、絶望して放してしまうものすべては、最終的な完結をつねに欠いている。」「われわれの世界は無限に肥大化し、どの片隅をみても、賜物もリスクも、ギリシャ人のそれよりも豊かになっているが、この富は、彼らの生《せい》を支えていた積極的な意味を、つまり総体性を放棄しているのである」（Lukács 1920/71: 25f.）。これが主知主義的文化生活の悲劇であり、無限の接近という進歩のなかに住む者は、最終的な完結を断念し、総体性を放棄せざるをえない。

『小説の理論』は一九一六年に公にされたものなので、ここではひとまずこれを「典拠」としてあつかっているが、『小説の理論』の内容は、この当時ヴェーバーとルカーチとのあいだで（またマリアンネ・ヴェーバーも交えて）展開されていた討論を踏まえて醸成されたものだと考えるのが至当であり、したがって、この論旨のプライオリティが、ヴェーバーとルカーチとマリアンネのいずれにあるのかを判定するのは困難である。

⑳9）【付帯状況】トルストイの死生観にかかわるヴェーバーの論点は、ヴェーバー夫妻とルカーチとの討論のなかで醸成されたものだと思われる。ホーニヒスハイムによると、ヴェーバーがルカーチと議論するなかで、トルストイがしばしば引き合いに出されており、「ヴェーバー家での議論には、トルストイやドストエフスキーが実際そこにいたと言っても過言ではないほど」だった。ルカーチの議論にはロシアの宗教意識やロシア文学が重要な位置を占めており、またブロッホとの議論においてはしばしばドストエフスキーが話題になった。山上の垂訓とトルストイの生活態度とについて、ヴェーバーは立ちいって論ずる必要を感じていたが、それは、「二つの律法のはざま」にかんするゲルトルート・ボイマー宛書簡のなかでごく限られたかたちで述べられるにとどまった（MWzG: 240f.）。

段落㉒㉓（A17f., B595f., C88-90, D21f.）

㉒ さてそこで、過去と現在との対立はじつに大きなものですね。プラトンの『ポリテイア』第七編冒頭[㉒1]のすばらしい表象を思いだしてごらんになると、あの鎖に繋がれた洞窟の人々の顔は、面前の岩壁に向けられており、背後には光源があります。彼らが光源をみることはできず、それゆえ自分の姿が壁に投影された影像のみを観察し、その影像の関連性を究明しようと試みています。〔しかし〕その後、彼らのうちのひとりが鎖を解くことに成功し、それから彼が振りむくと、太陽が目に入ります。まぶしくてそこ

いらをふらふら歩き、口ごもりながら、みたもののことを話します。他の者たちは、彼がまちがっていると言います。しかし、しだいに彼は光をみることができるようになり、そのとき、洞窟の人々のほうへ下りていき、彼らを上の光へと導くことが彼の課題です。彼が哲学者であり、一方太陽は科学の真理です。科学だけが、見せかけの形象や影を捕まえようとはせず、真の存在を捕まえます〔というのがプラトンの考えです〕。

㉓なるほど、今日《こんにち》、誰が科学に向かってこのような態度をとっているのでしょうか。今日《こんにち》、まさに若者の感覚は、おそらくむしろ逆でしょう。〔若者のイメージによると、〕科学の思想像は、現世の背後にある人為的抽象概念の王国であり、その概念は、現実生活の血と体液とをひからびた手で捕まえようとしていますが、なにせこれまでそれを捕らえたことはありません。一方、此岸〔＝現世〕の生《せい》において、つまりプラトンにとっては洞窟の壁に映じた影絵遊びであったものにおいて、現実の実在が脈打っています。彼岸〔＝神の国〕の生《せい》〔＝プラトンが真の存在としたもの〕はこの実在から導出されており、実体のない霊やその他のものは虚構です〔というのが若者のイメージです〕。いかにしてこの逆転が生じたのでしょうか。[㉓1]『ポリテイア』におけるプラトンの情熱的熱中は、結局当時まずあらゆる学問的認識作用の主要な方法のうちのひとつのものの意味が、つまり概念の意味[㉓2]（Sinn）が自覚されていたことから説明がつきます。概念は、ソクラテスから、ソクラテスの影響下で発達してきています。世界をみると、彼からだけではありません。インドにおいて、アリストテレスの論理学と非常によく似た論理学の萌芽をみることができます。しかし、〔概念の〕意義（Bedeutung）をこのように自覚していたところは〔ギリシャ以外には〕どこにもありませんでした。[㉓3] ここ〔＝古代ギリシャ〕においてはじめて手に入ったと思われる手段をもって、誰かを論理的万力に押さえつけることができたので、この者がここから逃れるには、自分がなにも知っていないことを認めるか、これ以外の何物も真理ではないことを認めるかしかなかったのです。言いかえると、この真理は、〔洞窟内の〕視野の狭い人間の行為や営みとはちがって、けっして消えてしまわないはずの永遠の真理だということになります。これが、ソクラテスの門下生たちが納得したたいへんな体験だったのです。そしてこの体験から生じた帰結は、美なるものか善なるものか、あるいはたとえば勇気か魂か——なんであれ——そういった適切な概念をみつけたかぎりにおいて、そのとき美なるもの等々の真の存在をも理解することができるということであり、また人生において、とりわけポリス市民として、いかに正しい行いをするかを知り教える術を、またしてもこの体験が提供してくれると考えられていました。というのは、徹頭徹尾ポリス本位[㉓4]にものを考えるギリシャ人にとって、すべてが、〔いかに正しい行いをするかという〕この問いにかかっていたからです。それゆえ科学が営まれたのです。

段落㉒㉓要説

呪力剥奪過程の問題性が明らかになったので、今度は、いったいなぜ人間はこうした状況に立ちいたったのかが問題となる。そこで、この段落㉒から、呪力剥奪史としての科学史の展開過程が辿られる。まず古代ギリシャである。

（二）

　ヴェーバーは、呪力剥奪の起源を、ギリシャ哲学における概念の発達にみている。それを端的にしめすものとして、彼はプラトンの『ポリテイア』第七巻の冒頭に置かれている「洞窟の比喩」を取りあげる。地下洞窟のなかに、子供のときからずっと縛られたままの人々がいて、彼らは、動くこともできず、うしろを振りむくこともできない。彼らはただ、後方（上方）にある火（光源）から差してくる光によって、さまざまなものの影が、前方（洞窟の奥）にある壁に投影しているのをみることができるだけである。すると彼らは、壁に投影している影を実体だと信じこむにちがいない。しかし、「彼らの一人が、あるとき縛めを解かれたとしよう。そして急に立ち上がって首をめぐらすようにと、また歩いて火の光のほうを仰ぎ見るようにと、矯正されるとしよう。そういったことをするのは、彼にとって、どれもこれも苦痛であろうし、以前には影だけを見ていたものの実物を見ようとしても、目がくらんでよく見定めることができないだろう」。そして彼は、見慣れたもののほうへと逃げかえろうとするかもしれない。しかし、もしも誰かが彼をその地下から引きずりだし、さらに最大の光源である太陽をもみることができるようになれば、彼は、「この太陽こそは、四季と年々の移り行きをもたらすもの、目に見える世界におけるいっさいを管轄するものであり、また自分たちが地下で見ていたすべてのものに対しても、ある仕方でその原因となっているもなのだ」と推論するようになるだろう。そして最後には、もはや元の地下に自分の座を占めることができなくなり、地下に居続ける者たちからみれば、「あの男は上へ登って行ったために、目をすっかりだめにして帰ってきたのだ」「上へ登って行くなどということは、試みるだけの値打ちさえもない」ということになるだろう（プラトン⑪：四九二～四九八頁）。

　ヴィンデルバントは、その著『プラトン』のなかでこの比喩に言及している。「地上において、われわれは、縛られて暗い洞窟のなかで生きていて、その洞窟の壁面にただなにかの影像がかすめて過ぎていくのをみることしかないようである。『ポリテイア』の有名な比喩がしめすように、そこから上方へと続いている道は険しく難渋で、それは、善のイデアが生命を与えつつ輝いている光明の世界へといたるのであり、この道は哲学的認識の道にほかならない」（Windelband 1900/20: 141）。

　ヴェーバーがここでプラトンの洞窟の比喩を取りあげたのは、ひとつにはこのヴィンデルバントの記述を受けているのだが、もうひとつ、トルストイが、『生《せい》について』のなかで、「洞窟の比喩」を念頭に置いて、次のように論じていたことが重要である。「思いおこされるのは、影像をみせ、観客が錯覚を抱き、その錯覚をそのままにしておこうと望む人間である。『影像の現れるところ以外はどこにも目を向けないでください。なにより、対象そのものをみないでください。なんといっても、対象などありはせず、あるのは反映した像だけです』と彼は言う」（TGW2-7: 53f.）。トルストイは、プラトンを換骨奪胎して、映像をみせて民衆をたぶらかす詐欺師の姿を描いている。ヴェーバーは、段落㉓で、プラトンとは逆に、実体のない霊やその他のものは虚構だとみるドイツの若者たちの意識を取りあげているから、この若者たちの姿に、トルストイの議論を重ねているのであろう。

　プラトンが、見せかけの形象や影ではなく、真の存在を捕まえようとしたのは、もちろん彼のイデア論にかかわっており、ヴィンデルバントは、これについて次のように解している。「プラトンにとって、イデアは、諸概念によって認識される非実体的存在である。つまり、この諸概念のうちにソクラテスが学問の本質を見出したのであり、この諸概念そのものは知覚可能な現実中に与えられていないので、それらは現実とは異なった独自に存在する『第二の』つまり『別の』現実を成しているにちがいないのである。この非物質的現実の物質的現実にたいする関係は、存在の生成にたいする関係、恒常的なものの変化するものにたいする関係、単一のものの多様なものにたいする関係と同様であり、要するに、パルメニデスの世界のヘラクレイトスの世界にたいする関係と同様である。普遍的諸概念によって認識される道徳的知識の対象は、真に存在するものであって、倫理学的・論理学的・自然学的原理（ἀρχή）と同一である」（Windelband 1892/1907: 96）。ヴェーバーは、イデアにかんして、ヴィンデルバントのこの解釈に依拠していると思われる。

（二）

　つぎにヴェーバーは、ソクラテスにおける概念の意義を論じ、古代ギリシャにおける概念の意義の自覚が、これ以後の呪力剥奪過程にとって重要な意味をもったことを指摘する。また併せて、古代ギリシャにおいては、哲学研究・科学研究がポリスの具体的現実における生《せい》と不可分に結びついていたことをも指摘する。

　この箇所の読解にさいしては、ポリスにおける生《せい》の現実とはどのようなものなのかを把握することが重要である。古代ギリシャ社会の基本性格について、ヴェーバーは次のように述べている。「合理的に属人性が排除された（versachlicht）目的共同行為がさほど行きわたっていないという諸条件のもとでは、純粋に合理的に創出されたものも含めて、ほぼあらゆる目的共同関係が、『種族的』共属信念を基礎とする属人的兄弟盟約の形式のなかで優勢となるゲマインシャフト意識を引きよせる。古代ギリシャ人にとっては、依然として、なおも非常に恣意的に実施されていたポリスの編制はどれも、すくなくとも祭祀ゲマインシャフトを備え、しばしば想定上の先祖をもつ属人的団体へと形成された」。しかしこうした事情は、「古代ギリシャのポリスが、実質的に、あるいはその形成期において、部族国家または氏族国家であるのが通例だったことを意味しておらず、それは、そもそも古代ギリシャにおけるゲマインシャフト生活の合理化の進展度が全体として低かったことの徴表である。逆に、古代ローマの政治的ゲマインシャフト関係における古い型通りの下位区分（クリア）が、種族的な起源があるのではないかと推察されるような宗教的意味を、低い程度にしか帯びていないということは、そのゲマインシャフト関係の合理化が〔古代ギリシャよりも〕はるかに進展していたことをしめす徴表なのである」（MWGI/22-1: 175f.）。

　またアテネ市民が最重要視していた利害関係について、ヴェーバーは次のように述べている。「アテネ市民は――そして市民だけでなく他の人々も――経済的には戦争で生計を立て、戦争は市民に俸給を提供し、勝利した場合には〔属国〕臣民の貢納を提供し、この貢納は、人民集会、公判審理、公式の祝宴への参加手当というほとんど公然たる形式で、事実上完全市民に分配された。この地では、帝国主義的政策と帝国主義的勢力への利害が、どの完全市民にも明瞭化されていたのである」（MWGI/22-1: 238）。

ヴェーバーは、一八九六年の講演「古代文化没落の社会的原因」において、古代ギリシャにおける戦争の意義について語っている。「古代の戦争は同時に奴隷狩であり、戦争は奴隷市場に絶えることなく取引材料を供給し、こうして未聞のしかたで不自由労働と人間集積を促進します」(MWGI/6: 105)。古代ギリシャの経済基盤は、不自由労働に依拠した経営であり、この経営の発達・拡大にとって、不自由労働力（奴隷）の不断の調達が不可欠であった。そしてその労働力の調達手段が戦争にほかならない。

このように、ゲマインシャフト関係の合理化がさほどすすんでいない段階にあったギリシャの完全市民は、帝国主義的利害によって、ポリスへの共属信念を堅持していた。とりわけその共属信念を確認し、ゲマインシャフト意識をたえず強化したのは戦争であった。戦争による不自由労働力の調達がポリス経済の基盤であったから、ポリス経済を支えたこの戦争にかかわる利害は、あらゆる完全市民の共通利害であり、戦勝にともなう利益はすべての完全市民に分配された。こうして市民たちは、ポリスの利害をみずからの利害と一致させようとする強固な志向性の持ち主になった。彼らは、つねにポリスのために考察し、つねにポリスのために行動することによって、みずからの利害を実現させようとする独特の思考枠組に準拠していた。「ポリス本位に」ものを考えるということは、こうした意味を有しているのである。

このように、哲学的思惟を、その時代の社会背景と関連づけることは、『宗教社会学論集』等にも通底するヴェーバーの重要な歴史研究方法論のひとつである。

段落㉒㉓への個別注解

(㉒1)【典拠】『ポリテイア』のドイツ語訳は何種類かある。シュライエルマッハー版は幾度も版を重ね、また再刊されており、また一九一六年には、オットー・アーペルトによる新版が公刊されている。そしてこれらはハイデルベルク大学に所蔵されている。ここではアーペルト版とミュラー社版シュライエルマッハー訳の該当頁を挙げておく（Platon 1916: 269–273, ders. 1918 (5): 258–260）。ただし後者はハイデルベルク大学には所蔵されていない（シュライエルマッハーのもっと古い版は所蔵されている）。

【関連記述】『ポリテイア』は『儒教と道教』のなかでも引き合いに出されている。プラトンの描く「倫理的に合理的な国家のなかでは、ホメーロスのための余地も存在しなかった」等々（MWGI/19: 374）。

(㉓1)【語句・文意・文法】プラトンと現代の若者の感覚とのいちじるしい乖離がなぜ生じたのかを説明するため、このあと古代ギリシャから近代にいたる科学と思想と宗教の展開過程が詳述され、ついに近代文化人間が現世の意味を喪失するにいたったことが解明される。

ヴェーバーは、段落⑰において「進歩」概念に疑義を唱え、段落⑲～㉑において「呪力剥奪」状況に疑義を唱えた。そして、「進歩」観念に影響され、また呪力剥奪状況に影響された若者たちが知らず知らずに陥っている表象世界を彼は提示し、この知的世界のなかでまどろんでいる若者たちの通念を掘り崩しにかかるのである。

(㉓2)【典拠】「概念」については、すぐつぎに、「概念は、ソクラテスから、ソクラテスの影響下で発達してきています」と語られていることからわかるように、ソクラテスの功績と結びつけられている。

渡辺は、この箇所の論旨について、アリストテレスの『形而上学』（一〇七八b）と、ヴィンデルバントの『古代西洋哲学史』とを参照指示している（渡辺編：七三頁）。

アリストテレスは次のように述べている。ソクラテスが「物事のなにであるかを問い求めたことには当然の理がある、というのは、かれは推理することを求めていたのであり、そして推理の出発点〔前提〕はまさにこの『なにであるか』にあるからである。けだし、弁証論は、その当時なおいまだ、物事のなにであるかを知らないでも、反対のものどもについて論じることができ、または果たして同じ一つの学が同時に反対のものどもを対象とするか否かを議することができるほど、それほど強くはなっていなかったからである。だから、二つのことが、正当にソクラテスに帰せられよう、すなわち、帰納的な論法と普遍的な定義をすることとが。というのは、これらは両方とも認識〔または学〕の出発点だからであるが」（アリストテレス⑫：四四八～四四九頁）。

ヴェーバーが読むことのできた『形而上学』のドイツ語訳はいくつかあり、ハイデルベルク大学には、ハイマン社版（一八七一年）、ライマー社版（一八九〇年）、マイナー社版（一九〇四年）、ディーデリヒス社版（一九〇七年）の四種類が所蔵されている。ライマー社版（ヘルマン・ボーニッツ訳）では、ソクラテスに帰せられる二つのことが、„die Inductionsbeweise“（帰納的な論法）と„die allgemeinen Definitionen“（普遍的な定義）と訳されている（Aristoteles 1890: 277）。

ヴィンデルバントは、アリストテレスのこの記述に触れて、「知覚によって与えられる個々の表象にたいして、ソクラテスは学問研究の目標として概念を対置する」と述べている。（Windelband 1894/1923: 97）。また、ソクラテスが「『概念的』な知を要求し、そしてこれによって広範にわたる原則を言明したとき、それは、彼自身にあってはなんといってもわずかにひとつの萌芽、それもまだ最良の土地のうえに植えられていない萌芽にすぎなかった」とも評している（Windelband 1900/20: 10）。

なお、リッケルトは、一九二四年の論稿中で、アリストテレスのこのソクラテス評を引用し、ソクラテスの功績として、帰納法と概念定義の二つを挙げている（Rickert 1999: 169）。

㉓3）**【関連記述】** ギリシャとちがって、インドでは、概念の意味の自覚を欠いていたために論理学が十分に発達せず、それが論証・論争の技術論にとどまったことについて、ヴェーバーは次のように指摘している。ヒンドゥー教は、「個々の生活領域・知識領域すべてにたいして、それぞれ別々の権利を認め、そしてそれゆえ正真正銘の『専門科学』を創出することができた。こうして、――数学や文法学の重要な業績とならんで――とりわけ合理的証明の技術論として形式論理学が発展した（ヘトゥ（因）から、ヘトゥヴァディンすなわち論理学者という語が生じた）。独特の哲学学派であるニャーヤ派は、三段論法のこの技術論に取りくみ、また正統派と認められたヴァイシェーシカ派は、この形式的補助手段を宇宙論の領域に適用することによって原子論に到達した」。しかし「インドでは、一定の形而上学的諸前提が牢固として社会に根を下ろしていたために、あらゆる哲学は個人的な救済努力の軌道へと押しやられた。このことは、専門科学にたいしても思惟一般の問題提起にたいしても障壁

として作用した。ヒンドゥー教の一貫した『有機体的』社会理論は、他の基準がないため、それぞれの職業の技術の固有法則性から、その『職業』の律法を引きだすことしかできず、それゆえどこにおいても、建築技術論から論証・論争の技術論としての論理学にいたるまで、さらに性愛の技術論にいたるまで、専門的職業や生活の特殊領域のための技巧的な技術論を創出するにとどまったのである」(MWGI/20: 235f.)。

（㉓4）【語句・文意・文法】【翻訳史】「ポリス本位に」と訳したのは„politisch“である。この語を、たんに「政治的に」「政略的に」と訳すだけでは、古代ギリシャ人の思惟にかんするヴェーバーの理解を表現することができない。その含意は要説（二）に記す。この„politisch“を、尾高は、「あくまで公民としての立場で物を考えた」と訳し（尾高訳②：三八頁）、三木は、「終始ポリス的思考をする」と訳している（三木訳：二〇頁）。いずれも当該箇所の含意を踏まえている。他の邦訳にはこうした配慮がみられない。

段落㉔ (A18f., B596f., C90, D22f.)

㉔ギリシャ精神によるこうした発見とならんで、ルネサンス時代の産物として、今度は科学研究の二番目の重要な道具が出現しました。それは、信頼できる検査を経た試験の手段としての合理的実験であり、これなしには、今日《こんにち》の経験科学は生じえなかったことでしょう。〔たしかに〕それ以前にも、生理学分野ではたとえばインドでヨーガ行者の禁欲的技巧の業[㉔1]において、数学分野では古代ギリシャで戦争技術目的のために[㉔2]、中世ではたとえば採掘目的のために[㉔3]、実験がおこなわれていました。しかし、実験を研究そのものの原理へと高めたのはルネサンスの成果です。そして、たしかに先駆者たちが、芸術の諸領域で偉大な革新者となりました。それは、レオナルド[㉔4]および彼に並びたつような人々であり、とりわけ試作的鍵盤楽器群を産みだした十六世紀の音楽における実験家たち[㉔5]〔とくにジョゼッフォ・ザルリーノ〕に特徴的です。実験は、彼らのなかにあって、とりわけガリレイ[㉔6]によって科学へと、ベーコン[㉔7]によって理論へと移しかえられ、その後、ヨーロッパ大陸の大学、さしあたりはとりわけイタリアとオランダの大学の個々の精密専門領域[㉔8]がその実験を受けつぎました。

段落㉔ 要説

古代ギリシャに続いて、今度はルネサンスにおける合理的実験の意義がしめされる。実験は、教会の教義への挑戦とならざるをえないものであり、科学が教義から離反し、神と現世とが乖離するという事態を不可避に招いたという点で、ヴェーバーにとって重要な画期を記すものである。

（一）

合理的実験は、ヴェーバーにとって、西洋的文化発展の特質を解明するための鍵のひとつである。「インドの自然科学的業績は、多くの領域で、ほぼ西洋の十四世紀の水準にとどまっている。つまりそれは、すでにギリシャにみられたような合理的実験の前庭にすら達していなかった。それは、儀礼目的のために従事された天文学や、代数学領域以外の数学といったあらゆる科学分野において、西洋科学水準の基準で測ると、固有の活動によって本質的成果を挙げてはいたのであり、そこでは、西洋における宗教心の一定の（たとえば死体解剖にたいする復活信仰のような）偏見がないことによって強みを発揮した」（MWGI/20: 259f.）。これにたいして重要なのは、西洋において、実験が、芸術の基盤から科学の基盤へと移ったことである（ebd.: 543）。この移行を欠いた「インドの自然科学は、観察の面では顕著な発達を遂げたが、合理的な実験を欠いていた。合理的実験は、古代の萌芽のあと、基本的にルネッサンスの産物である。近代の実験室もそうであり、それゆえとくにインドにおいては、経験的・技術的に高度に発達した医学は、生物学的な基礎を、またとくに生化学的基礎を欠いていた」（RSI: 1）。

レオナルド・ダ・ヴィンチにたいする位置づけは、西洋文化発展の特質と係わっており、ヴェーバーは、ヴィンデルバントの『近代哲学史』中の記述に依拠していると考えられる。ヴィンデルバントは、レオナルド・ダ・ヴィンチの時代を次のように特徴づけている。「囚われない眼で自然を観察する習慣がつき、あの熟慮を重ねた問題〔の検証〕を調える最初の用意がなされ、それは実験と呼ばれる。いたるところで、観察し実験することによって、自然にたいしてアプローチし、ふたたび自然に習熟する人が現れはじめる。芸術と同様に、学問もまた、自然を愛しはじめ、熱情をもって自然を抱擁しはじめる。そのさい、この点にかんして芸術と自然科学とのあいだに編みこまれた分岐はさまざまであった。芸術がふたたび人間形姿の十全な美しさを享受し、それを描写する権利を感じたとき、死体にたいする中世的畏怖を克服し、冷静な研究によって人間の肉体を理解しはじめていた解剖学は、芸術の要請に応じた。絵画が、ますます完全な現実描写に磨きをかけ、建築が巨大な石塊の使いこなしに磨きをかけていくと、光学と力学がそれらに必須の補助学となった。とりわけ特筆すべきは、イタリア芸術の偉大な巨匠のひとりレオナルド・ダ・ヴィンチが、同時に合理的自然科学の、とくに力学と光学の、最初のもっとも重要な創始者のひとりであることである」。そのさい重要なことは、「レオナルドの諸研究が証拠立てるように、自然研究の数学的基礎が、はっきりと、また純粋に理性的に自覚されはじめることである。これこそ、近代の自然研究が古代のそれに凌駕している基盤である。新時代が始まると、あの輝かしい幾多の数学的研究もまた始まるのであり、もしもこれがなかったら、自然認識の巨大な歩みはありえなかったことであろう。つまり数学は、数多の新しい方法上の改善を加えることによって、すなわち代数・計算記号・対数・級数を、さらには坐標系を基礎とする解析幾何学を、ついには微積分と確率論を導入して発達させることによって、〔自然認識にたいする〕さまざまな欲求の高まりと変化に対応したのである」（Windelband 1911/19 (1): 45f.）。

（二）

「試作的鍵盤楽器群を産みだした十六世紀の音楽における実験家たち」について、ヴェーバーは、カール・クレープスの論文「十七世紀初頭までの張弦鍵盤楽器」と、ヘルムホルツの『聴覚理論』に依拠している（詳細は個別注解㉔5を参照）。この「実験家たち」のなかには、明らかにジョゼッフォ・ザルリーノが含まれている。

『音楽社会学』草稿のなかで、ヴェーバーは、この鍵盤楽器による実験の歴史的意義について論じている。「十六世紀は、全般的な実験遂行の時代であり、そこでは多声的作品のための純正調楽器が製作された――理論家たちはクラヴィーア形態の楽器を実験目的に特別に製作させた――〔けれども〕、歌曲伴奏のためには、この世紀は、なおも本質的にリュートに結びついていた。それでもチェンバロは地盤を獲得し、伴奏付声楽用途に、またその後オペラ用途に性格づけられた楽器になった」(MWGI/14: 273)。また『儒教と道教』のなかでも「実験鍵盤楽器群（Experimentier-Klaviaturen）」に言及され、そこにおいてザルリーノの名が挙げられている（MWGI/19: 343)。『価値自由論』中にも「ルネサンス期の偉大な音楽的実験家たち」への言及がある（WL6: 522)。

ヴェーバーにあっては、和声の発達が、西洋社会における合理化過程の一部分として重視されている。「合理的な和声音楽――対位法および和音和声法――すなわち和声の三度による三つの三和音を基礎とした音素材の構成、またルネサンス以来間歇的にではなく合理的なかたちで和声的に解釈されてきたわれわれの半音階法と異名同音法、弦楽四部を中核とし、管楽器のアンサンブル組織をもつわれわれの管弦楽、通奏低音、われわれの記譜法（これによってはじめて近代の音楽作品の作曲と演奏が、したがってそもそも作品が永続的な存在となることが可能となった）、われわれのソナタ、シンフォニー、オペラ――たしかに、表現手段としての標題音楽、描写音楽、和音変化、半音階法などは、非常に多様な〔西洋以外の〕音楽にもみられたが――そしてそれらの手段として用いられるオルガン、ピアノ、ヴァイオリンなどすべてのわれわれの基本楽器、そうしたものすべては西洋にのみ存在した」(RSI: 2)。

〔三〕

ガリレオ・ガリレイとフランシス・ベーコンの貢献についての典拠は個別注解㉔6・㉔7に記している。ヴェーバーは、これらのうち、主としてヴィンデルバントの『哲学史教程』第四編第二章に依拠していると思われる。ヴィンデルバントの論旨を踏まえ、ベーコン→ガリレオの順でみてみよう。

ヴィンデルバントは、ベーコンを次のように位置づけている。「ベーコンは、スコラ哲学の格言に反対して、〔教会の〕権威の支配に反対して、初期哲学の擬人論に反対して、他の者と同様の程度でのみ激しく論駁し、事物の検分と、現実についての囚われのない検査とを要求する機会を見出した。しかしながら、彼はこの要求以上には出なかった。というのは、純粋経験が確保され、それがイドラの覆いを取りのぞいて分離されるべき方式・方法についての言明はひどく貧弱であり、ベーコンが、人は偶然の知覚に限定されていいのではなく、観察を方法的に遂行しなくてはならず、みずから考案し遂行される実験によって補完しなくてはならないと教えているにしても、それはたんに課題の一般的表示にすぎず、その表示には、実験の本質にたいする理論的洞察が欠けているからである」(Windelband 1892/1907: 321)。

これにたいして、ヴィンデルバントは、ガリレオを――ベーコンと対比しつつ――次のように位置づけている。「ベーコンの帰納法がさまざまな『形相』を追いもとめるところにおいて、ガリレイの分解的方法は、数学的に規定しうるもっとも単純な運動経過を探究する。また、ベーコンにおける解釈が、経験的形象にたいするさまざまな『本性《ほんせい》』の相互作用の提示のうちにあるのにたいして、ガリレイは、数学的理論が、さまざまな単純な運動要素を前提として、経験がしめしているのと同一の諸結果に到達することを、合成的方法において明らかにした。またこの見地において、実験は〔ベーコンとは〕まったく別の意義を獲得する。つまり実験は、たんに周到な問いであるのみならず、事象のなかの単純な諸形相を分離して、それを計測に従わせるという目的意識の明確な手術なのである。こうして、ベーコンがたんに予感していたにすぎないもののすべてが、ガリレイにあっては、数学的原理によって、また運動にたいするその原理の適用によって、自然研究にとって有用な一定の意義を獲得する」(ebd.: 324f.)。

　ヴェーバーは、同僚ヴィンデルバントから献呈された『哲学史教程』第四版(一九〇七年刊)を読んでおり、現存するこの献呈本には書き込みが認められる(Arbeitsstelle der Max Weber Gesamtausgabe)。

段落㉔への個別注解

㉔1)【関連記述】ヴェーバーが「ヨーガ行者の禁欲的技巧の業」に論及した記述は非常に多く、とくにまとまった記述は『ヒンドゥー教と仏教』第二章第六節「修行法(ヨーガ)および宗教的発展」にある。まずそのなかから、当該箇所ともっとも関連の深い「生理的試験」に言及した箇所を挙げておく。「実際、これら瞑想技巧の基礎になっているのが、自己催眠技巧とそれと同類の心理的技巧の作用を司る呪術師たちの古くからの経験であり、また呼吸を調節して緩慢化させ、一時的に止めておくと脳機能にどう作用するのかにかんする生理学的試験であったことは明らかである」(MWGI/20: 262f.)。

　つぎに、ヨーガ行の歴史的展開およびその性格にかんする記述を挙げよう。インドにおいて、行為における現世内的動機を完全に排除し、生活態度を宗教的に純化するため、集中的な黙考と純粋な瞑想との純精神的体系化が次第に精妙化されていき、そのさいヨーガ行の助力が大きく与っている(MWGI/20: 356)。そしてこの過程において、救済のために必要な心身状態を実現し、生活態度全般の宗教的基盤を固めるため、さまざまな試みがすすめられた。まず「身体機能の計画的低下」がおこなわれ、さらに、「ただ宗教的にのみ重要なことがらに心を系統的に集中させる方向へと、心の動きや思考を訓練すること」がおこなわれた(MWGI/22-2: 316)。ヨーガは、「それ独自のしかたによって、神的なものの特殊主知主義的な獲得形式の最高のもの」であり(MWGI/20: 265)、それは合目的性・計画性・首尾一貫性を備えた営みである。したがって、「抑圧による禁欲もしくは呪術的禁欲の方法も、またはもっとも首尾一貫した形態、たとえばヨーガや、後期仏教の輪蔵操作のような形態における瞑想も」、「計画性」という意味において「合理的」なものだったと性格づけることができる(MWGI/19: 118)。

【典拠】ヴェーバーが依拠しているのはリヒャルト・ガルベの『サーンキャとヨーガ』である(Garbe 1896)。ヴェーバーが「意の集中の段階的上昇」と定義している samadhi (samadhi) (MWGI/20: 265) について、ガルベは「沈潜」と定義し、それを、「思惟がその対象と完全に溶けあって一体化するヨーガの完結状態を表す」ものと特徴づけている(Garbe, a. a. O.: 44)。

㉔2)【典拠】「古代ギリシャで戦争技術目的のために」数学分野で

おこなわれた実験にかんして、確認できたかぎりで典拠は二つある。

ひとつは、軍団の離合集散と戦闘隊形にかんする試みである。プラトンの『ポリテイア』第七編中、すでに引用された洞窟の比喩のすこしあとの箇所で、軍団の隊列編成との係わりで、数のもつ重要性が語られている。また陣営の構築、要地の占拠、軍隊の集合と展開、隊形との係わりで、幾何の重要性も語られている。計算することと図形を認識することとは、戦士にとって不可欠の資質なのである（プラトン⑪：五一一〜五二五頁）。戦士にして哲学する者は、「純粋に知性そのものによって数の本性の観得に到達するところまで行かなければならない。貿易商人や小売商人として売買のためにそれを勉強し訓練するのではなく、その目的は戦争のため、そして魂そのものを生成界から真理と実在へと向け変えることを容易にするためなのだ」（前掲書：五二〇頁、Bernal 1954/65: 94）。

もうひとつは飛び道具の弾道計算である。ヘルマン・ディールスは、弓から大がかりな投石機や石弾発射機にいたるまでの変遷・発達を辿り、その性能を検証している（Diels 1914: 83-96）。ヴェーバーは、ミュンヒェン大学における一九一九／二〇年冬学期の経済史講義において、ディールスのこの本を参照して、古代ローマの坑道について講述している（MWGIII/6: 243f.）。

【関連記述】古代ギリシャにおいて、戦争技術目的で数学的実験が発達した背景には、たえず戦争を必要とする古代ギリシャ独特の性格がある。「古代の戦争は同時に奴隷狩であり、戦争は奴隷市場に絶えることなく取引材料を供給し、こうして未聞のしかたで不自由労働と人間集積を促進します」（MWGI/6: 105）。こうして、この不自由労働に依拠した経営が発達したのであって、この発達にとって不可欠な不自由労働力の調達手段が戦争にほかならなかった。

（㉔3）【語句・文意・文法】当該箇所は、中世における採掘そのものの技術の発達と、それに関連する冶金・化学といった金属にかんする科学の発達とを指している。採掘技術の開発と金属研究とにおいて、さかんに実験が繰りかえされた。

【典拠】ゾンバルトは、『近代資本主義』（一九一六年刊行第二版）第一巻第二章第三節（§三〇）において、初期資本主義時代に、採掘（主として鉄鉱・銅鉱・亜鉛鉱・銀鉱）の技術と関連科学とが顕著な発達を遂げたことをしめしている。具体的には、横坑掘、排水装置、踏車、捲轆轤、搬出用捲上機、土壌穿孔機、鉱山穿孔機、火薬、凹軌道、軌道、通風機、砕鉱機、洗泥、製鉄における高炉、銀生産のアマルガム法、そのための水銀採掘の興隆、鉄鋳造、動力としての水利用、そのための工業立地の移転、それにおうじた経営組織の改変等である。また金属加工にかんしては、精巧針金製造、ブリキの錫引き、圧延機、鉄裁断機、砲身穿孔機、機械槌、メッキ技術、貨幣鋳造機、貨幣検量機、刻縁機等が列挙されている（Sombart 1902/16: 490-496）。

またヴェーバーは、シュモラー他の中世ドイツ鉱業史関連著作を挙げている（MWGIII/6: 242, 245）。

【関連記述】ミュンヒェン大学における一九一九／二〇年冬学期の経済史講義の第二章第七節「近代資本主義成立にいたるまでの鉱業」が、古代・中世鉱業史の諸問題を扱っている（MWGIII/6: 241-253）。

（㉔4）【関連記述】ヴェーバーは、『倫理と精神』の改訂時に――したがって『職業としての学問』よりもすこしあとの時期に――長大な注を追加し、レオナルドの先行者であるレオン・バッティスタ・アルベルティ（一四〇四～一四七二）について、彼が則っているのが営利の原則ではなく家政の原則であること、また彼が重視しているのが資本の増殖ではなく財産の運用であることを論じている（RSI: 38-41）。また、ヴェーバーが、アルベルティを貴族主義的処世術の主と規定する一方で、レオナルドを合理的実験の推進者とみなしていることについて、山岸健が注意を促している（山岸健 一九七四：一九五～一九七頁）。ヴェーバーは、アルベルティとレオナルドのあいだに、ルネサンス期の人間像の重要な変化をみようとしているのかもしれない。なお、アルベルティの絵画史上の業績にかんしてはバナールが論及している（Bernal 1954/65: 265f.）。

（㉔5）**【語句・文意・文法】**十六世紀には和声理論が飛躍的に発達し、一オクターヴを何音に分割すべきか、また不等分調律の問題をどう打開すべきかがさかんに論じられた。そのさい当然にも、新しい和声法にもとづいて作曲がなされ、それが実際に演奏されることが求められた。和声法の実証道具としてもっとも好適なのは鍵盤楽器だが、鍵盤楽器は一鍵が一音に固定されているため、たとえばオクターヴの分割を変更し、一オクターヴを十七音や十九音に設定すれば、鍵の数と配置とを変更しなくてはならなかった。したがって、新しい和声理論が提示されると、それに見合う新しい鍵盤楽器をいちいち製作する必要があった。和声法にかんする新理論は、鍵盤楽器の試作品を不可避的に要請しつづけたのである（アラン 一九六九：五六～五七頁）。ヴェーバーが当該箇所で「試作的鍵盤楽器群（Versuchsklaviere）」と呼んでいるのは、こうした和声音楽の新機軸を体現すべくくりかえし試作された数々の鍵盤楽器群を指しており、「実験家たち」と呼んでいるのは、十六世紀の和声の開拓者たちのことである。

【典拠】カール・クレープスは、論文「十七世紀初頭までの張弦鍵盤楽器」において、弦を張るタイプの鍵盤楽器の発展過程を描出し、新しい楽器と新しい調律法をめぐる試行錯誤について論じている。ヴェーバーが語った当該箇所ともっとも関連が深いのが次の記述である。「十六世紀中葉には、イタリアにおいて音楽のあらゆる領域で偉大な実験が始まった。音響芸術を、ギリシャの作家の報告と、十六世紀における崇拝者の想像とにしたがって、古典古代の時代に向かって立てられていた完全無欠のあの高みにふたたび据えるために、新しい表現手段が、つまり新しい形式と新しい音響用具が求められた。楽器は、この運動で大きな利益を得ており、とりわけ多声部の楽曲の演奏に非常に好適だと証明された鍵盤楽器はそうである」。そこで楽器製造業者は、新しい理論にもとづく鍵盤楽器の改良に取りくんだ。この関連で、クレープスは、ザルリーノが製作した「グラーヴェチェンバロ」（もちろん通常知られているチェンバロではない）に言及している（Krebs 1892: 116f.）。「試作的鍵盤楽器群」のひとつはこの楽器である。

またヘルムホルツは、『聴覚理論』のなかでザルリーノの実験に言及している（Helmholtz 1863/70: 510f.）。この本はヴェーバーの旧蔵書中に含まれており、これを読んだヴェーバーは、この箇所に線を引いてチェックしている（MWGI/14: 64）。

ヴェーバーは、クレープスとヘルムホルツを読んで、ザルリーノをはじめとする「十六世紀の音楽における実験家たち」について語っている。『全集』は、ヴェーバーが参照した文献をクレープスとヘルムホルツだと特定しており、またヴェーバーの立論と田中正平の音響学研究との関連も示唆している（MWGI/14: 66, 273）。実際、田中の論文は、ヴェーバーが依拠したクレープスの論文と同じ雑誌に掲載されており、またクレープスも田中に言及している（Tanaka 1890, Krebs 1892: 117）。ヴェーバーが田中の論文も読んだ可能性は低くない。

　田中正平は、ベルリン大学でヘルムホルツに師事して音響学を学び、研究成果に依拠して一八八九年に純正調オルガン（のちにEnharmonium と命名）を試作し、翌年皇帝に披露し、大きな話題を呼んだ。

　この頃ヴェーバーはベルリン大学で学んでおり、さまざまな学友たちとの交流をもっていた。ヴァルター・ロッツの回想によると、居酒屋で、またヴェーバー家でも開かれた会合では、無限定にあらゆる話題が取りあげられており、ヴェーバーがそこから得るものも多かった（GStAPK/MW21: 2a, JB: 272f.）。このとき田中の実験楽器が話題になった可能性は十分ある。また田中の楽器を聴く機会もあったのかもしれない。

【付帯状況】ヴェーバーは、音楽にかんするまとまった著述を公刊することはなかったが、器楽にかんする独自の理論を友人たちの前で開陳したという（MWzG: 248）。また、一九一二年にカール・レーヴェンシュタインがヴェーバー家を訪れたとき、ヴェーバーは、バッハの『平均律クラヴィーア曲集』等を引き合いに出しながら、音楽の合理的社会学的基礎について熱弁を振るった（Loewenstein 1966: 28f.）。

【研究史】ザルリーノについては大愛崇晴の研究がある（大愛崇晴 二〇〇二、同 二〇〇三、同 二〇〇四）。ザルリーノの音楽理論は、ヴィンチェンツォ・ガリレイ（作曲家、次注のガリレオの父）によって批判されるなど、論争を招いている。試作的鍵盤楽器群の問題は、十六世紀の音楽的・数学的知性の問題に連なっているのである。

　渡邊順生は、（すでに十七世紀に入ってからの試作品だが）一六一九年に製作されたエンハーモニック鍵盤の事例を紹介し、純正調の不合理性、十六〜十七世紀の中全音律の試みとその限界等について詳解している（渡邊順生 二〇〇〇：一二七〜一三二頁）。

【翻訳史】十六世紀にはまだ「ピアノ」という楽器は存在しないので、この「試作的鍵盤楽器群」を、「試験的ピアノ」（尾高訳②：三九頁、出口訳④：三八四頁、間場訳：六三頁）、「実験的に作ったピアノ」（三木訳：二一頁）、「試験的に使われたピアノ」（中山訳：一九九頁）、「ピアノの試作品」（三浦訳：四九頁）などと訳すことはできない。尾高はこれをクラヴィコードであるかのように注記し（尾高訳①：七八頁）、間場はこれをチェンバロとみなしていたが（間場訳：一三九〜一四〇頁）、いずれも軽率な迷妄である。尾高は改訳時にこの注を削除した。

（㉔6）【典拠】ガリレオ・ガリレイによる科学の革新を指す。これについては、ヴィンデルバントの『哲学史教程』第四編第二章（Windelband 1892/1907: 324f.）、同『近代哲学史』のなかにまとまった記述がある（Windelband 1911/19 (1): 88–94）。

（㉔7）【典拠】フランシス・ベーコンによる学問の体系化の試みを指す。ヴェーバーは、ベーコンについての知識を、ランゲの『唯物論史』第二編第三章（Lange 1866/1974 (1): 203–207）、ヴィンデルバントの『哲学史教程』第四編第二章（Windelband 1892/1907: 320–324）、同『近代哲学史』第一部第三章（Windelband 1911/19 (1): 130–148）から得ていると思われる。

㉔8）【典拠】十六世紀後半から十七世紀前半にかけて活動したベーコンとガリレオ以降、科学実験活動を受けついだのは、さしあたりイタリアとオランダの大学だったとみなされている。このうち、イタリアの各大学は、中世以来ヨーロッパにおける科学発展の一翼を担ってきた。ガリレオはピサ大学の数学講師からパドヴァ大学へと転じた（後に名目上はピサ大学に復帰する）。このことを、ヴェーバーは、ヴィンデルバントの『近代哲学史』中の記述によって知ることができた（Windelband 1911/19 (1): 89）。しかし、ヴェーバーの当該箇所の文脈は、明らかにガリレオ以後のイタリアにおける科学研究を指している。ガリレオ以後をみると、アッカデーミア・デル・チメント（Accademia del Cimento）の活動終了（一六六七年）以降、イタリアにおける自然科学研究は長い停滞期に入ったというのが定説で（豊田利幸 一九七三：一四一頁）、ガリレオ以後のイタリアの大学における自然科学の精密専門領域というのがなにを指しているのかは判然としない。あるいは、ヴェーバーが念頭に置いているのが、このアッカデーミア・デル・チメントなのかもしれない。この仮説に立って典拠を探してみると、この協会（メディチ家の支援を受けた研究組織）の活動を記したマーサ・オルンスタインの一九一三年の学位論文『十七世紀における科学協会の役割』はハイデルベルク大学に所蔵されている（Ornstein 1913/75: 76–90）。ただし、これが最初に公刊されたのは一九二八年だから、ヴェーバーは読むことができなかった。一九一三年にコロンビア大学に提出されたこの学位論文そのものをヴェーバーが読む機会を得たとは考えにくい。アッカデーミア・デル・チメントにおける実験報告集は、リチャード・ウォラーによって英訳されているが（Waller 1684/1964）、これも、はたしてヴェーバーに読む機会があったかどうかは定かでない。一方、ジークムント・ギュンターは、その啓蒙的著作『自然科学史』のなかで、「フィレンツェの実験アカデミー（Versuch-Akademie）であるアッカデーミア・デル・チメント」に言及し、それが教会の圧力で活動を持続できなかったことを指摘している（Günther 1909: 28f.）。またフリードリヒ・ダンネマンは、その浩瀚な『自然科学発展史』（ハイデルベルク大学に所蔵されている）のなかで、ヴィヴィアーニとトリチェッリが、ガリレオの研究の継続のために奔走して、この「実験学校（Schule des Versuches）」を設立し、ここで研究者たちが数々の重要な実験をおこなったことをくわしく紹介している（Dannemann 1911 (2): 71–81, 319）。ヴェーバーは、ギュンターとダンネマンの記述を読んで、フィレンツェの「実験アカデミー」「実験学校」をフィレンツェの大学と勘違いしたのではなかろうか。これ以外の可能性が見当たらないので、ヴェーバーの言う「イタリアの大学」はアッカデーミア・デル・チメントのことだとしておく。

　一方、オランダの大学にかんして、ヴェーバーは、ヴィンデルバントの『近代哲学史』から情報を得ることができた。スペインからの独立を勝ちとり、「たったいま獲得された政治的自由を完全に享受しているこの小国は、力強い上昇の最中であり、またその時代のさまざまな精神運動の実り多い集積地でもあった。」「この時代に、オランダの一部は実際に科学的思考の保護地となり、」「精神的自由そのものへの躍動は、オランダの各大学において活発であった。」「とりわけ自然科学もまた、この地で恒常的な奨励を享受していた」（Windelband 1911/19: 200f.）。

なかでもライデン大学にあっては、一六七五年に物理学実験室を設立したブルヒャルドゥス・デ・フォルダーとヴォルフェルドゥス・センゲルディウスが、この大学の自然哲学領域に実験的証明手段を組みいれる先鞭をつけた（Ruestow 1973: 144）。ヘルムホルツとギュンターとダンネマンが、同大学の活動に着目し、また同大学のヘルマン・ブールハーフェ（デ・フォルダーの門下生）に言及していることも顧慮すると（Helmholtz 1896a: 162, Günther 1909: 60, 64, Dannemann 1911 (2): 187, 323, ebd. (3): 111, 115）、ヴェーバーは、とくにこの大学を念頭に置いていると思われる。後出のスワンメルダムもライデン大学で学んでいる。

なお、ダンネマンは、ヴィンデルバントと同様に、小国オランダにおける自然科学研究活動の興隆について記し、そこではライデン大学とともにユトレヒト大学に言及しており（Dannemann 1911/21 (2): 7f.）、邦訳にもそれが反映されているが（安田徳太郎訳（四）：一〇〜一一頁）、これは第二版（一九二一年刊）における追加記述であり、一九一一年の初版中にはこの記述が欠けているので、ヴェーバーの典拠にはなりえない。

段落㉕（A19–21, B597f., C90–92, D23–25）

㉕さて、新時代への入口に立っているこの人々にとって、科学にはどのような意味があったのでしょうか。レオナルドの流儀に立つ芸術の実験家たちと音楽の革新者たちにとって、科学は真の芸術への道を意味し、彼らにとっては同時に真の自然への道を意味しました。芸術はひとつの科学という地位に格上げされるべきだとみられ、このことは、同時に、とりわけ芸術家は、社会的に、また芸術家の生《せい》の意味にしたがって、博士という地位に格上げされるべきだとみられることを意味しました。[㉕1] これが、たとえばレオナルドの画家帖[㉕2]〔手稿〕の基礎をもなしている野心です。それでは今日《こんにち》はどうでしょう。「自然への道としての科学」という言句を吐けば、若者にとっては、さぞ冒涜であるかのごとく響くことでしょう。[㉕3] それどころか逆に、自分自身の本性《ほんせい》（Natur）へと、またそれによって自然（Natur）一般へと回帰するために、科学の主知主義から解放されること〔を諸君は要求することでしょう〕。まして芸術への道として〔の科学などとはとんでもない〕。ここでは、〔諸君にとって〕こんなことはもうなんら批判の必要もないのですね。[㉕4] しかし、厳密な自然科学が成立する時代においては、なお科学から多くのことが期待されました。もしも諸君が、「ここで私は、虱の解剖学的構造のうちにある神の摂理を証明してご覧に入れます」というスワンメルダムの名言[㉕5]を想起するなら、この当時、（間接的に）プロテスタンティズムとピューリタニズムの影響を受けた科学研究がみずからの課題とみなしているもの、つまり神への道を諸君はみています。この当時、この道は、もはや哲学者たちとその概念や演繹にあってはみられなくなっていました。[㉕6] 中世が神を探していたこの道のうえに神がみあたらないことは、この当時の敬虔派神学総勢が、とりわけシュペーナー[㉕7]が知っていました。神は見失われており、神の道はわれわれ〔＝人間〕の道ではなく、神の思想はわれわれの思想ではありません。[㉕8]

しかし、神の業を生理的に把握できる厳密な自然科学において、当時の人は、現世についての神の意図の手がかりをつかむことを望みました。[㉕9] それが今日《こんにち》はどうでしょう。天文学か生物学か物理学か化学の認識が、われわれに、現世の意味についてなにかを、そう、それについてなにかすこしでも教えてくれるんじゃないかと、——まさに自然科学界にいる若干の大きな子供たち[㉕10]以外に——誰が今日《こんにち》なお信じているでしょうか。つまり、そうした「意味」の手がかりを——もしもそうした意味が存在するのなら——どの道のうえにつかむことができると言うのでしょうか。〔天文学等々の認識が〕とにかく〔現世の意味について〕なにか〔を教えてくれる〕とすれば、そうした〔科学的〕認識は、〔逆に〕現世の「意味」のようなものがこのように存在することにたいする信仰を根絶やしにするのに好都合です。またそれにもまして、「神への」道としての科学はどうでしょう。それは、独特のありかたで神から疎遠な力ではないのでしょうか。科学がそうしたものであることについて、——神がそれを認めるか否かにかかわらず——究極の内面において、今日《こんにち》誰も疑いを容れないでしょう。〔一方〕科学の合理主義とその主知主義から解放されることは、神聖なるものの帰属共同のなかの生活の根本的前提です。これ〔＝この解放〕は、あるいは同様の意味を有するなにかは、宗教的色彩を帯びたドイツの若者、あるいは宗教的体験を追いもとめるドイツの若者のあらゆる感情から発せられる基本標語のひとつです。そして宗教的体験のみならず、体験一般にとってもそうなのです。腑に落ちないのは、そのさいに選ばれる道だけです。すなわち、そのときまで主知主義がまだ触れることのなかった唯一のもの、つまり非合理的なもののまさにかかる領域〔＝体験の領域〕が、いまや意識上に浮上し、意識のルーペで捕捉されていることです[㉕11]。というのは、非合理的なものの現代的主知主義的ロマン主義は、実践的にここ〔＝体験の領域〕に逢着するからです。主知主義からの解放へのこの道〔＝主知主義から解放されようとして主知主義の分析手段に頼るという手法〕は、たぶんその道を歩む者たちが、その道を行った先の目標として想定しているもののまさに反対物をもたらします[㉕12]。結局素朴な楽観主義において、科学が、つまり科学にもとづいている生《せい》統御の技術が、幸福への道として賛美されていること、このことを、「幸福を捻出した」[㉕13]あの「末人」にたいするニーチェの苛烈な酷評にしたがって、私はたぶん完全に無視してかまわないでしょう。こんなこと〔＝科学が幸福への道であるなどという幻想〕を〔いまどき〕信じている者がいるでしょうか——教壇あるいは編集室にいる若干の大きな子供たち[㉕14]以外に。

段落㉕ 要説

ルネサンスから敬虔派神学を経て現代にいたるまでに、科学の意味、現世の意味、生《せい》の意味は大きく変転した。この段落㉕では、科学史の帰結と主知主義の末路とが論じられ、文化人間が「末人」へと転落していく有様がしめされる。

（一）

スワンメルダムにおいては、科学と信仰との合一が確信されていた。『全集』は、典拠として、ハイデルベルク大学図書館に所蔵されているスワンメルダムの『自然の聖書（*Bibel der Natur*）』（ドイツ語訳）中の献辞を参照指示している（MWGI/17: 91）。「人虱から、かつてフランス国王の特使として自由都市国家ジェノヴァに派遣された[㉕15]貴族にして高名なるテヴノ様への書状。貴族閣下のもとに、筆者はここに、一匹の虱の解剖のうちに、全能なる神の指業《ゆびわざ》をお目にかける次第にございます」（Swammerdamm 1752: 30）。

この箇所とともに、テヴノ献辞の「結語」中にある次の記述も重要である。「かくのごとく多数の、またかくのごとくさまざまな驚異が、神の全能を声を大にして説いており、そうした巨大な世界のなかの小さな一点におけるかくのごとき芸術的構築物にあって、偶然的なものがただのひとつでもありうるのかどうかについて、ここにご指摘申しあげます。たしかにこの小動物は、われわれの肉体になんの利益ももたらさないとはいえ、それは、なんといってもわれわれの心情を神に近づけることができるものでございまして、われわれが、神の偉大さを、またこうした動物においてきらめいている神の驚異を真剣に観察することによって、われわれの虚栄に満ちた自惚れ一切を最高度の謙遜と取りかえ、またこの小動物が小さな点であると同様、われわれをも小さなものへと移しおくことができるものでございます。」「つぎに、人はこの点に神の指を認めることでしょうし、また悪人どもがけっして模倣したり遂行したりすることのできない力を獲得することでしょう。小さくへりくだっている者全員が、悪魔を退散させ、またその力を奪いとるのでございます。」「被造物すべてにおける神の御業が、また被造物のなかでももっとも微少なるものどもが、イスラエルの神の陣営であります。民の罪業がひどく増大するとき、神は、この陣営によって民を懲らしめて更正させます。また、聖書を十分に教えてくださるのと同様に、われわれの罪に試練を下し、罪を見抜き、罪から手を引かせることを教える高貴な手もこの陣営であります。これをもちましてこの論稿を閉じ、また、自然の驚異が、広げられた聖書であり、それはいたるところで神を、神の永遠の根源を遡及的にしめしていることを、断固として主張いたします」（ebd.: 37f.）。

（二）

スワンメルダムの確信にたいして、シュペーナーは、神と人間との乖離が深刻なものとして認識され、人間の業のなかで、造物主の認識に役立つもののみを承認しようとした。『全集』は、当該箇所にかんする典拠として、シュペーナーの『神学論考（*Theologische Bedencken*）』のなかの次の記述を参照指示している（MWGI/17: 91）。「人が、神の業を自然のうちにみているところにおいて、〔モーセの〕第二の戒律において厳しく禁じられている神の名が汚されていること〔にたいする非難〕にたいして、私は〔むしろ〕、人が、その業の固有の目的におうじてではなく、ただ神の栄誉と称賛へとつくりあげられているものとしての業に向きあっているのみで、またその業のなかで造物主を認識することを学ぼうと努め、それゆえさらにかかる認識を自分の務めと愛へと向けていることを支持するものである。かくのごとくなされているあらゆる精励と労働は、物理学において役に立たないアリストテレス派の形而上学よりも何千倍もよきものであるだろう。この派のために、（ほかには、抽象的なものの形而上学や観想・超越的なものの形而上学は、その持ち場においてすくなからずみずからを役立ててきた）われわれの物理学は長年損なわれたままであったのであり、それどころか、しばらく前に実験での数多の観察がおこなわれて以来、それによって昔の観想はとってかわられ、物理学はずっと良好な状態に置かれたのである」(Spener 1999: 232)。

ヴェーバーは、この箇所に下線を引き、欄外に、「要するに〔シュペーナーは〕創造者の被造物を探索しており」「それゆえ敬虔主義の知識学の基礎としての形而上学に〔シュペーナーは〕反対だ」と書きこんでいる(MWGI/17: 91)。この読書結果に依拠して書かれたのが、『倫理と精神』の次の注記である。「十七世紀の経験論は、禁欲にとって、『自然のなかの神』を探しあてるための手段だった。この経験論は、神へと通じているようにみえ〔たが、その一方で、かえって〕、哲学的思索を神から遠ざけていく[25][16]ように〔も〕みえた。とりわけアリストテレス派の哲学は、シュペーナーによると、キリスト信仰にたいする根本的害悪であった。他のいかなる哲学も、なかでも『プラトン派の』哲学は、〔アリストテレス派よりは〕ましだとされている」(MWGI/9: 333, RSI: 142)。

ヴェーバーはまた、『倫理と精神』のなかでシュペーナーの『敬虔なる願望(*Pia desideria*)』に言及している(MWGI/9: 319, RSI: 135)。シュペーナーは、この著作のほとんど全編にわたって、科学的知識の増大と素朴な信仰の没落とを対比しつつ、神を忘れた人間の好奇心を厳しく批判している。たとえば次の記述がそうである。「パウロは、コロサイ人に誠実に警告している(コロサイ人への手紙二・八)。『人間の教えに則り、現世の規則に則り、キリストに従わないような哲学と質《たち》の悪いそそのかしとによって、あなたがたは、人のとりこにされないように気をつけなさい』。心情がこのような神学で充たされると、つまり神学が、聖書に基づく信仰の土台を固持してはいても、その土台のうえに、人間の知ったかぶりという木や干し草や切り株を数多く積みかさね、それによって人がもはや金をみることができなくなると〔『コリントの信徒への第一の手紙』三：一二〕、キリストとその教えとの正しい素朴さを捉えることはあまりにも困難になる。〔人間の〕嗜好が、われわれの理性にとって〔キリストとその教えよりも〕もっと魅惑的な他の事柄にたいして慣れてしまうと、キリストとその教えを捉えることは、人間の心情にとって無味乾燥なものに思われるだろう。(このように愛を欠いている)かかる『知識は人をつけあがらせる』(『コリントの信徒への第一の手紙』八：一)。かかる知識は人間に自己愛を懐かせ、それをますます助長し、強める。聖書に知られていないこうした小賢しさがやってくるのは、みずからの賢察を誇示しようとする欲望から、自分にとっても現世において利益をもたらす名声を獲得するためにそうした小賢しさを育成するような人々であるのが通例である。またこの小賢しさは、それを抱いている人々において、神への真の畏敬ではなく、むしろ名誉欲や、真のキリスト信者にふさわしくない他の衝動を同様に引きおこすものである」(Spener 1964: 32)。

知への渇望は、もともと神へといたる歩みであったはずだが、やがてそれは一人歩きしはじめ、神への道であったはずの科学は、それ自体の思想体系をかたちづくり、神を忘れてしまう。シュペーナーにとって、人をつけあがらせ傲らせるこうした知識は、神に背く人間の賢しらの業であり、バベルの塔である。

（三）

神学的世界観と科学的自然観との乖離は、ベーコンとガリレオが、すでに明確に認識していた。「ガリレイのような人は、その物理学研究がどのような結果をもたらそうとも、聖書の教理にはすこしも関係がないと公言していた」。また「ベーコンやホッブズのように、哲学をもまた完全に自然研究へと限定して、本来ならあるはずの形而上学を拒絶し、神性や人間の超感覚的使命への問いのようなものにかんしては、教会の教義に語らせるままに委ねようとした人々は、もっとも安全だと自覚していた」（Windelband 1892/1907: 335）。ヴェーバーは、明らかにヴィンデルバントのこの記述を読んで、段落㉔において、十六世紀後半から十七世紀前半にかけて活動したベーコンとガリレオを取りあげ、続くこの段落㉕において、この二人との対比で、十七世紀後半から十八世紀初頭にかけて活動したスワンメルダムやシュペーナーを取りあげている。後二者にとって、ベーコンやガリレオのスタンスはもはや過去のものであった。スワンメルダムは、科学と信仰とをふたたび結びつけることによって、シュペーナーは、科学を断罪してひたすら神に仕えることによって、前代における世界観乖離の問題を解決しようとした。この意味において、スワンメルダムとシュペーナーは、それぞれ別様の志向性と方法論を有する復古思想の体現者である。

（四）

スワンメルダムにとって、科学は、現世についての神の意図を解明するという重要な意味を有していたが、シュペーナーはその意味づけを拒否した。その後、科学は、現世の意味にたいする問いから離脱する。むしろ逆に、科学的認識は、現世の「意味」のようなものにたいする信仰を弱める作用を果たし、ついに神から疎遠な力として独立した。したがって、科学の根幹をなす主知主義からの解放を希求する若者たちにとって、現代における科学の支配からいかに逃走するかが課題のひとつとなる。こうして、シュペーナーの神秘主義が科学を否定したのと同様に、現代の神秘主義運動もまた、近代的日常生活からの離脱を図り、さまざまな体験を模索していくのである。

ところが、ここでヴェーバーが皮肉っているように、体験の領域もまた、いまや科学（たとえば心理学）の対象となっており、どのような刺激を与えると、どのような心理作用がもたらされるのかが分析されている。こうなると、非合理的なものを希求する現代的ロマン主義は、それ自体が主知主義的色彩を帯びるようになり、体験によって主知主義から解放されることを望みながら、その目的のために主知主義の分析手段に頼るという倒錯した事態を招く。こうして、科学の支配や近代文明生活からの遁走を図り、主知主義から免れようと試みながら、その試み自体が主知主義に絡めとられてしまうのである。

当該箇所でヴェーバーは、それまで不可知の神秘的なものとされてきた宗教的体験が、いまや「意識のルーペ」（主知主義の分析手段）で捕捉されていることに言及している。神秘的なものを意識のルーペで捉えようとしながら、ただもう主知主義から逃れようとして神秘的体験を追いもとめつづけるだけの若者たちにたいして、神秘的なもの・不可知のものもまた分析可能であり、意識のルーペに頼るのなら、むしろそれを徹底させ、冷徹な分析によってその神秘的なものを突きはなして理解したらどうか、そうすれば自分が追いもとめているものについての真剣な反省が可能なのにとヴェーバーは主張している。ヴェーバーの時代以降、流行しては消えていったさまざまなオカルト的な潮流が、多かれ少なかれ「科学」の装いを凝らしていたことを想起するとき、こうしたうさんくさいものにたいする彼の嗅覚の鋭さが理解できる。

ここにしめされている議論は、ヴェーバーの神秘主義理解と結びついている。ヴェーバー自身は、神秘主義にかんする最新の研究に依拠し、不可知のものを不可知のまま放置せず、怜悧な分析によって神秘主義の意味理解に努めてきた。具体的に彼が依拠していたのは、ニコライ・フォン・ブーブノフらの神秘主義研究とトルストイの半自伝的考察『懺悔』であろう。

ブーブノフは、一九一一年にハイデルベルク大学哲学部で教授資格を取得し、一九一二／一三年冬学期において「プロティノスからルネサンスまでの神秘主義の歴史（Geschichte der Mystik von Plotin bis zur Renaissance）」（AVUH1912/13WS: 20）を講ずる。第一次世界大戦中は、ロシア人であることを理由に講義活動を禁止されたが、戦後同大学に復帰し、一九一九年夏学期の講義では「宗教哲学と神秘主義（Religionsphilosophie und Mystik）」を論じ、また演習ではカントの『たんなる理性の限界内における宗教』を取りあげる（AVUH1919SS: 19f.）。

ホーニヒスハイムによると、ブーブノフは、一九一二／一三年冬学期の講義のなかで、神秘主義の類型学にまで突きすすむ。この頃ハイデルベルクのヴェーバー家を訪れたブーブノフの研究報告を聴いたヴェーバーは、大きな興味をしめしたという。ただしヴェーバーは、神秘主義が個別科学の領域を侵しかねないケースと、神秘主義が真正でない人工的な細工物であるケースとを嫌い、この二つを厳しく排斥したとのことである（MWzG: 183, 240, 268）。

ブーブノフは、「思弁的神秘主義の問題」という論稿を『ロゴス』誌上に公表している（Bubnoff 1920）。これが掲載された時期は『職業としての学問』よりも後だが、ヴェーバーがすでに聴いていた研究報告と関連があると思われ、おそらくこの雑誌の編集委員であるヴェーバーの勧めで執筆したものであろう。

この論稿中から、神秘的体験の教導にかんする認識論的分析がしめされている箇所をみよう。ブーブノフは、「神秘主義」「神秘的な」という用語が暗黙の前提としている「言表不能性（Unaussagbarkeit）」という論理的構成を手がかりとして考証をすすめる。神秘的なものは、言表不能だとされていながら、神秘家たちは、みずからの神秘体験を他人に教えようとしている。「教導（*Belehrung*）」ということの行為がまったくの自家撞着であることは一見して明らかである。そこで、いったい神秘的なものを認識するとはどのような事態であるのかを理解するために、その「認識（作用）」という概念を検討する必要がある。認識作用は「内容の構築作用」である。これは、一方ではカテゴリー把握であり、他方では内容のなんらかの「体験されたもの（Erlebtes）」である。この両方を兼ねそなえたものが認識作用たる要件を満たすのであり、それは、概念（カテゴリー）なき直観でも内容なき空疎な概念でもない。「体験行為（Erleben）」から導出された認識は、まさにその体験行為に依存しているのであり、「カテゴリー的形式と体験された内容」が認識を構成する。こうしたカントの（ないしラスクの）認識理論を援用して、ブーブノフは、「学習知（Erfahrung）」に着目し、「心理実験」によるカテゴリー的認識の深化が、神秘家たちの認識にもみられると主張する。ただし、神秘家たちの体験は非日常的なものであり、それゆえそれは万人に理解できるものではない。「したがって、神秘家たちは、自分の体験のなかで言葉に表現された内容性を、ある一定程度まですくなくとも追体験する能力を〔人々が〕有していることに頼るしか術がないのである」(ebd.: 164–171)。

『ロゴス』誌には、ブーブノフ以外にも、神秘主義にかんする論稿がいくつか掲載されており（Hessen 1912, Mehlis 1912, Steppuhn 1912）、ヴェーバーは、おそらくこれらにも刺激されたことであろう。さらにもうひとつ重要なのが、トルストイの『懺悔』における「不可避にして説明不可能なもの（das Unvermeidlich-Unerklärliche）」である（後出段落㊵要説（三）を参照）。ヴェーバーは、これらの神秘主義論を参照して、次にみるように、神秘的な体験の分析を展開している。

ブーブノフの論旨（『ロゴス』誌の論稿に先立って、第一次世界大戦前にヴェーバーがすでに聴いていたブーブノフの研究報告の論旨）を受けて書かれたと推定されるのが、『宗教社会学』中の次の論述である。現世に対峙する「現世拒否」にたいして、「現世逃避」を特徴づけている「瞑想（Kontemplation）」は、まずはじめに、神的なもののうちに、そしてそのうちにのみ『安らうこと』を追求することである。行為の否定が、最終的帰結としては思惟の否定が、なんらかのかたちで『現世』を想起させるもの一切からの空無化が、いかなる場合でも外的・内的行為すべてを絶対的に極小化することが、神的なものの所有として、つまり神との神秘的合一として享受されるあの内的状態に到達する道程である。この内的状態はそれゆえ、ある『知』を成立させると思われる特殊な感情の心的態度である」。この知は「神秘的な知」であって、それが「神秘的な知としての特殊な性格を強く帯びれば、それだけ伝達可能性は低下するのであり、それにもかかわらずこの知が出現するということが、まさにその特殊な性格をみずからに与えているのである」(MWGI/22-2: 324)。ブーブノフの「言表不能性」が「伝達不可能な（inkommunikabel）」という形容詞に置きかえられ、応用されている。そしてこのようにして成立する特殊な知は、もはや認識された知ではなく把捉された宿《やど》しである（後出段落㊳要説（四ａ）（四ｂ）を参照）。

また神秘主義の特質と存在様態について、次のように論じられている。「『信仰』は、その特殊な転回方向におうじてさまざまな形態をとりうる。ヤハウェ宗教や初期イスラム教になお支配的な自己の神の強大な力にたいする戦士の素朴な信頼にはなくとも、安定した諸階層における『救済』を求める敬虔な信仰心には、おそらく観照的神秘主義との一定の親近性が、もちろんさまざまな強さにおいてみられる。というのは、そこで『救済』として追求される救済財は、すくなくとも、神的なものにたいする主として『静態的な』関係に、つまりひとつの『神秘的合一』になるという傾向をつねにもっているからである。そしてまさに、信仰のもつ実践的心性性格が体系的に取りだされて解剖されるにつれ、すべての神秘主義におけるのとまったく同様に、まったく無律法主義的な帰結がいっそう容易に現れうる」(ebd.: 357)。

また、もっとも徹底した同胞愛倫理の要求は、「悪しき者に力をもって抗うなという要求であり、それは仏教とイエスの説教とに共通している。しかしまたこの要求は、ほかにも、ことに神秘主義的信仰心にも固有のものである。なぜなら神秘主義的な救済追求は、唯一の救いの確証を求めて行為を最小限に抑えることとして、現世における匿名性をもって、謙虚さと自己放棄のこの態度を要求するからであり、そのうえこの態度を、それに固有の無世界論的（寂滅論的）かつ無対象的な愛の感情から、純粋に心理的に生みださなくてはならないからである。純粋な主知主義はどれも、このような神秘主義的転換のチャンスをみずからのうちに宿している」(ebd.: 389)。

「中間考察」においては次のように述べられている。「真の神秘家にとって、神が語ることができるように、被造物は沈黙しなくてはならないという原則が通用している。神秘家は、現世のなかに『いて』、外見上は現世の諸秩序に『順応している』けれども、それは、逆に現世に敵対し、現世の営みを重視しようとする企てに抵抗することによって、自分の恩寵地位を確保しようとするためなのである。老子にみられたように、独特の悲嘆に満ちた卑下、行為の極小化、現世における一種の宗教的な匿名性、つまり神秘家の典型的な態度が存在している。それは、神秘家が、現世に敵対して、現世における自分の行動に敵対して、身の証を立てることである。その一方で、現世内禁欲のほうは、正反対に、行動によって身の証を立てる」。つまりピューリタンは、被造物秩序のなかの神性を現世内行動によって体現しようとするのだが、反対に、「神秘家にとっては、あの完全に非合理的な究極の意味を、神秘的体験のうちで把捉するというまさにそのことだけが、ただひとつ救済にとって意義深いことなのである」(MWGI/19: 482f.)。

このように、ヴェーバーは、老子にみられるような神秘主義とピューリタンにみられるような現世内禁欲とを対比し、神秘主義の行動様式の意味理解に努めている。宗教的体験を追いもとめるという行為を、現世内禁欲と並ぶ現世逃避のひとつの形式として位置づけるとき、現代においてなおそうした体験追求に熱中するという行為の時代錯誤性が明示されることになる。こうした冷徹な記述自体が、この当時の若者たちの思潮にたいする批判を内包しているのである。

一連の事実関係を時系列順に整理しておく。一九一二年の『ロゴス』誌に掲載された三つの論稿に刺激され、また一九一二／一三年冬学期におけるブーブノフの講義「プロティノスからルネサンスまでの神秘主義の歴史」の内容を、おそらく私宅においてブーブノフから直接聴いたヴェーバーは、一九一三年頃に執筆した『宗教社会学』と、そのやや後に執筆した「中間考察」において神秘主義論を展開する。また大戦時の事情によって不遇を余儀なくされたブーブノフにたいして、ヴェーバーは『ロゴス』誌における論文発表の機会を提供する。ブーブノフは、戦後の一九一九年夏学期に教壇に復帰して「宗教哲学と神秘主義」を語り、二つの講義にもとづいて「思弁的神秘主義の問題」を執筆し、一九二〇年の『ロゴス』誌に掲載するという順序になる。

段落㉕への個別注解

（㉕1）**【語句・文意・文法】** 原文は、„die Kunst **sollte** zum Rang einer Wissenschaft, und das hieß zugleich und vor allem: der Künstler zum Rang eines Doktors, sozial und dem Sinne seines Lebens nach, erhoben werden.“である（太字引用者）。このなかの助動詞„sollte“は、文脈から、またこの前後の時制が過去であることから、接続法第Ⅱ式ではなく、sollen の過去形だと判定できる。

この表現によって、ルネサンス期に、芸術が科学という地位に、芸術家が博士という地位に格上げされるべきだとみられていたことがしめされている。

㉕2）【典拠】レオナルド・ダ・ヴィンチは、その手稿中に含まれている『絵の本』において、絵画を色と形状の科学とみなしている。「絵画はまずそれを思索する人の脳裏に存在するが、手の操作をまたずには完全なものになりえない。この絵画の科学的で真の原理は第一に、陰影ある物体とは何か、根源的な影および派生的な影とは何か、明暗すなわち、闇、光、色彩、形態、情景、遠近、運動および静止とは何かを定めることであるが、以上のものは手の労働を経ずもっぱら頭脳によってのみ把握せられる。これこそ絵画の科学〔たる所以〕であろう。すなわち絵画は観照者の脳裏に存し、しかるのち上述の観照または科学よりはるかに立派な制作活動が生れるのである」（レオナルド 一九五四：二二四頁、Bernal 1954/65: 266）。ヴェーバーは、このことをとらえて、芸術を科学と同格視する視座について語っている。

㉕3）【語句・文意・文法】「さぞ～かのごとくに響くことでしょう」と訳したのは „klingen würde" である。動詞 „klingen" を接続法第Ⅱ式にすることによって、〈もしも「自然への道としての科学」などと言うならば、それはさぞ冒涜のように響くことであろう〉という仮定上・想定上の話を立てている。

㉕4）【語句・文意・文法】この箇所では、聴いている学生たちの反応をみて、「こうなんですか」「いやむしろこうでしょう」「諸君にとっては疑問の余地がないことなんですね」と確認し、かつ挑発しながら話をすすめている様子を窺うことができる。このときヴェーバーが相手にしている聴衆は、現代科学に辟易し、体験を渇望し、耽美主義的風潮に浸っている学生たちなのである。

㉕5）【人物】ヤン・スワンメルダムはオランダの生物学者である。ライデン大学他で学び、解剖学の知識と手法とを駆使して小生物の研究に没頭した。とりわけ蜜蜂の研究によって知られている。彼が、変態によって昆虫を四つに分類するさい、虱は、第一分類に属するもの（完全な肢を全部備えて卵から出てくるもの）として精細に研究された（Dannemann 1911 (2): 322-331, 351）。

【関連記述】ヴェーバーは、すでに論文「『エネルゲーティク』の文化理論」（一九〇九年）のなかでスワンメルダムに言及していた。「信条の自由は、とにかく技術論的ないし功利主義的な価値を有する理想でなく、また『エネルゲーティク』的に理由づけられるものでもないのは確かである。そして、科学的思考の進歩すべてを価値規準に従属させることをもって、つまり外界の実践的『支配』が、科学の利害に――そのうえこの同じ価値規準の意味において――ひきつづき奉仕するかどうかは定かでない。近代の精密自然科学の方法的基礎を打ちたてたのが、かかる科学理論的見地の父祖であるベーコンではなく、かかる見地にあってまったく別の方向性をもっていた思想家たちであったのは、やはりまったくの偶然ではない。今日《こんにち》、『科学的真理そのもののためにそれを探究すること』だと言われていることを、たとえばスワンメルダムは、その当時の表現法で、『一匹の虱の解剖における神の英知の証明』と言ったのであり、索出的原理としての神様は、当時はそれほど有害な機能を果たしてはいなかった」（WL6: 423）。『職業としての学問』の科学史認識との係わりでとくに重要なのは、スワンメルダムの営みにたいする価値査定として、「索出的原理としての神様」が健全に機能していたという点である。

（㉕6）【付帯状況】ヴェーバーはここで、十七世紀の自然科学者たちが、なおも神と科学との合一という観念を保持していたのにたいして、哲学者たちにあってはもはやそうした観念が失われていたという認識をしめしている。また次注にしめすように、神学者たちにあってもまた神と科学との合一は断念されていた。

（㉕7）【関連記述】ヴェーバーは、『倫理と精神』のなかで、シュペーナーの *Theologische Bedencken*（一七一二年の第三版）からたびたび引用している（MWGI/9: 262, 321–323, 325, 333, 368, 373–375, 380, 384f., 416–418, RSI: 96, 135–138, 142f., 164, 168f., 172, 175, 198f.）。また『儒教と道教』のなかで、シュペーナーは、スコラ哲学、弁証論、アリストテレス等よりもむしろ「合理的・数学的に基礎づけられたデカルト哲学のほうを好んだ」と評している（MWGI/19: 474）。

（㉕8）【典拠】『全集』は次の章句を参照指示している（MWGI/17: 92）。「わたしの思いは、あなたたちの思いと異なり／わたしの道はあなたたちの道と異なると主は言われる。／天が地を高く超えているように／わたしの道は、あなたたちの道を／わたしの思いはあなたたちの思いを、高く超えている」（『イザヤ書』五十五：八～九）。

（㉕9）【典拠】「神の業を生理的に把握できる厳密な自然科学において、当時の人は、現世についての神の意図を探りあてられると望みました」というヴェーバーの言は、科学観の転換期におけるゲーテの苦悩を念頭に置いていると思われる。

ゲーテの時代には、神と科学との緊張はますます顕在化し、両者の対立が激化していた。そして神と科学との合一を、また神と自然との合一を希求するゲーテは、それを断念して神への帰一を主張するヤコービとのあいだに確執を生じさせる。一八〇五年にヤコービの訪問を受けたとき、ゲーテは、すでにヤコービ哲学と自分の思想とのあいだの埋めがたい溝を痛感していたが（GWM14: 328）、一八一一年になってヤコービの著作『神的諸象とその啓示』（Jacobi 1811）を献呈されると、「自然は神を隠す」という命題が開陳されている著作に不快感を禁じえなかった。「私の純粋で深い生来の鍛えられたもののみかたは、自然のなかに神を、また神のなかに自然をみるべきことを断固として教え、そのためこの観念は私の全存在の基礎をなした。私の気質からして、〔ヤコービのこの著作の〕かくのごとき奇怪で一面的・偏狭な主張のため、その心情は尊敬に値する好個の人物から、私が永遠に遠ざかってしまったのは当然ではないか」とゲーテは述懐している（GWM14: 226f.）。しかし神と自然と科学との合一というゲーテの基本思想を、近代文化人間はもはや共有できないのである。

【研究史】土橋寳は、ゲーテの世界観・人生観と神的事物にたいする態度とを、ヤコービと対比して詳細に考証している（土橋寳 一九九九：一二五～一四二頁）。とくに、ゲーテは、「近代哲学の世界観一般から距離を取って」おり、近代哲学にたいして「真理に対する独自の要求を対置している」という土橋の指摘は重要である（前掲書：一四一頁）。またゲーテの思想が敬虔主義と密接な関連を有していることについては芝田豊彦が指摘している（芝田豊彦 二〇〇七：二七七～二八四頁）。

（㉕10）【典拠】「子供たち」の比喩はゲーテのものである。『ファウスト』第二部第二幕で、あなたたちは「いい子たち（gute Kinder）」

だが、悪魔は老獪だから、あなたたちも老獪になれば（年をとれば）悪魔を理解することができるだろうとメフィストフェレスが語っている（GWH3: 209）。中村貞二は、ドイツにおける政治的未成熟の跳梁をみたヴェーバーが、ゲーテに仮託して「子供たち」の比喩を用いたと解している（中村貞二 一九八七：一七七〜一七九頁）。

一方樋口辰雄は、『人間的、あまりに人間的』第六三〇項を引き、ニーチェの「子供」論を、ヴェーバーの論旨の源流とみなしている（樋口辰雄 一九九八：四七〜四八、五九頁）。しかし筆者は中村説を採る。『ファウスト』の当該箇所からの引用が、『職業としての学問』『職業としての政治』の双方にみられるからである（後出段落㊲要説（二）および個別注解㊲1を参照）。

㉕11）**【付帯状況】**ヤスパースの『世界観の心理学』のなかにも神秘主義にかんする記述が含まれており、ヴェーバーはたしかにこの本を読んでいるが（RSI: 14）、この本は一九一九年十月に刊行されているので、当該箇所と直接関連があるとは考えにくい。しかしヤスパース自身が認めているように、この著作はヴェーバーの影響下で書かれており（Jaspers 1958: 306）、ヤスパースの神秘主義論は、ヴェーバーのそれに通ずるものがある。そこでは、神秘的態度が「永遠にあらゆる合理的把捉の彼岸に存している」こと、主観と客観との対置を欠いているため、神秘的なものを内容として合理的に把握することはできず、ただ体験できるのみであること、神秘主義は、本来語りえないことを語るので、そこには「表現の逆説性」があることが指摘されている。また、神秘的態度はそもそも対象性を揚棄しているから、それ自体は能動的でも受動的でもありえず、したがって「恍惚の陶酔、本質的なものとしての実質を有していない状態の享受、軽薄・受動的・浄福的・官能的な没入によるたんなる興奮」といった耽溺状態は、神秘的態度の真正でない状態だと規定されている（Jaspers 1960: 84f. 87, 89）。

【研究史】ハイデルベルクにおけるブーブノフらロシア人の活動についてはフーベルト・トライバーが調べている（Treiber 1991）。またヴェーバーとロシア人たちとの交流については小島定がまとめている（小島定 一九九八〜二〇〇二、同 二〇〇八）。

㉕12）**【語句・文意・文法】**「主知主義からの解放へのこの道は、たぶんその道を歩む者たちがその道を行った先の目標として想定しているもののまさに反対物をもたらします」と言われているその「道」とは、主知主義から解放されようとして主知主義の分析手段に頼るという手法のことである。

【翻訳史】原文は、„dieser Weg zur Befreiung vom Intellektualismus bringt wohl das gerade Gegenteil von dem, was diejenigen, die ihn beschreiten, als Ziel darunter sich vorstellen“である。尾高は、「合理主義からの離脱をめざす試みは、実はこれを試みる人たちが考えているのとはまったく反対の結果に導くのである」と誤訳している（尾高②：四二頁）。「考えている」のではなく「行った先の目標として想定している」ものの反対物であることを明示しなくてはならない。出口は、「主知主義の弊害をなくしようとしてとられる、この方法は、それを目指す人たちが目標として考えているのとはまったく正反対の結果をもたらしているわけである」と訳している（出口訳④：三八六頁）。間場は、「主知主義から脱出しようとするこの方法は、それを行なおうとする人が目標としているものとは正反対の結果をもたらしている」と訳している（間場訳：六九頁）。三木は、「主知主義からの解放を目指すこの道が、じつはその道を行く人たちによってその間に目標と考えられたものとは多分正反対のものをもたらしているのです」と訳している（三木訳：二三頁）。中山は、「主知主義から逃れようとするこの方法は、それが目指していたものとはまったく反対の結果をもたらすことになりました」と訳している（中山訳：二〇三頁）。三浦は、「主知主義から自由になろうとする人たちは、実は、自分がイメージする目標とはまったく反対のところにたどり着いてしまう」と訳している（三浦訳：五三頁）。これらの訳のなかで、„darunter"の含意をしめそうとしているのは三木のみであり、「その間に」がそれである。この解釈だと„unterwegs"と同義になる。しかし筆者は、この„darunter"を、「その道を行った先にある」という意味だと考える。英訳群は、„darunter"の含意までは写しとっていない（G&M: 143, MJ: 17, RL: 16f., GCW: 39, HHB: 344）。

㉕13）**【典拠】**ニーチェは、末人たちが跳梁する有様を描いている。彼らは、「愛とはなにか、創造とはなにか、憧憬とはなにか、星とはなにか」を問い、地上を跳ねまわり、すべてのものを過小視する。この蚤葉虫のように根絶しがたい者たちは、「かつてはすべての人がまちがっていた」とみなし、これにたいして、いまや世の人は「賢明で、起こったことはすべてわかっている」と断じ、過去を嘲笑する。そのくせ、そのわかっているはずのことにかんして「なお口論しあうけれども、さっさと和解する――そうしないと胃を壊すからである」（NSWK6: 14f.）。こうした貧弱な消化力への懸念から、彼らは、「なにかを内に取りいれ、深刻に受けとることを、つまりなにかを『消化する』ことを、本能的に警戒する」（NSWK9: 57）。

この末人たちは、「われわれは幸福を発案した」と言って、得意気にまばたきをしてみせる（NSWK6: 14）。この「幸福」は、「いくばくかの偽善をともなう最大多数の幸福」である（NSWK9: 20）。

ここで「幸福を発案した」末人たちとは、直接にはイギリスの経済思想家たちを指している。よく知られているように、J・プリーストリーやJ・ベンサムにおいて「最大多数の最大幸福」の追求が説かれ、この思想はJ・S・ミルに受けつがれる。イギリス功利主義のこうした幸福観を、ニーチェは、末人思想そのものとして、たびたび槍玉に挙げている。たとえば次の揶揄的論述がそうである。教養の拡大は「人気のある国民経済学の現代の教義に服属しています。できるだけ多くの認識と教養―そこからできるだけ多くの生産と需要―そこからできるだけ多くの幸福―その公式はだいたいこんな具合です」（NSWK2: 417）。

ひとつ見逃すことができないのは、ニーチェの描く「幸福を発案した」末人たちが、胃を壊すからという理由で、たがいに争うことを回避しようとしている点である。この有様は、ヴェーバーのこの講演において後述される近代人――神々の闘争を回避しようとする者たち――の姿と重なりあう。そして資本主義的文化発展の最後に現れるこうした末人たちの様態を、ヴェーバーは『倫理と精神』の末尾近くで描いている。「精神を欠いた専門人、心情を欠いた享楽人、この無の者は、人間存在のかつて達したことのない段階に登りつめたとうぬぼれる」（RSI: 204）。

当該箇所の「幸福を発案した（das Glück erfunden haben）」の動詞„erfinden"（「発見する」という意味と「（虚構を）創作する」という二つの意味がある）をどう訳すかは問題である。もとのニーチェの文脈では、末人たち自身の言であるから、末人たちが「幸福を発案した」と言って得意がっているという解釈が成りたつ。一方、ヴェーバーの文脈では、末人たちの行状を蔑むという意味が付与されているので、むしろ「（虚構を）創作する」「でっちあげる」という意味を採るべきだと考えられる。

筆者は後者の解釈を採り、またむりやり捻りだしたという意を含ませて「捻出《ねんしゅつ》する」という訳語を与えた。じつは、この訳語でないと、後出の二回目の引用との整合性を確保することができない。というのは、二回目の引用にあっては、「記念碑的な芸術情念」を„erfinden"するという文脈が与えられており、これは明らかに「むりやりでっちあげる」という意味だからである（後出個別注解㊵3を参照）。

【翻訳史】 尾高は、「幸福をみつけだした」「最後の人々」と訳し（尾高訳②：四二頁）、出口は、「幸福をみつけだした」「最後の人間たち」と訳し（出口訳④：三八六頁）間場は、「幸福を見つけ出した」「最後の人びと」と訳し（間場訳：六九頁）、三木は、「幸福を案出した」「最後の人間ども」と訳している（三木訳：二三頁）。中山は、『ツァラトゥストラはこう語った』の吉沢伝三郎訳にしたがって「幸福を考案した」「最後の人間」と訳し（中山訳：二〇三頁）、三浦は、「幸福を見つけた」「末人」と訳している（三浦訳：五四頁）。

この„erfinden"は、段落㊵においてもう一度引用される。二回目の引用の訳出にかんして、三木以外の邦訳には大きな問題がある（後出個別注解㊵3を参照）。

（㉕14）**【語句・文意・文法】**「子供たち」の比喩は個別注解㉕10と同様である。ここでは、教壇か編集室にいる子供たちとされているので、大学教授や出版人・ジャーナリストのなかにいる素朴な楽観主義者たちを揶揄した表現である。

【研究史】 ブルームは、この「子供たち」について考察し、ヴェーバーをはじめとする大陸の思想家たちが円熟したのちでも、アメリカの思想家たちは子供のままだったと論じ、とくにジョン・デューイが、ヴェーバーの「子供」像にぴったり当てはまることを指摘している（Bloom 1988: 194f. 長尾龍一 一九九八：二四九頁）。

（㉕15）この献辞の相手テヴノがルイ十四世によってジェノヴァに派遣されたのは一六四七年のことである。

（㉕16）『倫理と精神』のこの注記のなかで、経験論が「哲学的思索を神から遠ざけていく」と述べられている箇所の邦訳をみると、阿部訳では「哲学的思索は人を神から離れさせる」（三八五頁）、大塚訳では「哲学的思索は神から引き離す」（一八三頁）、梶山・安藤訳（安藤による補訳箇所）では「哲学的思索は神から離れしめる」（二六一頁）、中山訳では「哲学的な思索は人を神から引き離す」（三三八頁）となっており、いずれもおかしい。原文は、„*er* schien zu Gott *hin-*, die philosophische Spekulation von Gott abzuführen" である。動詞の„hinführen"（通じる）と„abführen"（遠ざける）とが対にされており、前者は自動詞で、後者は他動詞である。したがって„abführen"のほうには目的語がなくてはならない。困った阿部は「人」を目的語としているが、それに該当する語は存在しない。大塚と安藤は、なにを神から引きはなすのかをしめすことができなかった。中山は阿部訳をなぞっただけである。この„abführen"の主語は„*er*"（＝経験論）であって、この他動詞の目的語は„die philosophische Spekulation"（哲学的思索）である。これ以外に解釈可能性はない。既訳はいずれも「哲学的思索」を主語と勘違いして失敗している。

段落㉖（A21, B598f., C93, D25f.）

㉖本題に戻りましょう。「真の存在への道」「真の芸術への道」「真の自然への道」「真の神への道」「真の幸福への道」といった昔のこうした幻想がすべて終焉を迎えたので、この内的前提のもとで、使命としての科学にはどんな意味があるのでしょうか。もっとも素朴な回答を、トルストイは次のように定立しています。「『われわれはなにをなすべきか、われわれはどのように生きるべきか』というもっぱらわれわれにとって重要な問いにたいして、科学はなにも答えないから、科学は無意味である」。科学がかかる回答を与えないという事実は、まったく異論の余地がありません。問題はただ、科学が、どのような意味において回答を与え「ない」のかということ、またそのかわりに、この問いを正しく提起した者にとって、科学は、それでもひょっとするとなにかをもたらしえないのかどうかということです。[㉖1] 今日《こんにち》しきりに「無前提の」科学について語られるのが習わしになっています。[㉖2] そんな代物があるのですか。この言葉がどう理解されているのかが問題です。どの科学研究にあっても、つねに論理と方法論との諸規則の——現世におけるわれわれ〔＝科学者〕の方向づけのこの一般的基礎の——妥当性が前提とされています。さてこの前提は、すくなくともわれわれの特殊な問いにとってはほとんど疑うところがありません。しかもさらに、科学研究にさいして明らかになる事項が「知る価値がある」という意味で重要であることが前提とされています。[㉖3] そして、われわれの問題すべてがここに潜んでいることはやはり明らかです。というのは、この前提は、もうそれをふたたび俎上に載せて科学の手段で証明することができないからです。[㉖4] この前提は、科学の究極の意味を否応なしに指ししめすまでであり、[㉖5] このとき、各人は、それぞれ生《せい》に向かうみずからの究極の立場決定にしたがって、この意味を拒絶するか受容するか決めなくてはなりません。

段落㉖ 要説

（一）

科学史の意味解明的考察の結果、主知主義的合理化過程の帰結として、現世の意味が崩壊したことが明らかになった。そこで、科学は無意味であるというトルストイの主張が正しいことを認めざるをえない。それでは、この現状からいかに抜けだすことができるのか、また意味を喪失した現実世界といかに闘うことが今日《こんにち》可能なのか、そのために科学はなにか有効な手立てを提供しうるのか——こうした問題群を考察するのが以下の論述である。そこでまず参照されるべきが、「なにをなすべきか」という問いにたいするトルストイの回答である。

「われわれはなにをなすべきか（ではわれわれはなにをすればいいのか）」という問い自体は聖書に由来する。「群衆は、『では、わたしたちはどうすればよいのですか』と尋ねた。ヨハネは、『下着を二枚持っている者は、一枚も持たない者に分けてやれ。食べ物を持っている者も同じようにせよ』と答えた。徴税人も洗礼を受けるために来て、『先生、わたしたちはどうすればよいのですか』と言った。ヨハネは、『規定以上のものは取り立てるな』と言った。兵士も、『このわたしたちはどうすればよいのですか』と尋ねた。ヨハネは、『だれからも金をゆすり取ったり、だまし取ったりするな。自分の給料で満足せよ』と言った」〔『ルカによる福音書』三：十〜十四〕。

トルストイは、『なにをなすべきか』（一八八二〜八六年）のなかで、ヨハネのこの教えを、「ブッダによって、あるいはイザヤによって、老子によって、ソクラテスによって」伝えられ、とくにキリストとヨハネによって説かれた真理だとし、次のように敷衍している。キリストは、「貧しき者の幸いにして、富める者の災いなることを説いた。彼は、神と富とに兼ね仕えることはできないと説いた〔『マタイによる福音書』六：二十四、『ルカによる福音書』十六：十三〕。彼は、金だけでなく、衣を二枚とることも弟子たちに禁じた。彼は、富める青年に向かって、青年はその富のために神の国に入りえないと説き、富める者が天国に入るよりも、駱駝が針の穴を通るほうが簡単だと言った〔『マタイによる福音書』十九：二十四、『マルコによる福音書』十：二十五、『ルカによる福音書』十八：二十五〕。彼は、自分のあとに従おうとするために、家も子も畑もすべてを捨てることのできない者は、自分の弟子ではないと言った〔『マタイによる福音書』十九：二十九、『マルコによる福音書』十：二十九〜三十〕。」「かかる真理は、私には〔すでに〕馴染みのあるものだったけれども、現世の誤った教えが、それをすっかりみえなくしてしまっていたので、私には、それが、世人がこの言葉にたいして好んで付与する意味における理論に、つまり『空疎な慣用句』を意味している理論に変じてしまったのである」（TSW1-3: 268f.）。

そしてトルストイは、この「現世の誤った教え」のひとつである科学について、次のように告発する。「科学が、つまりいわゆる自由な科学が、諸国民の経済的生活条件について研究するさいに、民衆のあらゆる生活条件の固有の基礎をなしているものをいかに目に入れずに済ますかという有様は、ただもう驚くばかりである。科学の課題は、やはりどうしても、諸現象の関係と、一連の現象にみられる共通原因を索出することでありそうにみえる。ところが、政治経済学はまさにそれとは正反対のことに勤しんでいて、諸現象の関係とその意義とをひどく入念に隠匿しようと試み、もっとも単純でもっとも重要な問題に答えることをいっさい入念に避けている」。この科学の前に「重大・重要な問題がもちあがると、たちまちあれやこれやと本質に属さない事柄についての『科学的な』論究が開始される。その目的はただひとつ、この問題から目を逸らすことである」（TSW1-3: 235f.）。

また半自伝的な『懺悔』（一八七八〜八二年）のなかで、生《せい》への根源的な問いが科学と無縁であることについて、次のように主張している。「私は、あらゆる科学のなかで探究した。〔しかし〕なにもみつからなかったばかりか、私と同様に知のなかで探究してきたすべての人々にあってもまた、なにもみつからなかったことを確信するにいたった。しかも、彼らにはなにもみつからなかったのみならず、そのうえ、私を絶望へと導いたまさにそのこと――生《せい》の無意味さ――こそ、人間の達しうる唯一の確実な認識であることを、彼らは認めたのである。」「私は、生《せい》の問題にたいして、科学が与えうる回答をすべて学んだ。そして長いあいだ、生《せい》の問題にたいして、科学が〔現在〕与えているのとは異なる回答をまったくもちあわせていないことを信じることができなかった」。しかしついに、「自分の問いが、あらゆる知識の基礎をなす唯一の正当な問いであり、責められるのは、私と私の問いではなく、これに答えていると思いあがっている科学のほうだと、否応なしに確信するにいたったのである」（TGW2-1: 41-43）。

　このように、科学は、「なにをなすべきか」あるいは「どのように生きるべきか」に答えようとしないので、科学に従事する者は、むしろ科学にたいして批判的に対処する必要が生じ、また科学者たる自分の存在にたいする真剣な反省を避けることができない。「われわれのグループ〔＝科学や文芸に従事している特権層〕に属する者は、自分にたいしても他人にたいしても偽らないようにして、悔いあらためなくてはならないほか、われわれの教養や洗練趣味や才能といったかたちで染みついている不遜心を拭いおとさなくてはならず、自分のことを、民衆の恩人だとか、たまには自分の有益な成果を民衆に分けあたえることを断らないこともある進歩に与る者だとかみなすことは許されない。徹底して、罪深い堕落した無用の者だと自認しなくてはならず、自分を矯正する努力で心を満たさなくてはならず、民衆にたいして恩恵を施していると信ずるのではなく、なによりもまず、民衆を侮辱したり見下したりすることをやめなくてはならない」。科学者は、たえず、「無力で役に立たない人間である自分は、最良の修学時代を、不幸な生活条件のために、心身を荒廃させる科学的律法の研究に浪費してきたのであり、この過失を矯正して、〔他の〕人々に奉仕する術を学ぶにはどうしたらいいのか」と自己に問いかけなくてはならないのである（TSW1-4: 182-184）。

『生《せい》について』（一八八七年）のなかでも次のように主張している。「誤った科学は、生《せい》の随伴現象を研究することによって、生《せい》そのものを研究しているという仮想に陥り、この仮想によって生《せい》の観念を歪曲している。それゆえ科学は、それが生《せい》と名づけているものの現象を研究することが長ければ長いほど、研究しようとしている生《せい》の観念からますます遠ざかる」。その現象の研究はますます細密になり、極小なものに向かう。そしてそれが局限にまで到達したとき、「無意味性のこの――研究が完全に狂っていることをあまりにも明瞭にしめしている――最終段階、まさにこの段階が、科学の勝利だとみなされるのである」（TGW2-7: 273f.）。

　このように、トルストイの与えた回答は、信仰の勝利と科学の否定であり、これは――トルストイ自身がシュペーナーを意識していたか否かは留保するとして――シュペーナーの論理の応用である。

　この回答を引用したヴェーバーは、ただちにトルストイに反問する。「なにをなすべきか」という問いにたいして、たしかに科学はなにも答えないが、それでも、この問いをなす者にとって、はたして科学は無用なのかという反問である。呪力剥奪によって、また知の官僚制化によって、専門的技術学に頽落してしまった現代科学は、生《せい》への問いにたいして無力であり、各自の生《せい》の現場において意味をもちえない。しかしそれでもなお、生《せい》への問いをなす者にとって、科学には有用性があるのではなかろうか――これがヴェーバーによる問い直しである。ここで注意すべきは、この問い直しが、〈科学が有意味か〉〈科学者（の活動）が有意味か〉といった〈科学（者）〉を主体とした問いではなく、〈生《せい》への問いをなす者は科学をいかに使いこなす可能性があるか（あるいは使いこなすべきか）〉という生《せい》の現場に立つ人間（人格）を主体に据えた問いだという点である。この箇所から、ヴェーバーは、科学の世界に没入する職業人（＝末人）をいよいよ見限り、呪力剥奪状況に立ちむかう人格にとって科学は武器となりうるかという問題に分けいるのである。

（二）

「無前提」を標榜する科学も前提を免れることは不可能であり、「知る価値がある」として重要だとされるということ自体が、証明不可能な前提である。

「無前提」たることが解きがたい根本矛盾を内包していることを、ヘーゲルは『大論理学』（一八一二年初版）において論じている。学が端緒としなくてはならないのは純粋知であり、純粋知は、「他者と媒介とへのあらゆる関係を揚棄している」「単一の直接態」であり、それ自体が「反省の表現」である。これは、「それ以上の規定・充実がなにもないただそれだけの存在」であり、これが絶対学の端緒をかたちづくるための存在の根拠となるはずのものである。ところが、かかる「絶対学の端緒は、それ自身絶対的端緒でなくてはならず、なにものをも前提とすることがあってはならない（er darf *nichts voraussetzen*）」。ということは、「哲学の端緒は、媒介されたものか直接の（無媒介の）ものかどちらかでしかありえないが、それは、そのどちらでもありえないことが容易に看取される」（Hegel 1986/99: 35f. 第二版では、この記述は、最後の箇所以外は欠けている）。無前提・無媒介であるはずのものは、同時に、反省によってすでにあらゆる前提と媒介とを揚棄しているはずのものである。だから、「無前提」は、なにも前提としていないはずでありながら、すべての前提を前提としている。「無前提」論は、かかる《端緒のアポリア》を不可避的に抱えこまざるをえないのである。

ヴェーバーが当該箇所で引き合いに出している「無前提」論は、もともとテーオドール・モムゼンが唱えた議論だが、同時にヴェーバーは、直接にはルートヴィヒ・ポーレの議論を槍玉に挙げている。以下にそれをみよう。

テーオドール・モムゼンは、シュパーン事件に関連して「無前提」の重要性を訴えた。一九〇〇年から一九〇一年にかけてすすめられたシュトラースブルク大学歴史学教授人事にさいして、プロイセン政府は、学部側が推すフリードリヒ・マイネッケの招聘を承認するとともに、それと引き替えに、もうひとつ歴史学ポストを設けて、そこにカトリックの歴史学者マルティン・シュパーン[㉖6]を任命するという専断人事を押しとおした。これにたいしてモムゼンは、神学部以外でかかる宗派的人事を強行することは、「教職の自由」の侵害にあたるとして批判した（上山安敏他編訳 一九七九：三九〜四〇頁）。

彼は次のように論じている。「われわれの生命線は無前提の研究である。かかる研究は、目的考慮や配慮にしたがって獲得するべきものと獲得したいもの、学問外に存在する実生活上の他の目的に奉仕するものを獲得しはしないのであって、そうではなく良心的な研究者にとって論理的歴史的に正しいものとして映ずるもの、要するに真実性を獲得するのである」。大学教員が銘記したいのは、「無前提の研究すなわち研究者の誠実性と真実性とが大学授業の聖域だ」ということである。だからカトリックかプロテスタントかという配慮が、哲学や社会科学の領域で力をもってはならないのであり、これは哲学的・政治的・社会的党派全般に言えることである。ここで大学行政当局は「確たる非党派性」を要求される。こうした要求の根底には、「大学は、その〔総合性・多様性という〕名にふさわしく、一様でないさまざまな世界観に門戸を開いておくべきだという正当な感情」が存しているのである。大学は、いわばルールに則った公正なフェンシング競技場であり、大学の内外で激しい闘争が繰りひろげられ、その駐屯地が教授ポストである。もしもこのポストの任命条件が、第一に宗派を顧慮したもので、第二に有能であるか否かを顧慮したものであるならば、当然にもそのポストにふさわしい人物が不在で、凡庸な人物が幅を利かせることになってしまう。この危険性をモムゼンは懸念しているのである（Mommsen 1905: 432-436)。

つぎにルートヴィヒ・ポーレは、『ドイツの国民経済学における現今の危機』（一九一一年）において、ドイツの国民経済学を、講壇社会主義支配下の「政治的・道徳的観点」から切りはなす必要があるのか、それとも「無前提の科学（voraussetzungslose Wissenschaften）」から切りはなす必要があるのかという問いをなし、かつて自然科学において「無前提の研究」が不可能だったように、現在国民経済学においてそれは不可能だと断じ、その元凶として、講壇社会主義者の重鎮たるシュモラー、ブレンターノ、レクシス、コーン、アードルフ・ヴァーグナーを槍玉に挙げる。ポーレは、「科学が特定の経済政策の正当性を『証明する』ことができるなどという迷妄に耽っている者がいる」という状況を告発し、そうした「政治化された方法」を断固として拒否する。また、ダールマン、ゲルヴィヌス、ドロイゼン、ジーベル、トライチュケに代表される政治化された方向をとる歴史学も拒否し、歴史学者としては、歴史認識を「自己目的（Selbstzweck）」とするランケとその学統のみを認めるのである（Pohle 1911: III-X）。

科学が政策の正しさを証明することはできないというポーレの言は、あたかも彼がヴェーバーと同意見であるかのような様相を呈している。しかも彼は、社会政策学会ヴィーン大会におけるヴェーバーの発言を取りあげ、また『客観性論』をも参照指示し、ヴェーバーにたいして、「すでに何年も前から、政治と科学との関係についての正しい諸原則を定立し、それを公表してきた」功績は大であるとして、（ひとまず）賛辞を送っている（ebd.: 7）。またアードルフ・ヴェーバーがマックス・ヴェーバーと基本的に同一見地に立っているとも述べている（ebd.: 8）。こうした事情から、この当時においてすでに、あたかもポーレとマックス・ヴェーバーとが同一地平に立っているかのように誤認されることもあった（細見博志 一九九四：一〇一頁、同 一九九五a：二〇～二一頁）。そして今日《こんにち》においても、ポーレの見地とヴェーバーのそれとの――つまり似非価値自由と価値自由との――区別がついていない読者が多い。

モムゼンの論稿は、当初『ミュンヒェン新報』紙（一九〇一年十一月十五日付）に掲載され、これがフライヘル・フォン・ヘルトリングの批判を呼び、さらにモムゼンが反批判をおこなった。この公開討論は『大学情報』誌に再録され（*Hochschul-Nachrichten*, XII. Jg., Nr. 2. Nov. 1901）、その後モムゼンの論稿は、一九〇五年（モムゼンの死後）刊行の『講演・論文集』（Mommsen 1905）に収録されている。ヴェーバーは、この論争を、遅くとも『大学情報』誌掲載時には知っていた。というのは、『講演・論文集』（『講演・論文集』刊行前の一九〇四年刊）において、ヴェーバーは次のように述べているからである。「われわれにとってなにが意味を有するのかは、経験的に与えられたものの『無前提な』研究によってはもちろん推定されえないのであって、そうではなく、与えられたものの意味の確認が、なにかが研究の対象となるための前提なのである」（WL6: 175f.）。

ここにあざやかにしめされているように、良心的な研究者たちが誠実に私心なく虚心坦懐に――つまり「無前提」に――真理を追いもとめる場が大学だとするモムゼンの議論にたいして、〈「無前提」などというのは、前提の隠蔽であり、自己欺瞞以外のなにものでもない〉として、ヴェーバーは真正面から挑みかかる。彼にとって、「無前提」の名による前提の隠蔽と客観性の偽装とは、排除すべき方法的迷妄なのである。この点で、ヴェーバーの批判は、トルストイの現代科学批判と軌を一にしている（段落⑫⑬要説（二）を参照）。

一九一一年にポーレの著書が刊行されたとき、ヴェーバーはこれを読み、ポーレの「無前提」論を斥ける。一九一二年十一月十五日付でヴェーバーは書いている。「『無前提』という基盤上の純粋に学術的な討議は、もちろん問題でない。フランクフルトで討議に付される第一の問い、つまり『これまでの社会政策がその目標を達成しなかったのはなぜか』という問いがすでに、われわれ全員が共有している態度を、つまりそれでもそれ自体がすくなくとも自明とされているような実践的・政治的立場決定を内包しているのである」（MWGII/7: 748f.）。ここで槍玉に挙げられている「無前提」論は、モムゼンの議論ではなくポーレのそれであろう。後述される「事実をして語らしめる」といった類の似非価値自由論としてヴェーバーが念頭に置いているうちのひとつは、ポーレのこの「無前提」論である。

段落㉖への個別注解

（㉖1）【語句・文意・文法】「そのかわりに、この問いを正しく提起した者にとって、科学はそれでもひょっとするとなにかをもたらしえないのかどうか」の原文は、„ob sie statt dessen nicht doch vielleicht dem, der die Frage richtig stellt, etwas leisten **könnte**“である（太字引用者）。ここで用いられている„könnte“は接続法第Ⅱ式だから、〈非現実〉の含意があるが、同時に„nicht“によって否定の意味が付与され、さらに„doch“（それでも）によって〈逆説・反問〉の意味も付与され、さらに„vielleicht“（ひょっとすると）によって〈確実性の低い可能性〉の意味も付与されているので、読んでいる者は混乱しそうである。

まず、„nicht könnte“は、〈ありえないわけでもないだろう〉という意味になり、つぎに„doch vielleicht“は〈それでもひょっとすると〉という〈あえかな期待〉をしめし、この全体が接続詞„ob“によって間接疑問文化されている。したがって、〈それでもひょっとすると可能性がないわけでもないのかどうか〉という意味になる。

トルストイの激越な論難を真摯に受けとめたヴェーバーは、なるほど科学の現状をみると、生《せい》にたいする根源的な問いが等閑視され、科学の営みは無意味化の一途を辿っており、たしかにこれが主知主義的合理化の成れの果てであり、科学者の末人化は疑うべくもないが、それではこれまでの科学の営みをすべて放擲することが正しいのかどうか、あらためて筋道を立てて考えてみようとするのである。この非常に控え目な間接疑問文は、そうした彼の強い問題意識を如実に反映している。

読者にとって重要なことは、この段落㉖から講演の最後（段落㊵）にいたるまでの文脈を余さず掬いとるためには、トルストイの立論をたえず念頭に置き、それをヴェーバーのそれと対比しつづける必要があるということである。

トルストイの論難にたいするヴェーバーの（ひとまずの）回答は、トルストイとのこの長い対論を経て、段落㊱において提示される。

【翻訳史】尾高は、「これにこたえないかわりにそれが、正しい問い方をするものにたいしてはなにか別のことで貢献するのではないか」と訳している（尾高訳②：四三頁）。「貢献するのではないか」では崩しすぎであり、„könnte"のもつ〈可能性にたいする疑義〉がひどく弱まっており、また„doch vielleicht"が行方不明である。出口は、「それに答えはせぬが、正しい問いかたをする人に対してはやはり、何か役に立つことをするのではないだろうか」と訳している（出口訳④：三八六頁）。ここでは、„doch"（やはり）が訳されている以外は、尾高訳と同様の難がある。間場は、「それに答えはしないとしても、正しい問い方をする人には、おそらくなにか役に立ち得る」と誤訳している（間場訳：七一頁）。ここでは、„könnte"が接続法第Ⅱ式であることが完全に無視され、„ob"も無視されている。また„vielleicht"（おそらく）が訳されているが、„doch"が脱落している。中山は、「学問がこの問いに答えないにもかかわらず、正しい問い方をする者には、なにかをもたらすことができるのではないでしょうか」と誤訳している（中山訳：二〇五頁）。この訳は、„doch vielleicht"が脱落していることから、尾高訳に追随したものと推断できる。三浦は、「問題の正しい立て方については、学問はおそらく何かを教えることができるでしょう」と誤訳している（三浦訳：五五頁）。問題の立てかたについて学問が教えるなどという文意は存在しない。また„doch"が脱落している。

これにたいして、三木は、「学問はその代わりに、この問いを正しく立てる人に対して、ひょっとするとやはりなにごとかを果たしうるものではあるまいか」と訳しており（三木訳：一二三頁）、邦訳中で唯一当該箇所の正しい訳を提供している。英訳は、それぞれ"might"か"could"を用いて原意を再現しようとしている（G&M: 143, MJ: 18, RL: 17, GCW: 39f., HHB: 344）。

（㉖2）【研究史】価値判断論争においては、①価値判断排除によって社会政策そのものが骨抜きにされることを懸念する社会政策学会の旧世代（シュモラーら）と、②社会政策から一切の価値判断を排除しようと画策する「似非価値自由」論者たちと、③価値の自覚的明示と冷徹・明晰な科学研究との両立をめざすヴェーバーやゾンバルトとの三極構造がみられる。この論争の錯綜とした展開過程については、細見博志の諸論稿が丹念な《交通整理》をおこなっていて有益である。細見は、②に分類される論者として、ルートヴィヒ・ポーレ、ルートヴィヒ・ベルンハルト、アードルフ・ヴェーバー、リヒャルト・エーレンベルク、アンドレアス・フォイクト、ユーリウス・ヴォルフを挙げている（細見博志　一九九五ａ：二〇頁、同　一九九八：七〇頁）。

（㉖3）【語句・文意・文法】【関連記述】「知る価値がある（wissens-wert）」という事態は、『ロッシャーとクニース』において、「さまざまな現象のなかで、われわれにとって本質的なもの」と規定されている（WL6: 5）。ここで重要なのは、「知る価値がある」「興味ある」「われわれにとって本質的」という判断は、学問的活動そのものの外にあるという点である。「本質的なものが、つまりさまざまな現象のなかでわれわれにとって知る価値があるものが、ひとつの類概念への整序によって汲みつくされることのないところに、つまり具体的現実そのものがわれわれの関心を惹くところに、事物概念の研究領域が与えられている」のである（WL6: 6）。

研究する者が具体的現実そのものに関心をもつところに研究する価値が生ずるのだが、「もっぱら経験的に与えられている個別事例にたいするわれわれ〔＝研究者〕の学問的関心は、その事例を、標本としてひとつの類概念に従属させることに成功すると、たちまち消えていく」（WL6: 5）。ドイツ社会学会大会の討論においても、ヴェーバーは次のように述べている。「われわれが経験科学の研究者として『興味ある』事実と取りくんでいるそのときには、なぜそれが興味あることであるのかという問いは背後に退いています。というのは、このときすでに、ただもう事実を確定することだけがわれわれの課題であり、それ以外ではないからです」（SSP: 482）。

ある事実を確定しようとする科学者の営みは、たしかにその科学者の主観においては、あたかもありのままの事実の正確な記述にほかならないかのように映じるのであるが、そもそもなぜその事実に関心を向けたのかについての自省を忘れると、そこに自己欺瞞が生じるのである。

㉖4）**【語句・文意・文法】** 原文は、„denn diese Voraussetzung ist nicht wieder ihrerseits mit den Mitteln der Wissenschaft beweisbar.“ である。科学研究の成果が知るに値するということは、科学研究にとって前提なのであって、なんらかの研究成果が出たからといって、この前提が正しいことを科学が証明したわけではない。あくまでも、ある前提に立つと、このような結論が導きだされるということなのであり、科学の前提を科学自体が証明することはできない。

㉖5）**【語句・文意・文法】** 当該箇所の „auf ihren letzten Sinn *deuten*“ は、「科学の究極の意味を指ししめす」という意味である。また „sich lassen“ は、〈強制に従う（sich einem unbekannten Zwange hingeben）〉という意味の用例だと思われ、〈指ししめすことをみずからに強制する〉と解した。ここで「否応なしに」と訳しているのがその含意の表現である。

【翻訳史】 ここは重要な箇所だが、驚いたことに、三浦以外のすべての邦訳者・英訳者がきわめて初歩的な誤読に陥っている。

尾高・出口・間場・三木・中山は、„deuten“ を「解釈」すると誤訳している（尾高訳②：四四頁、出口訳④：三八七頁、間場訳：七三頁、三木訳：二四頁、中山訳：一二〇六頁）。渡辺も、この „deuten“ を「解釈する」という意味だと説明しているが（渡辺編：七五頁）、明らかにまちがっている。なぜなら、当該箇所の動詞 „deuten“ は他動詞ではなく自動詞であり、„auf et.^{4} deuten“ は〈〜を指ししめす〉という熟語だからである。

また、„auf ihren letzten Sinn“ の扱いも大きな問題である。尾高は文法をすべて無視し、ひどく崩して、「それ〔研究成果の重要性を指すのか?〕はただ、人々が各自その生活上の究極の立場からその研究の成果がもつ究極の意味を拒否するか、あるいは承認するかによって、解釈されうるだけである」という意味不明の文を投げだしている（尾高訳②：四三〜四四頁）。〈科学の究極の意味を拒否するか承認するかによって解釈される〉とはどういう事態なのか、まちがいなく誰にも理解できない。原文には、もちろん「によって」に該当する表現はない。究極の意味を選択するという決断的行為と、意味を解釈するという分析的行為とがまったくの別物であり、両者が異なった規準と論理とに則ることを、この講演中で――また他の著作中でも――ヴェーバーはくどいほど念押ししている。それにもかかわらず、〈拒否か承認かの決断によって解釈する〉などという珍無類の「意訳」を捏造するようでは、ヴェーバーの基本思想にかんする致命的な無理解をさらけだしたものと言うほかはない。さらに尾高訳では、どうみても „auf ihren letzten Sinn" の „auf" が行方不明である。

出口は、「その究極の意味にかかわらせて」と誤訳し（出口訳④：三八七頁）、間場も、「その究極の意味に関連づけて」と誤訳し（間場訳：七三頁）、中山も、「学問の究極の意味に基づいて」と誤訳している（中山訳：二〇六頁）。出口・間場・中山は、この名詞 „Sinn" を三格と見誤るという初心者レベルの誤認に陥っている。名詞 „Sinn" は四格であって、前置詞 „auf" は四格支配である。このことに気づいた三木は、「その究極の意味へと向けてのみ解釈されうる」と訳しているが、意味が通らない（三木訳：二四頁）。「学問が持つ究極的な意味を暗示する」と訳した三浦だけが正しい（三浦訳：五六頁）。

英訳は全滅である。ガースとミルズ、ジョン、リヴィングストンは、"it can only be *interpreted* with reference to its ultimate meaning" と誤訳し（G&M: 143, MJ: 18, RL: 18）、ウェルズは、"it can only be *interpreted* to determine its ultimate meaning" と誤訳し（GCW: 40）、ブルーンは、"it can only be *interpreted* with respect to its ultimate meaning" と誤訳している（HHB: 345）。ガースとミルズが尾高と同様の誤訳に陥り、この轍を他の訳者たちが踏みつづけている。

Oxford German Dictionary (third edition) には、„auf et.⁴ deuten" が "point" という意味であることが明記されている。『ドイツ基本語辞典』（白水社、一九七一年）には、„sie deutete auf einen großen roten Hut im Fenster und fragte, was er koste." （彼女はショウウィンドウのなかの大きな赤い帽子を指さして、あれはいくらかと尋ねた）という簡単な文例が載っている。自動詞 deuten に「解釈する」「解明する」という意味はない。三浦以外の邦訳者・英訳者たちは、辞書を引くことを怠ったのである。

【研究史】 この致命的な誤訳は、研究者にも悪影響を与えている。安藤英治は、論文「マックス・ウェーバーにおける『客観性』の意味」のなかで当該箇所を尾高から引用し、多少改変しながら、「それはただ、人びとが、各自その人生の究極の立場からこの結果の意味を拒否するか、あるいは承認するかによって、解釈されうるのみである」と誤訳している（安藤英治 一九六五：一四〇頁）。安藤もまた „auf ihren letzten Sinn *deuten*" がわからず、尾高の捏造した「によって」を無批判に踏襲したのである。ヴェーバー研究を志す日本人はかならずこの論文を読むと思うが、安藤のドイツ語読解力には（この箇所にかぎらず）一定の限界があることに注意する必要がある。

（㉖6）　シュパーンにたいするヴェーバーの態度については個別注解⑧2を参照。

段落㉗（A21-23, B599f., C94f., D26-28）

㉗さらに、科学研究が、科学のこの前提にたいしてどのように関係するのかは、科学の構造にしたがって非常に多様です。たとえば物理学・化学・天文学のような自然科学は、宇宙の現象にかんする――科学が到達しうるかぎりにおいて構成可能な――究極の法則が知るに値することを、当然のこととして前提としています。こうした知識をもって技術的な成果を獲得することができるからというのみならず、科学が「天職」であるはずだとすれば、「科学そのもののために」でもあります。この前提自体はまったく証明不可能です。[㉗1] そして科学が描くこの現世は存在する価値があるか否か、この現世はひとつでも「意味」を有しているか否か、この現世のなかで生きることに意味があるか否かを証明することはなおさら不可能です。科学はこうした問いを投げかけません。あるいは、近代医学のような科学的に[㉗2]非常に高度に発達した実用技術論を取りあげてごらんなさい。医療事業体の一般的「前提」は、ありきたりな表現ですが、生命を維持するという課題を純粋にそれ自体、また苦痛を可能なかぎり緩和すること[㉗3]を純粋にそれ自体是認するであろうということです。そしてこのことは問題を孕んでいます。[㉗4] たとえ重篤の患者が生命からの解放を懇願したとしても、その家族が、その〔苦痛のみの〕生命を無価値とみて、彼を苦痛から解放することに同意したとしても、無価値な生命を維持する費用がこの家族に耐えられないとしても、――問題はたぶん正気を失った哀れな男であり――彼の死を、明言する場合もしない場合もあるが、家族が望み、また望まざるをえないとしても、それでもなお医師は、その手段を用いて彼の生命を維持するのです。医学の前提と刑法だけが、医師がこれを放棄するのを妨げています。この生命は生きるに値するか否か、そしてどの場合に――こうしたことを医学は問いかけません。すべての自然科学は、もしもわれわれが生命を技術的に制御しようと欲するならば、われわれはなにをなすべきかという問いにたいしては答えてくれます。しかし、われわれが生命を技術的に制御すべきか否か、またそう欲するか否か、そして結局そもそも生命に意味があるか否か[㉗5]――こうした問いを自然科学はまったく置き去りにし、あるいは科学の目的として前提とします。〔このことも問題を孕んでいます。〕あるいは、芸術学のような専門領域を取りあげてごらんなさい。[㉗6] 芸術作品が存在するという事実は、美学にとって所与です。どのような条件のもとでこの状況が存在するのかを美学は究明しようとします。しかし芸術の王国が、ひょっとすると悪魔の栄華の王国[㉗7]ではないかとか、現世に由来する王国であり、それゆえ最深奥の内面において神に背いており、その最深のエリート的精神において同胞愛に反しているのではないか[㉗8]とかいった問いを美学が投げかけることはありません。したがって美学は、芸術作品が存在するべきか否かを問うことはありません。〔このことも問題を孕んでいます。〕あるいは法学を取りあげると、法学は、一部は唯一無二の論理をもって与えられた規準に、一部は因襲的に与えられた規準に結びついた法学的思惟の規則に則って、それゆえ、もしも定められた法規と、法規の解釈の定められた方法とが拘束力を有するものとして承認されているならば、なにが妥当するのかを確定します。法が存在すべきか否か、まさにこの規則を立てるべきか否か――こうしたことにたいして法学はなにも答えません。

そうではなく、法学にできることはただ、もしも人が成果を欲するならば、われわれの〔＝現代の〕法思考の規範に則り、その成果を達成するのに適した手段はこの法規だと提示することだけです。〔このことも問題を孕んでいます。〕あるいは歴史的文化科学を取りあげてごらんなさい。〔そうすれば〕諸君は、政治的・芸術的・文学的・社会的文化現象を、その生成の諸条件において理解することを学びます。しかしこの科学は、こうした文化現象が存立する価値のあるものだったか、また〔いまなお〕存立する価値のあるものであるか否かという問いにたいする回答を、みずからのなかからは与えません。(㉗9)この科学は、文化現象を知るよう努める価値があるか否かという別の問いにたいしてもなにも答えません。この科学が前提としているのは、〔科学の〕こうした手順によって「文化人間」の集団(㉗10)に加わっていることが利害状況を有しているということです。しかし、この事態が妥当することを、この科学は誰にたいしても「科学的に」証明する能力をもっていませんし、この科学がこの事態を前提としていることは、この事態が存在するのが自明であることを断じて証明しません。事実、まったくそうしたことはないのです。〔このこともやはり問題を孕んでいます。〕

段落㉗ 要説

トルストイの立論を受けて、この段落㉗では、現代において、科学の諸領域が技術学へと頽落してしまっていることがしめされ、問題視される。

（一）

物理学・化学・天文学等の自然科学の動向について、ヴェーバーは、おそらくコペルニクス以来の科学発展史を念頭に置いている。ルネサンスの科学は、現世および現世における生《せい》の意味にたいする問いとは切りはなされたところで歩をすすめてきた。だから、段落㉕要説（三）で引用したガリレオの言明に端的にしめされているように、この問いにたいする教会の回答に疑問を呈することなく、科学研究に没入することができた。「科学そのもののために」という標語が意味をなすのは、こうした文脈においてである。

現代医学を、ヴェーバーは実用技術論と性格づけている。現代医学についてのヴェーバーの見解の典拠を見出しえなかったが、あるいは、彼が一八九八年以来各地の医師の診察を受けた体験に依拠しているのかもしれない。

（二）

美学について、当該箇所ともっとも直接的な関係に立つ記述が「中間考察」のなかにある。主知主義の展開と生《せい》の合理化とが進行すると、「いまや芸術は、つねに自覚され把握され自立した固有価値の体系として確立される」。それは、「現世内的救済」という機能を担うようになり、救済宗教との競合関係に立ちいたる。このとき、「かかる現世内的非合理的救済にたいして、〔つまり〕合理的宗教倫理側からは、責任なき享楽の王国に、また愛の隠された欠如の王国にみえるものにたいして、各宗教倫理は攻撃を加えなくてはならない」。神秘的体験にとって、「芸術的感動と宗教的感動とのあいだに存するはっきりした心理的親近性は、芸術的感動の悪魔的性格

(diabolischer Charakter) の徴候という意味しかもちえない」。つまり、宗教的体験の代替物である芸術的感動は、それ自体が被造物神化され、宗教と競合したとき、ついには宗教にとってかわろうとする人間的力になりかねないのである。こうして「芸術は、『被造物の神格化』や、〔宗教と〕競合する勢力や、人をたぶらかす奇術と化す」(MWGI/19: 500-502)。

『宗教社会学』の「同胞愛倫理と芸術」節は、その全体がこうした論旨に充てられている。なかでも次の記述がこの事態を端的に表現している。「芸術特有のもの一般を自覚的に発見することは、主知主義的文明〔の時代〕までもちこされる。しかるにまさにそれ〔=主知主義的文明の台頭〕とともに、芸術のゲマインシャフト形成活動も、芸術と救済意志との調和性も消えていく。そのとき、芸術をただ純粋に芸術としてのみ与えることが要求されているあの現世内的救済は、神に反するものとして、現世の倫理的非合理性によるどの救済にも敵対し、倫理的信仰心からも真正の神秘主義からも忌みきらわれ、くわえて純粋に芸術的価値そのものへの献身は、本来の禁欲からみると、生活態度の合理的体系化を損なうことが懸念される。そればかりか、主知主義につきものの審美的模倣の態度が倫理的な事柄において増大するにつれて、〔芸術と信仰とのあいだの〕緊張はますます高まっていく」(MWGI/22-2: 410f.)。

このように、芸術は、神を忘れた傲岸な人間によって創出された世界である。これについては『政治的ゲマインシャフト』のなかでも論じられている。「当然にも、実際に特権を有する身分の品格感情は、自分自身を超えでていくことのないみずからの『存在』とみずからの『美―善』(καλο-καγαθια) と関連づけられる。彼らの王国は『現世に由来し (von dieser Welt)』、現世のために、そして偉大な過去に依拠して生きるのである」(MWGI/22-1: 263)。

芸術が「現世に由来する王国」であるというヴェーバーの認識にかんして、雀部幸隆は、尾高による誤解・改竄・隠滅行為〔個別注解㉗7・㉗8〕を指摘したうえで、「現世に由来する王国」としての芸術とはなにを意味するのかを詳解している。「そもそもウェーバーはどうしてまた『芸術の国は悪魔の栄光の国』であり、『此の世に起源をもった国』であって、その『貴族主義的精神のゆえに、友愛性にそむくものではあるまいか』などといったことを、かりそめにも問題となりうるように考えたのであろうか。神なき時代の神なき国の人間は、当惑して首をかしげるであろう。しかしながら、たとえばイエスは『わが国は此の世のものにあらず』と宣べた。もとよりこの世界が神によって創られたままの世界であり、神の定めた筋書どおりに動く純朴な世界であるかぎり、それは決してイエスの否定の対象とはならない。自然や動物たちはそうした国の住人である。自然は法則にのっとり、動物たちは本能にしたがって生きる。これは、キリスト教的観点からすれば、自然や動物たちが神の命令に忠実であり、そもそもの創始に神の書いた筋書どおりに動いているということにほかならない」。もちろん自然界はけっして牧歌的世界ではなく、天地万物はみな呻吟のなかにある。それは、「神の代理人として宇宙万物〔天然界〕を誠実に理め守る役割をになう宇宙管理人として創られた人間」が神に反逆したゆえである。そのため人間はエデンの園から追放され、エデンの園ももはやかつての秩序ある平和な世界ではなくなったのである。「天然界が詛いを解かれるのは、その管財人〔人間〕の神への復帰があって初めて成就する事柄である」。「こうして自然界は遺憾ながら決して牧歌的世界ではないのであるが、しかし、それはいずれにしても自然や動物たちの責任ではない。そしてイエスは、『わが国は此の世のものにあらず』と宣べたが、この世界が自然や動物たちに準じた比較的純朴な姿を保っているかぎり、この世界は決してかれの否認の対象とはならない。だからイエスは野の百合を愛で、ガリラヤのカナの素朴な村人たちの婚宴に出席して、ふるまいの酒つきたとき、新郎のために水を美酒に変える奇蹟を行った」。しかしながら、「この素朴な世界がイエスによって愛でられるのは、その固有の属性によってではなく、それが神に由来するもの、神的起源をもつもの、つまり神の作品だからであり、『我を遣わしし者の業』をたたえんがためである。もし被造物の世界が自分の造り主の存在を忘れ、かれに背をむけて、自分が自分みずからによって成ったもの、だから、此の世が此の世に由来する（von）もの、此の世自身に起源をもつものと思いなし、みずからを恃み、みずからを高しとするならば、そのときはもはや『わが国は此の世のものにあらず』であり、この世界は神に背をそむけたもの、つまり『悪魔の栄光の国』となるのである。芸術の世界が、（神を離れた）被造物的美の世界、被造物そのものの尊厳と栄誉、偉大さをたたえる世界たろうとするかぎり、それは、ほかならぬ『此の世に由来する国』、『此の世に起源をもった国』、『此の世の王国』（ein Reich von dieser Welt, a realm of this world）、『悪魔の栄光の国』（ein Reich diabolischer Herrlichkeit）と見なされねばならない」（雀部幸隆 一九九三：一七～二〇頁）。このように、此岸（現世）に由来する王国は、神に背いた悪魔の栄華の王国であり、神をも同胞愛をも忘れた人間の賢しらが跋扈する世界なのである。

（三）

現代法学について、ヴェーバーは、一九〇五年の社会政策学会マンハイム大会における討論中で興味深い発言をなしている。「法学者たちに向かって言いうることは、つねに、『もしも諸君がかくかくのことを欲するとすれば、それならそれにたいしてしかじかの法律的・技術的手段がある』ということのみであり、また、この控え目な立場に、法学者たちを限定することになるはずですが、現実にはそうはいきません。それは、われわれ経済学者が自分にたいして言いうることが、同様の立場に自分を限定することになるはずですが、現実にはそうはいかないのと同様です。というのは、ご列席のみなさん、もしも私がこの場〔＝社会政策学会〕で論じるとすれば、私は、学問に生きる男としての資格において〔のみ自己限定して〕話すということにたいして、断固異議を唱えないわけにいかなくなるはずだからです。この場では、人間〔としての私〕が、そして人間以外の何者でもない者が話します。そして、学問研究によって私が知っている事柄は、ある理想の完遂可能性と、その完遂によって生じるさまざまな蓋然的帰結とを比較考量するためにのみ利用する資料であり、この資料から、ほかならぬかの理想そのものの価値は、断じて演繹できないのです」（MWGI/8: 271f.）。法学者や経済学者は、与えられた条件にたいして、有効な手段を教えることのみに職務を限定することを要求されているが、そうした限定は非現実的だと彼は論じている。学問研究によって得た知見は、理想の追求のため、またその遂行過程のなかで生じるであろうさまざまな帰結を予見するために駆使されるものであって、この知見から理想そのものの価値を引きだすことはできない。この理想を語るのは「人間（der

Mensch）」たる自分であり、ここに「人格」の問題が立ちあらわれる。

『価値自由論』のなかでも次のように述べられている。「法学という文化的所産の存在は『法』の存立に〔不可分に〕結びついており、法学者は、この文化的所産の価値を『証明する』という課題を有していないのであって、それは、医学者が、あらゆる状況下において延命措置には遂行する価値があることを『立証する』という課題を有していないのと同じことである」（WL6: 496）。

このように、法学もまた、なんのために法学が存在するのかを不問に付している。法の領域においても主知主義的合理化が進行しており、その帰結として、「純粋に法学的な論理は、抽象的な『法命題』に依拠して、また学問研究によって突きとめられた『諸原理』に準じて、法律家が『考え』えないものは、法的にも存在しないのだという支配的な規準のもとに、生《せい》の事実構成要件を法的に『構成すること』であって、この論理は、不可避的に、私的な法利害関係者たちの『期待』を根底から裏切るような結果をたえずくりかえしもたらさざるをえない」。こうした対立の大部分は、「形式的な法思考一般がそれぞれ論理的な固有法則性をもっていることと、利害関係者たちの合意と法的に有意味な行為とが、経済的な効果をめざし、経済的に有効な結果を得るという期待に合わせていること、この両者の乖離からまったく不可避に生じた結果なのである」（MWGI/22-3: 622）。だから、「中世のローマ法的大学教育以来ヨーロッパ大陸に特徴的なものになっているような法の合理化の形態を促進しようとする決定的な動因は、資本主義それ自体のなかにはまったく存在していない」（ebd.: 635）。専門的技術学として堅牢な体系を構築した法学・法制度は、資本主義とは鋭い緊張関係に立つのである。

ここで問題なのは、主知主義的合理化がすすんだ時代において、法が技術と化し、法学が高度な分化をともなう専門的技術学になっているという現状にたいして、ヴェーバーが肯定的にみているかどうかである。右にしめした法と資本主義とのあいだに存する緊張関係にかんする彼の現状認識は、現代法と現代法学との問題状況の一端をしめすという文脈において読まれるべきであって、そこから無媒介・不用意に法や法学のあるべき姿を読みとろうとするのは危険である。マンハイムにおける学会討論発言は、かかる法学の現状にたいして、彼が明らかに距離を置いていることをしめしている。『職業としての学問』の当該箇所においても、現代法学は技術学のままにとどまっていてかまわないとヴェーバーが主張しているのかどうかについて、まして現代法学は技術学であるべきだなどと彼が主張しているのかどうかについて、また、もしも技術学を超えるべきだとするのなら、右にしめした例をとると、資本主義企業側の便宜を理由として、法という技術をほしいままに操作・改変していいと彼が考えているのかどうかについて、さらに、もしも技術学が技術学を超える価値と結びつきうるとすれば、それはいかにして可能なのかについて、それぞれ熟考が必要である。この点で、今井弘道の論稿は示唆に富んでいる（今井弘道　一九八八b）。

（四）

歴史的文化科学を、ヴェーバーは、政治的・芸術的・文学的・社会的文化現象にかんするものとみているので、政治史・芸術史・文学史・社会史を（またおそらく法制史・経済史・文化史等をも）指しているのであろう。この文化科学は、政治等々の事象を研究対象とし、その生成の諸条件を解明することをみずからの使命としている。しかしその対象が存立する価値のあるものか否か、またその対象が知る価値を有しているか否かについては、「みずからのなかからは（von sich aus）」回答を与えず、不問に付している。こうした歴史的文化科学の性格について、『文化科学論』においては次のように論じられている。歴史のなかでなされた決断、たとえば戦争への決断について、「その決断の基礎となっている目的の『価値判断』」をなそうとするのか、それとも、「まさにそのときにおいて戦争への決断をなすことが、ドイツの統一という目的を達成するために適切な手段だったのはなぜか」という問題設定をするのか、この両者を明確に区別することが必要である。そして「歴史的因果性にかんする論証に適合するのはただ後者のみになるはずだ」。歴史的出来事の「因果性の遡及」の問題は、その出来事の「倫理的『責任性』」の意味と意義とにたいする問い」からは峻別されなくてはならない（WL6: 223）。

よく知られているように、ヴェーバーの歴史的文化科学論は、ヴィンデルバント、リッケルト、ジンメル、クリースらの議論を手がかりとしている（WL6: 224f., 237, 269–271, 287–290）。これにかんして、ヴェーバーの一九〇四年六月十四日付リッケルト宛書簡（『全集』未収録）は重要な史料である。これはすでに拙著中に訳出しておいた（野崎敏郎　二〇一一：六四〜六五頁）。そのなかで彼は、「理念型」概念にたいしてリッケルトの同意を得たことを喜び、とくに「イェリネク（『一般国家学』）が理念型と呼んでいるものが、『模範（*Vorbild*）』としてではなく、ただ論理的な意味における〔概念〕としてのみ完全なものだと考えられている」ことに注意を促している。さらに、「理念型」概念にまつわる「なお未分析の諸問題（noch ungeschiedene Probleme）」を解くために、「いつか近いうちに（この冬に）、『客観的可能性』[㉗11]というカテゴリーが歴史的判断と発展概念とにとって有する意義（Bedeutung）を分析することを試みるつもりです」と書いており（GStAPK/MW (25): 11f.）、それは『文化科学論』によって果たされることになる。

段落㉗への個別注解

（㉗1）【語句・文意・文法】「科学そのもののために」という発想に立つ科学研究が正当であることを、科学自体が証明することはできない。これについては、段落⑰要説において引用したトルストイの現代科学批判が重要である。ヴェーバーは、トルストイのこの立論を踏襲し、科学が暗黙の前提としていることを科学自体が証明・正当化することはできないと喝破し、科学の現状を批判的に描いていく。

（㉗2）【編集史】当該箇所の „so“（非常に）の „s“ と „o“ との間隔は、他の箇所における „s“ と „o“ との間隔よりもほんのわずかだが広くなっている（下図・上）。そのため、この „so“ は隔字体（„s o“）であって、強調されているようにもみえる。しかし隔字体にされている他の箇所と対照してみると、字間が狭い。おそらくこれは隔字体ではなく、植字の緩みのようなものなのであろう。ドゥンカー社第二版（一九二二年）では

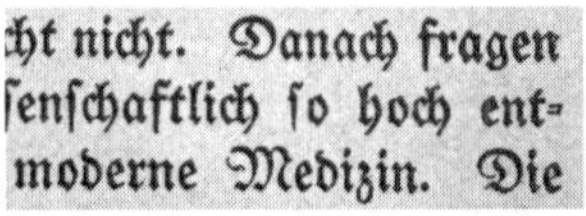
cht nicht. Danach fragen
ſenſchaftlich ſo hoch ent=
moderne Medizin. Die

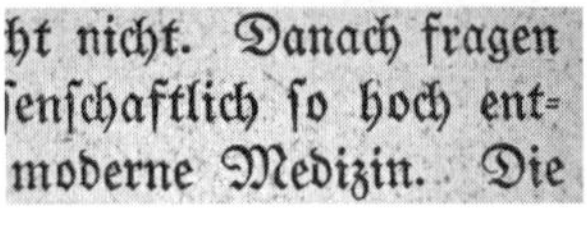
cht nicht. Danach fragen
ſenſchaftlich ſo hoch ent=
moderne Medizin. Die

字間が詰められている（**前頁下図・下**）。

（㉗3）**【編集史】** 当該箇所の原文は、„daß die Aufgabe der Erhaltung des Lebens rein als solchen und die möglichste Verminderung des Leidens rein als solchen bejaht werde" であり、「生命を維持するという課題が、純粋にそれ自体、また苦痛を可能なかぎり緩和することが、純粋にそれ自体是認されるであろうこと」という意味である（ここでは受動態を能動態に変えて訳出した）。

ヴィンケルマンは、『科学論集』第三版以降、このなかの「苦痛を可能なかぎり緩和すること」という箇所を、„daß die Aufgabe der Erhaltung des Lebens rein als solchen und **der möglichsten** Verminderung des Leidens rein als solchen bejaht werde" に改変した（太字引用者、WL3: 599）。「緩和すること」が四格から二格に変えられたので、このヴィンケルマン版に従うと、「生命を維持するという課題が、純粋にそれ自体、また苦痛を可能なかぎり緩和するという課題が、純粋にそれ自体是認されるであろうこと」という訳文になる。

しかしヴェーバーの元の文では、「生命を維持する」という課題と「苦痛を可能なかぎり緩和する」という行為とが同格・並列関係に置かれている。これをいくらか敷衍すると、〈生命を維持するという課題そのものを是認し、またその課題に即して、具体的にはたとえば苦痛を可能なかぎり緩和するという医療行為そのものをも是認するであろうこと〉という内容が表現されているのであり、これで完全に意味が通っている。改変する必要などまったくない。『全集』版では当然にも元に戻されている（MWGI/17: 94）。

（㉗4）**【語句・文意・文法】**「このことは問題を孕んでいます（das ist problematisch）」というこの短い付言は非常に重要である。医学は、生《せい》の意味への問いかけを抜きにして、たんなる技術学として、その暗黙の前提としている生命維持という目標をひたすら追求している。そうした主知主義的進歩の袋小路に嵌まりこんだ現代医学の現状は問題を孕んでいるというのがヴェーバーの見解なのである。不可避的・不可逆的に進行し、あらゆる分野に蔓延していく合理主義・主知主義の問題性を真正面から捉えるところにヴェーバーの真骨頂がある。

彼のこの認識は、以下にしめされる自然科学・美学・法学・歴史的文化科学等々にたいしても同様だが、彼は、医学の現状については「問題を孕んでいます」と述べただけで、自然科学等々については同言を繰りかえしていない。それはまったく自明だからであるが、筆者は、これら諸学すべてが同様の問題を孕んでいるという論旨を、くどいほど明示しておいたほうがいいと判断して、以下の叙述中に、適宜「このことも問題を孕んでいます」と補っておいた。

（㉗5）**【編集史】** ヴィンケルマンは、『科学論集』第三版を編集したさい、「われわれが生命を技術的に制御すべきか否か、またそう欲するか否か、そして結局そもそも生命に意味があるか否か（**Ob** wir es aber technisch beherrschen sollen und wollen, und **ob** das letztlich eigentlich Sinn hat）」（太字引用者）の冒頭の接続詞„Ob" を隔字体„O b" に改変しており（WL3: 600）、これ以降のすべての版において、この語は強調されている。

くわえてヴィンケルマンは、次の行の„ob" をも隔字体„o b" に改変しようとした形跡がある。彼が第三版編集のために用いた校訂用の『科学論集』第二版には、緑色のインクで、先の„Ob" とともに、

次の „ob“ をも隔字体に変更するよう指示されている（Arbeitsstelle der Max Weber Gesamtausgabe）。ところが、最終的には、なぜか前の „Ob“ のみが隔字体に改変され、次の „ob“ の改変は取り止めになったため、不統一が生じてしまっている。

じつは、他の頁においても、数カ所同様の隔字体指示がなされているのだが、ヴィンケルマン自身が、さすがにやりすぎだと感じたらしく、それらはキャンセルされ、第三版には反映されていない。ところが、当該箇所の „O b“ ともう一箇所（後出個別注解㉟1にしめす „d i e“）のみは、なぜか実際に隔字体に改変された。こんな勝手な改変が不当であるのは明らかであり、『全集』版では、当然にもこの二箇所の強調処理は排除されている（MWGI/17: 94）。筆者も、この恣意的な書き替えを排除した。

【翻訳史】 尾高は、もともとヴェーバーの記した強調処理を勝手に無視してはばからなかったので、この「かどうか」に圏点は付せられていない（尾高訳②：四四頁）。出口はこの強調処理を見落としている（出口訳④：三八七頁）。あるいは、出口は、一九八二年の改訳にいたるまで、古い版を読んだだけで済ませたのかもしれない。間場は、『科学論集』第二版を底本としているので、もともとここに強調処理はなされていない。これは対訳本なので、原文が隔字体でないことが一目瞭然である（間場訳：七四、七五頁）。三木訳には、私家版であることもあって、この箇所のみならず、いっさい圏点が付せられていない（三木訳：二四頁）。中山は、『科学論集』初版を底本とし、『全集』版を参照したとのことで、このいずれにあっても当該箇所は強調処理がなされていないので、当然圏点はない（中山訳：二〇六頁）。三浦は、三木と同様、この箇所のみならず、いっさい圏点を付していない（三浦訳：五七頁）。以上のように、まったくの怪我の功名と言うべきだが、これまでこの箇所に強調処理をなした邦訳者は皆無である。

㉗6）**【編集史】** この箇所は、初版では „nehmen sie“ となっており、全集版でもそうだが（MWGI/17: 94）、ヴィンケルマンは、『科学論集』第三版において、これを „nehmen Sie“ に変更した。これにかんしてはヴィンケルマンが正当である。

㉗7）**【典拠】** ゲーテは、芸術の現世的性格を述べたてる論調にたいしてきわめて批判的であった。「人々の話を聞くと、神は、あの古い時代以来、まったく沈黙のうちに隠遁してしまい、人間はいまやまったく〔神から独立して〕自分の足で立っているかのようであり、人間は、神も、日々の無形の神の息吹もなしにうまくやっていく方法を知らなくてはならないという意見であるらしい。せいぜいのところ、宗教事項と道徳事項においてはなお神の作用を認めるけれども、科学事項と芸術事項においては、純粋に現世的なもので、純粋に人間的な力の産物以外のなにものでもないと信じこんでいる」。そしてゲーテはこうした論調に反論し、モーツァルト、ラファエロ、シェークスピアは、神の恩寵を受けていたからこそあれだけの作品を生みだすことができたのだと主張している（GWM19: 696）。

【翻訳史】 当該箇所の「悪魔の栄華の王国」にたいして、尾高はわざわざ注をつけ、「悪魔の栄光の国とは、いわゆる『悪魔派』の立場からみた芸術の世界。悪魔派は極端な耽美主義で、美を善悪の彼岸におくだけでなく、もっぱら悪において美をみいだし、悪魔を賛美する立場」としている（尾高訳②：七七頁）。

雀部幸隆は、これを次のように批判している。「尾高訳は、この

『悪魔の栄光の国』に訳注をつけ、それは『いわゆる「悪魔派」の立場からみた芸術の世界』だと注記しているが、これは『悪魔の栄光の国』と『此の世に由来する国』との同格性を理解できないことからする狭義に過ぎた解釈である」（雀部幸隆　一九九三：二〇頁）。

当該箇所でヴェーバーが与えている文脈をみると、「悪魔の栄華の王国」は「現世に由来する王国」で、「神に背いて」いて、同胞愛に反したものである。したがってこれは、神によって秩序を与えられた世界（彼岸）にたいして、人間の造作による世界（此岸）を指すものとみるのが当然であり、雀部の批判がまったく正当である。尾高の解釈は、「中間考察」や『宗教社会学』の文意と合致しないのである（要説（二）を参照）。

㉗8）【関連記述】雀部は、「二つの律法のはざま」にかんする書簡中の次の文を提示している。「福音書は、たとえばまさに戦争——これについて福音書が特別に述べていることはまったくない——にたいしてのみ対立しているのではなく、もしも社会的世界が、此岸的『文化』の単一の世界、つまり『被造物』の美・尊厳・栄誉・偉大さの単一の世界であろうとするかぎり、最終的に社会的世界の合法的秩序全体にたいしてひとつのこらず対立する」（MWGI/15: 98. 雀部幸隆　一九九三：二〇頁）。

【翻訳史】芸術の国にかんする「現世に由来する王国」という規定を、尾高は、当初「彼岸の国」とあべこべに訳していた。しかし、いくらなんでもこれでは意味が通らないので、尾高は、改訳時に窮したあげく、なんとこの箇所を削除するという蛮行に及んだ。初版で「芸術の国が恐らくは悪魔の栄光の国でありまた彼岸の国であるのではないか、従つてまた、その最も深い内部においては神に反するものであり……」（圏点引用者、尾高訳①：四六頁）とされていた箇所を、改訳時に、「芸術の国がおそらくは悪魔の栄光の国であり、したがってそのもっとも深い内部において神に反するものではないか」と改変してしまったのである（尾高訳②：四六頁）。

出口は、尾高訳①を踏襲して「この世からへだたった国」（出口訳①：一四八頁）「この世ならぬ国」（出口訳④：三八八頁）とあべこべに訳し、最後までこの誤訳を訂正しなかった。間場も、尾高・出口に追随して「この世から離れた国」と誤訳している（間場訳：七七頁）。これにたいして、三木は、「この世の一つの国」、中山は、「［彼岸を否定する］現世の王国」と正しく訳しているが（三木訳：二五頁、中山訳：二〇八頁）、三浦は、尾高訳②を引き写しにしたうえで文面をいじっているので、この箇所を無視している（三浦訳：五九頁）。

㉗9）【付帯状況】マリアンネは、夫の「客観性」論に関説して、一九〇六年に次のように述べている。「もしも女性が、独自の素材選択にもとづき、特別の『女性的な』視点にしたがって、歴史的な知識の織物のなかに新しい緯糸を挿入することを学んだならば、女性たちの協業はずっと重要になりうるし、またそうなるだろう。というのは、まさに自然科学とは反対に、文化科学による現実の分析は、価値の観点や文化理想に固定されていて、この観点や理想は、直接的な体験の深みから、不断の変遷や不断に新たな色調のなかへと現れるということに、文化科学の特色が存するのだからである。そのような最終的な価値理念を度外視するという意味においての——歴史やあらゆる文化考察の——『客観性』は幻影である。しかし、そうであるならば、まさに両性の原理的な差異によって貫徹されてい

る人は、人間の文化発達の学問的な考察がもっぱら文化人の半数の眼鏡でおこなわれていることを欠落だと感じるはずである」(Weber, Marianne 1906: 23)。

【研究史】ヴェーバーの立論とイェリネクのそれとの関連については中村健吾が有益な考証を提供している（中村健吾　一九九三）。クリースの論文とその意義については、山田吉二郎・江口豊の訳業と研究がある（Kries 1888, 山田吉二郎　二〇一〇〜一三）。

（㉗10）「集団」の原語は Gemeinschaft である。これは、個別注解㊴4にしめす「帰属共同」であるよりは、同類者集団という意味が強く出ており、また文化人間としての利害状況と深く係わる集団性である。ほかの箇所で用いられている Gemeinschaft にたいしても、「集団」と訳した場合がある。

（㉗11）拙著中では、この書簡記述について、マリアンネによる写しに依拠して、「客観的現実性（objektive Wirklichkeit）」としていたのだが（野﨑敏郎　二〇一一：六五頁）、これはマリアンネの誤判読である（GStAPK/MW（30）(4): 94）。その後、ヴェーバーの原書簡を確認したところ、たしかに「客観的可能性（objektive Möglichkeit）」と書かれていることを確認したので、訂正する。またマリアンネは、いくらか原書簡を加工していることも判明したので、ここではそれらを復元した。なお、この書簡は、最近『全集』に収録されて公刊されたので確認されたい（MWGII/4: 230f.）。

段落㉘（A23f., B600f., C95–97, D28f.）

——㉘さて[㉘1]それでは[㉘2]〔これら諸学の問題状況を踏まえて〕、私がすぐ思いつく専門領域を、つまり社会学、歴史学、国民経済学、国家論、そしてこれらの領域の解明を課題としているある種の文化哲学をじっくりみてみましょう。政論は講義室にふさわしくないと言われており、私も〔ひとまず〕これに同意します[㉘3]。学生の側からみて政論は講義室にふさわしくありません。たとえば、私のかつての同僚であるベルリン大学のディートリヒ・シェーファーの講義室で、平和主義者の学生たちが教壇を囲んでこの種の騒ぎを起こしたときも[㉘4]、また同様に、多くの点で私とは考えうるかぎり見解がひどく遠く隔たっているフェルスター教授にたいして、反平和主義者の学生たちが同じことをしでかした[㉘5]そうです[㉘6]が、たとえばそうであれば、私はまったく同様に嘆かわしく思うことでしょう。しかも政論は、講師の側からみても、もちろん講義室にはふさわしくありません。講師が科学的に政治を考察するまさにそのときふさわしくなく、そしてそのときもっともふさわしくないのです。というのは、実践的で政治的な立場決定と、政治的形象と政治的党派の立場とを科学的に分析することとは別物だからです[㉘7]。もしも、ある国民集会の場で民主主義について発言するのなら、自分自身の〔政治的〕立場決定を隠すことはありません。はっきりそれとわかるように党派に与するというまさにこのことは、その場では否応なしの責務です。使われる言葉は、このときには科学的分析の手段ではなく、他の参加者の立場決定をこちらに向けるための政治宣伝です。その言葉は、沈潜思考の土壌を掘りかえす鋤ではなく、反対者を打ちまかす剣であり[㉘8]、戦闘具なのです。これにたいして講義においては、言いかえると講義室のなかでは、言葉をこのように用いるならば、それは不当な行為になります。そこでは、たとえば「民主主義」について語るのなら、その多様な形態を取りあげ、それがいかに機能するかといった流儀で分析し、この民主主義あるいは他の民主主義が生活事情にとってどのような個別的帰結をもたらすのかを確認し、そのあと政治秩序の民主主義的でない他の形態を民主主義的形態と比較対照し、聴講者が要点をみつけることができ、聴講者が、その要点から、自分の究極の理想に依拠して、民主主義にたいする態度を〔自力で〕引きだすことができるように、力の及ぶかぎり試みることでしょう。[㉘9] ただし〔同時に〕、真の教師は、明示的にであれ暗示的に——というのは、「事実をして語らしめる」〔などというグラッドストン流の暗示的な手口を弄する〕ことは、当然にももっとも不誠実なやりかたですから[㉘10]——であれ、教壇上からなんらかの立場決定を聴講者にたいして押しつけることを注意深く避けるでしょう。

段落㉘ 要説

（一）

科学研究の歩みと、そこにおける問題の顕在化が克明にしめされた。そこで今度は、そうした大きな問題を抱えている科学について教育活動をおこなおうとすると、そこにおいてもまた大きな困難に直面せざるをえないことが指摘される。この段落㉘から、いよいよ本格的な大学教育論が展開されるのである。そしてこの先を読むさいにつねに留意すべきは、教育における人格の問題である。科学者が「科学のための科学」という幻想のもと、ひたすら狭い専門のなかに埋没しているかぎり、科学は技術学にとどまり、科学は生《せい》にとって無意味である。これにたいして、ヴェーバーは、生《せい》の現場に立って首尾一貫した闘争をなす人格が科学を使いこなすときにかぎって、科学の有用性を認めている。それでは、自覚的・主体的に科学的知見を駆使してみずからの生《せい》を切りひらく能力を有する人格を涵養するにはいったいどうすればいいのか、これが教育の最重要課題になる。したがって、この先の議論——『職業としての学問』特有の教育論——は、フランシス・ベーコン流に言うならば、「人間の知識と力とは合一する」（ベーコン 一九六九：二三一頁、Helmholtz 1896a: 180）という理念を、呪力剥奪状況下における神々の闘争という事態に即していかに具現化するか、つまり《知と生《せい》との統一》を保つ闘う人格たるにはどうすればいいのかという課題意識のもとに展開されるのである。彼の教育論は、この課題と不可分に結びついた——この課題の遂行のための——教育論にほかならないのであって、この課題との関連から切りはなして、彼の教育論のなかから政論の回避や教壇禁欲等々を取りあげて孤立的にあげつらうのはまったく無意味である。

（二）

社会学・歴史学・国民経済学・国家論といった領域の解明を課題としている文化哲学は、渡辺が指摘するように、『客観性論』における「社会哲学」と同義だと考えられる（渡辺編：七五頁）。意欲する人間が選択し、決断を下すことにたいして、意欲されたものの意義にかんする知識を、科学は提供することができる。そうした精神的価値の解明という課題は、経済学系の専門科学の枠外にあり、これは「社会哲学の課題」になる（WL6: 150f.）。また段落㊱で「〔事の〕本質にしたがって哲学的・原理的にすすめられる個別分野の詳解」と述べられているのも、この文化哲学のことである。

こうした文化哲学が担っている課題は、社会学、歴史学、国民経済学、国家論といった領域の「解明（Deutung）」である。「解明」とは、人間のさまざまな営みを理解可能にすることを指している。『ロッシャーとクニース』のなかで、他人の心的生活を理解することはできないという見解にたいして、ヴェーバーは、それは可能だとし、「いかなる種類の人間行為・人間表出の推移も、有意味な解明（*sinnvolle Deutung*）にあっては理解可能である」と明言している（WL6: 12f.）。「解明」は、人間のさまざまな挙措を「理解する」ことを目標として、「内面的に」「追体験可能な」「ひとつの動機」または「動機の複合体」を突きとめるという学的営為である。「個人の行為は、それが有意味な解明可能性（*Deutbarkeit*）を有しているがために、――その解明可能性が及ぶかぎりにおいて――個々の自然事象よりも原理的に非合理性がすくないという特質をもっている」（ebd.: 67）。

（三）

講義室において政論を開陳することの問題性について、ヴェーバーは、トライチュケの扇動的な講義を念頭に置いて語っている。ベルリン大学在学中、ヴェーバーは、政治的見解を吐露する場として講義室を利用していたトライチュケの講義を聴いており、その当時、グナイストとの対比で、トライチュケの講義を「宣伝的あるいは扇動的」なものと評していた（JB: 145）。

しかし彼は、後年になると、むしろトライチュケの講義を評価しなおし、とりわけ「事実をして語らしめる」似非価値自由論者（個別注解㉘10を参照）よりもはるかに好ましいとしている。『価値自由論』のなかでは次のように述べられている。「経験的詳論にさいして実践的価値選択を断念すべきでないと考えていた学者たちのなかで、まさにもっとも情熱的な人々――たとえばトライチュケ、また彼なりのしかたにおいてモムゼンも――こそが、もっとも許容できる人々であった。というのは、まさにその感情強調の強さによって、聴講者は、すくなくとも自分のほうで、教師の価値選択の主観性が〔事実の〕確定を歪めているかもしれない影響を推量することができ、したがって教師の気性に阻まれていたことを独力で遂行することができるような状況に置かれるからである」。これにたいして、いっさいが冷淡な無感動の境地に置かれるとき、聴講する側において事実と価値選択とを弁別できなくなる危険性が増すのである（WL6: 490）。つまり、ヴェーバーは、教師が講義のなかでみずからの価値選択ないし価値判断を言うか言わないかを問題にしているのではなく、講義を聴いている学生たちが自力で判断し、価値選択をなすことができるような有益な知見を、教師が誠実に提供しているかどうか、また学生たち自身に考えさせるようなかたちで講義を展開しているかどうかを問題にしているのである。

ヴェーバーは、フェルスターを、政治的形象を科学的に分析することなく、「善からは善」「悪からは悪」という素朴な判断によって実践政治的立場決定をなしている暗愚な輩のひとりとみなしている。実際には、善意からの行動が、意図とは正反対の予期しない結果を招くことはしばしば生じている。そしてそれは、冷徹な科学的分析によって予測できたはずのことであることが多い。だから科学は、実践的要請や政治的思惑からは明確に隔離されたところで入念な分析をなす必要があるのであり、また科学者は、その分析結果がたとえ国家機関の意向に反しようとも、それを公にする勇気が必要なのであり、それが科学を生業とする者の責務である。後述される「不都合な事実」の剔抉は、こうした科学者の責務のひとつである。

以上に考察したように、講義室に政論を持ちこむという主張は、聴講者が自由かつ自主的に価値査定をなし、また価値選択をもなしうるように講義を調えるべきであって、講師の個人的な政論開陳は、多くの場合聴講者にとって判断の妨げにしかならないという文脈において理解しなくてはならない。(㉘11) トライチュケやモムゼンのように、講師自身の価値選択を開陳したケースであっても、聴講者がそれを講師の個人的見解だと識別できるかぎりにおいては許容できるのである。従来の軽率な素人読者は、なにがなんでも政論を回避せよという硬直した主張をヴェーバーがなしているかのような誤認にしばしば陥ってきたので、この点に注意しながら読む必要がある。

段落㉘への個別注解

（㉘1）【翻訳史】「私がすぐ思いつく（mir nächstliegend）」を、邦訳・英訳ともに〈私にもっとも関係の深い〉と誤訳している（尾高訳②：四七頁、出口訳④：三八九頁、間場訳：七九頁、三木訳：二六頁、中山訳：二一〇頁、三浦訳：六一頁、G&M: 145, MJ: 19, RL: 19, GCW: 41, HHB: 346）。原語は、分かち書きされた „nahe liegend"（隣接した、近くにある）ではなく、接合された „naheliegend"（容易に思いうかぶ）の最上級 „nächstliegend" である。したがって、〈私にもっとも身近な〉ではなく、〈私にとってすぐ思いうかぶような〉という意味である。

（㉘2）【語句・文意・文法】医学、自然科学、美学、法学、歴史的文化科学の問題状況を踏まえ、今度は「私がすぐ思いつく」社会学、歴史学、国民経済学、国家論、文化哲学の諸領域をターゲットとして、大学の講義室でどのような問題状況が現出しているのかを、ヴェーバーはこれ以降の論述において抉りだそうとする。そこには、医学等々にもまして深刻な事態が現出しているのである。

（㉘3）【語句・文意・文法】大学と政治との関係について、ヴェーバーが教壇禁欲を支持したことはよく知られているが、この箇所に明示されているように、教壇禁欲そのものは、べつに彼独自の見解ではない。むしろ、教壇禁欲にはどのような意味があるのか、また大学における学問的営為と現実政治とのあいだにどのような関連づけをなすべきか——なしうるか——という教壇禁欲の意味づけにヴェーバーの独自性がある。次の段落㉙要説（三）を参照。

（㉘4）【人物】ディートリヒ・シェーファーは、一八九六年秋にハイデルベルク大学に着任し、ちょうどそのときすすめられていたクニース後任人事に途中から関与し、結果としてヴェーバーの招聘に一定の役割を果たした。哲学部からバーデン法務・文部省に提出された教授候補推薦書（一八九六年十一月二日付）では、クナップ、ビューヒャーとともにヴェーバーの名も（補欠候補として）挙げられており、この推薦書の末尾に、候補者選定に当たった他のメンバーとともに、シェーファーも署名している（GLA235/3140: 58）。

【付帯状況】シェーファーの思想傾向と、その学生たちとの関係の一端をみよう。彼は、ハイデルベルク大学に着任したとき、「愛国的な見解（nationale Anschauungen）」の点でエアトマンスデルファーと意気投合した（Schäfer 1926: 129）。また一九〇一年十一月に、ハイデルベルクにおいて、ジョーゼフ・チェンバレンに反対する学生集会が催されたとき、主催者によって招かれていたシェーファーは、十九世紀の戦争における戦闘遂行法について語るとともに、「チェンバレンは下劣な嘘つきだ」と述べ、喝采を浴びたという（Jaspers 1969: 148f.）。シェーファーのナショナリズムはこうしたかたちで顕在化していたのである。

　彼のこうした言動は、その後ベルリン大学に移ってからも続いたようである。というのは、後年彼自身が、第一次世界大戦直後の大学の状況について、次のように述べているからである。「歴史にかんする〔私の〕講義にたいするさまざまな攻撃について述べるとき、私は怒りを禁じえない。この攻撃は、例外なく、意見を述べるいかなる権利も許容されていない連中から発せられた。大仰な示威行動や戦闘話にかんする昔ながらのおしゃべりが、ここでもそこでも蒸しかえされて申したてられた。こんな非難が、いったいドイツのどの大学にふさわしいのだろうか」（Schäfer, a. a. O.: 235）。文化史にかんする彼の講義自体においては、愛国主義が吐露されることはなかったが、ここにしめされているように、彼の日頃の言動を快く思っていなかった平和主義者の学生たちは、この講義の妨害を図った模様である。

（㉘5）**【典拠】**ミュンヒェン大学教授フリードリヒ・ヴィルヘルム・フェルスターと右派学生たちとのあいだの悶着は、ある雑誌記事に記録されている。一九一七年夏学期に高揚をみた学生運動は、一九一七／一八年冬学期には「きわめて激しい党派闘争」を引きおこし、その矛先をフェルスターに向けた。この平和主義者にたいする学生たちの態度をみると、「学生のなかの冷静な者たちにとって、フェルスターの人となりではなく、教授の自由の原則が問題とされていた。ところが反対者たちがフェルスターの教職からの排除を目的に掲げたとき、この要求はフェルスターの大学外における活動を理由としてもちだした。〔そのため〕ついに、反フェルスター派の示威行動に対抗して、実際にはフェルスターに反対していながら、ここで事実上教授の自由が脅かされたとみなさざるをえなかった人々と、フェルスターの門下生および彼の支持者が手を組むにいたった」。このとき、反フェルスター派とドイツ祖国党とは、完全に同一ではないにせよ、主義・戦術・人脈において相通じていた模様である（Latrille 1918: 72f.）。

【関連記述】フェルスターについて、ヴェーバーは、『職業としての政治』のなかで次のように酷評している。心性倫理と責任倫理との妥協が不可能であり、目的による手段の神聖化を倫理的に決定することが不可能であるという困難にかんして、「同僚F・W・フェルスター教授は、心情からすると疑いもなく純粋で、個人としては私も高く評価しますが、政治家としてはもちろん断固拒否するものであり、その彼は、著書のなかで、善からは善のみが生じ、悪からは悪のみが生じるという単純な命題によって、困難を回避するものと信じています」（MWGI/17: 240f.）。

（㉘6）**【語句・文意・文法】**「そうです」と訳したのは„sollen"である。この助動詞の用法のひとつが〈伝聞・噂話〉である。

【翻訳史】尾高は「そうである」と訳し（尾高訳②：四八頁）、出口は「ということである」と訳し（出口訳④：三八九頁）、三木は「ということです」と訳し（三木訳：二六頁）、伝聞情報であることを伝えている。またガースとミルズは"are said to"によって（G&M:

145）、ジョン、リヴィングストンは“said”によって（MJ: 20, RL: 19）、ウェルズは“as is said”によって（GCW: 41）、ブルーンは“report”によって（HHB: 346）、伝聞情報であることをしめしている。しかし、間場は「騒ぎたてたが」と誤訳し（間場訳：八一頁）、中山は「騒いだことがあります」と誤訳し（中山訳：二一〇頁）、三浦は「騒ぎを起こしました」と誤訳しており（三浦訳：六二頁）、伝聞の意が脱落している。

（㉘7）**【語句・文意・文法】**「実践政治的立場決定」と「政治的形象および党派的立場を科学的に分析すること」とが別物だという論点自体は、とくに目新しいヴェーバー独自のものというわけではない。この分離を主張する論者は、この当時ほかにも存在しており、とりわけ「似非価値自由」論者がそうである。問題は、実践的な立場決定と科学的分析とを峻別したうえでどのように結びあわせるのかであり、ここにヴェーバー独自の立論がある。

（㉘8）**【語句・文意・文法】**『全集』は次の章句を参照指示している（MWGI/17: 96）。「主は国々の争いを裁き、多くの民を戒められる。彼らは剣を打ち直して鋤とし／槍を打ち直して鎌とする。国は国に向かって剣を上げず／もはや戦うことを学ばない」（『イザヤ書』二：四）。

（㉘9）**【関連記述】**民主主義の諸類型についての分析を、ヴェーバーは政治論文のあちこちで展開している。典型的なものは『ドイツにおける選挙法と民主主義』（一九一七年）である。この論稿において、彼は、現下のドイツの政治的布置連関を視野に入れると、どのような選挙制度が、またどのような民主主義が――逆機能を孕みつつ――どのような結果をもたらすかを怜悧に論じている（MWGI/15: 344-396）。

（㉘10）**【語句・文意・文法】**原文は、„aber der echte Lehrer wird sich sehr hüten, vom Katheder herunter ihm irgendeine Stellungnahme, sei es ausdrücklich, sei es durch Suggestion — denn das ist natürlich die illoyalste Art, wenn man ‚die Tatsachen sprechen läßt' — aufzudrängen“である。このなかの「というのは、『事実をして語らしめる』ことは、当然にももっとも不誠実なやりかたですから（denn das ist natürlich die illoyalste Art, wenn man ‚die Tatsachen sprechen läßt'）」という挿入句全体が、「暗示的に（durch Suggestion）」にたいする補足説明である。

この接続詞 wenn は〈条件〉をしめす役割を失っており、„wenn“で始まる従属節は„das“の内容物そのものである。したがって、「というのは、もしも『事実をして語らしめる』ならば、それは当然にももっとも不誠実なやりかたですから」と訳すのではなく、「というのは、『事実をして語らしめる』ことは、当然にももっとも不誠実なやりかたですから」と訳した。

「事実をして語らしめる（die Tatsachen sprechen lassen）」という言句は、ヴェーバー自身の厳密な学術的表現ではなく、一般的な慣用表現にすぎない。これは、「事実そのものが語る（die Tatsachen sprechen für sich）」というかたちでも用いられ、〈主観的脚色なしにありのままの事実を客観的に記述する〉という意味を表す。とくに歴史記述にかんして好んで用いられ、たとえばルードルフ・シュタイナーは、一九一三年の講演中で、「真に事実をして語らしめている良質の歴史記述（gute Geschichtsschreibung, die wirklich die Tatsachen sprechen läßt）」について語っている

(Steiner 1976/2005: 63)。

このように、「事実をして語らしめる」という表現は、一般にはプラスの評価をしめすのだが、ヴェーバーにあってはまったく逆に、この表現は〈客観性を装う欺瞞に満ちた茶番〉を意味している。

歴史を記述するさい、そもそもそれをなんの意図もなくなんの脚色もなく記述するなどということはけっしてありえないのであって、無限無数の歴史的事実のなかからどれかを選びとって記述したこと自体が、すでに主観的・意図的な選択の結果である。「事実をして語らしめる」などということは原理的に不可能であり、この慣用表現は瞞着そのものである。むしろまずもって、みずからの事実提示のなかにつねに主観的操作が働いていることを認め、なぜその事実をして語らしめているのか、その事実を提示することによって自分がなにを主張しようとしているのかを率直に明示しなくてはならないのであり、これが、価値自由を標榜する教育者がしめすべき最初の――また最低限の――誠実性である。ヴェーバーは、こうした論点をトルストイの『なにをなすべきか』から学んでいる（段落⑫⑬要説（二）を参照）。

折原浩は、この箇所を次のように詳解している。「まことの教師ならば、教壇の上から聴講者に向かってなんらかの立場を――あからさまにしろ暗示的にしろ――強いることのないように用心するであろう。〔ここで「暗示」について補足すれば、それは、あからさまな押しつけ以上に問題で〕『事実をして語らしめる』〔すなわち、価値判断を価値判断としてフェアに明示するのでなく、抗いがたい既成事実に見せかけ、価値判断と事実判断との混同に誘い、既成事実への屈服を強いる〕とすれば、それはもとより、もっとも不誠実なやり方である」（折原浩「解説」『社会科学と社会政策にかかわる認識の「客観性」』岩波書店、一九九八年、三三〇～三三一頁）。

【関連記述】 この「事実をして語らしめる」というやりかたがいかに不誠実なものであるかについて、ヴェーバーは、『価値自由論』のなかで立ちいって述べている。「まさにあらゆる実践的な価値選択を排除するかのような見せかけのもとで、『事実をして語らしめる』という周知の図式に則り、暗示的に価値選択を引きだすことがありうる。この国の議会演説や選挙演説の上質なものは、なるほどまさにこの手口で上出来になされている――そしてそうした演説目的にとってはまったく正当である。これにたいして、まさにあの区別の要求の立場からすると、もしもこの手口を教壇で行使すると、それがあらゆる濫用のうちもっとも忌まわしい濫用になることは贅言を要しない。命令を実行したかのような振りを不誠実にみせかけ、それを現実だと詐称することもできようが、それはやはりなんら命令そのものの批判ではない。ここで命令と言っているのは、もしも教師が実践的価値選択を断念すべきでないと信じているのなら、彼はその価値選択を価値選択だと、学生と自分自身とにたいして無条件に明確化することである」（WL6: 498）。

このように、「事実をして語らしめる」という手法は、あたかも事実を客観的に述べているかのようにみせかけながら、じつは暗示的（suggestiv）に実践的価値選択を呼びだして（hervorrufen）聴衆をそこへ誘いこむという策略なのであって、政治演説においてまったく正当なこの手法は、学問の場においては唾棄すべきもっとも忌まわしい濫用（der allerverwerflichste [Mißbrauch]）であり、不誠実なかたちでみせかけられた仮象（ein illoyal erweckter Schein）

なのである。「事実をして語らしめる」という手法が、価値選択と事実判断とを峻別せず、この両者を混同させて、聴衆（学生）を暗示的に特定の価値選択へと誘いこむ手口であることを、ヴェーバーは口を極めて指弾し、それを濫用することがいかに不誠実であるかを最大限に強調している。

一方、この「事実をして語らしめる」という手法は、政治演説の論法としては有効だとされている。この手法を駆使した政治家として、ヴェーバーはグラッドストンを挙げている（MWGI/17: 211）。

この当時、暗示的手法による講義は、聴講者側から求められていたことでもあった。テーオドール・ホイスによると、ヴェーバーが一九一八年夏学期にヴィーン大学で講義を担当したとき、「秩序立てられた講義による鍛錬は、暗示的な講演への期待へと転化した」という。そうした学生たちの態度は、当然ヴェーバーを不快にさせた（GPS3: XXVII）。聴講者たちは、厳密な学問的講義よりも、暗示的手法を駆使して酔わせてくれる講義を求めていたのである。当時の学生たちのこうした嗜好は、ミュンヒェンにおいても顕著に認められたのであろう。

【翻訳史】 邦訳はじつに奇怪な錯誤に陥っている。尾高は、「なぜなら、『事実をして語らしめる』というたてまえにとって、このような態度はもとよりもっとも不誠実なものだからである」（圏点引用者、尾高訳②：四九頁）と誤訳しており、「たてまえ」という原文には存在しない言句をねじこんで文意を曲げている。尾高がこの曲解を最後まで訂正しなかった事情については、三笘利幸が立ちいって検討しており、三笘は、この誤訳が尾高自身の「没価値性」理解（つまり無理解）と分かちがたく結びついていることを指摘している（三笘利幸　二〇一四：第四章、終章）。尾高のこの誤訳に欺かれた宇野弘蔵は、「事実をして語らしめる」ことがヴェーバー自身の教育スタンスだと誤認したうえでヴェーバーを批判するという失態を演じている（宇野弘蔵　一九五〇／七四：三八五頁）。

『価値自由論』のなかでは、「事実をして語らしめる」という手口の欺瞞性が、誰が読んでもわかるように明快に語られているのだが、尾高はこれをまったく理解しようとしなかった。この論文は、一九三七年に戸田武雄によって訳出され、「あたかもあらゆる実践的価値評価の排除の見せかけのもとに、『事実をして語らしめる』と云ふ周知の図式によつて全く特に強く暗示的にさうした実践的価値評価を喚起しうるといふこと」がしめされているので（戸田訳『社会科学と価値判断の諸問題』有斐閣、翻訳編九三頁）、尾高は、前年に自分がでっちあげた「『事実をして語らしめる』といふ建前」（尾高訳①：四九頁）という訳が完全にまちがっていたことを、早い時期に察知できたはずだが、彼は生涯この失態から目を背けつづけた。それとともに、彼がなかば故意にヴェーバーを誤読した可能性もある。つまり考えるべきは、尾高はしばしばヴェーバーの論旨を正反対にねじまげたうえで批判を展開し、それを我流の社会科学論のために利用しており、この誤訳もその一環としてとらえるべきで、誤訳を訂正すると尾高自身の社会科学論と彼流のヴェーバー理解全体とが崩壊してしまいかねないので訂正できなかったのではないかという問題である。尾高の思想のこうした問題性については三笘利幸の重要な指摘がある（三笘前掲書：七九、八四〜八七頁）。

出口は、「なぜなら、もし『事実をして語らしめる』というなら、そんなことをするのは、たしかに、いちばん不誠実なやり方だからである」（出口訳④：三九〇頁）と訳し、間場は、「というのは、『事実をして語らしめる』のならば、かかることをするのは当然、最も不誠実な仕方であるからだ」（間場訳：八三頁）と訳している。この二つの訳は、原意に沿っているのかいないのか判然としない。前後の文脈から、〈事実をして語らしめようとするつもりならば、教壇からなんらかの立場を押しつけるのは不適切だ〉という文意にとられかねない危うさがあるからである。ここでヴェーバーは、そもそも「事実をして語らしめる」というやりかたそのものが欺瞞に満ちていることを強調しており、〈「事実をして語らしめる」などという手口で聴き手を幻惑しようとするとき、態度表明押しつけの不誠実性は最高度になる〉というのが原意である。三木は、「『事実をして語らしめる』とは言いながら、押しつけるような事は、勿論、極めて公正を欠くやり方だからであります」と崩して訳しており、原意から逸れている（三木訳：二七頁）。岡部は、「いうまでもなく、『事実に語らせる』というやりかたは、最も公正さに欠くものです」と正訳しており、邦訳中ではもっとも明快である。

ところが奇怪なことに、中山は、「『ザッヘをして語らしめ』るためにも、このような態度をとることが不誠実なものであるのは、明らかだからです」（圏点引用者、中山訳：二一二頁）という訳を捏造し、「事実をして語らしめる」ことを目的視するという驚くべき錯誤に陥っている。もちろん原文には「ために」などという言句はない。またわざわざ「ザッヘ（Sache）」としているのは中山の改竄であって、原文は「事実（Tatsachen）」である。あきれたことに、中山は、Sache（直面している事項）とTatsache（事実）との区別がついていない。したがって中山がそこに付しているマリアンネ・ヴェーバーからの注記も不適切である（中山訳：二一三頁）。さらに三浦にいたっては、「そういう押しつけをすることは、言うまでもなく、『事実をして語らしめる』べき学問の原則に忠実ではないからです」（圏点引用者、三浦訳：六五頁）として歪曲をエスカレートさせており、ヴェーバーにとって唾棄すべき欺瞞に満ちたやりかたが、逆に「学問の原則」（もちろんこんな言句は原文のどこにもない）に祭りあげられてしまっている。旧来の訳にも問題があったが、二つの新訳がそれよりもはるかに悪質な歪曲を加え、文意を百八十度ねじまげているのである。この二人の迷妄については、三笘利幸がすでに指摘している（三笘利幸 二〇一四：二〇四～二〇五頁）。

英訳は、いずれも「事実をして語らしめる」という暗示的なやりかたこそもっとも不誠実なものであるという原意を正確に汲みとっている（G&M: 146, MJ: 20, RL: 20, GCW: 42, HHB: 346）。

（㉘11） ヴェーバーは、一九一九年三月十三日の講演「学生と政治」の冒頭でも、「講義室に政論をもちこむことに反対だ」と態度表明している（MWGI/16: 484）。

段落㉙（A24f., B601f., C97f., D29–31）

㉙さて、そもそもなぜわれわれはこれ〔＝こうした押しつけ〕をしないほうがいいのでしょうか。あらかじめ申しあげておきますと、非常に尊敬すべき先生方のなかには、この自己規制を実行すべきだとはぜんぜん考えず、もしもそれが実行されたとして、その回避はたまたまであるかのように考えている方がかなりの数おられます。まあ、大学教員としての義務がなんであるのかを、

あらかじめ科学的に提示することは、誰にたいしてもできません。大学教員にたいして要求することができるのは、ただ知的誠実性のみです。つまり、一方では事実確認、つまり文化的所産[㉙1]の数学的ないし論理的状況またはその内的構造の確認、他方では文化と文化の個々の内容物との価値にたいする問いへの回答〔＝価値査定（Bewertung）[㉙2]〕と、それにおうじて文化集団や政治団体の内部でどう振るまうべきかという問いへの回答〔＝実践的価値選択（praktische Wertung）[㉙3]〕――この両者〔＝事実確認と価値査定・価値選択〕をまったく異質の問題だと見分けることのみを要求することができます[㉙4]。さらにすすんで、講義室ではなぜこの両者を〔まぜこぜにして〕ともに取りあつかうことをしないほうがいいのかと問うならば、それにたいしては、預言者や扇動家〔が預言者や扇動家として語ること〕は講義室の教壇にふさわしくないからだと答えることができます[㉙5]。預言者にたいしても扇動家にたいしても、「ここから街頭へ出て、公然と語るがいい[㉙6]」と告げられます。批判が可能な場所はここ〔＝街頭〕です。〔これにたいして、〕ある者〔＝教師〕が聴講者に向かって腰掛けている講義室において、聴講者は静かにしなくてはならず、教師は講じなくてはなりません。そして学生たちが、自分の学業を深めるために、ある教師の講義を聴講しなくてはならず、教師にたいして批判をもって立ちむかう者がひとりもそこに居合わせていないというこの状況を悪用し、その結果、聴講者のために教師の知識と科学的見聞とを役立てる――それが教師の任務なのですが――ことなく、むしろ教師個人の政治的見解にしたがって聴講者を枠に嵌めるのは無責任だと思います。個々の教師にとって、自分の主観的賛意の排除が非常に不十分にしかできないことはたしかにありえます。そのとき彼は、彼自身の良心の審判に臨んで、もっとも鋭い批判にさらされます。そしてこうした有様ではなにも立証されません。というのは、もっぱら事実にかんする他の〔＝主観的賛意排除の失敗以外の〕誤謬〔＝事実誤認等〕もありえますし、そうした誤謬は、真理を探究するという義務に反してやはりなにも立証しないからです[㉙7]。まさに純粋に科学的な関心において、私もこうしたことを峻拒します。ドイツの歴史学者たちの著作[㉙8]にあっては、科学に従事する男がつねに自分の価値判断をもって臨むところにおいて、事実の十全な理解が終焉を迎えるという証拠を導出してみたいものです。しかしながら、これは今宵の論題〔＝「職業としての学問」〕から逸脱していますし、〔これをやろうとすると〕長々しい詳論を必要とすることでしょう。

段落㉙ 要説

教育現場において価値判断の問題にどう対処するのかという問題が、ヴェーバーの学問論・科学論・教育論の重要なテーマであることはよく知られているが、このテーマを考えるうえで重要なことが三点ある。第一に、価値判断の問題への特別な対処は、呪力剥奪過程の帰結として、単一神あるいは単一の価値観を前提とすることが不可能になった時代にあってどうしても必要だという時代性をともなう事項だという点、第二に、事実確認と、二種の価値判断（価値査定と価値選択）との峻別は、実際問題としてきわめて困難だという点、第三に、どの大学教員にたいしても一律にヴェーバー流の処方箋・手法を押しつけようとするものではないという点である。

（一）

主知主義が深化し、呪力剥奪がますます深刻化し、価値間の闘争が不可避になっている現代において、大学教育が課題となすべきは、事実確認と、二種の価値判断（価値査定と価値選択）とを峻別し、講義室では事実確認と価値判断とを弁別・明示しながら講ずることである。そしてここでとくに重要なのは、「講義室で」という場所・状況限定である。彼は、どこにおいても、どのような状況下でも、教育活動のなかで価値判断をするなという異常な主張をなしたのではなく、講義室で、つまり講義中という特定の状況下では、事実確認と価値判断とを混同して聴講生を惑わせることがないように留意せよと言っているのである。それは、価値判断を口にするなということではない。

これについては、一九一九年夏学期における彼の講義活動を参照するのが適切である。この学期に、彼は、「社会学のもっとも一般的なカテゴリー」にかんする講義の冒頭で、彼は、「少数派」にたいする「不正行為」を告発した。反革命派（の学生たち）が、第一次世界大戦における国内戦線崩壊の責任を（少数の）革命派ユダヤ人に押しつけ、彼らを迫害しているのにたいして、ヴェーバーは、講義の場において公然と批判を展開したのである。教壇上における彼のこの行為は、右翼系の教授たちが、教壇から反革命を説いていたことにたいする対抗という意味を有していた（亀嶋庸一編 二〇〇五：二三五～二三六頁、安藤英治 一九七二b：八三～八四、八七頁）。この学期は、通常の学期とは異なる変則的な日程で、授業開始が五月にずれこんでいたのだが、ヴェーバーは、さらに遅れてようやく六月末にミュンヒェンに赴いた（LB1: 673, LB2: 711）。したがって、この講義の冒頭でこの発言がなされたのは六月末のことであり、これは、『職業としての学問』が公刊されたまさにその時点である（研究編三五七頁を参照）。講義室における彼のこの行為は、『職業としての学問』において主張されている学問と政治のありかたがどのようなものであるのかをあざやかにしめしている。

なお、こうした彼の言動に反発した右派の学生たちは、彼の講義活動にたいして露骨な妨害工作を敢行し、講義中に、教壇上にいるヴェーバーに向かって講義ノートを投げつけるという挙に出た。このとき彼は、無言で講義原稿を閉じて講義室を立ちさっている。同様の示威行動は、その後も執拗に繰りかえされたという（Niekisch 1974: 59f.）。

また、一九二〇年夏学期に、ヴェーバーは、「一般国家論および政治（国家社会学）」にかんする講義において、レーテ国家にいたるまでの国家形態の変遷を展開しようと企てており（MWGIII/7）、そこでは、立場を問わず、現代国家の問題を考えようとするすべての学生にたいして有益な知見を与えようとする姿勢を看取できる。

一方、講義以外の場で、たとえば演習において、教員と演習参加者とのあいだで、あるいは演習参加者相互間で、互いの価値観をめぐって議論するのはまったく当然のことである。これについては一九二〇年夏学期の演習が参考になる。この演習に参加していたヴィルヘルム・シュティヒヴェーによると、この演習において、ヴェーバーは、ミュンヒェン・レーテ革命の問題を社会学的見地から取りあげ、「政治的対立」や「正義と不正」について議論したのである。講義においては、一般社会学的見地から、レーテ革命政権を含む国家・政治形態について幅広く展開し、一方演習では、焦眉の問題に直接踏みこんでいることがわかる。なお、四月末に開始されたこの演習は、六月十四日の彼の死によって途絶した（亀嶋編前掲書：五三〜五六頁）。

さらに、講義・演習といった授業の外では、いっそう率直に価値観論議や政論を交わすのもまた当然のことである。これについて重要な事実を三つしめしておく。

第一に、一九一七年六月八日にミュンヒェンで開催された政治集会（研究編三三六頁を参照）が終わったあと、ヴェーバーは、学生たちにたいして、政治においてなにをなすべきかを助言し、このときすでに社会民主党に入党していたビルンバウムにたいしては、温和な社会主義者であればいいとし、また別の者にたいしては、民主党[㉙9]に入党するといいと言っていた（前掲書：一三六〜一三七頁）。こうした具体的な助言をしていたことは、ヴェーバーと学生たちとの関係が、たんに決められた時間内に講義室で対面しているだけのものでなかったことをはっきりとしめしている。そして現実政治における学生たちの重要な立場決定（政党加入）に彼が直接介入していることは、彼の説く教壇禁欲になんら抵触しない。講義室の外において、ヴェーバーと学生たちとは、それぞれの立場から率直な（無限定の）意見交換をしており、それを禁ずべき理由はないのである（研究編三八四〜三八五頁を参照）。

第二に、それと同時に——あるいはそれにもかかわらず——、彼は、自分が学生にたいして過度に政治的影響力を行使することがないよう配慮してもいた。ある日、グンドルフとホーニヒスハイムとヴェーバーが会食しながら政治談義をしていると、「ドアが開いて、二人の客が、それも二人の学生が入ってきて、われわれと同席した。気楽な挨拶のあと、グンドルフが、『あなたのお話が中断されました。いまなにか仰ろうとしておられました……』と言うと、ヴェーバーは、これに答えて、『私は話を止めるしかありません。いまここに学生がいて、彼らがいる前で政治について語る権利はもちろん私にはありませんし、そういうことをすれば、私が彼らに影響を与えようとしていることを意味します』と言った」（MWzG: 166）。ヴェーバーは、教授の権威をもってみずからの見解を押しつけることを慎重に回避し、学生ひとりひとりが、自由に、また自力で考えて判断し行動することを期待し促しているのである。すぐ右に挙げた入党勧誘の事例も、入党を強要しているのではなく、〈君は、ビルンバウムとはちがって、社会主義者になることができそうにないから、ブルジョア政党の民主党がいいだろう〉という助言的文脈で理解すべきことである。

彼のこうした言動を一言で特徴づけるならば、この段落㉙で説かれている「知的誠実性（intellektuelle Rechtschaffenheit）」がまさにそれに当たる。

第三に、授業外における彼の活動として注目すべきは、われわれがいままさに読んでいるこの講演録である。この講演は、講義でもなく演習における発言でもない。ひとりの大学教員が、現代社会はどのような隘路に突きあたっているか、それはいかなる歴史的推移を経てそうなったものなのか、現代のそうした不条理性は、大学の外的側面と内的側面において、いかなる困難・問題を現出させているか、これを克服するために、大学はどうあるべきか、科学研究者はどうあるべきか、大学教育はどうあるべきか、われわれはどう闘うべきかを率直に語っている。ここで彼は、彼みずからの価値選択を語り、彼の世界観・宗教観・歴史認識・教育観・人格論を鮮明に打ちだしている。そしてこの講演の末尾において、行動指針を提示し、〈われわれは、主知主義の支配に抵抗し、知の官僚制化を打破し、みずからの人格を戦いとるために、手始めにこうしようではないか〉と呼びかける。あらゆる点においてこれほど旗幟鮮明で扇動的な講演は、そうめったに拝聴できるものでない。この講演録自体が、学問・教育の世界と生《せい》の現場との結節点に位置しているのである。

（二）

「事実確認、つまり文化的所産の数学的ないし論理的状況またはその内的構造の確認」は、きわめて困難な問題をつねに抱えている。この箇所を読むときには、そうした近代科学の困難を十分顧慮しなくてはならない。文化的所産の①数学的状況、②論理的状況、③内的構造それぞれについて、ごく簡単に要点を挙げておこう。

文化的所産の数学的状況の確認とは、統計的事実の確認とその解釈を指している。さまざまな種類の統計データは、なんらかの目的をもって、その目的におうじた手段によって、特定の対象に限定されて意図的に集められたものであるから、それは例外なく操作されたデータであり、あらゆる無作為抽出は作為的抽出である。「客観的データ」などという言辞は形容矛盾そのものであって、あらゆるデータは主観的構成物である。このことを忘れると調査研究者の自己欺瞞が生じる。さらに、データの解釈をめぐっては多くの論争が生起し、また幾度もそれが蒸しかえされている。

文化的所産の論理的状況の確認とは、人間の文化生活を成りたたせ、またその構成部分となっているもの（たとえば習俗・風習・しきたり・言語あるいは法や掟）が、それぞれどのような論理で組みあげられているのかを解明することであろう。

文化的所産の内的構造の確認とは、たんに数学的状況や論理的状況といった表層的観察にとどまらず、その文化的所産の構成部分がどのような連関のもとに置かれ、どのように全体を支えているか、あるいはどのような矛盾・軋轢を生じさせているかを解明することであろう。たとえば「資本主義」と名づけられている経済文化関係は、その内部にさまざまな歴史的構築物を内包しており、それらによって存立している。また「近代国家」は官僚制によって支えられているが、官僚制に起因する諸矛盾・諸問題をも抱えこんでいる。

近代科学は、「事実の確認」にかかわる研究を刷新し、また精緻な方法による大規模な事実確認作業を推進する必要に迫られる。そうした大規模調査は、集団的におこなうべきものでもある。そこでヴェーバーは、ドイツ社会学会第一回大会会務報告（一九一〇年）において、学会が純粋に科学的に調査研究をすすめるのがふさわしいと判断したテーマとして「新聞業界の社会学」を提起し、その研究視座について詳論している。新聞によって公開される事実もあれば、公開されない事実もある。資本主義的私企業である現代の新聞社は、購読者の意向と広告主の意向とによって左右され、業界内部の諸事情によっても左右される。また、新聞はその国においてどのような社会的機能を果たしているか、職業的ジャーナリストの境遇はどのように変化しているか、頒布された新聞は現代社会にどのような作用を及ぼしているのか――こうしたさまざまな事実確認をなすのが新聞業界の社会学の課題である。そのさいもっぱら問題となるのは、新聞業界において「なにが現存しているか、なぜそれが現存する状態になっているのか、いかなる歴史的・社会的理由からそうなっているのか」である（SSP: 434-441, 432）。

このように、事実確認にかんしては、旧来の学問の《個人技》的性格から脱却して、新たな集団的研究体制を構築することが必要であり、ヴェーバーは、そのことを誰よりも痛感していた。ところが、研究者が「集団」として取りくもうとするとき、当然にも問題となるのが、それぞれの研究者の有する価値観・問題意識と研究方法とが異なっているという事態である。だからこそ「神々の闘争」を前提とした協力関係の構築が急務なのである。

（三）

教壇禁欲にかんするヴェーバーの論点を考えるさいに重要なことは、教壇禁欲そのものは彼独自の主張でないということである。われわれが注視すべきは、彼が、教壇禁欲にかんするそれまでの主張にたいしてなにを加えたか、あるいはなにを修正しようとしたかである。

ヴェーバーの主張する教壇禁欲の本来の趣旨は、教師と学生とのあいだで開かれた自由・闊達な論議を可能にすることであり、教師がみずからの奉ずる価値について語らないことを自己目的化するものではない。講義室においては、聴講者は、黙って拝聴することを強制されており、教師とのあいだで双方向的なやりとりは（基本的には）なされない。だから講ずる者は、聴講者にとって有益な知見を提供する責務があるのであって、勝手な私見を開陳して、聴講者の貴重な時間を奪い、聴講者の学ぶ権利を侵害してはならない。これにたいして、演習授業においては、参加者と教師とのあいだで闊達な議論の応酬がなされるのが当然である。そして、そこにおいて不可避な価値の衝突そのものが、参加者それぞれにとって有益な学的体験をなすのである。ヴェーバーの主張する教壇禁欲は、講義室と演習室（あるいは演習をおこなう私宅）とで性質が異なっていることが明らかである。彼が教壇禁欲について語るとき、ほとんどつねに „im Hörsaal"（講義室において）や „in der Vorlesung"（講義のなかで）という（あるいはそれに類する）表現が付せられている。教壇禁欲の問題は、あくまでも講義室において（講義中に）教員はどう振るまうべきかという限定された条件のもとでの問題なのであって、〈これ以外の場でも価値判断を口にするな〉などという異常な主張がなされているのではない。

講義室という特殊な状況下では教壇禁欲が必要である。しかし教壇禁欲が価値自由の根幹をなしているのではない。価値自由な教育・研究は、むしろ価値と価値との衝突を当然の前提としている。トルストイが激しく罵った科学者のように、特定の見地に囚われ、自分に都合のいい事実しかみようとせず、自分の利害状況に合わせたものの見かたしかできないかぎり、科学にも科学者にも存在理由はない。教育の場において、教員も学生も、自分にとって都合の悪い事実（段落㉛）にこそ目を向け、どのような価値を奉ずる者でも否応なしに認めざるをえない事実認定や因果関係の認識を共有し、それを手がかりとして自分自身を相対化し、みずからの利害状況の外に立って自分の奉ずる価値を見直し、さらにそこにとどまることなく、各々がその価値に則った主張をぶつけあい、熾烈な討論を共体験することこそが、価値自由な教育・研究の内容物なのである。

教壇禁欲は、学問の徒としての誠実性を、つまり学問の本分を果たすために不可欠なフェアプレイの精神を具現するものである。それとともに、教壇禁欲は、学生教育のありかたが正当であるか否かという教育問題にも係わっており、この二つの側面を両方とも捉えないと教壇禁欲を理解することはできない。そして、この講演中でヴェーバーが教壇禁欲について語るとき、彼はこの二つの側面のうち、どちらかというと教育問題上の性格のほうに重きを置いている。『職業としての学問』は、大学問題論であるとともに教育論でもあって、それは、ヴェーバー自身がそれまでにおこなってきた教育活動――とくにフライブルク大学やハイデルベルク大学における講義と演習、また正規の授業として規定されていない学生指導――を踏まえ、その後の大学問題の深刻化に即して、いかに教育活動を刷新するのかを論題としているのである。

ヴェーバー自身は、教壇禁欲をみずからの指針としているが、彼は、それをすべての大学教員に一律に要求してはいない。そもそもヴェーバーが教壇禁欲を遵守するのは、実践的価値選択を教壇外に限定するとき、その価値選択の重みがいっそう増すからであって、実践的価値選択をみずからの生《せい》から排除しようとしたのではなく、まったく逆に、実践的価値選択を重視するからこそ教壇禁欲をみずからに要求するのである。そして、教壇上でどのように振るまうべきかという問いは、それ自体が実践的価値選択の問題であるから、大学教員としての義務がなんであるのかをあらかじめ科学的に提示することはできず、また〈教壇禁欲のこのやりかたが一番いい〉として一律に押しつけることも、誰にたいしてもできないのである。

このことは『価値自由論』中に明示されている。教壇上で実践的価値選択をすることになるのか否かという問題は、大学教員が、「自分の価値選択から大学の事柄としようと欲する諸課題の見地からのみ、最終的に決しうる」のであり、「授業のなかで実践的な価値選択を表明してかまわないのか、表明せざるをえないのか、表明するのが当然とされるのかという――価値選択によって制約されているがゆえに裁決できない――問いは、社会学や経済学のような経験的専門科学にとって価値選択が果たしている役割についての純粋に論理的な詳論とは、なんとしてもけっして混同されてはならない」(WL6: 491, 497)。このように、教壇禁欲の立場を「私個人は採っている」ことを明らかにしながらも (ebd.: 491)、ヴェーバーは、すべての大学教員にたいして、かならず教壇禁欲せよと説教しているのではない。安藤英治が夙に強調していたように、教壇禁欲が正しいと信じること自体がまさに実践的価値選択の問題なのであって、彼は、大学教員たちにたいして、みずからの責任において、禁欲するかどうかを決定せよと問題を突きつけているのである (安藤英治一九六五：九九～一〇〇頁)。

安藤はさらに、この問題が、人生観や世界観の問題に通じていることに注意を促している。この講演録において、ヴェーバーは、「職業としての学問の意味をたずねることは、結局人生に対する学問の意味を考えることにほかならないという認識に人を導いてゆくが、『学問と世界観』という問題も、この〝人生に対する学問の職分〟をめぐって考えられており、この問題こそがこの講演のテーマであることが忘れてはならない。この根本問題をはなれ、ただ〝教壇禁欲〟ということだけを全体のコンテクストから切り離して考えることが、ウェーバーを誤解させる大きな原因の一つ」なのである

（前掲書：一二七頁）。

段落㉙への個別注解

（㉙1）【語句・文意・文法】【関連記述】「文化的所産（Kulturgüter）」は、従来「文化財」と誤訳されてきたが、それとはまったくの別物である。段落⑳㉑要説（一）において引用した文章のなかに、文化人間の「完結性は、文化的所産の完結性と同様、まさに原理的に無限のもののうちへと進入する」という件《くだり》がある（MWGI/19: 518）。またそのすこしあとに次のような段落がある。「以上のように、あらゆる『文化』は、有機的にあらかじめ道筋を定められた自然的な生《せい》の円環軌道からの人間の逸脱として顕現したのであり、まさにそれゆえに、一歩一歩前へ、ただもうたえず〔過去に存在したものをことごとく〕次々に殲滅していく無意味な営みが、つまり文化的所産への奉仕が、今度は（aber）神聖な課題へと、つまり『召命（Beruf）』へと仕立てられるにつれ、この営みは、無価値な、そのうえいたるところで矛盾に満ちた相互に拮抗するさまざまな目的に奉仕して、なおいっそう無意味に歩を速める運命にあった」（ebd.: 519）。

　この記述からわかるように、「文化的所産」は、主知主義的合理化過程において、人間の文化活動によって生産されてきたさまざまな産物（Güter）全般を指している。科学技術による成果物もその一部であり、科学体系自体もそうである。こうした文化的所産は、原理的に無限に拡大発展し、けっして汲みつくされて完結を迎えることがない。だから、文化的所産への奉仕は、たえず過去の所産を否定しつづけながら、みずからも無意味化せざるをえないという無意味な営みであり、シーシュポスの岩転がしそのものである。

「中間考察」のこの（長いひとつの文だけでひとつの段落をなしている）箇所は非常に重要だが、既存の邦訳は、どれも文法に沿っておらず、意を尽くしていない（杉浦訳：四五頁、中村訳：一八八頁、徳永訳：二七〇～二七一頁、大塚・生松訳：一五八～一五九頁）。とくに、「ただもうたえず〔過去に存在したものをことごとく〕次々に殲滅していく無意味な営み（eine nur immer vernichtendere Sinnlosigkeit）」が、「程度の昂進する無意味性」（杉浦訳）「無意味な破滅」（中村訳）「破滅の道を歩んでいく無意味なもの」（徳永訳）「破滅的な意味喪失」（大塚・生松訳）と訳して済まされているのは問題で、〈「進歩」によって過去を次々に否定していく〉という „vernichtender"（他動詞の現在分詞の比較級）の活動的含意がまったく汲みとられていない。またどの訳にあっても、この「無意味な営み（eine Sinnlosigkeit）」がなにか四格であるかのように解されているが、これは一格であり、次の「奉仕（der Dienst）」と同格である。

　ヴェーバーの著作中では、「文化的所産」という語がかなりの頻度で用いられている。早い例では、『ロッシャーとクニース』（一九〇三～〇六年）のなかに、「法・言語その他の諸民族の文化的所産」という用例がある（WL6: 9）。この例からわかるように、法や言語もまた「文化的所産」なのであって、これを「文化財」と訳すとなんのことかわからなくなる。

【付帯状況】ヴィンデルバントは、『哲学史教程』のなかで、キュニコス派があらゆる「文化の所産（Güter der Kultur）」を排斥し、それによって「自然状態という理想」をめざし、文明化のすすんだギリシャにあって「自然人間（Naturmensch）」として生きようと欲したと書いている（Windelband 1892/1907: 68f.）。「文化的所産」が自然状態からの離脱をしめす概念であることがわかる。段落⑫⑬要説（二）において引用したマリアンネ・ヴェーバーの記述中にも„Kulturgüter"という語がみられる。用語法は夫と同様である。

（㉙2）【語句・文意・文法】「価値査定（Bewertung）」とは、ある事物の評価を定める判定行為一般である。この語と、次注にしめす「価値選択（Wertung）」とは、『価値自由論』中で頻用されている。

（㉙3）【語句・文意・文法】ヴェーバーは、『価値自由論』の冒頭で、Wertungを、「われわれの行為によって影響を及ぼしうる現象を、排斥すべきものとして、あるいは是認に値するものとして『実践的に』価値査定すること」だと規定している（WL6: 489）。「価値査定（Bewertung）」が、事物の価値にかんする判定行為一般であるのにたいして、「価値選択（Wertung）」は、たんなる査定にとどまらず、実践的な性格をもつ決断、つまりそのように査定した価値をわがものとし、みずからの生《せい》の現場でその価値に則って行動することを指す。「是非判断」「採否選択」とも訳しうるが、筆者は、Wertungの語幹Wertを重視して「価値選択」とする。この語は、段落㉚のなかで強調つきで用いられている（個別注解㉚2を参照）。

たとえば、アナーキズムを性格づけ、さまざまに価値査定することとは、どのような立場の政治史研究者でもなしうることであり、それは、アナーキズムを信奉し、アナーキストとして行動する価値選択とは別である。またヴェーバーは、禁欲的プロテスタンティズムの歴史的存在様態について精密に研究し、その価値査定をなしたが、それをみずからの価値規範とする価値選択からは訣別した。

（㉙4）【典拠】ヴィンデルバントは、『哲学史教程』のなかで、哲学史研究の課題を三点提示している。「①個々の哲学者の生活境遇と精神発展と教説について、現存する資料から突きとめることのできる事柄を正確に確定すること、②この事実関係から、どの哲学者にあっても、その教説が、部分的に先行者の教説に、部分的に一般的時代思潮に、部分的に彼自身の性向と教育過程に依存していることが理解されるようなやりかたで、その生成過程を再構成すること、③このように確定され、起源にしたがって説明された教説が、哲学史の成果総体にたいしていかなる価値を占めるかを、〔哲学史〕全体の考察から価値査定すること」（Windelband 1892/1907: 13）。当該箇所でヴェーバーが提示している科学者の責務は、ヴィンデルバントの研究課題論を踏まえ、それをヴェーバーの価値論に即して鋳なおしたものである。

（㉙5）【語句・文意・文法】事実確認の問題と、文化価値を査定し、その査定にもとづいてみずからがなんらかの価値を選択し、それを奉じて実践的行動をなすこととは、明確に区別されなくてはならない。そして講義室に立つ者は、前者に徹し、後者を避けるのが望ましい。その理由は、「預言者や扇動家は講義室の教壇にはふさわしくないから」である。

それでは、自分が研究している事柄にかんして、なんらかの価値査定をなすのみならず、なんらかの価値を奉じ（価値選択をなし）、それに依拠して実践的活動をする者（預言者や扇動家）は、大学の教壇に立ってはならないのかというと、もちろんそうではない。特定の宗派の布教活動をしている宗教者が宗教史の講義をすることも、現役の政治家が政治学の講義をすることも、それ自体になんら問題はない。ただし、続く段落㉚においてしめされるように、彼らが講義をなすとき、そこにおいてもっぱらみずからの宗教的信念を語ったり、みずからの政治信条を語ったりするのではなく（それを挿話的に語り、みずからの立場を明確にする必要が生じることはあるにしても）、自分の知識を、聴講者の誰にたいしても（dem einen wie dem andern）役立つように提供しなくてはならない。また彼らが、宗教史や政治学を体系的・包括的に論じようとするときには、当然にも、自分の信条や立場にとって都合の悪い史実をも、聴講者にたいしてしめさなくてはならない。彼らが講義室の教壇に立つとき、宗教者や政治家として語るのではなく、あくまでも宗教学者や政治学者として語ることができるかどうかが厳しく問われることになる。

【関連記述】ヴェーバーは、『価値自由論』のなかで、あるエピソードを紹介しながら、次のように論じている。ある法学者が、社会主義者を教壇から排除することには反対しながら、付言して、「私でも、すくなくともアナーキストを受けいれようとしてもそれはできないんじゃないか、なぜなら、彼はそもそも法の妥当を否認するのだから」と述べた。ヴェーバーのみたところでは、この法学者は、どうやらこの論拠をあまねく妥当するものとみなしたらしい。そしてヴェーバーは、この見解を真っ向から否定する。「アナーキストが良質の法精通者たりうるのはたしかである。そして彼が〔実際に〕そういう者であるならば、その場合、われわれにとってはあまりにも自明となっているさまざまな決まり事や前提の外部に、まさにあのいわばアルキメデスの点がある。かかる決まり事や前提のうえに、彼の主観的信念――もしもこの信念が真正のものならば――がこのアルキメデスの点を置く。〔すると〕通例の法論の基本見解のなかに、この基本見解をあまりにも自明のこととしている者たちすべてが見逃しているような問題性を認める能力を彼が獲得するように、このアルキメデスの点が仕向けることができるのである」（WL6: 496, Weber 1917: 47）。

なお、『科学論集』各版のこの箇所には、マリアンネ・ヴェーバーによる不当な改竄があり（複数四格の „die“ が単数四格の „den“ に、„subjektiv“ が „objektiv“ に改変されている）、既訳はこの改竄に惑わされているので、ここでは元の『ロゴス』版によって訂正した。

ヴェーバーは、アナーキストを教壇から排除する理由はないとし、法にたいして徹底的に反対の立場をとるアナーキストは、法の局外に立っており、法に則った思考に凝りかたまっている者たちの視野の外にある問題を提起することができるから、むしろ教壇に適任だとみている。こうしてヴェーバーは、思想・信条・信念・主義主張・価値意識・心情・心的傾向・好悪感情・趣味（そうした総体としての心性（Gesinnung））を理由として特定の者を教壇から排除するのはすべて不当だと力説するのである。

彼は、第二回ドイツ大学教員会議（一九〇八年）の席上で、「どのような党派性を奉ずる者であっても教授資格が許諾されなくてはならない」と主張していた（Verhandlungen II: 21. 段落②要説（二）を参照）。その姿勢は亡くなるまで一貫している。

（㉙6）**【語句・文意・文法】**『全集』は次の章句を参照指示している（MWGI/17: 97）。「行って、エルサレムの人々に呼びかけ／耳を傾けさせよ」（『エレミヤ書』二：二）。

（㉙7）**【語句・文意・文法】**教師が、自分の主観的賛意を度外視し、あくまでも吟味すべき対象にかんする信頼できる事実を集積し、それを整序し、対象に即してさまざまな角度から分析し、その分析結果を聴講者に開示するのが、教壇上から講ずる者の義務である。ところが、そこに主観的賛意を混ぜこんで論ずると、事実関係にかんする説明が混濁し、結局その対象にかんするさまざまな連関の立証ができなくなる。また事実関係の認知・認定そのものにかんする誤謬もありうるので、その場合にも、必要な立証がまったく不可能になり、真理探究という義務が遂行されないのである。

【翻訳史】 原文は、„es beweist nichts, denn auch andere, rein tatsächliche Irrtümer sind möglich und beweisen doch nichts gegen die Pflicht: die Wahrheit zu suchen“であり、まったく単純な文なのだが、既存の邦訳は、いずれも異常な自由作文に走って文意を損壊している（尾高訳②：五一頁、出口訳④：三九一頁、間場訳：八七頁、三木訳：二八頁、中山訳：二一四頁、三浦訳：六六～六七頁）。

当該箇所冒頭の„es beweist nichts“は、主観的賛意排除がうまくいかないという有様（es）が、なにかを立証することなどありえないという意味である。ところが、尾高以下すべての邦訳者たちは、「なにも立証しない」という文意を消してしまった。主観的賛意を排除して、ひたすら科学的分析に徹することができないと、なにも立証されないので、そうした混濁した講義を聞かされている学生たちは無駄に時間を過ごすことになる。また主観的賛意排除以外に、事実にかんする誤謬があると、これまたなにも立証されないので、こうした講義にあっては、真理探究という義務が結局果たされないままである。この文意は、とくに把握しづらいというほどではないと思うのだが、なぜかすべての邦訳者が失敗している。この„nichts“（英語のnothingにあたる）の意味するところは、あくまでも「なにもない」という以上でも以下でもないのに、邦訳者は、この語に「義務を怠ってもいいということ」等々の特定の意味内容を担わせようとして失敗している。

ガースとミルズ、ジョン、リヴィングストン、ウェルズの訳にあっては、ドイツ語の単語を英語に移しかえただけで問題なく意味が通っている。これらの英訳にあって、“prove”等の動詞の目的語は“nothing”（または“not anything”）である（G&M: 146, MJ: 21, RL: 21, GCW: 43）。一方、ブルーンは、“[his insufficient fulfillment of the demand] proves nothing: it is also possible to make errors of fact, but this does not in any way disprove that it is one's duty to seek the truth”と訳しており、後半部分は邦訳群と同様の錯誤に陥っている（HHB: 347）。

㉙8）**【典拠】** ここで引き合いに出されている「歴史学者たちの著作」について、具体的に誰のどの著作なのかを特定するのはかならずしも容易でないが、探せば何人もみつかるだろう。

ヴィンケルマンは、「歴史学者たちの著作」の一例として、カール・プラントルの浩瀚な『西洋論理学史』（Carl von Prantl, *Geschichte der Logik im Abendlande*, 4 Bde. Leipzig: Hirzel, 1855–70）を挙げている（WL2: 619）。

「歴史学者たち」は複数なので、ここではトライチュケの『十九世紀ドイツ史』（*Deutsche Geschichte im neunzehnten Jahrhundert*, 5 Bde. Leipzig: Hirzel, 1879–94）も念頭に置かれているのではないかと思われる。ヴェーバーは、学生時代にこれを熱心に読んでいた

（一八七九年十月十一日付書簡、一八八二年十二月十五日付書簡、JB: 29, 64）。とくに一八八五年七月十四日付ヘルマン・バウムガルテン宛書簡は重要である。「カールV世にかんする歴史叙述と、近年にかんする歴史叙述とが、原理にしたがって二つのまったく異なったものとみなされていること、これらのうち一方〔＝カールV世にかんする歴史叙述〕は学問的なこと、他方〔＝近年にかんする歴史叙述〕は政治的・教訓的なことと解されていることは特徴的です。いずれにせよそこに現れているのは、人が、この双方の側面を区別しようと望んでいて、この二つをまったく異なったものとみなしていること、また人が、あらかじめ求められ望まれていた目標にむかって突きすすむことなく、歴史叙述のあいった（トライチュケの）やりかたには、客観性の質と純粋に学問的な研究活動の質とがないと正当に判定していることです」（JB: 175）。ここで若きヴェーバーは、古い過去をあつかったものは学問的とみなす一方で、現代のことをあつかったものには厳密な学問性を認めなくてかまわないという二元的価値規準の逃げ道がつくられていて、トライチュケの歴史叙述が、読者層のそうした傾向的読書にうまく適合していることを冷ややかにみている。

もうひとり挙げておくと、ヴェーバーは、美術史家ヘンリー・トーデをさんざん笑いものにしていた。トーデは、歴史学者であるよりはむしろ美術評論家というべきであろうが、個人的趣味嗜好の勝った論調は、ハイデルベルク大学における講義活動においても、その著作活動においても際立っていたという（MWzG: 241f.）。

【関連記述】『価値自由論』のなかで、ヴェーバーは次のように論じている。「論理学の歴史は、（われわれからみると）矛盾に満ちた論理学的陳述をひとまず受けいれなくてはならない――そして、とくに顕著な功績を挙げた中世論理学史研究者がやらかしたように、怒りを爆発させながら、かかる『不条理』を跡づけると、それは人間的には理解できることだが、もはや科学的業績には属さない」（WL6: 531f.）。前記のように、ヴィンケルマンは、この論理学史研究者をプラントルとしている。

（㉙9）　当時はまだ民主党創立前だが、この頃すでに、ヴェーバーはこの政党の結党準備に係わっていたと思われる。

段落㉚㉛（A25f., B602f., C98f., D31f.）

㉚私は、〔そうした詳論を避けてここでは〕ただ、一方ではカトリック信者が、他方ではフリーメーソン[㉚1]が、教会の諸形態と国家の諸形態とにかんする講義に、あるいは宗教史にかんする講義に出席しているとして、この二人がこの講義題目についていつか同じ価値選択[㉚2]へと導かれるなどということが〔いったい〕どのようにしてあると思いますか[㉚3]とのみ問います。そんなことがあるわけがないのです。そしてそれでもやはり、大学教師は、自分の知識と方法とを誰にたいしても役立つようにするという願望をもち、それを自分自身に要求しなくてはなりません[㉚4]。さてカトリック信者もまた、キリスト教の形成にさいしての経過のさまざまな事実について、自分の教理的前提に囚われない教師が彼に講じてくれる見解を受容することはけっしてないだろうと、諸君は当然言うことでしょう。たしかにそうです。しかし次の点においてちがいます。宗教的拘束の拒否という意味において「無前提の」科学は、実際それ自身において「奇跡」も「啓示」も知りません。そうす

るとそれは、それ自身の〔＝「前提がない」という〕「前提」にたいして不誠実だということになるでしょう。信者は〔「奇跡」と「啓示」の〕両方とも知っています。そしてもしもその〔＝キリスト教形成の〕経過が、経験的説明にとっては原因となる契機として排除されるあの超自然的干渉なしに説明されるものとするならば、その経過は、かかる「無前提の」科学が試みているようなやりかたで説明されざるをえないことでしょう。「無前提の」科学は、これ〔＝こうした経験的経過説明〕を承認せよと信者にたいして要求しており、それ以下ではありません――しかしそれ以上でもないのです――。たしかにこれなら、信者は、彼の信仰に不誠実なものになることなく〔承認〕できます。

㉛さてしかしそれでは、事実そのものには無関心で、実践的な立場決定のみを重視する者にとって、科学の営みは無意味なのでしょうか。たぶんそうではないでしょう。さしあたりひとつだけでも意味があります。もしも誰かが有能な教師であるのなら、都合の悪い事実[㉛1]を承認することを自分の門下生たちに教えるのが彼の第一の任務であって、〔いま〕私が言っているこの事実は、この教師の党派的見解にとって不都合な事実です。そして各々の党派的見解にとって――たとえば私自身のそれにとっても――こうしたきわめて不都合な事実が存在します。もしも大学教師が、その聴講者たちにたいして、これ〔＝自分にとって不都合な事実の承認〕に習熟することを強力に勧奨するならば、そのとき彼はたんに知的な営み以上のことを成就していると考えます。それどころか、いっそ思いきって「道義に適った営み[㉛2]」という表現をこれに適用することでしょう。このようにまったく自明のことにたいし――して[㉛3]、たぶんいくらか荘重すぎる響きをもつことがあっても。

〔休憩〕

段落㉚㉛要説

段落㉙において、多様な価値秩序の存立を前提として講義をなすさいの最低限の必要条件が提示された。これを受けて、ヴェーバーは、段落㉚において、その講義内容が聴講者によってどう受けとられることになるのかを考察し、段落㉛においては、その多様な聴講者のなかで、とくに実践的な立場決定のみを重視する者にとっても意味のある講義について付言している。

（一）

カトリック信者とフリーメーソンとの対比は、明らかに想定上のもので、実際にこうした二人がヴェーバーの講義を聴講していたという事例ではない。ここで「フリーメーソン」は、敬虔なカトリック信者と対比させられており、つまり敬虔でない世俗的な存在だと捉えられている（個別注解㉚1を参照）。そして宗教にたいしてまったく異なったスタンスをもっている者にとって、なにが「重要」なのか、なにが「知る価値がある」のかは大きく異なっている。そして講義をなす者も、みずからの価値に則って「重要」で「知る価値がある」事柄を講義メニューに盛っていくので、すべての聴講者を満足させられるような講義をなすことは、事実上不可能である。

では、講師と価値を共有しない聴講者にとって、その講義は無意味なのかが問題である。この点について重要な示唆を与えてくれるのが、『倫理と精神』改訂稿冒頭の留意事項である。「自分の信仰に忠実な神学者たちにとって、その信仰に即して価値ある事柄が、たしかに本書〔＝『倫理と精神』〕においてその権利を手にすることができないこともあるのは当然である」（RSI: 18）。敬虔なカトリック信者のように、信仰に忠実な者にとって、宗教史の叙述のなかにとうてい受けいれることのできない内容が含まれているのは避けがたいことであり、またこうした者が重要視している事柄が、ある特別な意図をもってなされている宗教史研究においては低い位置づけしか与えられないことも十分ありうる。ヴェーバーは、さまざまな宗教的立場に立つ読者にたいして、そのことを《織り込み済みで》この『倫理と精神』を読むよう促しているのである。さまざまなテーマが設定されている講義を聴講するさいにも、聴講者たちに、こうした《織り込み済み》のスタンスで臨むことをヴェーバーは促している。

（二）

「事実そのものには無関心で、実践的な立場決定のみを重視する者」にかんする言及も、ありうることとして想定されている事態であり、「たぶんそうではないでしょう（vielleicht doch）」という一言がしめしているように、現実の事例ではない。そして科学の営みと、講義における科学的活動の目的・方法・結果の伝授とは、誰にとっても存在する「都合の悪い事実」を直視することを、誰にたいしても要求する。ヴェーバーは、ここに科学と大学講義との価値を見出している。かりに、講義をなす者が、自分にとって都合のいい事実だけを挙げつらねているとしても、立場を異にする聴講者にとって、それは「都合の悪い事実」なので、それを拝聴することは有益である。またそれ以上に、講義をなす者が、都合のいい事実とともに、自分にとって「都合の悪い事実」をもあえて取りあげ、それを吟味してみせるならば、聴講者は、「この講師は、自分の見解の弱点にも目を向け、反対意見にも目配りをして、それにたいして根拠ある批判を加えながら、持論を堅牢なものにしているのだな」と納得することであろう。そして、聴講者自身を、そうした「都合の悪い事実」の承認へと導くことは、生《せい》の現場において、聴講者＝学生自身が神々の闘争のなかで闘っていくために有益なのである。

科学と実践との区別について、たんに両者を分離すればいいという「似非価値自由」の見地とヴェーバーの見地との決定的な差異をしめすのが、ここにしめされている思想である。ヴェーバーは、実践家にとっても科学には意味があり、科学は現実世界の改造のために役立ちうると主張している。彼は、社会科学と政策とを分断したまま放っておいてかまわないとはけっして考えていない。彼にとって、科学は、現実世界の諸問題を打開し、生《せい》の現場で闘うための営みの一環であって、現実世界の解釈を自己目的とする超俗的趣味ではない。

ひとつ注意すべきは、この二つの段落において、まだヴェーバー自身の理想とする教育活動の全体像がしめされているわけではないということである。段落㉜以降において、生《せい》の現場が歴史的にみてどのような変遷を辿ってきたか、その現状をどうみるか、そしてその問題状況をいかに打開するのかが縷々語られていく。それは、意味のある講義活動のありかたを、段落㉚㉛において押さえておいたうえで、科学にかんする知識を生《せい》の現場でいかに役立てることができるのか、またいかに役立てるべきなのかを掘りさげる議論なのである。

段落㉚㉛への個別注解

（㉚1）**【関連記述】**ヴェーバーは、アメリカにおける見聞を記したなかで次のように述べている。アメリカ東部の大学でセム語の『助手』をしていた男が、ヴェーバーに向かって、「『フリーメーソンの支部長』になっておかなかったことを後悔している。というのは、そうだったら実業界に戻っていたことだろうから」と言った（RSI: 212）。この件については、ドイツ社会学会第一回大会会務報告において、ややくわしく次のように述べられている。「以前アメリカで、外的な理由からフリーメーソンの支部長の地位を手に入れられなかったことをひどく嘆いていた男が、『それがなぜあなたには重要なのですか』という私の質問にたいして言いました。『もし支部長になり、支部長として秘密印を携行して商用旅行に出かけられれば、私はすべての顧客を獲得し、どんな商品も売りさばくことでしょう。なぜなら、この男は信頼できる商品だけを信頼できる価格で提供すると、誰もが当てにするだろうからです。というのは、もしも私がそうしなかったことがあとで発覚すれば、フリーメーソンは、仲間内で私を許さないことでしょうから』。アメリカの社会生活一般はこうした有様です」（SSP: 443）。ヴェーバーは、こうした社会的機能を有する結社の典型例として、アメリカのフリーメーソンを引き合いに出し、その構成員を、純粋に現世的にものを考え、損得勘定を基準としてドライに判断を下す存在として描いている。

（㉚2）**【語句・文意・文法】**個別注解㉙3にしめしたように、「価値選択」は、ある価値をわがものとし、みずからの生《せい》の現場でその価値に則って行動することを指す。したがってこの箇所は、教会と国家、あるいは宗教史にかんする同じ講義から知識を得たとしても、立場を異にする聴講者は、それぞれの価値選択に則って、それをみずからの生《せい》における実践に役立てるであろうという事態を指している。

【翻訳史】この「価値選択」を、尾高・出口・間場は「評価」と誤訳し（尾高訳②：五一頁、出口訳④：三九一頁、間場訳：八七頁）、三木と中山は「価値評価」と誤訳し（三木訳：二八頁（圏点なし）、中山訳：二一五頁）、三浦は「価値を認める」と誤訳している（三浦訳：六八頁）。ガースとミルズは“evaluate”（強調なし）と誤訳し（G&M: 146）、ジョンとリヴィングストンは“*evaluation*(s)”と誤訳し（MJ: 21, RL: 21）、ウェルズとブルーンは“*valuation*”と誤訳している（GCW: 43, HHB: 347）。いずれの訳にあっても、Wertung のもつ実践的含意は完全に見過ごされている。

「価値査定」と「価値選択」は、『価値自由論』において頻用されているが、こちらの四つの邦訳も、この二つの概念のいずれにたいしても「評価」という訳語を充てているため、大きな混迷に陥っている。

（㉚3）**【語句・文意・文法】**「あると思いますか」にあたるのは „soll (sollen)“ である。この sollen は、疑問文において相手の意思を確認する用法であろう。つまり、敬虔な信者と、まったく信仰をもたない者とのあいだで、宗教・宗教史にかんして将来見解の一致がみられるなどということを〈みなさん考えられますか〉と問いかけるという文脈だと考えられる。

（㉚4）**【語句・文意・文法】**大学教師の知識は、どのような価値選択・立場決定をなした者にたいしても有益なものでなくてはならないという教育要求は、ヴェーバーの説く教壇禁欲の根幹をなしている。この要求に沿った教育方法が知的エリート層的修錬であることは、すでに段落⑩において強調されていた（個別注解⑩15を参照）。

【典拠】どのような価値を奉じ、どのような立場に立つ者にたいしても有益な（nützlich）知見を提供するという発想は、マルクスの労働生産物論に触発されたものと思われる。私的生産者たちの頭脳は、社会的需要に応ずる有用な（nützlich）労働と、交換可能な抽象的労働という「彼らの私的労働のこの二重の社会的性格を、ただ実際の交易、つまり生産物交換にさいして顕現する諸形態においてのみ反映するのであり、つまり、〔一方では〕彼らの私的労働の社会的に有用な性格を、労働生産物が有用であり、しかも他人にとって有用であるにちがいないという形態で反映し、〔他方では〕別種の労働の同等性という社会的性格を、これらの物質的に異なる諸物に、つまり労働生産物に共通する価値性格という形態で反映する」（MEGAII/10-1: 73）。

（㉛1）【関連記述】「都合の悪い事実」については、『価値自由論』においても述べられている。段落⑮要説（二）を参照。

【典拠】トルストイは、『なにをなすべきか』のなかで、ひたすら事実のみを取りあつかっていると称する科学者たちにたいして、「どの事実を自分の研究範囲内に引っぱってくるのか、そしてなぜまさにこの事実であって、他の事実ではないのか」という問いを投げかけ、そうした科学者たちの欺瞞性を衝いている（TSW1-4: 69）。当該箇所のヴェーバーの議論は、トルストイのこの詰問を受けている。

（㉛2）【語句・文意・文法】【関連記述】「道義に適った営み（sittliche Leistung）」の„sittlich“とは、たとえば「風紀監察官による譴責」のように、規則によって秩序づけられ、人間スタッフによって遂行される強制を意味している（MWGI/23: 187f., WL6: 578）。当該箇所では、厳しく自己を律する教員の自己強制を指している。

（㉛3）【付帯状況】彼は、ここで三回目の休憩をとったと思われる。次の段落㉜の冒頭で、「これまで私は、個人的立場決定の押しつけを回避することについてのいくつかの実際上の根拠についてのみ述べてきました」と述べられているのは、休憩前に語っていたことを振りかえり、それを次の論旨に繋げていくためであろう。

段落㉜㉝（A26–28, B603–605, C99–101, D32–34）

㉜これまで私は、個人的立場決定の押しつけを回避することについてのいくつかの実際上の根拠についてのみ述べてきました。しかし、それでよしとするわけではありません。さまざまな実践的立場決定を「科学的に」主張することが――確固として与えられ前提とされたものとしての目的にとっての手段を吟味する場合を除いて――不可能であることは[㉜1]、もっと深いところに存するいくつかの根拠からの帰結です。現世のさまざまな価値秩序が和解不能な闘争のなかで入りみだれているのですから[㉜2]、こうした「主張」は原理的に無意味です。老練な〔ジョン・ステュアート・〕ミルの哲学を、私はほかの点では賞めようと思わないのですが、彼は、かつてこの点で正当な主張をしていて、それによると、もしも純粋な経験から出発するならば多神教に到達するというのです[㉜3]。これは陳腐な定式化であり、逆説的に聞こえますが、それでもや

はりここには真理が含まれています。もしもとにかくなにかを取りあげてみると、今日《こんにち》われわれがふたたび知っているように、そのなにかが神聖でありうるのはただ、それが美しくないにもかかわらずではなく、美しくないがゆえに、また美しくないかぎりにおいてであり――このことの典拠を、諸君はイザヤ書第五十三篇[㉜4]と詩編第二十一篇[㉜5]のなかにみいだすことができます――、そしてなにかが美しくありうるのはただ、それが善とされていないにもかかわらずというのみならず、善とされていないところにおいてもまたそうであることを、われわれはニーチェ[㉜6]以来ふたたび知っており、ニーチェ以前においては、ボードレールが彼の詩集に命名した『悪の華』[㉜7]においてそれがかたちづくられたことを諸君はみいだします。そして日常的な処世訓〔が教えるの〕は、なにかが美しくなく神聖でなく善でないにもかかわらず、またそうでないことによって、それが真であることもあるということです。しかしこれは、個々の秩序と価値という神々のこの闘争の非常に端的な事例にすぎません。フランスとドイツの二つの文化の価値のあいだで人がいかに「科学的に」判定したがるか[㉜8]について、私は関知しません。まさにここにおいてもまた、さまざまな神々がたがいに争っており、たしかにどの時代においてもそうです。まだ神々や悪魔から解きはなたれていない古い世界においてそうであったように、〔現代では〕別の意味においてのみそうです。つまり、かつてギリシャ人がアフロディテに、そしてそれからアポロンに、そしてとりわけ自分の住む都市のいずれの神々にも捧げものをなしたように[㉜9]、かかる行為の神秘的ではあるが内的に真なる具体性を剥ぎとり脱ぎすてながら、今日《こんにち》もなおそうです。そして運命が、この神々や彼らの闘争を支配しているのであって、もちろんなんら「科学」が支配しているのではありません。ある者にとって、また他の者にとって、言いかえると、ある秩序において、また他の秩序において、なにが神的なものであるかを理解することができるにすぎないのです。しかしこれをもって、講義室において教授によってなされるあらゆる詳論のための論題は閉じられ、ここに内在する巨大な生《せい》の問題そのものも当然これをもって同様に閉じられます。これにたいして、ここでは、それに代わって大学教壇以外の勢力が発言力をもちます。山上の垂訓の倫理を、たとえば「悪に抗うな」という訓辞を、あるいは一方の頬を打たれたら他方の頬も打たせるかどうかという比喩[㉜10]を、「科学的に論駁」しようと欲するなどと思い違いをする者がいるでしょうか。それでも現世的に考察すると、ここで説教されているのが品格欠如の倫理[㉜11]であることは明らかです。この倫理がもたらす宗教的品格と、まったく別様に、たとえば「悪に抗え。さもなくば汝は悪の上級強制権力[㉜12]にたいして連帯責任を負うぞ」と説教される男性的品格とのどちらかを選ぶことを余儀なくされます。それぞれ究極の立場決定にもとづくと、個々人にとって一方は悪魔で他方は神なのであり、個々人は、彼にとってどちらが神でどちらが悪魔なのかを自分で決定することを余儀なくされます。そしてこのことが生《せい》のすべての秩序を貫通しています。倫理的・体系的な生活態度のみごとな合理主義は、あらゆる宗教的預言から湧出しており[㉜13]、この合理主義は、「必要とするひとつの神」[㉜14]のためにこの多神状態を退位させ、それから外的生活と内的生活の現実に直面して、われわれ誰もがキリスト教の歴史から知っている例の妥協と相対化とに直面せざるをえなかったのです。しかし今日《こんにち》このことは宗教的「日常」です。太古の大勢の神々は、呪力を奪われ、それゆえ非人格化された勢力の形態をとって、墳墓から引きおろされ、〔いまや〕われわれの生《せい》を支配する強制権力を求めて躍起になり、またもや相互間で永遠の闘争を始めます。しかし、まさに近代人にとって非常に困難になり、若い世代にとってもっとも困難になっているのは、かかる日常に立ちむかう(㉜15)ことです。「体験」を追いもとめることはすべて、この弱さに起因しています。というのは、弱さというものは、時代の運命にまともに顔を向けることができないということだからです。

㉝しかし、ドイツの文化の運命は、われわれ〔＝ドイツ人〕がこの運命をふたたびいっそう明瞭に自覚するようになることです。これまで一千年のあいだは、キリスト教倫理の偉大な熱情に則って、これしかないとみずから思いこみ、あるいは思いこまされてきた方向づけ(㉝1)のため、この運命にたいする眼差しが眩まされてきたのです。

段落㉜㉝要説

段落㉜において、ヴェーバーは講義室の外に出る。なぜなら、大学教育について深く考察するためには、講義室のなかでなにをどのように扱い、どう振るまうべきかという技術論にとどまっているわけにはいかないからである。講義室を出て外に立ち、そこにどのような事態が現出しているかを見極めたときにはじめて、大学における研究と教育の意義がみえてくる。

（一）価値秩序が和解不能な闘争の只中にあること（神々の闘争状況）を自覚してこの時代を生きることは、ヴェーバーの求める「人格」の問題に連なっている。すでに『客観性論』において次のように主張されていた。「たしかに、『人格』のあのもっとも内面的な要素は、つまりわれわれの行為を規定し、われわれの人生に意味と重要性とを与える一連の最高・究極の価値判断は、われわれには『客観的に』価値を有するもののように感じられる。われわれがその価値判断を主張しうるのは、それらが重要なものとして、つまりわれわれの最高の生《せい》の価値から流出するものとして立ちあらわれるからこそであり、また生《せい》のさまざまな障害との闘争のなかで発展してきているからこそである。また『人格』の尊厳は、たしかにその人格が自分自身の生《せい》を結びつけている価値が彼にとって存在していることのうちにあり、そしてこの価値が、もしも個々の場合にもっぱら彼自身の個性の領域内部にあるとしても、彼の関心事の価値においてまさに『生きぬくこと』が、彼にとって重要であって、彼は、その価値にたいして、価値としての重要性を、つまり自分を結びつける理念としての重要性を要求する。いずれにせよ、価値への信仰を前提とするときにのみ、価値判断を外に向かって主張する試みが意味をもつ。しかしかかる価値の重要性を価値査定することは信仰の問題なのであり、くわえておそらく、その価値の意味におうじて生《せい》や現世を思弁的に考察し解明する課題なのであり、これにたいして、ここ〔＝掲載紙『社会科学・社会政策論叢』〕で取りあつかっている意味においては、たしかに経験科学の対象ではないのである」(WL6:152)。経験科学そのものは、価値の重要性を価値査定し、またそれをわがものとして選択することとは切りはなされた営みだが、生《せい》の現場に立つ人格は、経験科学の分析に依拠しつつも、それを超えて考察し解明し選択するのである。

そして各々が「信仰」をもって生《せい》の現場に赴くとき、そこには和解不能な闘争があるはずなのだが、そこでは同時に、これを回避しようとする者が続出している。「結局、どこでもいつでもくりかえし、諸価値のあいだでは、二者択一が問題であるばかりでなく、和解できない生きるか死ぬかの闘争が問題であり、これは『神』と『悪魔』との闘争と同様である。『神』と『悪魔』とのあいだにはなんら相対化も妥協もない。注意すべきは、このことは、意味から言って相対化も妥協もないということである。というのは、各人が生《せい》において経験しているように、事実から、したがって外的現象からみると、たしかにいたるところで、このような相対化や妥協が存在するからである」。日常的に漫然と日々を送っている人は、「『神』と『悪魔』とのあいだの選択を回避し、衝突する諸価値のうちどれが神によって支配されどれが悪魔によって支配されているのかについて、自分の最終的な決定を回避しているのである」（WL6: 507）。こうした自己欺瞞を排斥し、みずからの価値を主張することこそ、ヴェーバーの求める「人格」のあるべき姿である。

すべてが不透明な現代において、問題の所在を明示してくれる「科学」などありえず、みずからそれを探りあて、闘いとるべき目標をみずから設定し、生きるか死ぬかの闘争を主体的に展開するのが現代人の課題である。しかし段落⑱⑲要説および個別注解⑲4・⑲6・⑲7・⑲8で詳解したように、現代においては、同時に主知主義的幻想が支配し、なんでも専門家に任せればいいという風潮が蔓延してもいる。だから、まずこうした幻想を打破し、そのうえで闘争を論ずるという手順になっているのである。

（二）

この講演において、特定の人物に直接言及されることは比較的にすくないのだが、ヴェーバーは、ここでとくにジョン・ステュアート・ミルに言及し、その立論の意義に注意を促している。彼は、一九一六年に、ゲルトルート・ボイマーの論説「二つの律法のはざま」をめぐる論争問題に言及した書簡（ボイマー宛）のなかで、「神々の闘争」の問題とかかわらせて、J・S・ミルの主張を紹介している。「老練で冷徹な経験主義者ジョン・ステュアート・ミルは次のように述べました。純粋に経験の基礎から出発すると、ひとつの神に――私見によればすくなくとも善を司るひとつの神に――到達することはなく、多神教に到達するのだと」（MWGI/15: 98）。

翌年の『価値自由論』においてもJ・S・ミルに言及されており、「老練なミルが述べたように、この事態〔＝なんらかの立場決定が科学によって証明も論駁もなされないこと〕にたいする経験的洞察はことごとく、この事態に相応する唯一の形而上学としての絶対的多神教の承認へと行きつく」と論じられている（WL6: 507）。

そして『職業としての学問』の当該箇所では、簡略化されたかたちで、「もしも純粋な経験から出発するならば多神教に到達する」と述べられている。三つの文献中の記述が完全に同一の内容であることは疑う余地がない。ここでヴェーバーは、経験的説明の好例として、J・S・ミルの一神教成立論を引用している。具体的な典拠は個別注解㉜3にしめす。

この多神教と一神教とをめぐる問題群に、ヴェーバーは『宗教社会学』のなかでも論及している。J・S・ミルのキリスト教史理解を踏まえて、ヴェーバーは、厳密に一神教的なのはユダヤ教とイスラム教だと判定し、キリスト教、とくにカトリックのミサ典礼や聖者崇拝はむしろ多神教に近いとみなしている（MWGI/22-2: 290f.）。コントを敷衍したJ・S・ミルの立論は、ヴェーバーの歴史論・宗教論に援用されているのである。

（三）

神々の闘争の端的な例として、現代において神聖であると認めうるものが、もはや美や善のうちにのみ存しているわけではないことが挙げられ、その論拠としてニーチェとボードレールが引き合いに出される。

まずニーチェをみると、こうした論旨は、彼のさまざまな著作中にみられる。『全集』は、とくに次の一八八六〜八七年断片を参照指示している（MWGI/17: 99f.）。「あらゆるまやかしと自己虚妄のなかでも最たるものは、善と真と美とを同一視すること、またこの同一性を述べたてることである」（NWKG8（1）: 310）。この断片は、一九〇四年に刊行された『遺稿断片集』（ナウマン社）のなかに含まれているので、ヴェーバーが読んだ可能性がある（NWN2/14: 115）。

〈美は善にのみ宿るのではなく、むしろ善とはかけはなれたところに存する〉という論旨は、『力への意志』第八二二項にみられる。「私の読者が、生《せい》の巨大な全幕のなかでは『善人』もまた疲弊の一形態を演じていることを熟知しているならば、善人を醜怪なものとして考案したキリスト教の結論にたいして敬意を払うだろう。キリスト教はこの点で正しかった。」「哲学者に向かって、『善なるものと美なるものは同一である』と言うのは愚の骨頂である。もしもその哲学者がそのうえ『真なるものもまた〔同一である〕』と言うならば、彼を殴りつけるべきだ。真理は醜怪だ。」「われわれが芸術をもっているのは、真理のために破滅してしまわないためである」（NSWK9: 554）。このなかにニーチェが記している「善人を醜怪なものとして考案したキリスト教の結論」とは、直接には個別注解㉜5にしめしている『詩編』第二十二篇を指している。渡辺は、この典拠をすでに一九七四年に突きとめていた（渡辺編：七九頁）。

またニーチェは、『曙光』第一九〇項において、ドイツの教養行状（理想主義）に対峙した人物として、ゲーテとショーペンハウアーを挙げ、「彼〔＝ショーペンハウアー〕にとって、非常に現実的な世界と世界の悪魔性とがふたたび顕在化し、これについて彼は荒々しく熱烈に語った。というのは、かかる悪魔性にはその美が存するからである！」と主張している（NSWK4: 157f.）。

やや異なった文脈だが、ニーチェは、『道徳の系譜』のなかで、美と醜について次のように論じている。自由の本能に衝きうごかされ、自己自身にかたちを与えようとする悦楽の虜になった人間の営為には「うしろめたい良心[㉜16]」がつきまとっており、その「能動的な『うしろめたい良心』全体が、結局――すでに察せられるように――理想的な想像上の出来事の真の母胎として、膨大な新しい珍奇な美と是認とを明るみに出したのであり、おそらくそもそも美というものをはじめて明るみに出したのである。……もしはじめに矛盾がそれ自身を意識のうちに捉えているのでなければ、つまりもしはじめに醜怪なものがそれ自身に向かって『私は醜怪だ』と言っているのでなければ、『美しい』とはそもそもなんなのだろうか」(NSWK7: 322)。

つぎにボードレールをみると、ヴェーバーの時代には『悪の華』のドイツ語訳が数種類存在しており、そのうち、やはり重要なのは、ゲオルゲによる改作である (Baudelaire 1901)。ゲオルゲは、一〇六編の詩を選んで改作し、まず一八九一年に私家版として印刷した後、一九〇一年にゲオルク・ボンディ社から公刊し、版を重ねた。ヴェーバーが読んだのは、このゲオルゲ版の初版（一九〇一年）・第二版（一九〇八年）・第三版（一九一四年）・第四版（一九一八年）のいずれかであろう。ゲオルゲ版に採録されている作品のなかから、当該の論旨との関連を端的にしめす詩文をいくつか抜きだしてみよう。詩「理想」のなかで、「飾り版画の美女たち」のような「粗悪な時代（世紀）の疵物商品」や「生気なく囀る施療院の女たち」は「私」の心を満足させることができないとし、「犯罪に力を発揮するマクベス夫人」を称賛する (ebd.: 37)。また、「人間の残骸」である「小さな老婆たち」を見守る「私」は「ひそかな快楽」を味わい、彼女たちの「すべての罪過のなかを散策する」(ebd.: 134f.)。鶏が鳴く前にイエスを三度否認したペテロを[32-17]「当然だ！」と正当化する (ebd.: 173)。そしてゲオルゲ版の掉尾を飾る詩「旅」の末尾では、「死」にたいして次のように呼びかける (ebd.: 191)。

われわれに君の毒を注げ！　毒がわれわれを力づけて語ることだろう
さあ、――猛る炎が体に奔る――
地獄だろうと天国だろうと、深淵の底へ飛びこもう
新しきものに向かい、未知なるものへと刻もう[32-18]

またボードレールは、評論中で、「美しいものはつねに奇異だ」と主張している。美しいもののなかには、意図されず、無意識のうちに、奇異なものが含まれており、それがあってはじめて美しいものが成りたつからである。この見地から、彼は娼婦を礼賛し、「純粋な芸術、すなわち悪しきものの格別な美、つまりおぞましいもののなかに棲む美しいもの」等々に着目している (Baudelaire 1905: 162, 324)。

もうひとつ重要な事実は、トルストイが、『芸術とはなにか』のなかで、ボードレールを激しく論難していることである (Tolstoj 1902: 119–123, 125–127)。トルストイの価値に照らしてみると、ボードレールの作品は、とうてい受容できないデカダンであるとして排撃せざるをえない。これにたいして、ヴェーバーは、このトルストイの批判を念頭に置きながら、当該箇所であえてボードレールに言及し、芸術における美にかんする判断もまた、もはや人々のあいだで共有できなくなっていることをしめし、価値の一元化がいまや不可能であることをしめそうとしているのである。

こうした趣味判断は、価値判断論争にかかわる非常に根深い問題である。かつてシュモラーは、「国民経済における正義」のなかで、「人物像を描くさいに美人を選り好みするのは正しいと思われる」と述べた (Schmoller 1998: 124)。これにたいして、ゾンバルトは、経済学が科学たりうるかという根源的な問題提起をなしたなかで、「金髪が美しいのかブルネットが美しいのかは科学では証明できない」と反駁した (SVSI32: 569, 572)。ヴェーバーも、これを主観的

趣味判断の例として引き合いに出しつつ、実践的命令が規範として妥当するかという問いと、経験的事実確定が真理として妥当するかという問いとを混同するシュモラーを批判している（WL6: 501）。

（四）

「フランスとドイツの二つの文化の価値のあいだで人がいかに『科学的に』判定したがるかについて、私は関知しません」という箇所を読むと、フランス文化とドイツ文化とを比較し、安易に両者の価値をあげつらうことにかんして、ヴェーバーが批判的であることがわかる。そして直接の批判の対象となっているのは明らかにトーマス・マンである。

マンは、第一次世界大戦に寄せた論説「戦時の思想」（一九一四年）のなかで、ヴォルテールとフリードリヒ大王とを対比させ、この両者を、理性とそれを超えた力（デーモン）、才知（エスプリ）と天賦の才、冷徹な明晰性と先行きのみえない運命、市民的礼節と英雄的義務、偉大な文民と偉大な兵士との対比に見立てている（TMW17: 12）。また、ドイツはイギリスやフランスほど文明化されていない国だという主張に反論し、次のように力説する。「ドイツは、若々しく強力な組織を備え、労働保険を備え、社会施設全般が進歩しており、たとえば、さまざまな資本が、いまなお『文明の聖地』として崇拝されるよう要求しているような公平性に欠く金権支配的ブルジョア共和国〔＝イギリス〕よりも、ドイツのほうがたしかに実際にはるかに近代的な国家であり、また、もしも祝祭気分に嵌まりこみ、あいかわらず一七八九年についての無駄話に耽っているとすると、そうしたどこかの代言人議会制〔＝フランス〕よりも、ドイツの社会的帝国のほうが、ずっと将来的な国家形態を具現化しているのであって、こうしたことを想起するならば、文明とはなにか、文明はいまなおなにを意味するのかという問いは、はたして無意味な空言以上のものなのだろうか」。こう揶揄したマンは、イギリスやフランスの「文明」に、ドイツの「文化」を対置する（ebd.: 13f.）。

ヴェーバーが「二つの文化の価値のあいだで判定したがる」事例として念頭に置いているのは、主として、こうしたマンの第一次世界大戦中の言動である。ヴェーバーは、『価値自由論』の末尾で、マンの立論を、他の論者たち（トレルチら）の著述とともに、いわゆる「一九一四年の理念」をめぐる文士たちの空言として排撃している（WL6: 540）。

（五）

山上の垂訓をめぐる議論は、ヴェーバーの思想的立場をよくしめしている。まず典拠をしめしておく。「あなたがたも聞いているとおり、『目には目を、歯には歯を』と命じられている。しかし、わたしは言っておく。悪人に手向かってはならない。だれかがあなたの右の頬を打つなら、左の頬をも向けなさい」（『マタイによる福音書』五：三十八～三十九）。

山上の垂訓について、ヘーゲルは次のように考察している。「『目には目を、歯には歯を』と律法は言う。報復および報復の同質性が、すべての正義の神聖な原理であり、いかなる国家体制の基礎にもあるにちがいない原理である。しかしながら概してイエスは、愛による権利の放棄を、つまり愛によって正義または不義の全領域を越えることを要求しており、この愛のなかでは、権利とともに、不平等の感情も、平等を要求するこの感情の負い目も、すなわち敵にたいする憎悪も消える」（HWSI: 331）。

トルストイは、『懺悔』のなかで、主としてロシア正教会を念頭に置いて、信仰と現世的な力の論理との矛盾を衝いている。「彼らが、迷える兄弟たちにたいして同情していることを、至高の神の祭壇においてこの人たちのために祈りを捧げていることを、どんなに声を大にして主張しようとも、人間の務めを果たすためには暴力が必要なのであり、暴力はつねに行使されてきたのであり、いまもなお行使されており、将来もたえず行使されることであろう」（TGW2–1: 131）。そして暴力は、宗教の名においても行使されているのであり、この事実に慄然としたトルストイはロシア正教会から絶縁した（ebd.: 132）。ヴェーバーは、トルストイのこの歩みを念頭に置いて当該箇所を語っている。

ヴェーバーは、「中間考察」のなかでこのことを定式化している。「『力をもって悪に抗うな』という山上の垂訓にたいして、国家は、『力をもって正義を勝たせよ――不正にたいする自分の責任において』という命を対置する」。山上の垂訓の見地は、「無世界論的（寂滅論的）な善意と博愛とをもつ神秘的な救済追求の徹底的な反政治主義」であり、それは、「『悪に抗うな』という命題と、みずからを恃む現世的英雄倫理の目からみるとどうしても陳腐で品位のないものにみえる『他方の頬をも向けること』という格率とをもって、すべての政治行動にとって避けて通ることのできない暴力行使から身を遠ざける」のである（MWGI/19: 491, 493f.）。ここでは、宗教的倫理と国家的（ないし政治的）品格・道義とが両立不能なものとして対比されている。

「二つの律法のはざま」にかんする書簡においては、さまざまな価値系列からの選択を迫られ、どれかを選んだ者は、他の神々との闘争に参入し、もはや「キリスト教の神からは――すくなくとも山上の垂訓のなかで告げられた神からは――遠く隔たるのです」と述べられている（MWGI/15: 98）。『古代ユダヤ教』には次の記述がある。「無抵抗という特異に悲嘆に徹する倫理は、山上の垂訓のなかに復活し、罪なくして拷問を受ける神の僕の犠牲の死という着想は、キリスト論を産むのを助けた」（MWGI/21: 746）。『職業としての政治』では、山上の垂訓は「全か無か」の選択を迫るもので、「純粋に心性倫理的で無世界論的（寂滅論的）な要請」をなすものと特徴づけられている（MWGI/17: 234, 244）。

以上のように、山上の垂訓は純粋に心性倫理的な要請であり、これに従う者は、この立場から首尾一貫性を問われることになる。

（六）

キリスト教の歴史のなかに立ちあらわれてきた「妥協と相対化（Kompromissen und Relativierungen）」が、いまや宗教的「日常」と化したという事態の認識は、個別注解㉜3で紹介しているJ・S・ミルのキリスト教史認識に依拠している。『オーギュスト・コントと実証主義』のなかで、形而上学的世界観における「抽象的実在の学説は、自然の事実において観察される斉一性と、その事実が恣意的な意志に従属していることとの本能的妥協（instinctive conciliation）の一種であった」（Mill 1969: 278）と述べられている箇所に顕著にしめされているように、キリスト教の学説展開と布教の歴史は、一神教と多神教的志向性との妥協や、布教拡大のための教義の便宜的変更に彩られているとするのがミルの強調するところであった。この箇所は、エリーゼ・ゴンペルツによって、「自然物の経験則上の斉一性と、人間の恣意への自然物の従属との相互調停を図るさながら本能的な試み（ein gleichsam instinctmäßiger Versuch, die erfahrungsmäßige Gleichförmigkeit der Naturthatsachen und deren Abhängigkeit von persönlicher Willkür mit einander auszugleichen）」とドイツ語に訳されている（Mill 1874: 21）。ヴェーバーは、ミルのこの立論を引いているのである。

宗教的預言を拠りどころにした合理主義は、その生活態度を純粋なまま維持することはできず、世俗的現実と宗教的現実とによって妥協に追いこまれる。この妥協は、かつてひとつの事件であったが、いまではもはやそうした妥協が痛切な体験として内面化されることはなく、それは「日常」のひとつとして何気なく存立している。かかる日常化（堕落）をすっかり終えたところに、近代の精神が安住している。

時代の運命を直視できない若い世代にとって、かかる日常に立ちむかうことは困難である。だからこそ、現代ドイツ人の負わされた運命への眼差しを確たるものにして、この日常に立ちむかうことが必要になる。短い段落㉝でしめされているこの地点が、現代ドイツの若者の闘争の場とされている。この闘争のために、自分自身で運命への眼差しを涵養すること――これがヴェーバーの求めるところであり、これが彼の教育論の目標であることが明示されて、次の段落に移る。

段落㉜㉝への個別注解

（㉜1）【関連記述】この論旨は、ヴェーバーの著作のあちこちにみられる。典型的なものを挙げておくと、『客観性論』のなかで、次のように述べられている。「経験科学は、誰にたいしても、その人がなにをすべきかを教えることはできず、ただその人がなにをすることができるか、そして――場合によっては――その人がなにを欲しているのかを教えることができるだけである」（WL6: 151）。『価値自由論』中では次のように述べられている。ゼネストに賛成するか反対するかについて、なんらかの科学が双方の根拠を比較考量することによって結論が得られるとは考えられない。「サンディカリストであるべきか、そうあるべきでないかは、この場合どのような性質の科学によっても断じてしめしえない厳しく限定された形而上学的前提なしには、けっして証明しえない」（WL6: 515）。

（㉜2）【研究史】周知のように、「神々の闘争」論をめぐっては非常に多くの研究が蓄積されてきた。ここでは、「神々の闘争」にかんするヴェーバーの基本的見地を明示した矢野善郎の指摘を参照したい。ヴェーバーは、彼の眼前にある現実において、実際に神々の闘争が現出しているとみているのではなく、まったく逆に、「『神々』が現実には争わないことを問題としたのであり、むしろ『神々』はいかに闘争すべきか」が彼の問題関心にあった。「現実の行為者は、たとえ自己の立場が排他しあう『神々』＝究極的立場の混同の上に成立していても、それを直視しようとはしない」というのが彼の批判的論点であり、一九一三年から一九一七年のあいだにみられた彼の思考の成熟によって、この闘おうとしない神々をきちんと闘わせる「価値討議」へと向かう道筋が立てられていく（矢野善郎　二〇〇二：一四〜一七頁)。

(㉜3)【典拠】ヴェーバーが引き合いに出したJ・S・ミルの著作は二つある。『オーギュスト・コントと実証主義』(一八六五年)の第一論文と、『宗教三論』中の「有神論」(一八六八〜七〇年頃執筆、一八七四年刊)である。

『オーギュスト・コントと実証主義』の第一論文において、ミルは、歴史展開の法則性にかんするコントの見解を、信仰にもとづく偏見から解放することを主眼として、コント理論の批判的継承を企てており、そのさいミルは、多神教と一神教の問題に立ちいって縦横に論じている。

原始における人間の単純な観察は、「自然界の多数の斉一性、すなわち一定の環境下において相互にまったく同様に活動する多くの物体」を発見し、それを分類し、単一の意志に帰した。しかし「この単一の意志は、物体が多数なのだから、物体それ自身の意志ではありえなかった。それは、物体から分離し、物体をある未知の遠方から支配するひとつの不可視的存在の意志でなければならない」。これが呪物崇拝と混ざりあった多神教であり、そこでは戦争・愛・知恵・美などを司る不可視の神々が想定され、のちには呪物崇拝の最後の形態として天体崇拝が登場した。そこではまだ抽象や物体の分類は存在していない。

その後、神は、物体に宿るなにかを通じて物体に作用を与えるという考えが生じ、「人類がこうした想像上の実在に名前をつける必要を感じたとき、彼らはそれを物体の本性とか物体の本質とか物体に宿る力とか、その他多くの種々の名前で呼んだ」。こうして、形而上学的思考様式が、神学的なそれにとってかわった。そして「観察と経験が、ひとまとまりの現象のなかに、その現象が真に従属している法則をつぎつぎと暴露していくにつれて、実証的思考様式を構成する不変の法則にたいする信念は、他の思考様式の下に潜伏しながら、勝利への道をゆっくりと切りひらいていった。神学的世界観において、多神教から一神教へのさらなる移行を主として決定づけたのは、この実証的知識の成長である」。しかも、「自然を単一の意志に帰するのを許容する自然の統一性という概念は、人間にとってけっして自然なものではなく、顕在化している現象すべてが、相争う多くの原理が支配しているという観念を指ししめしている状況下では、自然の統一性という概念は、長期にわたる訓練と準備のあとでようやく受容されたのである」(Mill 1969: 272-274)。

アメリカ先住民のなかには一神信仰がないわけではないが、それは、完全な意味における一神教に立脚するものではなく、多くの神々の存在を承認したうえでひとつの神を信仰していたのであり、しかもそうした一神信仰は廃れていく趨勢にあった。「人間精神のある発展段階以前に、人間精神にとって一神教は不自然なものだった」ことが明らかである。「一神教の最高の形態であるキリスト教は、今日《こんにち》にいたるまで、その神学のなかに悪魔というまったくもって多神教的な概念を受容することによって、多神教へとすもうとする知的性向に部分的な満足を与えつづけてきた。一神教が、その生きのびてきた世界の片隅から、何世紀もかけてギリシャとローマに進出していったとき、守護神という観念が、その受容をいかに助けたかはよく知られている。そのさいキリスト教徒たちは、それまで信じられてきた神々の存在を否定する必要はなく、その神々を新しい神の絶対的権力下に置くだけで十分であり、それはちょうど、オリンポスの神々がすでにゼウスの絶対的権力下にあり、征服されたすべての国の地方神たちが、占領によって、ローマ帝国の神々の庇護の下に従属させられたのと同様である」(ibid.: 274f.)。

異教徒による一神教の受容は、「人間精神が哲学者たちから受けてきた緩慢な準備によってようやく可能にさせられた」のであり、カエサル時代の教養人は、すでに多神教的信条から脱却していた。キリスト教布教に尽力した説教師・宣教師たちもそうした教育ある階級の出身者であった。教養人たちをつかんだ信仰は、遅かれ早かれ大衆をもつかむものであり、大衆自身も、神々を至高の神ゼウスのもとに従属させる思考様式を身につけており、一神教を受容する準備は整いつつあった。「ここから、大勢の天使たちに取りかこまれ、反抗する悪魔たちの軍勢を制圧しつづける単一神〔の受容〕へと移行するのになんら困難はなかった」(ibid.: 275)。

ローマ帝国の知識階級が一神教へと傾いていくのは、自然観察によってである。現象の不変の法則が明らかになるにつれ、それを、争う神々ではなく単一の意志に帰する理論が説得力を増していく。しかし、そうした理論の掘り下げは神学的原理を侵蝕し、神々の役割は、立憲君主と同様、局限されたものとされるようになる。したがって、そうした研究は神への冒涜とみなされたが、それでも「哲学者たちが、すくなくともこれらの神々を除去して、彼らの行く手に直接立ちはだかっている特別な神話から脱却したいと切望することは不可避であった」。彼らはまだ引力や熱の法則を知らなかったが、それでも「自然現象のなかには大量の類似性や相同性が、彼らにとってさえも明白に存在し、それは〔自然の〕設計図の統一性を示唆していた」。そこで、現象の解釈が試みられ、自然観が変革されていった。「こうして、神学的思考様式は、実証的思考様式の直接的影響を通じて、多神教から一神教へと進化した」。単一の神は、「絶え間なく直接の決断によって人間の諸事象を支配し、奇跡的な介入によってたえず自然過程を逆転させていた。法則の不変性が、人々の信念において、普遍的真理としてではなく共通する真理として定着しているところでは、どこにおいてもいまなおこのように信じられている」(ibid.: 275–277)。

多神教から一神教への移行にさいして、実証的精神は、神学的精神にたいして困難な闘争を展開していた。そこに重要な役割を果たしたのが形而上学的精神である。厳密な意味における形而上学的精神は、一神教の到来に貢献した。「支配する神と諸現象とのあいだに介在し、現象を直接産出する仕掛けを構築する非人格的実在という概念は、直接的超自然的意志の理論ほどには、不変の法則にたいする信念と矛盾しなかった」からである。「抽象的実在の学説は、自然の事実において観察される斉一性と、その事実が恣意的な意志に従属していることとの本能的妥協の一種であった」。ところが、多神教を修正して、これをこうした形而上学的世界観と完全に調和させるのは困難であり、抽象的な概念体系の自由な発展のためにはむしろ一神教が必要であった。こうして一神教への道が拓かれたのである(ibid.: 277f.)。

「のちの時代に、自然の実証的法則の真の性格がある程度理解されるようになり、科学的精神のなかで、神学的観念がその究極的な形態を、つまり一般的法則によって単一神が支配するという形態をとるようになると、実証的精神は、もはや想像上の実在という仮構的媒介物を必要としないから、みずからを成長させたその用具を破壊するという容易な仕事に取りかかったのである」(ibid.: 279)。

以上のように、コント理論への批判的評注であるこの論稿において、ミルは、一神教成立の歴史的・文化的諸条件を考証し、けっして多神教が自然の成り行きでみずからを否定して一神教を成立させたのでなく、実証的知識の成長が、多神教を打ちやぶって一神教への移行を成就させる力だったのだと力説している。

実証的知識のこうした歴史的位置づけは、ヴェーバーの西欧文明発達論や主知主義的合理化論と呼応している。とりわけ、「観察と経験が、ひとまとまりの現象のなかに、その現象が真に従属している法則をつぎつぎと暴露していく」ときに実証的思考様式が優勢になり、自然界における現象すべては、相争う多くの原理の支配として顕現するようになるという件《くだり》(ibid.: 274) は、経験的洞察が多神教へと到達するというヴェーバーの論旨に直接通じている。このなかの「観察と経験 (observation and experience)」は、ドイツ語訳では „Beobachtung und Erfahrung" であるから (Mill 1874: 15)、ヴェーバーによる引用と一致する。また「相争う多くの原理の支配 (a government by many conflicting principles)」は、ドイツ語訳では „eine Regierung durch viele widerstreitende Principien" であり (ebd.)、ヴェーバーの「神々の闘争」論とぴったり重なっている。

ミルは数年後に、『宗教三論』中の「有神論」においても次のように述べている。「自然の唯一の創造主・支配者にたいする信仰よりも、さまざまな神々にたいする信仰のほうが、人間精神にとってはるかに自然なことだという広範な歴史的証拠がある」。また「多神教が、それ自体みずからを自発的に一神教へと変ずる傾向はどこにもない」(Mill 1969: 431)。

松代和郎は、すでに一九七六年に「有神論」中のこの記述を採りあてている (松代和郎訳『社会学および経済学の「価値自由」の意味』創文社、一九七六年、三九頁)。『全集』も「有神論」を参照指示している (MWGI/17: 99)。しかしミルのこちらの論稿中では、多神教から一神教への転換にかんする言及はかなり限定 (圧縮) されたものである。『職業としての学問』の当該箇所で、ヴェーバーは、彼がめったに賞めないミルにたいして、あえて「真理が含まれている」「正当な主張」をしたとして賛辞を与えているのだが、「有神論」中の限られた言及だけが、そうした特別な称賛に値するほど彼に感銘を与えたとは考えにくい。彼は、やはり主として『オーギュスト・コントと実証主義』中の詳細な一神教成立論を読んで感服し、あわせて「有神論」をも参照したものと判断するのが妥当である。

以上のように、ヴェーバーの書簡・論文・講演における発言は、神観念の自然な発達は多神教にいたるのであって、多神教が自然の成り行きで一神教に転化するのではなく、一神教成立のためには特殊な歴史的・文化的諸条件が——とりわけ実証的知識の成長が——必要だったというJ・S・ミルの論旨を受けていることがまったく明らかである。

J・S・ミルとヴェーバーとの思想的交錯については、アラン・ライアンがまとまった考察を提供しており、そこでも『オーギュスト・コントと実証主義』と『宗教三論』に言及されている (Ryan 1988: 266f.)。

ミルの『オーギュスト・コントと実証主義』(一九〇八年頃の版) はハイデルベルク大学に所蔵されているが、ヴェーバーは、この著作を、英語の原典ではなく、おそらくドイツ語訳で読んだと思われる。というのは、彼は、『文化科学論』のなかで、テーオドール・ゴンペルツの編んだドイツ語版『ジョン・ステュアート・ミル著作集』第三巻から引用しているからである（WL6: 270）。この著作集全十二巻もまたハイデルベルク大学に所蔵されており、その第九巻に『オーギュスト・コントと実証主義』が訳出・収録されている（Mill 1874）。彼はこれを手にとったのであろう。

『宗教三論』（一八七四年版）も同大学に所蔵されている。あるいは、『全集』に注記されているように、『宗教三論』をエーミール・レーマンによるドイツ語訳で読んだ可能性もある（MWGI/17: 99, Mill 1875: 111f.）。この場合、レーマンの訳書はハイデルベルク大学に所蔵されていないから、ヴェーバー（あるいは彼の父母等）の蔵書中に含まれていたか、どこかの図書館で読んだかのいずれかであろう。ヴェーバーがベルリン時代に図書館で読んだとすると、現在ベルリン州立図書館ポツダマー・シュトラーセ分館に所蔵されている一冊であるのかもしれない——この本がヴェーバーの青年時代にどこに所蔵されていたのかはわからないが——。

【翻訳史】周知のように、『職業としての学問』の当該箇所にかんして、アメリカと日本においては、長年にわたって珍無類の誤認が罷りとおってきた。まず尾高は、一九三六年にこれを訳した当初、このミル（尾高はこれを「例のミル」と訳していた）は「ジョン・ステュアート・ミル John Stuart Mill（1806–1873）を指すものと思はれる」と正しく注記していた（尾高訳①：八一頁）。ところが奇怪なことに、尾高は後年になると、これを「ジョン・ステュアートの父ジェイムス・ミル」のことだと決めつけるにいたる。確認できたかぎりでは、一九三八年一月の初版第四刷まではJ・S・ミルとされていたが、一九五一年十二月の戦後第一刷（版・刷表示がリセットされている）において版組が一部変更され、本文の「例のミル」が「老ミル」に直され（五三頁）、ここに付された註二六が「ジェイムス・ミル」に差しかえられている（八一頁）。そしてこれが一九八〇年の改訳にいたるまで踏襲されるのである（尾高訳②：七八頁）。

一九五一年に尾高がこのように改変したのは、その五年前に刊行された英訳に追従したためとみてまちがいない。ガースとミルズは、„der alte Mill“ を “the elder Mill” と誤訳しているのである（G&M: 147）。尾高は、この英訳を読んで、このミルは年長のほうのミル（つまり父ジェームズ・ミル）だと思いこみ、「例のミル」を「老ミル」に直し、かつ註二六を差しかえたのである。

付言しておくと、尾高は、この改変をなかったことにしようとしている。一九六九年の講演において、彼は、一九三六年の岩波文庫の翻訳が「現在もなお、原形のまま、一字も変えないで出ております」と述べている（尾高邦雄　一九七〇：三三六頁）。彼は、自分が一九五一年にミルにかんする箇所を改変し、注記を差しかえた事実を隠そうとしているのである。

出口は、尾高の旧訳に倣い、一九五四年に訳出した当初、「例のミル」をJ・S・ミルとしていた（出口訳①：一六五頁）。ところが一九六五年になると、この箇所の注を削除したうえで、本文の「例のミル」を「ジェイムズ・ミル」に改変した（出口訳②：一五六頁）。これでは、ヴェーバー自身が本文にジェームズ・ミルと記していることになってしまう。出口は、一九五四年以降、尾高の一九五一年の変更を察知したか、英訳を読んだかによって、この変更をおこなったのであろう。

他の訳者たちも同じ誤認を繰りかえしてきた。間場は、「Mill, James（1773-1836）をさしている」と無用な注記をつけ（間場訳：一四二頁）、中山・三浦は、出口に倣い、注記でなく本文において、„der alte Mill" を「ジェイムズ（ジェームズ）・ミル」と改竄している（中山訳：二一八頁、三浦訳：七一頁）。とくに中山は、『全集』を参照していながら――したがって『全集』ではここに「二つの律法のはざま」にかんする書簡とJ・S・ミル（レーマン訳）からの引用文が付せられていることを知っていながら――それを隠し、なおもこれを父ミルだと強弁し、日本の読者を欺いているので、きわめて悪質である。

一方、三木は、これを「J. St. Mill」の「晩年」と解しており、邦訳中でただひとつ正しい解釈を提供している（三木訳：二九頁）。

既訳のこの箇所がおかしいということは、すでに何人もの研究者によって指摘されてきた。木本幸造は、der Alte の含意を詳細に吟味し、またヴェーバーによる他のJ・S・ミル引用例を挙げ、„der alte Mill" をJ・S・ミルだと判定している（木本幸造監訳『社会学・経済学の「価値自由」の意味』日本評論社、一九七二年、一五一～一五五頁）。渡辺は、木本と「二つの律法のはざま」にかんする書簡とヴィンケルマンとを参照しつつ、これをJ・S・ミルだと判定している（渡辺編：七七頁）。松代も、『価値自由論』と「二つの律法のはざま」にかんする書簡と『職業としての学問』のミルに言及した箇所を、J・S・ミルからの引用として紹介している（前掲松代訳書：三九頁）。

ところが尾高は、一九八〇年に改訳するさい、木本・渡辺・松代の正当な指摘を無視した。一方、出口は、一九六八年の改訳時にも「ジェイムズ・ミル」を踏襲していたが（出口訳③：三八一頁）、その後、これがジェームズ・ミルではないことを、木本の訳書によって知ったと推察される。一九七七年に出口と山口和男と柴田周二がアンソロジーを編んだとき、ここに『価値自由論』を収録するため、出口は木本の訳書を参照しており、木本の指摘を受けて、出口は、当該箇所を「おなじみのミル」に変更し、そこに「ジョン・ステュアート・ミルのことであろう」と出口みずからが正しく注記している（出口勇蔵編　一九七七：五四～六〇、六四、二四七頁）。ところが、一九八二年に、みずから「決定稿」と称する最終訳を公にしたとき、出口は、一九七七年の正当な修正をなぜか翻し、「ジェイムズ・ミル」に舞いもどってしまった（出口訳④：三九三、四四一頁）。しかも、この「決定稿」が収録されている同じ訳書のなかで、中村貞二が『価値自由論』を訳出しており、中村は、„der alte Mill" について、「J・S・ミルのことを指すとみられる」と正しく注記しているので、同一の書物のなかで不整合が生じてしまっている（『完訳世界の大思想１　ウェーバー　社会科学論集』河出書房新社、一九八二年、三五八頁）。出口の迷走はなんとも奇怪である。

英訳においても、いまなお混乱が続いている。ジョン訳をみると、この箇所は "Mill ... said in his old age" と正しく訳されている（MJ: 22）。ところが、後年のリヴィングストン訳になると、"the elder Mill" に舞いもどっている（RL: 22）。明らかにガースとミルズの誤訳が引き写しにされている。リヴィングストンは、J・S・ミルを指示している『全集』の脚注と、ジョンの正しい訳とを参照していながら、なぜこの狂った解釈にしがみつくのだろうか。ウェルズは"the old [John Stuart] Mill" と補って訳しており、アメリカで刊行された訳書としてはじめて正しい解釈を提供している（GCW: 44）。ブルーンも"old [John Stuart] Mill" と正訳している（HHB: 347）。一九四六年にガースとミルズが最初にしくじってから、もう七十年近い年月が経過している。これほど初歩的でこれほどひどい誤訳が、これほど長年にわたって受けつがれてきたのは、翻訳史上にほとんど類例をみない珍事ではなかろうか。そこで、あきれるほど初歩的な話で恐縮だが、以下に初級文法事項を提示して、決着をつけることにしよう。

わかりきったことだが、形容詞 alt を原級のまま付すことによって「父親の」「年長の」という意味を付与する用法など存在しない。ガースとミルズのように、„der alte Mill" を "the elder Mill" と解するのは不当である。これにたいして、同姓同名の人物が二人いる場合、両者を区別するために、比較級で der Ältere（d. Ä. と略記される）と der Jüngere（d. J. と略記される）を付す用法が存在する。これは英語の Senior（Sr. 等と略記される）と Junior（Jr. 等と略記される）と同様の用法である。たとえば、Friedrich Preller（一八〇四～一八七八）と Friedrich Preller（一八三八～一九〇一）の父子は同名であり、しかも両者とも著名な画家であるから紛らわしい。この二人を区別するために、alt と jung の比較級を用いて、Friedrich Preller der Ältere（年長のほうのフリードリヒ・プレラー）、Friedrich Preller der Jüngere（年少のほうのフリードリヒ・プレラー）と呼びわけるのである。この用法は、基本的に同姓同名の場合に用いられ、同名でない James Mill と John Stuart Mill にたいしてわざわざ James Mill der Ältere, John Stuart Mill der Jüngere などと呼ぶことはない。姓名を記せば簡単に区別できるからである。

ただし、同名でない二人の人物にたいして älter と jünger を付した用例もある。ヘルムホルツは、ピエール・ドローとその息子アンリ・ドローを並べて論じたとき、この二人を „der ältere Droz", „der jüngere Droz" と呼んでいる（Helmholtz 1896a: 51–53）。このことから、もしも二人のミルを並べて論じ、「ジェームズはこう」「ジョン・ステュアートはこう」と比較して錯綜している文脈があるのなら、ひょっとすると Mill der Ältere または der ältere Mill と記すケースが生じるのかもしれないが、ヴェーバーの語っている当該箇所は明らかにそうでなく、ただひとりの人物が引き合いに出されているだけである。しかも、われわれがみている当該のヴェーバーの文例は、比較級の der ältere Mill（年長のほうのミル）ではなく原級の der alte Mill（老練なミル）である。Der alte Mill と der ältere Mill との区別は、the old Mill と the elder Mill との区別であり、"old" に "elder" という意味がないことは自明である。ドイツ語を知らない人でも容易に理解できるように、三木、ジョン、ウェルズ、ブルーン以外の邦訳・英訳者たちは、あきれたことに、alt（old）と älter（elder）の違いがわかっておらず、英語を習いはじめたばかりの中学生でも陥らないような低レベルの錯誤に陥っているのである。

したがって——これもまったくわかりきったことだが——ドイツ人のあいだで、この „der alte Mill" をジェームズ・ミルだと勘違いするなどという錯誤は、基本的に生じていない。たとえば、ヴィンケルマンは、『科学論集』第二版（一九五一年）の索引で、当該箇所をJ・S・ミルからの引用としている（WL2: 627）。またすでにみたように、『全集』の注記はJ・S・ミルの「有神論」を参照指示しており（MWGI/17: 99）、ファーラントも、当該箇所に注をつけ、„John Stuart Mill（1806–1873), engl. Philosoph“と記している（Vahland 1995: 21）。ケスラーも、当該箇所に同様の注をつけ、これがJ・S・ミルを指していることを明示している（Kaesler 2002: 500）。

ただし、ひとつ奇妙なケースがある。ヴィンケルマンは、彼が編纂したクレーナー社版ヴェーバー選集（初版）に『職業としての学問』を収録（抄録）したさい、当該箇所を、なぜか„der alte James Mill“と改変していた（Winckelmann 1956: 328）。しかしこれが誤りだと気づき、三年後に第二版を刊行したとき（第二版の著作権欄には「一九五六年」と誤記されているが、序文のなかで、初版刊行後「三年」が経過したと書かれている（Winckelmann 1959: ix））、そこにおいて、この箇所を„der alte John Stuart Mill“と訂正し、第三版でもこれが踏襲されている（Winckelmann 1959: 328, ders. 1964: 328）。ところが、一九六八年の第四版になると、またしても当該箇所をまた„der alte James Mill“に改変してしまったのである（ders. 1968a: 328）。同年のフィッシャー社版『マックス・ヴェーバー方法論論集』の人名注（『価値自由論』にたいする注）もジェームズ・ミルとされている（Winckelmann 1968b: 344）。

ヴィンケルマンともあろう者が、なぜ二度にわたってこのような失態を演じたのか、筆者は疑問を抱き、『マックス・ヴェーバー全集』編集部に保管されている当該選集第四版を調査した。これはヴィンケルマン自身の所蔵本だったものである。そこには、彼によるものと思われる鉛筆の書き込みがあり、問題の三二八頁のJamesが二重抹消線で消され、欄外に×印が記され（下図・上）、さらに、五六六頁の人名索引中のJamesも同様に鉛筆書きで抹消されていることが判明した（下図・下、Bibliothek Johannes Winckelmann, Signatur: 30 Max Weber. Arbeitsstelle der Max Weber Gesamtausgabe）。

ヴィンケルマンは、おそらく何者かの無用な入れ知恵により、初版と第四版において、当該箇所を「ジェームズ・ミル」としたのであろう。しかし彼はあとで間違いに気づき、それを取りけしたのである。この書き込みには、うっかりだまされてしまった彼の忌々しさが滲みでている。そして当然にも、選集第五版・第六版において、彼は、当該箇所をふたたび„der alte John Stuart Mill“に戻している（ders. 1973: 328, ders. 1992: 328）。

ヴォルフガング・シュルフターは、ある論文の脚注に次のように記している。「老ミルというのは、もちろん年長のミルではなく、老いた男としての年少のミルを、つまりジョン・ステュアートを指している」（Schluchter 1996: 224）。シュルフターは、アメリカ人や日本人のあいだでこの種の錯誤が絶えないことを念頭に置いて、この念押しの注を書いている。

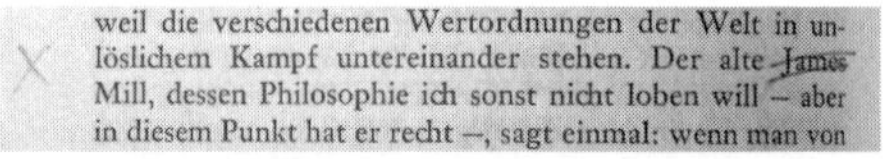
weil die verschiedenen Wertordnungen der Welt in unlöslichem Kampf untereinander stehen. Der alte James Mill, dessen Philosophie ich sonst nicht loben will – aber in diesem Punkt hat er recht –, sagt einmal: wenn man von

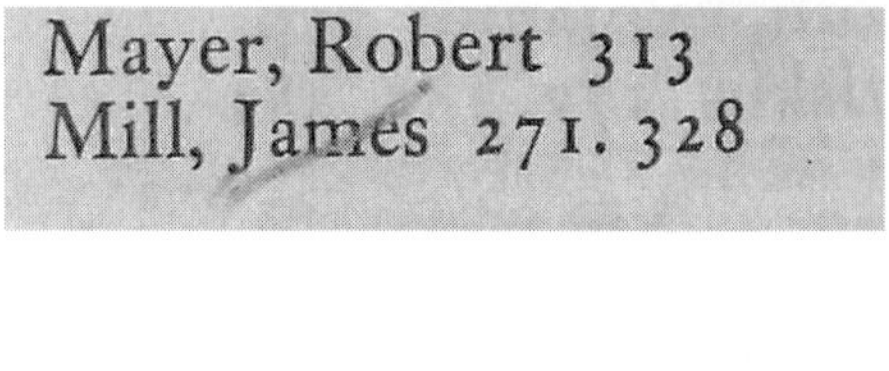
Mayer, Robert 313
Mill, James 271. 328

実際、ヴェーバーが、他の論文中で、どちらのミルであるのかをしめさずに、ただ„Mill"とのみ挙げている場合、それはJ・S・ミルのことである（WL6: 270）。そして前掲の「二つの律法のはざま」にかんする書簡において、ヴェーバーは、„der alte nüchterne Empiriker John Stuart Mill"とはっきり記している（念のため、初出誌„*Die Frau*"第二十三巻第五号の該当箇所をも確認した）。„Der alte Mill"がジョン・ステュアート・ミルを指していることは、まったく疑問の余地なく明らかである。

この„alt"は多義的な形容詞であり、『オーギュスト・コントと実証主義』を書いたときにミルが老境にさしかかっていたという意味なのかもしれないし、「往年の」という含意なのかもしれないが、当該箇所でヴェーバーは、ミルが正当な主張をしていることを高く評価しているので、「老練な」「熟達した」という積極的評価を含意するものと解するのが妥当であろう。

この問題をめぐるこれまでの経緯から、日本の研究者のあいだで、この錯誤はとうの昔に克服されている。たまたま目に留まった例を挙げると、長尾龍一は、当該箇所で引き合いに出されているのはJ・S・ミルだと正しく認定している（長尾龍一　二〇〇〇：二二三～二二四頁）。矢野善郎もそうである（矢野善郎　二〇〇二：一五頁）。佐野誠も、J・S・ミルの多神教理解からヴェーバーの「神々の闘争」論への継承関係を辿っている（佐野誠　二〇〇七：三九～四〇頁）。研究者は、『全集』がJ・S・ミルを参照指示しているのを知っているから、この認定が当然である（ただし、典拠のひとつが『オーギュスト・コントと実証主義』であることは知られていない）。

ところが、ヴェーバー研究が着実にすすみ、誤認・誤訳の訂正がきちんとなされているのに、訳書にかぎっては、ヴェーバー研究の進展が顧みられず、『全集』も無視され、戦後間もない頃の誤訳が後生大事に受けつがれている。最初に失敗したガースとミルズ、それを無批判に写した尾高、間場、リヴィングストン、中山、三浦、そして迷走のあげく誤訳に舞いもどった出口は、まったく初歩的な錯誤に陥っている。そこで、この誤認が今後二度と繰りかえされないよう、ここに長々と注記して、誤訳の息の根を止めておく。

それでもなお„der alte Mill"をジェームズ・ミルだと信じようとする者がもしもいるのなら、「二つの律法のはざま」にかんする書簡と『価値自由論』と『職業としての学問』とのミルに言及した箇所が、J・S・ミルの二つの著作の論旨と合致することをどう説明するつもりなのか、なかでも「二つの律法のはざま」にかんする書簡においては、ヴェーバー自身がはっきりと「ジョン・ステュアート・ミル」と記していることをどう説明するつもりなのかを明らかにしてもらいたい。さらに、いったいジェームズ・ミルのどの著作の何頁に、〈経験的洞察から出発して多神教に到達する〉という論旨が記されているのか、そしてその著作をヴェーバーが読んだ形跡があるのかどうかもぜひ明らかにしてもらいたい。

（㉜4）**【典拠】**「わたしたちの聞いたことを、誰が信じえようか。主は御腕の力を誰に示されたことがあろうか。乾いた地に埋もれた根から生え出た若枝のように／この人は主の前に育った。見るべき面影はなく輝かしい風格も、好ましい容姿もない。彼は軽蔑され、人々に見捨てられ／多くの痛みを負い、病を知っている。彼はわたしたちに顔を隠し／わたしたちは彼を軽蔑し、無視していた。彼が担ったのはわたしたちの病／彼が負ったのはわたしたちの痛みであったのに／わたしたちは思っていた／神の手にかかり、打たれたから／彼は苦しんでいるのだ、と。彼が刺し貫かれたのは／わたしたちの背きのためであり／彼が打ち砕かれたのは／わたしたちの咎のためであった。彼の受けた懲らしめによってわたしたちに平和が与えられ／彼の受けた傷によって、わたしたちはいやされた」（『イザヤ書』五十三：一～五）。

（㉜5）【典拠】この出典指示はまちがっており、正しくは『詩編』第二十二篇である。ヴェーバーは、元原稿に、『詩編』の典拠を肉筆で追記・指示したが、植字工が、ヴェーバーの記した「2」を「1」と読みちがえ、ヴェーバーも校正のさいにこれを見過ごしたのであろうと推察される。彼の筆跡にあっては、数字の判別はかなり困難である。

『詩編』第二十二篇には次の叙述がある。「わたしは虫けら、とても人とはいえない。人間の屑、民の恥。わたしを見る人は皆、わたしを嘲笑い／唇を突き出し、頭を振る。『主に頼んで救ってもらうがよい。主が愛しておられるなら助けてくださるだろう。』」「雄牛が群がってわたしを囲み／バシャンの猛牛がわたしに迫る。餌食を前にした獅子のようにうなり／牙をむいてわたしに襲いかかる者がいる。わたしは水となって注ぎ出され／骨はことごとくはずれ／心は胸の中で蠟のように溶ける。口は渇いて素焼きのかけらとなり／舌は上顎にはり付く。あなたはわたしを塵と死の中に打ち捨てられる。犬どもがわたしを取り囲み／さいなむ者が群がってわたしを囲み獅子のようにわたしの手足を砕く。骨が数えられるほどになったわたしのからだを彼らはさらしものにして眺め／わたしの着物を分け／衣を取ろうとしてくじを引く。主よ、あなただけはわたしを遠く離れないでください。わたしの力の神よ今すぐにわたしを助けてください。わたしの魂を剣から救い出し／わたしの身を犬どもから救い出してください。獅子の口、雄牛の角からわたしを救い／わたしに答えてください。」「主は貧しい人の苦しみを決して侮らず、さげすまれません。御顔を隠すことなく／助けを求める叫びを聞いてくださいます。それゆえ、わたしは大いなる集会であなたに賛美をささげ／神を畏れる人々の前で満願の献げ物をささげます。貧しい人は食べて満ち足り／主を尋ね求める人は主を賛美します。いつまでも健やかな命が与えられますように。地の果てまですべての人が主を認め、御もとに立ち帰り／国々の民が御前にひれ伏しますように。王権は主にあり、主は国々を治められます。命に溢れてこの地に住む者はことごとく主にひれ伏し／塵に下った者もすべて御前に身を屈めます」（『詩編』二十二：七～九、一三～一二、一五～三〇）。

（㉜6）【付帯状況】ニーチェ以外で、「醜」の問題を扱った著作としては、カール・ローゼンクランツの『醜の美学』（一八五三年）が挙げられよう（Rosenkranz 2007）。またエードゥアルト・フォン・ハルトマンの『美的なものの哲学』（Hartmann 1887）のなかにも「醜」にかんする記述があり、森鷗外がこれを紹介している（鷗外全集㉑：二五二～二五八頁）。「醜」の問題は、十九世紀後半において、ヘーゲル美学以降の重要な考究課題であった。

（㉜7）【関連記述】ヴェーバーは、「中間考察」のなかでもボードレールの『悪の華』に言及し、「魂の神聖な売淫」のための献身というかたちをとった独特の現世逃避について語っている（MWGI/19: 490）。

（㉜8）【典拠】要説（四）にしめしたマン以外のケースをひとつ挙げ

ておく。エルンスト・ベルンハルトは、評論「フランス精神の構造」において、経済・社会・政治その他の外的諸要因が「進歩の原動力」となって歴史をすすめていくという雑駁な枠組を立ててフランスの国民性を論じている（Bernhard 1912: 81）。そこには厳密な概念規定がなく、さまざまな文化要因を恣意的に繋げているという印象が強い。おそらく第一次世界大戦時に蔓延していたこうした論調が、ヴェーバーの念頭にあるのであろう。

（㉜9）【関連記述】『職業としての政治』のなかでも、古代ギリシャの多神教において、さまざまな神々に捧げものがなされ、またその神々が争いあっていたことが指摘されている（MWGI/17: 242）。

（㉜10）【付帯状況】山上の垂訓の理解をめぐっては、ヴェーバーの発言と、トルストイ、ヤスパース、トラー、ルカーチとを対比させるのが有効である。ホーニヒスハイムによると、トルストイは、「彼の全盛時代に、山上の垂訓の倫理に徹底的に従おうとしたが、彼自身はこの厳格な倫理を実践することなく、依然として大邸宅に住み、それを彼の戯曲『光は闇を照らす』のなかで釈明している。つまり、ここで彼は主人公に、この場合それは彼自身であるが、次のように告白させている。『私は自分の教えに従って生活していないので、人々から軽蔑されることを甘んじて受けなくてはならない』と。ヴェーバーは、これを一貫性がないと考え、またそれをはっきりと言っていた」。そして「トルストイがその晩年の何週間かを生きたように実際に生きる人にだけ、山上の垂訓に訴えて平和主義と武装放棄とを唱える資格がある」と考えたヴェーバーは、「二つの律法のはざま」にかんする書簡のなかでこのことに触れ、「トルストイでさえ、死に臨んだときはじめて首尾一貫性を獲得した」と記している（MWzG: 241, MWGI/15: 98）。

ヤスパースは、ヴェーバーがキリスト者でないことを指摘している。「キリスト者であるということは、彼にとっては、悪にたいして抗うなという山上の垂訓の命令を受けいれることにほかなりませんでした。この命令は、現世における活動とは相容れないものですから、彼はそれを履行しようとはしませんでした」（Jaspers 1988: 45）。

ハイデルベルクでヴェーバーに師事していたエルンスト・トラーは、ミュンヒェン革命後の獄中生活を回想したなかで、次のように述懐している。「正しいと認識した道徳的理念を大衆的闘争のなかで実現したいと欲するとき、現世の運命に介入しようと欲する人間を、つまり政治的行動者になる人間を待ちうけているのはなにかと私は自問する。どこにおいても力づくで悪に抗うことを欲しないならば、われわれは、アッシジの聖フランチェスコのように生きなくてはならないはずで、絶対的要請のためにはただひとつの絶対的な道、つまり聖者の道しかないはずだが、現実にはその道がとられていないとマックス・ヴェーバーが述べたのは正しかったのか」（Toller 1933/63: 158）。

ルカーチは、どうしても対決せざるをえない生きた力としてのイエスの形姿が有する意味に着目し、ヴェーバーがなした対決のありかたを重視している。「マックス・ヴェーバーの講演『職業としての政治』を考えてみてください。このなかで彼は、現実政治と山上の垂訓とをこの関連でたがいに対比させ、そこから政治的行動の手がかりを得ようとしています。このことは、歴史的な正しさとはまったく無関係に、イエスの形姿が、人類にとって、アンティゴネー、ハムレット、あるいはドン・キホーテの形姿と同様の意味を獲得したということをしめしています」(Pinkus 1967: 29)。

【編集史】「頬」の比喩は、原文では„das Bild von der einen oder der anderen Backe"とされており、筆者は、このなかの„oder"(あるいは)を活かして「他方の頬も打たせるかどうか」と訳した。一方、ヴィンケルマンは、『科学論集』第三版以降、この„oder"を„und"に改変した(WL3: 604)。たしかに原文はぎごちない表現なのだろうが、この„oder"は、排他的選択(Aか、さもなくばBか)をしめしており、〈片方の頬を打たせるだけなのか、それとも他方の頬をも打たせるのか〉という含意を表現していると考えられる。聖書のこの件《くだり》はよく知られているから、こういうラフな表現で十分であり、改変の必要はなかろう。『全集』では„oder"に戻されている(MWGI/17: 100)。

(㉜11)**【語句・文意・文法】**「品格欠如の倫理」とは、キリスト教倫理が、その本性《ほんせい》上、現世的規範としての品格とは相容れないことを表現したものである。

【付帯状況】「品格欠如の倫理」は、キリスト教の反戦思想が念頭に置かれた評言であるが、同時に、ルカーチの反戦主義も念頭に置かれている(研究編三九〇頁を参照)。

このいくらか刺激的な用語法は、当時の若者にはわかりにくかったらしく、一九一九/二〇年冬学期にこの講演録を購入して読んだフライブルク大学学生リリ・ノイマンは、当該箇所に下線を引き、欄外に疑問符を付している(筆者所蔵初版本)。

(㉜12)**【語句・文意・文法】【関連記述】**「上級強制権力」の「強制権力(Gewalt)」とは、支配者の意志を末端まで貫徹するための手段(権力装置)を指す。「支配(Herrschaft)」と「権力(ないし力)(Macht)」と「強制権力(Gewalt)」との関連を整理しておく。

まずMachtは、他人にたいしてなんらかの影響を及ぼす力、とりわけ他人にたいしてなんらかの行為を強制する(または禁止する)力一般を指す用語であり、この講演のなかでも、段落㉕に「神から疎遠な力」、段落㊱に「『倫理的』力」(複数形)、段落㊲に「奴〔=悪魔〕の力」という用例がある(個別注解㊱8を参照)。

一方Gewaltは、ヴェーバーの家産制論において、支配権力の頂点に君臨する者が専有する強制装置を指す語として用いられている。用例があまりにも膨大なのでここでは省略するが、『支配の社会学』のなかの家産制と封建制にかんするさまざまな権力分析(MWGI/22-4: 247-453)をみると、君臨者の支配のために用立てられうる道具(土地、軍備、資金など)が、Gewaltとして——あるいはGewaltの源として——定立されている。それは、君臨者配下の下僚たちによる専断や簒奪を免れている君臨者の専有物であるという点が重要で、それゆえGewaltの確保は、君臨者の支配を安定させるための決め手となる。またヴェーバーの著作中では、「命令するGewalt(Befehlsgewalt, Befehlsgewalten)」という用語も用いられている(たとえば個別注解⑤2の引用箇所)。そこで筆者は、「権力(Macht)」と区別して、Gewaltを「強制権力」と訳した。

封建制下では、当初、君臨者による強制権力分割(Gewaltenteilung, Gewaltenverteilung)によって強制権力源を分割授与された封臣が、次第に自己の領分を固定化させ、これを既得権益として君臨者から簒奪する過程が進行する。こうして強制権力を獲得した者は、新たな強制権力者(Gewalthaber)となる。

軍や司法は、君臨者による強制行為（Zwingen）の道具という性格がとくに強いものだが、たとえば司法は、ただたんに臣民を抑圧するだけではなく、臣民の生活や財産や権利を保護し、またさまざまな階級・階層間の利害調整をなす役割をも担っている。だから「司法的強制権力（Gerichtsgewalt）」は、司法の果たす諸機能のうち、君臨者による強制装置としての機能を指す限定的用語法である。「支配（Herrschaft）」は、たんにGewaltの行使にのみ拠るのでは貫徹・維持できず、治安維持、外敵からの防衛、権利保護、利害調整、産業振興、治山治水事業、福祉行政などを不可避にともなう。権力による公的賦課（Leiturgie）の収奪は、それが（たとえ部分的にせよ）臣民のために使われることによってこそ正当化されうるからである。これが、HerrschaftとGewaltとの関連（と差異）を考えるうえで重要な点である。

　こうした論点は、一九一四年六月二十一日付ベロウ宛書簡（段落⑫⑬要説（三）を参照）のなかにも記されている。「術語としては、『家産制』という概念こそを、私は政治支配の確固たる類型として確保しなくてはならないでしょう。しかし家父長支配の強制権力、身体支配の強制権力、領主支配の強制権力、政治支配の〔四者の〕あいだの絶対的な区分のためには、まさにその区分がすべてではないという以外に、たしかになんら別個の基準がありはしない（軍事的強制権力と司法的強制権力を別として）のであり、先生がこの区分を十分に強調して認めてくださるといいのですが。御高著〔＝G. v. Below, *Der deutsche Staat des Mittelalters: Ein Grundriß der deutschen Verfassungsgeschichte*. Leipzig: Quelle & Meyer, 1914〕のこの主題ははじめから明白に獲得されています。私は、ただこの区別が歴史と同様に古いということを立証しようとするにすぎません」（MWGII/8: 725）。

　「強制権力」の用例は、個別注解⑤2および段落⑧⑨要説（二）を参照。この講演中では、すでに「革命的強制権力者たち」という用例があり（個別注解⑧18）、また当該箇所のすぐあとに「われわれの生《せい》を支配する強制権力」という用例がある。

（㉜13）**【関連記述】**「あらゆる宗教的預言から湧出している倫理的・体系的な生活態度のみごとな合理主義」は、「世界宗教」において顕著に認められる。このことは『世界宗教の経済倫理』への「緒言」に記されている。ヴェーバーの言う「世界宗教」は、「とくに多数の信者をみずからの周りに集めることのできた五つの宗教的な生活規制体系ないし宗教的に条件づけられた生活規制体系」であって、それは儒教・ヒンドゥー教・仏教・キリスト教・イスラム教である。また第六に、キリスト教とイスラム教に決定的な歴史的前提を提供し、また西洋の近代的経済倫理の発展にとって歴史上特異な意義を有してもいるユダヤ教も挙げられる（MWGI/19: 83f.）。

（㉜14）**【典拠】**『全集』は次の章句を参照指示している（MWGI/17: 101）。「マルタ、マルタ、あなたは多くのことに思い悩み、心を乱している。しかし、必要なことはただ一つだけである」（『ルカによる福音書』十：四一〜四二）。

（㉜15）**【語句・文意・文法】**「かかる日常に立ちむかう」の原文は、„einem solchen *Alltag* gewachsen zu sein" である。矢野善郎は、このjm. gewachsen sein の含意について、受動的な受忍ではなく、「『日常』への能動的な対決の姿勢」をしめしたものと解している（矢野善郎二〇〇〇：七一〜七三頁）。筆者も同意見である。ヴェーバーは、不条理な日常を受忍せよなどという理不尽な要求をしているのではなく、その日常と闘争する力をもっているかどうかを問いかけているのである。

【翻訳史】重要な箇所なので、既訳をチェックしよう。三木は、「そうした日常に立ち向かいうるかどうかということ」と正確に訳している（三木訳：三一頁）。岡部も、「このような日常に立ち向かうこと」と正しく訳している。これにたいして、尾高は、「この日常茶飯事に堪えること」と誤訳し（尾高訳②：五七頁）、出口は、「このような日常生活のありかたに堪えるということ」と誤訳し（出口訳④：三九五頁）、間場は、「かかる常態に耐えぬくこと」と誤訳し（間場訳：九七、九九頁）、中山は、「日常に耐えて生きること」と誤訳している（中山訳：二二二頁）。三浦は、「神々が闘争する日常に向かい合う力を持つこと」と訳しているが（三浦訳：七五頁）、この「向かい合う」もやはり〈対決〉の意を汲んでいない。

英訳をみると、ガースとミルズは、"to measure up to *workaday existence*"と訳し（G&M: 149）、ジョンは、"to meet the demands of such an *everyday life*"と訳し（MJ: 23）、リヴィングストンとブルーンは、"to meet the challenge of such an *everyday life*（*everyday* existence）"と訳し（RL: 24, HHB: 348）、ウェルズは、"to cope with an *everyday life* like this"と訳している（GCW: 45）。ガースらは、日常生活を営む能力を有すること、ジョンは、日常生活の諸要求を満たすこと、リヴィングストンとウェルズとブルーンは、日常生活の難題に対処することと捉えており、いずれも〈対決〉の意を汲みとっていない。

（㉜16）ヘーゲルは、「うしろめたい良心」について、「自分自身に対立する自分の意識」であって、それは、「理想を、理想に合致しない現実と対立させることを、つねに前提としている」と規定している（HWS1: 356）。

（㉜17）『マタイによる福音書』二十六：六十九～七十五。バッハとピカンダーによる『マタイ受難曲』（最終稿一七三六年）第四十五～四十六曲も参照（Bach 1967: 18f.）。

（㉜18）細かい参照指示を省いたが、これらの詩文の解釈にさいしては、阿部良雄の訳文と注釈が有益であった（阿部訳『ボードレール全集I　悪の華』筑摩書房、一九八三年）。ここにしめした訳文は、ヴェーバーの読んだゲオルゲのドイツ語改作を基本として、阿部訳と勘案したものである。

（㉝1）【語句・文意・文法】「これしかないとみずから思いこみ、あるいは思いこまされてきた方向づけ」の原文は、„die angeblich oder vermeintlich ausschließliche Orientierung"である。このなかの動詞„angeben"（みずから告げる）から派生した形容詞„angeblich"は、「みずから主張する」「自称する」という意味で、〈みずからすすんで思い違いをしている〉という能動的な事態を表現している。これにたいして、動詞„vermeinen"（誤信する）から派生した形容詞„vermeintlich"は、「誤ってそう考えられている」という意味で、〈他の者からの強い示唆を受けてそう思い違いをするよう仕向けられている〉という受動的な事態を表現している。一千年にわたってキリスト教が人々に与えつづけてきた「これしかないという（独占的な）方向づけ（die ausschließliche Orientierung）」には、能動的な性質のものと受動的な性質のものがあるとヴェーバーは考えている。

この「方向づけ」は、ドイツ人ないしヨーロッパ人を眩惑し、永遠の闘争から目を逸らさせてきたと規定されているので、呪力剥奪が決定的な段階に達する以前の状態を指している。この状態は、段落㉕に記されているように、神の道と人間の道とが乖離したことによって崩壊した。

【翻訳史】 „angeblich oder vermeintlich"（みずから思いこんで誤信してきたか、あるいは思いこまされて誤認してきたか）について、三木は、「自ら認めるにせよ或いは思い誤ってにもせよ」と解している（三木訳：三一頁）。筆者もこの解釈に同意する。これ以外の解釈可能性はないと思う。

三木以外の邦訳・英訳はひどく混濁している。尾高は、「名目上あるいは想像上」と誤訳し（尾高訳②：五七頁）、出口は、「公然とあるいは私的に」と誤訳し（出口訳④：三九五頁）、間場は、「内容の伴わないか、偽りの」と誤訳し（間場訳：九九頁）、中山は、「それが見掛けだけのものだったか、そう思い込んでいただけなのかは別としてです」と誤訳し（中山訳：二二三頁）、三浦は、「見かけ上であれ、思い込みであれ」と誤訳しており（三浦訳：七五頁）、いずれも意味が通らない。ガースとミルズ、ジョンは、"allegedly or presumably"と誤訳し（G&M: 149, MJ: 24）、リヴィングストン、ウェルズ、ブルーンは、"allegedly or supposedly"と誤訳しており（RL: 24, GCW: 45, HHB: 348）、やはりいずれも意味が通らない。これは、独英辞典に、angeblich の訳語が allegedly しか掲載されていないせいだろう。

段落㉞（A28f., B604f., C101f., D34-36）

㉞しかし、こうした果てしなく拡散した問題はもう十分だということにしておきましょう[㉞1]。というのは、かりにこうした一切のことにたいして、ドイツの若者の一部が、「そのとおり、しかしわれわれはとにかく[㉞2]、たんなる分析や事実確認とは別のなにかを体験するために講義にやってくるのです」と答えるとするならば、この若者は過ちを犯しており、その過ちは、教授のうちに、そこ〔＝教壇〕において自分に対面している人とはなにか別の人を、つまり教師ではなく指導者を求めることだからです。これにたいしてわれわれ〔＝教師〕は、教師として教壇に立っているにすぎません。両者は別物であり、そうだということは簡単に納得できます。いまいちど諸君をアメリカにお連れすることをお許しねがいます。なぜなら、こうした事柄を、この地においてしばしばもっとも生々しく素朴な姿で目の当たりにすることができるからです。アメリカの少年は、ドイツの少年よりもひどくわずかしか学びません。驚くほど多くの試験機会をくぐるにもかかわらず、それでも彼は、その学校生活の意味に相応して、ドイツの少年がそうなるようなあのどうしようもない受験亡者にはまだなっておりません。というのは、官職俸禄[㉞3]の王国への入場券である合格証書を前提とする官僚制[㉞4]は、この地〔＝アメリカ〕においてはほんの端緒についたばかりだからです。若いアメリカ人は、なんにたいしても誰にたいしても、どんな伝統にたいしてもどんな官庁にたいしても、畏敬の念を抱きません。ただし当事者自身の個人的業績にたいしては別ですが。こんなものをアメリカ人は「民主主義」と呼んでいます[㉞5]。またこの〔＝民主主義の〕意味内容にたい

して、現実がつねにどれほど歪められた状態にあるにせよ、その意味内容はこんなものであり、そしてこの地ではこれ次第です。教師が自分の前に立っていて、この教師についてアメリカ人は、「彼は、その知識と方法を、私の父の金と引き換えに私に売るのであり、それは、八百屋の女将さんが私の母にキャベツを売るのとまったく同じことだ」というイメージを抱いています。それでおしまいです。ただし、教師がたとえばフットボール[㉞6]の名手であれば、彼はこの領域において若者の指導者です。しかし彼がこうした存在〔または他のスポーツ領域における似たような存在〕でないならば、彼はまさにたんなる教師にすぎず、それ以上の何者でもありませんし、彼に「世界観」か生活態度を決める決定的な規律を売ってもらおうという考えが、若いアメリカ人の頭に浮かぶことはないでしょう。このように〔アメリカの事情を〕明示してみると、やはりわれわれ〔＝ドイツの教師〕はこれ〔＝指導者たること〕を拒絶するでしょう。しかし〔いま〕ここに、このように私が、意図的に、なおもいくらか極端に感情を高ぶらせたところに、それでも一片の真理も含まれていないのかどうかは問題です。

段落㉞要説

　現代ドイツ人の闘争の場を設定したヴェーバーは、大学教育の場に戻り、そこにおいて、あらためて、生《せい》の現場で闘争しようとするドイツの若者にとって有用な教育とはどのようなものかを考察する。そこで問題になるのは、学生が教師にたいして範を求め、教師に指導者たることを求めることが、神々の闘争のなかで適切な態度かどうかである。この段落では、アメリカとドイツの若者とを対比しつつ、講義室の限界と教師の職務の制約を説き、ドイツの学生が、教師に指導者たることを求めるという事態を、官僚制の浸透という事情によって解明している。

　ヴェーバーは、アメリカにおいても、早晩官僚制および官僚育成制度が発達し、その弊害が顕在化するだろうと考えている。とくに当該箇所との関連では、第四回ドイツ大学教員会議（一九一一年）における彼の報告が重要である。「ドイツの大学にたいして、アメリカの大学の内的本質が相違しているのは、かなりの部分は、アメリカの大学が、国家官僚制のために、国立学校のために、全部はわかりませんがそうしたもののために、それに相応して試験制度によって養成される後継者を国家にたいして供給することを職務上義務づけられていないという点にあります。この点で、アメリカの大学は〔いまのところ〕うらやむべき状態にあります。もっとも、行政改革の進捗につれて、遅かれ早かれ、なんらかのやりかたで〔ドイツと〕似たような状況がアメリカの大学にも生じる時機がアメリカに到来するだろうと私は確信しており、そのとき、アメリカの大学がその独立性を保持し、つまりそのもっとも神聖な財産を保持し、ドイツの大学が国家の優位性にたいして咎なしになしとげたよりもはるかに優って、この状況に対処できるであろうことを望みます」(Dreijmanis 2010: 124)。ここにみるように、アメリカにおいても――とりわけアメリカの大学制度においても――、官僚制化の進展によって、大学の独立性が脅かされ、国家機構のなかに大学が完全に組みこまれていく危険性を、ヴェーバーは危惧しているのである。

段落㉞への個別注解

（㉞1）【語句・文意・文法】前段落で展開された熾烈な神々の闘争についての詳論を、ヴェーバーはけっしてまだ「十分」だとは考えていないことが明らかだが、目の前で聴いている学生たちが目を回しているようなので、これ以上この話を続けてもしかたがないと判断し、話題を転換させる。

（㉞2）【語句・文意・文法】この「とにかく」(nun einmal) には、〈どうせかなわないだろうがそれでも〉という含意がある。

（㉞3）【語句・文意・文法】„Amtspfründe"は、「官職（Amt）」と「俸禄（Pfründe）」の二語を繋げた複合語である。ヴェーバーにおける「俸禄（Pfründe）」概念は、本来、家産官僚制における従者の給付形態のひとつである。それは、支配者の財源から主として実物で給付されるもの（Deputate）、家人保有地によるもの、定期的に支給されるレンテ等の収入チャンスのかたちで、定まった規模で持続的に授与され、個人的には専有されているが、世襲的には専有されていないものを指す（MWGI/23: 482）。その給付は、労働に相応のものではなく地位に相応のものである。当該箇所の「官職俸禄（Amtspfründe）」は、「俸禄」のうち、「官職（Amt）」の占有にともなって給付されるものを言う。これをあえて「労賃」ではなく「俸禄」と呼ぶのは、次注でしめすように、「官職俸禄」を専有しようとする特権層が、労働ではなく地位に相応の給付を求めるからである。

（㉞4）【語句・文意・文法】ヴェーバーがここで「官僚制」と呼んでいるものは、合理的・専門的な試験制度に依拠した選抜制度のことであり、とりわけ、大学をはじめとする高等教育機関が官僚制に組みこまれ、さまざまな官僚制組織にたいして人材を供給する装置と化していく事態を指している。合理的・専門的な試験制度は、近代的な完全官僚制化がはじめてもたらしたものであり、ヨーロッパにおけるその主要な発祥地はドイツであった。これは、アメリカにおいても、"spoils system"から"merit system"への移行にともなって導入された。教育免状の有する社会的威信が、この発展を助長し、新たな特権層を産みつづけている。彼らは、仕事量におうじた報酬ではなく、「身分相応の」支払いを求め、そうした地位を自分たちで独占しようとし、そのためその地位の供給を制限しようとする（MWGI/22-4: 229-231, 世良晃志郎訳『支配の社会学Ⅰ』創文社、一九六〇年、一四一頁注三）。

（㉞5）【語句・文意・文法】個別注解⑩13において指摘したように、この種の「民主主義」にたいして、ヴェーバーがつねに懐疑的・批判的であることに留意する必要がある。

（㉞6）【語句・文意・文法】この「フットボール」は、もちろんアメリカン・フットボールのことである。ドイツ語の Fußball はサッカーを意味するのだが、当該箇所には英語の football が充てられ、字体もフラクトゥーアではなくラテン文字が使用されている。

【研究史】アメリカの大学におけるフットボールの位置づけについては、潮木守一と中山茂が論及している（潮木守一　一九九三a：二五七〜二六七頁、中山茂　一九九四：二一九〜二二二頁）。

段落㉟ (A29f., B606f., C102f., D36f.)

㉟学友諸君、諸君は、われわれ〔＝教師〕の指導者としての資質にかかる期待をなして、われわれの講義に来ておられます。そ

して、百人の教授のうちすくなくとも九十九人が、生《せい》のフットボール名手であることをなんら必要とせず、また必要としてはならないばかりか、そもそも生活態度にかんする事柄において「指導者」であることを必要とせず、また必要としてはならないということを、諸君はあらかじめ自分に言いきかせておられません。よく考えてみられるといいのですが、人間の価値は、指導者としての資質を有しているか否かにかかっているのではありませんね。そしてすくなくともそれは、誰かを優秀な学者・大学教師にする資質、[35-1] あるいは誰かを生活実践方針の領域における指導者にする資質、あるいはとりわけ誰かを政治の領域における指導者にする資質ではありません。もしも誰かがこうした資質をもまた有しているとしても、それは純然たる偶然ですし、もしも教壇に立っている男が、そうした資質を行使するよう無理強いされていると感じるならば、それは非常に憂慮すべきことです。もしも講義室内で指導者を気取ることが大学教師各々に放任されているならば、なおいっそう憂慮すべきです。というのは、自分をそういう存在〔＝指導者〕だともっともはなはだしく考えている輩は、しばしばもっともそうでないからであり、またとりわけこうした輩がそういう存在であるか否かという問題にたいして、教壇上の状況は、まさになんら証明の機会を提供しないからです。自分には若者の助言者たる能力があると思っていて、しかも彼らから信頼を得ている教授は、彼らとの人対人の個人間交流のなかでその大任を果たせばいいのです。そしてもしも彼が、自分には世界観と党派的見解とのさまざまな争いに介入する能力があると思っているならば、彼は、〔講義室の〕外で、生《せい》の市場でそれをなせばいいのです。出版物とか、集会とか、団体結社とか、いつでも彼の望むところにおいてです。しかしそれにしても、参集者にしてたぶん異なった考えを抱いているであろう人々が沈黙を保つよう宣告されている場所〔＝講義室〕で、みずからの告白者の勇気を吐露するというのは、少々あまりにもお気楽すぎます。

段落㉟要説

段落㉞において指摘した事情から、ドイツの学生たちには、教師を指導者だとみたがる傾向があるのだが、そこで問題になるのはその教師の資質である。すでに指摘されていたように、学者としての資質と教師としての資質とは、多くの場合合致しない。まして、指導者たる資質、それも政治の領域における指導者たる資質はまったくの別物である。政治的指導者としての資質については『職業としての政治』のなかで立ちいって論じられている。ひとつ重要なのは、大衆の信頼を裏切らなかったアウグスト・ベーベルはたしかに指導者としての資質を備えていたが、彼の死後、官僚支配が横行し、こうした指導者がみあたらなくなったという現状認識である（MWGI/17: 221）。政党内の官僚支配に抗してなお指導者でありうる人格はもはやみられないという認識が、教壇上の預言者がそうした指導者になりうる可能性など皆無だという判断に結びついている。政治的資質の問題を官僚制の問題と関連づけるのが、ヴェーバーの提示した重要な論点である。この段落の後半にみられる教壇上の状況にたいするきびしい批判は、そうした官僚制の問題を踏まえており、彼は、この厄介な現代政治の場で闘うことのできる資質は、指導者ぶっている学者・教師には備わっていないのだという判断を下している。

段落㉟への個別注解

（㉟1）【編集史】「資質（die Qualitäten）」の定冠詞„die"は、『科学論集』第三版以降とレクラム文庫版（S. 36）等においては隔字体（d i e Qualitäten）になっている。しかし、一九一九年刊行の初版（S. 30）にはこの強調がない。

この強調は、ヴィンケルマンが『科学論集』第三版を編集したさいに付加した処理である（WL3: 606）。この編集作業にさいして彼が用いた第二版の原本（校訂用の本）を調べると、たしかに彼が、当該箇所を隔字体にするよう緑色のインクで指示していることが判明した（Arbeitsstelle der Max Weber Gesamtausgabe）。また他の頁においても、同様の隔字体指示がなされている箇所があるのだが、それらの大半はキャンセルされており、第三版には反映されていない。ところが、当該箇所ともう一箇所（個別注解㉗5にしめした„O b"）のみ、第三版において隔字体に変更され、以後第六版にいたるまでこれが踏襲されている。

また、彼が編集したクレーナー社版ヴェーバー選集においても同様の強調処理（イタリック体）がなされている。この選集の各版をみると、第三版（一九六四年）までは隔字体になっておらず（Winckelmann 1964: 331）、第四版（一九六八年）においてはじめて隔字体に変更され（ders. 1968a: 331）、それが第六版（一九九二年）にいたるまで踏襲される（ders. 1992: 331）。

もしもこのヴィンケルマンによる強調を採用すると、この箇所の訳は次のようになる。「そしてすくなくともそれは、誰かを優秀な学者・大学教師にするその資質、あるいは誰かを生活実践方針の領域における指導者にするその資質、あるいはとりわけ誰かを政治の領域における指導者にするその資質ではありません」。ここにはたしかに強調効果が認められる。しかし講演者自身は、一九一九年の出版にさいしておこなった校正作業において、こうした処理を施しておらず、ヴィンケルマンの脚色が講演者（原著者）の意思を反映したものとは認めがたい。これはどうみても過剰編集（脚色）なので、筆者はこの強調処理を排除した。『全集』版もこれを排除している（MWGI/17: 102）。

段落㊱（A30-32, B607f., C103f., D37-39）

㊱諸君は結局、もしも彼〔＝大学教員〕についてそうであるとすると、いったいいま科学はそもそも個人の実践する「生《せい》」にとって積極的なことをなすのかという問いを投げかけることでしょう。そしてこの問いをもって、われわれはふたたび科学の「職分」の問題に逢着します。さしあたり〔の回答〕はもちろん、生活を、つまり外的な事物をも人間の行動をも、計算によって統御している技術にかんするさまざまな知識〔を与えること〕です。——そうすると、やはりこれはそれこそ[㊱1]アメリカの少年にとっての八百屋の女将さんにすぎないと諸君は言うことでしょう。私もまったく同感です。第二に、まあまあそれでも、この女将さんが提供しないもの、つまり思考方法と職人道具と対面授業がおまけとしてついてきます。まあ、それは野菜ではないけれども、やはり野菜を入手するための手段以上のものではないと、諸君はたぶん言うことでしょう。よろしい。今日《きょう》は未決のままとしておきましょう[㊱2]。しかしさいわいにも、これをもって科学の営みが終焉に達することはさすがにまだないのでして、われわれ〔＝教師〕は、

諸君に第三のものを、つまり明晰性を獲得させうる立場にあります。もちろん〔そのさい暗黙の〕前提となっているのは、われわれがみずからその明晰性を備えているということです。これが備わっているかぎりにおいて、われわれが諸君にたいして明らかにすることができるのは、価値問題がもちあがるつど、その問題にたいして——事を単純化するために社会事象を例として考えていただきたいのです——実際にあれこれの異なった立場をとることが可能だということです。もしもかくかくの立場をとるならば、その立場を実際に貫くためには、科学の見聞にしたがって、しかじかのさまざまな手段を用いなくてはなりません。さてこうした手段は、たぶんすでにそれ自体が、諸君が拒絶しなくてはならないと思っている手段〔＝主知主義の手段〕です。そうすると、目的と不可避の手段とのあいだで、まさに選択しなくてはなりません。目的はこうした手段を「正当化（神聖化）」するのかしないのか。教師は、この選択の不可避性を諸君に突きつけることができ、彼は、教師たるにとどまり、扇動者たろうとしないかぎり、それ以上のことはできません[㊱3]。もちろんさらに、もしも諸君がかくかくの目的を欲するなら、そのとき経験上生起する〔ことが予測される〕しかじかの副産物をも諸君が甘受しなくてはならず、またしても状況は同じだと、彼は諸君にたいして語ることができます。しかしながら、たしかに無数の事例において、弊害縮小の原則または次善の原則に則って決断しているはずのどのテクノクラート[㊱4]にとってもまた生じるかもしれないように、すべてはなお懸案のままです。テクノクラートにとって、ひとつのものが、つまり主たる任務が、つまり目的が与えられているのが常であるということだけ〔がはっきりしているの〕です。しかし実際に「究極の」[㊱5]問題を取りあげるやいなや、まさにこの目的こそが、いまわれわれにとって問題でないのです。そしてわれわれ〔＝教師〕は、これをもってはじめて、科学そのものが明晰性の追求のなかで達成しうる最終的な成果に到達し、同時に科学の限界に到達します[㊱6]。また、かくかくの実践的な立場決定は、内的な首尾一貫性をもって、したがって内的誠実性をもって、その立場決定の意味にもとづいて、世界観におうじたしかじかの究極の基本的定位——ただひとつの定位だけかもしれないし、ひょっとするとさまざまな定位かもしれない——から導出されるけれども、しかじかの異なった定位からは導出されないとも、われわれ〔＝教師〕は諸君にたいして言うことができます——また言うべきです——。比喩的に言うと、もしも諸君がこの立場決定を決断すると、諸君はこの神に奉仕し、かつあの別の神を侮辱することになるのです。というのは、もしも諸君が自分自身にたいして誠実でありつづけるなら、必然的にこれこれの究極の内的な意味上の首尾一貫性に逢着するからです。すくなくとも原則として、これはそのようにおこなわれるものです。哲学の専門分野と、〔事の〕本質にしたがって哲学的・原理的にすすめられる個別分野の詳解[㊱7]とは、これを遂行しようとします。もしもわれわれ〔＝教師〕が、みずからの任務（この場〔＝この講演中〕でどうしても前提とせざるをえないもの）をわきまえているならば、自分自身にたいして自分自身の行為の究極の意味について弁明するよう個々人〔＝個々の学生〕に強く勧奨し、あるいはすくなくともそうすることを手助けできます。まったく私的な生活にたいしてもまたすくなからず同様であると私には思われます。また教師にこれがうまくいくならば、彼は「倫理的」[㊱8]力に事えているのだと、つまり明晰性と責任感を与えるという義務に事えているのだと私はここで主張したいのです。そして教師の側から聴講者に立場決定を強要[㊱9]しようとするか教唆[㊱10]しようとすることを忠実に回避すればするほどすみやかに、彼はこうした〔仕事の〕遂行ができるようになると私は考えます。

段落㊱要説

（一）

段落㊱においては、ふたたび生《せい》の現場において科学には意味があるのかという問いがなされ、現代における生《せい》の問題と科学の限界と教育論とが整理される。科学が、あるいは科学教育が、学生にたいして提供しうるのは、①さまざまな知識、②思考方法と職人道具と対面授業、③明晰性の三つである。

第一に、ここで必要とされる知識は、とりわけ呪力剥奪状況下でわれわれの生活全般を統御しているさまざまな技術にかんする知識である。というのは、こうした知識を獲得してはじめて、かかる技術（たとえば官僚制的な統治技術）のメカニズムを解明し、その逆機能を見極め、その弊害を極小化するための手立てを探しあてることができるからである。

第二に、思考方法と職人道具と対面授業は、学生自身が自力で筋道を立てて思考することのできる方法と、それぞれの専門に即して考案されてきた手段（たとえば統計分析）と、たんなる読書によっては獲得しづらい事柄——たとえば方法論の問題、資料批判の実際、論争問題、その他学問の現場で生じているさまざまな事態とそれへの対処法——について、その道の専門家から直に手ほどきを受けることとを指している。

そして第三に、明晰性（Klarheit）を獲得させることが重要な教育課題である。渡辺は、この「明晰性（Klarheit）」を、「前提そのものへの自覚性、意識性」だとし、「無前提」や「脱イデオロギー」を標榜する者も、まさにその「無前提」という前提や「脱イデオロギー」というイデオロギーを有しているのであって、そうした自分自身の前提やイデオロギーをはっきりと自覚するところにのみ「明晰性」が立ちあらわれると詳解している（渡辺編：八二頁）。段落㉖要説（二）にしめしたヘーゲルの議論を敷衍するならば、「脱イデオロギー」をみずからの立場としようとする者は、いかなるイデオロギーをも前提としてはならないが、それはあらゆるイデオロギーから距離を置くことを意味しており、あらゆるイデオロギーから距離を置くためには、あらゆるイデオロギーに通暁していなくてはならず、つまりあらゆるイデオロギーを前提としなくてはならない。その結果、「脱イデオロギー」は、あらゆる「反イデオロギー」によって自己自身をがんじがらめに縛りつけざるをえない。「脱イデオロギー」は、こうして、イデオロギーから自由であるどころか、かえってあらゆるイデオロギーによって拘束された自縄自縛の立場であることが暴露される。これが「脱イデオロギー」のアポリアであり、ヴェーバーの「明晰性」要求は、かかるアポリア——ないし「脱イデオロギー」の欺瞞性——を明晰に認識し明確に自覚することを求めるものである。

（二）

目的と手段の問題、意図されない副産物（副作用）の問題、そして科学の限界については、一九〇九年の社会政策学会ヴィーン大会における討論のなかで、問答風に説かれている。「君の価値判断のなかには、あれこれの『究極の』考えうる価値判断が埋めこまれていて、それらの価値判断を君はまったく見過ごしており、たぶんそれらの価値判断の相互間では、妥協なしではまったく折り合いがつかず、それゆえ君は、それらのなかから選択せざるをえない。これは経験的な頭脳労働ではなく、論理的な頭脳労働だ。さてしかしさらに私は次のように告げることができる。もしも君が、真に一義的なこの一定の価値判断に則って、一定の当為のために行動しようと欲するなら、そのとき君は、あの価値公理に相応した君の目的を達成するために、科学的知見にしたがって、あれこれの手段を用いざるをえない。この手段が気に入らないのなら、君は、手段を採るか目的を採るか、選択せざるをえない。そして最後に、私は彼にこう告げることができる。科学的知見にしたがうと、君の価値判断の具現のために不可欠な手段にともなって、意図されていなかった別の副次的結果をも引きおこしてしまうことについて、君は熟慮しなくてはならない。君にとってこの副次的結果も望ましいのか、是か非か。この是か非かの限界点までは、科学が導くことができ——というのは、この範囲内にあるものはすべて、経験的分野か、あるいはむしろ論理学が回答を与えることのできる諸問題だからであり——、それゆえ純粋に科学的な諸問題である。しかし、この『是』か『非』かの回答自体は、もはやなんら科学の問題ではないのであって、良心（Gewissen）の問題あるいは主観的趣味の問題であり、いずれにせよそれへの回答が精神の他の次元にあるような問題である。ただし、かりに科学的学会において実践的諸問題を討論しても、だからといってそれがもう絶対に無意味な事柄だということにはならない」。学会においてこうした問題について討論する場合、純粋に経験的な思考系列や純粋に論理的な思考系列と、主観的実践的価値判断とを自覚的に区別する必要があり、この両者を混同するときに方法的迷妄が生じる（SVS132: 582f., SSP: 417f.）。政策立案者（あるいは政策決定者・遂行者）の主観においては、たとえば景気浮揚や格差是正や国民生活向上をもたらすものとして思いえがかれていた政策が、それを遂行した結果、かえって景気悪化や格差の拡大や国民生活の劣悪化を招来することがすくなくない。そしてそうした意図されない（予期しなかった）結果は、科学の目によれば十分予測可能であったこともまたすくなくない。ヴェーバーはここに科学の存在意義をみているのである。

　目的遂行にともなう副産物の問題にかんしては、ヴェーバーの社会主義論のなかに重要な指摘がある。講演『社会主義』のなかで、彼は、ロシアにおける社会主義化の実験の進捗におうじて生じるであろう副産物について詳細に分析している。国家が、企業を強制的にカルテル化し、そこに監督権を譲渡し、またそのカルテルに利益配分を授けるようにするという方式は、意図とは逆に、産業による国家の統御を帰結することだろう。経験豊富な工場主は、国家側代表を打ちまかし、「こうしたシンジケートと損益をともにしている国家は、みずからの財政を破綻させないために、当然高物価と低賃金に関心を寄せることでしょう」。こうして、「労働者層の目には、こうした国家は、用語のもっとも本来的な意味における階級国家と映ることでしょう」。収益が上がらなければ労働者の待遇も悪くなる。これは民営企業でも国営企業でも同じことである。「ちがっているのは、国家にたいしてはストライキがまったく不可能だということ、そのためこの種の国家社会主義にあっては労働者の隷属性がまったく決定的に強化されているということです」。そしてなによりも、やがて国家行政官僚層と、私経済上の（カルテル・銀行・巨大経営体の）官僚層とが、「連帯的利害をもつ単一の団体となり、もはやまったく統制が効かなくなることでしょう」（MWGI/15: 614f.）。

　このように、事態の推移を冷徹に考察・予測すると、「またしても状況は同じ」であることが判明する。あるいは、それどころか現状よりもかえって悪い結果を招くことが予測できることもある。それでもなお、その目的のためにその手段を執り、不可避的に生ずるその副産物を甘受できるのかとヴェーバーは問いつめるのである。これは一九一八年当時の発言だが、その後のロシア社会主義の顛末を知るわれわれは、ヴェーバーの慧眼に驚嘆しないわけにはいかない。

　この論旨は、ゲーテの次の発言を受けている。「われわれがなすことすべてには帰結がある。しかし賢明で正しいことがつねに好ましいことを引きおこすわけではなく、まちがったことがつねに不都合なことを引きおこすわけではない。むしろ、しばしば正反対に作用するものだ」[㊱11]（GWM19: 150）。主観的意図と、現実における因果連関とを峻別し、副産物・副作用を含む現実の推移にいたるまで首尾一貫性をもたせて認識し、また実践することが、科学的認識と実践的価値判断とを兼ねそなえる人格の課題である。そしてまさにこの実践的価値判断をなす地点において、科学はその使命を終え、その限界点を刻むのである。

　このように、科学の成果は、各学生自身の生《せい》の現場において、彼らの立場決定に即して応用されるべきものなのである。ここまで縷々展開されてきた生《せい》の現場と科学との関連づけがここに完結し、教育課題も明確にしめされた。残る問題は、若者たちが、いかなる目的を立て、いかなるエートスをもって、学びまた闘うかである。こうして、次の段落から、主体性の問題に踏みこむことになる。

段落㊱への個別注解

（㊱1）　ドゥンカー社初版において、この箇所は、„nun, das ist **eber** doch nur die Gemüsefrau des amerikanischen Knaben, werden Sie sagen" であるが（太字引用者）、四番目の „eber" という単語はドイツ語に存在しない。明らかな誤植である。一九二二年に同社第二版を刊行するさい、マリアンネ・ヴェーバーはこれを „aber"（「しかし」）に変更し、それが『科学論集』各版、『全集』版ほかすべての版に受けつがれている。マリアンネ以下すべての編集者は、この „eber" を „aber" の誤植だと判定したのである。

　だが、誤植が生じる蓋然性を考えると、„a" と „e" では、たとえフラクトゥーアであっても字形の相違が明白であり、こういう誤植が生じるとは考えにくい。またそれを校正のさいにヴェーバーが見逃す可能性も低い。これはむしろ、ヴェーバーとしては „eben"（「まさに」「ほかならぬ」「それこそ」）のつもりだったのだが、この語の末尾の „n" が、植字のさいに誤って „r" になっていたことに、ヴェーバー自身も校正のさいに気づかなかったと推理するほうが自然である。

じつは、筆者がこれを„eben“ではないかと推理して、あらためて筆者所蔵初版本の該当箇所を凝視したところ、この本の元の所有者であるリリ・ノイマン（一九一九／二〇年冬学期当時フライブルク大学学生）が、この„eber“の末尾の„r“に鉛筆で縦線を書きたしていることに気づいた（下図）。彼女もまた、この誤植を„eben“だと判定し、末尾の„r“を„n“に直していたのである。

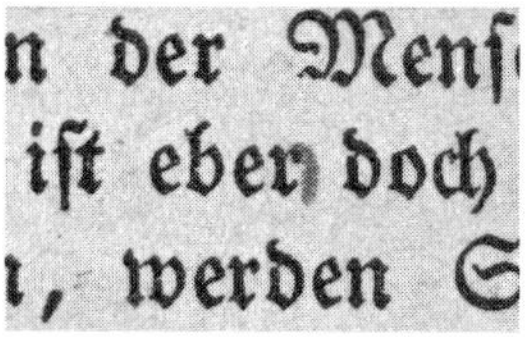

この単語を„aber“だとすると、当該箇所の訳は次のようになる。「しかし（aber）そうすると（nun）、やはり（doch）これはアメリカの少年にとっての八百屋の女将さんにすぎないと諸君は言うことでしょう」。たしかにこれでも意味は通る。しかし、この単語を„eben“ととり、「そうすると、やはりこれはそれこそ（eben）アメリカの少年にとっての八百屋の女将さんにすぎないと諸君は言うことでしょう」とするほうが、メリハリの利いたいかにもヴェーバーらしい表現と語調になる。筆者は、ドゥンカー社初版以外のすべての版の解釈を退け、この単語の正体を„eben“だと判定する。

㊱2）**【語句・文意・文法】** 科学が提供する思考方法と仕事道具と対面授業との意義については、この講演では深入りされないことがしめされている。ということは、ヴェーバーは、科学研究と科学教育との方法について、別途明らかにする必要を認めていたことになる。それはまとまった科学論・科学教育論として公表されることはなかったが、一九一八年からその死にいたるまでの彼の教育活動に即して考証されるべきであろう。

㊱3）**【語句・文意・文法】** 教壇禁欲の見地を採り、それに則って講義室の教壇に立つ者は、目的と手段との関連（ないし両者の齟齬）を論ずることはできるが、どの手段を執るべきかを教えることはできない。ここに教壇禁欲の限界点がしめされている。

㊱4）**【語句・文意・文法】** この「テクノクラート」として、ドイツの官僚政治家たちが念頭に置かれているのだろうが、とくに誰なのかを特定することは困難である。

㊱5）**【語句・文意・文法】** 一九一八年一月十七日付エーリヒ・トルムラー宛書簡のなかで、ヴェーバーは、「究極の立場」なるものを酷評している（個別注解⑮3を参照、GPSI: 474, MWGII/10: 66）。「究極の立場」を高踏的にもちだして、そこから行動指針を演繹しようとするとき、具体的な行動にともなう現実的副作用を無視するところから、かえってその究極の目的とするところとは正反対の効果をもたらしてしまうことがある。「究極」なるものをもちだす輩のそうした無分別・無責任な行動こそ、ヴェーバーのもっとも嫌悪するものである。

㊱6）**【研究史】** 「科学そのものが明断性の追求のなかで達成しうる最終的な成果に到達し、同時に科学の限界に到達します」という記述は重要である。この限界点において、ヴェーバーの学問論・科学論は閉じられる。ヤスパースは、この限界点を、「生《せい》のなかに哲学が根づき、哲学が、具体的なもののなかで、みずからを明確化する生《せい》の輝きになる」地点だと特徴づけている。「まさにこの地点で、マックス・ヴェーバーは哲学について思索することをやめる。彼が、その分析を、限界の一語をもって中断するのは、ただ稀な場合のみである」（Jaspers 1988: 98）。

（㊱7）【語句・文意・文法】哲学的・原理的にすすめられる「詳解（Erörterungen）」は、「究極の内的な意味上の首尾一貫性」を確保しようとするものである。これは、ヴェーバーが折々に執筆してきた社会科学方法論にかんする諸論稿がめざしてきたところである。「個別分野の詳解」としては、たとえば歴史学分野における方法批判としての『文化科学論』（WL6: 215–290）がそれに該当する。

（㊱8）【語句・文意・文法】ヴェーバーの諸論稿において、„Macht“は多様な意味を担っている。基本的な含意は、〈他者にたいしてなんらかの行為を強制する力〉であり、ここでこの語が担っている「力」に即して考えると、それは、主体的・能動的当為を導出する説得力である。「倫理的」力とされているのは、シュモラーの倫理的色調を帯びた経済学において、ア・プリオーリに前提とされている習俗倫理を排除する一方で、ヴェーバーは、言葉の力と教える人自身の営為とによって相手を動かす教育の力に倫理的な意味を認めているからである。

　この「『倫理的』力（„sittliche“ Mächte）」について、渡辺は、「ドイツ歴史学派経済学者たちが好んで用いたこの言葉〔=„sittlich“〕を逆手にとって」、彼らの言う„sittlich“は、まさにこういう意味でこそ使うべきだとして「いわば熨斗をつけて返上している」と評している（渡辺編：八二～八三頁）。

　なお、„Macht“については個別注解㉜12を参照。

（㊱9）【語句・文意・文法】「強要する（aufoktroyieren）」は、〈完遂するよう命令する〉という有無を言わさぬ外的強制を意味する。この„oktroyieren“は、とくに公権力が公的賦課（Leiturgie）徴収のためにその権力装置を動員するさいに用いられるヴェーバーの重要概念である。前綴りのauf-は、aufdrücken（押しつける）と同様、〈なにものかの表面への働きかけ〉を意味する。

【編集史】『科学論集』第三版以降、ヴィンケルマンは、auf-oktroyieren の前綴りauf-を削除した（WL3: 608）。きわめて有害な改竄である。『全集』版では„aufoktroyieren“に戻されている（MWGI/17: 104）。

（㊱10）【語句・文意・文法】「教唆する（ansuggerieren）」は、〈実行するよう強い示唆を与える〉という内的強制を意味する。これは、前注の「強要する（aufoktroyieren）」と対になる表現で、相手の意向を無視した外的強制ではなく、〈考えてみればそうしなくてはならないことがわかるはずだ〉という筋道で、最終的には相手に委ねながら、他者を特定の行為へと導くことである。前綴りのan-は、anvertrauen（委任する）と同様、〈委託〉を意味しており、これがsuggerieren（示唆する）の前につくことで、〈委ねながらの強制〉という意味を表現している。

【編集史】『科学論集』第三版以降、ヴィンケルマンは、an-suggerieren の前綴りan-を削除した（WL3: 608）。きわめて有害な改竄である。『全集』版では„ansuggerieren“に戻されている（MWGI/17: 104）。

（㊱11）ここでゲーテが語っている《因果のパラドックス》については、『資本論』第一巻第三篇第五章中に引用されている古い警句「地獄への道は善き意図で舗装されている」を参照（MEGAII/10-1: 174）。マルクスと同様に、ゲーテもヴェーバーも、旧約聖書（『シラ書』二十一：十）に起源をもつこの警句を念頭に置いていると思われる。

段落㊲（A32f., B608f., C104f., D39f.）

㊲もちろんどこでも、ここで述べているようなこの想定は、ある基本的実情に由来します。それは、生《せい》がみずからのうちに根差し、みずからのなかから理解されているかぎりにおいて、生《せい》はただかかる神々相互間の永遠の闘争のみを知っているという実情であり、――喩えでもなんでもなく――生《せい》にたいするそもそも可能な究極の見地のあいだの闘争が、双方を立てることも、さりとて決着をつけることもできず、それゆえ神々のあいだで決定することが不可避だという実情なのです。かかる諸事情のもとで、科学に、誰かにとって「天職」たるだけの価値があるか否か、また科学自体が客観的に有意味な「職分」を有するか否か――これは、またしても講義室においてなにも論述すべきでない価値判断なのです。というのは、その場所〔＝講義室〕における教説にとって、〔価値があり有意味だと〕是認することはまえもって前提されていることだからです。私個人は、すでに私自身の著作〔＝『価値自由論』〕によって、その問いにたいして是と答えています。そして今日《こんにち》若者たちがなしているように、あるいは――たいてい――なしているつもりでいるように、主知主義を非常にやっかいな悪魔として毛嫌いするまさにその見地にとってもまた〔科学には価値があると是認すべきなのです〕。というのは、このとき若者たちにとって、〔『ファウスト』の〕「熟考せよ、悪魔は老獪で、奴を理解するには諸君も相応に老獪にならなくては」[㊲-1]という文言が妥当するからです。〔悪魔の〕出生証明書〔を確認する〕という意味においてこの文言のことを言っているのではなく、この〔主知主義という〕悪魔をやっつけようとするのなら、今日《こんにち》よくみられるように、奴に恐れをなして逃走するべきではなく、まず第一に、奴の力と奴の限界とをみるために、奴の成り行きを〔科学の力を借りて〕最後まで見届けなくてはならないという意味においてです。

段落㊲要説

（一）

各人の生《せい》は、その生《せい》にたいしてとることのできる究極の見地をみずから選ばなくてはならないのであって、この「選択」「決定」をなにかの科学に委ねることはできない。それでは、各人の生《せい》にとって科学は価値があるのかとあらためて問うならば、その問いにたいしてもまた各人が自分で回答しなくてはならない。そもそも講義室において、価値があると講師がみなしている事柄が語られることは自明であって、聴講者は、講義室に入るとき、いまからこの部屋のなかで、講師の価値判断によって選ばれた事柄を聴くのだということを自分に言いきかせなくてはならない。その事柄が、はたして各聴講者にとって有意味であるか否かは、聴いてみないとわからない。これまでこの講演中で詳解されてきたように、講義のなかで、聴講者にとって都合の悪い事柄や、聴講者が聴きたくないと感じる事柄が語られるとき、むしろそれこそが聴講者にとって聴く価値がある事柄であるかもしれないのである。主知主義を毛嫌いするのは結構だが、ではその主知主義という悪魔の正体を知らなくていいのか、むしろその悪魔の言うことをしっかり聴いたうえで価値査定と価値選択をおこなうべきではないのか、だから主知主義を敵視する者こそ科学をしっかり学ぶべきではないのか――こうした挑発的言句を重ねることによって、ヴェーバーは聴講者を知と価値とをめぐる闘争へと誘《いざな》うのである。

　他方、教壇で講じられることに価値があるとあらかじめ前提された状況のもとで講師は登壇するから、そこで講じられる事柄は、聴講者のすべてではないにしても、大多数にとって有益なものでなくてはならない。先に（段落⑩で）マスプロ講義の問題性に言及されていたのは、基本的に知的エリート層の事項である大学教育にあって、聴講者の多様な知的欲求に応えうる大講義をなすことがきわめて困難だからであった。それだけに、教壇で講じる者の責任は重いというのが、ヴェーバーの教壇禁欲の基本発想である。

　「私自身の著作（meine eigene Arbeit）」は、直接には『価値自由論』を指している。この論文は、『職業としての学問』の原講演と同じ時期に公刊されたものであり、ヴェーバーは、この講演中でこの論文の論旨を随時援用している。教室における教説の展開には価値があり有意味だという論旨は、『価値自由論』全体を貫くテーマだが、とくに関連の深い箇所を特定するとすれば次の記述であろう。「それでもやはり、私個人は、〔講義室において〕（私の考えるような）正しいことがおこなわれてほしいけれども、現実にはそうなっていないと考えており、またもしも学者が、講義室のなかでは『自分の職務』であることのみをなすという〔自身にたいする〕厳格さを有していることが知られているならば、学者がなす実践的価値選択の主張を、彼が講義室の外の適切な機会に限定することによって、ひとえにその価値選択の重みが増すことであろうに、現実にはそうなっていないと考えている[㊲2]」（WL6: 495）。

（二）

この段落の後半部に出てくる「悪魔」は、もちろん主知主義を指している。ここに引用されているのは、ゲーテの『ファウスト』第二部第二幕におけるメフィストフェレスの台詞である（第六八一七～六八一八行、GWH3: 209）。悪魔をやっつけようとするのなら、まず悪魔の言うことをしっかり理解しなくてはならない。この分脈で、ゲーテは、メフィストフェレスに触れながら、バイロンの次の詩句を賞めている。「悪魔は、人が考えているよりもはるかにしばしば真理を語るが、それを聴いている奴らは無知とくる[㊲3]（The devil speaks truth much oftener than he's deemed:/ He hath an ignorant audience)」（一八二六年十一月二十九日付の記録、GWMI19: 166）。

段落㊲への個別注解

（㊲1）【関連記述】ヴェーバーは、『ファウスト』の当該の台詞を『職業としての政治』においても引用し、そこに次のようにつけくわえている。「議論にさいして出生証明の日付をもって打ちまかされるということは、私にとってもけっして本意でないのですが、ある男が二十歳で、私が五十過ぎだという単純な事実によって、結局またしてもそれだけでもうあまりのことに恐縮してこわばるほどの業績であるかのような妄念に私が駆られることはありません。年齢が業《わざ》をなすのではありません。そうではなくて、生《せい》の現実を冷徹に洞察する力を鍛錬することと、この現実を受けとめ、これに内的に立ちむかう能力をもつこととがそれをなすのです」（MWGI/17: 249）。

　この主張もまたゲーテに由来している。ゲーテは、晩年において次のように語っている。「人はいつも、分別を身につけるためには年をとらなくてはならないと考えている。しかし実際には、年をとるにつれ、かつてと同様に賢明であるよう身を保っておかなくてはならない。自分のさまざまな人生段階をくぐってたしかに別人になりはするけれども、以前より優れた者になるとは言えず、ある種の事柄においては、六十代の頃よりも二十代の頃のほうが正当だったということもありうる」（GWM19: 409）。

（㊲2）『価値自由論』の既存の四つの邦訳では、この箇所の助動詞の接続法第Ⅱ式（sollte, würde）の含意は見過ごされている（戸田訳：八九頁、木本訳：三一頁、松代訳：一五頁、中村訳：三〇六頁）。

（㊲3）これは、バイロンの未完の作品『異形の男の変身』第二幕第三場におけるカエサルの台詞である（Byron 1900: 372）。バイロンのこの作品は、部分的にゲーテの『ファウスト』にもとづいている（ibid.: 309）。

段落㊳（A33–35, B609–611, C105–108, D40–43）

㊳〔段落⑬で述べたように、〕今日《こんにち》科学は、自己内省察と事実連関の認識とに従事して専門的に営まれる「職業」であり、〔また たったいま述べたように、科学は、〕予言者・預言者によって救済財と啓示とが授けられる恩寵の施しではなく、あるいは現世の意味にかんして賢者や哲人がなす思索の構成要素ではないのであって、このこと〔＝現代科学のこうした限定性と基本性格と特質〕は、もちろんわれわれ〔＝現代人〕の置かれている歴史的局面に鑑みて免れえない所与の状況であり、もしもわれわれが自分自身にたいして誠実でありつづけるならば、ここ〔＝この所与の状況〕からわれわれは脱出できません。そして、もしもいまふたたびトルストイが諸君の心中に現れて、「科学が答えない以上、それではわれわれはなにをなすべきか、またわれわれの生《せい》をいかに調えるべきかという問いにたいして誰が答えるのか[㊳1]」と問うならば、あるいは今宵この会場で用いた「争いあう神々のどれに仕えるべきか、あるいはひょっとするとまったく別の神に仕えるべきではないか、とするとそれはどれか」という文言において問うならば、そのとき発言することができるのは、ただ預言者か救済者のみです。もしも預言者・救済者が存在しないならば、あるいはもしも彼のお告げがもはや信じられていないならば、そのとき、国に雇われている何千人もの教授たちが、言いかえると講義室における特権を付与された小預言者たちが、預言者・救済者に代わってその役割を引きうけようと試みるからといって、諸君はまちがいなくその預言者・救済者をむりやり地に引きずりおろすことはしないでしょう。そんなこと〔＝教授たちが預言者・救済者の役割を演じること〕をすると、その教授たち[㊳2]がただもう招いてしまうであろうことは、ドイツのもっとも若い世代の多くが追いもとめている預言者がまさに存在しないという決定的な状況にかんする知識が、この状況の意味のあらゆる重みをもって、若者たち[㊳3]にはけっしていきいきと感得されないだろうという事態です[㊳4]。もしも、神に疎遠で預言者も不在の時代に生きるという運命を自分が背負っているというこの基本事実が、こうした教壇預言すべてがそうであるような代替物によって、ほんとうに宗教に「精通した[㊳5]」達人やその他の人々にたいして覆いかくされるならば、私の考えるところでは、それ〔＝そうした隠蔽状況〕が、まさにそうした精通者の内的関心に応えることは今後二度とありえません[㊳6]。私のみる

ところでは、彼の宗教的感覚器官の誠実性なら、これ〔＝こうした隠蔽状況〕に立ちむかうにちがいありません。さあ諸君は、「しかし『神学』が存在していて、また神学が『学問』たりうるというさまざまな権利要求[㊳7]が存在しているという事実にたいして、いったい[㊳8]どのような態度がとられているのか」と言いたいことでしょう。回答を避けることをやめましょう。「神学」や「教義」は遍在しているのではありませんが、だからといってまさにキリスト教にのみ存在しているのではありません。そうではなく、〔歴史をさかのぼると〕イスラム教[㊳9]においても、マニ教[㊳10]においても、グノーシス派[㊳11]においても、オルフォイス派[㊳12]においても、パルシー教[㊳13]においても、仏教[㊳14]においても、ヒンドゥー教の諸教派[㊳15]においても、道教[㊳16]においても、ウパニシャッド[㊳17]においても、もちろんユダヤ教[㊳18]においてもまた、たくましく発達した形態において〔それは存在します〕。ただし、もちろん〔それぞれ〕非常に異なった程度において体系的発展をみています。そして西洋キリスト教が――たとえばユダヤ教が神学にかんして所有しているものとは対照的に――神学や教義を他の宗教よりも体系的に仕上げ、あるいはそれを追いもとめるのみならず、〔まさにこの〕キリスト教にあっては、神学や教義の発展が抜きんでて最強の歴史的意味を有していたことは、なんら偶然ではありません。ギリシャ精神がこれをもたらし、西洋神学はすべてこの精神に起源をもちます。それは、〔周知のように〕東洋神学がすべてインド思想に起源をもつのと同様です。神学はすべて、宗教的救済所有の知的合理化です。どの学問もけっして完全に無前提ではなく、どの学問も、この前提を拒否する者にたいして、その学問固有の価値を正当化することはできません。しかしもちろん、どの神学も、その成果のために、またその成果をもってその神学固有の存在を正当化するために、いくつかの特別な前提を付加します。さまざまな意味と範囲において。どの神学にとっても、たとえばヒンドゥー教神学にとってもまた、現世には意味があるはずだという前提が妥当し、――そして神学は、「これを思惟可能にしてくれるこの意味をどのように解明しなくてはならないか」を問います。〔神学は、〕カントの認識論とまったく同様に、「学問的真理が存在し、かつそれが妥当している」という前提から出発し、それから「どのような思惟前提のもとでこれが〔有意味に〕可能か[㊳19]」と問いました。言いかえると〔神学は〕、〔明示的に――たとえばG・フォン・ルカーチ――あるいは事実上〕現代の美学者たちのように「芸術作品が存在している」という前提から出発し、そこで「それはいかにして〔有意味に〕可能か」と問います。しかしながら神学は、通例かかる〔本質的に宗教哲学的な〕前提で満足してはいません。そうではなく、神学は、きまってさらなる前提から出発します。それは、救済にとって重要な事実としての――それゆえ有意味な生《せい》の営みをはじめて可能にする事実としての――一定の「啓示」が、ひたすら信じられるべきだという前提、また一定の状況と行為が、神聖性という質を有しているという――つまり宗教的に有意味な生《せい》の営みか、あるいはすくなくともその生《せい》の営みの構成部分をかたちづくるという――前提です。そしてそれから神学は、「世界像総体のなかのひたすら受容すべきこの前提は、いかにして有意味に解明されうるか」とあらためて問います。そのさい、かの前提そのものは、神学にとって、「科学」とはなにかという問いの対極にあります。この前提は、通常理解されている意味における〔つまり「神の道具」を自認する者か信仰をもたない者のように、神の意志を文献上の事実として〕「知ること」ではけっしてなく、それは〔「神の容器」を自認する者のように、神的なものを〕「宿《やど》すこと」[㊳20]なのです。この前提――信仰あるいは他の神聖な状況――を「宿《やど》さ」ない者、そういう者にとって、けっしてこの前提を神学が代用することはできません。他の〔＝神学以外の〕学問が代用することはますますもってできません。逆に、どの「実証的《ポジティーフ》」神学[㊳21]にあっても、アウグスティヌスの文言「不条理であるにもかかわらずではなく、不条理であるがゆえに私は信ずる（credo non quod, sed *quia* absurdum est）」が妥当する地点に信者は到達します。「知性の犠牲」のこの達人業[㊳22]をなす能力は、現実《ポジティーフ》に信仰心の篤い人間の決定的な徴表です。そして、この者にとってそう〔＝知性の犠牲をなす能力が決定的〕であるというこの事情は、（その事情をまさに暴露する）神学にもかかわらず（むしろそうした神学の結果として）、「学問」の価値領域と宗教的救済の価値領域とのあいだの緊張が宥和不能だということをしめしているのです。

段落㊳　要説

（一）

この段落の冒頭に置かれている長い一文は、この講演全体の射程を把握するうえで――また《専門内自己閉塞》説から脱却し、この妄説の息の根を止めるために――たいへん重要である。

科学の営みは、「自己内省察（Selbstbesinnung）」と「事実連関の認識（Erkenntnis tatsächlicher Zusammenhänge）」とに大別される。前者は、たとえば適切な概念の案出、論理的首尾一貫性の確保などを指し、後者は、段落㉙でしめされた「文化的所産の数学的ないし論理的状況またはその内的構造の確認」を指すのであろう。また「自己内省察」を「事実連関の認識」よりも前に置いているのは、そもそも事実を認識するためには、認識者のほうに概念的把握能力が備わっていなくてはならないとみているからだと思われる。

科学の営みは、今日《こんにち》にあっては「専門的に営まれる『職業』（ein *fachlich* betriebener „Beruf"）」以外のなにものでもなく、進行する科学の専門化は、「もちろんわれわれ〔＝現代人〕の置かれている歴史的局面に鑑みて免れえない所与の状況であり、もしもわれわれが自分自身にたいして誠実でありつづけるならば、ここ〔＝この所与の状況〕からわれわれは脱出できない（das freilich ist eine unentrinnbare Gegebenheit unserer historischen Situation, aus der wir, wenn wir uns selbst treu bleiben, nicht herauskommen können）」という事態は、段落⑬の内容そのものである。段落⑬でしめされていた事態を想起しよう。際限のない専門化の段階に突入した現代科学にあっては、職業としての科学という外的側面においても、使命としての科学という内的側面においても、科学者の営みは、ますます細分化される専門の枠のなかに嵌めこまれてしまい、たとえば比較研究は好事家の業として低くみられ、誰もが遮眼革を装着し、脇目も振らずに些事に拘泥しつづけることを強制され、そこに情熱を注ぐよう仕向けられている。シェリングからヘルムホルツやトルストイにいたるまで、多くの識者が懸念してきたこの問題状況がますます深刻化している。この問題状況を、この段落㊳において、ヴェーバーは、「免れえない所与の状況（eine unentrinnbare Gegebenheit）」と再規定しているのである。すでに段落⑫⑬要説および個別注解⑬3・⑬4・⑬5・⑬6・⑬8においてくどいほど念押ししておいたように、専門化（=知の官僚制化）の深化は、ヴェーバーが推奨する事態ではなく、まったく逆に、外的に強制された問題状況であり、打破すべき対象であることを、この「所与の状況」（=外的に与えられ、強制され、そこから脱出できない境遇、堅牢な外枠（Gehäuse）という規定が、疑問の余地なく明快にしめしており、この規定は、『倫理と精神』における「職業人」「外枠」「専門人」規定と完全に合致している（MWGI/9: 420–423. RSI: 202–204. 研究編三七一～三七六頁を参照）。

また、現代科学は、「予言者・預言者によって救済財と啓示とが授けられる恩寵の施しではなく、あるいは現世の意味にかんして賢者や哲人がなす思索の構成要素ではないのです」という内容は、段落㉜～㊲において詳細に展開してきた内容を簡潔にまとめたものである。

このように、ヴェーバーは、段落⑬と段落㉜～㊲とをひとまとめにしたうえで、そうした現代科学に与えられている限定性と、そこから導きだされる現代科学の基本性格と、そこに付与されている特質とは、われわれ現代人に大きな問題を投げかけていることを強調する。段落⑬で述べたことが、あくまでも強制された問題状況であったことを再確認し、また、科学者がその研究成果を預言者のように託宣することはできず、科学が現世の意味づけをなすことはできないことをも再確認し、そうした現代科学の限定性・基本性格・特質を「免れえない所与の状況」と再規定したうえで、彼は、この所与の状況にたいして闘いを挑みかける。

現代科学の所与の問題状況は、段落㊲でしめされたように、老獪な悪魔に喩えられている。ドイツの大学の悪しき伝統、アルトホフなきアルトホフ体制に端的にしめされている大学人の新たな抑圧状況、大学の現代的諸課題に対応できない硬直した文部官僚制、大経営化する大学内部にも進行する官僚制化、そのなかに埋没し、また既得権にしがみつこうとし、有能な若手を排斥して恥じない腐敗した大学教授たち、思想審査と宗派差別とユダヤ人排斥の横行、真摯に研究と教育に尽力しようとする者をスポイルしてしまう大学制度、過度の細分化をともなう専門化の進行、優れた成果を挙げようとしても、それが僥倖に左右されるという不条理性、そのため横行する「人格」への帰依や「体験行為」の偶像視、その間隙を縫って跳梁する山師的似非学者、際限のない進歩に駆りたてられ、ついには「科学のための科学」などという意味不明の詭弁を口走る堕落した科学者、主知主義的合理化の進行によってはびこる科学への妄信、呪力剥奪による生《せい》の意味喪失、主知主義からの解放を呼号しながら、その方向を見失っている若者たち、生《せい》の根本問題への回答を避けて技術学へと逃避する科学の諸部門、社会科学における現状分析と当為との混同、逆に現状分析と政策問題とを切りはなしてしまう似非価値自由の輩、指導者を求めて講義室に足を運ぶ学生たち、それに応えて指導者を気取る身の程知らずの教壇預言者、神々の闘争をひたすら回避し、無難にやりすごそうとする末人たち、総じて大学のいたるところで進行する人間性=人格の喪失——これらのやっかいな問題群ないし悪魔たちと熾烈な闘争を繰りひろげるためにこそ、知識と合理的な思考法と明晰性とを提供する科学という装置が必要なのである。

この内容が、『倫理と精神』の末尾における職業人・専門人論を踏まえていることはまったく明らかである。そして『倫理と精神』においては、末人たちの跳梁が描かれて終わっていたのだが、『職業としての学問』においては、その末人たちと闘うために、どのような文明史的視野をもち、どのような方針を定立すべきなのか、また変革すべき対象を具体的に明らかにし、それにたいしてどのような戦略を立てるべきなのかが事細かに語られている。この《闘争の契機》の明示が、『職業としての学問』の真骨頂をなす。

　意味を喪失したまま、ひたすら専門に埋没することを強いられるという所与の状況から、われわれ現代人＝文化人間が脱出する術はない。では、この所与の状況を唯々諾々と受けいれるべきなのかというと、もちろんそうではない。この状況下で現代人はいかにしてみずからの人間性＝人格を戦いとることができるのか、この状況にたいしていかに闘い、それをいかにして打破することができるのか、それをいかになすべきか――これがこの講演の最後の論述主題となる。

（二）

　神学の前提とかかわって、カントの認識論が参照され、「学問的真理が存在し、かつそれが妥当している」という言がしめされているが、これに正確に対応するカントの文は存在しない。

　ヴェーバーのこのカント参照は、「真理」の存在可能性と妥当性にかんするものなので、渡辺は、その典拠を、『純粋理性批判』への「緒言（Einleitung）」（第二版）のなかの「純粋理性の一般的課題」に求めている（渡辺編：八六頁）。一方『全集』が参照指示しているのは、同書第二版[38-23]への「序文（Vorrede）」である（MWGI/17: 107）。『全集』編集者は、「序文」におけるいわゆるコペルニクス的転回にかんする記述を典拠とみなしたようだが、筆者は、渡辺と同様「緒言」のほうを採り、また別の箇所とも関連づけられていると判断する。

　「緒言」においては、「ア・プリオーリな総合的判断はいかにして可能か」という問題提起がなされ、ヒューム批判を経て、「対象にかんするア・プリオーリな理論的認識を含むすべての学を、つまりそれを付随的に包含していたすべての学を確立し、仕上げることにおいて、純粋理性の使用可能性」が模索される。その問いは、「純粋数学はいかにして可能か」「純粋自然科学はいかにして可能か」となる。そしてそもそも「これらの科学は、現実に所与のものであるから、いまやこれらについて『いかにしてそれらが可能であるのか（*wie* sie möglich sind）』が問われるのがたしかにふさわしい。というのは、それらが可能であるはずだということは、それらが現実に存在することによって〔すでに〕証明されているからである」。

　これにたいして形而上学の可能性はいまのところ不確かだが、素質（Naturanlage）としては現実的なので、「形而上学はいかにして学として可能か」という問いが提起されてしかるべきである（Kant 1998: 73–75（B19–22））。こうしたカントの議論を受けて、ヴェーバーは、すでに存在し、妥当しているものについて、それがいかにして（wie）可能であるのかを明晰に考究することが学問（科学）の課題だと論じているのである。

　また「I　超越論的原理論　第二部　超越論的論理学　序論　超越論的論理学の理念　III　一般論理学を分析論と弁証論とに区分することについて」において、カントは次のように述べている。「真理とはなにか」という問いにたいして、それは認識とその対象との合致のことであるという説明が与えられ、前提とされている。しかし「いかなるものが、どの認識にも妥当する真理の普遍的で確実な判定基準であるのか」が問題である（ebd.: 136（B82））。この場合、そもそも問い自体が不合理であるなら、不合理な答しか出てこない。そしてカントは次のように論ずる。

「もしも真理が認識とその対象との合致にあるのなら、それによってこの対象は他の対象から区別されるにちがいない。というのは、ある認識が、それが関連づけられている対象と合致しないならば、たとえその認識が、他の対象についてならば妥当するのかもしれないものを含んでいたとしても、その認識は偽だからである。さて、真理の普遍的判定基準〔があるとすれば、それ〕は、すべての認識について、認識の対象の区別によらず妥当することであろう。しかしこの判定基準にあっては、認識のすべての内容〔〔認識と〕その客観との連関〕が捨象されており、真理はまさにこの内容に関係しているのだから、この認識内容の真理の徴表を問うのは、まったく不可能でありばかげているということ、そしてそれゆえ、真理の十分な標識を、しかもそれに加えて真理の普遍的な標識を述べたてうるのは不可能であるということは明らかである。われわれは、先にすでに認識の内容を認識の素材と名づけておいたので、認識の真理について、その素材にしたがってなんら普遍的な標識を要求できないのであり、それは、かかる要求がそれ自身において矛盾しているからだと言わざるをえないであろう」（ebd.: 136f.（B83））。

このように、どのような認識についても妥当する真理を求めようとすること自体が自己矛盾に陥る。これは問題の立てかたがまちがっているからである。そこでヴェーバーの解釈では、まず真理がたしかに存在し、それがたしかに妥当していることを承認したうえで、そこから出発し、いかにして――どのような前提と条件のもとで――その存在と妥当とが成りたっているのかを考究するのが学問（科学）の筋道となる。当該箇所では、カントの議論を踏まえながら、真理が存在し妥当するための思惟前提をあらためて問うのである。そしてすぐ続けてルカーチが引用されていることから、この議論は、カントの認識論の枠内にとどまっていないのではないかとも思われる。

（三）

美学の前提にかかわってルカーチが引用されている。これは、彼が教授資格請求論文として予定していた草稿の冒頭部だが、彼はハイデルベルク大学における教授資格取得に失敗し、またこの草稿は結局生前に公刊されなかったので、当日聴いていた聴衆も、後年の研究者たちも、ヴェーバーがここでなにを引用したのかが長くわからなかった。一九七四年・一九七五年に、ルフターハント社から刊行された『ルカーチ著作集第一六巻・一七巻』にこれが収録され、ようやくどういう論旨なのかが判明した。

ルカーチの草稿は二種類存在する。ひとつは、一九一二〜一四年に書かれたもので、ハイデルベルク大学に提出する予定の教授資格請求論文草稿である。これは、ヴィンデルバントが許可しなかったので、結局提出できなかった。その冒頭に次の記述がある。「なんら不当な前提なしに基礎づけられているはずの美学は、『芸術作品が存在している――それらはいかにして可能か』という問いをもって開始されなくてはならない。しかし、この問題設定をもって、それに回答することが可能だとされるわけではない。芸術の事実性と、そこから生ずる問題設定の必然性とが容認されたときでさえ、芸術という事実のわれわれにとっての現存様態は、まだまったく明らかにされていない。だから、芸術作品の現存を、美学にとって第一の――そして唯一の――事実として明らかにすること、そしてそれとともに、さらに広範な問いの道程にたいして正しい方向を与えることが、どの程度まで成功するかに、以下の論述すべてがかかっているのである」（GLW16: 9）。

もうひとつは、ちょうど『職業としての学問』が語られている頃に執筆されたもので、新たに書きなおされた教授資格請求論文の準備稿である。論文そのものは、ヴィンデルバントの後任であるリッケルトの許可を得て、一九一九年春にハイデルベルク大学哲学部に提出されたが、結局教授資格は授与されなかった。この論文の現物は、ルカーチの希望でエーベルハルト・ゴートハインに預けられたことがわかっているが（Sauder 1984: 107）、その後今日《こんにち》にいたるまで発見されていない。しかしルカーチは提出前の準備稿（一九一八年頃）を篋底に秘しており、のちにこれが編集され、刊行された。一九一二～一四年草稿が、提出するつもりで書いていた論文の現物だと推定されるのにたいして、一九一八年草稿は、提出された教授資格請求論文の（おそらく）ひとつ前の段階の途上稿である。そしてこの一九一八年草稿中にも、ヴェーバーの引用に合致する記述がある。

「『芸術作品が存在している――それらはいかにして可能か』――この――たとえ個々の字面においてはそうでなくとも、その精神において――カント的な問いをもって、あらゆる美学は、つまり形而上学としてでも心理学としてでもなく、美的なものの純粋妥当学として基礎づけられているはずの美学は開始しなくてはならない。この定式化は、一見するとたんなる『事実』の承認という外見を帯びている。もしも一方で、ここで承認され、起点として選ばれた芸術作品の存在が、その現実の所与性の、つまり歴史的所与性の広がりと豊かさをしめしているのではなく、たとえまだ具体的に認識されていなくても、その本質にかんしてはなにものも変更されないであろうと思われる一定の特有の構造をしめしているはずであるのならば、つまりわれわれに与えられている現実一般において実質的な芸術作品がなにも存在しないならば（それゆえもちろんその作品の認識可能性がありえなくなることは正しいが、それはここでは本質的なことではない）、この外見は、すぐにたんなる外見にすぎないことが露わになる。他方で、このこと〔＝この外見〕が意味しているのは、『存在する』ということが、『ある事実の類似性』を指ししめすのみで、真の事実性を、つまり経験的事実性をも形而上学的事実性をも指ししめさず、ただ審美的定位が、つまり芸術作品の妥当がどこから付けくわえるもの、演繹不可能とするもの、無前提とするもののみを鋭く指ししめしているということである」（GLW17: 9）。

ルカーチのこの立論は、ヘーゲル美学の応用であり、『美学講義』のなかのカント論に触発されている。とくに次の箇所が参照されるべきである。カントによると、ある行為について善悪を判断するさいには、「善」という一般概念に照らしてみなくてはならない。これにたいして「美なるものは、そうした一般概念との関係なしに、無媒介に一般的な好感を喚びおこすはずである。このことは、とりもなおさず、美なるものを鑑賞するさいに、われわれは概念も諸概念のもとへの包摂も意識しないであろうし、またほかの〔＝美以外の〕場合なら判断のなかに個々の対象と一般概念との分離が存在しているのだが、〔美の場合は〕われわれがこの分離を生起させることはないということなのである」（HWS13: 86f.）。ルカーチが読んだホトー版の頁数もしめしておく（Hegel 1842: 76）。芸術作品のなかからわれわれが美を感得するさいには、主観の側の概念作用に媒介されておらず、美なるものは、直接無媒介にわれわれに与えられているのである。

後年のラッソン版（一九三一年刊）には次の記述がある。「さしあたりわれわれの前には、芸術作品が存在している（es Kunstwerke gebe）という表象以外にはなにもない。そこで、この一般的表象からくわしく調べはじめ、われわれが表象としてみずからの裡にみいだすものを拠りどころとすることが可能である」（Hegel 1931: 8）。ただし、もちろん一九一二〜一八年の時点でルカーチはまだこれを読んでいない。

ヴェーバーは、ルカーチの正規の指導教員ではなかった。この頃のヴェーバーの職位はあくまでも正嘱託教授であって、これは員外身分だから、いかなる分野の代表者（Fachvertreter）にもなりえないのである。しかし、ルカーチの教授資格取得にかんする直接の責任教員（主査）になるはずのヴィンデルバントが、終始ルカーチにたいして冷淡であったのにたいして、事実上副指導教員の立場を採っていたヴェーバーは、大きな情熱を傾けて、ルカーチの研究の完成のために指導をおこなった。ヴィンデルバントの死後、その後任であるリッケルトにたいしてヴェーバーは強く働きかけ、ルカーチの教授資格取得のために尽力を惜しまなかった。

当該箇所を理解するために、当のルカーチの次の回想はきわめて重要である。「かつて私は、ヴェーバーにたいして、カントによると美的判断が美的なものの本質だと言いました。〔しかし〕私〔自身〕は、美的判断はなんら優先権をもたず、優先権は存在に帰せられると思ったのです。『芸術作品が存在している。それらはいかにして可能か』。この問いを、私はマックス・ヴェーバーにたいして定立し、これは彼に深い印象を与えました。これは、私のハイデルベルク美学断章の根本問題なのです」（GLW18: 65）。つまりルカーチは、このとき、「判断」ではなく「存在」に優先権を付与することによってカント的な審美観からの脱却をすすめつつあり、そのことがヴェーバーにたいして強い印象を与えたのであり、ここにルカーチとヴェーバーとの対論の一端がしめされている。この回想が、『職業としての学問』の当該箇所を念頭に置いて語られていることはまったく明らかである。

こうした論点は、ヴェーバーにとっても大きな意味を有していた。彼は、「ルカーチと話をしたら、そのあと私はそのことについてなお何日も熟考する必要がある」と語っている（MWzG: 187）。このヴェーバーの発言を踏まえ、先のカント引用と当該箇所とをよく読みかえすと、ヴェーバーもまた、〈存在に優先権がある〉というルカーチの主張に真剣に耳を傾けていたことがわかる。

残念ながら、いまのところこれ以上手がかりとなる文献・史料がみあたらず、ルカーチとの対論から、ヴェーバーがどのような新たな境地を開き、どのような理論展開をめざしていたのかは判明していない。しかしルカーチの立論は明らかにヘーゲルに触発されており、そのカント批判もヘーゲルと軌を一にしている。ルカーチのそうした論旨を、ヴェーバーが積極的に評価し、またそれを吸収しようとしていたことは確実である。はたしてヴェーバーもまたカント的な審美観からの脱却を図ろうとしていたのかどうかは、今後考証されるべき研究課題であろう。

（四）

生《せい》への根源的な問いに答えることができるのは預言者・救済者のみだが、呪力剥奪が極度にすすんだ現代においては、両者とも存立しえない――あるいは、存立しても有意味な存在になりえない――。したがって、宗教と科学との関係は、現代において再定義されなくてはならない。そのさいに重要なのは、似非預言者の跋扈によって惑わされることなく、「神に疎遠で預言者も不在の時代に生きるという運命を自分が背負っている」という基本事実を、宗教に精通している者もそうでない者も明晰に認識することである。

ギリシャ精神に起源をもつ西洋神学、とりわけ西洋キリスト教神学は、学的体系や教義が他に抜きんでて発達を遂げており、現代においてもけっして譲ろうとしないその前提を、われわれは見据える必要がある。ひとつには、有意味な生《せい》の営みを可能にする「啓示」をひたすら信じることによって救済が実現するという前提、もうひとつは、なんらかの神聖な状況と神聖な行為が、宗教的に有意味な生《せい》の営みをかたちづくるという前提である。この前提は、科学によって証明も反駁もできないものである。

ここでヴェーバーは、「知ること」と「宿《やど》すこと」との対比によって、神秘主義論へと分けいり、アウグスティヌス（またはテルトゥリアヌス）の文言「不条理であるにもかかわらずではなく、不条理であるがゆえに私は信ずる（credo non quod, sed *quia* absurdum est）」を引用する。この箇所は、内容が高度なのに論述があまりにも簡略にすぎるので、当日の聴衆が聴いてなんのことかわかったとはとうてい考えられない。また現在にいたるまで、その含意は理解されていなかったと思われるので、くわしくみていこう。

（四ａ）

まず、「不条理であるがゆえに信ずる」という引用のすこし前のほうに記されている「宗教的救済所有の知的合理化（intellektuelle *Rationalisierung* religiösen Heilsbesitzes）」とは、現世における苦難から解放され、来世における浄福を確実なものとするための手段が教義上確立されていくこと、また救済のための方法が、首尾一貫した体系として整備され、合理的に洗練されていくことを指している。ヴェーバーは、その宗教研究において、「救済所有」の様態・方法を分類し、詳細に分析している。その論点をいくつか提示しよう。

『宗教社会学』においては、儀礼との係わりで、次のように論じられている。「救済宗教は、純粋に形式的で儀礼的な個々の遂行を、ある独特の心性へと、つまり儀式が神的なものの象徴として執りおこなわれているという『敬虔感情』へと体系化することがある。このときこの心性は実際に救済をおこなう救済所有である。この心性を拭いさると、たちまちむきだしの形式的儀礼主義〔だけ〕が残存し、今度はまた当然にも、この儀礼主義が、あらゆる敬虔信仰の日常化の成り行きのなかでくりかえし生起するのである」（MWGI/22-2: 306）。

『世界宗教の経済倫理』への「緒論」においては、現世の呪力剥奪過程のなかで、逆に神秘主義的救済所有が台頭する構図があざやかにしめされている。「現実的なものの合理化の過程のなかに、非合理的な血が混じることは、主知主義にとって、現世から超現実的な価値が剥ぎとられていくようにみえればみえるほど、〔かえって〕主知主義の抑えがたい欲求が、そうした価値の所有へと戻っていくのを余儀なくされることに気づく場所であった。〔かつて〕統一のとれた原始的世界像のなかでは、すべてのものは呪術の具現化〔だったのだが〕、このとき〔＝主知主義が気づいたとき〕この世界像は、一方では自然の合理的認識作用と合理的統御へ、他方では『神秘的』体験へと分裂する傾向をしめし、この体験の言表できない（unaussagbar）内容は、神を奪われた（entgottet）現世の機構とならんで、なお存立しうる唯一の彼岸として、つまり神に親《ちか》しい個人的救済所有という把握不可能な彼岸の王国として、実際に残存するのである」（MWGI/19: 103）。また「宗教的救済所有を『救済』信仰にまで昇華させること」は知識人の仕事であった（ebd.: 101）。

『ヒンドゥー教と仏教』の結論部「アジアの信仰の一般的性格」のなかでは、アジアの信仰の神秘主義的特質が次のように規定されている。「神秘的な認識は、すくなくとも適切・合理的に伝達可能なものではない。合理的にかたちづくられておらず、まさにこの無形成性のゆえに神的であるような至福観照つまり至福具有つまり至福所有つまり至福憑依の彼岸の王国へと、アジアの解脱論は、最高の救済の探求者をつねに導くのであり、この至福は現世のものではないが、それでも現世の生《せい》において霊智によって獲得されうるもの、また獲得するはずのものである。至福は、アジアの神秘主義的観照のあらゆる最高の諸形態にあっては、『空』――つまり現世からの『空』、また現世が動かすものからの『空』――として体験される。この『空』は、まったくもってたしかに神秘主義の通例の意味性格に合致している〔が〕、ただアジアにおいてのみ、その究極の結論にまで高められた。現世と現世の営みとの価値剥奪（Entwertung）は、すでに純粋に心理的には、それ自体合理的にはそれ以上解明できない神秘的救済所有のこの意味内容〔＝『空』〕が招く不可避の結果なのである」[38-24]（MWGI/20: 529f.）。

ここにおいて、アジアの神秘主義において「空」概念が有する重要性が語られている。救済所有の内容物である至福（Seligkeit）は合理的に認識することができず、そしてまさにそれが合理的な形成物でないがゆえに、神的なものとして価値がある。救済所有は、至福を「観照する」という形態、言いかえると「宿《やど》す」ないし「所有する」という形態、言いかえると至福が自分に憑依するという形態でのみ存立しうる。至福は、彼岸的な性質のものであるにもかかわらず、現世において霊智（Gnosis）によって獲得されるとされており、彼岸的なものだから、現世的なかたちをなんら有せず、それゆえに「空」なのである。神秘主義一般は、つねにこうした不可知的性格を有するものだが、アジアにおいては、この「空」概念によって、そうした性格が極限にまで高められ、「空」こそが重要で、現世にも現世の営みにも価値がないという究極の結論が不可避に招きよせられた。つまりアジアの神秘主義は、神秘主義の究極の合理的な形態を獲得したのである。

（四b）

もしも人間が神の道具であるのなら、彼は当然にも、神の意志を知り、それを理解しなくてはならない。しかしもしも人間が神的なものの容器であるのなら、すでに自分の内部に神的なものが宿《やど》っているのだから、瞑想等の手段によってそれを呼びだし、その命ずるところにしたがって達人業をなせばいい。前者の場合は知ることが問題だが、後者の場合は、知ることではなく宿《やど》すことが問題である。神学が前提としているのは信仰や神聖性を宿すこと――あるいはすくなくとも宿す者に帰依すること――であって、そうした宿《やど》しを否定する者ないし宿《やど》す者に帰依しない者（無信仰者）は、神学のかかる前提をもまた共有できないことになる。

「宿《やど》し（Haben）」は、「中間考察」において、人間が神の「道具（Wergzeug）」ではなく神的なものの「容器（Gefäß）」であるという事態だと説明されている（MWGI/19: 482）。この規定は、ヴェーバーの宗教分析の重要な論点のひとつである。「道具」として神に献身することは現世内禁欲の特徴であり、「容器」として神的なものを「宿《やど》す」ことは瞑想的神秘主義の特徴である。このことは、『世界宗教の経済倫理』への「緒論」において次のように定式化されている。「活動的な禁欲は、高貴な知識層から影響された宗教には最高財として現出するような神所有でも神を内包する瞑想的没入でもなく、自分が神の『道具』であるという感情をもって神の意志を体現する行為であり、それは、ここ〔＝市民層〕にあっては、宗教的な心的態度として好まれるにいたっており、たとえば西洋では、そこでも同様によく知られていた瞑想的神秘主義および狂躁的ないし無感情の忘我にたいして、こうした禁欲が間断なく優位を保ったのである」（MWGI/19: 107f.）。

「緒論」のこの記述に関連づけて、『倫理と精神』改訂稿においては次の記述が追加されている。「決定的な救済状態の根本的な差異が、あらゆる実践的信仰一般の分類に妥当しており、この差異が、宗教に精通している者がその恩寵身分を確保しうるのが、自分が神の力の容器だと感じることによってなのか、自分が神の力の道具だと感じることによってなのかという二者択一に存することは明らかである[38][25]。前者の場合には彼の宗教生活は神秘主義的感情の培養に傾き、後者の場合には禁欲的行為に傾く。」「『道具』感情に代わって、神的なものの『宿《やど》し』が立ちあらわれる。つまり（後出論文集〔＝『世界宗教の経済倫理』〕への緒論において論じている意味における）禁欲ではなく神秘主義である。――もちろん（同所において詳論するように）、ピューリタンにとって、現在の、つまり此岸における心的態度は、ピューリタンが現実に戦いとろうとしているものである。しかし救いの確証を意味しているこの心的態度は、ピューリタンにあっては活動的な道具感情なのである」（RSI: 108, 141）。

『宗教社会学』には、「特殊な救済財の確実かつ持続的な宿《やど》し」、「救済財の宿《やど》しが至福を保証する」という用例があり（MWGI/22-2: 316, 320）、また次のように論じられている。神秘的な知は、「なんらかの事実や教理の新たな認識（Erkenntnis）ではなく、現世の統一的な意味の把捉（Erfassen）」であり、「実践的な知」である。それは、「『宿《やど》し』であって、ここから、現世へのあの新たな実践的な態度が、場合によっては新たな伝達可能な『認識』が獲得される」（ebd.: 324f.）。

『ヒンドゥー教と仏教』のなかでも、「霊智は通常の知識ではなく

『宿《やど》し』である」と述べられており（MWGI/20: 280）、『古代ユダヤ教』においては、「現世外的なものの神秘的な宿《やど》し」が排斥されたことに言及されている（MWGI/21: 668）。ほかにも多くの用例がある。

（四c）

テルトゥリアヌスの言は、ヴェーバーにとって、「知性の犠牲」をもっとも鋭いかたちで表現したものである。『宗教社会学』のなかでは次のように述べられている。「いかなるものであれ、たえずかたちづくられてきた純粋に宗教的な敬虔信仰は、絶対的帰依に特有の、また『不条理であるにもかかわらずではなく、不条理であるがゆえに私は信ずる』という信頼に満ちた言に特有のあの超知性的な心性特質のために、直接または間接に、なんらかの点において、『知性の犠牲』を内包している」（MWGI/22-2: 355f.）。

「中間考察」においてもこの言が引用されている。「最終的には、どのような宗教意識であっても、その心理学的・思想的基盤において、またその実践的帰結において、主知主義にたいしてそれぞれ異なった態度をとっていたが、世界像の最終的形成における不可避的な乖離のうちに存するあの究極的な内的緊張は、やはりいつか消えてなくなるなどということはないのである。生《せい》の力として働いている不屈の宗教は、なんらかの地点で『不条理であるにもかかわらずではなく、不条理であるがゆえに信ずる』ということ――『知性の犠牲』――を要求せずにはいられないはずであり、かかる宗教がそうせずに済ますことなど断じてありえない」（MWGI/19: 514）。

『ヒンドゥー教と仏教』のなかでは次のように述べられている。「『知性の犠牲』はつねに要求された。すなわち、『ヴェーダの律法を人間の理性で曲解してはならない』のである。これにたいして、『行作』は、ただ――バガヴァッド・ギーターの教説にしたがって――『無執着』（niskama）であるときにのみ価値がある。『執着』（sakama）された行作は業《ごう》（Karman）をなし、反対に『無執着』の行作は神への内的帰依（Bhakti）をなす」（MWGI/20: 493）。

「知性の犠牲」は、聖書において次のように定式化されている。「わたしたちは肉において歩んでいますが、肉に従って戦うのではありません。わたしたちの戦いの武器は肉のものではなく、神に由来する力であって要塞も破壊するに足ります。わたしたちは理屈を打ち破り、神の知識に逆らうあらゆる高慢を打ち倒し、あらゆる思惑をとりこにしてキリストに従わせ、また、あなたがたの従順が完全なものになるとき、すべての不従順を罰する用意ができています」（『コリントの信徒への第二の手紙』十：三～六）。

「知性の犠牲」にかんするショーペンハウアーの次の議論は重要である。「学として、哲学は、信仰してもいいこと、あるいは信仰すべきこと、あるいは信仰せざるをえないこととは最初から最後までなんの関係もなく、ただ知るようになりうることにのみ係わる。さて、たとえこの知るようになりうることが、信仰すべきこととはまったく異なるものだと判明したとしても、信仰はそれによって侵害されることにはならないだろう。というのは、信仰は、知りえないことを含むがゆえに信仰なのだからである。もしもこの知りえないことをも知りえたときには、信仰は、まったく無用のものとして、愚かしいものにすらなるだろう」（Schopenhauer 1988（4）: 145）。

『全集』の脚注によると、ヴェーバーは、直接にはヴィンデルバントの『哲学史教程』から引用している（MWGI/17: 108）。ヴィンデルバントは、テルトゥリアヌスの言として次のように述べている。「テルトゥリアヌスにあっては、人間の自然的認識活動が理性のもとに理解されるとされているかぎりにおいて、啓示の内容は、たんに超理性的であるだけでなく、ある意味においては反理性的でもある。福音はたんに理解不能であるばかりでなく、必然的にまた世俗界の洞察と矛盾する。『荒唐無稽なるがゆえに信じることができ、不可能なるがゆえに確実である。我の信ずるは、不条理なるがゆえである』。それゆえ彼によれば、キリスト教は哲学と、エルサレムはアテナイと、まったく没交渉である。自然的認識としての哲学は無信仰である。それゆえキリスト教哲学なるものは存在しない[㊳26]」（Windelband 1892/1907: 187）。歴史的呪力剥奪過程は、信仰と哲学との離反を決定づけた。両者は二度と和解しえない。信仰に立脚しようとする者（シュペーナーやゲーテやトルストイ）は、信仰に依拠しない哲学や科学との対決を余儀なくされるのである（段落㉕要説（二）、個別注解㉕9【典拠】【研究史】、段落㉖要説（一）を参照）。

段落㊳への個別注解

（㊳1）**【語句・文意・文法】** 段落⑫⑬要説（二）、段落⑰要説、段落㉖要説（一）および個別注解㉛1に掲げたトルストイの主張を参照。トルストイは、こうした根源的な問いを回避しようとする科学者——とりわけ経済学者——を糾弾しており、ヴェーバーは、まさにその経済学者として、トルストイの問いに真正面から向きあって、現代人の運命と課題とを考察するのである。

（㊳2）**【語句・文意・文法】** この文の主語 „Sie“ は、二人称（「諸君」）ではなく、渡辺が指摘するように、教壇上の預言者として振るまいたがる教授たちを指している（渡辺編：八四頁）。二人称と解してなんとか意味が通らないわけではないが、預言者不在という決定的な状況にかんする知識が若者たちに伝わらないという事態が生じてしまう責任は、「諸君」ではなく「教授たち」にあるから、やはりこの „Sie“ は三人称複数と解するのが適切である。

【翻訳史】 尾高・出口・間場は正しく訳しているが（尾高訳②：六六頁、出口訳④：四〇一頁、間場訳：一一七頁）、三木・中山・三浦は二人称と解している（三木訳：三七頁、中山訳：二三四頁、三浦訳：九〇頁）。

英訳では、この指示代名詞を “they”（= professors）と解しているのはガースとミルズだけであり（G&M: 153）、ジョン、リヴィングストン、ウェルズは “you” と解している（MJ: 27, RL: 28, GCW: 49）。ブルーンは、“all that this will accomplish” と訳し、“they” なのか “you” なのかをごまかして逃げている（HHB: 351）。

（㊳3）**【語句・文意・文法】** この „ihnen“ が誰を指すのかは問題である。当該箇所では、預言者の役割を演じようとする教授たちの振舞いをもってしては、今日《こんにち》における預言者不在という「決定的な状況にかんする知識」が、「彼らには（ihnen）」、その不在状況のずっしりとした重みをもって感得されないだろうと論じられている。筆者は、前後関係から勘案して、この「彼らには（ihnen）」は、「ドイツのもっとも若い世代の多く」を指すものと解する。ヴェーバーにとって、預言者不在という状況をしっかり理解してもらわなくてはならない相手は、誰よりもまず若い世代の人たちだからである。

（㊳4）**【語句・文意・文法】** 渡辺は、「数千の大学教授諸氏は（Sie）

今記した講壇予言者としての自らの行ないをもって（damit）、daß以下にのべるようなことをただ成就するだけであろう、ということ。daß以下のこととは、予言者が存在しない。《ママ》（nicht da）、という決定的事実の認識が、これら教授諸氏には（ihnen）、この事実の意味のすべての重みをもって、金輪際（niemals）生き生きと感ぜられることはあるまい」と詳解している（渡辺編：八四頁）。ただし前注に記したように、筆者は、„ihnen“を、「教授諸氏」ではなく「ドイツのもっとも若い世代の多く」と解する。

【翻訳史】当該箇所を、尾高は、ひどく崩して「この決定的な事実のもつ意味にかれらが十分気づいていないこと」と訳しており、「かれら」が教授たちなのか若者なのかが判然としない（尾高訳②：六六頁）。一方、出口は、「決定的な事態を、教授は知っているので、かれは預言者よろしく堂々と権威ぶってのぞむことはない」という異様な作文に走っている（出口訳④：四〇一頁）。完全に意味不明であり、原文とはなんの関係もない。

これにたいして、間場は、「彼らがなし得ることはただ、こんにちの多くの若い世代が渇望している予言者は存在しはしないという決定的な事態について知っているが、この知識の意義が若い世代に対して十分に発揮されることは決してないということだけである」と訳している（間場訳：一一七頁）。「彼らが」「知っている」という解釈には首肯できないが、文法は正しく捉えられている。三木は、「今日の最も若い世代の人達の多くが憧れているような予言者というものは全く存在しないわけでありますが、この決定的な事態に関する知が、その場合、若い人達にその意味の重要性全体において明らかとなることができなくなるからであります」と訳している（三木訳：三七頁）。間場も三木も、„ihnen“を「若い世代」と解しているため、意味の通る解釈を得ている。

中山は、„ihnen“を無視し、「それにふさわしい重さをもって」誰に、「実感される」のかをしめしていない（中山訳：一三四頁）。三浦は、「予言者が、重い意味をもって若者の前に生き生きと立ち現れる」というまったく意味不明の作文に走っている（三浦訳：九〇頁）。

ガースとミルズは、この„ihnen“を“they”（= professors）と誤解している（G&M: 153）。ジョン、リヴィングストン、ウェルズ、ブルーンは若い世代と正しく捉えている（MJ: 28, RL: 28, GCW: 49, HHB: 351）。

（㊳5）**【語句・文意・文法】**「精通した（musikalisch）」とは、もともと「楽才がある」「音楽がわかる」といった意味であり、ヴェーバーは、この語にたいして、ある事象にかんして「感受性が鋭く、事情に通じており、自力でそれを敷衍・展開する能力がある」という意味を付与している。宗教を「内から」会得し、体現するのが「精通した」宗教者であり、これにたいして、そうした内的会得を断念し、宗教を「外から」解釈し、理解するのが「精通していない（unmusikalisch）」平信徒大衆ないし第三者である（Thaidigsmann 2011: 490）。

【関連記述】ヴェーバーは、当該箇所のように„musikalisch“を用いるよりも、むしろ„unmusikalisch“（精通していない）という用語を用いることが多かったようである。川瀬謙一郎によると、この語がはじめて使用されたのは、彼がアメリカから帰国した直後に書かれた論稿「北米における教会と教派」（初出一九〇六年、『キリスト教世界』誌掲載）においてである（川瀬謙一郎　一九七九：一九一頁）。そこには次のように記されている。「近代文化国民の性格が刻みつけられたあの時代には、『彼岸』のための配慮が人間にとってなによりも現実的な事柄であったときに、すべてのもののうえに影を落としていたこの宗教的契機にいかに強大な役割が与えられていたかを眼前に思いうかべることは、あるいはそういう役割が与えられていたことを単純に信じるだけのことでさえも、われわれのような宗教に『精通していない』現代人にはむずかしい」（Winckelmann 1992: 395）。

一九〇九年二月十九日・三月二日付フェルディナント・テンニース宛書簡のなかでも、ヴェーバーは自分のことを「宗教に（まったく）『精通していない』」者とみなしている（MWGII/6: 65, 70）。

また『世界宗教の経済倫理』への「緒論」では、「達人（Virtuosen）」の宗教意識と「大衆（Massen）」の宗教意識とを対比して、後者（大衆）を「宗教に『精通していない人々（Unmusikalischen）』」と規定している（MWGI/19: 110, 渡辺編：八四～八五頁）。「達人（Virtuosen）」もまた音楽用語であり、演奏の名手を指す言葉である。楽器演奏のヴィルトゥオーゾと、その演奏を楽しむことはできるが、みずからそのような演奏をなすことはできない聴衆との対比は、たとえば、リストの鬼神のようなピアノ演奏に熱狂する十九世紀の聴衆を思いうかべるといいだろう。ヴェーバーは、この対比を、宗教を自家薬籠中のものにしている達人と、その達人の言を拝聴するだけの大衆との対比に置きかえている。

なお、聴衆（非専門家）であっても、べつに音痴とは限らないから、„unmusikalisch“を「音痴」と訳すのは適切でない。

【典拠】「達人（Virtuosen）」がなすのが「達人業（Virtuosität）」である。この語はすでにショーペンハウアーが用いていた（段落⑫⑬要説（二）を参照）。

（㊳6）【語句・文意・文法】渡辺は、この箇所について、「神から疎外された予言者なき時代を生きるべく運命づけられているというこの基本事実が、これらすべての教壇予言のような代用品によって真に宗教的»感覚«の持ち主におおい隠されるとき、ほかならぬ彼、つまり真に宗教的»感覚«の持ち主の内的関心がむくいられることは断じてあるまい」と詳解している（渡辺編：八四頁）。

【翻訳史】神に疎遠で預言者も不在の時代に生きるという運命を背負わされているという事実が、教壇預言によって、宗教的達人にもその他の人々にも（und anderen）覆いかくされているとき、その隠蔽状況を見破るのは達人のみである。この論旨を捉えているのは、邦訳中では三木だけであり（三木訳：三七～三八頁）、他の邦訳では、„und anderen“が脱落しているか誤読されているかである（尾高訳②：六七頁、出口訳④：四〇一頁、間場訳：一一七、一一九頁、中山訳：二三四～二三五頁、三浦訳：九一頁）。

英訳では、基本事実が「その他の人々にたいしても」隠蔽されていることがきちんとしめされている（G&M: 153, MJ: 28, RL: 28, GCW: 49, HHB: 351）。

（㊳7）【編集史】「さまざまな権利要求（ihrer Ansprüche）」を、ヴィンケルマンは、『科学論集』第三版において単数（ihres Anspruchs）に改変し（WL3: 610）、以降の版でもこれが踏襲される。改変の理由は不明である。『全集』版では元に戻されている（MWGI/17: 106）。

（㊳8）【編集史】「いったい」の原語は„denn"であるが、ヴィンケルマンは、『科学論集』第三版以降、これを„dann"（それなら）に改変した。改変の理由は不明である。『全集』版では元に戻されている（MWGI/17: 106）。

（㊳9）【関連記述】イスラム教について、ヴェーバーは、「その初期において、世界を征服する戦士たちの宗教、つまり訓練された信仰の戦闘員たちからなる騎士修道会の宗教」であったが、そこには性的禁欲は欠けていたと特徴づけている（MWGI/19: 87）。またイスラム教は、ユダヤ教とともに「厳密に『一神教的』なもの」であるが、しだいに聖者信仰が浸透したため、その一神教的性格が弱まったとしている（MWGI/22-2: 290）。

（㊳10）【関連記述】マニ教について、ヴェーバーは、古代地中海世界において栄えた二元論の体系と特徴づけている（MWGI/22-2: 298）。

【編集史】ドゥンカー社初版において、当該箇所は„Manachäismus"になっていた。ヴィンケルマンは、『科学論集』第三版以降、これを„Manichäismus"に変更した。ヴェーバーの他の著作中では、確認できたかぎりですべて„manichäisch" „Manichäismus"とされている（MWGI/22-2: 252, 265, 268, 271, 272, 298）。また、当時の哲学事典にも„Manichäismus"と記されているので（Schmidt 1921: 184）、これは誤植だと思われる。„i"と„a"との取り違えはあまり起こりそうにないようにみえるが、ヴェーバーの筆跡にあっては、この二つの文字の違いがかならずしも判然としない場合がある。

ドゥンカー社初版における誤植は、当該箇所と、個別注解㉗6にしめした„sie"と、個別注解㉜5にしめした『詩編』章句番号の間違いと、個別注解㊱1にしめした„eber"の四箇所である。

（㊳11）【関連記述】グノーシス派について、ヴェーバーは他の著作においてもマニ教と対にして論及している（たとえばMWGI/22-2: 268, 271）。その教義について、グノーシス派における救済が、占星術による運命の決定性のもとへの隷属からの救済であり、また低位の創造神によって、本性にしたがって腐敗させられた世界からの救済であることを述べている（ebd.: 340f.）。

（㊳12）【関連記述】ヴェーバーは、オルフォイス派を、「古代ギリシャにおいて唯一の現実的な教団的信仰」だと規定し、それは「真の救済教説をもつという特徴によって、他のあらゆる種類の預言と救済術から、とりわけ密議宗教のそれらから明らかに区別されていた」と特徴づけ、その中心をなす「輪廻転生説（Seelenwanderungslehre）」に着目している（MWGI/22-2: 181f., 227）。

（㊳13）【関連記述】パルシー教について、ヴェーバーは、農業的な性格を有するその社会倫理的な諸規定が、反市民的な様相を呈していたと特徴づけている（MWGI/22-2: 222）。

（㊳14）【関連記述】古代仏教の基本性格について、ヴェーバーは、ヒンドゥー教的な高貴な知識人解脱論のなかで、もっとも徹底したもので、その完成形をなしていたと特徴づけている（MWGI/20: 369）。

（㊳15）【関連記述】ヒンドゥー教の基本性格について、ヴェーバーは、厳格で排他的な「出自宗教」だとしている（MWGI/20: 56）。そこには「至高の神的存在が単数ないし複数あるという状態」が存在している（MWGI/22-2: 148）。その教義については、「敬虔なヒンドゥー教徒が幸福な輪廻転生のチャンスを確保できるのは、ただ出自カーストのさまざまな義務を厳格に伝統にしたがって履行することによってのみだったのであり、これは、伝統主義の宗教的固着としては、考えうるかぎりもっとも強固なものである」と述べている（RSI: 173）。また「ヒンドゥー教の生活秩序は、種々の職業の各々を特別な倫理法則の――つまりダルマの――対象となし、それらの職業をカースト別に永遠に区分し、そのさいこれらを、来世において転生する場合以外は、そのなかに生まれた者にとってどこにも逃れることができない確固たる身分階層制へと据え、これによって、それらの職業を、至高の宗教的救済財にたいして別々に大きな距離のもとに置いたのです」と特徴づけている（MWGI/17: 242）。ヒンドゥー教の諸宗派については、「宗教的改革運動から教団の継続的組織化へ」の過渡的段階を経て形成されたとしている（MWGI/22-2: 198）。

（㊳16）【関連記述】道教について、ヴェーバーは、「絶対的世事無関心」を基調とする神秘主義に分類している（MWGI/19: 380）。したがって正統的官職教会である儒教世界にたいして基本的に対立する異端として存立している。

なお、当該箇所において諸宗教が列挙されているなかで、儒教には言及されていない。これは、ヴェーバーが、儒教を「俗人の現世内的な人倫」「現世と現世的秩序と現世的因襲とへの適応術」と規定しているためである（MWGI/19: 345）。

（㊳17）【関連記述】ウパニシャッドの教義には、『ヒンドゥー教と仏教』のなかでくわしく論及されている。いくつかしめしておくと、因果応報説は「一般にウパニシャッドにおいてはじめて登場する」。また初期ウパニシャッドの秘教において、「自己意識を確立した個々の生《せい》の呪術的担い手を、呪術的宇宙能力すなわちブラフマンと一体化させる方向への単純だが重要な歩みが記された」。この思想は、ヨーガ技巧が発展させた霊的過程によって、「自我」を、「意識内の『精神的』諸経過全体の彼岸に立ち、また意識と意識の『狭量性』とを帯びている『精神的』器官の彼岸に立つ統一体と解する思考」へと到達した。そして「非人格的な『ブラフマン』が宇宙能力として中心に据えられた。人格的な最高神として『ブラフマー』の形姿が創造されたのは、たぶん本質的に平信徒の要望にたいする譲歩だったのだろう。」「宗教的な規律手段は、地獄と天国にどれだけ長く、あるいは短く滞在するかということ、子孫の功徳がある場合には、祖先が喜び、また祖先が来世で幸福であること、逆に子孫の悪行がある場合には、祖先は来世で苦難に陥ること、――そして当然のことと理解されるように、子孫に過失のある規律違反の場合には、その子孫にたいして祖先からの報復があることである」（MWGI/20: 271-274, 277）。

（㊳18）【関連記述】ユダヤ教については、『古代ユダヤ教』において詳細に論じられている。とくにその救済思想は、ヒンドゥー教との対比で、次のように特徴づけられている。ユダヤ人にとって、「現世の社会秩序は、将来に向けて約束されているものとは正反対のものに変質されており、それは、将来ふたたび転覆されるはずで、そのときユダヤ民族に、地上の支配民族という地位がふたたび与えられるだろうと考えられていた。現世は永遠でもなく、変えられないものでもなく、創造されたものであって、そのさまざまな現行秩序は、人間の業、とりわけユダヤ人の業と、これにたいするユダヤの神の反作用との所産だった。つまり現世は歴史的所産であって、本来神の欲する通りの状態に場所を譲るように定められているものであった。生《せい》にたいする古代ユダヤ人の態度すべては、政治革命と社会革命とが将来神に導かれて遂行されるというこの観念によって規定されていた」。またユダヤ教にあっては、「高度に合理的な宗教倫理、つまり魔術に、またあらゆる形態の非合理的救済探求に囚われない世俗内行動の宗教倫理」が存立していた。この倫理は、「アジア的救済宗教のあらゆる救済手段とは内面的に遠く隔たって」おり、「広く今日《こんにち》の西欧およびオリエントの宗教倫理の基礎となっている」（MWGI/21: 242）。

　また『宗教社会学』のなかで、ユダヤ教は、イスラム教とともに、厳密に一神教的な宗教と性格づけられ、それとの対比で、カトリックはむしろ多神教に近いとされている（MWGI/22-2: 290f.）。

（㊳19）**【付帯状況】**ヴェーバーのカント理解は、ヴィンデルバントのカント理解との関連が深い。ヴィンデルバントは、講演「イマヌエル・カント」（一八八一年）のなかで、カントによる認識論刷新の意義について、大略次のように論じている。感覚論と理性論との論争、唯名論と実在論との論争の主題は、純粋に主観的な過程において発している表象結合が、現実の模写であるか否かという問題をめぐるものであった。しかし、真理が、あたかも表象と物との一致であるかのように考えることはできない。それでは表象相互間の一致を問題にしうるかというと、こうした問題設定も不可能である。いずれの知覚も表象結合にすぎず、物自体を包含していないからである。それでは、表象と対象との関係をいかに論じうるかという難問にたいして、カントは規則の概念を提示する。個人の表象活動は任意であるが、対象的思惟にかんしては、ある配列のみが思惟されるべきものとして帰結するかぎりにおいて語りうる。そうした唯一の配列が妥当すべき価値を有する。認識として成立しうる思惟は、かならず表象結合を含んでおり、この表象結合は、その思惟が真であることを問題としているすべての人にとってひとつの規則になるはずである。通俗的に、思惟において模写されているはずの対象だと理解されているものは、じつは表象結合の規則である。われわれの表象連合のなかに真と偽との区別が存し、この区別が依拠するのは、真として承認されるべき表象結合のみが、すべての人にたいして妥当すべき規則にしたがって生ずるということであり、このことを確認することをもってわれわれは満足する。カントはけっして対象を捨てさりはしない。彼は、いずれの形而上学をも除去することによって、対象がわれわれにとって表象結合の一定の規則以上のものではなく、もしもわれわれが真に思惟しようと欲するならば、これらの規則を成就すべきであると主張する。そしてこれらの規則の形而上学的解釈を峻拒するのである。無限に多様な表象結合のなかに、普遍妥当的な規則すなわち規範に照応するものが存するのであり、真理は思惟の規範性である。こうして、ギリシャ哲学が追求した世界像の代わりに、精神が依拠する自己の規範的法則を意識上に上せる自己省察が立ちあらわれる。カントにとって、現実の模写はなんら意味を有せず、それゆえ彼は、世界像を生みだす知識と信仰と観照とがいかにしてたがいに補いあうことができるかということについてなにも語らない。カントの主張する規範的意識は、必然性と普遍妥当性とをもって、個人の生活活動の偶然的な経過のうえに、その規準と目的として立つべきものである（Windelband 1884/1921: 127-141）。

　ヴィンデルバントは、『哲学史教程』と『近代哲学史』のなかでも、カントによる認識論刷新の意義について詳論している（Windelband 1892/1907: 449–461, ders. 1911/19 (2): 51–112)。

(㊳20)【付帯状況】ジンメルは、「あらゆる脈動を含みもつ生《せい》の直接的過程としての信仰」は、「宿《やど》し（Haben）ではなく存在（Sein）であり、対象を宿《やど》すときに信仰であるような敬虔な存在であり、しかも生《せい》そのものが生起するさいの性質である」と述べている（GSG16: 203)。ここでは、対象を宿《やど》すときに信仰が存在として成立すると説明されている。

ジンメルのこの講演「現代文化の葛藤」は、一九一八年一月三日に語られたもので、これはヴェーバーの「中間考察」よりもあとで、『職業としての学問』の二回の講演のあいだの時期である。おそらくこうした問題をめぐって、ジンメルとヴェーバーとのあいだでなんらかの対論がなされており、それが同時期の二人の（二つの）講演にそれぞれ反映しているのであろう。

(㊳21)【語句・文意・文法】一般に、聖なる教えを、『聖書』と伝承に依拠して、歴史的方法によって解明するのが「実証神学」とされており、これはとりわけジャンセニウスの仕事と関連づけて理解されている。國府田武によると、"theologia positiva" という術語の用例は十三〜十四世紀にまでさかのぼることができ、そこでは『聖書』という権威の意志によって信仰の原理を定立するという特徴をみいだすことができるという（國府田武 二〇〇六（I）：九三〜八六頁）。ファーラントが当該箇所に付している脚注はこの「実証神学」の用語解説である（Vahland 1995: 27)。

当該箇所でヴェーバーがしめしている「実証的」神学は、あらゆる文献・史料・伝承を網羅して、信仰が「知性の犠牲」へといたる筋道を解明するものだと特徴づけられているので、「実証神学」よりもやや広義の概念だと考えられる。こういう特殊な用語法なので、「実証的」に引用符が付せられているのであろう。

当該箇所のすぐあとに、「現実に信仰心の篤い人間（der positiv religiöse Mensch)」という表現がある。もちろんこれは、「どの『実証的』神学（jede „positive" Theologie)」の類比表現である。

【典拠】「実証的」神学は、広義には、信仰と理性とを隔離しようとする志向性全般を指していると解される。この意味で宗教からの離脱を図った人物としては、この講演中ですでに触れられているフランシス・ベーコンを挙げることができよう。ヴィンデルバントは、『近代哲学史』においてベーコンを論じ、そのなかで、次注のテルトゥリアヌスの言を引き、それをベーコンの立場と対比している。「神性は、けっして理性によってではなく、ただ信仰によってのみ認識可能だと、彼〔＝ベーコン〕はみなしている。かかる知〔＝神性の認識〕を獲得するためには、学問のボートから教会の船に乗りうつらなくてはならない。学問においては事物と理性に信を置き、宗教においては個人における神の啓示に信を置くのであり、それゆえベーコンが詳述するように、かかる信仰は、事物と理性に矛盾すればするほど称賛に値するのである」。したがってここでは、「不条理であるがゆえに私は信ずる」という昔の教父の言が妥当し、信と知との非妥協的な分離、つまり神学と哲学との徹底的な分離が要求されることになる。この分離によって、テルトゥリアヌスが、宗教を、古代の学問の攻撃から隔離しようとしたのにたいして、ベーコンは逆に、学問を宗教から分離独立させ、それを宗教側の干渉から護ろうと企てるのである（Windelband 1911/19: 146f.)。

　宗教の Positivität（実証性、既成性、実定性）について立ちいって論じたのはヘーゲルであり、ヴェーバーは、主としてヘーゲルの Positivität 概念を念頭に置いて、当該箇所を語っていると思われる。ヴェーバーが読んだと推定できるのは、『ヘーゲル初期神学論集』に収録されている「キリスト教の実定性」（ひとまずこの論稿の表題の Positivität を「実定性」と訳しておく）である（HWSI: 104–229）。この論稿において、ヘーゲルは、キリスト教が、教会として Positivität を獲得し、国家との緊張関係のなかで、日常化された権威となり、道徳性に対立するにいたり、この日常化された既成権威に対抗して、新たな宗派が立ちあらわれる過程を追跡している。松村健吾は、この Positivität 概念について、「民族宗教」概念が挫折したあと、それに代わって、「実践理性」概念の対概念として成立したものとみている（松村健吾　二〇〇七：二一四頁）。

　ヘーゲルの用語法にあっては、道徳法則・戒律などが、制定・定立され、それがたんに外的な権威として受けとられるのみならず、広範に浸透し、受けいれられて定着したとき、それは positiv だと述べられている。しかもそれが実定的なものとして通用するなかで、制定・定着されたものの不可避の運命として、内実を失って日常化への道を辿るのであり、キリスト教の帯びているこうした二面性を、ヘーゲルは Positivität 概念によって説明している。この概念は、教義・道徳・法などが現実的な効力を発揮するにいたる過程と、それが既成性へと転化していく硬直化過程とを表現するための概念であり、それは、合理性・現実性を有しているとともに、活動性・能動性・否定性（批判性）といった動的性質を備えている。

　ヴェーバーは、この概念を換骨奪胎して応用し、当該箇所において、キリスト教の多面的な性格を精緻に描きだす分析装置を備えた「実証的な（positiv）」神学的研究に言及していると思われる。ヴェーバーが当該箇所で述べている「実証的」神学とは、やはり直接にはヘーゲルの「キリスト教の実定性」を指しているのであろう。

【研究史】ヘーゲルの Positivität 概念をめぐっては多くの研究がある。とくに有益なものとして、ルカーチ、水野建雄、松村健吾、堅田剛の論稿を挙げておく（GLW8: 52–67. 水野建雄　一九七五、松村健吾　二〇〇七：第四章、堅田剛　二〇〇九：第二章）。

【翻訳史】この「実証的」神学を、尾高は「『既成の』神学」と誤訳し（尾高訳②：六九～七〇頁）、出口と間場は「『既存の』神学」と誤訳し（出口訳④：四〇三頁、間場訳：一一三頁）、中山は「『実定的な』宗教」と誤訳している（中山訳：二三八頁）。三浦にいたっては、「学問的な神学ではなく、実際に信者に強く信じられている神学」などという珍無類の迷妄に陥っている（三浦訳：九五頁）。ここでヴェーバーは、たんなる既成品としての神学を指しているのではない。論理的万力をもって「知性の犠牲」の限界領域にまで突きすすむ「実証的」神学の活動性を汲んだのは、「『実証的』神学」と訳した三木だけである（三木訳：三九頁）。

　渡辺は、尾高らの誤訳について、独和辞典に positive Religion が「既成宗教」と訳されているのを鵜呑みにした結果だろうと推定し、注意を促していた（渡辺編：八六頁）。しかし尾高も出口も、改訳時においてこの忠告に耳を貸さなかった。

（㊳22）**【語句・文意・文法】【関連記述】**「知性の犠牲」を成就する「達人業（Virtuosenleistung）」は、「『達人』信仰（„Virtuosen"-Religiosität）」において、特別な身分的担い手（呪術師・苦行者・

修道士等）によって遂行される業である（MWGI/19: 110f.）。とりわけ救済予定信仰は、「達人信仰の飛びぬけて首尾一貫した形成物」であった（ebd.: 465）。本来の達人信仰から、状況によっては「革命的な帰結」が生じることもありうる（ebd.: 498）。こうした「達人」は、宗教に「精通しない」平信徒大衆とつねに対比されている（個別注解㊳5を参照）。

（㊳23）『全集』は、『純粋理性批判』のフォアレンダー版（Vorländer [1899]）を参照指示している（MWGI/17: 107）。これは、この本がヴェーバーの旧蔵書中に含まれているからである（Arbeitsstelle der Max Weber Gesamtausgabe）。ただし、そこにはマリアンネによる多数の書き込みがあることから、おそらくこれはマリアンネの蔵書だったと思われる。

（㊳24）『ヒンドゥー教と仏教』のこの箇所はかなりの難所で、既存の邦訳をみると、どれも不備が目立つ（安藤訳：一九七頁、池田他訳：二〇二～二〇三頁、深沢訳：四六四頁、古在訳（刊行委員会による補訳）：四八五頁）。

（㊳25）この箇所（RSI: 108）の邦訳には問題がある。梶山力は、「「老練な宗教家が自己の救はれてゐることを確信し得る方法としては、彼が自ら神の力の容器（Gefäss）と感じるか、或ひはその道具（Wergzeug）と感じるか、二者の中の一つなのである」と訳している（梶山訳：一三五頁）。大塚久雄は、「宗教的達人が自分の救われていることを確信しうるかたちは、自分を神の力の容器と感じるか、あるいはその道具と感じるか、その何れかである」と訳している（大塚訳：一三三～一三四頁）。安藤英治は、梶山訳からカッコ書きを省き、「老練な宗教家が自己の救われていることを確信し得る方法としては、彼が自ら神の力の容器と感じるか、或いはその道具と感じるか、二者の中の一つなのである」としている（梶山・安藤訳：二〇五頁）。中山元は、「宗教的な達人がみずからを救われた者であると確信するための道は二つある――自分が神の力の〈容器〉であると感じるか、あるいは神の力の〈道具〉であると感じるかのどちらかである」と訳している（中山訳：二四八頁）。この論述の要点は、「宗教に精通している者」がその「恩寵身分（Gnaden-stand）」を確保するためにどうするのかについての二者択一であるのに、これらの訳では、この「恩寵身分」が、なにか彼自身が救われるか否かだけの問題であるかのように扱われている。

　これにたいして、阿部行蔵は、「篤信なる信仰者は、彼自身が恩恵に浴していることを確認するためには、彼自身を神の力の容器と感ずるか、あるいはその道具と感ずるか、二者のうちの一つである」と正しく訳している（阿部訳：二七三頁）。「宗教に精通している者」は達人であって、したがって自分自身を救済するだけでなく、自分を通じて平信徒にも神の恩恵を施す存在である。

（㊳26）筆者は、ヴェーバーの旧蔵書中に含まれている当該書第四版（ヴィンデルバントからの献呈本）を閲覧し、このテルトゥリアヌスの言に下線が引かれていることを確認した（Arbeitsstelle der Max Weber Gesamtausgabe）。

　なお、個別注解㊳21【典拠】に記したように、ヴィンデルバントの『近代哲学史』のなかでは、ベーコンとのかかわりでこの言が引用されている（Windelband 1911/19: 147）。

段落㊴（A35f., B611f., C108f., D43f.）

㊴「知性の犠牲」を捧げるのが正当なのは、門弟が預言者にたいして、つまり信者が教会にたいしてのみです。しかし、かなりの数の現代知識人層が、心の底では、いわば保証書つきの純正アンティークの品々(㊴1)を自分で揃えたいという欲求をもち、それからそのさいさらにくわえて、宗教に〔かつて〕耳を傾けたことをも想起し、その宗教をいまはとにかくもちあわせておらず、その一方で、宗教のかわりに、世界中のあらゆる国から集めてきた聖人像を小ぎれいに備えつけた一種の付属礼拝堂を代用品にみたてて自分で飾りたてるか、あるいは、神秘的神聖性所有の威厳をさまざまな流儀の体験行為に付与し、そうした体験行為で間に合わせ、またその代用品でもって書籍市で行商(㊴2)しに出かけるか、このどちらかの事態によって、けっしてまだ新たな預言が生じるわけではないのです(㊴3)（かなりの数の人々にとって不愉快であったこの光景を、私はここであえて繰りかえしておきます）。これは端的に眩惑か自己欺瞞です。これにたいして、もしも、近年静かに増大してきたあの若者集団のなかに、自分たち固有の人的帰属共同(㊴4)関係にたいして、宗教的あるいは宇宙的あるいは神秘的関係という解明を与える者が相当数いるとすれば、それはぜんぜん眩惑ではなく、〔本人たちにすれば〕いたってまじめで純粋なことなのですが、それは、たぶんときおりみずからをその意味において曲解する者なのでしょう。真の同胞愛にもとづくあらゆる行為が、その行為にかんする自覚と結びつくことがほんとうにでき、失われることのないものが、その行為によって、超人格的王国に付加されることがほんとうにできるとすると、さまざまな純然たる人的帰属共同関係の威厳が、かかる宗教的解明によって高められるかどうかは、それだけかえって私には疑問です。——しかしながら、この件はここ〔＝この講演〕にはもはやふさわしくありません。——

段落㊴要説

神秘主義が要求する「知性の犠牲」は、霊智による神の意思の把捉への不可避の途である。ところが、宗教に通暁していない平信徒は、「知ること」によっても「宿《やど》すこと」によっても神の意思を把捉できないという事情から、預言者や教会にたいする帰依が必要になる。こうして、「知性の犠牲」は、神秘主義的性格を帯びた人間的紐帯の形成へと向かう。これが「自分たち固有の人的帰属共同関係」である。ヴェーバーは、そうした人間的紐帯に、真摯で純粋な質を認め、そこに真の同胞愛の確立可能性を認めながらも、その共同関係にたんに宗教的意味付与をなしただけでは不十分だと見立てている。

『全集』は、「近年静かに増大してきたあの若者集団」にかんする記述を、グスタフ・ヴュネーケンを当てこすったものと解している(MWGI/17: 109)。この言はまた、シュテファン・ゲオルゲを信奉する者たちを当てこすっているものとも思われる。「みずからをその意味において曲解する」とは、みずからの生《せい》の意味を見誤っていて、自分で自分に与えた任務が不適切で、そのグループ内の人間関係が時代錯誤の神秘性に満ちており、そのなかで自負心を増悪《ぞうあく》させ、カリスマを気取る者もいて、傍からみてははなはだ滑稽であることを指すのであろう。

ドイツ社会学会第一回大会会務報告のなかで、ヴェーバーは次のように述べている。「芸術上のセクトは、宗教上のセクト（教派）と同じように、今日《こんにち》なお神的なものを具現しています——私はシュテファン・ゲオルゲのセクトのことを考えています——。このセクトが帰依者のあいだに生みだす実践的生活態度の刻印、生活全体にたいする内的態度の刻印は、非常な広がりをもちうるのです」（SSP: 446）。

　この学会における討論のなかでも、現代芸術文化が現代の大都市の存在と関連しており、とくに現実からの逃避手段として現代芸術が存立していることの例証として、ヴェーバーはゲオルゲを取りあげ、次のように語っている。「たとえばシュテファン・ゲオルゲの作品のような抒情詩は、純粋に芸術家が構築した内容物の最後の要塞が、われわれの生《せい》の技術がもたらしたかかる陶酔によっては攻略できないという自覚にかんするこうした尺度であって、それは、この抒情詩人が、自分を巻きこみ、自分の心をかきみだしバラバラにしようとする現代の大都市の印象を——たとえ彼がこの印象そのものを奈落の底に突きおとしているとしても——、やはり完全に自分のなかに浸透させることなしには、まったく獲得できなかったものだと思います」（SS: 453）。

　このように、ヴェーバーは、ゲオルゲにたいして一定の理解をしめし、評価するのであるが、その一方で、ゲオルゲ神格化にたいしては非妥協的に峻拒した。ホーニヒスハイムによると、ゲオルゲ・クライスにたいするヴェーバーのスタンスは次のようなものであった。「彼が無条件に『否』と言わなくてはならなかったことは、ここ〔＝ゲオルゲ・クライス〕によくみられた権威崇拝である。ヴェーバーは、ゲオルゲに会ったあとで、このことを私に面と向かって言った。ここでおおよそのことを要約して言えば次のようなことである。『私は、ゲオルゲの発言をグンドルフに指摘して、「この発言は明らかにまちがっているということを、あなたはやはり認めなくてはならない」と言った。しかしグンドルフは、いくらか思案してから、「いや、それを認めることはできない。というのは、もしもゲオルゲがここでまちがっているということになったら、彼はもはや無謬ではなくなるから」と答えた』。こうなるともちろん、われわれの反権威主義的人間〔＝ヴェーバー〕にとっては沙汰止みになった」（MWzG: 239）。当該箇所におけるゲオルゲ・クライス批判は、こうした文脈において理解されるべきであろう。

　なお、ひとつ重要なのは、一九一九年に『職業としての学問』の再講演がおこなわれたとき、その場にゲオルゲ信奉者のひとりパーシー・ゴートハインが聴きに来ていたという事実である。パーシーは、ハイデルベルク大学におけるヴェーバーの後任エーベルハルト・ゴートハインの息子で、一九一五年に第一次世界大戦に従軍して頭部に被弾し、治療・静養ののち、ハイデルベルク、ベルリン、ゲッティンゲンを経て、ミュンヒェン大学で学んでいた。ヴェーバーとは少年時代からの知己の間柄である。パーシーは、ミュンヒェン大学で知りあった友人カール・レーヴィットとともに講演会場に来ており、ヴェーバーは、登壇するさい、そこにパーシーの姿をみつけて会釈したという（Löwith 1986/2007: 18）。したがって、ヴェーバーが当該箇所を一九一九年に語ったさい、その言は、直接には、自分の目の前で聴いている若きゲオルゲ信奉者に向けられていたのである。

　きわめて刺激的なこの段落は、パーシーをはじめとして、体験行為を追いもとめ、主知主義からの逃避を志向する若者たちの繊細な感性には、文字通り「不愉快」に聞こえたことであろう。しかしヴェーバーは、聴衆・読者であるこの若者たちを敵に回そうとしているのではない。神秘的な体験行為によって人間的紐帯がもたらされるにしても、それが呪力剥奪状況下で跋扈する主知主義にたいする有効な対抗基盤になりうるかどうかを彼は疑問視している。もしも若者たちが主知主義にたいする効果的な闘争をなそうとするのならば、別の途を考えなくてはならない。彼は、それを次の最終段落で提示し、闘争への参加を呼びかける。

段落㊴への個別注解

（㊴1）**【語句・文意・文法】**「アンティークの品々」は、もはや生きた力を失ってしまった骨董品としての宗教を指している。

【関連記述】『世界宗教の経済倫理』への「緒言」のなかに同様の記述がある。「近代ヨーロッパの知識人たちが、いわば彼らの内面的家具調度に、お誂え向きに保証書つきで真正のアンティーク家具一式を配備するために――こうした出所〔＝こうした知識人たち〕から宗教的刷新が立ちあらわれたことはまだどこにもない――、多種多様な他の浄福感（Sensationen）以外に、『宗教的』状態の浄福感をも『体験（Erlebnis）』として享受したいという欲求を感じるかどうかは、現代の宗教的発展にとってはじつにどうでもいいことであり、〔他方〕知識人層の特質は、過去においてはさまざまな宗教にとってじつに重要だった」（MWGI/19: 101）。このなかの「浄福感（Sensation）」については個別注解⑮3を参照。

（㊴2）**【語句・文意・文法】**当該箇所は、『全集』が指摘するように、イェーナの出版社主オイゲン・ディーデリヒスを当てこすったものと解される（MWGI/17: 109）。

ホーニヒスハイムは、直接当該箇所に触れて、次のように述べている。「彼〔＝ディーデリヒス〕の創意と勇気と通常の出版物についてここで判断を下そうとすることなく、ただ『オイゲン・ディーデリヒスは非合理主義をサロン向きのものに仕立てた』というオットー・ツィルカーの判断を引用しておきたい。そしてそれはまた実際そのとおりであった。手漉き紙を使い、豚革装丁と三方金で装飾された神秘主義者の著作の版が女性たちの机のうえに出現し、彼女たちは、それを読んでいるときに本物の宗教的体験をしているという暗示にかかっていたのである。講演録『職業としての学問』のなかに、そうした振る舞いにたいするマックス・ヴェーバーの辛辣に蔑む批判があることはよく知られている。」「当時の状況の特徴として重要であるという以上に、マックス・ヴェーバー固有の態度を特徴づけるのは次のようなことである。以前、ヴェーバーの若い友人のひとりが、彼に向かって、絶望的に『何回でも平手打ちを食わされてしかるべき奴はオイゲン・ディーデリヒスだ』と言った。そしてマックス・ヴェーバーは〔この言にたいして〕即座にはっきりと同意したのである」（MWzG: 269）。

なお、ディーデリヒス社は、ヴェーバーが読んでいるドイツ語版『トルストイ著作集』の版元である。

【典拠】「書籍市」の比喩は、シュペーナーの『敬虔なる願望』のなかにある。「一番のお気に入りを市場にもちこみ、概して救済を求める聴衆が信仰心を呼びさますことのほとんどないことにうつつを抜かしている者がいる」（Spener 1964: 32）。

（㊴3）【関連記述】新たな預言が出現する可能性について、ヴェーバーは、個別注解㊴1において引用した箇所において全面否定している（MWGI/19: 101）。

（㊴4）【語句・文意・文法】「帰属共同（Gemeinschaft）」は、「利害共同（Gesellschaft）」との対概念である。この講演録においては「帰属共同関係（Gemeinschaftsbeziehung）」という術語が用いられているが、この語は、いわゆる『経済と社会』新稿においては、Vergemeinschaftung と言いかえられている。その概念規定は『社会学的基礎概念』のなかにある。「『帰属共同関係（Vergemeinschaftung）』とは、社会的行為の志向性が、――個別事例において、もしくは平均的に、または純粋型において――その行為の関与者たちが主観的に感じた（情緒的または伝統的な）共属関係に依拠している場合の、またそのかぎりにおける社会関係を指すものとする」（MWGI/23: 194f.）。これにたいして、「『利害共同関係（Vergesellschaftung）』とは、社会的行為の志向性が、合理的に（価値合理的または目的合理的に）動機づけられた利害調整に依拠するか、あるいは同様に動機づけられた利害結合に依拠する場合の、またそのかぎりにおける社会関係を指すものとする」（ebd.: 195）。この用語法は、テンニースの用語法をヴェーバー流に鋳なおしたものである。

　こうした『職業としての学問』と『経済と社会』新稿における Gemeinschaft と Gesellschaft の用語法にたいして、『理解社会学論』およびいわゆる『経済と社会』旧稿における Gemeinschaft と Gesellschaft の用語法は異なっていた。後者の論稿においては、Gemeinschaft の意味するところが「帰属共同」のみではないので、こちらの概念を「帰属共同」と訳すことはできない。ここでは「ゲマインシャフト」としておく。「人間の行為が、他の人間たちの行動へと主観的に意味づけられて関係している場合、それを『ゲマインシャフト行為』と呼ぶことにしよう」（WL6: 441）。これは、『経済と社会』新稿において「社会的行為」と定義づけられている行為そのものである。

　これにたいして、Gesellschaft は、主観的に目的合理的に方向づけられ、制定則に則る「目的共同」である。「あるゲマインシャフト行為が、①さまざまな秩序に依拠して抱かれた予期に向けて意味づけて方向づけられており、②その行為の結果として予期される目的共同関係内の人々の行為を顧慮して、その秩序の『制定則』が純粋に目的合理的に定立され、また③その意味づけられた方向づけが主観的には目的合理的に生じている場合に、またそのかぎりにおいて、それを目的共同に関係づけられた行為（vergesellschaftetes Handeln（『目的共同行為（*Gesellschaftshandeln*）』）と呼ぶことにしよう」（ebd.: 442）。このように、目的共同は、主観的に目的合理性に依拠した行為と関係とにたいして用いられる概念である。

　『理解社会学論』および『経済と社会』旧稿において、ゲマインシャフト行為のなかの一部分が目的共同行為であり、両概念間に階層の上下関係があったのにたいして、『職業としての学問』と『経済と社会』新稿においては、上位概念である社会的行為のもとに、帰属共同行為と利害共同行為とが、ともに下位概念として置かれ、帰属共同と利害共同とが並列的に対概念とされている。この点で、カテゴリー構成が異なっているので、これらの文献を読むさいには注意が必要である。しかもまた、『職業としての学問』においては、――『理解社会学論』および『経済と社会』旧稿と同様に――たんなる社会集団を指す場合にも Gemeinschaft が用いられているので（個別注解㉗10を参照）、さらに注意が必要である。

段落㊵（A36f., B612f., C109–111, D44f.）

㊵ われわれの時代に特有の合理化と主知化をともない、とりわけ現世の呪力剝奪をともなう当代の運命は、まさに究極のもっとも崇高な価値が公共空間から退き、神秘的生《せい》の隠遁世界に籠もるか、あるいは個人相互が直接係わりあう〔——ちょうどこの自由学生同盟のような——〕同胞集団に入るか〔の選択〕です。われわれの最高の芸術が、内密なものであり、なんら記念碑的なものでないことは偶然でなく、今日《こんにち》ではたんに最小の信徒仲間のあいだで、つまり人から人へというかたちでピアニシモ（pianissimo）で脈打っているにすぎないものが、かつて預言者の息吹[㊵1]として、嵐のような熱情をもって大教団内を吹きぬけ、その教団を堅く結びつけていたものに相応していることも[㊵2]偶然ではありません。ためしに、記念碑的な芸術情念を強要し、また〔末人のように〕「捻出[㊵3]」してみましょう。すると、過去二十年間につくられた数多くの記念碑にみられるようなじつに貧相な形象の失敗作[㊵4]が出現します。〔また〕新たな真正の預言抜きに、信仰の新たな形態をあれこれ思いえがいてみましょう。すると、内的意味において、〔過去の宗教よりも〕いっそういかがわしい作用をなすにちがいない類似物が出現します。そして教壇預言にいたってはなおさら、ただもう狂信的な教派になるだけで、もちろん真正の帰属共同をもたらすことはないでしょう。当代のこの運命に男らしく耐えることができない者〔（たとえばトルストイ）〕、彼にたいしては、例の公然たる背教者呼ばわり〔＝トルストイの場合はロシア正教会からのいわゆる「破門[㊵5]」〕とはかかわりなく、むしろまったく単純素朴に、彼は憐憫の情をもって大きく広げられた古教会の腕のなかへと、黙したまま帰ろうとするのだと言わざるをえません。諸君が彼にたいしてそう言うのは、べつにむずかしいことではありません。そのさい、彼はなんとかして——これは避けられないことですが——「知性の犠牲」をもちださなくてはなりません、どっちみち。彼が実際にそれをやってのけるからといって、そのことでわれわれ〔＝現代人〕は彼を非難しはしないでしょう。というのは、〔彼にあっては、〕こうした知性の犠牲は、信仰上の無条件の献身のためになされているのであって、それとはやはりなんといっても道義的に別物なのが、自分自身の究極の立場決定についてみずから明晰化する勇気をもたず、率直な知的公正義務を、気弱な相対化によってみずから軽くする場合に生じるあの公正義務回避だからです。そしてまた私にとって、この公正義務は、講義室の空間内において、とにかく率直な知的公正に並ぶ美徳などないという点について明晰に認識していないあの教壇預言よりも高い位置にあります。しかも、この知的公正によってわれわれ〔＝現代人〕が要求されているのは、今日《こんにち》新しい預言者と新しい救世主を待ちこがれているあの大勢の人々全員にとって、〔結局〕事態は同じであることの確認です。この事態がどのようなものであるのかは、イザヤ書に収録された捕囚時代のエドムの見張りのあの美しい歌から響いてきます。「エドムのセイルから呼ばわる声あり、『見張りの者よ、夜はなおどれだけ続くのか』。見張りの者は答える、『朝は来る、だがまだ夜だ。尋ねたければいま一度来るがいい[㊵6]』」。

こう告げられた相手の民族は、その後二千年をはるかに超える年月にわたって尋ね、また待ちこがれました。そしてわれわれは、彼らの震撼すべき運命を知っています。[40-7] ここから、〔いまこの場にいる〕われわれは、憧憬し待ちこがれることのみ[40-8]をもっては事は成就しないという教訓を引きだし、別様になそうではありませんか。つまり〔まずは〕自分の仕事に取りかかり、――職務においてのみならず人間としても〔＝生《せい》の現場における人格としても〕同様に――「日々の要求[40-9]」を満たそうではありませんか[40-10]。〔ここから始める以外に途はありませんから。〕しかし、もしも〔われわれ〕各々が、自分の命の[40-11]糸を操っている内なる力《デーモン》[40-12]をみつけ、それに従うならば、この教訓はまったく単純素朴なことなのです。〔今宵はここまでとします。〕

段落㊵ 要説

　非常に入りくんだ構成をとり、多岐にわたる論点を提示してきたこの講演のひとまずの締めくくりとして、ヴェーバーは、人間的紐帯、知性の犠牲、科学研究の任務、人間としての務めについて述べ、人格形成と共同関係構築に向かってすすもうと呼びかける。

(一)

　かつては大教団を堅く結びつけていた人と人との紐帯が、今日においては、極小化されたかたちでのみ存在しているという事態について、レーヴィットは次のように敷衍している。「現世は、科学的合理化と官僚制化によって、進歩しつつ呪力を剥奪され、別の時代に、とりわけユダヤの預言者の時代に、焼きつくす炎のように大教団を吹きぬけていたあのなにものかは、今日《こんにち》ではただ――もしもそもそも〔それが残っているとすれば〕――極小の仲間内にのみ、もっともありそうなのは、社会学的には結社の原型である宗教的教派のなかにのみ、なおも脈打っていると彼〔＝ヴェーバー〕は確信していた」(Löwith 1988: 445)。

　こうした結社を、ヴェーバーは、第一次世界大戦によって疲弊したドイツの精神問題との関連で重視している。戦後、ドイツで崩壊してしまった内的精神的紐帯の再建という「まったく巨大な教育問題」のための手段として、彼は、「アメリカのクラブ制度」が唯一有効だとみなし、その萌芽を、自由ドイツ青年運動のなかにみているのである(一九一八年十一月二十四日付オットー・クルージウス宛書簡、MWGII/10: 318f.)。この運動の一翼を担っていたのが、この講演会を主催した自由学生同盟であり、ヴェーバーが当日の聴衆にかけていた期待は並々ならぬものであった(この点については研究編三八四頁を参照)。

(二)

　こうした小結社内の人間的紐帯は、「内密(intim)」「ピアニシモ(pianissimo)」と特徴づけられる。まず前者について検討しよう。「われわれの最高の芸術(unsere höchste Kunst)」と言われているものが、「われわれの時代」の芸術なのか、「われわれの国」の芸術なのかはかならずしも判然としない。文脈からすると前者の含意が勝《まさ》っているようであり、またドイツの芸術に限定しているようには感じられないので、筆者は「われわれの時代＝現代」の芸術と解している。これが具体的に誰のどの作品を指すのかは判断しづらいが、次にしめすように、シュトルムを含んでいることは確実であり、イプセンをも念頭に置いていると思われる。また一般に「表現主義」に分類されている芸術作品には、たしかに内密なものの表出がみられるから、ヴェーバーがそうした作品群を念頭に置いている可能性もある。ただし彼は、この講演と同時期に、「神秘主義から『表現主義』にいたるまでのいかなる種類の精神的麻酔剤もすべて峻拒すること」を主張していたことに留意する必要がある（一九一八年十一月二十四日付オットー・クルージウス宛書簡、MWGII/10: 319）。また個別注解㊵4にしめしているように、現代において記念碑的作品を捻出しようとすることにたいして、彼は批判的である。現代の最高の芸術が、「内密なもの（intim）であり、なんら記念碑的なもの（monumental）でない」という判定には、われわれは神々の闘争の只中にあるのだから、記念碑的な性格を有する国民統合的精神文化を確立することはそもそも不可能だというヴェーバーの時代精神査定がしめされている。この時代にあっては、相容れない価値を奉ずる者たち各々が、その価値に則って、内密な文化を創造し主張するのが当然であって、無理に記念碑的創作を捻出しようとすると、滑稽な時代錯誤に陥るのである。

ここで引き合いに出されている「われわれの最高の芸術」は、「内密なものであり、なんら記念碑的なものでない」と特徴づけられている。時期的にはヴェーバーとほぼ同時代、つまり十九世紀中盤以降だと考えてよかろう。内密な世界に属しているものというのは、私小説的に限定された微細な世界を描いているものだと解される。それは気宇壮大な物語でなく、記念碑的な性格をもっていない。こうした特徴を有し、かつ聴衆である学生たちが「ああ、あれか」と察知することのできる芸術を探してみると、テーオドール・シュトルムの作品群がそれに該当する。

ルカーチは、『魂と形式』（ハンガリー語版一九一〇年、ドイツ語版一九一一年）中の一編においてシュトルムを取りあげ、その独特の世界を怜悧に分析している。とくにわれわれの興味を惹くのは次のような特徴づけである。「実際彼は近代短編小説の静かな金細工師にして銀線細工師であり、そのことが後に続く時代と先立つ時代の双方にたいして同時に彼の価値を決定する。彼は、限界点におり、偉大なドイツ市民文学の最後の人である。彼と、彼の描く世界とのうちには、イェレミアス・ゴットヘルフがなおも保持していたような偉大な古い叙事作品の記念碑性はもはやまったくなく、彼の世界を包みこんでいる没落の気分は、トーマス・マンの『ブッデンブローク家の人々』におけるようにふたたび記念碑的となるほどにはまだ十分に強力でもなければ自覚されてもいない」（Lukács 1911: 165）。ルカーチはここで、シュトルムは微細な技をもつ職人であり、その作品は記念碑的な性格をもたないと評している。

ヴェーバーは、『魂と形式』をくわしく検討したうえで、ルカーチの教授資格請求論文作成のために尽力している。ルカーチ宛書簡中でもこの著作に言及している（MWGII/7: 625）。内密なものであり、記念碑的な性格をもっていない芸術というヴェーバーの言は、ルカーチのシュトルム論を引用したものと考えてほぼまちがいない。

ヴェーバーがシュトルムにどれほどの関心を寄せていたのかは判然としない。シュトルムとテーオドール・モムゼンは学生時代からの友人である。一八四八年のシュレースヴィヒ・ホルシュタイン蜂起によって臨時政府が成立したとき、政府機関紙の編集長を務めていたテーオドール・モムゼンからの依頼で、シュトルムはこの紙上に執筆したことがある。そのためシュトルムは、蜂起失敗後にデンマーク政府に咎めだてられて郷里を追われる。彼はその後ベルリンに流れつき、ギムナージウム時代の友人マルクス・ニーブールらの尽力でポツダムの法律職に就くが、数年後にテューリンゲンに去っている。一方、モムゼンの息子カールは、ベルリン大学時代のヴェーバーの友人である。モムゼンは、ベルリンのヴェーバー家において、ベルリンともモムゼンとも繋がりのあるシュトルムが話題に上ることはあったと思われる。

別の可能性として、イプセンを考えることができる。一八九八年八月に、コンスタンツで療養中、ヴェーバーは、『ヨーン・ガブリエル・ボルクマン』を読み、これを手がかりとして自分の人生行路の重要な軌道修正を図っている（研究編三二七頁を参照）。また『音楽社会学』のなかで、散文中の傑作事例として、フローベールとワイルドとともに「イプセンの分析的対話」を挙げている（MWGI/14: 232）。ホーニヒスハイムによると、イプセン劇における慣習から脱けだす勇気をもつ個人の咎なき語りは、ヴェーバー自身に通じるところがあったという（MWzG: 235）。一九一九年八月に、ヴェーバー夫妻は劇場でイプセンの『ブラン』を観て感銘を受けている（LB1: 678, LB2: 717）。

当該箇所で、ヴェーバーがシュトルムやイプセンだけを念頭に置いているのかどうかについては検討の余地があるかもしれない。ほかの可能性も挙げておく。

音楽にかんして、ヴェーバーは、ベートーヴェンとブラームスの室内楽や、ミーナ・トブラーの弾くリストを好んでいた（MWzG: 243f.）。これにたいしてヴァーグナーにたいする態度は単純でなく、ヴァーグナー崇拝からは（当然にも）距離を置き、彼の作品にまつわる国家主義的喧噪を嫌悪したが、悲劇作家としての彼を高く評価し、運命を直視し、それに立ちむかう人物像に共感していたという。彼の好んだ作品は『ニュルンベルクのマイスタージンガー』と『トリスタンとイゾルデ』であり、『パルジファル』には否定的だったが、『ニーベルングの指環』にたいしては全面否定ではなかった（ebd.: 246f.）。そしてこれらの作曲家の作品を「なんら記念碑的なものでない」と断ずることはできそうにないので、ベートーヴェン、ブラームス、リスト、ヴァーグナーを、当該箇所で言及されている「われわれの最高の芸術」から除外していいだろう。

一方、ハイデルベルクの人々は、オペラ鑑賞のためにしばしばマンハイムに出かけている。一九〇九年から一九一五年まで、マンハイムのカペルマイスターを務めていたのはアルトゥール・ボダンスキーである。ボダンスキーはツェムリンスキーに学び、マーラーの助手を務めていたこともあり、マンハイムではマーラーやシェーンベルクも演目に取りあげており、それは人々の話題になっていた（MWzG: 185, 244）。たしかにマーラーの作品には内密な世界が色濃く投影されており、たとえば彼が幼時に耳にしていた兵営ラッパの余韻が、後年の作品中に見え隠れしていることが（今日《こんにち》では）よく知られている（柴田南雄 一九八四：三二頁）。しかもヴェーバーは、ミーナ・トブラー宛書簡のなかでマーラーの交響曲第八番に言及し、「小市民的精神がこれらの作品〔＝マーラーのほか、ヴィーンで上演される予定の一連の劇・オペラ・音楽作品群〕のなかにいかに強く浸透しているかはたいへんなものだ」と評し、並々ならぬ興味をしめしている。そしてチケットを入手できなかった彼は、「マーラーの八番をこの地〔＝ヴィーン〕で聴きたかったのだが」と悔しがっている（一九一八年四月十四日付、六月一日付書簡、MWGII/10: 119, 175）。またツェムリンスキーの抒情性や、初期から無調時代にかけてのシェーンベルクの内的緊張に満ちた造形力も、„intim"と評されておかしくない。ただし、ホーニヒスハイムの知るかぎりで、ヴェーバー家でシェーンベルクが話題に上ることはなかったという（MWzG: 244）。

　美術にかんして、『職業としての学問』の講演会場がミュンヒェン（のしかもシュヴァービング）であることを考慮に入れると、すぐ思いうかぶのはカンディンスキーである。ミュンヒェン時代の彼にあっては、線が、しだいに対象物の輪郭という意味を喪失していき、ついには色彩が対象物を破って奔放に横溢するにいたり、絵画に新たな境地が拓かれる。『コンポジツィオーンⅥ』『コンポジツィオーンⅦ』（いずれも一九一三年）がこうした創作の頂点をかたちづくる。観る者がそこになにが描かれているのかを感得できない——またそうした感得を必要としない——作品が登場したことは、現代芸術が新たな内密性（Intimität）を獲得したことをしめしているとも言えよう。

　こうした方向性をヴェーバーがどうみていたのかはかならずしも明らかでないが、右に引用したトブラー宛書簡の表現を用いるならば、„Kleinbürgertum"（小市民的精神）のもたらした芸術創造のひとつの特質を表すのがIntimität概念であるように思われる。ヴェーバーがIntimität（内密性）とMonumentalität（記念碑性）という対概念をどのように捉えていたのかは今後の研究課題であろう。

　つぎに、「ピアニシモ」は、マリアンネ・ヴェーバーの著作『法発展史のなかの主婦と母』（一九〇七年）の末尾近くの記述からの引用であり、そこには、「愛の色調にみられるあらゆる変容を貫いて、最高齢のピアニシモにいたるまで」と書かれている（Weber, Marianne 1907: 571f. MWGII/10: 638）。

　この表現については、「中間考察」のなかの記述が重要である。「有機的な人生行路のあらゆる痕跡を貫いている責任を自覚した愛情の償いのなかに、つまり『最高齢のピアニシモにいたるまでの』（ゲーテの言う意味で[㊵13]）相互承認行為と相互負託行為のなかに、なにか固有のもの・至高のものが存しているかもしれない」（MWGI/19: 511）。この記述は、「中間考察」の改訂稿が印刷所に回されたあと、校正時に追加されたものである（研究編注51を参照）。また、この「中間考察」を含んでいる『宗教社会学論集第一巻』の「献辞」には、「マリアンネ・ヴェーバーへ、一八九三年〔の結婚から〕『最高齢のピアニシモにいたるまで』、一九二〇年六月七日」と記されている（RSI: Widmungsblatt）。『宗教社会学論集第一巻』の校正段階で、なぜ急遽この表現を含む加筆がおこなわれたのかについては研究編注51に記している。

　「中間考察」の加筆箇所のなかにある「責任を自覚した愛情の償い（Abwandlung des verantwortungsbewußten Liebesgefühls）」「相互承認行為と相互負託行為（Einander-Gewähren und Einander-schuldig-werden）」という表現が、「ピアニシモ」の含意をよくしめしている。それは、人間的紐帯のもっとも内密な最小単位における信頼維持行為を指しているのである[㊵14]。

（三）

「例の公然たる背教者呼ばわりとはかかわりなく、むしろまったく単純素朴に、憐憫の情をもって大きく広げられた古教会の腕のなかへと、彼は黙したまま帰ろうとする」「当代のこの運命に男らしく耐えることができない者」と言われているのは、直接にはトルストイである。最後にもう一度言及されるトルストイの「知性の犠牲」にたいするヴェーバーのこの価値査定はきわめて重要である。

　トルストイは、『懺悔』において次のように語っている。「やはり私は生きていて、ほんとうに生きているのはやはり私が神を感じ神を求めているときだけなのである。だとすればなぜこれ以上求めようとするのか、私のなかでこう叫ぶ声がした。」「神を求めることによって生きよ、そのとき神のない生《せい》などない」。こうしてトルストイは生《せい》の力を取りもどす。「不思議なことに、私が取りもどした生《せい》の力は、なんら新しいものではなく、太古の昔の力であり、それは、私の人生の最初期に私を支えてくれていたものだった。私は、あらゆる点において、最初期に、つまり少年期・青年期のものの考えかたに立ちもどった。私を生みだし、私になにかを求めている意志への信仰に立ちもどった。私の生《せい》の本質的で唯一の目的は、よりよく生きるということ、つまりこの意志に最大限に合致して生きるということだという考えに立ちもどった。この意志の表現を、私の知らない遠い過去において、全人類をその指針に沿ってかたちづくったもののうちにみることができるという考えに立ちもどった。すなわち私は、神と、倫理的完成と、生《せい》の意味（der Sinn des Lebens）を伝えてきた伝承とへの信仰へと立ちもどったのである」（TGW2–1: 109–111）。彼の思想のこうした転回を、ヴェーバーは〈古教会への回帰〉と性格づけているのである。よく知られているように、トルストイは、こうした見解を譲らなかったため、一九〇一年にロシア正教会から破門された。これが「例の公然たる背教者呼ばわり」である。

　トルストイがもちださざるをえなかった「知性の犠牲」は、彼の『懺悔』を貫くテーマである。「〔一方で、〕かりに理性的認識の道をすすむとすれば、そこには生《せい》の否定以外なにもみいだすことはないだろうということ、また他方で、かりに信仰のうちにあるならば、そこには理性の否定以外なにもみいだすことはないだろうということがわかっており、この理性の否定は、生《せい》の否定以上に不可能なことであった。」「信仰からの帰結は、生《せい》の意味を理解するためには、理性を、つまり生《せい》の意味なくしては存在しえないまさにその理性を捨てなくてはならないことだろうということだったのである。」「信仰が与える回答が、どれほど理性に反し支離滅裂なものであろうと、有限なものと無限なものとの関係（これなしには回答を与えることができないもの）を個々の回答のなかに組みいれているという長所を有していることを私は理解した。」「信仰が与える回答のなかには、人間のもっとも深い知恵が秘められており、理性を理由としてこの知恵を否定する権利を私がもっていないこと、またこの回答が、生《せい》の問いにたいする唯一無二のものであることを、私は理解しはじめた」。そしてこの回答によって、多くの無学な民衆はたしかな信仰生活を営んでいるのであって、トルストイ自身の属している知識人層とはちがって、信仰は実生活と結びついていることを発見した。「われわれの階層の信者の全生活は、その信仰と矛盾していたが、労働者のうちの信者の全生活は、信仰の認識が与えている生《せい》の意味の確証であった」（TGW2-1: 80, 84, 90, 95）。こうして決定的な「転回（Umwälzung）」（ebd.: 97）を果たしたトルストイは、労働する民衆の生活のうちに生《せい》の意味を探究し、かつて自分が捨てた信仰箇条を再吟味し、これこそが生《せい》に意味を与えるものだと確信し、「いまこの箇条を理解はしないけれども、それでもこれが意味を有していることはわかっており、人はこれを理解するよう学ばなくてはならないものだと自分に言いきかせた」（ebd.: 115）。

　そして彼は、この半自伝的考察の最後において次のように語る。信仰の認識はきわめて独特のものであり、その全体像は無限のなかに隠れているが、その限られた「範囲内で、私は、不可避にして説明不可能なものへと導かれていくために、信仰を理解したい。説明不可能なものはすべて、私の悟性の要求するところがまちがっているから説明不可能なのではなく（その要求は正しく、その要求の外では私はなにも理解することができない）、私が自分の悟性の限界を知っているから説明不可能だと理解したい。説明不可能な命題は、どれもまさにこの悟性の必然的要請として定立されたのであり、信ずべき義務として定立されたのではないと理解したい」（ebd.: 135）。こうしてトルストイは、悟性（Verstand）の及ばないところに存する「不可避にして説明不可能なもの（das Unvermeidlich-Unerklärliche）」に到達する途を模索するにいたったのであり、ここに彼の立場の神秘主義的性格があざやかにしめされている。またそれに到達するためのアプローチは、„Verstand“の限界を承認することを前提としている。ここにしめしたのはリッターのドイツ語訳からの重訳で、„Verstand“のロシア語原語がどういう意味なのかはわからないのだが、„Verstand“はカントにおける「悟性」であって、この箇所は、「悟性」の限界にたいするトルストイの認識をしめしているように思われる。そうだとすると、トルストイの最終的な宗教的立場はカントの認識論を下敷きにしていることになろう。

　重要な箇所なので、『懺悔』の英訳も確認しておく。一八九九年のクロウウェル社版（訳者不明）は以下の通りである。“I wish to be brought to the inevitable limit where the incomprehensible begins; I wished that what remained uncomprehended should be so, not because the mental impulse to inquiry was not just and natural (all such impulse are just and without them I could understand nothing), but because I had learned the limits of my own mind. I wished to understand so that every unexplained proposition should appear to my reason necessarily unexplainable, and not an obligatory part of belief”（Tolstoï 1889: 72）。訳すと以下のようになる。「私は、理解不能なものが始まる不可避の限界点にまで立ちいたることを望む。つまり、理解不能なままになるものが理解不能なままなのは、探究しようとする心的衝動が不正で理に合わないものだからではなく（かかる衝動はすべて正当であって、これなしには私はなにものをも学び知ることができない）、私が自分自身の悟性の限界をすでに学んだから、理解不能なままで当然なのだということを望む。説明不能な命題はすべて、信仰の義務に相当する部分としてではなく、必然的に説明不能なものとして、私の悟性の前に立ちあらわれるのが当然であることを、私は学び知ろうと望む」。リッターが「不可避にして説明不可能なもの（das Unvermeidlich-Unerklärliche）」と訳したものは、この英訳では「理解不能なものが始まる不可避の限界点」と訳されている。どちらも、これが不可避かつ説明不可能で、理性が及ばない彼岸にあることが明示されている（『懺悔』の邦訳群は、この箇所の含意を取りそこなっていると思われる）。

トルストイの『懺悔』は、神秘主義が十九世紀という時代に立ちむかった真摯な記録であり、ヴェーバーは、トルストイが到達した境地に高い価値査定を与えている。ヴェーバーの神秘主義理解については段落㉕要説（四）にしめしておいたが、さらに付言しておくと、ヴェーバーの宗教論にあっては、神秘主義は、なるほど「現世逃避」と位置づけられているけれども、それは、ただ逃避して観照しているだけの無力なものではない。「中間考察」のなかでは、本来の達人信仰から、状況によっては「革命的な帰結」が生じることもありうることが指摘されている（MWGI/19: 498, 個別注解㊳22を参照）。神秘主義は、革命的契機（つまり現世変革への契機）をも孕んでいるのである。ヴェーバーの神秘主義論・神秘主義評価は従来等閑視されがちであったと思われるので、この重要な記述に注意を促しておく。

なお、トルストイ以外に、「当代のこの運命に男らしく耐えることができない者」に該当するのは、たとえばこの講演中で引き合いに出されているフェルスター（個別注解㉘5を参照）やニーチェが挙げられよう。

（四）

「日々の要求」について、まず典拠をみておく。ゲーテの『ヴィルヘルム・マイスターの遍歴時代』に挿入されている箴言集のなかに次の一節がある。「どうすれば自分自身を知ることができるか。考察することによってはけっしてできないが、行動を通じてならきっとできる。汝の義務を果たそうと努めよ。そうすれば、自分の持ち分がなにかがすぐにわかる。／それでは汝の義務とはなにか。日々の要求だ」（GWH8: 283）。

この「日々の要求」については、これまで多くの言及がなされてきたが、管見のかぎりでは、残念ながら正確に理解されたことがない。とりわけ、なにか職業上の「日々の要求」を果たすということが、この講演の結論であるかのような驚くべき矮小化がなされることがすくなくない。しかし、ヴェーバーは、ここでいかなる種類の結論・回答・処方箋をも与えていない。そして彼の説く「日々の要求」も、職業上の要求に限定しているのではなく、むしろそれ以外の要求を果たすことを重視している。彼が語っている「日々の要求」は、この当時のドイツの大学人が置かれている日常の要求であるが、その日常は、大学人が絶えず直面しつづけなくてはならない——この講演を通じて彼が詳細に告発した——不条理な日常である。それは、唾棄すべき「ドイツの大学の伝統」と、資本主義的・官僚制的経営体と化しつつある大学組織の変貌とによって生みだされた近代知の矛盾に満ちた相貌が顕現・噴出する日々である。「われわれの日常生活総体が、この〔＝官僚制の〕枠のなかに組みいれられている」（MWGI/23: 464）。彼は、当面、大学人に負わせられている研究・教育任務に当たりつつ、その日常の不条理性に対峙しつづけよと説くのである。

彼は、日常性に埋もれることを称揚しているのではない。もしも、ただもう日常の営みに没するのみで、みずからの置かれている問題状況から目を背けつづけるならば——つまり禁欲的プロテスタンティズムのように、〈結果がどうあれ自分のやるべきことをやる〉という態度に終始するならば――、現状の打開へといたる可能性はない。教育・研究分野においてヴェーバーが求める「人格者」は、たえず自己内省察によってかかる埋没に陥らないよう注意し、そのうえでみずからの持ち分（本分）である教育と研究への情熱的献身をなし（もちろんこれは与えられた仕事に無批判に没入することを意味するのではない）、かつ街頭にも出て政治的発言をなし、なおかつ今《こん》日《にち》の大学における諸問題を批判し、その大学の現状を打破するために、内部告発をも含めた旺盛な活動を展開する者なのである。

もとより、「対峙」という営みそのものが、ドイツの大学の現状にたいしてなんらかの打開策にはなるわけではない。この大学人の生活は、出口のみえないトンネルを灯火なしで歩きつづけるようなものだが、まさにその大学人としての矜持を保ちつつ、大学人としての日常的使命を果たし、かつ自分が置かれている不条理性への対決姿勢をもちつづけることから始めなくてはならないというのが、ここで彼が聴衆に与えたメッセージである。現に、当該箇所には、「自分の仕事に取りかかる（an unsere Arbeit gehen）」ことと、「――職務においてのみならず人間としても同様に――『日々の要求』を満たす（der „Forderung des Tages" gerecht werden ― menschlich sowohl wie beruflich）」こととが並べて書かれている。この営みは、「取りかかる」という最初の一歩であって、この営みだけで済むのではない。しかも、その営みは、たんに職務上の「日々の要求」を満たすことだけでなく、むしろ人間としての――つまりたんに学問（科学）の内部にとどまらず、みずからの生《せい》の総体にかかわる――「日々の要求」を満たす営みなのである。

原文で当該箇所の最後に付記されている「職務においてのみならず人間としても同様に（menschlich sowohl wie beruflich）」という言句は、こうしたじつに深い含蓄をしめしているのであって、読者は、この「人間として（menschlich）」の意味と重みとをしっかり受けとめなくてはならない。ヴェーバーは、この講演で縷々語ってきた諸問題を、この「人間として」という一語に托して、学問の世界から各々の生《せい》の現場へと橋渡ししている。老婆心ながら、当該箇所の「人間としても」に「＝生《せい》の現場における人格としても」と補ったのは、ここにこそ彼の真意があることをしめしたかったからである。

しかし、はたして講演当日の聴衆がこの〈日常性対峙と闘争〉の深みを理解できたかどうかには大きな疑問がある。実際、この点を詳細・具体的に噛みくだいて述べることなくヴェーバーが講演会場を立ちさったのは、ひとつには、いまこの時点でどんなにていねいに説いてもこの聴衆には理解できないだろうという見切りの感情（諦念）があってのことであろうし、またひとつには、きわめて近い将来に彼が展開する手筈を整えつつある新しい教育活動のなかで、彼が求める新しい大学教育のありかたを彼自身が実践的に提示することによってはじめて学生たちにも理解できるだろうという期待があってのことでもあろう。

（五）

彼は、それまでの教師としての歩みを振りかえり、それを踏まえ、これから先どうすべきかをこの講演において考察した。したがって、この講演は、五十代半ばにさしかかった彼の教師人生にとって中間考察という位置を占めている。しかし、この先を論じつづけるためにはさらに込みいった議論が必要であり、とても一晩で語りつくすことはできないから、当夜はひとまずこれで語りおえ、続きは新しい講義活動に譲ったのである。この意味において、この講演は、一方では中途で打ちきられた中間考察であり、また他方ではきたるべき彼の新しい教育活動への前口上であり、それに先立って（彼は一九一七年春以降ずっとミュンヒェン大学から就任要請されていたことに注意）、浮ついているミュンヒェンの学生たちと交わした前哨戦でもあり、まだ具体的に授業計画が固まっていない時点において未完の教育構想を提示した試論でもある。

　この講演は、ヴェーバーの学問論・科学論の集大成・完成形という位置づけをなんら有していない。彼はそのような意図をもって語りかけておらず（研究編三三九頁に記すように、もともとこの講演録を刊行するつもりはなく、一回限りの口頭伝達として語られた）、その刺激的な内容とあっけない幕切れとは、この講演が、あとに続くはずの本編にたいする前口上か、あるいはモティーフ提示的な前奏曲という位置づけを有していることをしめしている。これにたいして、この講演が最初におこなわれた一九一七年の時点で彼が計画している（が実現しなかった）ハイデルベルク大学哲学部における「一般社会学」講義、翌一九一八年に実現するヴィーン大学法学・国家学部における教育活動、一九一九年に計画される（が実現しなかった）ボン大学法学部における講義、その年から実現するミュンヒェン大学国家経済学部における教育活動が、この講演を導入部とする本編なのであって、これらをこの講演と関連づけて考究することが、今後の研究課題として重要である。

　今井弘道は、「日々の要求」充足が、「人格」概念および「行為」概念と不可分であることを力説し、次のように論じている。ヴェーバーの「人格」概念は「行為」概念と不可分なかたちで係わりあっており、その「行為」は、第一に、「目的合理的なるもの」であり、第二に、この目的合理的な行為を「行為者たる『人格』が状況毎にその都度行う様々の行為の〈連鎖〉として見た場合、それ自体として一つの価値を体現するものとしての整合性・統一性を有していなければならない」。この第二の要件を満たすことを通じて、行為者は「『組織的』な仕方で『価値合理的』でありえていなければならない」。そのうえで、「『日々の要求』に自らの実践的行為を通して応えることによって、ただそのことによってのみ、自らにとっての神を、そして自ら自身を、選択するべきなのである。その場合、自らの選んだ神と調停不可能な戦いを戦っている他の神々を悪魔とみなすことが不可避だとしても、それにたじろぐべきではない。その戦いにおいては、『意味の上では』、『何の相対化も何の妥協もありえない』からである。このことを明晰に意識することを怠り、自分のデーモンの発する『日々の要求』に応えて対立的『要求』と戦うことをなおざりにするなら、『日常』は浅薄化され、人はその『浅薄』な『日常』に埋没してしまう」（今井弘道　一九八八a：一一二〜一一三頁、段落⑮要説（二）を参照）。

　すでに段落㉜㉝要説（一）で引用したように、『価値自由論』において、次のように述べられている。諸価値のあいだでは、和解できない生きるか死ぬかの闘争が問題であり、ここには、「神」と「悪魔」との闘争と同様、意味から言ってなんら相対化や妥協の余地がない。ところが、事実からすると、各人の生《せい》の現場においては、いたるところで相対化や妥協が繰りかえされている。日常的に漫然と日々を送っている者は、「神」と「悪魔」とのあいだの選択を回避し、自分の最終的な決定をも回避しつづけているのであって、これが「『日常』を浅薄化するもの（das Verflachende des „Alltags“）」である（WL6: 507. 個別注解㉜2にしめした矢野善郎の指摘を参照）。こうした浅薄化された日常に埋没するのではなく、呪力剥奪が進行した指針なき時代において真に「人格者」たりうる者は、合理的な実践的判断を可能にするために世界を客観化し、目的合理的な行為を遂行するとともに、その一連の行為連鎖が全体としてひとつの価値を体現するものとして整合性・統一性を有することを日々確証する実践的行為主体だけである。当該箇所の（憧憬し待ちこがれるだけでなく、それとともに自分の仕事に取りかかり、自分の命の糸を操る内なる力にしたがって日々の要求を満たすという）「絢爛たるレトリック」は、こうした実践的行為主体のための「モティーフ」として理解されなくてはならないのであって、この主体＝「人格」こそは、「ウェーバーの理論と思想とを貫く核心中の核心」であるとともに、「彼の社会科学の根底をなしてもいた」（今井前掲書：一一四頁）。このように、当該箇所における「日々の要求」を満たす行為とは、たんに、細分化された専門の内部で、そつなく職務上の日々の要求を満たし、呪力剥奪状況に無批判に浸かって日常を過ごすなどということではなく、「人間として（menschlich）」どう生きるかというトルストイの設問に正対し、みずからの奉ずる価値に則って旺盛に闘争する行為だと解さなくてはならない。こうした闘争行為のみが、専門化状況と呪力剥奪状況とを打破しうるのである。

『職業としての学問』の末尾で提唱されている〈人間としての日々の要求の充足〉を、ヴェーバーの行動歴に照らしてみると、①大学人としてたえず身を律して行動せよという内的要請、②大学のなかで不正・腐敗と戦えという職場内要請、③大学制度の問題性を見据え、その改革・刷新をめざせという社会的要請、④大学の外で市民として見識をもって行動せよという政治的要請の四つに大別することができる。このうち①については、段落㉙要説（二）でしめしたエピソードが重要である。彼は、学生にたいして、教授の権威をもって政治的影響を与えることを慎重に回避し、学生自身の主体的判断・行動を最大限に尊重している。こうした姿勢が、「人間として（menschlich）」どう振るまうべきかにかんする彼の回答の一端である。

しかし、この含意を正確に汲みとることのできた日本人読者は、これまで何人いただろうか。管見のかぎりでは、従来の読者の大半は、この重要な文意を見逃し、あたかも職務上の「日々の要求」を満たすことだけをヴェーバーが論じているかのように誤認してきた。そしてそのため、この講演の最後にしめされている「日々の要求」充足を、職務上の義務遂行だけであるかのように歪曲・矮小化してきた。「日々の要求」の問題を丹念に掘りさげた折原浩でさえ、ヴェーバーの議論をこのように矮小化して捉え、職務上の「日々の要求」充足が「『成果』―『名声』への『転移』の可能性を開いてしまっている」かのように誤認している（折原浩　一九八一：二九四頁）。

しかし折原は重要な指摘をしている。彼は、『倫理と精神』末尾における現代人の人間類型にたいする「ネガティーフな評価」（段落⑫⑬要説（四）を参照）との対比で、『職業としての学問』の当該箇所において「日々の要求」を満たそうという「ポジティーフな要請」が掲げられているのはなぜかを問い、はたしてヴェーバーは、「専門的職業への専念」を「自己完結的なもの」「最終的なもの」として設定し、「近代の経済秩序」の「外枠」への「適従」を学生たちにたいして訓告したのかどうかを吟味している。そのさい折原は、『ヴィルヘルム・マイスターの遍歴時代』を手がかりとして、「日々の要求」というゲーテの言の意味を考証している。ゲーテは、根源的制約をなす唯一者に背かない応答として「日々の義務」を果たしながら、同時に自分の精神を吟味し、さらにそのあと自分を向上させる余裕をみつけるとき、崇高なものにたいする正しい立脚点を獲得するという一連の営みの手順をしめしたのであって、その最初の作業が「日々の要求」の充足である。したがってそれは「最後のことではない」（前掲書：二八六～二八七、二九〇～二九一頁）。

矢野善郎も、「日々の要求」について詳細な考証を展開している。それによると、西洋の人格に特有なのは、日々の要求に従う行為である。それは、ある行為に専念し、それにともなって他のものを断念するという近代人の禁欲的性格をしめしており、それが品格を備えた人格者たる要件である。しかも日々の要求に従うという行為は、けっして受動的な受忍ではなく、むしろ、時代の運命に真正面から向きあい、その日常を克服しようとするものであって、それが、日々の要求に応えつつ現代を生きる人格者のあるべき姿なのである（矢野善郎　二〇〇〇：六六～六八、七〇～七三頁）。

折原と矢野の考察にたいしてひとつつけくわえるべきは、ゲーテが依拠している「根源的制約をなす唯一者」「神性」「崇高なもの」をヴェーバーはまったく共有していないという重要な事実である。スワンメルダムやゲーテは、神的なものに依拠してみずからの持ち分（本分）に邁進し、それによって神の意志に適う生《せい》をめざすという営みの可能性を信ずることができたが（段落㉕要説（一）中にあるテヴノ献辞の結語を参照）、ヴェーバーがこの講演中で断言しているように、神に疎遠な時代にあっては、そうした信仰はもはや成りたちえない。だから、ゲーテとは別の途を探らなくてはならないのである。

（六）

「内なる力（Dämon）」もまた、これまで理解されていなかった術語である。まず『価値自由論』における用例をみると、教授たちが自己の理想を主張できる場所を論じたなかで、「教授は、新聞において、集会において、結社において、評論において、また他のどの市民にも同様に利用することのできるどの形態においても、彼の神あるいは内なる力《デーモン》が彼に命ずることをしてかまわない（またすべきである）」と述べられている（WL6: 493）。この文例では、節度ある「教壇禁欲」から解きはなたれ、みずからの欲するところにしたがって政治活動をする姿を表すために「内なる力」という表現が用いられている。このように、「内なる力」は、個人が意欲をもってなすことのなかでも、とくに情熱が枯れることなく滾々と湧きでて、あたかもなにものかに衝きうごかされるかのごとく、情念の奔流に身を委ねて一事に邁進するとき、その個人を動かしている駆動力・推進力を指す表現である。ヴェーバーは、この語を、直前に記されている「命の糸」（個別注解㊵11を参照）と結びつけ、自分自身を内面から突きうごかす——しかも人知では制御しがたい——駆動力を探しあて、そこから自分の使命を手繰りよせることから始めようと聴衆に呼びかけている。しかし、内なる力に身を任せたままでかまわないのではない。

　注意しなくてはならないのは、次にしめすゲーテにおいてもヴェーバーにおいても、この「内なる力」は人知によって制御しがたいものと捉えられており、それはかならずしも善行を導かず、ましてつねによい結果を招きよせるものではないと考えられていることである。当該箇所で語られているのは、内なる力の命ずるままに邁進すればいいのだなどという単純な話ではない。この力に依拠して「日々の要求」を満たしながら、大学と学問の日常――日々諸矛盾が噴出しつづけているこの不条理な近代知の日常――に立ちむかうことが当面する課題なのである。こうした文明史的視座に立って実践的課題設定をなしていることが、凡百の大学論の遠く及ばないヴェーバー大学論の傑出した点である。

　Dämon について、ソクラテス以来の多種多様な用例を網羅的に陳列してみても、ヴェーバーがこの語に託したものに辿りつくことはできない。これは、よく知られているようにゲーテの用語である。「デーモン」ないし「デモーニッシュなもの」にかんするゲーテの言及は多く、『エグモント』『ヴィルヘルム・マイスターの遍歴時代』『ファウスト』『親和力』等にみられる。しかも「デーモン」にかんするゲーテの用語法は、年代によって――作品や状況によっても――異なる。そしてヴェーバーの論旨と重なるのはゲーテ晩年の発言である。

　ゲーテは、『詩と真実』第四部第二十章のなかで、デモーニッシュなものを次のように特徴づけている。「自然のなかにおいて、つまり生命あるものと生命なきもののなかにおいて、魂あるものと魂なきもののなかにおいて、矛盾のうちにのみ出現し、それゆえいかなる概念によっても、ましていかなる言葉によっても捉えることのできないものをみつけたと彼〔＝ゲーテ〕は思った。それは神的ではなかった。というのは、それは非理性的にみえたからである。それは人間的ではなかった。というのは、それはまったく悟性をもたなかったからである。それは悪魔的ではなかった。というのは、それは善行をなしたからである。それは天使的ではなかった。というのは、それはしばしば他人の不幸への喜びを表に出したからである。それは偶然に似ていた。というのは、それはなんら一貫性を証さなかったからである。それは摂理に似ていた。というのは、それは関連性を指ししめしていたからである。われわれを制限しているすべてのものが、それにとっては貫きとおすことができそうにみえた。それは、われわれの存在の必然的要因を、ほしいままに操るようにみえた。それは時間を圧縮し、空間を押しひろげた。それは不可能なもののみを気に入り、可能なものを、軽蔑の念をもって自分から突きはなすようにみえた。他のあらゆるもののあいだに入りこみ、それらを分離し、それらを結合するようにみえるこの存在を、古代人や、似たようなものに気づいた人たちの例に倣って、私はデモーニッシュなものと名づけた」(GWH10: 175f.)。

　デモーニッシュなものは、矛盾のうちに存在し、多面的な性格をもち、事物のあいだに介在して、事物を分離したり結合したりするものであり、その意味でヘーゲル的な発想を内に含んで構想された概念である。ゲーテのこの記述はルカーチの『小説の理論』においても引用されている(Lukács 1920/71: 76)。

　またエッカーマンの『ゲーテとの対話』中のゲーテの発言も、当該箇所におけるヴェーバーの論旨と関連が深い。以下に拾っておこう。

「高尚な人であればあるほど、デーモンどもの影響を受けるものであり、彼は、自分の主導的な意志が脇道に逸れてしまわないようにつねに気をつけていればいい」(GWM19: 299)。「われわれの良好な性質を力強く保持し、デーモンどもに二度と力を与えないようにしっかり抑えておくことは、まったくむずかしいことだ」(ebd.: 301)。

「デーモーニッシュなものは、悟性でも理性でも解明できないものだ。私の本性《ほんせい》には欠けているが、私はこいつに従わせられている」(ebd.: 424)。

「メフィストフェレスは否定的にすぎる存在だ。デモーニッシュなものは、むしろ徹頭徹尾肯定的な活動力のなかに立ちあらわれる」。その実例として挙げられるのはパガニーニである(ebd.: 425)。デモーニッシュなものは、「好んで傑出した人物にとりつくもので、また好んで暗い時間帯を選ぶものだ」(ebd.: 446)。

「葛藤は、真に自然の根拠を背景にもってさえいれば、また真に悲劇的なものでさえあれば、どのような矛盾の状況を望むのであれ、矛盾から生じてくる。こうして、〔大〕アイアースは傷つけられた自尊心というデーモンに根ざして、ヘーラクレースは愛の嫉妬というデーモンに根ざしてすすんでいく」(ebd.: 541f.)。

「人間の暗愚と啓示とが彼の運命をつくる。デーモンが日々われわれを操り、たえずこうしなさいと指示して駆りたててくれるならば、難儀が降りかかるなどということはなかろう。しかし善良な霊がわれわれを見捨てたと仮定すると、われわれの意欲は萎え、暗闇をうろつくことになる」(ebd.: 604f.)。

「実り豊かなあらゆる傑出した才知、あらゆる発明、あらゆる最高の種類の創作力、あらゆる偉大な思想」といったものを、「人間は、天からの思いがけない賜物、神の無垢の子とみなし、それを喜んで感謝の念をもって受けとり、崇敬しなくてはならない。それはデモーニッシュなものに似ていて、それは強大な力をもって人間を思いのままに翻弄しており、人間は、内発的に行動しているつもりなのに、無意識のうちにそれに帰依している。この場合、人間は、高貴な現世支配の道具だと、つまり神の感化を受容するに値すると判定された容器だとみなすことができる」(ebd.: 611)。

こうしたゲーテ晩年の「デーモン」理解とヴェーバーの用語法に即して、Dämonを「内なる力」と訳した。人知の制御の及ばないこの力は、人間を内側から衝きうごかし、その行為に内的推進力を与え、情熱を燃焼させつづける源となるものだからである。

(七)

この講演は、内なる力に依拠して日々の要求を充足することから始めようと呼びかけたところで、唐突に終わっている。講演当日は夜も更けたので打ちきったのかもしれないが、一九一七年十一月七日の原講演から一九一九年六月下旬~七月初頭の出版まで、一年七カ月もの時間が経過しているから、この先を語り(書き)つづけることは十分可能だった。実際彼は、原講演の速記録にたいして大量の加筆をおこなっているのであって(巻末資料五を参照)、なおこの先をも加筆しようと思えばできたことであろう。それにもかかわらずここでこの講演録を打ちきっているということは、彼が、この講演にまとまった結論を与えることをわざと回避し、聴衆を深刻な問題状況に突きおとしたまま講演を打ちきるという戦術をとったことをしめしている。段落①要説において注意を促しておいたように、われわれがいま読みおえたのは非常にトリッキーな《策術講演》だったのである。

この打ちきられた地点は、彼の学問論の限界点である。彼が学問ないし科学に従事する人間の問題に論及するとき、そこには限界点がある。段落㊱で「科学そのものが明晰性の追求のなかで達成しうる成果へと到達し、同時に科学の限界へと到達します」と言われているのがその地点である。ヤスパースは、ヴェーバーによる分析がこの地点で「中断」されたと解している（Jaspers 1988: 98. 個別注解㊱6を参照）。『職業としての学問』の締め括りを、このように「中断する（unterbrechen）」と性格づけることは、この講演に込めたヴェーバーの意図を理解するうえで重要である。この先は、各人の具体的な生《せい》の現場に委ねられたのである。

彼が『職業としての学問』を語りおえた地点について、ヤスパースは次のように評している。「ここにおいていま真実であることがなされなくてはならない。物事を放置し、軽視し、過小視することは、非存在への道であり、世界の内面的破壊への道である。われわれがなさなくてはならないことを、彼は一般的なかたちで表現したのである」（ebd.: 106）。ヴェーバーが指ししめしたのは、たしかにわれわれがいま直面している問題に誠実に取りくむことだが、だからといって、それだけでいいという逃避の道を彼が用意してくれたのではない。こうした任務に当たりつつ、各人がどのような問題にたいしてどのような立場と態度とを決定するのかについて、聴衆（読者）に根源的な問いかけをなして、この講演は終わっている。

ヴェーバーは、すでにスワンメルダムやゲーテの道を否定し、トルストイの道をも否定した。それでは、いったいいまわれわれはなにをなすべきなのか。イザヤ書からの引用は、みずからの仕事（＝持ち分）に献身しながら待ちこがれるだけではなにも変わらないことをあざやかにしめしている。別様に事をなさなくてはならない。それは、たんに持ち分において務めを果たすのみならず、その持ち分の外に立ち、人間としての務めをこそ果たし、それを手がかりとして、呪力剝奪状況下で主知主義が跋扈する現代世界の隘路を打破する途と術とを探ることである。

注意深く読めばわかるように、ここまでの四十個の段落を通じて、ヴェーバーは、「こうしよう」「こうすべきだ」という提言の類を注意深く回避しつづけてきた。しかし、この段落㊵の末尾において、たった一度だけそれを敢行する。それは、〈職務のみならず、人間としての日々の要求を満たすことから始めよう〉という提言である。それは、《敵と闘うためにあえて敵の土俵に立つ》ことを意味する〈職務上の日々の要求の充足〉を堅実に果たしながら、そこに埋没することを拒否し、〈人間としての日々の要求の充足〉の見地から、不条理な大学の日常を、また不条理な現代社会の日常を告発し、それを打開ないし打倒するための術を探り、実行に移そうという提言にほかならない。

この提言の意味と重さとを、当夜の聴衆が正確に理解したとは考えにくい。一九一九年の再講演を聴いたレーヴィットは、この講演を聴いたときに「私がすぐ思いつく要求〔＝日々の要求〕は、大学での勉学を開始することだった」と後年述懐しており、人間としての日々の要求には——すくなくともこのときヴェーバーの講演から直接には——思いいたっていなかった模様である（Löwith 1986/2007: 20）。レーヴィットを含む当夜の聴衆たちは、このおそろしく難解な講演のもっとも重要な論旨を、おそらく即座に理解することは叶わなかったことであろうが、すくなくともここから、自分たちを取りまいている時代の空気の正体を垣間見て、またそれにたいする自分や周囲の若者たちのこれまでの態度の危うさを感じとって、（自分自身をも含む）なにかを変えなくてはならないという心証を得たことであろう。この講演において——また他のさまざまな機会に——ヴェーバーの鳴らした警鐘は、その後ヴァイマル期からナチス期にかけてレーヴィットらが辿った過酷な運命のなかで、そのつど想起され、響きわたった（たとえば個別注解㉜10におけるトラーの獄中回想を参照）。そしてその警鐘は、今日《こんにち》においてもなお想起されるべき価値を有している。

段落㊵への個別注解

㊵1）【典拠】「息吹（Πνεῦμα, Pneuma）」は、精霊を指す語のひとつである。渡辺は、次の章句を典拠として参照指示している（渡辺編：八八頁）。「五旬祭の日が来て、一同が一つになって集まっていると、突然、激しい風が吹いて来るような音が天から聞こえ、彼らが座っていた家中に響いた。そして、炎のような舌が分かれ分かれに現れ、一人一人の上にとどまった。すると、一同は精霊に満たされ、〝霊〟が語らせるままに、ほかの国々の言葉で話しだした」（『使徒言行録』二：一〜四）。

㊵2）【語句・文意・文法】現在では人と人との直接的関係性を保つことのできる「最小の信徒仲間」のなかに微細なかたちで残存しているにすぎないものと、かつて預言者の創造力として「大教団」を強力にまとめあげていたものとの対比は、結社ないし教派（Sekte）の精神とアンシュタルトないし教団（Kirche）の精神との対比である。アンシュタルトの精神について、『全集』は、古キリスト教の共属連帯意識を指すものと注記し、次にしめす『コリントの信徒への第一の手紙』第十四章を参照指示している（MWGI/17: 110）。「預言する者は、人に向かって語っているので、人を造り上げ、励まし、慰めます。異言を語る者が自分を造り上げるのに対して、預言する者は教会を造り上げます。」「皆が共に学び、皆が共に励まされるように、一人一人が皆、預言できるようにしなさい」。

㊵3）【典拠】ニーチェの言「捻出」が再度引用されている（個別注解㉕13を参照）。次注にしめす記念碑的作品の駄作は、ヴェーバーにとって、末人のなせる業《わざ》なのである。

【翻訳史】この „erfinden" は、段落㉕におけるニーチェ引用とまったく同一である（個別注解㉕13を参照）。したがってこの語にたいしては、段落㉕と当該箇所とにおいてかならず同一の訳語を与えなくてはならない。ところが、尾高は、先に「みつけだした」と訳しておきながら、ここでは「発明」に変更し（尾高訳②：四二、七二頁）、出口は、先に「みつけだした」と訳しておきながら、ここでは「創りだ」すに変更し（出口訳④：三八六、四〇五頁）、間場は、先に「見つけ出した」と訳しておきながら、ここでは「創出」に変更し（間場訳：六九、一二九頁）、中山は、先に「考案した」と訳しておきながら、ここでは「発見」に変更し（中山訳：二〇三、二四一頁）、三浦は、先に「見つけた」と訳しておきながら、ここでは「発明」に変更している（三浦訳：五四、九八頁）。これらの訳者たちは、ニーチェの同一文献のなかの同一箇所にある同一単語の引用（同一趣旨の引用）にたいして、片方は「みつけだした」等々、もう片方は「発明」等々というまったく異なった訳語を与え、無用な混乱を招いている。おそらく彼らは、段落㉕と当該箇所とが同一引用であることに気づかなかったのであろう。

これにたいして、三木だけが、両方とも「案出」と訳しており、邦訳中では唯一正当な扱いをしている（三木訳：二三、四一頁）。

英訳をみると、ガースとミルズ、ジョン、ウェルズ、ブルーンは、二箇所とも"invent"と訳しているが（G&M: 143, 155, MJ: 17, 30, GCW: 39, 51, HHB: 344, 352）、リヴィングストンは、段落㉕を"discover"としているのに、当該箇所は"invent"に変更して失敗している（RL: 17, 30）。

（40 4）【関連記述】「過去二十年間につくられた数多くの記念碑」が失敗作であったことについては、「ドイツにおける選挙法と民主主義」のなかで指弾されている。「彼〔＝ジョズエ・カルドゥッチ〕のつましい質朴さをかなぐりすてたベルリンには、みすぼらしい大聖堂や醜怪なビスマルク記念碑その他のものがあり、この地は、たとえばミュンヒェンやヴィーンにくらべて、さらにもっと小さな多くの首都にくらべても、陳腐な似非記念碑主義の記念碑であって、ドイツ史のこの世代にかんする後世の人びとの趣味判断がどうであるかを思うとぞっとするほどであり、またこんなものに加担した芸術家世代と、これに反対しなかった大衆とを思いうかべると恥ずかしくなるほどである。なんにせよかかる醜悪化は、君主制それ自体は、たしかに芸術家の趣味文化をすこしも保証せず、〔それどころか〕しばしばそれを危険にさらすことを証明している」（MWGI/15: 375）。ヴェーバーは、この駄作群を、ベルリンの俗物趣味と結びつけて酷評している。

（40 5）【研究史】藤沼貴は、トルストイがロシア正教会との対決姿勢を明確にしてから破門されるまでの経緯を克明に跡づけ、また破門（とされている宗務院決定）の特異性を指摘している（藤沼貴　二〇〇九：三九八〜四二三、五〇九〜五二一頁）。

（40 6）【典拠】『イザヤ書』二十一：十一〜十二。訳文は、新共同訳一九八七年版を参照し、ヴェーバーのドイツ文と勘案した。彼は、この引用文に託しながら、〈いまは先のみえない夜の時代だ〉と告げ、〈暗闇〉と〈不安〉と〈孤独〉に耐えることの意義を示唆している。

この〈暗闇〉の比喩と重なるのがマリアンネ・ヴェーバーの記述である。「創造的な才能によって点火された火を、孤独な高みから下って、生活のヴェールで覆われた谷に運ぶことは、たぶんいつか科学的な労働の本質を学んだ女性の特別な課題になるだろう。その目的は、薄暗がりのなかで行動する人間たちに照明と洞察とをもたらすことであり、そうすれば人々は、価値あるものを価値なきものから区別し、闘い生きる甲斐のある目的を認識する〔ようになる〕。これによって、この課題が、物質文化と人的文化とのあいだの溝を埋めるために貢献することになるならば、そのとき、客観的な文化にとっての重要性にかかわっている女性の知的活動には、将来においても欠ける〔であろう〕ものが、人の文化のために女性が有する重要性によって埋めあわされる可能性があるのではなかろうか」（Weber, Marianne 1906: 25）。この記述の前半部ではプラトンの洞窟の比喩が敷衍されており、プラトンにおいて哲学者の役割だったものが、マリアンネにあっては女性の課題へと移しおかれている。

㊵7）【付帯状況】二千年以上にわたるユダヤ人の「震撼すべき運命」について語りながら、ヴェーバーは、現に目の前にいるミュンヒェンのユダヤ系文化人たちの将来を憂慮している。彼は、彼らもまた、近い将来にさらなる「震撼すべき運命」にさらされるのではないかと懸念しているのである。そしてその懸念は的中する。ドイツ革命以後、ミュンヒェンにいたユダヤ人たちはいずれも過酷な運命に翻弄される。ヴェーバー家を足繁く訪問していたエルンスト・トラーは投獄され、その後亡命先のアメリカで自殺する。ヴェーバーにこの講演を依頼したビルンバウム、この講演録の出版のために尽力したドゥンカー&フンブロート社顧問ルートヴィヒ・フォイヒトヴァンガー（法律家）、一九一九年の再講演を聴きに来ていたレーヴィットやユーリエ・マイヤーらもまた、のちに亡命生活を余儀なくされるのである。

㊵8）【語句・文意・文法】この「のみ」は重要である。ヴェーバーは、憧憬し待ちこがれること自体を否定しているのではなく、暗黒状況の打開を希求しつづけることの価値を十分認めたうえで、それ「のみ」ではだめで、現実の生活（すぐ次に述べられているように人間としての生活と職業生活との双方）において、各人がなすべき本分を尽くすことと、状況の打開をめざすこととの両方が必要だと力説しているのである。

㊵9）【関連記述】ゲーテの「日々の要求」を、ヴェーバーはあちこちで引用している。

当該箇所の論旨と完全に合致する用語法は『価値自由論』中にある。そこでは、献身すべき持ち分とのかかわりで、次のように述べられている。「いま成熟しつつある世代こそ、なによりもまず、『人格者であること』は、意図してそうなりたいと欲してなることができるものではなく、そうしたものに（たぶん）なるためには、ひとつの持ち分への無条件の献身というただひとつの道があるのみだという考えに、ふたたび自分を習熟させることが望ましい。こうした献身と、その献身に由来する『日々の要求』とが、個々の場合にどのような様相を呈するにせよ」（WL6: 494）。

『倫理と精神』のなかでは、カルヴァン派が自己の救済の確信を創出することと同義の内容をしめすものとして、ゲーテのこの箴言が引用されている（MWGI/9: 284, RSI: 111）。

『ヒンドゥー教と仏教』では、「古代キリスト教徒が『おこないを正しくして結果を神に委ねる』ように、バーガヴァタ派信徒は『必須の業』――『日々の要求』と呼んでいいかもしれない――を、つまり『本性によって定められた義務』をおこなう」と述べられており、また「『日々の要求』に相応の質素な行動によって現実世界との関係を獲得するという思想が、『人格』にかんする西洋独特の意味すべての根底に存しており」、この思想は「アジアの知識人文化には疎遠なままである」と論じられている（MWGI/20: 295, 542f.）。

「内政状態と外交政策」では、「特権議会が誠実に『日々の要求』を引きうけることはありえないと思われるので、〔プロイセン〕王国が、いずれここで提案されるであろう緊急選挙権法のかたちで、この要求をかなえることが、あらためて要求されなくてはならない」と述べられている（MWGI/15: 407）。

「新秩序ドイツの議会と政府」では、官僚制の貫徹が国民全体を巻きこむ事態が、資格・地位の問題と関連づけられて、次のように綴られている。「総合大学、工科大学、商科大学、実業学校、士官学校、その他考えうるあらゆる種類の（ジャーナリスト学校をも含む！）専門学校、すべての有利な、そしてそのさいなによりも『安定した』私的・公的な勤務地位の前提としての専門試験、社会的名声（『上流社会』に属する層との婚姻と社会的取引）にたいするあらゆる要求の基礎となる大学入学資格試験合格証書、『身分相応の』確実で恩給のつく俸給、可能な場合には年功序列の昇給と昇進、これが、すでに以前から大学の学生集めの利益と学生の所得欲とがあいまって高めていた実際の『日々の要求』であることはよく知られている」（MWGI/15: 461f.）。

「二つの律法のはざま」にかんする書簡のなかでは、権力戦争の可能性と不可避性とを内包する現世の法則の「内部でのみその時々の『日々の要求』を満たすことができる」と述べられている（MWGI/15: 98）。

これらの用例をみると、「日々の要求」を満たすという行為は、やむをえずおこなわなくてはならない義務であって、ヴェーバーの規定する「人格」にとって、それは必須ではあるがけっして最終的・決定的な営みでないことが明らかである。ヴェーバーは、ゲーテをあちこちで引き合いに出しながら、「日々の要求」への没入をもってよしとするゲーテの人生観（段落⑫⑬要説（五）を参照）とは明確に一線を画し、もとより教員として、また研究者として「日々の要求」を満たすのは当然だが、その先が問題だと論じているのである。

【付帯状況】 森鴎外は、短編『妄想《もうぞう》』（一九一一年）のなかで、ゲーテのこの箴言を訳出している。「奈何にして人は己を知ることを得べきか。省察を以てしては決して能はざらん。されど行為を以てしては或は能くせむ。汝の義務を果さんと試みよ。やがて汝の価値を知らむ。汝の義務とは何ぞ。日の要求なり」（鴎外全集⑧：二一〇頁）。こうした「日の要求」を義務として果たしていくことに充足する境地に身を置くことができない「自分」の煩悶を描いた鴎外は、後年（一九一六年）になると、「日の要求」を「時務の要求」と改めている（研究編三九二頁を参照）。ここで鴎外が描いている「日々の要求」にたいする没入を望みながら断念せざるをえない「自分」の態度と、ヴェーバーが描いている「日々の要求」の世界に閉塞されて自己充足への術を絶たれている近代文化人間の姿を重ねあわせることは有益である。そしてヴェーバーは、まさにこの「日々の要求」への埋没を拒否し、そこから積極的に脱却しようとするのである。

【翻訳史】 尾高は、「自分の仕事に就き、そして『日々の要求』に――人間関係のうえでもまた職業のうえでも――従おう」と誤訳している（尾高訳②：七四頁）。出口は、「われわれの仕事にとりかかり、『時代の要求』を適えるようにしようじゃないか――人間としても職業としても」と訳している（出口訳④：四〇六頁）。間場は、「われわれの仕事にとりかかり『現代の要求』にしたがおう――人間としても職業としても」と訳している（間場訳：一三三頁）。三木は、「われわれの仕事に取り掛かり、ゲーテの謂う『日々の要求』に正しく応えて行くことです。人間としても職務の上でも」と訳している（三木訳：四二頁）。中山は、「わたしたちはみずからの仕事に就き、人間としても、職業においても、『日々求められること』にしたがう必要があるのです」と訳している（中山訳：一四四頁）。三浦は、「まずは自分の仕事に就き、日々求められている任務に、職業を通じて果たすべき任務にも、そして人間として果たすべき任務にも、正しく向かい合おう」と訳している（三浦訳：一〇一頁）。

邦訳中で最大の問題は、尾高の「人間関係のうえでも」である。この訳では、なにか職業上の日々の要求と職場の人間関係の日々の要求とを満たせとヴェーバーが言っているかのようにすらみえて奇怪である。„Menschlich"は、人間関係の問題をしめしているのではなく、三浦訳がしめしているように、あくまでも「人間として果たすべき任務」を指しているのであって、尾高は、この「日々の要求」をひどく歪曲・矮小化している。

この誤訳は、尾高がガースとミルズの誤訳を引き写しにして生じたものである。尾高は、一九三六年の初訳時には、「人間的にもまた職業的にも」と正しく訳していた（尾高訳①：七二頁）。ところが、ガースとミルズは、一九四六年に、"we shall set to work and meet the 'demands of the day,' in human relations as well as in our vocation"と誤訳し（G&M: 156）、„menschlich"を「人間関係において（in human relations）」と見誤るという失態を演じた。これをみた尾高は、これを踏襲し、一九八〇年の改訳時に、「人間関係のうえでもまた職業のうえでも」と改悪してしまったのである。尾高は、戦後、職場の人間関係にかんする研究をおこなっており（尾高邦雄　一九五三、その他の論稿）、これを投影した誤訳でもある。

ガースとミルズ以外の英訳をみると、ジョンは、"both in human and in professional terms"と訳し（MJ: 31）、ウェルズは、"humanly and vocationally"と訳し（GCW: 52）、ブルーンは、"both personally and professionally"と訳している（HHB: 353）。一方リヴィングストンは、"both in our human relations and our vocation"と訳し（RL: 31）、尾高と同様にガースとミルズを引き写しにして誤訳に陥っている。

㊵10）**【語句・文意・文法】** 助動詞 wollen（したい、欲する）が用いられ、「〜しようではないか（wir wollen）」と呼びかけられている。主語は「われわれ（wir）」である。この「われわれ」は、現代人（文化人間）のことだと解されるが、直接には、聴衆である若者たちとヴェーバー自身を指している。〈憧憬し待ちこがれることのみをもってはなされないという教訓を引きだし、別様になす〉こと、つまり〈自分の仕事に取りかかり、職務においても人間としても『日々の要求』を満たす〉ことを、ヴェーバーは強く推奨し、みずからその先頭に立つことを宣言している。

㊵11）**【典拠】**「自分の命の糸（*seines* Lebens Fäden）」の比喩はゲーテからの引用である。『ファウスト』第二部第一幕で、運命の女神アトロポスが、「命の糸」を紡ぎながら歌っている。「今度は長女の私に紡ぎ役があてられました。細い命の糸を繰っていると（beim zarten Lebensfaden）、思いをめぐらし思いに沈みます。しなやかで柔らかい糸になるように、上質の亜麻を選りすぐり、なめらかほっそり均質な糸になるように、巧みな指で縒りあわせましょう。愉しみや踊りをお望みでしょうが、度を過ごしたことがわかったら、命の糸にも限度があることを思いだして。ご用心、千切れるかも！」（第五三〇五〜五三一六行、GWH3: 166）。

ヴェーバーは、「愉しみや踊り」（指導者への帰依、体験への憧憬、政治的沸騰等々）に耽って我を忘れてしまうのではなく、自分の生《せい》を厳しく限定すべき対象を確認し、そこに没入することこそ（さしあたり）必要だと説いている。もちろん、前注で指摘したように、これはあくまでも当面必要なことであり、この没入によって大学・学問をめぐる諸問題が解決に向かうわけではない。

㊵12）【研究史】この概念については、中井真之が詳細に整理していて参考になる（中井真之　二〇〇三、同　二〇〇九）。

【翻訳史】尾高は、これを当初「守神」と訳し（尾高訳①：七二頁）、改訳時に「守護霊」（尾高訳②：七四頁）に変更した。出口・間場・中山は「守護神」と訳している（出口訳④：四〇六頁、間場訳：一三三頁、中山訳：二四四頁）。三木は「ダイモン」と訳し（三木訳：四二頁）、三浦は「魔物」と訳している（三浦訳：一〇一頁）。ガースとミルズ、ジョンは“demon”、ウェルズは“daemon”と訳している（G&M: 156, MJ: 31, GCW: 52）。リヴィングストンは“daemon”と訳し、そこに注をつけ、「内的あるいは随伴的な霊」とし、ゲーテを参照しており（RL: 31）、ブルーンはショーペンハウアーとゲーテを参照している（HHB: 353, 452）。「守護神」「守護霊」ではまったく意味が通らない。「魔物」ではなおいっそう原意から遠ざかる。訳者としての仕事をしているのはリヴィングストンとブルーンだけである。

㊵13）ゲーテの詩「四季」の第三十二詩節を指している。「真の愛というものは、つねに変わらずそのままでいるもの／すべてを聞きいれられようと、すべてを拒絶されようと」（GWM4. 1: 835）。

㊵14）一九一九年六月十日付ミーナ・トブラー宛書簡中と、時期不詳の書簡草稿中でも、この「ピアニシモ」という表現が用いられている（MWGII/10: 638, BSBM/Ana 446.C（OM14））。

二　叢書「職業としての精神労働」へのあとがき（イマヌエル・ビルンバウム）

あとがき[1]（A38f., C65）

自由学生運動が、その固有の目標設定において明晰性に到達するよりもずっと前に、この運動〔のなかのある者〕は、その意志と行為との方向・意味を、その敵たちのなかのもっとも質《たち》の悪い者について、つまり職業学生について、否定的なかたちで明らかにすることを心得ていた。

「学生生活の意味を、さまざまな組み合わせの紋章文字のうえに誇示されている理想像のなかにみないでもらいたい。というのは、君は学生として、学問への道にすすむのがふさわしいからだ。たとえ君が、いまやこの目標に到達し、ついには真理をすらわがものとするにせよ、あるいは外的な妨げによって、君のあとに続く者のためにちょっと道を譲るかもしれないにせよ、あるいはそれは君の道でないことを悟り、不相応に学生であろうとすることをやめるにせよ」。われらがお説教話の最初の教えがこうであるなら、やはり遅くとも二番目の教えはこう続く。「学問は、君にとって飯の種ではないはずだ。というのは、もしも君が、研究のなかに、君を養ってくれるはずの君の職業のための準備しか求めないのなら、君にとって学問は無縁のままだろうからだ。君は、精神の奉仕者として成熟することなく、いまも、そしていつも、守銭奴であることだろう」。まったく、われわれの運動のなかにこの教説が出現した――それはもちろん稀なことだった――ところにおいて、この教説は職業生活にとって無益なものだ。この教説は、まず職業生活を度外視し、つぎに職業生活を非難した。シュヴァープ[2]の「職業と若者[3]」というすばらしい論稿〔初出『白草紙』一九一六年五月号[4]〕は、こうした判断を鋭く吐露したのである。

この叢書の元となったのは、自由学生同盟の学生たちにたいして語られた一連の講演[5]であり、それは、われわれにとって、この判断に異議を唱える控訴審に属する。一連の講演は専門的鑑定書を提出する。われわれの問いはつねに、「永遠の課題に完全に没入する者、彼はこの世に現存しうるか。かかる没入は、今日《こんにち》内的に、また外的にも可能か。精神労働は職業たりうるか」ということである。答はおのずと明らかになることであろう。

ミュンヒェン、一九一九年三月

イマヌエル・ビルンバウム[6]

ビルンバウムの「あとがき」への個別注解

（1）**【付帯状況】**この「あとがき（Nachwort）」は、連続講演集（叢書）「職業としての精神労働」全体へのあとがきであって、『職業としての学問』のみにたいするあとがきではない。この叢書は、本来、「職業としての学問」「職業としての教育」「職業としての芸術」「職業としての政治」の四講演をひとまとめにして、一冊の書物として刊行しようとしたものだが、「教育」と「芸術」が難渋したため、「学問」と「政治」との二分冊が先行的に刊行されることになったものである。そして結局「教育」と「芸術」は実現しなかった。講演・刊行事情の詳細は研究編Ⅱを参照。

（2）**【人物】**アレクサンダー・シュヴァープはビルンバウムの友人である（Birnbaum 1974: 79）。ロストック、ベルリン、イェーナ、ハイデルベルクで哲学・ゲルマン語学・古代言語・国民経済学・社会学・国法を学んだ。学位論文は「ドイツにおける家具消費と家具生産」（一九一三年）であった。一九〇七／〇八年冬学期にベルリン大学自由学生同盟の委員長に選出され、以後この団体で活発に活動する。一九一六年に兵役に就いたのち、ドレースデンに移り、そこで急進社会主義者オットー・リューレと親交を結び、スパルタクス団に加わる。ドイツ革命に参画し、その挫折後は執筆活動を展開するが、ナチス時代初期に拘束され、一九四三年にツヴィカウで獄死する（Kerbs 2005: 489–494）。論説「職業と若者」においてはフランツ・クサーヴァー・シュヴァープ（Franz Xaver Schwab）という筆名を用いており、後年アルベルト・ジークリスト（Albert Sigrist）とも名乗っている。

（3）**【典拠】**シュヴァープの論稿「職業と若者」については研究編三三五～三三六頁を参照。シュヴァープは、この論稿のなかでマックスとアルフレートのヴェーバー兄弟に直接言及している（Schwab 1917: 104）。

（4）この論稿の掲載誌が一九一六年五月号とされているのは誤りで、正しくは一九一七年五月号である。

（5）**【付帯状況】**『職業としての学問』は、もともと「職業としての学問」「職業としての教育」「職業としての芸術」「職業としての政治」の四本の連続講演「職業としての精神労働」の一環として企画され、その第一講演に位置づけられていたが、「職業としての教育」「職業としての芸術」の二講演は実現されなかった（研究編三三六～三三七頁を参照）。

（6）**【人物】**イマヌエル・ビルンバウムは、ヴェーバーにこの講演を依頼した人物である。ケーニヒスベルク出身で、政治的にはフリードリヒ・ナウマンから影響を受ける。一九一二年以降、第一次世界大戦の従軍によって学業が中断されながら、フライブルク、ケーニヒスベルク、ミュンヒェン、キールで法学と哲学を学ぶ。旧来の学生組合に加盟しない非組合学生グループ「自由学生同盟」を組織し、のちにドイツ学生連盟の指導者となる。一九一七年に社会民主党に加わり、とくにベルンシュタインに傾倒する。この年にヴェーバーとゲオルク・ケルシェンシュタイナーに連続講演「職業としての精神労働」の企画をもちかけ、十一月七日にヴェーバーの『職業としての学問』の原講演が実現する。その後ドイツ革命に参画し、革命政権をめぐって精力的に動きまわっており、おそらくそのためヴェーバーが『職業としての学問』の再講演をおこなったことを知らずにいた。革命挫折後はジャーナリストとして活動し、一九二七年以降ワルシャワに滞在するが、一九三九年のドイツ軍によるポーランド侵攻後、ラトヴィア、フィンランド、スウェーデンを渡りあるき、戦後はワルシャワに戻るが、ポーランドの社会主義革命にともなってヴィーンに移る。その後『南ドイツ新聞』（『ミュンヒェン新報』の改題後継紙）の編集者となり、一九六二年にその編集長に就任する（Birnbaum 1974, MWzG: 19–21, *Süddeutsche Zeitung*, Nr. 185, S. 8. 12. Aug. 1994）。

ヴェーバーへの講演依頼の経緯および講演録出版にいたるまでの経緯については研究編Ⅱを参照。

三　全四十段落の論理構成
――《否定》と《闘争》のダイナミズム――

『職業としての学問』全四十段落は、ひとつの講演の記録としては、驚くほど激しい展開をみせており、その構成はたしかにかなり入りくんでいるが、じつに筋が通っている。以下にそれを確認しよう。

（一）

この講演録の展開過程全体を見渡すと、学問の世界にはさまざまな隘路が待ちかまえており、それをひとつひとつ克服していこうとする困難な歩みが追跡されていることに気づく。そこでは、困難な所与の状況が提示され、それでもなおそれを克服しようとする強い意志があると仮定して、その状況が克服できたとしても、その先にはさらに大きな――とうてい打開できそうにない――困難が待ちかまえているという現代の運命が克明に綴られているのである。

現代における主知主義の問題を、学問従事者の外的事情から説きおこすことにする（段落①）。ドイツで研究者をめざす者は、私講師という特異な職位を確保することから始めざるをえない。ところが、そこに現出する不条理な状況に耐えることはとてもできそうにない（段落②～⑪）。それでもどうにかその外的不条理性に耐えることができたとしても、今度は末梢的専門化の枠に嵌めこまれ、内的僥倖に支配されることになり、ともすれば「人格」への帰依や「体験」願望に傾斜しかねない（段落⑫～⑮）。それでもどうにか自分の持ち分（本分）に事えることができたとしても、永遠に続く「進歩」に奉仕するという営みに意味をみいだすことはとてもできそうにない（段落⑯⑰）。この科学の意味問題を考証すると、そこには、長い歴史のなかで、主知化過程の一側面としての科学による主知主義的合理化が進行し、呪力剥奪状況が支配するにいたり、いまや科学信仰・進歩信仰が横行していることがわかる（段落⑱～⑳）。そこで、これまでの科学の歩みを検証し、科学の職分・価値はなにかを考察する（段落㉑～㉕）。その結果、「なにをなすべきか」という問いに科学が答えないことには異論がないことを確認し、しかしそれでもなお科学はなにものかに貢献しうるのではないかと問いなおす（段落㉖）。ところが、そのつもりで諸科学の現状をみてみると、どれも技術学に堕しており、科学が扱っていることには知る価値があるか否かを不問に付している（段落㉗）。この事態は、今日《こんにち》において、科学と各個人の実践的立場決定との離反が不可避であることをしめしている。それでもなおこの事態に対処しようとすると、大学で教えようとする者は、この離反状況を踏まえたうえで、どのような立場をとる者にたいしても有益な知見を提供することに努めるのが道理である。とりわけ、講義担当者にとって不都合な事実や、講義聴講者にとって不都合な事実を率直に提示することが重要である（段落㉘～㉛）。こうした事実共有のうえで価値秩序間の闘争に臨むのが筋である。この永遠の闘争は不可避であり、この運命を直視し、この日常に立ちむかうことがわれわれの課題である（段落㉜㉝）。こうした見地に立つことができたと仮定して、教師と学生との関係を考えてみると、学生は、教師にたいして指導者たることを求めることはできず、むしろ指導者を気取る似非預言者教授を見破る能力が必要になる（段落㉞㉟）。ここまで縷々述べてきた種々の困難を乗りこえることができたと仮定して、はたして科学は個人の実践する生《せい》に貢献しうるのだろうか。科学の提供する知識と、思考方法・職人道具・対面授業と、明晰性とは、個人が価値問題に取りくむにあたって、自分自身が選択する行為が実際にはどのような結果を生むのかを教えてくれる。だから、私個人は科学に価値があると考えているが、諸君はどうか（段落㊱㊲）。今日《こんにち》、現代科学に付与された所与の状況を変えることはできない。神学もまた、価値間の闘争を具現している。それが要求する「知性の犠牲」によって、なにか新たな神秘性が獲得されうるかどうかは定かでない。すくなくとも私はそれを期待していない。それでもなお、現代世界の困難な状況下で、われわれがなにかをなしうるとすれば、それは、自分自身の立場決定がどのようなものかを明晰化し、ただ望ましい未来を思いえがくだけではなにも変わらないことを肝に銘じ、自分の職務を果たすとともに、とりわけ人間としての務めを果たすことである。ここから始めたいと思う。この講演で描いてきたようなこの暗い道を眼前にして、それでもなお私のあとに続いて歩み、また闘おうとする内なる力を有する者が、はたして諸君のなかにいるだろうか（段落㊳～㊵）。

とくに重要なのは、段落⑬の論旨と、段落⑯の論旨と、段落㊵末尾の論旨とは質的にまったく異なっていることである。これまでの解釈にあっては、この三箇所の論旨の相違が見過ごされており――つまりこの講演全体の筋道が完全に見失われており――、この三箇所が、すべて〈専門内でひたすら努力せよ〉という凡庸な文意であるかのように単色に塗りこめられ、そのため論理構成が把握されることなく、この実践的な大学論・科学論の視座とダイナミズムとが見失われていたのである。

実際には、段落⑬では、専門化のなかで、狭く局限された対象に向かって情熱を注がざるをえないという科学者の問題状況が剔られていた。段落⑯では、一般に言われていることと、グンドルフの主張とが引き合いに出され、科学の世界で生きる人格の最初の要件はみずからの本分に事えることだとされており、べつにそれに反対するわけではないが、まだこれだけでは十分ではないと留保されていた。なぜ十分でないのかというと、そのあとの二十三段落分の論述において克明に描かれているように、主知主義時代の科学（と科学者）は、解決不能な不条理性の下に置かれているからである。後半の諸段落では、この不条理性に対峙し、これと闘うことがいかに困難であるかが論じられる。そして段落㊵において、あらためて今日《こんにち》の科学研究において要求される日々の仕事に向かっていくとともに、たんに日々の仕事に応ずるだけでは腐敗・堕落・人間性喪失から免れることができないから、むしろ人間としてどう生きるかという「日々の要求」にこそ応えていこうと主張される。つまり、近代世界が不可避的に抱えこんでいる外的・内的不条理性をひととおり見渡し見極めたあとで、段落㊵においては、現代科学のなかで有意味な営みを続けながら、なおかつその問題性を問いつづけ、科学の隘路と科学者業界の腐敗とを直視し、現代科学を内部から刷新し、そこにこそ現代科学人としての意味と価値とを獲得しようとヴェーバーは呼びかけているのであり、これがこの講演の最終局面の主旨である。このように、段落⑬と段落⑯と段落㊵とで、ヴェーバーはまったく異なった地平に立っているのである。

（二）

筆者は、こうした論旨を追跡しながら、随所に顕現する《否定の論理》と《闘争の契機》に打たれた。大学の機能不全を指摘し、大学教員が置かれている不条理な境遇を描き、その内的僥倖支配を剔り、またトルストイを援用して科学者の腐敗・自己欺瞞を告発し、技術学に堕した現代科学の為体に目を向け、そうした所与の状況を基本的には変更できないものと判定しながら、それでもなお、生《せい》の価値を証明できない科学にも利用価値を認め、先のみえない暗い道を前にして、大学と科学と科学者業界との閉塞状況に風穴を開ける途を探ろうと勇を奮う。この講演を通底するこの《否定の論理》と、「それでもなお（dennoch）」その現状を打破しようとする《闘争の契機》とは、聴く者・読む者を強く打つはずである。

しかし、こうした論旨が正確に読みとられたことが、はたしてこれまで一度でもあっただろうか。なかでも、段落⑬⑯は、管見のかぎりでは、ひとつの例外もなくつねに誤読されてきており、〈専門のなかで黙々と仕事をせよ〉だの〈ひたすら本分に尽くすのが人格者だ〉だの、そんなことがヴェーバーの主張であるかのような驚くべき矮小化が堂々と罷りとおってきた。もしも段落⑬や段落⑯で早々と結論が出てしまっているのなら、そのあとの二十四個の段落におけるあの雄渾な論述は、もう結論が出てしまったあとの無駄話ということになるのだろうか。また最後の段落㊵も、あたかもそれが結論であるかのように受けとられ、そのため、学問に従事する人格の問題が、ひどく歪曲・矮小化されてきた。これにたいして、本書の読者は、ヴェーバーの置かれている問題状況（所与の状況）を見据え、また彼が、この状況を怜悧に分析し、鳥瞰的に特徴づけ、それにたいする闘争を企て、新たな思想的地平を定立しようとしていることを確認することだろう。

（三）

主要な問題は、主知主義を嫌って、そこから目を背けてしまうと、現代社会からの完全な隠遁を図らないかぎり、結局その主知主義に絡めとられてしまうしかないという脆さである。主知主義を冷笑する若者たちのこうした危うさをヴェーバーは問題にしているのであって、むしろそのやっかいな主知主義の成り行きを直視し、仔細に吟味し、そのうえでその悪魔と闘う方法を探る必要があるというのが彼の主張であり、ここに彼と聴衆との分岐点がある。

この講演中で取りあげられている細分化された科学、ぎくしゃくした大学組織、硬直した文部官僚制等々について、ヴェーバーはかなり以前から立ちいって究明をすすめてきた。また官僚制全般の問題をはじめとして、支配のさまざまな局面について詳細な研究をおこなってきた。それは主知主義のもつさまざまな様相をしめしており、彼の権力論・官僚制論・組織論等々は、まさに忌むべき悪魔と闘うためにその悪魔の正体を剔抉する営みなのである。

荒川敏彦は、ヴェーバーの「呪力剥奪」にたいする従来の見解を、「解放論」「剥奪論」「両義性論」に分類するとともに、これらの認識の硬直性をしめし、その硬直性が、「合理化の過程における緊張の局面」を見逃しているところに生じていることを指摘している（荒川敏彦　二〇〇二：五〇〜五一、五八頁）。ここからさらに一歩すすんで、ヴェーバーが、そうした緊張と矛盾と隘路に満ちた近代世界の有様を明示したうえで、それと非妥協的な闘争を繰りひろげようとしていることに、われわれは目を向けなくてはならない。つまり彼は、経済外的強制の除去という「解放」を礼賛するのでもなく、呪力を「剥奪」された近代世界に直面し、絶望・諦観するのでもなく、「解放」と「意味喪失」とのアンビヴァレンスを宿命として受容するのでもなく、この近代世界に効果的に立ちむかうにはどうすればいいのかを探っているのである。

ヴェーバーは、近代世界を解釈し、ただ膝を抱えてそれを漫然と観照しているのではない。彼は、呪力剥奪過程の多様な側面を解明しただけでなく、いかにしてその呪力剥奪の産物と闘うことができるか――また闘うべきか――という生《せい》の問題に踏みこむところまですすみ、まさにその生《せい》の現場に立ちいたったところでこの講演を終えている。彼は、近代世界における諸矛盾・諸問題を網羅し、それにかかわるさまざまな《闘争》を社会理論化しただけでなく、その社会理論をみずからの闘争の手段とする。社会理論ないし社会科学が、生《せい》の現場において「人格」と結びつくとき、学問・科学はその役割を終えるのである。

『職業としての学問』におけるこの《否定の論理》と《闘争の契機》を捉えたときにはじめて、この講演がなにをめざしているのかを理解することができる。その闘争の相手（敵）は、具体的には、変容するドイツの大学組織に組みこまれ、伝統と主知主義とに絡めとられ、国家官僚身分に安住している腐敗した大学教授たちであり、そのことは、この講演の前半部において、疑問の余地なく明快にしめされている。また、この講演ではかならずしも明示されていないが、ドイツの文部官僚制にたいする彼の批判的視座も見逃すことができない。

ところが、従来の読者層に共通しているのは、この前半部の論旨の無視ないし軽視であり、これでは、ヴェーバーがなにを敵視・問題視しているのかをみないことになるから、当然にも《闘争の契機》を見失う結果を招く。実際には、彼は、近代のさまざまな問題状況に即して、それにたいする対峙と闘争のありかたを探っており、なかでも主としてドイツの大学問題にたいする闘争のありかたを論じているのである。

彼は、ドイツの大学の「日々の要求」に埋没することなく、大学における――ないし大学をめぐる――さまざまな問題に目を向け、それが近代知のどのような矛盾を露わにするものなのかを解明し、それが、自分の持ち場で職務を果たしながら、大学人として、市民として、ドイツの大学人が闘うべき敵を明らかにしたうえで、大学人それぞれが、総じて人間として、どう闘うか、その術《すべ》を探っていこうと呼びかけている。この意味において、『職業としての学問』は、さながら煽動演説である。これは、そもそもドイツの大学問題に取りくみ、大学のなかで——また大学の外でも——闘うための講演なのであって、このことを等閑視したままこの講演録を読もうとするのは、まったく無意味な愚挙である。

では、彼を取りまいていたドイツの社会情勢とドイツの大学の状況はどのようなものだったのか、当時の彼はどういう境遇に置かれていたのか、また彼の時代認識はどのようなもので、彼自身はなにを敵視していて、その敵にたいする彼自身の闘争はどのような戦略に立つものなのか、そしてその戦略上、『職業としての学問』という講演録はどういう位置づけになるのかが——「知る価値がある」こととして——われわれ読者の関心の対象になる。これを解明するのが第Ⅱ部・研究編の課題である。

第Ⅱ部　研究編・資料編

『職業としての学問』が語られたシュタイニッケ書店跡地（ミュンヒェン・アーダルベルト通15番）．第一次世界大戦勃発前後（1914年）に，書店の社屋を一部改修して小ホールが設けられ，以後この場所で，数多くの文化講演会が催された．当時の建物は第二次世界大戦中に破壊され，現在は新しいビルが建っている（筆者撮影）．

一　研究編　自己の生《せい》を賭けた内部告発と熾烈な闘争宣言の書
――『職業としての学問』の定位と射程――

――かつては宗教的な内容を有していたものの亡霊として、「職業義務」の想念が、われわれの生《せい》のなかを徘徊している。

はじめに

講演録『職業としての学問』は、著名でありながら、これまで――すくなくとも日本において――ほとんどまともに理解されることがなかったという点において、思想史上きわめて特異な著作である。

これまでの自称「訳者」たちは、たとえば、〈ドイツの大学では教授資格取得が形式的で簡単だ〉〈ひたすら研究と教育の任務に邁進せよ〉〈自己を滅して専門のなかに閉じこもれ〉〈思いつきを大事にしろ〉〈ただ本分《ザッヘ》にのみ事え、他のことを顧みるな〉〈計測によって万物を統御できる〉〈事実の究明に専念しろ〉〈価値判断を口にするな〉〈職業上の日々の要求を満たすことを通じて道が開ける〉〈政治的実践や体験希求をやめて学業に戻れ〉などという途方もない迷妄が、この講演中で主張されているかのように喧伝してきた。また相当数の研究者が、主知主義的合理化と呪力剥奪をヴェーバーが肯定的に評価しているかのように思いえがいてきた。

事実はまったく逆である。この講演のなかで、マックス・ヴェーバーは、〈ドイツの大学では教授資格取得手続がひどく煩雑で、その審査は必要以上に厳格である〉〈研究と教育の過大な任務が、それに見合う保障もないまま大学教員に押しつけられているのは不当である〉〈専門のなかに閉じこもらざるをえない現代科学の閉塞状況は深刻な問題を抱えている〉〈科学者が、天啓が得られなければ業績を挙げることができず、その天啓は僥倖に委ねられているという運命に支配されていることも大きな問題だ〉〈みずからの持ち分（本分）に事えていればそれでいいのではなく、持ち分に専念しているつもりでいる者は、むしろ似非価値自由の主あるいは自己欺瞞の主と評されるべきだ〉〈計測によって万物を統御できるなどというのは主知主義的幻想にすぎない〉〈事実の究明にあたっては、その事実に自分がどのような意味を付与しようとしているのかを、各自の見地から明確にし、また自分の見地にとって都合の悪い事実をも承認せよ〉〈価値判断を隠蔽することなく、なにが事実でなにが自分の実践的価値選択なのかを明確にせよ〉〈職業上の日々の要求を満たすことを通じて事態が打開されるわけではなく、むしろ人間としてどう生きるかにかかわる日々の要求にこそ誠実に応える姿勢と矜持とをもちつづけ、そこから、現代科学の閉塞状況を打破する手がかりを探そうではないか〉〈大学の現状にたいして批判的で、政治的にも旗幟鮮明な人士こそ、学問の世界に入って大学の改革に取りくんでほしい〉と主張している――しかもはっきりそれとわかるように疑問の余地なく明快なドイツ語表現を駆使して主張している――。また、現代における文化人間の知的退嬰を、主知主義的合理化過程の結果と捉え、これが、科学信仰をはじめとする呪力剝奪状況の淵源であることを解明し、その状況の打破を志向しているのである。

第Ⅰ部の個別注解群において指摘したように、従来の「訳」にあっては、重要な主張内容が、随所でほとんど正反対にねじまげられ、あるいは韜晦《とうかい》させられている。そのため、『職業としての学問』の既存の邦訳書を読んだ者は、この講演録のなかで、さっき語られたことと、いま語られていることとが、どうみても正反対で、いたるところで論旨が矛盾撞着していることに気づき、当惑し、なにかはぐらかされているのではないかという疑念を抱き、論旨の筋道を見失い、さまよったあげく、この混濁・混乱を極めた講演から、なぜ「日々の要求」を満たせなどというお座なりな結論が出てくるのかさっぱり理解できず、釈然としないまま本を閉じざるをえなかった。筆者もかつてそのひとりであった。この講演録の従来の邦訳を読んで、ヴェーバーの論旨を正確に理解できた者は、まちがいなくひとりもいない。訳したつもりの者たち自身が、ヴェーバーの論旨をまったく理解していなかったからである。

かかる失態・為体からわかるように、ヴェーバーをヴェーバーとして理解することは至難の業である。『職業としての学問』のなかには、彼の学問観・学者観が盛られているとともに、現代に生きる人間が背負わせられている運命にかんする深い洞察がしめされており、それは、彼自身の人生行路とも密接な係わりを有している。ここで語られていることを正確に理解するためには、彼の生きた時代そのものの理解、その時代にたいする彼の批判的論点の理解、『職業としての学問』が暗黙の前提としているドイツの大学問題にたいする理解が不可欠である。そのうえ、この講演当時の彼にかんする個人的諸事情をも知らないと、いったいなにを言おうとしているのか見当がつかない箇所すらある。こうした困難は、時が経つにつれて増大し、いまや時代のなかのヴェーバー像はすっかり韜晦《とうかい》しつつある。

従来知られていたヴェーバー像そのものも問題である。彼の歩みは、これまで、妻マリアンネの執筆した浩瀚な伝記によって知られていた。ところが、筆者が、ドイツ各地の公文書館・図書館に遺されている（また個人が所蔵している）ヴェーバーの足跡にかかわる第一次史料や、埋もれていた稀覯文献を渉猟し、それらを仔細に吟味・考証したところ、マリアンネの記述にはかなりの数の不備・誤認が含まれていることが判明した。[1] しかも、彼女の記述していないヴェーバーの姿が、『職業としての学問』を理解するうえで決定的な重要性を有していることも判明した。大学人としての彼の姿は、妻という位置からはかならずしもみえていなかったのである。さらに、『職業としての学問』が収録されている『マックス・ヴェーバー全集』第I部門第一七巻（一九九二年刊）のなかに、かなりの数の——一部はほとんど致命的な——不備・誤認があることも判明した。いまや、うかつにマリアンネの記述を引用することはできず、またうかつに『全集』の脚注や編者解説を鵜呑みにすることもできない。

さらに、この講演は「職業としての学問」と題されているが、後述するように、この演題は、講演を依頼したビルンバウムがつけたものであって、ヴェーバーは、この演題をほとんど無視して語っている。現に、講演を紹介する新聞記事中で、通信担当者は、この講演が、予告されていた内容をはるかに超えていたことを告げている（巻末資料三を参照）。内容に即して演題をつけなおすとすれば、たとえば「呪力剥奪下における学問研究の不条理性の由来とその克服への途——ドイツの大学生のために——」とするのが適切であろう。そしてこのこともまた、この講演録の理解を妨げつづけている。そしてもうひとつ、ヴェーバーがこの講演録にたいして特殊な位置づけをなしたため、この講演録の理解はいっそう困難になった（この事情については二九四〜二九五頁において解明する）。そのため、一九一九年に公刊された当時のドイツ人学者ですらその基本的な論旨を読みとることに失敗した。今日《こんにち》、この講演録を日本人読者が読もうとする場合、これほど多くの困難が横たわっているのである。

そこで、以下において、まず（I）彼の後半生の歩みを——この講演録を読むために最低限必要な範囲内で——辿り、つぎに、（II）第一次史料や稀覯文献に依拠して、『職業としての学問』（この講演および出版）がいかに成立したのかを考証し、（III）この講演録の思想史的位置をしめす。そして、（IV）文法上の諸問題を押さえたうえで、従来、この講演録がどのように誤読されてきたのかを確認し、（V）本書における訳出方針を提示し、（VI）この講演を読むための勘所・留意事項をいくつかしめし、（VII）この講演の性格・射程を解明し、人間マックス・ヴェーバーの闘いはどのようなものだったのかを考察する。

I　『職業としての学問』の個人史的背景

精神神経疾患の発症から正教授退任まで（一八九七年〜一九〇三年秋）

彼の後半生において重要な意味をもつのが、精神神経疾患の発症と、それによって余儀なくされた教育・研究キャリアの方向転換である。

フライブルク大学（一八九四年十月から一八九六年九月までは哲学部、一八九六年十月から一八九七年三月までは法学・国家学部）に勤務していた時期の彼は、多方面における仕事に没入しながら、休みなく働きつづけることによって鬱状態を回避しているのだと自分に言いきかせていたが、妻は、そうした彼の身を案じていた（LB1: 208, LB2: 226）。

最初の変調は三十三歳の夏に生じる。一八九七年四月にハイデルベルク大学へと転じた彼は、最初の学期（一八九七年夏学期）を終えたあと、この年の八月から九月にかけて、妻とともにスペインを巡っている。ところが、帰国する段になって、ヴェーバーは体調を崩し、九月十日には完全に伏せった状態になり、ひたすら恢復に努める（BSBM/Ana 446.C（7）: 28f.）。さらに十七日夜から十八日にかけて、彼はかなり不快な状態に陥り、妻はベッドの傍らにつきっきりになって介抱し、また肺病の心配をしなくてはならなかった（ebd.: 43）。強度の緊張と発熱が生じたのである（LB1: 247, LB2: 268f.）。

それでも次の学期（一八九七／九八年冬学期）はなんとかもちこたえることができたが、学期末（一八九八年三月頃）になると、頭部発熱と強度の緊張感に襲われ、医師の勧めでレマン湖畔に滞在する。そこでは精力的に歩きまわり、疲労によって睡眠を確保しようと試みる。しかし、一八九八年夏学期が始まって数週間経つと、ますます睡眠が困難になり、さまざまな機能障害に悩まされるようになる（LB1: 247f., LB2: 269f.）。

そこで彼は、バーデン大公国法務・文部省にたいして、一八九八年七月十六日付で休暇願を提出する。そこにおいて彼は、医師の見解を次のように引用している。「小職は、本学期開始時より慢性的な神経性の不眠症に苦しんでおり、医学的見解によりますと、かねてよりの過労、くわえて（どうやら）マラリアに感染するにいたった模様であること、そして他の有害な作用によって、そうした状態になったとのことです」（GLA235/2643: 16）。このことから、前年夏のスペイン旅行にさいして生じた緊張と発熱が、マラリア感染によるものであったことがわかる。これを機として始まった心身の変調は、コンスタンツの医師ミュルベルガーの診断書によると、「過度の興奮および神経系の機能的衰弱」として顕現したのである（ebd.: 17）。

このときの休暇申請は、哲学部を経由して大学特別評議会に報告され、七月二十日付で承認され（UAH/PA2408, GLA235/2643: 14f.）、ちょうど休暇に入る二十五日付で本省にも承認されている（GLA235/3140: 84）。休暇は、名目上は七月二十五日からだが、この日は月曜日なので、事実上、前週金曜日（七月二十二日）十一～十二時の「一般的国民経済学」講義を終えたあとすぐに療養に入ったのであろう。

休暇に入ったヴェーバーは、八月二十一日付妻宛書簡のなかで、「いましきりにスペインのことが思いおこされる」と書き、一年前のスペイン旅行時に「すでにひどく神経が冒されていた」ことから、バルセロナで高熱を発して伏せっていた日々が、この疾患の発端であったことを確認している（BSBM/Ana 446.C（2））。

彼が療養のために訪れたのは、当時最新の設備と優秀なスタッフを有していた精神病院コンスタンツァー・ホーフである。確認できたかぎりで、七月二十五日付から八月二十七日付まで、約二十通[2]の書簡・葉書が妻に宛てて発信されている（ebd.）。この書簡群を読むと、コンスタンツァー・ホーフにおける療養生活が、初期においては順調であったことがわかる。彼は、長距離・長時間の歩行、冷水浴、電気ショック、マッサージ、ボーデン湖におけるボート漕ぎといったメニューをこなし、不眠は克服されつつあった。

一八九八年八月四日付妻宛書簡において、彼は、自分の歩んできた道を振りかえり、次のように述懐している（ebd.）。

……そのときまで〔＝マリアンネと再会するまで〕、重苦しい無数の辛抱が必要だろうし、それは愛しい君にとっても同じことだ。ミュルベルガー〔＝ヴェーバーの主治医〕の考えでは、いずれにせよ僕たちが「なお数週間」離れているのが正しいとのことで、また彼は、「辛抱辛抱云々」と口うるさく説いていた。ところで、こうした話にかなり長々とつきあわなくてはならないことについて、頭では完全に承服した。けれども実際には、かりに、あらゆる快適な設備において、まさにどうしようもなく「わが家」と鋭い対照をなしている施設生活の第一印象を受けたときほどには、またこの地上で自分に恵まれた最愛の家との別離の生々しい印象を受けたときほどには、もうさほどもの悲しい気分でないとしても、〔むしろ〕ホームシックに再三襲われ、それが激しくなるだろうことを望むね。そしてわが家が伸び伸びと十分に花開くにつれ、それを所有していることをますます誇りに思うようになった。それにしても、こうした病気には非常にいいところもあって、たとえば僕にとって、それは、母がいつも僕には多少欠けているとみなしていた生活の純粋に人間的な側面を、僕が〔以前には〕知らなかった程度において再発見してくれた。〔もしも以前のままだったら、〕僕は、〔イプセン作の〕ヨーン・ガブリエル・ボルクマンとともに「氷のような手が私を放した(3)」と口走るなどということがあるのかもしれない〔もちろん実際にはそんなことはないが〕。というのは、僕の病的素質は、過去何年ものあいだ、護符にしがみつくように学問の仕事に痙攣的にしがみつき(4)、しかもなんにたいする護符なのか、もしも自分で言おうとしても言うことができなかっただろうというかたちで顕在化してきたからだ。このことは、いま思いかえすと、僕にはかなりはっきりしており、病気のときであっても健康なときであっても、もはやそんなふうにはならないことを知っており、仕事の重荷に抑えこまれていると感じたいという欲求は消え、まず第一に、僕の「かわい子ちゃん」〔＝マリアンネ〕とともに人間的に生活を楽しみたいと思い、またそうすることが与えられたら、それが幸せだとみたいと思う。そのとき、精神的に単調な仕事において、以前よりも働きが劣るだろうとは思わない。もちろん、つねに僕のその時々の身体状態との関係においてのことだが。この身体状態を現実に持続的に恢復させることは、いずれにせよ根本的に時間と休養を要するだろう。でも愛しい人よ、君は正しい。この時期において君とともにやっているように、誰かとともにこんなに緊密な生活を送るということは、以前なら、僕にはそもそもまだできなかった(5)。

ヴェーバーは、イプセンの新作戯曲『ヨーン・ガブリエル・ボルクマン』を、当時出版されたばかりの独訳（Ibsen 1896/97）によって読んだと思われる。この訳書が、コンスタンツァー・ホーフの図書室にあったのか、ヴェーバーが持参したものなのかは判然としないが、妻にたいして、〈君もよく知っているように〉という口吻で語っているので、おそらく出版された直後に購入して夫婦で読んでいたのであろう。彼は、没落してもなお自分の仕事にしがみつくボルクマンの姿にたいして、「なんのために」という根源的な問いを投げかけ、その問いを手がかりにして、自分自身の人生のありかたを根底から考えなおし、病気療養という体験をむしろ積極的にとらえかえし、今後の人生方針の重要な変更を決意したのである。

この書簡は、ヴェーバーの基本思想を理解するうえで重要な手がかりを与えてくれる。護符にしがみつくように学問の仕事に痙攣的にしがみつく研究者の姿を、みずから禁欲を欲するピューリタンのはるかな末裔と捉え、病疾によってそうした禁欲的生活から距離をとるにいたった彼は、もしも恢復しても、「もはやそんなふうにはならない」と断じ、職業労働にひたすら献身する禁欲生活からの訣別を宣言し、人間的に生活を楽しむことに、価値を積極的に見出している。折原浩は、この書簡を考証し、既成の価値信仰の外に出たとき、あるいは価値世界の辺境に立たされたとき、ヴェーバーは、その価値信仰の意味を問い、その問いをもって新たな思索と新たな理念形成へといたるチャンスを獲得したと論じている（折原浩　一九六九：二九二～二九五頁）。

一八九八年夏のこの転回は、禁欲的プロテスタンティズムの批判的研究への重要な一歩を記し、それは、一九〇四～〇五年の著作『プロテスタンティズムの倫理と資本主義の「精神」』として結実する。この著作において、彼は、近代資本主義という厄介な怪物を産んだ元凶のひとつである禁欲的プロテスタンティズムの基本性格を描出するとともに、〈人間のための労働〉を〈仕事のために人間を奉仕させる〉という倒錯した関係に転化させた近代資本主義の末路をしめす。この著作は、われわれを支配しているもの――『職業としての学問』中の表現を用いるなら「悪魔」――の正体を見極め、それを打倒するための準備著作である。そしてこの転回は、ヴェーバー自身の人生行路の軌道を大きく変え、やがて時代批判と「運命」認識とに裏づけられた職業論・科学論・学問論・学者論へと昇華していくのである。

一方、順調な療養生活に綻びが出はじめる。八月十七日付書簡では、ふたたび不眠に陥ったことが愁訴され、その後しきりに妻の来訪を懇願するようになる。そして実際八月二十九日にはマリアンネがコンスタンツに来ることになった（八月二十七日付妻宛葉書、BSBM/Ana 446.C (2)）。妻が来たので、当然これ以降妻宛書簡は書かれなくなり、そのため九月頃の療養実態は判然としないが、経過は芳しいものではなかったと推察される。というのは、次の冬学期開講（十月）までに恢復の見込みが立たなかったため、十月五日付で、ヴェーバーは、滞在先のコンスタンツから哲学部にたいして休暇延長を申請しているからである（UAH/PA2408）。

このときから、短期療養によって恢復するだろうという見込みは大きく修正され、長い療養を強いられる。休暇・療養中の彼は、一九〇〇年一月と一九〇二年三月の二度にわたって正教授退任の意向をしめしていたが、[6]その後一九〇二／〇三年冬学期に無理を押して復職し、演習のみ担当した。しかしそれを完遂できなかったため、一九〇三年四月に、意を決して三回目の退任（降格）願を提出する。[7]そして一九〇三年九月末をもって、彼はハイデルベルク大学正教授職を退くのだが、そのさいの処遇とその後の彼の職位については、ドイツにおいても日本においても誤認されつづけてきたので、これについて説明を加えておこう。

正教授から最終的に退任すると、通常は年金受給資格を取得することになる。これがEmeritierung（Pensionierung）と呼ばれている手続である。年金額は、じつに正教授在任中最後の（つまり在任中最高の）年俸と同額であり、これに住居手当もつき、しかも物価上昇におうじて引きあげられていく。第二帝政期ドイツの大学正教授は、退職後、ひきつづき正嘱託教授として講義を引きうけないかぎり、講義報酬はなくなるが、それでも現役時代とさほど変わらない収入を一生保障されており、破格の厚遇である（ただし、この厚遇は、第一次世界大戦後の財政破綻によって維持できなくなる）。

ところがヴェーバーは、四十歳にも達しない年齢で正教授から退くことを余儀なくされたため、もしも自分がEmeritierungをおこなうと、バーデン政府が、長年にわたって自分にたいして高額の年金を支給しなくてはならなくなる。ハイデルベルク大学は、ドイツのなかではベルリン大学に次いで（ミュンヒェン大学と並んで）年俸の高い大学である。彼は、こうした分不相応な厚遇を嫌い、Emeritierungなしで（つまり退職せずに）正嘱託教授（ordentlicher Honorarprofessor）へと配置替えされることを希望し、政府も最終的にこれを了承した。正嘱託教授は、本来なら、Emeritierung後に就く職位で、固定俸のない員外身分である。講義をおこなうと、それにともなって講義報酬を受けとるが、講義をおこなわない場合、まったく報酬が発生しない。そして正嘱託教授は、講義をなす権利を有するが、講義の義務を負わない。したがって、ヴェーバーが講義をおこなわないかぎり、政府はなんら彼にたいして支払う義務がなく、また病疾から恢復すれば、彼はただちにハイデルベルク大学で講義活動に復帰することができる。しかも、Emeritierungをせず、年金を受給していないので、もしも望むならば、任意の大学の正教授として復帰できる身分でもある。

ここに、正教授から正嘱託教授への（当人の希望による）配置替えという特異な処遇が実現した。一九〇三年十月から一九一九年六月まで（書類上は三月まで）の（十五年八カ月余の）ヴェーバーの職位は、ハイデルベルク大学六百年の歴史のなかで、ほかに類例をみない特殊な職位なのである。[8] そして『職業としての学問』の原講演から出版まで（一九一七年十一月七日から一九一九年六月末～七月初まで）の時期は、最後の数週間を除き、彼の正嘱託教授時代に該当する。このことは、従来完全に見過ごされており、そのため、彼が、どのような境遇と立場から『職業としての学問』を語っているのかもまた見過ごされていたのである。

正嘱託教授としての活動から（一九〇三年秋～一九一七年春）

この時期の彼の境遇と立場と活動については、意外なほど知られていない。とくに、彼が、一九〇三年秋にハイデルベルク大学を退職し、以後この大学との関係が切れたかのように誤認されてきた。これは、マリアンネ・ヴェーバーの誤った記述の悪影響が大きい[9]（LB1: 276, LB2: 300）。また、一九〇三年に正教授を退任した彼が、その直後にアメリカ旅行を敢行し、『倫理と精神』のような大きな著述をなしていることから、退任直後に病疾から恢復したかのように誤認されることも（いまなお）すくなくない。しかし事はそう単純でない。

彼の健康状態については、いくつか診断書が遺されているほか、ハイデルベルク大学やバーデン法務・文部省に宛てた書簡のなかで、彼自身が説明している。その主なものは拙著中に訳出しておいたので、ここでは概略のみをしめす。彼の病態の主な特徴は、①過度の興奮状態が治まらず、そのため慢性的な神経性の不眠に陥ること（病態①）と、②時間拘束・場所拘束にたいして非常に脆弱であるため、決められた時間割にしたがって決められた場所（講義室）でおこなわなくてはならない講義活動が遂行不能であること（病態②）の二点である。

一方、学生指導は、学生との協議のうえで、任意の時間帯に、自宅等の任意の場所でおこなうことができるので、発症後も持続的に（一九一九年のハイデルベルク大学退職にいたるまで）遂行されている。また、研究活動も、あらかじめ時間と場所に拘束されることがないので遂行可能である。ただし、学生指導や研究活動も、一定の度を超すと、精神的興奮を招き、病態①を激化させるというリスクをともなう。

記録上確認できるかぎりにおいて、病態②は、今日《こんにち》パニック障害における「広場恐怖」として知られている症状に酷似しているが、いくつかの病疾の混合態かもしれず、現代の専門医師が診断したときにどのような病名になるのかについては留保しなくてはならない⑩。

一九〇八年七月十日付新聞論説中で、ヴェーバーは、「いま私は、何年にもわたって、私に可能な教授活動の範囲を、健康上の理由でひどく狭められている」と述べている（Dreijmanis 2010: 71）。病疾のため、限られた学生指導（ゼミ演習に相当する研究指導）以外は遂行できないのである。このことから、大量の文献資料を渉猟して『倫理と精神』（一九〇四〜〇五年）のような大論述をなすことができるのに、講義活動はまったく遂行不能だという状態が好転していないことが明らかである。そしてこの状態は、じつに一九一六〜一七年頃まで続くのである。

ところが、この間《かん》、彼は、大学関連の活動から身を引くどころか、むしろ、学生教育にかんしても、ハイデルベルク大学の運営にかんしても、バーデン他の大学行政の問題にかんしても、病身に鞭打って大きな力を傾注し、旺盛な取り組みをなしていることが顕著に認められる。とくに、ドイツの大学問題にかんする論説を次々に公にし、大学行政の問題性や大学教授たちの腐敗について、舌鋒鋭く論じている。これは内部告発にほかならない。

一九〇八年に、彼は、ベルンハルト事件に論及したなかで、ベルリンの教授たちの特権的地位と、その文部官僚制との癒着を鋭く剔り、これを打破するために、地域の枠を越えた大学教員組織の意義について注意を促している（ebd.: 64f.）。とくに彼が問題にしたのは、「そもそもわれわれは、今日《こんにち》『教職の自由』という名をもって適切に言いあらわすことのできるなにかを確保しているのであろうか」ということである。イタリアでは、ドイツ以上に厳格な学問的審査によって教授資格審査がおこなわれているが、社会民主党員を排除するようなことはなく、自分の門下生や、自分の友人や、自分と同じ信条の持ち主を選り好みするようなこともないと彼は指摘する。これにたいして、ドイツで「学問の自由」と称せられている代物は、所詮政治党派や宗派の厳しい縛りの内部にしか存立しておらず、ドイツの大学に、イタリアのような学問教授の自由はないと断じる（ebd.: 73-76, 段落⑫⑬要説（一）を参照）。

こうして、強い課題意識をもって第二回ドイツ大学教員会議（一九〇八年九月）に参加した彼は、しかし大きな失望を味わうことになる。そこに集っていた教員たちの多くもまた、既得権に安住し、排除と選別に余念のない腐敗した輩だったからである。そうした輩にたいして、彼は決然と立って叫ぶ。「大学教師がどのような政治的信条を抱いているかは、新規就任にとってまったく関係がない。〔左右〕どちらの側からであろうと、信条詮索はいっさいやめようじゃないか。そんなことをやらかす者はごろつきだ」（Verhandlungen II: 22, Dreijmanis 2010: 77）。

会場を圧した彼のこの発言は物議を醸し、その後ヴェーバー批判も公にされる。そこで彼は、翌一九〇九年一月に、再度教職の自由について立ちいって論じ、この会議に集っていた人々もまた、「たまたますでに大学教員である人々の『職業利害』の圧力の前にあまりにもただもう屈している」輩だったと切って捨てる。彼らにあっては、すでに大学教員である自分の権利と自由はなんとしても擁護しなくてはならないが、その既得権死守のため、また自分とは異なった信条の持ち主を排除するため、どのような手段を用いてもかまわないということになる。そこに現出するのは、以下の三つの特徴をもつ奇怪な「教職の自由」である。「（一）大学教員は、教壇への就任許可にさいして、学問の能力のみならず、その時々の政治権力者と教会のしきたりとにたいする恭順をも試されてかまわないし、また試されるべきである。（二）その時々の政治体制にたいする公然たる抗議をなすと、教壇に席を占めている大学教員であっても、その地位を失うことがある。これにたいして、（三）いったん教員に就任を許可された者は、公衆から、したがって批判から免れている講義室において、『一切の権威から独立して』自分の好きなように意見陳述をなしてかまわない」（Dreijmanis 2010: 78f.）。

かかるいびつな「教職の自由」の欺瞞性を痛烈に指弾したヴェーバーは、あるべき大学教育のありかたをこれに対置する。私的財団が発達したアングロサクソン諸国にたいして、ドイツでは高等教育が国家事項となり、その結果、国家が大学にとって最大の脅威となっている。「大学は、『国家に敵対的な』ものであれ、『国家に好意的な』ものであれ、他のどんなものであれ、世界観を教えてはならない。大学は、信条教育をおこなうことを義務づけられたアンシュタルトなどではない。大学は、事実と、事実の現実的諸条件・諸規則・諸連関を分析し、また概念と概念の論理的諸前提と諸内容とを分析する。これにたいして、大学は、なにがなされるべきかを教えず、また教えることができない。というのは、これは、個人の究極的価値判断の問題、つまり世界観の問題だからであり、これは、科学的命題のように『証明』しようとしてもできるものではないからである」。たしかに、その世界観を、たとえば心理的起源に遡って分析することは可能だが、「知ること（Wissen）」を越えて「信ずること（Glauben）」や「理想（Ideale）」に踏みこもうとすると、それは学問（科学）の領域を逸脱する。「どの神に彼は仕えるのか」という問題を、大学は、個々人自身の「良心（Gewissen）」に委ねる。そしてそのさい、個々人が、「彼がなにを欲しているのかを知る」ことを思索的に明晰化する能力を、大学は教えることができる。しかし理想そのものを吹きこむことはできない。したがって大学は、「分をわきまえる（*Selbstbescheidung*）という義務」と「知的誠実性への義務」とを負う。信条教育を除去したとき、「今日《こんにち》注意深く護られている講義室という秘密の小部屋のなかでこそ、大学教員は、理想間の闘争における自分の立場表明をいっさい回避し、教壇を戦いの場へとなすことなく、自分の世界観とは異なる他のさまざまな世界観の歴史的・思索的理解の場へとなすよう、まったく特別に厳格に義務づけられている」（ebd.: 81–83）。

一九〇九年のこの論稿が、『職業としての学問』の先駆であることは、誰の目にも明らかである。そしてこの論旨は、ドイツの大学の現状をいかに打破するか、また、思想・信条を問わず、むしろ既存の権威・権力にたいして批判的な者にたいして、いかに大学の門戸を開くかという課題に結びつく。だから彼は、「私のゼミナールに参加していた門下生たちが、筋金入りの農政派から急進左派の立場をとる者まで、考えうるかぎりあらゆる立場を〔各自の〕生《せい》のなかで主張してきたことを、いまも誇りにしております」と公言する（ebd.: 85）。彼の学問論を、なにか「中立」「中庸」を称揚するものと短絡したり、急進右派や急進左派を――またゲオルゲ支持者たちを――大学から排除しようとするものと思いこんだり、学問の世界を政治的・宗教的に「滅菌」しようとするものであるかのように歪曲したりする粗忽な誤認例が（いまなお）絶えないのだが、彼の真意は、そういう陳腐な中立・超然論とはなんら関係がない。①どのような信条を有する者にたいしても大学の門戸を開くこと、②その開かれた大学において、どの立場であっても認めなくてはならない学問的基盤（たとえば事実認識）を共有し、自分とは異なった世界観を理解すること、③（講義室ではなく）各自の生《せい》の現場において、旺盛に政治活動・社会活動を展開することは、まったく自明の前提であること――この三点を承認することを、彼はドイツの大学人にたいして求めているのである。

『職業としての学問』は、正嘱託教授時代の彼の教育活動・研究活動とともに、ドイツの大学問題にたいする以上のような彼の批判的アプローチを前提として語られているのであり、大学にかかわる彼の見解とその実践的な営みとは、この講演録の論旨と直接不可分に結びついている[11]。

転機としての一九一七年
――新たな教育任務に向かって――

ミュンヒェン大学教授ルーヨ・ブレンターノは、一九一六年に退職するにあたって、自分の後任としてヴェーバーを推薦しようと考えたが、健康上の理由から断念した（一九一六年五月二十日付意見書、UAM/Y-XVI-5（3））。ところが翌一九一七年四月十八日付意見書においては、これまでヴェーバーを推薦しなかったのは、ひとえに彼の健康問題を顧慮してのことだと断ったうえで、彼が健康を恢復して講義・ゼミの遂行が可能になったとして、推薦に踏みきっている[12]（UAM/Y-XVI-5（2）: 8）。

ブレンターノが、一九一六年五月の時点では、ヴェーバー招聘を健康上の理由から断念していたのに、一九一七年四月になると、健康状態が良好になったことを理由としてその招聘を提案していることから、一九一六年春から一九一七年春までのあいだに、ヴェーバーの健康状態に重要な好転があったことが明らかである。ヤスパースも、「病気から徐々に恢復しつつあったマックス・ヴェーバーは、一九一七年以来、いくつかの政治論文によって知られるようになった」と書いている（Jaspers 1958: 345）。またオイゲン・ディーデリヒスは、一九一七年にラウエンシュタイン城文化集会を開催したさい、マリアンネ・ヴェーバーに招待状を送っているが、そのさい夫は度外視していた。病気のマックスは参加できないだろうと判断したためである。しかしマリアンネは、夫も参加できると返信を送り、ディーデリヒスは、あらためてマックスにも招待状を送っている（後述）。ここからわかるように、一九一七年は、ヴェーバーにとって、――限定つきとはいえ――公の場で活動ができるようになった重要な年である。

この年に、ヴェーバーは、ミュンヒェン大学国家経済学部とヴィーン大学法学・国家学部から教授就任を依頼され、またハイデルベルク大学哲学部からは、正嘱託教授として講義をおこなうよう依頼される。そこで彼は、ミュンヒェン大学・ヴィーン大学との交渉に入るとともに、ハイデルベルク大学を含めて三つの大学それぞれのための講義準備をすすめる。『職業としての学問』の原講演がおこなわれた十一月七日は、彼がこうした多忙な日々を送っていた最中である。原講演の直前期に（十月二十三日から三十日まで）、彼はヴィーンに滞在して、ヴィーン大学関係者と面談し、雇用条件を提示され、三十一日付で確認の書簡をオーストリア文部省高官に送付している（MWGI/22-4: 748, MWGII/9: 805f., MWGI/17: 12）。また原講演の一週間後に、バーデン文部省高官にたいして、ヴィーン大学から就任を依頼されていることを明かしている（MWGII/9: 809）。このとき彼は、ハイデルベルク大学の現役の正嘱託教授であるから、この大学を管轄するバーデン政府にたいして、自分の動静と希望を明らかにする道義的責任があると考えたのである。

ヴィーン大学へのレンタル移籍（一九一八年夏学期）

ヴェーバーは、一九一八年夏学期に、ヴィーン大学法学・国家学部で試みに教壇に立つことに決める。この手続は、ハイデルベルク大学正嘱託教授を休職し、ヴィーン大学に一時的にレンタル移籍するというものである。この手続の詳細はすでに解明した（野﨑敏郎二〇一一：二六八〜二七〇頁）。

この頃、ヴェーバーの健康状態に顕著な恢復がみられたことはたしかだが、彼が病疾から解放されたわけではない。病疾が癒えないにもかかわらず、彼が無理を押して正教授に復帰することを決意したのは、主として金銭的理由からであった。この頃ヴェーバー夫妻は、経済的に著しく窮している。既述のように、年金受給を固辞したため、一九〇三年秋に正教授を退任して以降は定収入がなく、執筆収入等に頼りながらなんとか切りぬけてきたが、一九一八年にいたって、ついに蓄えが尽きたのである。『職業としての政治』において、無報酬で政治に尽くすためには、経済的・時間的に余裕があって「余業可能（abkömmlich）」であることが必要だと論じられているが（MWGI/17: 170）、学問・教育・政治のために尽くしてきた彼は、もはやその余業可能性をすっかり失ってしまった。いまや食うために再就職先を探さなくてはならない。

実際、この頃夫妻が経済的に余裕のない状態にあったことをしめす資料がいくつもある。一九一八年にヴェーバーがヴィーンに到着したとき、手違いで、ハイデルベルクからヴィーンに移動するための旅費とヴィーンでの滞在費の支給が遅れてしまったのだが、そのとき彼は、かなり切迫した筆致で、オーストリア政府にたいして至急支給するよう求める書簡を書いている（一九一八年六月七日付、MWGII/10: 185f.）。彼は、このとき旅費・滞在費の一時的立て替えも容易でなく、ほぼ素寒貧状態だったのである。この時期の妻宛書簡中でも、金銭的にまったく余裕がないことをほのめかしている（ebd.: 66, 157, 189）。また九月二日付妹クラーラ宛書簡において、ヴィーン大学赴任を試みたのは、金銭的理由からでもあったと述べている（ebd.: 246）。

しかし、彼は、ヴィーンの講義・演習に思いのほか難渋し、とてもこの任務に堪えられそうにないことを訴えている（LBI: 617f., LB2: 652f.）。そして、この試験講義を始めてからさほど経っていない一九一八年五月十七日付で、ヴィーン大学法学・国家学部は、オーストリア政府にたいして、この学期以降ヴェーバーはヴィーンに勤務しつづけるつもりがないことを報告している（ÖStA/U2, 752, 4C1, 19226 u. 20041）。

　この謝絶理由については、一九一八年六月五日付オーストリア文部省宛書簡と、十月十六日付バーデン文部省宛書簡のなかで、彼自身が明らかにしている。そこにおいては、①政治的な理由、②膨大な試験業務の負担が大きいこと、③大勢の受講生を引きうけるのを望まないこと――この三点が挙げられている（MWGII/10: 179–182, 266）。この就任辞退という事実から、恢復しつつあったとはいえ、彼の健康状態がなお非常に不安定だったことがわかる。

ハイデルベルク大学正嘱託教授への復帰とミュンヒェン大学就任受諾

　ヴィーンから戻った彼は、一九一八年秋にハイデルベルク大学正嘱託教授に復帰し、あらためて、ハイデルベルク大学における講義準備をすすめる。一方、この秋以降、ミュンヒェン大学に加えて、ベルリン商科大学・ボン大学他からも就任を依頼されたため、彼の前にはいくつもの選択肢がある。この頃の彼は、――ヴィーン大学辞退理由にもしめされていたように――むしろドイツ民主党から立候補し、本格的に政治家への道をすすもうと考えていたが、党内事情から、一九一九年一月に、最終的に立候補を断念する。そこで、今度は一転して本格的に教壇に復帰することに決め、ミュンヒェンの条件とボンの条件とを勘案し、主として社会学・国家学にかかわる講義活動の可能性が高いという理由から、ミュンヒェン大学からの要請を受諾する[13]。政治家への道を断念し、教壇復帰をめざしている一月末に、彼は、『職業としての学問』（再講演）と『職業としての政治』を語る（後述）。この二つの講演は、彼自身が政治と学問とのはざまで大きく揺れうごいた体験を色濃く投影している。ところが、自分の身の振りかたを決めた彼は、一九一九年三月二十五日付ヘルマン・オンケン宛書簡のなかで、ミュンヒェン大学就任は非常に不本意で、ハイデルベルクにとどまるのが一番よかったが、金銭的な理由からそれは不可能だったと述べている（MWGII/10: 542）。革命下で不安定な政情が続くミュンヒェンは、彼の目には、けっして好ましい環境とは映っていなかったのである。

　ヴェルサイユにおける任務を終えたあと、彼は、六月末にミュンヒェン大学で講義活動を開始するが、反革命派学生の授業妨害もあって、やはり講義遂行に呻吟し（Niekisch 1974: 59f., LB1: 675f., LB2: 714f.）、以後も用心深く生活することを余儀なくされる（LB1: 683, LB2: 722）。彼は、亡くなるまでついに病疾から解放されなかった。

　ミュンヒェンで講義活動を始めた頃、『職業としての学問』『職業としての政治』がようやく刊行される。この二つの講演の成立には、また二つのパンフレットの刊行には、それぞれ複雑な経緯が認められる。また、『学問』に限定してみると、①一九一七年秋における原講演の意図、②その直後に出版を決め、大規模な加筆をおこなった意図、③革命後における再講演の意図――この三つの意図を区別して考証する必要がある（考証結果は三三九、三九四～三九五頁にしめす）。そこで、以下に、講演企画から出版までの経緯を追跡しよう。

Ⅱ　『職業としての学問』の成立過程
――連続講演企画から出版まで――

ラウエンシュタイン城文化集会への参加（一九一七年春、同年秋）

　一九一七年春に、イェーナの出版社主オイゲン・ディーデリヒスは、ドイツ文化の刷新を意図して、学者・文化人による討論会を企画する。彼は、開催場所をテューリンゲンのラウエンシュタイン城に定め、各方面に招待状を送る。マリアンネ・ヴェーバーの許にも、五月十一日付の招待状が届く（GStAPK/MW29: 10）。これにたいしてマリアンネは、返信中で、夫も参加できると述べたらしく、夫の病状が軽快していることを知ったディーデリヒスは、二十一日付マリアンネ宛書簡中で、「ご主人は、たぶん病気のため招待を受けないものと思っておりました」と述べ（ebd.: 11）、二十四日付で、マックスにも招待状を送付する（ebd.: 12）。

　ヴェーバーは、第一回ラウエンシュタイン城文化集会（五月二十九～三十一日開催）に参加したさいに（またはその後）、ディーデリヒスから講演を依頼される。ディーデリヒスとヴェーバーとのあいだで交わされた往復書簡のうち、ヴェーバーからの発信書簡の多くは失われているので、ディーデリヒスの書簡から引用すると、その講演は、七月頃には「政治問題を背景とした人格とその生《せい》への作用」と題されていた（Diederichs 1967: 242f.）。

　最終的に「人格と生《せい》秩序」と改題した講演を、ヴェーバーは、九月二十九日に、第二回ラウエンシュタイン城文化集会でおこない、支配の問題や、指導者とその選抜の問題を論じる。その後の討論会（十月一日）では、信仰と知の問題が取りあげられ、ヴェーバーもこの討論に加わる（MWGI/15: 701-707, 巻末資料一）。ヴィルヘルム・ヘニスの指摘以来、この講演および討論における発言は、『職業としての学問』『職業としての政治』の原型と目されている（Hennis 1987: 69-71）。この集会そのものは、全体としてロマン主義的ないし耽美主義的方向に傾いており、ヴェーバーはこれと鋭い対立をなしたが、それでもなお集会参加者たちと彼とのあいだには精神的共感があった（上山安敏　一九八四／二〇〇一：一九二～一九六頁）。それは、ドイツの将来をめぐって、またドイツの若い世代の教育課題をめぐって、――もちろん方向性において見解の相違はあっても――彼らとヴェーバーとが問題意識を共有していたためであろう。この点で、このときの集会参加者とヴェーバーとの関係（距離）は、その一カ月余後の『職業としての学問』の聴衆と彼との関係（距離）とよく似ている。

シュヴァーブの論稿と講演企画「職業としての精神労働」

　ヴェーバーの講演「人格と生《せい》秩序」および『職業としての学問』は、直接にはアレクサンダー・シュヴァーブの論稿に触発されたものである。シュヴァーブは、雑誌『白草紙』一九一七年五月号に「職業と若者」という論稿を寄せている。彼は、第一次世界大戦下の緊迫した情勢にあって、精神労働の危機が深化していることを指摘する。また、職業が、戦時下の社会状況の中核を担っているが、その「職業は、精神疎外[14]の作用であり、またその原因でもある」と規定する（Schwab 1917: 103）。そして彼は、生《せい》と職業労働との乖離について、次のように論じる。「われわれの時代にあって、確固たる立場に立って、職業にかんして重要な発言をなしたのは、ただマックスとアルフレートのヴェーバー兄弟のみである。存在しているもの（das Seiende）にかんする言明は、存在すべきもの（das Seinsollende）を真摯に要請するのであって、〔しかも〕その存在すべきものへ向かう道の手がかりは、どこにも導出されていない。労働の機械化については多くのことが言われてきており、過度の専門化（Spezialisierung）に反対して、労働者を助けようと試みられ、学生たちにたいして、専門訓練と職業訓練に陥らないよう注意が促され、いたるところで一般教養が説かれ、しかしいたるところで職業の享有も説かれてきた」。これらすべてのことが指ししめしたのは、職業が中心的な問題だということだったが、「しかるに誰も、職業そのものを、転落する運命にある偶像だとみなす勇気をもたなかった。また、おそらく誰も明晰性を手に入れなかったのである」(ebd.: 104)。

シュヴァープはアルフレート・ヴェーバーの許で学んでおり、ここで念頭に置かれているマックス・ヴェーバーの職業論は、明らかに『倫理と精神』のそれである（段落⑫⑬要説（四）を参照）。近代の職業労働にあっては、専門労働への自己限定と、一般教養（全人教育）の断念とが否応なしに強要され、閉塞状況下の限定的行為と人間性開花の断念とが相互に規定しあっている。かかる禁欲的基調の下で職業人として生きることを、かつてピューリタンたちが積極的に欲したのにたいして、われわれはそれを不本意に甘受せざるをえない（MWGI/9: 422, RSI: 203）。これを受けて、シュヴァープは、専門化への順応と全人教育とがけっして両立しないこと、そのため学問・教育・芸術といった人間性が問われる精神労働が、専門化時代においてはそもそも成りたちえないのではないか、それは転落する運命にある偶像に成りさがってしまったのではないかと問う。

ミュンヒェン大学の学生運動指導者イマヌエル・ビルンバウムは、友人シュヴァープの論稿を――大きな違和感を覚えつつ――読み、「職業としての精神労働」の講演企画を思いつく。そしてその一部を、シュヴァープが引き合いに出したマックス・ヴェーバーその人に担当してもらおうと考え、政治集会にもぐりこむ。「私は、あの『職業としての学問』と『職業としての政治』についての講演に彼を招待しようとしていたのです。それで、彼の政治集会におもむきました。集会のあとで、彼は幾人かの、十人以下の学生と座っていて、私もそのなかにいました」（亀嶋庸一編　二〇〇五：一三六頁）。このときビルンバウムが出向いたのは、一九一七年六月八日にミュンヒェンで開催された政治集会（ベートマン＝ホルヴェーク政権末期の政治問題にかんする講演会）だと思われる（MWGI/15: 708-719）。この講演会の終了後、彼は、ヴェーバーに講演『職業としての学問』を依頼したのであろう。

実現しなかった「職業としての教育」と「職業としての芸術」

ビルンバウムは、ヴェーバーに講演を依頼したあと、教育学者ゲオルク・ケルシェンシュタイナーに書簡を書く。「職業としての教育」を講じてもらうためである。文面から、一九一七年十月十三日付のものが、ケルシェンシュタイナーにたいする最初の依頼状だと思われる。そこには次のように書かれている。「この冬、私共は、『職業としての精神労働』という小さな連続講演を催します。この四つの講演におきましては、私共と、私共の聴衆にたいして、『学問』『教育』『芸術』『政治』が、今日《こんにち》そもそも職業としていかにして可能かを、語っていただきたく存じます」。このように、ビルンバウムは、四つの講演の順序をしめし、ケルシェンシュタイナーにたいして第二講演を依頼する（MMSB/GK/B77）。ケルシェンシュタイナーは十七日付で回答し、難色をしめすが、ビルンバウムは、二十五日付書簡で、この冬が無理でも、「あまり遠くない時期に」講じてほしいと懇願し、具体的には、一九一八年四・五月頃を提案する。したがって、この冬には連続講演すべてが出揃うことはないのだが、最初のものとして、「ハイデルベルクのマックス・ヴェーバー教授による講演『職業としての学問』が、おそらく数週間の裡には」講じられる見込みだとビルンバウムは伝えている（ebd.）。

しかしケルシェンシュタイナーの講演準備は難渋し、一年後の一九一八年十月二十九日付書簡において、ビルンバウムは、「この冬」に見込んでいいかどうかを問いあわせる。そのさい、他の講演として、ヴェーバーによる「学問」と「政治」、そしてハインリヒ・ヴェルフリンによる「芸術」を挙げている（ebd.）。「芸術」は、当初ヴィルヘルム・ハウゼンシュタインの予定だったが（巻末資料三を参照）、おそらく断られたため、ヴェルフリンに依頼することにしたのであろう。しかし、一九一八年末と推定されるケルシェンシュタイナー宛別書簡において、「芸術」の担当者は詩人W・シェーファー[15]に変更されている（ebd.）。

ビルンバウムの熱心な勧誘にもかかわらず、ケルシェンシュタイナーの講演は結局実現しなかった。ケルシェンシュタイナーは、ビルンバウムからの依頼に応え、またその後出版されたヴェーバーの二つの講演録にも刺激されて、「教育的行為とその精神的諸前提」について立ちいった分析・考証を巡らすことに、たしかに大きな意欲をもっていたが、同時にその論題の困難についても承知しており、そのため逡巡が生じた（Kerschensteiner 1921/59: 14-16）。そこで彼は、まず論説「教育者の職業と教師の職業にたいする精神的資質」を雑誌に載せ（ders. 1919/20）、これを読んだ友人たちの勧めで、ようやくひとまとまりの論著の公刊に踏みきる（ders. 1921/59: 16f.）。ところが、難産の末上梓された『教育者の魂と教師養成の問題』は、四章から成る大論述に発展しており、もはや一晩の講演の枠に収まっていなかった。こうした経緯から、この書物は、いわば『《拡大版》職業としての教育』という性格を帯びている。

講演「職業としての芸術」も、二転の末、結局講演者が決まらず、実現しなかった。そのため、連続講演企画そのものは中途で挫折し、ヴェーバーの二つの講演のみが実際に語られ、またその記録が公刊されることになった。以下に、この二つの講演の開催・出版にかかわる経緯を追跡しよう。

シュヴァービング地区とシュタイニッケ書店

講演会場として選ばれたのは、ミュンヒェンのアーダルベルト通一五番に位置するシュタイニッケ書店内に付設されていた小ホール（Steinickesaal）である。当時、シュヴァービング地区とその周辺地域は、その独特の文化的雰囲気によって若者たちを魅了していた[16]。たとえばカール・ヤスパースは、修学時代を振りかえって、一九〇二年に過ごしたミュンヒェンで、「シュヴァービングの活気ある生活を知り、若いルートヴィヒ・クラーゲスの許で、H・H・ブッセの教科書を使った筆跡学の講義を聴き、演劇や美術展覧会を観にいき、チェスをしました」と語っている（Jaspers 1951: 324）。この頃の彼は、「りっぱな本を読むことのうちに、みごとな芸術作品を鑑賞することのうちに、いかなる現実にも縛られない精神の発露――これは、ミュンヒェン・シュヴァービングの魅惑的な一学期に頂点に達しました――のうちに心を紛らす生活」を送っていた（Jaspers 1969: 34）。

一九〇八年九月にシュヴァービング地区に移り住んだヴァシリー・カンディンスキーは、ひとつの挿話を紹介している。あるとき、ひとりのベルリン人が、「シュヴァービングとはなんですか」と尋ねた。ひとりのミュンヒェン人は、「ミュンヒェン北地区のことだ」と答えたが、別のミュンヒェン人は、「ぜんぜんちがうね。それはある精神状態のことだ」と答えた。シュヴァービングとは、孤立した特異な精神的風土を意味しており、広い世界のなか、ドイツのなか、そしてミュンヒェンのなかでさえ、そこから隔離された「精神的な離島」を指していたのである（Kandinsky 1955/73: 133f.）。

名物書店主「パパ・シュタイニッケ」ことゲオルク・C・シュタイニッケは、この「離島」の形成に一役買った人物である。彼自身の回想はたいへん興味深いものなので、全文訳出しておいた（巻末資料七）。このなかから、さしあたり必要な情報をまとめておく。

シュタイニッケ書店では貸本業も営まれており、貧しい青年文士たちがこれを利用し、また彼らのリクエストにおうじて、シュタイニッケは貸本用書籍を増やしていった。その成り行きで、彼は、新しい芸術の後押しをするようになり、彼の書店を拠点として、講演会、グラフィック・アートの競売、実験的な演劇が催され、また文芸誌の刊行支援もなされた。書店業の同業者のなかには、シュタイニッケのやっていることにたいして眉をひそめる向きもあったが、事業は発展し、一九一四年には書店を改築して小ホールを設けることになる。

この年に第一次世界大戦が勃発し、ミュンヒェンの芸術運動に危機が訪れるが、シュタイニッケは、この苦境にあって、「精神的に価値あるもののために」尽力する。また塹壕戦の展開にともなう戦況の膠着は、将校たちの無聊を招き、彼らからも文学談義の要望が出された。こうして、戦争や政治から切りはなされた文芸離島に多くの人々が集うことになる。書店内のホールには、さまざまな文化人が招かれて講演会が催される。ホールの収容可能人数は約百五十人である（Löwith 1988: 424）。

原講演（一九一七年十一月七日）と出版計画

すでに紹介したビルンバウムの一九一七年十月二十五日付ケルシェンシュタイナー宛書簡のなかで、連続講演の最初のものとして、ヴェーバーによる「職業としての学問」が、「おそらく数週間の裡には」講じられるだろうと述べられている（MMSB/GK/B77）。ビルンバウムのこの言の通り、この講演は、一九一七年十一月七日（水曜日）におこなわれた。[17] シュタイニッケ書店付設ホールの来講者帳が遺されており、そこには、この日の日付とともに、„Professor Max Weber" の名が記されている（MMSB/A22: 17）。

『ミュンヒェン新報』第五六七号（一九一七年十一月九日付朝刊）にこの講演の概要が紹介されており、その全文を訳出しておいた（巻末資料三）。ただ、新聞掲載にあたっては、記者による取捨選択とある種の加工がおこなわれているから、この記事が原講演をどの程度正確に写しとっているのかについては留保が必要である。この記事を読むかぎりでは、現在われわれが知っている講演録の後半部分が大幅に欠けているようにみえるが、この部分が一九一七年十一月七日には語られなかったのか、それとも、たしかに語られたけれども、新聞記者がこの部分をきちんとまとめることができずにカットしたのかは、いまのところ判断できない。しかしはっきり看取できるのは、ラウエンシュタインで、現今の政治情勢下で人格はどうあるべきかについておこなわれた討論を踏まえ、また精神労働にたいするシュヴァープの悲観的な議論を念頭に置き、今日《こんにち》における学問（科学）の意義と限界、そしてそれに従事する人格のありかたについて、ヴェーバーが立ちいった考察を展開したことである。

　ビルンバウムは、この講演会場に速記者をひそかに配し、ヴェーバーの語ったことを逐語的に速記させた（MWzG: 20）。十一月九日の新聞記事のなかで引用符がつけられている「本分に事えること（Der-Sache-Dienen）」と「無前提の学問（voraussetzungslose Wissenschaft）」が、この速記録からの引用なのであろう。新聞記者が、講演翌日（八日）に速記録を参照しながらこの記事をまとめ、翌九日付の朝刊に間に合わせたと考えると、この記事の成立事情を整合的に理解できる。

　このときヴェーバーは、ただ一回限りのつもりでこの講演を語っており、彼自身には当初これを出版する意図がなかった。ビルンバウムから速記録をみせられた彼は、驚き、逡巡したが、刊行を承諾し、印刷に付するため、速記原稿に大規模な改訂の手を加えることにした（MWzG: 20）。ビルンバウムは、一九二四年十月に、この改訂について次のように表現している。「マックス・ヴェーバーは、議会の議事速記者の手で記録された速記文字原稿を受けとり、この原稿に尋常でないほどの増補と改訂を加えました[18]」。

　この事実から、われわれは、講演『職業としての学問』の特殊な成立事情を知ることができる。第一に、この講演は、もともと刊行するつもりで語られたものではない。彼は、ラウエンシュタイン城文化集会における討論と、シュヴァープの論述とを念頭に置いて、現代科学と職業と若者たちの文化状況とをめぐる諸問題を——ある程度まで即興的に——スケッチした。しかし第二に、この講演が記録されたことを知り、これを刊行するのも悪くないと考え、しかし第三に、それなら当夜語ったままでは不十分なので、大幅に加筆・改訂することにしたのである。

　この事情はまた、現在われわれの前にあるテキストが、なぜいくらか風変わりな体裁をとっているのかを教えてくれる。彼は、これを読む青年層を念頭に置き、第一に、呪力剥奪状況下の大学と学問の現在をどう巨視的に捉えるのかを詳細に論じ、彼らが問題の所在を把捉できるように配慮した。しかし第二に、あくまでも彼ら自身に自力で考えさせるため、まとまった出来合いの結論を与えることを回避した。そして第三に、もともと語られたものであるという痕跡を残し、そうした読み物として味わうことができるように臨場感を与え、これによって、最大限の教育効果をもたらそうとした。こうした事情が、この「尋常でないほどの増補と改訂を加え」られた手の込んだ講演録の定位を条件づけたのである。

　当初、ヴェーバーは、四つの講演のうち、『職業としての学問』のみを担当するはずであったが、『職業としての政治』の講演者として彼が推薦したフリードリヒ・ナウマンが、病気のためこれを辞退したので（Birnbaum 1974: 80）、ヴェーバーが『政治』も引きうけることになる。一九一八年六月八日に、ビルンバウムとルートヴィヒ・フォイヒトヴァンガー（ドゥンカー&フンブロート社の顧問）との協議の結果、自由学生同盟バイエルン支部と出版社とのあいだで契約が結ばれる。その契約書によると、四つの講演の担当者は、①ヴェーバー（職業としての学問）、②ケルシェンシュタイナー（職業としての教育）、③ハウゼンシュタイン（職業としての芸術）、④ヴェーバー（職業としての政治）となっている（Arbeitsstelle der Max Weber Gesamtausgabe）。

再講演を聴いた五人の来場者

つぎに、講演『職業としての学問』が、なぜ二回おこなわれたのかという問題について考証しよう。

再講演の有無、また再講演の時期については議論がある。とくに、そもそも再講演などなかったとする憶説が問題を紛糾させている。この憶説が根拠としているのは、当のビルンバウムの証言である。彼は、マルティン・リーゼブロート宛書簡（一九七九年一月十七日付）のなかで、『職業としての学問』の二度目の講演がもたれたかどうかは「知らないし、それはとてもありそうにない（nicht bekannt und höchst unwahrscheinlich）」と言っている（ebd.）。この引用箇所の前半部（「知らない」）は、ビルンバウム自身にかかわることだから信用できる。彼は、一九一九年の再講演にはまったく関与していないのである。これにたいして、後半部（「とてもありそうにない」）は、彼が知りえないヴェーバーの動静にかんする根拠のない臆断にすぎない。当時の不安定な政情下にあって、ビルンバウムはビルンバウムで、ヴェーバーはヴェーバーで別々に忙しく動きまわっていた。ところが、ビルンバウムは、自分が知らないことを「とてもありそうにない」などと根拠もなく決めつけている。この誤った臆断は大きな問題である。

関係者の証言は、もちろんわれわれ研究者にとって重要な資料だが、それは、しっかりした資料批判をなしたうえで適切に解釈しなくてはならない。そのさいに重要なことは、その証言者自身の直接の体験なのか、あるいはたんなる憶測・臆断なのかをみきわめ、また記憶錯誤の可能性を斟酌し、その証言を、他の史料と突きあわせて整合的に解釈することである。

ビルンバウムの臆断に引きずられたシュルフターは、次のように強弁している。「ヴェーバーが『職業としての学問』を二回講じたという推測もまた、ほぼ確実性に近い蓋然性をもって排除できる。というのは、〔もしも二回おこなったと仮定すると、〕彼は、同一の連続講演の枠内で、同一の団体にたいして、同一の場所で、同一のホールでこれをおこなったことにならざるをえないからである」（Schluchter 1980: 238, ibid. 1979: 114）。シュルフターは、同じ聴衆を相手にして同じ講演を二回おこなうなどということはとうていありそうにないから、『職業としての学問』は一度しか講じられなかったと思いこもうとしている。彼は、資料批判を怠ったために、大きな錯誤に陥ってしまったのである。

実際には、ビルンバウムの関知しないところで再講演がおこなわれており、小ホールを埋めた聴衆のなかに、カール・レーヴィット、パーシー・ゴートハイン[19]、ヘルムート・プレスナー、ユーリエ・マイヤー、カール・レーヴェンシュタインの五人がいた[20]。ひとりずつみていこう。

レーヴィットは、講演『職業としての学問』がおこなわれたのが一九一九年初であること、そして『職業としての政治』の前であることをはっきり記憶している（Löwith 1986/2007: 18f. 185）。そして次のように証言している。「ヴェーバーが、講演『職業としての学問』を、またそのすぐあとに（bald hernach）二番目の『職業としての政治』についての講演を語ったのは、バイエルン君主制の崩壊、評議会共和国の幕間劇、クルト・アイスナーとグスタフ・ランダウアーの暗殺といった出来事のすこしあとの時期であった。私は戦地から帰還し、ミュンヒェンで学修をしはじめていた。第一次世界大戦後の人々は、一般に、一九一八年に公刊されたシュペングラーの著書『西洋の没落』の影響下にあり、小さな集まりにおいて、シュペングラーの歴史哲学的命題にかんする討論がおこなわれ、ここでヴェーバーは、つねにシュペングラー自身よりもはるかに多くのことを語り、またとりわけずっと厳密な発言をなすことを心得ている唯一の対論相手であった[21]。私のこの最初のミュンヒェンの学期（一九一八／一九年冬学期）において、私は、ハイデルベルクの歴史家の息子であるパーシー・ゴートハインと友達になり、われわれは、連れだってヴェーバーの講演に出かけた。講演会場は、なんら大講義室ではなく、シュヴァービングのシュタイニッケ書店の講演室であり、そこには学生の前衛が集っていた。この部屋は約百五十人を収容できた。講演の主催者は自由な学生結社で、時代の混乱のなかで、正しい途をみきわめようと真摯に取りくんでいた。ヴェーバーは、民主党の政治集会から遅れてやってきて、きびきびと弾むような足取りで会場に入り、いくつかメモが書かれた小さな紙切れ一枚を――たったそれだけを――手にしていた。そしてそれから彼はまったく自在に講演をおこなった。この講演は、速記され、逐語的に彼が語った通りに印刷された[22]」（Löwith 1988: 423f.）。

この回想には錯誤が認められる。アイスナー暗殺は一九一九年二月二十一日、ランダウアー暗殺は三月二日で、いずれも『職業としての学問』『職業としての政治』が語られたあとである。だから、正確な時期は、バイエルン君主制の崩壊のあと、評議会共和国の幕間劇の最中、クルト・アイスナーとグスタフ・ランダウアーの暗殺よりも前となる。レーヴィットの記述は、もともと一九六四年に書かれたもので、講演から四十五年も経っているので、彼の記憶のなかで、両講演の時期と評議会共和国の顛末との前後関係が混濁しているのであろう。これは、時間経過にともなう記憶の風化として合理的に理解できるものであり、シュルフターのように、この錯誤をとらえてレーヴィットの記憶全体を否定しようとするのは不当である（MWGI/17: 43f.）。

レーヴィットは、第一次世界大戦に従軍し、胸に被弾して生死の境をさまよい、イタリアで捕虜生活を送ったあと、一九一七年十二月に帰還し（Löwith 1986/2007: 16）、長期にわたる肺機能リハビリテーションの後、ようやく一九一八／一九年冬学期に学業にかかることができた[23]（**表4**）。一方パーシー・ゴートハインも、一九一五年に従軍し、頭部に被弾し、その後言語障害のためリハビリに努めたあと学業生活に入っている。二人が、従軍体験と瀕死の負傷体験という共通項をもっていたことも、やはり交友関係に影響を与えていたのではないかと思われる。

ヴェーバーが、『職業としての学問』を語るために登壇するとき、

表4　カール・レーヴィットのミュンヒェン大学在籍状況

学期	学籍登録大学・学部	備考
1917夏	ミュンヒェン大学哲学部	従軍のまま学籍登録
1917/18冬	〃	ミュンヒェンに住所登録
1918夏	〃	
1918/19冬	〃	はじめて授業を聴講する
1919夏	フライブルク大学哲学部へ転籍	

（出典）PSUM（各学期）．Löwith 1986/2007. Ders. 1988.

表5　パーシー・ゴートハインの大学在籍状況

学期	学籍登録大学・学部	備考
1914/15冬	ハイデルベルク大学法学部	在籍のまま従軍
1915夏	〃	〃
1915/16冬	〃	〃
1916夏	ハイデルベルク大学哲学部，法学部	リッケルトのゼミに参加
1916/17冬	ハイデルベルク大学哲学部，数学・自然科学部	〃
1917夏	ベルリン大学哲学部	
1917/18冬	記録なし	ベルリン大学の在籍学生一覧そのものが，この学期のみ欠けている
1918夏	ゲッティンゲン大学哲学部	
1918/19冬	記録なし	学籍登録をせずにミュンヒェン大学哲学部で学んだと推定
1919夏	ミュンヒェン大学哲学部	

（出典）PVUH（各学期）．AVUB（各学期）．PSUM（各学期）．UAH/Rep.27/1036. UAG/MA. UAG/SA1918.

聴衆のなかにパーシーの姿をみつけて会釈をしたことを、レーヴィットは自伝中にも記している（ebd.: 18）。パーシーの父は、ハイデルベルク大学哲学部におけるヴェーバーの後任エーベルハルト・ゴートハインである。ヴェーバーは、一九〇三年九月末をもって正教授を退任し、翌年四月に着任したエーベルハルトにその任を譲ったが、その後もハイデルベルクに住み、ハイデルベルク大学正嘱託教授として勤務しつづけ、折に触れてエーベルハルトらの教授たちと学内諸事について協議し、必要な助言を与えていた。そしてヴェーバーは、パーシーをその少年時代からよく知っており、負傷した彼の身を、ヴェーバー夫妻は案じていた（MWGII/9: 110, 113）。この日登壇しようとしたヴェーバーは、聴衆のなかにパーシーの姿をみつけ、「やあ元気だったか」と会釈したのである。そしてこのことは、再講演がたしかにおこなわれたことをしめすきわめて有力な傍証である。というのは、パーシー・ゴートハインは、原講演がおこなわれた一九一七年十一月七日にミュンヒェンにいた可能性がほとんどないからである。彼の学修履歴を確認しよう（表5）。

　おそらく戦時における事務上の困難から、肝心の一九一七／一八年冬学期のベルリン大学教員・学生名簿中には在籍学生一覧が欠けているのだが（AVUB 1917/18WS）、パーシーにかんする経歴記述中に、彼は、大戦が終わるまではハイデルベルク、ベルリン、ゲッティンゲンで学んだと記されている（Kluncker 1986: 40）。また、ゲッティンゲン大学に在籍したのが一九一八年夏学期の一学期だけだから（UAG/MA）、一九一七／一八年冬学期に、彼は（前学期からひきつづき）ベルリン大学で学んでいることが明らかである。

彼がミュンヒェン大学に学籍登録したのは、一九一九年夏学期が最初だが（PSUM 1919SS: 70）、そのひとつ前の一九一八／一九年冬学期にもミュンヒェンに滞在していることが、父エーベルハルト・ゴートハインの書簡からわかる（Maurer et al. 2006: 490）。また、パーシーがゲッティンゲン大学会計掛に送った離籍届には次のように記されている。

「私儀、本状をもちまして、ゲッティンゲン大学からの離籍を懇請いたします。なぜなら、不在のため、自身が出向くことができないからであります。」「離籍証明は、可能なかぎり早急に、私のミュンヒェンの住所へご送付願います」（UAG/SA1918）。一九一八年十月四日付のこの書簡は、たしかにミュンヒェンで投函されている。

このときパーシーが、ゲッティンゲンを離籍してミュンヒェンに移ったことがまったく明らかである。しかし、一九一八／一九年冬学期に、彼はミュンヒェン大学に学籍登録をしていないから、彼は、学籍登録なしでミュンヒェン大学の授業を聴講したことになる[24]。そして、パーシーとレーヴィットとが知りあったのは、たしかにこの一九一八／一九年冬学期であって、それ以前（一九一七年秋）ではありえない。経歴記述においても、彼は戦後になってミュンヒェンに来たと記されている（Kluncker, a. a. O.）。彼は、一九一七年秋にはまだミュンヒェンに来ていなかったのである。

プレスナーの証言は二つある。ひとつは一九六三年に公表されたものである。「彼〔ヴェーバー〕がプロテスタントであること、つまりカルヴァンのライバル関係にたいする辛辣な洞察力をもち、また良心の要求と責任の要求との乖離にあたって苦悩するルター派であることを疑う者はこれまで誰もいなかった。このことがみられるのは、なお一九一八年に（noch 1918）学生にたいしてもたれた講演『職業としての学問』『職業としての政治』においてであり、つまり自身の合理化を完遂する社会の多元性を彼が英雄的に是認していることにおいてであり、つまりさまざまな価値のあいだのなんらかの客観的階層関係への信仰あるいは進歩への信仰なしに〔そうした〕是認をなしていることにおいてである。こうしたことがみられるのは、学問にかんする彼の解釈と彼の方法論とにおいてである」（MWzG: 32）。

ヴェーバーの立場をルター派のそれと同列視するプレスナーのこの見解にはとうてい同意できないが、ここではそれを措くとして、ひとつ引っかかるのは、この証言中に記されている「なお一九一八年に（noch 1918）」である。この „noch“ は「以降（nach）」の誤植だと思われる。つまりプレスナーは、両講演が「一九一八年に」おこなわれたと言っているのではなく、「一九一八年以降に（nach 1918）」おこなわれたと言っていると推断できる。彼は、両講演が一九一八年から一九一九年にかけての革命期の冬におこなわれたと記憶しているのだが、それが一九一八年末だったのか、それとも一九一九年初頭だったのかが、記憶のなかで判然としていないのであろう。

プレスナーのもうひとつの証言は、安藤英治による一九七〇年の聴き取り記録である。「その頃彼〔ヴェーバー〕は、私がいた時代に二つの講演をおこないました。あなたもこの講演を知っていますか。

『職業としての学問』と『職業としての政治』です。この二つの講演を私は聴きました」（圏点引用者、Ando 2003: 606）。「私がいた時代に（in meiner Zeit）」とは、プレスナーがミュンヒェンで勤務していた時期という意味である。彼は、一九一六年にエルランゲンで学位を取得し、一九一七年にはニュルンベルクの博物館で勤務しはじめている。彼がミュンヒェンに来たのは戦後のことである（Plessner 1975/85: 312–314, Dietze 2005/07: 37）。彼は、ミュンヒェンでヴェーバーがおこなった最初の講義（一九一九年夏学期の社会学的カテゴリー論）を聴いたとも語っており（Ando, a. a. O.）、「私がいた時代」が革命後を指していることはまちがいない。

ヴェーバーのゼミ生だったユーリエ・マイヤー（フランク）も、アイスナー政権期の冬（つまり一九一八年末～一九一九年初）に、ヴェーバーが『職業としての学問』と『職業としての政治』を講じたこと、後者を講ずる直前期に、彼がアイスナーを「血なまぐさいカーニバルの道化役」と呼んだことを覚えている。彼は、『職業としての政治』を語りおえたあと、学生たちを連れて、マイヤーの下宿に場所を移して、深夜まで政治問題について話しこみ、そのためマイヤーは、あとで大家から苦情を聞かされることになる（Meyer-Frank 1982: 213f.）。彼女の記憶はきわめて鮮明かつ具体的であり、二つの講演が同じ冬にあまり間を置かずにおこなわれたことは明らかである。

レーヴェンシュタインは、一九一四年にミュンヒェンで学位を取得し、兵役・軍務に就いた後、一九一九年から弁護士として勤務している。彼は、一九六四年の回想中で、「一九一九年から一九二〇年にかけての冬に、アーダルベルト通のシュタイニッケザールで語られた講演『職業としての学問』と『職業としての政治』」について語っている（Loewenstein 1966: 34）。四十五年の歳月に起因する記憶の風化のため、講演時期が一年ずれているが、『学問』と『政治』が同じ冬におこなわれたという点は、レーヴィットらの回想と合致している。

以上のように、四人の回想を検討してみると、レーヴィット、プレスナー、マイヤーの回想内容は相互に矛盾がない。シュルフターの臆断だと、三人の記憶はすべてまちがっていることになるが、いったい、一九一七年秋におこなわれた講演について、それを一九一八年末～一九一九年初のことだとまちがえて記憶するという事態がありうるのだろうか。たしかに、これといってなにもない平穏な日々の連続のなかで生じた些細な出来事について、「あれはいつのことだったか」を思いだすことができないことはある。しかし、一九一七年秋と一九一八年末～一九一九年初とでは一年以上もの隔たりがあり、またその一年のうちに、ドイツの政治社会は大きな激動を経験している。前者は戦時中であり、後者は戦後かつ革命期である。戦時中の出来事と戦後革命期の出来事とを取りちがえるなどという記憶違いがありうるのだろうか。そしてこの三人にとって、ヴェーバーの講演はけっして些細な出来事ではない。なかでもレーヴィットにとって、二つの講演体験は、彼の学問人生を大きく左右する鮮烈な事件だった。その強烈な体験の記憶が薄れ、後になると、それが一九一七年秋のことだったのか一九一九年初のことだったのかがわからなくなるなどということがありうるのだろうか。そればかりか、三人の人物が共通してまったく同一内容の記憶違いに陥るなどということがありうるのだろうか。また、たしかにレーヴェンシュタインは、四十五年前の記憶をまさぐって、講演の年を一年まちがえているが、『学問』と『政治』が同時期におこなわれたことについては、彼の記憶もまた、レーヴィット、プレスナー、マイヤーの記憶と合致しているのである。

さらに、一九一七年冬学期にベルリン大学で学んでいたパーシー・ゴートハインが、学期中の平日（十一月七日は水曜日である）に授業をサボって、はるばる（直線距離で五百キロほど隔たっている）ミュンヒェンに旅行し、そこでたちまちレーヴィットと知りあい、夕刻に連れだってヴェーバーの講演会に出かけるなどという珍事が生じる可能性があるのだろうか。そしてレーヴィットは、民主党の集会が長引いたためヴェーバーが遅れてやってきたと証言している（Löwith 1988: 424）。民主党（一九一八年十一月結党）という一九一七年にはまだ存在していない政党の集会に出席していたため、ヴェーバーの到着が遅れるなどという不可能な事態がなぜ生じたのだろうか。このように事実関係を突きあわせていくと、シュルフターの牽強付会がまったく成りたちえないことが明らかである。

レーヴィットは、原講演よりもあとの一九一七年十二月にミュンヒェンに帰還し、一年近い療養（リハビリテーション）のあと、一九一八／一九年冬学期にようやくミュンヒェン大学で学びはじめることができた。パーシーも、同じ学期にミュンヒェンで学びはじめ、レーヴィットと知りあい、その後二人は連れだって講演会に出かけた。これ以前に両者に接点はない。またプレスナーは、戦後にミュンヒェンに移住し、その頃ヴェーバーの講演のことを聞きつけてシュタイニッケ書店を訪れた。マイヤーは、一九一七年秋にすでにミュンヒェン大学で学んでおり、レーヴェンシュタインもミュンヒェン近辺で軍務に就いていたが、あとの三人は、そもそも一九一七年十一月七日にはまだミュンヒェンに来ていなかったのである。

なお、再講演がはたして一回のみだったのか、それともさらに再々講演があったのかについては、現在までのところ確証がないが、再々講演の可能性は低い。というのは、同一内容の講演をほぼ同じ顔触れの聴衆にたいして二回おこなう意味がないからである。この点にかぎって言うと、シュルフターの疑問は正当である。ただし、シュルフターは、一九一七年の原講演と一九一九年の再講演とが同一内容だと臆断しているのが不当であり、また一九一七年の聴衆と一九一九年の聴衆とを同一視しているのも不当である。ヴェーバーは、一九一七年の講演内容にたいして大規模な加筆をおこなったからこそ再講演をしてみようという気になったのであり、またレーヴィットをはじめとして、一九一七年には従軍中で、その後復員してきた学生たちが大勢いるからこそ、新しい聴衆にたいしてもう一度講演する必要が生じるのである。

再講演の内容と所要時間

現在われわれが読んでいる講演録は、再講演とほとんど同一内容だと判断できる。というのは、再講演を聴いたレーヴィットが、「講演がなされた通りに〔ほとんど〕逐語的にたがわず刊行された」と明言しているからである（Löwith 1988: 424）。ただし、完全に同一というわけではない。というのは、レーヴェンシュタインが記憶している次の論述は、講演録中には欠けているからである。「トゥーキュディデース〔の『歴史』〕全体が、このちょっとした箇所の解釈に掛かっており、私の運命と世界の運命が、正しい解釈の発見に掛かっています。このように感じることのできる者だけが、科学者たる資格を有するのです」（Loewenstein 1966: 34）。再講演のなかで、おそらく段落⑬のカーライル引用の前後あたりに、こうした文言が加えられていたのだが、同内容の繰り返しがややくどいので、刊行にさいして省かれたのであろう。

再講演の直接の記録はないので、これが何時から予定されていたのかは判然としない。原講演や『職業としての政治』と同様だとすると午後八時開始だが、その日ヴェーバーが出席していた民主党の集会が長引いたため、聴衆はかなり待たされた模様である（Löwith 1988: 424）。

再講演がどの程度の時間を要したのかを計測するには、一九一八年六月十三日に彼がヴィーンでおこなった講演『社会主義』の所要時間と対照するのが好適である。というのは、こちらの講演の所要時間を、彼自身が「二時間半」と述べているからである（MWGII/10: 196）。この講演録の行数は、『全集』版で一二五一行である（題名と脚注を除く本文のみの行数、MWGI/15: 599–633）。一方『職業としての学問』の行数は、『全集』版で一一六九行である（同様に本文のみの行数、MWGI/17: 71–111）。ここから割りだすと、『職業としての学問』の推定所要時間は二時間二〇分となる。

G・S・ボルコンスキーの朗読CDも参照しよう。彼は、ほぼ標準的な速さで淡々と読みすすめており、所要時間は、題名朗読分を除外して一時間三〇分三九秒である（Bolkonskij）。しかし『職業としての学問』は、『社会主義』よりもはるかに込みいった内容を包含しており、したがって噛んで含めるようにゆっくり話さないと、学生たちにその内容が伝わらなかったと思われ、ボルコンスキーではあまりにも速すぎるように感じられる。

もうひとつ重要なのはプレスナーの回想である。彼は、「休憩が非常に長く続きました」と語っている（Ando 2003: 606）。長年に及ぶ病疾のせいで、たっぷり休憩をとらないと、ヴェーバーは長丁場をもちこたえることができないのである。これは『社会主義』も同様だったことであろう。

以上を勘案すると、『職業としての学問』の再講演は、休憩時間を含めて、活字になったものの分量がこれよりもやや多い『社会主義』と同程度の二時間半か、あるいはそれを超える時間を要したと推定するのが妥当な線であろう。民主党の集会を終えて急いで登壇したヴェーバーが、かりに八時半に講演を開始したとすると、終了は十一時頃かそれより遅くなったと思われる。

一九一九年一月の動向と再講演日

『職業としての学問』（再講演）と『職業としての政治』が語られた一九一九年一月という時期は、ヴェーバーにとって、人生行路上きわめて大きな転換点を刻印している。彼は、一九一八年秋以降、民主党の候補者として、フランクフルトから立候補しようと試み、同時に、いくつかの大学から誘われており、いずれかの大学に正教授として就任することも考慮している。そしてそのさい、代議士活動と教授活動とを両立させる方策を探っている。ところが、党内事情からそれがほぼ不可能になり、その結果、一九一九年一月には、なおバーデンからの立候補の可能性を模索するが、事実上立候補を断念するにいたる。そして彼は、職業政治家への途をみずから絶ち、正教授として教壇復帰をめざすことに決める（野﨑敏郎二〇一一：

二七八〜二七九頁）。この決断をなしたまさにその時期に、二つの講演が語られているのである。

エードゥアルト・バウムガルテンは、エルゼ・ヤッフェ宛書簡に依拠して、『職業としての学問』の再講演日を一九一九年一月十六日（木曜日）と推断していたが、ヴォルフガング・モムゼンは、これに強い疑念を抱いていた（Mommsen 1959/2004: 345）。この一連のヤッフェ宛書簡は、長く閲覧が制限されていたが、最近『全集』に収録されて利用できるようになった。そしてこの書簡記述からヴェーバーの動静を考証すると、バウムガルテンの錯誤が明らかである。彼は、ヤッフェ宛書簡に記されている「講演（Vortrag, Vorträge）」を、『職業としての学問』と『職業としての政治』のことだと思いこんでいるが、じつは別の講演と取りちがえているのである（とくに一九一九年一月十四日付書簡、MWGII/10: 393）。モムゼンが指摘するように、バウムガルテンの一月十六日説には根拠がない。バウムガルテン自身、この一月十六日説を維持できなかったので、自著においては、『学問』と『政治』の講演時期を、一九一九年の「一月から二月」とするにとどめている（Baumgarten 1964: 715）。

直接の資料がないので、これ以上『職業としての学問』再講演の日時を特定することはできないのだが、二〇一二年にようやく『全集』第II部門（書簡編）第一〇巻が刊行され、一九一九年一月の書簡を利用できるようになったので、筆者がこれを読み、またその内容を、『全集』第I部門第一六巻に収録されている各種講演記録と突きあわせているうちに、ひとつの可能性に気づいたので、以下にこれをしめしておく。それは、『職業としての政治』が語られる前日の一月二十七日（月曜日）である。

レーヴィットらの回想から、『職業としての学問』の再講演日が一九一九年初頭だとし、しかも『職業としての政治』よりも前だとすると、『政治』が一月二十八日に語られていることは明らかなので、『学問』再講演の可能性があるのは、一九一九年一月一日〜二十七日のどれかである。多少幅をもたせて、一九一八年末から翌年一月末までのヴェーバーの足取りを追跡しよう。

ヴェーバーは、一八一八年十二月二十八日付書簡と翌一九一九年一月三日付書簡をハイデルベルクで書いている（MWGII/10: 382, 385）。一月二日に政治講演をおこない、翌日民主党の集会に参加し、十一日には政治講演をおこなっている。開催地はいずれもハイデルベルクである（Baumgarten 1964: 715, MWGI/16: 410–435, 447–449）。その間《かん》、一月四日にカールスルーエで政治講演をおこなっている（MWGII/10: 436–446）。カールスルーエは、ハイデルベルクから鉄道で日帰り圏内に位置している。一月十四日の直前に書かれたと推定されるエルゼ・ヤッフェ宛書簡はハイデルベルクから投函されたらしい（ebd.: 391）。このことから、年始から一月十四日までは、四日にカールスルーエに行った以外はずっとハイデルベルクにいたとみてよさそうである。この時期、彼はバーデンから立候補することができないか画策している（が結局失敗に終わる）ので（Baumgarten, a. a. O.）、この間《かん》にミュンヒェンに行った可能性はきわめて低い。

一月十四日にはフュルト（ニュルンベルクのすぐ西）で政治講演をおこなっている（MWGI/16: 450–457）。フュルトはミュンヒェンと同じバイエルン領内だが、直線距離で百五十キロ以上隔たっている。またミュンヒェンまでの列車の接続が悪く、翌十五日には、ほとんど一日かけて、ようやく夜になってミュンヒェンに辿りつくことが

表6　1919年1月下旬のヴェーバーの動静

日	行　動　内　容	滞在地
15（水）	エルゼ・ヤッフェ宛書簡を執筆（発信地はニュルンベルク駅と推定）	ミュンヒェン
16（木）	ミュンヒェンでエルゼ・ヤッフェと落ちあい，彼女をともなってハイデルベルクに移動	ハイデルベルク
17（金）	記録なし	不明
18（土）	記録なし	不明
19（日）	エルゼ・ヤッフェ宛書簡を執筆（発信地ハイデルベルク）	ハイデルベルク
20（月）	エルゼ・ヤッフェ宛書簡を執筆（発信地不明）	不明
21（火）	記録なし	不明
22（水）	エルゼ・ヤッフェ宛書簡を執筆（発信地不明）	不明
23（木）	エルゼ・ヤッフェ宛書簡を執筆（発信地不明）	不明
24（金）	記録なし	不明
25（土）	記録なし	ハイデルベルク
26（日）	エルゼ・ヤッフェ宛書簡を執筆（発信地ハイデルベルク），ハイデルベルクからミュンヒェンに移動，グリュンヴァルト・ホテルに投宿	ミュンヒェン
27（月）	記録なし	ミュンヒェン
28（火）	夕刻8時から『職業としての政治』を語り，その後深夜2時まで学生と話しこむ	ミュンヒェン
29（水）	マルタ・リーゲル宛書簡とミーナ・トブラー宛書簡を執筆（発信地ミュンヒェン）	不明
30（木）	記録なし	不明
31（金）	母ヘレーネ宛書簡を執筆（発信地ハイデルベルク）	ハイデルベルク

（出典）MWGI/16, MWGII/10, Meyer-Frank 1982: 214.
（注）滞在地は，書簡の発信地等から判定し，その日の夜に宿泊したと推定される場所をしめした．

できた。この日はたしかにミュンヒェンで一泊しているが、この夜に『職業としての学問』の再講演をおこなった可能性はきわめて低い。レーヴィットによると、ヴェーバーは民主党の集会に出席したあと講演に臨んでいるはずだが、列車の接続状況をみたヴェーバーは、「夕刻に（Abends）」ではなく「夜中に（Nachts）」ようやくミュンヒェンに着く見込みであることをエルゼに告げているから[25]（MWGII/10: 394）、夜遅く到着してから集会と講演を続けてこなした可能性は度外視していいだろう。

翌十六日にエルゼとともにハイデルベルクに戻ったヴェーバーは、その後二十五日まで自宅にとどまっていたと思われる。十七日から二十四日までは滞在地不明の日が多いのだが（表6を参照）、次のミュンヒェン旅行について、彼と、ミュンヒェンにいるエルゼとのあいだで、ほとんど日を置かずに書簡の往復がなされていることから、この間《かん》彼はハイデルベルクの自宅から離れておらず、すくなくともミュンヒェンには行っていないことが明らかである。彼は、一月二十二日付および二十三日付エルゼ宛書簡のなかで自分の旅程をしめし、一月二十六日（日曜日）夜にミュンヒェン駅前のグリュンヴァルト・ホテル（彼の定宿）に投宿し、二十八日（火曜日）夕刻八時からシュタイニッケザールで『職業としての政治』を語る予定だと記している（MWGII/10: 408f. 411）。そして彼は、実際に二十八日にこの講演を終えたあと、場所を移してユーリエ・マイヤーらと午前二時まで話しこんでいる（ebd.: 416, Meyer-Frank 1982: 214）。その後三十一日までにハイデルベルクに戻り、母宛に書簡を書いている（MWGII/10: 418）。

以上の足取り調査から、一月十五日の可能性はなく、また『職業としての政治』を語った翌日の二十九日は、講演後の学生たちとの討論が深夜に及んだことから、『職業としての学問』を語ることのできる状態ではなかったと思われる。実際彼は、この日（二十九日）にミーナ・トブラーに宛てて、「このなんとしてもたいへんな辛苦（diese doch beträchtlichen Strapatzen）」を愁訴している（ebd.: 416）。この困憊した状態で民主党の集会に出席する可能性もほとんどない。彼は、二十九日にミュンヒェンから二通の書簡を投函したあと、すぐハイデルベルクに戻ったか、この日はホテルで休養をとり、翌三十日に戻ったのであろう。したがって、二十九日夕刻または三十日夕刻に『学問』の再講演がなされた可能性もきわめて低い。こうして、再講演の可能性のある日は、ミュンヒェン投宿翌日の二十七日だけに絞りこむことができる。もともと、二十八日に講演『政治』が予定されていながら、二日前の二十六日にミュンヒェンに来たのは、二十七日の（おそらく総選挙結果の分析と今後の行動指針の定立にかかわる）民主党の集会に出席するつもりだったからであろう。そして二十七日の夕刻なら、『学問』の再講演は十分可能である。

　二十六日にミュンヒェンに到着したヴェーバーが、翌日の二十七日にシュタイニッケ書店に照会したところ、たまたまこの日にも会場が空いていることがわかったので、民主党の集会のあと、改訂稿に依拠して『職業としての学問』を語り（再講演）、その翌日『職業としての政治』を語ったとすると、一連の事情を完全に整合的に理解できる。またこれ以外の可能性はまったくみあたらない。

　この時のミュンヒェン旅行は、主として『職業としての政治』を語ることが目的だったが、「この講演が不出来なものになる（der Vortrag wird schlecht）」ことは、一月二十三日の時点で明白だったので（MWGII/10: 411）、彼は気がすすまなかった。そこで、すでに改訂稿をほぼ仕上げていた『職業としての学問』を、『政治』の前日に語ることによって、自分の頭を整理し、そのうえで『政治』に臨むことにしたという事情もあったのではなかろうか。このように、『学問』の再講演は、ヴェーバーが急に思いついておこなったので、ビルンバウムはそれを知らず、また新聞広報等の記録にも残らなかったのであろう。

　以上のように、《アリバイ崩し》の手法を用いて可能性のない日を消していくと、《犯行日》をひとつだけに絞りこむことができる。再講演の講演日は、マリアンネ・ヴェーバーが夫の伝記を執筆するための資料集めをしたときにすでに不明となっており、そのため一九二四年にフリートヨフ・ノーアクに問いあわせたのだが（巻末資料五）、結局判明しなかった。第二次世界大戦後になって、ヴォルフガング・モムゼン、エードゥアルト・バウムガルテン、ヴォルフガング・シュルフターが再考証を試みたが、やはり講演日を特定できず、大林信治も、この三人の説を比較検証したが、結論を得られなかった（大林信治　一九九三：六〇～六一頁）。この講演日は、じつに九十年ものあいだ謎とされてきたのだが、ようやく落ちつくところに落ちつきそうである。

　急遽開催が決定したので、たまたまその日不在だったビルンバウムへの連絡ができず、また開催者側（あるいは書店側）は、その日のうちに、自由学生同盟のメンバー等へのごく限定された広報活動しかおこなうことができなかったことであろう。しかしそれでも、ヴェーバーのネーム・バリューの高さもあって、約百五十人収容のホールは一杯になっており、学生でないプレスナーとレーヴェンシュタインもこれを聞きつけてやってきた（Löwith 1988: 424, Ando 2003: 606, Loewenstein 1966: 34）。

翌二十八日には、夕刻八時から、予定通り『職業としての政治』を語るが、レーヴィットにとって、『政治』は、『学問』にくらべて印象の薄いものだったようだ（Löwith 1986/2007: 19）。このことは、すでに二十三日付書簡中でヴェーバー自身が『政治』の不出来を予告していたことと符合する。しかし、このとき『学問』を聴きのがし、『政治』だけを聴くことのできたノーアクは、ヴェーバーの激しい労農評議会経済批判に強い印象を受けている（巻末資料五）。

二つの講演録の加筆・校正・刊行

一九一九年一月二十八日に『職業としての政治』が語られたことで、ビルンバウムは、残る「職業としての教育」「職業としての芸術」は後回しにして、とにかく『学問』と『政治』の二つの講演録の出版を急ぐことに決める。彼は、一月三十日付出版社宛書簡において、『政治』の講演がなされたことを報告するとともに、「他の二人の講演者であるケルシェンシュタイナー博士とヴィルヘルム・シェーファーは、再度講演の延期を懇請なさいました」と書いている。しかし、ヴェーバーの講演録の刊行をこれ以上延引することは好ましくないので、「ヴェーバーの講演録を切りはなして刊行すること（die Weberschen Vorträge gesondert erscheinen zu lassen）」にして、ケルシェンシュタイナーらの講演は、後日あらためて刊行することに決める。また講演録の体裁について、ビルンバウムは次のように指定する。「シリーズ全体のタイトルと、このシリーズに寄せたささやかな形ばかりのまえがきとは、もちろんヴェーバーの講演録に欠けてはなりません」（Arbeitsstelle der Max Weber Gesamtausgabe）。[26]

これにたいして、出版社側は、翌三十一日付で即座に同意し、印刷経費が高騰しつつある現状をも考慮して、さしあたりヴェーバーの講演録だけを刊行する方針を立てるとともに、その体裁について次のように提案する。ヴェーバーの「二つの著作から、講演という外見上の形態を除去すること、つまり〔聴衆にたいする〕直接の呼びかけを削除するか手直しし、またそれぞれの講演録を分割刊行すること。〔シリーズ名を掲げた〕表題紙を特別に明示すること。個別表題はさほど長くないので、『職業としての精神労働』という上位表題〔＝シリーズ名〕のためになお〔十分な〕余白があり、番号は付加しないのが最善である。短いまえがきにおいて、自由学生同盟の講演録シリーズの成り立ちをしめすことができる」（ebd.）。

これによると、当初、『学問』と『政治』とを（また『教育』と『芸術』をも）ひとまとめに合本にして刊行することも検討されていたようである。しかし出版社は、ひとつひとつの講演を切りはなし、それぞれ単独の小冊子として刊行することを提案している。その場合、シリーズ名を掲げた表題紙をつけて、個別に刊行される四冊の小冊子が、ひとつの講演シリーズに属することを読者に明示するべきだとする。そして出版社が番号付加にたいして慎重なのは、はたして『教育』と『芸術』を刊行できるかどうか疑問であり、もしも刊行できなかった場合、第二講演（『教育』）と第三講演（『芸術』）とが欠番のまま、第一講演（『学問』）と第四講演（『政治』）だけが店頭に並びつづけるという見苦しい事態を危惧しているからである

——そしてこの危惧は的中する——。

また興味深いのは、出版社側が、「講演という外見上の形態」を除去しようとしているのに、ヴェーバー自身はこれに反対したことである。実際に刊行された講演録にあっては、随所に聴衆への「呼びかけ（Anrede）」が残されており、それが臨場感を醸しだしている。

二月二十一日におこなわれたビルンバウムと出版社との協議結果にかんするメモ（出版社側が作成したと推定）では、一月三十一日付書簡中で「上位表題（Uebertitel）」とされていたシリーズ名を、「副題（Untertitel）」と位置づけしなおし、『職業としての学問』にかんしては、「職業としての精神労働、自由学生同盟における四つの講演集、第一講演」等々と表記することになる。またビルンバウムは、一月三十一日付の出版社提案に同意する（ebd.）。

出版社は、二月二十二日付で、印刷所にたいして、『学問』の発注書を送付するとともに、次のように記す。「一～二四枚の原稿全部を昨日貴社宛に送付した。遅くとも三月一日（土）までに棒組みゲラを元原稿とともに当方へ送付されたし。初校の直しと最終校は貴社で処理されたし」（ebd.）。

これにたいして、シュテファン・ガイベル社（印刷所）は、二十四日付で次のように回答する。「本日、マックス・ヴェーバー『職業としての精神労働』の小冊子のための印刷に付する原稿を拝受した。同封の注意事項にしたがい、装丁・体裁はヘルマンの『革命』[27]と同様に仕上げるが、二つの行のあいだのスペースを変更しない場合、頁数は増加する。〔この増頁問題について〕貴社のさらなる指示を請う[28]」（ebd.）。この日『学問』の元原稿を受領した印刷所は、遅くとも三月三日までには棒組みの前半部を作成して出版社に送付する。

出版社は、三月三日付[29]ヴェーバー宛書簡において、印刷所から送られてきた棒組みゲラを彼に転送したことを告げる。「〔本状と〕同時に、先生宛にご講演『職業としての学問』の初校用ゲラ刷を送付いたしました。残り[30]は近日中に発送する予定です。ご高閲済の校正ゲラをご返送願います。そのゲラをもって本組みを指示し、先生に再校ゲラをご送付することができます。出版引き受けにかんする取り決めは、当地にて、当方と自由学生同盟とのあいだで締結され、先生は、同盟に、講演録の使用と著作権の行使とを委託なさったことになっています。この冊子の無償献本二十五部は刊行後にお届けします」。そして刊行の段取りについて、ヴェーバーに次のように依頼する。「私共は、この冊子〔＝『職業としての学問』〕を、まず第二講演『職業としての政治』と二つあわせて〔＝同時に〕書店に発送したく存じます。つきましては、先生が、校了原稿を、当方へなるべく早急にご送付賜りますならば、まことに幸甚に存じます」（ebd.）。

こうして、二月以降、ヴェーバー（ハイデルベルク在住）、ビルンバウム（途中でミュンヒェンの寄宿先を引きはらう）、出版社（ミュンヒェン）、印刷所（アルテンブルク）のあいだで原稿のやりとりが始まる。この頃のビルンバウムの動向をみると、彼は、前年十一月十五日に、ミュンヒェン大学に学生自治会を設立している（Morenz 1968: 30）。この学生団体もまた政治に深くコミットしていくので、彼は忙殺されている模様である。しかしこの頃健康を害した彼は、三月初旬頃にミュンヒェンを離れ、ミルテンベルクで保養生活を送るようになる（Birnbaum 1974: 82）。そのため、ヴェーバーの講演録出版を調えるにあたって、ハイデルベルクとミュンヒェンとを往復しているヴェーバーと、ミュンヒェンからミルテンベルクに移ったビルンバウムとのあいだの意思疎通はかならずしもうまくいっていない。連絡手段は郵便だが、このとき不測の事態が起きる。『職業としての政治』の校正原稿が紛失したのである。

出版社の三月三日付ビルンバウム宛書簡（の写し）には次のように書かれている。「本日、私共は、マックス・ヴェーバー教授に、彼の第一講演『職業としての学問』の棒組みゲラ校正用原稿を送付いたしました。著者が、校正〔複数形〕とそれに続く最終校とをすみやかに済ましていただきましたならば、第一冊〔＝『職業としての学問』〕をどうにか当月末に仕上げることができようかと存じます。私共は、この冊子を、第二講演『職業としての政治』とまず二つあわせて〔＝同時に〕書店に発送いたしたく存じます。そしてそれゆえ、もしも貴殿が、この冊子に付する原稿〔＝ビルンバウムによる「あとがき」〕をなるべく早めに私共にご送付しようとしておられるならば、幸甚に存じます」。宛先はミュンヒェン・ヒルテンスベルガー通五三番だが、ここに抹消線が引かれ、その下に「転居」と付記されている（Arbeitsstelle der Max Weber Gesamtausgabe）。

フォイヒトヴァンガーに宛てられたと推定されるヴェーバーの三月五日付葉書[31]には次のように書かれている（発信地ハイデルベルク）。「〔この葉書と〕同時に、小職は『職業としての学問』の初校を送付いたします。講演『職業としての政治』は、四～五日前に、ヒルテンスベルガー通五三番の博士イマヌエル・ビルンバウム氏（かつて自由学生同盟の議長だった）に送付しました。彼はこれをたぶん貴方に転送するでしょう。小職は、来週月曜日から金曜日にかけて、たぶんミュンヒェンのグリュンヴァルト・ホテルに滞在します。校正を急ぐべきだとすれば、〔校正刷を〕もう一部同ホテル宛にご送付願います。急がなければ当地〔＝ハイデルベルク〕にのみ、つまりいずれにせよとにかく当地にも一部を」（MWGII/10: 506）。三月五日は水曜日で、十日（月）から十四日（金）まで、彼はミュンヒェンに滞在する予定なので、校正を急ぐ必要があるのなら、ゲラの到着が入れ違いになることを懸念して、念のためにハイデルベルクの自宅とミュンヒェンの投宿先との両方に送付するよう出版社に依頼している。

一方、フォイヒトヴァンガー宛と推定される三月十日付書簡（発信地ミルテンベルク）において、ビルンバウムは、「ヴェーバーの第二冊〔＝『職業としての政治』〕を、私はまだヴェーバーの校正を終えたかたちで落手してはおりません。受領後即刻貴殿に転送いたします」と書いている（ebd.）。

ところが、ドゥンカー＆フンブロート社の十一日付ビルンバウム宛書簡（の写し）には次のように記されている。「マックス・ヴェーバー教授は、すでに十四日ほど前に、彼の講演『職業としての政治』の校閲済原稿を、貴殿の住所ミュンヒェン・ヒルテンスベルガー通五三番にご送付なさいました[32]。〔ところが、〕私共がこの住所に宛てた書簡は、配達不能で戻ってきており[33]、商科大学も、別の住所をわれわれにしめすことができませんでした[34]。／〔つきましては、〕校正稿の行方について、調査を試みるよう貴殿にお願い申しあげます。といいますのは、私共は両講演録を二つあわせて〔＝同時に〕刊行する意向だからです。第一講演〔＝『職業としての学問』〕はすでに仕上がっております」（Arbeitsstelle der Max Weber Gesamtausgabe)。

このとき出版社は、『政治』の原稿の所在について、ミュンヒェンに来ていたヴェーバーに直接確認している。彼は、前出の三月五日付書簡を書いたあと、七日付カール・ハインリヒ・ベッカー宛書簡のなかで、来週ミュンヒェンに行って、ミュンヒェン大学就任問題に決着をつけるつもりだと書いている（MWGII/10: 509）。このときのミュンヒェン旅行の目的は、ミュンヒェン大学就任条件について最終的な詰めをおこなうことであった。十二日（水）にはバイエルン文部省のフランツ・マットと会って、就任条件の詳細を確認している（ebd.）。この十日（月）から十四日（金）までの週に、彼はミュンヒェン大学関係者（おそらくヴァルター・ロッツら）とも会い、自分の職務について協議したことであろう。[35] また十三日（木）には、学生たちの前で「学生と政治」について語る（MWGI/16: 482–484）。そして忙しく動きまわっている合間に、『学問』の再校をおこなうとともに、ドゥンカー&フンブロート社の担当者と会い、このとき『政治』の原稿が郵便事故のため紛失したことを知ったのである。

出版社の三月十九日付印刷所宛指示書（冒頭に「ヴェーバーの『職業としての政治』」と記されている）には次のように記されている。「追加で、この新しい冊子のための完全な原稿（一～三二枚、書き込みあり）を送付する。これを、ヴェーバーの『職業としての学問』と対をなすものとして、即刻組版に回し、二枚の棒組みゲラにして原稿とともに当方に届けられたし。両冊子は、二つあわせて、すみやかに刊行されることになっているので、製版は急を要する。初校の直しと最終校はそちらでおこなうこと」（Arbeitsstelle der Max Weber Gesamtausgabe）。

この文面から、郵便事故のために紛失した『政治』の校閲済原稿が、結局みつからなかったことがわかる。そこで出版社は、元原稿（一月二十八日の速記録）からやりなおすことにして、おそらくミュンヒェン逗留中のヴェーバーにこの速記原稿を直接手渡したと推察される。彼は、これをハイデルベルクにもちかえり、もう一度大急ぎで最初からこれに加筆修正して出版社に送付する。そして出版社は、この三二枚の加筆修正済原稿を印刷所に再送付し、棒組みを命じる。

この指示書を受けとった印刷所は、「『職業としての政治』。組版調整はヴェーバー『職業としての学問』と同様。初校の校閲は当方で、可及的すみやかな仕上げ」との確認書を出版社側に送付する（三月二十五日付、ebd.）。

三月十九日付ケルシェンシュタイナー宛書簡のなかで、ビルンバウムは、『政治』と『学問』が「数週間の裡には（in wenigen Wochen）」書店の店頭に並ぶだろうと書いている（MMSB/GK/B77）。この記述と、出版社側が、印刷所にたいして作業を急がせていることをあわせて考えると、出版社とビルンバウムは、両冊子の刊行を、四月の新学期開始に間に合わせるつもりだったのであろう。しかし、『学問』のほうは、すでに三月十一日までには刊行準備が調えられていたのに、『政治』の原稿紛失が響いて、結局刊行は大幅な遅延を余儀なくされる。

刊行が先延ばしになった理由は、『政治』の校正原稿紛失以外にもうひとつある。ヴェーバーがヴェルサイユに赴いたことである。彼は、ブロックドルフによって招集され、戦争責任と講和のありかたにかんする意見書の作成に協力しており、五月中はこれに忙殺されている（牧野雅彦 二〇〇九：一八六〜一八九頁）。そのため、『政治』の著者校正はかなり遅れたことであろう。それでも彼は、ヴェルサイユで五月中に校正を終え、これをミュンヒェンに送付している。

以上の経緯から、『政治』の校正が完了し、二つの講演録がいつでも印刷可能な状態に調えられるのは、五月末までずれこむ。印刷所は、五月二十六日付で、出版社にたいして次のように問いあわせている。「本日校了全紙を受領しましたので、組版の完成印刷を実施していいかどうか、何卒ご決定のほどお願い申しあげます。また、第一冊（ヴェーバー『職業としての学問』）もなお組版中です。新たな印刷が〔まだ〕考慮されないとされるのであれば、ほんの短期間だけ再利用をせずにとどめておくことのできる手組植字の型が〔印刷所にとっては〕重要ですから、当方は解版に取りかかるでしょう」。すでに三月十一日以前に『学問』の印刷準備を終えているのに、著者と出版社からなかなかゴーサインが出ないので、印刷所はしびれを切らし、この組版を解き、別の印刷仕事のために使おうとしている。この事務書簡が出版社に届いたのは五月三十一日である（Arbeitsstelle der Max Weber Gesamtausgabe）。

しかし、それでもなおこのときすぐ印刷・刊行されたわけではないようである。というのは、ヴェーバーが、「〔たった〕いま『職業としての政治』と『職業としての学問』の発送が完了した」と妻に書きおくっているのが七月五日のことだからである（MWGII/10: 676, 巻末資料四―二）。

この間《かん》の事情をみてみよう。ヴェーバーは、一年前に『新秩序ドイツの議会と政府』を刊行したさい、版元のドゥンカー&フンブロート社にたいして送付先リストを送っているから、このときは版元から直接発送させたことが明らかだが、それは、あくまでも「ヴィーンに移住しますので」という事情のもとでのことだった（ebd.: 106–108, 148f.）。二つの講演録の場合、彼は自分で発送作業をおこなっている。ところが、彼がヴェルサイユの任務を終えてハイデルベルクに戻り、さまざまな手続を済ませ、大急ぎで引っ越しの荷造りをして単身ミュンヒェンに移住し、ミュンヒェン大学で講義を開始したのは、ようやく一九一九年六月二十四日のことであった（ebd.: 663）。その講義内容は社会学的カテゴリー論であり、これは、たしかに何年ものあいだ温めてきたテーマではあるが、この内容で講義をおこなうのははじめてのことである。刊行された二つの講演録が、かりに六月上旬に彼の許に届けられたとしても、引っ越しの荷造り・荷解き、授業準備、トラー裁判等に忙殺され、発送作業が延び延びになった可能性が考えられる。あるいは、五月末に印刷可能になったが、その直後ヴェーバーがヴェルサイユからベルリンを経てハイデルベルクに帰宅しているので、出版社が、再度著者・版権者に連絡し、最終的な確認・承諾を得たうえで、六月中旬〜七月初頭頃に印刷・刊行した可能性もある（この可能性のほうが高い）。したがって、二つの講演録の刊行時期は、ひとまず一九一九年六月上旬〜七月初頭頃とみなすことができる。

しかし、両講演録の刊行事情にかんしては、なお二つ問題が残っている。ひとつは、五月末に印刷可能になったにもかかわらず、六月に刊行の逡巡が生じたとすれば、その理由はなにかということである。もうひとつは、同時にしかも同シリーズの二冊として刊行されたにもかかわらず、奇妙なことに、両講演録はその体裁を異にし

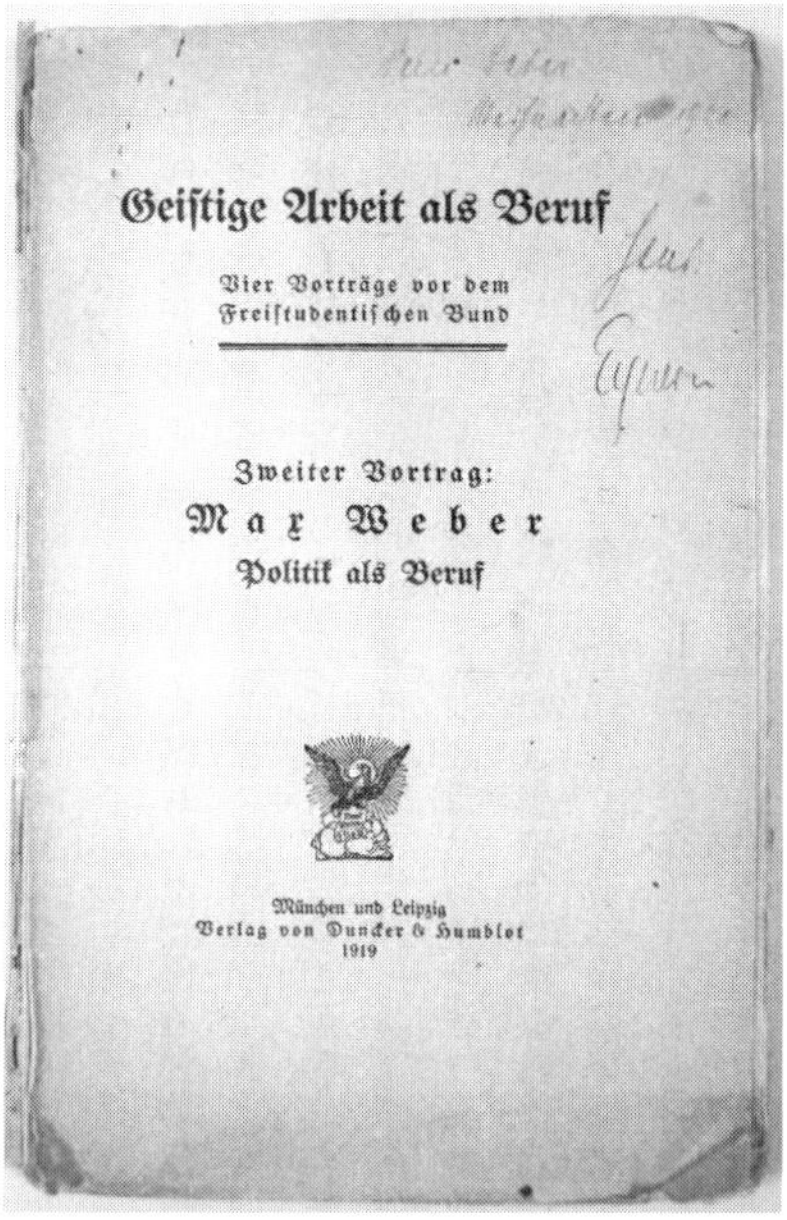

表題紙B

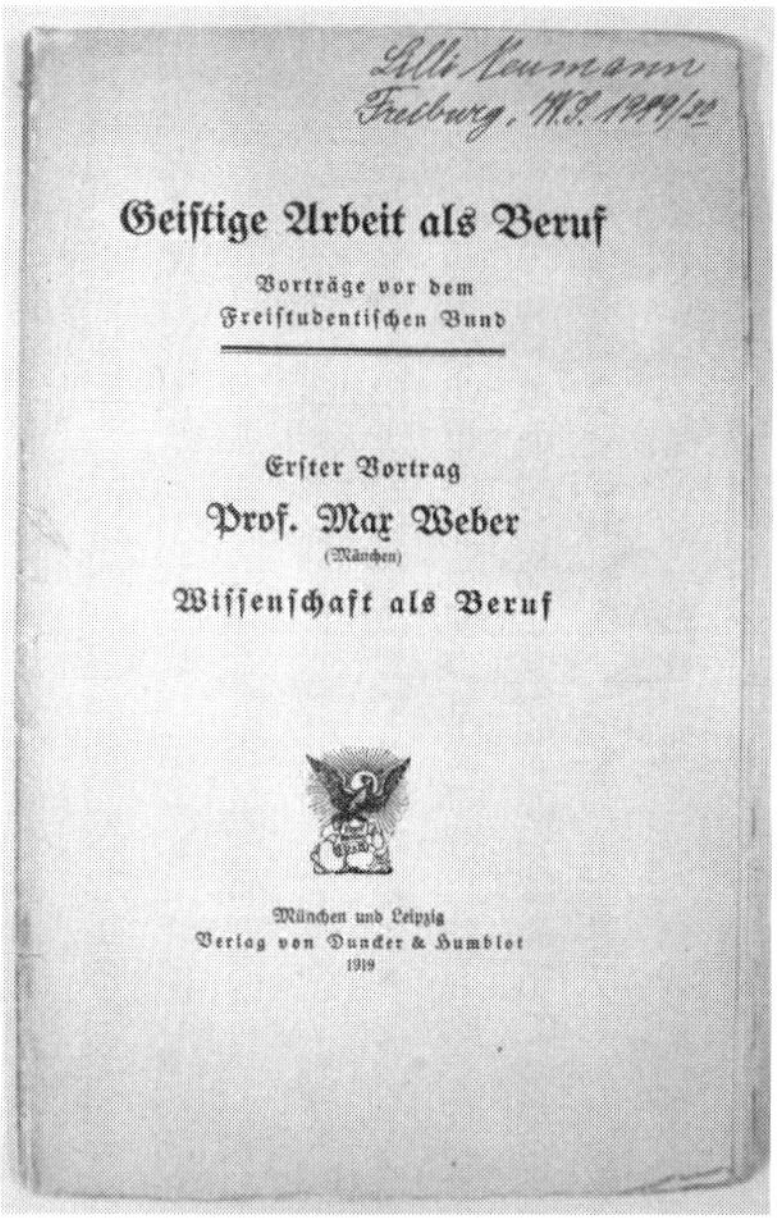

表題紙A

ていることである。

両講演録の表題紙（表紙）をみながら検討しよう。上に掲げたのはいずれも筆者所蔵本だが、同様のものは『全集』上でも確認することができる（MWGI/17: 70, 156）。説明の便宜上、『職業としての学問』の表題紙（上図・右）の体裁を「A」、『職業としての政治』の表題紙（上図・左）の体裁を「B」とする。

この二つの小冊子は、もともと四冊から成るはずの叢書『職業としての精神労働』に属している。そのことは、ABとも上部に大きく叢書名が掲げられていることによって明らかにされている。「職業としての学問」「職業としての政治」という個別冊子タイトルよりも、この叢書名のほうが大きな活字で組まれているところに、企画者ビルンバウムの並々ならぬ意欲が感じられる。

その下部の記載事項中四点に注目したい。第一に、Aでは「自由学生同盟における講演集」と記されているのに、Bでは「自由学生同盟における四つの講演集」とされている。第二に、Aは「第一講演」、Bは「第二講演」であり、当初の計画で第四講演であった『政治』が「第二」に繰りあげられている。第三に、講演者マックス・ヴェーバーにかんして、Aには「教授マックス・ヴェーバー（ミュンヒェン）」と記されているのに、Bは「マックス・ヴェーバー」だけである。第四に、Aでは「第一講演」「教授マックス・ヴェーバー（ミュンヒェン）」が隔字体でなく、個別タイトルの「職業としての学問」が隔字体にされているのにたいして、Bでは反対に、「第二講演」「マックス・ヴェーバー」が隔字体で、個別タイトルの「職業としての政治」が隔字体でない。

以上のうち、第二点は、「職業としての教育」（当初計画の第二講演）「職業としての芸術」（当初計画の第三講演）の見込みが立っていないため、ビルンバウムが『政治』を第二に繰りあげたものと解することによって納得できる。

これにたいして、第一・三・四点にかんしては、Bの体裁よりもAの体裁のほうがあとになって作成され、当然『学問』も『政治』もAの体裁に統一することになっていたが、校正原稿紛失時に混乱が生じ、『政治』の表題紙が古いBの体裁に戻されてしまったことに、当時多忙を極めていたビルンバウムもヴェーバーも気づかなかったと考えると、合理的に説明できる――またこれ以外には説明がつかない――。つまり、両講演録とも、当初はBの体裁で、「自由学生同盟における四つの講演集」と記載されていたのだが、残り二つの講演の目処がどうしても立たないので、ビルンバウムは「四つの」を削除することにしたのであろう。実際、前記の二月二十一日の協議結果メモでは、「四つの講演集」とされていた。その後、ビルンバウムか出版社の指示で、「四つの」を削除してAの体裁となったと考えられる。

またBの体裁では、「第二（第二）講演」「マックス・ヴェーバー」が隔字体で強調されているのにたいして、個別タイトルの「職業としての政治」（「職業としての学問」）が目立たないので、ヴェーバーはこれを嫌い、講演番号と自分の名を隔字体にしないこと、むしろ個別タイトルを隔字体にして強調することを提案し、これが受けいれられたのであろう。こう仮定すると、BからAへの変更を理解できる。そして、Bにはヴェーバーの肩書がなにもないのにたいして、Aでは彼がミュンヒェン大学教授であることが明示されているのは、Bの体裁によって表題紙が作成された後に（一九一九年三月末に）彼がミュンヒェン大学に就任することが正式に決定し、それがAに反映したからにほかならない。このように考えると――そしてこう考えたときにのみ――第一・三・四点の異同が生じた事情を整合的に理解できる。

以上の四点に加えて、第五の問題点として、『政治』にはビルンバウムの「あとがき」が欠けていることが挙げられる。これについては、ビルンバウムが、一九一九年三月十日付書簡（フォイヒトヴァンガー宛と推定）に、「第一冊に寄せて（zum ersten Heft）、取り決めのあった短いまえがきまたはあとがき」（圏点引用者）を同封しているので、第一講演録である『学問』にのみ「あとがき」を付することで（ヴェーバーとの）合意が成りたっていたと推察される（Arbeitsstelle der Max Weber Gesamtausgabe）。『学問』（「あとがき」を含めて三九頁）にくらべて『政治』（六七頁）のほうがずいぶん頁数が多いので、後者では「あとがき」を省略して、わずかでも紙数の削減を図ったのであろう。

以上の考証によって、五つの問題点を合理的に説明できる。そしてこのことは、もうひとつの問題――なぜ六月に刊行の逡巡が生じたのかという問題――に結びつく。先に、「出版社が、再度著者・版権者に連絡し、最終的な確認・承諾を得た」可能性を指摘したが、これは、印刷準備が完了した段階で、出版社側が、両講演録の体裁が異なっていることに気づき、ヴェーバーとビルンバウムにたいして、この件について問いあわせた可能性である。つまり、出版社が、「同じシリーズ物なのに、表紙の体裁が異なっています。また片方にはシリーズの『あとがき』が欠けていますが、このまま刊行してもいいのですか」と尋ねたのであろう。そして、もしもヴェーバーがこれに回答したとすれば、「この程度の異同には問題がないからこのままでいい」としたことであろう。こうして、ヴェーバーとビルンバウムの確認を得たうえで、出版社がようやく刊行に踏みきったとすると、両講演録の刊行事情（＝刊行の度重なる遅延）を理解できる。

マリアンネ・ヴェーバーは、『職業としての政治』第二版（一九二六年）のために序言を書き、そのなかで、「講演者マックス・ヴェーバーは、これを印刷に付するために、自己の議論に加筆訂正を施し、一九一九年夏、現在の体裁において第一回目の刊行をおこなった」と記している（圏点引用者、巻末資料六）。この記述は、筆者の調査・考証結果と完全に符合している。

以上の理由から、筆者は、『学問』と『政治』の刊行時期を、出版社からの問い合わせにヴェーバーとビルンバウムが回答した後の一九一九年六月下旬～七月初頭と推定する。[36] ビルンバウムと出版社は、当初、四月の開講時期に刊行しようとしたが、以上の事情から叶わず、大幅に遅れてしまう。しかしその間《かん》、戦後の事情（復員が遅れた学生たちが多数存在すること）を考慮して、ドイツの各大学は、四～五月期に短い特別な学期を設けたうえで、一九一九年夏学期の開講時期を六月にずらし、またこの学期の開講期間を短縮することになった。この講演録の刊行は、その変則的な夏学期中にはどうにか間に合ったのである。

ひとつ付言しておくと、こうした数奇な講演・刊行経緯から、二つの講演録には、読んではっきりわかる差異が生じた。『学問』は、たしかに《語られたもの》という姿を意図的にとどめながらも、一九一七年以降の入念・膨大な加筆・修正によって、基本的には《書かれたもの》に大きく傾いた著作である。これにたいして、『政治』は、もともとかなり即興的に語られ、しかも途中で原稿が紛失したこともあって、速記原稿にたいして必要最小限の加筆・修正を施しただけで刊行されており、したがって、《語られたもの》という性質を色濃く帯びている。

Ⅲ　『職業としての学問』の思想史的背景

職業論・科学論・学問論・教育論にかんする先行する論者との対論

『職業としての学問』は、特殊な思想史的背景、特殊な大学史的背景、特殊な個人的境遇のもとで語られ、また聴衆（読者層）との特殊な緊張関係のなかでなされた講演であり、またその記録である。そうした特殊事情を知らないと、この講演録の定位はみえてこない。

大学と学問にかんする根本問題に立ちいって論じたのは、カント、ゲーテ、フィヒテ、シェリング、ヘーゲル、ヘルムホルツ、ポアンカレ、ニーチェ、トルストイ、ヴィンデルバント、リッケルトらである。『職業としての学問』は、こうした人々の学的営為を前提としている。[37]

マリアンネ・ヴェーバーは、リッケルトの許でフィヒテ研究に勤しんでおり、確認できるかぎりで、一八九八年夏に、療養中のコンスタンツから彼女に宛てた書簡のなかで、ヴェーバーは、彼女のフィヒテ研究のために助言を与えている（同年八月七日付書簡、BSBM/Ana 446.C (2)）。一方、ヴェーバーがシェリングに明示的に言及した記録はほんのわずかしかない（一九一二年五月二十二日付ブレンターノ宛書簡、MWGII/7: 546）。しかしシェリングの議論は、十九世紀の大学における学問・教育のひとつの方向性をしめし、おそらくドイツの大学教育の現場で一定の影響力も有していたと思われる。『職業としての学問』を語ったさい、ヴェーバーがシェリングを念頭に置いていたか否かにかかわらず、シェリングの議論とヴェーバーの議論とを対比することには意味がある。レーヴィットは、すでに一九二〇年にそのことに気づいていた（DLAM/A:Kahler, 91. 88. 71/1-12）。

ヴェーバーは、『ロッシャーとクニース』のなかで、ロッシャーとの係わりで――またマルクスのヘーゲル批判との係わりで――ヘーゲルに言及しているが（WL6: 17f.）、それ以外には、ヘーゲルに明示的に言及することがあまりなかった。ただし、一九〇九年七月十二日付フランツ・オイレンブルク宛書簡のなかで、彼は、「いま私には『真正の』ヘーゲルの質にのみなお関心があります」と述べており、あらためてヘーゲルに目を向けていた（MWGII/6: 173）。その後彼が研究指導に当たることになったルカーチは、ラスクやリッケルトから学んだものを昇華する過程で、むしろヘーゲル（とくに『美学講義』）を梃子としてみずからの理論構築へと突きすすんでおり、ヴェーバーは、そのルカーチの新展開から学ぼうという姿勢をみせ、それは『職業としての学問』中にも表出されている（段落㊳要説（三）を参照）。

レーヴィットは、一九二〇年九月十五日付エーリヒ・カーラー宛書簡中で、『職業としての学問』ととくに関係の深いヘーゲルの論稿として、『キリスト教の精神とその運命』を挙げている（DLAM/A:Kahler, 91. 88. 71/1-12）。この論稿が含まれている『ヘーゲル初期神学論集』（*Hegels theologische Jugendschriften*, herausgegeben von H. Nohl. Tübingen: J. C. B. Mohr (Paul Siebeck)）が刊行されたのは一九〇七年で、それに先立つ一九〇五年には、ディルタイの『ヘーゲルの青年時代』（DGS4）が刊行されており、いずれもハイデルベルク大学図書館に所蔵されている。またトレルチは、『ルネサンスと宗教改革』（一九一三年）のなかで、『キリスト教の精神とその運命』を参照指示している（ETGS4: 293f.）。ここでは詳論しないが、ヴェーバーのヨーロッパ宗教社会史観が、J・S・ミルのそれとともに、ヘーゲルのこの著作の論旨とも呼応していることに留意しておきたい。

カントからの引用について、またヘルムホルツとポアンカレの科学論[38]をヴェーバーがどう摂取したのかについては、要説と個別注解に記しておいたので、ここでは省略するが、この講演のなかで、ヴェーバーは、ドイツの大学問題をめぐって、ヘルムホルツの大学論とするどく対立している（段落⑫⑬要説（一）を参照）。この際立った対決姿勢がなぜなのかは、十九世紀後半のドイツの思潮を顧慮したときにみえてくる。中世以来の大学の自治はしだいに掘りくずされ、自由な独立自営業的な教師であるマギステル・レゲンスは十八世紀以降消滅し、領邦国家の保護と監督の下に入る。さらに十九世紀後半になると、大学教師の国家官職化がいっそう進行し、私講師も官僚制のなかに強固に組みいれられ、私講師は、国家官僚である正教授の監督下に置かれるにいたる。この大学教員の階層制によって、「教授と私講師との官僚的格差」が顕在化したのである（段落②要説（一）にしめした別府昭郎の論稿を参照）。

しかも、たんに制度上大学の官僚制化が進行しただけではなく、大学人の内的腐敗も進行した。ヴィルヘルムⅡ世はドイツの大学を自慢し、学者たちを援助した。大学は、思想界におけるドイツのめざましい成功の証であり、それは軍や商業の成功と同様の扱いだった（Flexner 1930: 312f. Farmer 1950: 14）。とりわけプロイセンでは、新しい施設や講座が増設されており、このことは、大学が財政的に国家にたいする依存度を高めたことを意味する。こうして、大学組織の「自治」にたいするドイツ大学人の関心がいちじるしく低下した。ドイツの国運高揚と帝国成立に沸きたつなかで、ドイツの大学人たちは、ビスマルクの誇り高き奴婢となる様相を呈したのである。その後ドイツの大学人事にかんする「自治」が――数多の軋轢をともないつつ――それでも維持されえたのは、アルトホフ亡きあと、彼ほどの大物が出なかったという幸運に恵まれたからにすぎない（平野一郎　一九六九：八五～八七頁）。テーオバルト・ツィーグラーも、十九世紀後半（とくにその八十年代）における誇大な排外的愛国主義の跋扈に注意を促している（Ziegler 1911: 615）。ヴェーバーは、ドイツ大学教員会議の発起人のひとりであるツィーグラーのこの論著を読み、問題意識を共有していたのであろう。

段落⑫⑬要説（一）にしめしたヘルムホルツの議論は、ドイツの大学の現状を美化し、大学の自治や教授の自由や私講師の存在を礼賛しており、これは、ドイツの大学におけるこうした一般的愛国主義的風潮をある程度まで代弁している。これを徹底的に批判しておくことは、ヴェーバーが自分自身の大学論を展開するうえで必要な準備作業だった。そこで、ヴェーバーは、この講演の前半部で、大学の自治の問題性を突きつけ、教授の「自由」なるものの欺瞞性を暴き、私講師という存在の不条理性を告発する。彼は、これによって、現代の大学人が闘うべき相手と戦いとるべき目標とを明確化しようとしたのである。

ドイツの大学の伝統との対決

ドイツの大学は大経営体へと変貌を遂げ、その内部においては組織の再編もすすみ、研究領域は主知主義的にますます細分化され、それぞれの領域で高度な成果が獲得されつつある。ところが、その大学運営を支えているのは、さまざまな任務の重圧に押しつぶされそうになっている個々の教授たちであり、ヴァイエルシュトラースやヴェーバーのように、その任務を忠実に果たそうと献身的な努力を続けてきた教授たちは、心身を消耗させ、ついに病疾に倒れて任務遂行不可能になる。また、教育任務のかなりの部分は、不安定な境遇に置かれている私講師たちに委ねられており、彼らにたいして、大学の抱えるさまざまな問題が転嫁されている。たとえば、学生の受講希望が多い経済学領域においては、多方面の講義科目が用意されてしかるべきだが、教授ポストも私講師スタッフも少人数に抑えられており、それぞれの専門能力では対応できない。そこで私講師にたいして、本来教授が担当すべき科目が割りあてられ、これによって急場凌ぎがおこなわれている。これは、個々の教員の能力の問題ではなく、主知主義が極度に進行した大学における構造的問題である。そして私講師になるためには異様なほど煩瑣な手続が必要であり、しかも私講師には固定的な報酬がない。ドイツの大学にあっては、私講師に大きく依存していながら、その私講師に正当な報酬を支払わないという異常事態が放置されつづけている。これがドイツの大学の伝統である。

それだけでなく、私講師の採用にさいしては、人物考査がきわめて厳格であり、それは往々にして思想審査や差別に結びつく。優秀な研究者が、ユダヤ人であるから、カトリックだから、社会主義的な信条を奉じているからという理由で、私講師への採用を拒まれてきた。レーオ・アーロンスが優秀な物理学者であることは誰もが認めている。また社会主義者であることが、物理学の研究・教育活動に支障を来《きた》すことなどない。それにもかかわらず、社会民主党の活動家であるユダヤ人の彼は、ついに私講師職をも剥奪される。そのためにわざわざ制定されたいわゆる「アーロンス法」は、国家公務員でない私講師を国家公務員とみなして罰するというドイツ法史上類例をみない愚法である。法学者たちの批判・反対を押しきって成立したこの法は、アーロンス以外にひとりも適用例をみないまま、後年廃止される。こうした無理押しによって優秀な研究者が排斥される一方で、無能な人物が「万年私講師」として居座る例も生じている（個別注解②6【付帯状況】を参照）。また、研究能力の乏しい者が、人事報復という脈絡において、あるいは政府の意向によって、重要大学の重要ポストに据えられる。すると、当の大学・学部側は、そうした寝耳の水の事態にたいしてうろたえ、政府に抗議することになる。しかしヴェーバーは、こうしたケースでかならずしも大学教授側に立っていない。ハイデルベルク大学以外の各地の大学教授たちが、長年にわたって、ドイツの大学の悪弊のうえに胡座をかき、ユダヤ人や社会民主主義者を閉めだしてきた張本人であることを知っているからである（段落⑪要説を参照）。

「主知主義」の深化および「ドイツの大学の伝統」の不条理性は、ドイツの大学をひどく歪め、その内部における腐敗を深刻化させてきた。この講演の前半部において、ヴェーバーはこれを激しく告発している。大学は進歩などしておらず、ドイツ各国の文部行政担当省も大学当局も大学教授たちも、古い制度に寄りかかりながらみずからの利権確保に余念がなく、優秀な研究者は排斥されていく。そうした腐敗を直視し、大学の外的不条理性を剔抉し、この現状の打開をめざすのが、これからの大学人の大きな課題である。ところが、当の大学人自身が、主知化のなかで大きな内的不条理性にさらされて阻喪し、そのうちの小さくない部分は腐敗してしまっている。この事態はべつにドイツに限ったことではなく、トルストイは、『なにをなすべきか』のなかで、こうした科学者の腐敗と民衆からの遊離とを詳細・克明に剔っている。トルストイによると、現代科学は、現実から超然としてその職分に邁進し、高尚な「科学のための科学」に徹するかのように装いながら、じつはひたすら権力に奉仕する洗練された御用学問であり、これに従事する科学者は、自分がそうした現状追認の役割を担わせられていることに気づかない愚か者であるか、あるいはそれに気づかないふりをしながら仕事に没頭し、それによって抜け目なくみずからの利権を確保する自己欺瞞の主なのである（段落⑫⑬要説（二）を参照）。

科学者の腐敗を告発したトルストイの『なにをなすべきか』は、カール・リッターによってドイツ語に訳され、ディーデリヒス社版『トルストイ著作集（*Sämtliche Werke*）』第一部門第三・四巻として一九〇二年に刊行された（TSW1-3 u. 4）。ヴェーバーは、『文化科学論』（一九〇六年）においてトルストイに言及し、山上の垂訓をも引き合いに出しながら、「『価値選択する』立場決定」の多様性について論じているので（WL6: 246）、刊行後四年以内に『なにをなすべきか』を読んだと推察される。そしてトルストイの批判したこの問題状況に、ヴェーバーは生涯を賭けて真正面から立ちむかう。ヴェーバーの闘争は、主知主義の牙城たる大学そのものにたいする内部告発である。

「学問のために」生きようとせず、「学問によって」生きることに汲々としている腐敗した大学教授にたいして、ヴェーバーは旺盛に批判を展開してきた[39]。それは、第一に大学問題にかんする論説に、第二にドイツ大学教員会議における報告と発言に、第三に『価値自由論』に顕著にしめされている。たとえば論説「大学の教職の自由」において、彼は、みずからの既得権に安住しようとする教員たちを厳しく糾弾し（その一端は個別注解②20にしめしている）、第二回ドイツ大学教員会議において、思想審査をほのめかす大学教授にたいして「ごろつき（Lump）」という激しい言葉を浴びせ、満座で罵倒した（段落②要説（二）を参照）。また『価値自由論』において、既得権に安住し、権力にすりよっていく「似非価値自由」の主の欺瞞性を鋭く剔りだした（段落⑫⑬要説（二）を参照）。『職業としての学問』の前半部でも、これを踏まえて大学人批判をおこなっている。たとえば、「当該分野の主任教授が、主観的にはもっとも良心的な態度をもって、それでも彼の門下生たちを身びいきするという危険が増大する」という事態（段落②）や、「通例『大』講義を担当するのは分野代表者であり、〔私〕講師は副次的講義で満足する」という事態（段落③）や、「研究所長はまったく無邪気身勝手に、この研究所が『自分の』研究所であるものだと考えており、所内で好きなように振るまっている」という事態（段落⑤）は、長年にわたって大学が国家の下部機関へと組みいれられていった結果、大学教員の階層化がすすみ、国家官僚たる正教授の下に私講師や研究所助手が従属するという官僚的格差が顕現した結果なのである（段落②要説（一）において紹介した別府昭郎の論稿を参照）。ヴェーバーは、講座や研究所を私物視する正教授たちを、「古い流儀のよくいる凡庸な正教授」と揶揄し（段落⑦）、そこに批判の鉾先を向けるのと同時に、彼自身は、まさにその国家官僚たる正教授として、私講師・員外准教授たちの自由な教育活動を最大限に保障する配慮をなしていた（個別注解③3を参照）。彼は、たんに既得権に安住している——つまり「学問によって」生きている——教授たちを批判するだけでなく、みずからの日常的教学活動において、不安定な身分に耐えている同僚たちを正当に遇しているのである。大学人ヴェーバーのかかる言行一致をきちんとみることが、「学問のために」生きるとはどういうことかを理解するうえできわめて重要である。またヴェーバーのこうした振る舞いは、トルストイの科学者批判にたいして身をもって応えるという重要な行為でもあり、この行為自体が、日常内における彼の《闘争》なのである。

以上のように、大学をめぐる問題群——とりわけ「学問によって」生きている腐敗した教授たち——にたいするヴェーバーの批判的論点を知り、またみずからの日常的実践において「学問のために」生きる証を立てているヴェーバーの姿を捉えることは、『職業としての学問』を、そしてヴェーバーの思想的地平を理解するために不可欠である。

なお付言する。ヴェーバーは、批判すべきことがあれば、批判すべき相手にたいして直接批判している。その証拠に、大学関係者・大学行政関係者が購読している『大学情報』誌において「大学の教職の自由」を論じ――つまりドイツの大学に「教職の自由」などないのだと断じ――、大学教員たちが集まっている会議の席上で大学人のありかたについて問題提起をなし、学者層を読者とする『ロゴス』誌の誌上で似非価値自由批判をなしている。これにたいして、たしかに『職業としての学問』のなかでは、腐敗した大学教授の姿にたいしてあまり多くの行数が割かれていない（もちろん、よく読むと、段落②⑤⑦⑩⑬⑯⑲㉕㉗㉘㉙㉛㉟㊱㊳㊴のなかでそれがほのめかされているが）。これは、この講演の聴衆および講演録の想定されている読者層が、これから学問の世界に入ろうとする学生たちであるから、相対的に大学教授批判の分量がすくなくなっているまでの話である。批判する相手のいない場所で繰り言を述べるのは彼の流儀でない。

Ⅳ　読解と誤読の諸問題

Ⅳ―一　読解上の諸問題

ドイツ語読解のいくつかの要点について

ドイツ語の文章を――もちろんそれが正しく書かれているという前提のうえで――読むとき、文法事項をすべて掌握すれば、その文章は疑問の余地なく一義的に理解できる。つまりドイツ語は、文法的に読みぬくことに徹するとき、明晰かつ一義的に意味理解できる言語である。だから、正しく書かれたドイツ文を訳すときには、多義的解釈や「意訳」や「自由訳」等々の入りこむ余地がない。これがドイツ語の大きな長所である。しかし、その文法事項の掌握はかならずしも容易でない。とりわけ助動詞sollenと接続法は、多くのドイツ語学修者にとって躓きの石であり、三木を除く邦訳者たちとすべての英訳者たちは、しばしばここでしくじっている。そしてそれは、ヴェーバーを研究しようとする多くの外国人たち（日本人・アメリカ人・イギリス人等々）に――またおそらくドイツ系社会科学を研究する他の外国人たちにも――共通した問題である。以下に詳論しよう。

助動詞sollenの含意

この講演中では、助動詞sollenが合計二十九回出現する。この助動詞は、〈行為者（主語たる者）の意向とはかかわりなく、行為者がその行為をなすように、行為者以外の何者かの意志が仕向けている〉という事態をしめす。ただし、〈自分で自分に強制する〉というケースもある。〈やりたくないけれども、やらなくてはならないと自分で判断して遂行する〉というケースである。Sollenの主語である行為者は、彼以外の何者かの意志（あるいは「もうひとりの自分」の意志）によって、その行為を強制されている。その――多くの場合言外に隠されている――フィクサーが誰（あるいはどのような状況）であるのかにおうじて、その意味するところは多様に変化するので、正確な意味理解は容易でない。

この助動詞の典型的な用例をいくつかしめそう。段落⑩のなかに、「彼は、学者としてのみならず、教師としてもまた適格だとみなされることになっているのです（er soll qualifiziert sein als Gelehrter nicht nur, sondern auch: als Lehrer）」という文がある（個別注解⑩2を参照）。この文例では、〈彼が、学者としても教師としても適格だと周囲の人々がみなしている〉という含意が、sollen によって明示されている。

　同じ段落中の「じつに率直に白状してもらいたい（man soll das doch offen zugeben）」は、〈話し手の要求・願望〉をしめしている（個別注解⑩9を参照）。話し手であるヴェーバーが、自分以外の不特定の人（man）にたいして、白状することを要求している。

　同じ段落中の「われわれがドイツの大学の伝統にもとづいてドイツの大学で学問的修錬を営むこととしておくと（wie wir sie nach der Tradition der deutschen Universitäten an diesen betreiben sollen）」という従属節は、一応の取り決めをしめしている（個別注解⑩14を参照）。〈われわれが伝統に則ってすすめること〉を、不特定の誰かが求めていると仮託して、譲歩・認容の意を表している。

　同じ段落中の「ドイツの伝統に則るとすれば、大学は、研究と教授という両方の要求を満たすという縛りをかけられます（es sollen unserer Tradition gemäß die Universitäten beiden Anforderungen: der Forschung und der Lehre, gerecht werden）」は、与えられた条件下での成り行き・必定をしめしている（個別注解⑩19を参照）。「ドイツの伝統に則る」という条件を与えられると、かならずこういうことに決まってしまってどうにもならないという含意付与は、sollen の妙味を遺憾なく発揮している。

　こうした多義的な助動詞 sollen の含意を取りちがえると、当然にも文意をひどくねじまげてしまう結果を招く。それは、『職業としての学問』の既訳にも顕著に認められ、その誤読は、この講演録の基本的な論旨を正反対に取りちがえるという大失態に結びついている。ここにしめした段落⑩における sollen を、他の訳者たちがいかに誤読しているかを点検されたい。この助動詞を、ただもう「べキ」「ネバナラヌ」と訳して済ませてしまうような粗忽者には、独文解釈は永遠に不可能である[40]。

接続法第II式の含意

　接続法の解釈・訳出にはつねに注意が必要である。ここでは主として接続法第II式にかかわる諸論点をしめす。接続法第II式の機能は、さまざまな含意において、仮構された非現実性（Irrealität, 現実に反する事態）ないし低蓋然性（Unwahrscheinlichkeit, ありそうにない事態）を表現することである。ごく簡単な文例を挙げよう。

① Mahler's 8te habe ich gern hier gehört.
＝マーラーの交響曲第八番を、私はこの地で喜んで聴いた（聴いて気に入った）。

② Mahler's 8te hätte ich gern hier gehört.[41]
＝マーラーの交響曲第八番を、私はこの地で聴きたかったのだが。

　①と②の違いは、助動詞 haben が、①では直説法、②では接続法第II式になっていることだけである。たったこれだけなのだが、意味は大違いである。①は、マーラーを聴いたという文であり、②は、マーラーを聴くことができなくて悔しがっている文である。このように、マーラーを聴きたいという願いがかなわなかったという事態が、動詞の変化だけで簡単に明示できるのである。これはたいへん簡便な表現法なので、ドイツ人は好んで接続法第II式を使っている。

接続法第Ⅱ式は、非現実性・低蓋然性を表現しているから、その含意を捉えそこなうと、正反対の意味に取りちがえることになる。致命的な誤訳例を挙げよう（阿閉吉男・佐藤自郎訳『青年時代の手紙』下、文化書房博文社、一九九五年、四三八頁）。

> アルトホフについていえば、かれから（あるいは、おなじことですが、シュモラーから）フライブルクとカールスルーエでわたしに反対の主張がなされていることが確実です。プロイセンにおける「素晴しい」、法律学上の前途が自分の目の前にありますから、わたしはフライブルクをやはり跳躍板としてだけ利用するでしょう。したがって、それは骨折り甲斐がないことなのでしょう……

これは、一八九三年七月二十六日付ヘレーネ・ヴェーバー（母）宛書簡の訳文なのだが、完全に意味不明で唖然とさせられる。この訳文によると、プロイセン文部省の高等教育担当官アルトホフと、ベルリン大学教授シュモラーが、いったいどんな主張をなしているのかがさっぱりわからない。またヴェーバーは、自分がバーデン大公国のフライブルク大学から招聘されていることを、プロイセン文部省との交渉材料に利用して、ベルリン大学法学部におけるポストを獲得しようとする策謀を巡らしていることを自認しているらしい（！）。ところが、そうした自分の策謀は「骨折り甲斐がない」ことなのだそうである（！）。もしもこの箇所がほんとうにこんな意味なのだとすると、この書簡を読んだ母親はさぞびっくりしたことであろう。息子が発狂していることが明らかだからである。

訳者の阿閉は、自著のなかでこの書簡に触れている。それによると、バーデンのフライブルク大学とプロイセンのベルリン大学との駆け引きのなかで、「ヴェーバーにはこのようにプロイセンにおける『素晴しい』、法律学上の前途が目の前にあった。しかし、これは彼の意に染むものではなく、かれの表現を用れば、かれはあえて『フライブルクを「跳躍板」としてだけ利用する』方向をとった」のだそうである（阿閉吉男　一九七二：一三三頁）。これまた完全に意味不明である。ベルリン大学法学部員内准教授になることが「彼の意に染むものではな」いのだとすれば、フライブルク大学で経済学教授になる道を選ぶのが筋だが、なぜかフライブルクを「跳躍板」としてだけ利用することにして、ベルリン大学就任をめざしたのだそうである。阿閉の解釈に従うと、このときヴェーバーは錯乱状態に陥っていたことになる。

この重要書簡の訳文には、ほかにもひどい誤りがあるのだが、この箇所に限定して吟味しよう。原文は次の通りである。

> Was Althoff anlangt, so steht fest, daß von ihm (oder[,] was dasselbe ist, von Schmoller) in Freiburg u. Karlsruhe gegen mich geltend gemacht ist, ich würde, da mir eine „großartige“ juristische Carriere in Preußen bevorstehe, Fr. doch nur als „Sprung[s]brett“ benutzen, es lohne sich also mit mir nicht.[42]

母親宛の書簡なので、いくらかラフな書きかただが（„Fr.“ という略号は Freiburg を指す）、べつに読みにくくはない。訳すと次のようになる。

アルトホフにかんしてはどうかというと、彼によって（あるいは同じことですが〔彼と結託している〕シュモラーによって）、私にたいする悪意をもって、あたかも、プロイセンにおける「輝かしい」法学系の栄達が私のすぐ目の前に用意されているので、なにかフライブルク〔大学招聘事案〕を、私がたんに「跳躍板」として利用しているだけであるかのように、したがってそんなこと〔＝バーデン政府が私をフライブルクに招聘しようとする企て〕は私にとって意味がないと、フライブルクとカールスルーエにおいて述べたてられていることは確実です。

このなかの「私にたいする悪意をもって（gegen mich）」を、「私の意に反して」と解することもできよう。また「なにか（doch）」をもっと強い含意に解するならば、「なんと」のほうがいいかもしれない。

ここにみるように、ヴェーバーは、アルトホフが、自分にかんする誹謗中傷を、フライブルク大学とカールスルーエのバーデン法務・文部省にたいして吹聴していることを察知し、当然にもそれにたいする不快感を露わにしている。もちろんヴェーバーは、フライブルク大学を跳躍板として利用しようとしてなどいない。原文の „ich würde“ から最後までが間接引用文であり、ここは、アルトホフがこしらえたヴェーバーにたいする誹謗中傷の具体的内容なのである。この部分が引用的文脈であることは、ここにある三つの動詞がひとつ残らず接続法第Ⅰ式または第Ⅱ式であることから一目瞭然である。ところが阿閉は、接続法をすべて見逃し、引用的文脈をヴェーバー自身の主張と取りちがえてしまったのである。これは、ドイツ語を読む者としてあまりにも粗忽な初歩的失態である。

「目の前に用意されている（bevorstehen）」と「意味がある（sich lohnen）」の二つの動詞が接続法第Ⅰ式（間接話法＝引用をしめす）の bevorstehe と sich lohne になっているのにたいして、「利用する（benutzen）」は接続法第Ⅱ式（非現実性をしめす）の benutzen würde になっている。つまり、プロイセンにおいて法学系のキャリアが開けているということと、フライブルク招聘事案がヴェーバーにとって意味がないことになるということとは、たんなる引用的文脈だが、ヴェーバーがフライブルク招聘事案をたんに跳躍板として利用しているだけだということは、事実無根のデマなので、ヴェーバーはこの動詞 benutzen を接続法第Ⅱ式にして、〈あたかも〜かのように〉と表現したのである。この書簡を読んだ母親は、二種類の接続法の使い分けから文意を正確に把握し、けっして息子が発狂したなどとは思わなかったはずである[43]。

この書簡に記されている人事紛糾の詳細は拙著において解明した（野﨑敏郎　二〇一一：一四〜三七頁）。またその概略は段落⑦要説にしめしている。ヴェーバー（当時ベルリン大学法学部私講師）とフライブルク大学とバーデン法務・文部省との三者間では、遅くとも一八九三年六月までに、この年の秋にヴェーバーが同大学に経済学教授として就任することについて、完全な合意が形成されていた。ヴェーバーは、終始一貫して、フライブルク就任の意向を、割愛の責任者であるプロイセン文部省のアルトホフにたいして表明しており、彼はフライブルク大学とベルリン大学とを両天秤に掛けてなどいない。ところが、アルトホフは、ある思惑（バーデンの文部官僚にたいする遺恨と反感）から、この人事の妨害を企て、まずバーデン側とヴェーバーとの合意を破綻させようと試みた。ここにみた書簡は、その妨害工作の一端をしめしている。このときアルトホフは、ヴェーバーをベルリンに縛りつける内容の秘密証書を作成するなど、奸計を巡らせたが、うまくいかず、ヴェーバーもバーデン側も冷静に対応したため、結局アルトホフもヴェーバーの移籍の自由を認めざるをえなかった。しかしアルトホフは、秋になると、今度はヴェーバーを（当人の意向を無視して）強引にベルリン大学法学部員内准教授に任命する。これは大学史上に類例をみない暴挙である。ヴェーバーは当然憤るが、おそらく同大学法学部学生にたいする配慮から、この人事をいったん受けいれて講義活動をすすめる。その後もフライブルク大学から重ねてヴェーバーの割愛を求められたアルトホフは、しばらくサボタージュを決めこんでいたが、バーデン政府の強い意向表明（一八九四年一月）を受けて、しぶしぶ割愛の準備にかかり、そのかわり割愛時期を一八九四年秋まで引きのばす。こうしてこの人事案件は、一八九三年三月頃から一年半にわたって、アルトホフによって故意に紛糾させられた末、ようやくヴェーバーのフライブルク大学就任というかたちで決着をみるのである。

この書簡の例にみるように、接続法第Ⅰ式・第Ⅱ式を見逃すと、しばしば文意を正反対に取りちがえ、とんでもない誤読・誤認・錯誤・迷妄に陥り、ヴェーバーの人生行路を大きく見誤ることにもなる[44]。そしてこれまでのヴェーバー「解釈」にあっては、この種の初歩的な迷妄が目につくのである。

今後ヴェーバーを研究しようとする人たちに向けて、また今後ドイツ語で書かれたものを読み、解釈しようとする人たちに向けて、ぜひ強調しておきたいのは、接続法の正確な把握を心がけることである。今回、『職業としての学問』の既訳と、その関連文献の翻訳をチェックして、あらためて驚かされたのは、接続法にかんする無知無理解が邦訳上に蔓延していることである。三木正之のような卓越した独文学者はもちろん別だが、他の訳者たちにあっては、そもそもそこに接続法第Ⅰ式・第Ⅱ式が存在することにすら気づいておらず、気づいても解釈不十分であるケースが多い[45]。後学のわれわれは、けっしてこの轍を踏んではならない。

そもそも接続法の基本性格は、《他人事》を表現することである。関口存男が、接続法を講ずるとき、まず間接話法から説き、そこから要求話法と約束話法を派生的に展開させているのはこのためであり、間接話法は、「『接続法』の本質を最も忠実に具現せる基本範疇」である（関口存男　一九五五：三八頁）。橋本文夫も、接続法を定形とする文を、「言わば括弧づけされた文」と規定している（橋本文夫　一九五六：二〇〇頁）。この括弧づけされた文にたいして、書き手（話し手）は明確に距離を置いている。

接続法第Ⅰ式も第Ⅱ式も、〈他人のことであって、いまの私には直接の関係がない〉という事態を表現しており、その《他人事》にたいして書き手がどういうスタンスをとるのかにおうじて、第Ⅰ式と第Ⅱ式との区別が、また用法・意味の区別が生じる。これからヴェーバー研究やドイツ語圏の文化研究を志す諸君は、すくなくとも関口の業績を座右に置いて、接続法の理解に努めてもらいたい[46]。そして接続法を理解できないかぎり、けっして独文解釈にも翻訳にも手を染めてはならない。接続法の見過ごしあるいは誤認は、原意の歪曲を不可避に招き、多くの場合、文意を正反対に仕立ててしまうからである。そのような代物を読まされる読者の迷惑を考えてもらいたい。

『職業としての学問』における接続法

ヴェーバーは、接続法を多用する書き手であり、また接続法の使いかたが巧みな書き手である。この講演録においても接続法が随所に現れる。そして第I部において指摘したように、いたるところで誤読されてきた。ここでは、ヴェーバーの基本思想を見誤った致命的な誤読例として、個別注解⑲7・⑲8で問題にした箇所を取りあげよう（太字と丸数字は引用者による）。

……das Wissen davon oder den Glauben daran: ① daß man, wenn man *nur* ***wollte***, es jederzeit erfahren ***könnte***, ② daß es also prinzipiell keine geheimnisvollen unberechenbaren Mächte **gebe**, die da hineinspielen, ③ daß man vielmehr alle Dinge — im Prinzip — durch *Berechnen beherrschen* **könne**.

このなかの *„wollte“* と *„könnte“* が接続法第Ⅱ式、„gebe“ と „könne“ が接続法第I式である。訳は、「①もしも欲するとすれば、ただそれだけで、いつでもそれを学び知ることができるかのように〔短絡的に〕思いこむか信じこむこと、つまり、②その内部で作用する神秘的で計測不能な力など原理的に存在しないなどと思いこむか信じこむこと、つまり、③それどころか――原理的に――計測によって万物を統御できるなどと思いこむか信じこむこと」である（説明の便宜上番号を付した）。

①の二つの助動詞（*wollte* と *könnte*）はいずれも接続法第Ⅱ式で、しかも二つとも強調されているから、ヴェーバーが、〈これは非現実的な仮構・想定なのである〉と強調していることはまったく明らかである。ここで用いられている *„könnte“* は、〈できるなどということは事実に反しており、実際にはできるわけがないのに〉という批判的含意を担っている。

また、②の「神秘的で計測不能な力が存在しない」の動詞 „gebe“ と、③の「計測によって万物を統御できる」の助動詞 „könne“ とは、いずれも接続法第I式であり、これは間接話法をしめしている。神秘的な力が存在せず、すべては科学によって統御できるなどという科学信仰（呪力剥奪下の現代人が陥っている短絡的な独り合点）を、ヴェーバーは《他人事》として――否定的・批判的に――扱っていることが、接続法第I式によって明示されているので、筆者は、「存在しないなどと」「統御できるなどと」「思いこむか信じこむこと」と訳した。彼自身は、もちろんかかる主知主義的妄信から明確に距離を置いている。

ところが、これまでの翻訳・研究にあっては、こともあろうにヴェーバー自身がそうした科学信仰に陥っているかのように誤読されてきた。じつにドイツ人にあってもこの誤読が認められ、エルンスト・R・クルティウスは、『職業としての学問』の書評のなかで、「主知化は、計測による万物の統御可能性を信ずることを意味する」とねじまげている（Curtius 1920: 199）。クルティウスは、この講演録をずいぶん雑に読みとばしていることがわかる。日本人研究者の誤読例は大量に存在するが、目に留まったかぎりで指摘しておくと、当該箇所を引用している堀米庸三・今井弘道・雀部幸隆・嘉目克彦・西村稔・樋口辰雄・荒川敏彦・姜尚中・山田高生は、この

接続法を完全に見過ごしており、尾高他と同様の誤読に陥っている（堀米庸三　一九六九：六三頁、今井弘道　一九八八ａ：一二五頁、雀部幸隆　一九九三：四頁、嘉目克彦　一九九四：一五一～一五二頁、西村稔　一九九四（二）：一六五頁、樋口辰雄　一九九八：一八、一四一～一四二頁、荒川敏彦　二〇〇二：五二頁、姜尚中　一九八六／二〇〇三：二〇三～二〇四頁、山田高生　二〇〇三：六九頁）。

レーヴィットは、当該箇所を多少改変して、次のように引用している。「合理化は、生活条件にかんする全般的知識の増大を意味するのではなく、内部で作用する神秘的で計測不能な力など原理的になんら存在しないからという理由で、もしも欲するとすれば、ただそれだけで、いつでもそれを学び知ることができるかのように思いこむか信じこむことを、つまり、それどころか、原理的に、計測によって万物を統御できると思いこむか信じこむことを意味する」（Löwith 1964: 506, ders. 1988: 426f.）。ところが、このレーヴィット論文の二種類の邦訳は、いずれも „*könnte*“（できるかのように）を「できる」と誤訳している（生松敬三訳「学問による魔術からの世界の解放」『みすず』六（一一）、一九六四年、三三頁、上村忠男・山之内靖訳『学問とわれわれの時代の運命』未來社、一九八九年、八九頁）。この三人の訳者（生松・上村・山之内）もまた接続法第Ⅱ式を完全に見過ごしているのである。

折原浩もまた、合理的な計測によって万物を統御できるという見解とヴェーバー自身の見解との距離を見誤っている。折原は、ヴェーバーが主知主義的合理化を「肯定的に評価し」、これにともなう諸問題を「不問に付して」おり、したがって彼の見解には、「深刻な公害問題に直面しているわれわれにとっては看過できない問題点」があるなどという見当外れの非難を投げかけていたのである[47]（折原浩　一九七七：三〇頁）。実際には、まったく逆に、ヴェーバーは、計測によって万物を統御できるなどという主知主義的妄念を真正面から批判しているのだが。

管見のかぎりでは、個別注解⑲７の【翻訳史】において指摘したように、三木正之だけが、接続法のニュアンスを不十分ながら表現しているものの（三木訳：一七頁）、当該箇所を正しく訳した者はひとりもいない。また、すべての日本人研究者が同様の誤読に陥っており（もしも正しく読解した例があれば教えてもらいたい）、あたかも欲すれば学び知ることができるとヴェーバー自身が考え信じているかのように誤読・誤解されてきた。初訳以来じつに七十九年にもわたって、この連続して現れる四つの接続法がことごとく見過ごされ、ヴェーバーが皮肉たっぷりに揶揄した他人の見解が、こともあろうにヴェーバー自身の見解だと誤認されつづけてきたのである。事態はじつに深刻である。これらの研究者のなかには、〈合理主義に棹差してすすむヴェーバー〉という近代主義的解釈を克服しようと（主観的には）目論んでいる人もいるはずだが、当該箇所のあまりにも近代主義的な誤読を温存したまま、近代主義的ヴェーバー像を「克服」することなどできない相談である。これらの人々も、当然かつて接続法について習ったはずだが、ドイツ語授業において、「接続法」というテーマが掲げられてレッスンしたときには理解できたつもりでも、いざ読解の現場で接続法に出くわすと、頭が働かず、これを見過ごしてしまうという事態は、多くの読解を積んだ者にあっても生じている。これをもって他山の石としたい。

接続法にたいする無感覚は、かかる致命的な事態を引きおこしている。しかも接続法は、べつに特殊な話法でもなんでもなく、論文にあっても書簡にあっても会話にあっても頻用されているごく普通の表現法である。接続法を把握しそこなうと、書き手が他人の主張として批判的に引用していることを、その書き手自身の主張だと誤認したり、事実とは異なる事態を仮構して書いていることを、彼自身の事実認識だと誤認したりすることになるから、しばしば文意を百八十度ねじまげる結果を招く。接続法がわからないということは、要するにドイツ語読解力が欠如しているということを意味する。『接続法』の正しい理解なくしては、ドイツ語の本質は永久に把握されない」（常木実　一九六〇：i頁）。

Sollen の接続法第Ⅱ式

以上のように、助動詞 sollen の解釈および接続法第Ⅱ式の解釈はかなりの難関である。そして、両者が合わさったケース、つまり soll（sollen）の接続法第Ⅱ式 sollte（sollten）もまた難関である。

日本のヴェーバー受容史におけるとくに大きな失敗は、『ヒンドゥー教と仏教』のなかの日本にかんする記述中の sollte の誤読である。ヴェーバーは、「〔王政〕復古後の時代に、ヨーロッパの実業家たちはしばしば中国の大商人とは対照的な日本の商人の『低劣な営業道徳』を嘆いており、この事実は――それがそうであったとしておくかぎりにおいて――、ビスマルクの『誰があざむかれるか』を模写したように、商取引を相互欺瞞の一形式とみなす一般的封建的評価から、容易に説明されるであろう」[48]と述べている（MWGI/20: 438）。彼は、日本の商人の営業道徳がほんとうに低劣かどうかを疑っており、接続法第Ⅱ式を用いることによって、「ちがうんじゃないか」という意を込めている。彼は、むしろ、日本人の営業道徳が低劣であると言いたて非難するヨーロッパの実業家たちにたいして疑いの目を向け、それはヨーロッパ人の一方的な言い分ではないかと留保しているのである。しかし、この「それ〔＝日本人の営業道徳〕がそうであった〔＝低劣だった〕としておくかぎりにおいて(soweit sie eine solche gewesen sein sollte)」という挿入句を、四種類の邦訳は正確に捉えていない。

古在由重は、「もしこの事実がそのもの《ママ》とおりのものであったとすれば」と訳している（古在訳『ヒンドゥー教と仏教』大月書店、二〇〇九年、四〇一頁）。古在訳は、刊行されたのは最近だが、一九四二～四四年頃に訳出されていたもので、この訳文は、いくらか原意に近い。しかし、接続法第Ⅱ式の含意（非現実性・低蓋然性の含意）が十分に汲まれておらず、詰めが甘い。

田中収は、「それがかかるものであったといわれているかぎりでは」と誤訳している（田中訳「日本の社会と宗教」市邨学園短期大学『人文科学論集』第六号、一九六九年、一四八頁）。これは、sollen を、伝聞・報道をしめす用法と解したためである。しかし、たんなる伝聞なら、なぜ soll を接続法第Ⅱ式の sollte にする必要があったのかを田中は説明できない。

池田昭らは、「商業倫理がそのようであるかぎり」と誤訳し（池田昭・山折哲雄・日隈威徳訳『アジア宗教の基本的性格』勁草書房、一九七〇年、八六頁）、深沢宏も、「それが実際そうであった限りで」と誤訳している（深沢訳『ヒンドゥー教と仏教』東洋経済新報社、二〇〇二年、三八一頁）。この二つの訳においては sollte が完全に無視されていて論外である。とくに深沢訳の「実際」はひどい。「実際」

に当たる語はどこにもなく、まったく逆に、sollteは非現実性・低蓋然性を明示しているのである。

古在→田中→池田他→深沢と年代順に並べてみると、もっとも古い古在訳が原意にやや近く、田中はsollteの解釈に悩んだあげくしくじり、池田らはsollteを無視し、深沢はさらに「実際」などという歪曲を加え、ついに原意を百八十度ねじまげてしまったことがわかる。訳が新しくなればなるほど質が落ちていく。ここでも翻訳の退化がすすんでいる。

この箇所は、ヴェーバーが日本人の営業道徳をいかに理解していないかをしめす証左として、しばしばあげつらわれてきたのだが、そうした「ヴェーバー批判」はまったく成りたたないのであって、かかる批判者たちは、みずからのドイツ語読解力の欠如を自己暴露してきたにすぎない。このことはすでに指摘しておいた（野﨑敏郎二〇〇五：三二五〜三二六頁）。

いくつかの訳語の問題

ドイツ語のWissenschaftには「学問」と「科学」との両義がある。そのため、本講演のなかでたびたび出現する„Wissenschaft“、„wissenschaftlich“„der wissenschaftliche Arbeiter“を、「学問」「学問的」「学問研究者」とみなすのか、それとも「科学」「科学的」「科学研究者」とみなすのかは、文脈に即してそのつど判断しなくてはならない問題である。またBerufも、「職業」「天職」「使命」「職務」「職分」「職責」と多義的であるため、やはりどれを採るかを思案しなくてはならない（「稼業」と訳した箇所もある）。本講演の論題そのものも、『職業としての学問』とも『使命としての科学』とも解することができる。この論題をつけたビルンバウムの意図からすると『職業としての学問』だが、ヴェーバーはビルンバウムの意図に沿って話をすすめていない。訳していて、こうした「学問」と「科学」、「職業」と「使命」との区別を、講演者が故意に曖昧にしたまま（はぐらかしたまま）、聴衆を強引に引っぱりまわしているのではないかと感じられることもあった。

実験的手段によってくりかえし証明可能な知識体系を「科学」と定義するならば、たしかに経済学や法学や歴史学や社会学は科学ではないが、ヴェーバーは、「思考実験」による仮想証明が可能な知識体系をも科学とみなしている。また数学は、現代のわれわれの感覚では自然科学と結びついているように感じられるが、ヴェーバーの（あるいはヴェーバー直前の）時代においては、数学はむしろ官房学部門に付属するものと考えられており、統計学・地理学・考古学とともに、財政や経済や歴史にかかわる研究の補助学であった。ヴェーバーが、さまざまな学問分野のどの領域を「科学」とみなしていたのかについては、くわしい検討が必要かもしれない。

Lebensführungもまた多様な含意で用いられているため、五回登場するこの語を、筆者は「行状」「生活態度」「生《せい》の営み」と訳しわけた。

「われわれ」（wir, unser, uns）の含意もさまざまである。われわれドイツ人、われわれ学者、われわれ科学者、われわれ経済学者、われわれ大学教員、われわれ現代人、いまこの講演会場に居合わせているわれわれ――これらの含意を適宜弁別・判定した。

Ⅳ―二　『職業としての学問』はいかに誤読されてきたか

《専門内自己閉塞》説をめぐって

　従来の誤読のなかでもとくに深刻なのは、《専門内自己閉塞》説である。そもそも、学者が専門内に閉塞せざるをえないのは、大学の――また大学人の――問題状況の一端であって、ヴェーバーはもちろんこれを問題視し、その打破のためになにをなすことができるのかを探っている。ところが、とりわけ日本にあっては、あたかもヴェーバー自身が《専門内自己閉塞》を要求しているかのような荒唐無稽な議論が、長年にわたって堂々と罷りとおってきた。〈個々の研究者が狭い専門に閉じこもらざるをえないような閉塞状況に現代科学が陥ったのは大きな問題である〉という論旨を、〈科学研究者は、自分の狭い専門に閉じこもって、ほかのことなど考えずに研究に集中せよ〉という論旨だと勘違いするという笑止な誤認が、長年にわたって繰りかえされてきたのである。

　尾高邦雄は、『中央公論』第八一巻第二号（一九六六年二月）の特別付録「世界の名言」に、『職業としての学問』のなかの一節を寄せている。それは段落⑯であり、「学問の領域で『個性』（パーソナリティ）をもつといえるのは、ただひたすら自分の仕事に献身する人のみである。……」以下、適宜略しながら、「……芸術家のばあいもまったく同様である」までを訳している（同誌四一六頁）。この当時、岩波文庫版は旧字旧仮名遣いのままであり、彼は、この特別付録のために訳しなおしたのである。

　この抄訳を読み、また大河内一男の随想「勇気あることば[49]」（『毎日新聞（東京）』一九六六年一月九日付）を読んだ大塚久雄は、『倫理と精神』のなかの「専門人」論と『職業としての学問』とのあいだに横たわる「一見まったく矛盾するような感じ」を払拭しようと考え、前者における専門人の暗い見通しと、後者における明るい見通しとの落差にかんする異様な議論を展開している。大塚は、ヴェーバーの言う「専門化」には「理論的専門化」と「実践的専門化」の二種類があるとし、理論的専門化が経験科学のもつ具体的な関心を失い、実践的専門化が現実の一断片に拘泥して理論との結びつきを失うと、どちらの「専門化」も「退廃」に陥ることから、「新たな価値意識」に依拠して社会科学の綜合化をすすめることを提唱した（大塚久雄　一九六九：一七五～一九八頁）。この議論は、ヴェーバーの議論とは最初から最後までなんの関係もない。「理論的専門化」と「実践的専門化」という区分は、大塚自身が困惑の果てに捻出した奇策にすぎず、ヴェーバーがこうした区分を立てていたわけではない。これは、要するに、誤読にもとづく牽強付会にすぎないので、すくなくともヴェーバーの「専門化」論を理解しようとする者にとって、大塚のこの雑文は――大河内の随想とともに――まったく無価値である。

　田川建三は、大塚のこの議論をとらえ、「専門化」の問題にたいするヴェーバーの「分裂」をあげつらっている。田川は、『倫理と精神』の末尾にある「精神を欠いた専門人、心情を欠いた享楽人、この無の者は、人間存在のかつて達したことのない段階に登りつめたとうぬぼれる」（MWGI/9: 423, RSI: 204）等々を引用したうえで、一方で、「職業が非常に専門的になっていくことについて、このように悲観的な展望をうちだしている」ヴェーバーが、他方で『職業としての学問』のなかでは、「専門的な職業人としての学者たるべきことを意気揚々として描き出して――まあ、意気揚々というのは言いすぎかもしれませんが、ともかく、非常に積極的に『専門化』への勧誘がなされているのです」とする。そして田川が感じとった（と思いこんだ）二つの著作の温度差から、『倫理と精神』から『職業としての学問』にいたるまでの「一四、五年の間にウェーバーが変化したのか、それとも、これは彼の中で本質的に克服できずに残り続けた亀裂なのか」などという的外れな問いを投げかけている[50]（田川健三　一九七六：一八六〜一八七頁）。

さらに姜尚中は、田川のこの放言を鵜呑みにして、「高度に専門分化した領域に自覚的に閉塞し、ザッヘに専心することが優れた『業績』を産み出す必須の条件である限り、職業としての学問に生きるものは『個性』や『体験』の偶像崇拝に眩惑されることなく、ただひたすら『キュクロープス』（一眼巨人）のような学問のエゴイストに徹しなければならない、こう言わんばかりのウェーバーの口吻は、ディレッタンティズムの我がもの顔の流行に対する警鐘であろう」という珍解釈を展開している。『倫理と精神』において、職業人たらざるをえない専門分化の病理を見極めていたはずのヴェーバーが、『職業としての学問』においては科学の専門性への「積極的なコミット」をしめしているので、そのかぎりにおいて「ある種の自己分裂を感じないわけにはいかない」のだそうである。姜は、みずから捏造したこの分裂的ヴェーバー像を――当然にも――理解することができず、「ここに、フッサールやカーラーとは違った、ある意味で彼らの場合よりも遥かに癒しがたいウェーバーの苦渋と解決しがたいアポリアがあったとみるべきである」と強弁している（姜尚中　一九八六／二〇〇三：一九七〜二〇〇頁）。

かかる「一見まったく矛盾するような感じ」「亀裂」「アポリア」なるものは、大塚や田川や姜がその妄想のなかでつくりだした《虚妄のアポリア》にすぎないのであって、『倫理と精神』における職業・職分論と、『職業としての学問』におけるそれとは完全に整合的である。また、田川らは、『倫理と精神』を書いてから『職業としての学問』にいたるまでに、ヴェーバーの近代世界論・学問論に重大な変更があったかのような妄想に陥っているが、この議論はまったく成りたちえない。というのは、『倫理と精神』は、一九〇四／〇五年に雑誌に掲載されたあと、大規模な改訂・加筆を経て、『宗教社会学論集第一巻』に収録されており、この改訂作業は、『職業としての学問』『職業としての政治』（一九一九年）の校正作業とまったく同時期に――また両講演録の出版以降にもひきつづき――すすめられ、仕上げられたのであって、改訂稿『倫理と精神』を含む『宗教社会学論集第一巻』は、『職業としての学問』よりもあとの著作だからである。この点について、事実関係を確認しておこう。

『職業としての学問』『職業としての政治』の発送作業を終えた一九一九年七月五日に、彼は、『倫理と精神』を含む『論集第一巻』の改訂作業をゆっくりとすすめていることを記している（MWGII/10: 675. 巻末資料四―二）。改訂稿『倫理と精神』が、『職業としての学問』よりもあとの著作であることはまったく明らかである。

つぎに、『論集第一巻』は、改訂作業を終えないまま遺されたのか、それとも改訂がヴェーバー生前に完了していたのかを吟味しよう。決定的な証拠は二枚のゲラ刷である。ヴェーバーは、この『論集第一巻』全体の改訂を終えて印刷に回したあと、その末尾に置かれている「中間考察」に段落をひとつ追加している。その追加を指示したゲラ刷は、一九二〇年五月二十九日のものと推定されている(MWGI/19: 511)。また彼は、『論集第一巻』への「献辞」に、「マリアンネ・ヴェーバーへ／一八九三年〔の結婚から〕『最高齢のピアニシモにいたるまで』／一九二〇年六月七日」と記している(RSI: Widmungsblatt)。この「献辞」もまた校正時に追加されたもので、そのゲラ刷に印刷所が記している日付は一九二〇年七月二日と推定できる[51](BSBM/Ana 446.C (OM13), MWGI/19: a. a. O.)。ヴェーバーは六月十四日に亡くなっているので、この「献辞」は、印刷に付するつもりで書いた彼の最後の言葉である。筆者は、バイエルン州立図書館手稿室に所蔵されているこの二つのゲラ刷を直接閲覧して調べ、この加筆がたしかに校正段階のものであることを確認した。

ここから明らかなように、『論集第一巻』は、ヴェーバー没後に、マリアンネがその遺稿を編纂して刊行したものではなく、その改訂作業は、すでにヴェーバー自身の手で完了されており、「献辞」が書かれた六月七日には、完成稿が印刷に回され、校正段階に差しかかっていた。そしてこの改訂作業において、彼は、『倫理と精神』中の「ピューリタンは職業人であろうと欲した——われわれはそうあらざるをえない」という状況に追いこまれている現代人の問題性を剔った箇所も、「かつては宗教的な内容を有していたものの亡霊として、『職業義務』の想念が、われわれの生《せい》のなかを徘徊している[52]」という箇所も、なんら変更しなかった(MWGI/9: 422, RSI: 203, 204)。彼自身は、前年に公刊した『職業としての学問』と、この『倫理と精神』改訂稿とのあいだに、なんの不整合も感じていないのである。

この二つの著作のいずれにおいても、ヴェーバーは「専門化」への勧誘などしておらず、それどころかまったく逆に、終始一貫して、不可逆的に進行する専門化のなかに近代文化人間が否応なしに組みこまれていく有様を克明に描き、その問題状況を鋭く告発している。とりわけ『職業としての学問』においては、歴史的主知化過程のなかで、科学による主知主義的合理化が、現実世界における諸矛盾を激化させ、呪力剥奪〔＝人間性の退嬰〕を招き、この所与の状況が、大学における不条理状況を現出させていることをあざやかに剔りだしている。そして明らかにトルストイを意識しながら、この所与の不条理な問題状況をいかにして打破することができるのか、その途を探っているのである。

ヴェーバーの論旨を正確に理解し、『倫理と精神』と『職業としての学問』とを整合的に解釈するとともに、《専門内自己閉塞》説を——わずかでも痕跡を残すことなく——完全に抹消することは、正確なヴェーバー理解にとって不可欠である。

《専門内自己閉塞》説の弊害と時代錯誤性

尾高らによる歪曲は、現在にいたるまで悪影響を及ぼしつづけている。たとえば西村稔は、その論稿「マックス・ウェーバーと『教養』」の末尾において、「専門人」と「個人」との分裂状況に直面するとき、「一方で『専門化』のいきつくさきにある『隷属の檻』を回避し、他方で『個性』が陥る恐れがある、価値の『混沌』に対処することが必要だとすれば、ウェーバーの示した、『専門人に徹することを通じて教養人〔人格〕となる』という構想は、まさに現代的だということができるであろう」と論じている〔圏点引用者、西

村稔　一九九四（二）：二〇六頁）。しかしヴェーバーは、あくまでも、専門人に徹することを余儀なくされるという問題状況を踏まえ、専門に閉じこもる科学者の欺瞞性（にたいするトルストイの批判）を認めたうえで、〈専門人は今日《こんにち》なおいかにして人格たりうるか〉を論じたのであって、「専門人に徹すること」を要求したのではない。まったく逆に、専門人として立ちながら、それでもなおいかにして人格たりうるかを自分自身に問いかけたのである。そして専門人たることは、たしかに人格の基礎のひとつではあるが、それ「を通じて」――それのみを通じて、あるいは主としてそれを通じて――人格となるのだと解するわけにはいかない。それではトルストイの問題提起から目を背けることにしかならない。またかかる解釈に立つと、「職業人であらざるをえない」現代人にたいして、「職業人であろうと欲した」ピューリタンを見習えと主張する無意味な説教に陥る。西村の見解は、尾高の誤訳に引きずられて生じており、また「個性も自我も没却して仕事《ザッヘ》に専念することが、その仕事の達成を通じて永遠の個性ある自我を生かす道である」（圏点引用者、尾高訳②：八四頁）という尾高の滅私奉公的職業倫理論を蒸しかえす結果となっている。[53]

長尾龍一も、ピューリタン資本家が、みずからが救われているという確証を得るために召命＝職業に専心したように、現代の研究者も、遮眼革をつけて「事象（Sache）そのものに専心せよ」というのがヴェーバーの主張だと臆断し、あたかもヴェーバーが、学者は「二十世紀のピューリタンでなければならない」と主張したかのような迷妄に陥っている（長尾龍一　二〇〇〇：二二二頁）。《専門内自己閉塞》説にたいして根本的な疑義を呈した折原浩でさえ、最後には、「日々の要求」に応じ、「仕事につけ」という要請に応えていくなかで、「単純素朴に仕事に専念することをとおして、被造物的な情念を滅却していったはてに」現世の生活を超え、創造の普遍的根源に触れるという可能性をヴェーバーが見込んでいたかのように描いている（圏点引用者、折原浩　一九七七：三九頁）。これもまた滅私奉公論の一変種にすぎない。長尾や折原の迷妄とはまったく逆に、〈みずからの召命＝仕事に専念せよ〉という禁欲的プロテスタンティズムの命題への断固たる訣別こそが、『職業としての学問』の基本思想である。

『職業としての学問』研究におけるかかる誤認は、これらの論者が、この講演の前半部の意義にけっして言及しようとしないことと深く係わっている。前半部（段落⑪まで）において、ヴェーバーは、大学において仕事に専念している者――正確には、仕事に専念しているつもりの者、あるいは仕事に専念しているふりをしている者、あるいは仕事に専念していると自分に言いきかせようとしている自己欺瞞の主――を鋭く告発し、ドイツの高等教育体制にあっては、そもそも心安んじて仕事に専念することができず、ドイツの大学の伝統においては、良心的な学者が存在する余地がほとんどなく、さらに大学の資本主義経営体化と官僚制化が、正教授から私講師までの階層化をともないつつ、研究手段から切りはなされた研究者・教育労働者を抑圧し、政府による大学支配の強化が着々とすすめられてきたことを深々と剔った（とくに段落⑦）。大学と大学人とにかかわる諸問題をみてみぬふりをして、ただ自分の持ち分に邁進するというのは、みずからの持ち分に専念し、結果は神に委ねるという禁欲的プロテスタンティズムの生活態度となんら変わるところはなく、この態度は、ヴェーバー（あるいはトルストイ）の目からみると、まさに既得権者の自己欺瞞そのものである。そしてこの講演録の前半部（ドイツ大学批判）に目を向けようとしない従来の論者もまた、この「自己欺瞞」に加担しているのである。

　これにたいして、ヴェーバーが専門への自己閉塞を称揚しているのでないことに気づいた研究者もいる。たとえば安藤英治は、ヴェーバーの批判的論点が二種存在することを指摘している。ひとつは「日常性を逸脱する無責任さにたいする批判」であり、もうひとつは「日常性に埋没する無責任さにたいする批判」である。ヴェーバーは、逸脱型＝革命的ロマン主義等とともに、埋没型＝大勢順応型にたいしても鋭い批判を向けているのであって、専門への閉塞・埋没をよしとしているのではない。この点をみないと、論述の意図は見誤られ、ヴェーバーの人間像にたいする誤解と歪曲が生じることを、安藤は語気鋭く論じている（安藤英治　一九六六：二七七）。また堀米庸三は、末梢的専門分化がすすみ、人間が知的に「進歩」を遂げれば遂げるだけ、生活条件の全体的把握という点では、かえって「無限の後退」を続けるという「一つの大きなパラドックス」が生じており、ここにヴェーバーの力点が置かれていることを明示している（堀米庸三　一九六九：六三頁）。このパラドックスの只中にある文化人間にとって、専門への埋没からの脱却こそが大きな課題なのである。大林信治も、『職業としての学問』が、「『自己の専門に閉じこもる』専門家を擁護するためのものではなかった」と明快に喝破している（大林信治　一九九三：五一～五二頁）。

　とくに、今井弘道は、この問題にかんするヴェーバーの真意を正しく理解し、立ちいった考察を展開している（段落⑮要説（二）、段落㊵要説（五）を参照）。みずからの持ち分にひたすら専念する禁欲的プロテスタンティズムの「人格」は、ヴェーバーにとって「批判的克服の対象」にほかならない。かかる「人格」は、なんら現世における行為の結果に責任をもつ主体ではなく、また、「人格」と「倫理」とのあいだの分裂の可能性を自覚する内的論理を有していないからである（今井弘道　一九八八ａ：一二八頁）。現代において真に「人格者」たりうるのは、世界を客観化し、これに依拠して合理的な実践的判断をなし、目的合理的な行為を遂行するとともに、その一連の行為連鎖全体の価値合理的整合性・統一性を日々確証する実践的行為主体だけである。この場合にのみ、手始めに自分の仕事に取りかかり、自分の命の糸を操る内なる力にしたがって日々の要求を満たすという行為が意味をもつのであって、ただもう周囲の状況から隔離されたなかで判断中止して職務上の日々の要求を満たせばいいのではなく、またそれを満たすことが最終目的なのでもない（前掲書：一〇五～一〇六、一一二～一一四頁）。むしろ、ヴェーバーの求める人格者は、たとえば、「自らの『確信』に従って法を承認することによって法に妥当性を与え、あるいはそれを自らの良心に基づいて拒否し、場合によっては不服従や抵抗に訴える主体」なのであって（圏点引用者、今井弘道　一九八八ｂ：一六頁）、それは、場合によっては諫言して去ることをも辞さない反骨の人士なのである。

　すでに紹介した一八九八年八月四日付妻宛書簡において、ヴェーバー自身はすでに禁欲的プロテスタンティズムの呪縛から脱却を図っていることがあざやかにしめされていた。またその後の彼の歩みは、『宗教社会学論集』や『経済と社会』（いずれも未完）にしめされているように、狭い専門性の枠を越えた横断的研究を志向している。職業労働への専念を説く禁欲的プロテスタンティズムの呪縛とその欺瞞性とを剔ったのが『倫理と精神』であり、専門のなかにとどまれと命ずる現代科学の官僚主義の呪縛とその欺瞞性とを剔ったのが『職業としての学問』である。この二つの著作は、この二つの呪縛のなかに無自覚に浸っている人々と、この呪縛から逃れようともがきながら方向を見失っている人々とを念頭に置き、この呪縛からみずからを解きはなつ「人格」のありかたを希求した著作なのである。

　ヴェーバーの真意を理解し、しかもドイツの大学における専門化の隘路に真正面から向きあっていたのはヤスパースである。「専門化のなかの細分化と知識人層のなかの流動化とは、大学における意思疎通を消失寸前にまで追いこんだ。親愛の情のある闘争における精神的ゲマインシャフトに代わって、一方では身分相応のつきあいという共通の基盤のもとでの如才なさが立ちあらわれ、他方では際限のない議論が、たまたまの思いつきの戯れや、自説固執の虚栄心の戯れや、詭弁的芸術の戯れとして立ちあらわれた。いたるところで、すべては未決のままだとか、さほどまじめに考えられたわけではないのだとかいった隠然たる留保がものをいっている。礼儀正しい人物だとみなされるために条件であるのは宥和的態度である。」「教授の人生行路は、官吏のように規格化された」。これが、――ニーチェが揶揄したように――胃が痛くならないようにさっさと妥協する末人たちの姿である（個別注解㉕13を参照）。これにたいして、専門化のなかで知識人層を支配しているかかる末人的状況に抗した人々は、「研究者たる人格者（Forscherpersönlichkeit）」と呼ばれてしかるべきだが、そうした人格者はもともとわずかしかいなかったし、しかもますます減っている。ヤスパースがそうした人格者として挙げているのは、ヘーゲル、シェリング、リービヒ、ヘルムホルツ、モムゼン、ディルタイ、そしてほかならぬヴェーバーである（Jaspers 1951: 171）。

　十年前を振りかえるという行為を連ねていくと、末人の跳梁がますますひどくなっていることがわかる。後世の人がヘーゲルやシェリングの時代を、リービヒやヘルムホルツの時代を振りかえるとき、そこには大きな羨望が生ずる。また一九〇〇年頃に学生であったヤスパースにとって、モムゼンやディルタイが活躍していた一八九〇年代は黄金時代にみえた。その後の大学の凋落を経ても、「われわれ自身はなおマックス・ヴェーバーをみた。だが、われわれだけをみている人々たちからはなにが生じるのだろうか」（ebd.）。ヤスパースのこの発言は、もともと一九二九年になされたもので、その時点から十年前を振りかえると、一九二〇年に没したヴェーバーは、専門化の奔流に抗した最後の人物と映ずるのである。

　ヤスパースのこの議論が、ヴェーバーによる専門化批判と軌を一にしていること――『職業としての学問』におけるトルストイに依拠した専門化批判を敷衍していること――はまったく明らかである。ヤスパースは、ヴェーバーの立論を正確に理解し、ヴェーバーが末梢的専門化の深化にたいして立ちむかったことを踏まえ、それを自覚的に継承しようとしている。ところが、従来の論者たちの多くは、ヴェーバーの議論もヤスパースの議論も等閑視し、ヴェーバーが専門化の流れに身を委ねることを当然視していたかのような錯誤に陥り、こともあろうに彼を末人の隊列のなかに組みいれてしまったのである。今日《こんにち》、《専門内自己閉塞》説の迷妄を完全に払拭し、ヤスパースのヴェーバー理解を継承することは、ヴェーバーの営みのなかから末梢的専門化との闘争のありかたを学ぶために重要であり、急務である。

そもそも、専門化の潮流が現代科学の基調となっていると捉えること自体が時代後れである。坂田昌一は、非常に狭い専門のなかを深く掘りさげるというやりかたを、十九世紀までの分業的研究スタイルと規定し、これ以降、それぞれの学問の基礎になっている仮定そのものが「ほかの学問との関係において変化する」ことを考えなくてはならなくなったと指摘している（坂田昌一　一九七四：一四三頁）。ヘルムホルツは、すでに一八六二年の講演において、そうした十九世紀の科学のありかたに根本的な疑義を呈し、専門内閉塞の弊害を説き、現状の刷新を求めていた（段落⑫⑬要説（二）を参照）。末梢的専門化は、十九世紀においてすでに時代後れになりつつあったのであって、ヴェーバーの科学論は、ヘルムホルツによる専門化批判を受けついでいる。ヴェーバーが投げかけた問題は、その後の時代における科学をめぐる諸問題に直接通じているのであって、現代の科学者たちの歴史的危機意識を先取りしている。[54]《専門内自己閉塞》説は、まったく逆に、そうしたヴェーバーの専門化批判を、あたかもヘルムホルツ以前へと舞いもどろうとする固陋な守旧論・復古論・専門化礼賛論であるかのように貶価する妄論である。

ヴェーバーは専門化状況をきびしく批判したのに、彼が専門化を当然視したかのように正反対に取りちがえるという恥ずべき失態は、尾高らにかぎらずしばしば生じている。かつて安藤英治は、「価値自由」の問題に関連して、「まさにヴェーバーが批判していることをヴェーバー自身の主張と思い込む」この種の錯覚をきびしく指弾していた（安藤英治　一九六五：八九頁）。今日《こんにち》あらためて安藤のこの言を噛みしめる必要がある。

日本におけるヴェーバー受容の問題性について

訳出中に浮上してきたのは、従来のヴェーバー理解の問題性である。とりわけ、尾高邦雄と出口勇蔵の訳を点検すると、そこに含まれている大量の誤訳が、たんに彼らにおけるドイツ語読解力の欠如だけの問題でないことに気づかせられる。それはまた、この二人だけの問題ではなく、戦前から戦後にかけて、たとえば大河内一男や大塚久雄がどのようにヴェーバーを受容したか、彼らがどのようなヴェーバー像を描いてきたか、彼らの描いたヴェーバー像が、彼ら自身のどのような思惑と絡みついていたのか、そしてその古典的ヴェーバー像が、はたしていまはもう克服されているか否かという重い問題に通じている。とりわけ戦前期における日本のヴェーバー受容の特異な歴史的局面が、『倫理と精神』や『職業としての学問』の異様な解釈と結びついていた。既述のように、禁欲的プロテスタンティズムにたいする仮借なき批判の書である『倫理と精神』が、あたかも禁欲的プロテスタンティズムを称揚する著作であるかのように偽装され、専門内への自己閉塞状況からの脱却をめざした『職業としての学問』が、あたかも自己閉塞を自他に強要する著作であるかのように偽装されてきたのである。後者の場合、尾高や出口の訳にみられる激しい改竄は、日本の社会学者・社会科学者たちの心性や自己弁明に直結していると考えられる。つまり、それは歴史的誤訳と評されるべきものである。

こうした受容史・研究史の問題に立ちいって論及するのは、もはや本書の領分をはるかに超えているので、別の機会に譲りたい。さしあたり、巻末文献一覧に記しておいた三笘利幸の論著、とりわけその出口勇蔵論と尾高邦雄論（三笘利幸　二〇一四：第三章、第四章）の参照を勧める。併せて、戦前期日本の時代状況と、そこにおける社会学・社会科学研究の展開過程のなかで、日本の社会学者たちがどのように振るまっていたのかに目を向けていく必要がある。これについては、すでに河村望・秋元律郎・川合隆男・宮永孝の仕事がある（河村望　一九七三／七五、秋元律郎　一九七九、川合隆男　二〇〇三、宮永孝　二〇一一）。

Ⅴ　『職業としての学問』の訳出・解釈の課題

時代考証と表現法

『職業としての学問』を第Ⅰ部に訳出するにあたって、第一に、正確な訳文を提供することに努めた[55]。第二に、日本の読者が、この講演を聴いた一九一七年および一九一九年の聴衆と可能なかぎり同等の地平に立つことができるように、当時のドイツにおける大学の制度的諸問題や大学生の知的状況にかんするさまざまな情報を提示した。第三に、当時の聴衆も知りえなかったヴェーバーの思想的立脚点、理論的見地、個人的体験、語られている言葉の裏の意味やその背景を、未公刊の第一次史料や公刊されている書簡等に依拠しつつ明らかにした。これによって、本書の読者は、当時の聴衆以上にこの講演をよく理解できるであろう。

ドイツにおける学術講演にあっては、高い教養のある聴衆であっても、とうてい聴いてすぐには理解できそうにない高度で入りくんだ内容が――ときにはかなり早口で――語られることがすくなくない。活字になったものをじっくり読んでも、なお理解に多くの時間を費やさざるをえないケースも二～三にとどまらない。『職業としての学問』はその最たるものである。一九一九年にこれが公刊された直後からさまざまな反響があったが、その当時のドイツ人論者であっても、これを誤読したうえで批判するケースが後を絶たなかった。

論文ではなく語られたものだから、内容も平易で理解しやすいだろうという予断をもつことはできない。実際、さまざまな付帯事情のため、この講演は異様なまでに難解にならざるをえなかった。また講演者は、速記録に大量の加筆をなし、さらに厳密な表現を与えるよう腐心しており、その結果、口語表現と文語表現とが混在することになった。しかも、どちらかというと文語表現の多さが目につく[56]。同時に、入念な校訂にもかかわらず、不完全な文や重複表現が残されていることから、原著者が、《語られたもの》としてのかたちを故意に残そうとしたことが明らかである。したがって、訳出にあたっては、ある程度まで話し言葉に近づけながらも、過剰に噛みくだくことを避けて原文の硬さを残し、読者がひとつひとつの言葉を噛みしめ、行きつ戻りつ文意を確かめ、前後関係を勘案しながらすこしずつ理解を深めることができるように留意した。

また、筆者がここ十年ほどのあいだにドイツ各地で渉猟した第一次史料や大学関連資料に依拠して、このテキストの背後にある――ヴェーバーがその生涯をかけて立ちむかった――大学問題の諸相を、テキストの流れに沿って描出した。要説と個別注解は、まだ十分なものとは言えないが、それでも、これによって、読者は、ヴェーバーが暗黙の前提としている——あるいは聴衆である学生たちと彼とが認識を共有している——ドイツの大学や知識社会にかんする諸事情を、ある程度まで知ることができる。これを踏まえたうえで、講演者が、なにを前提とし、誰を敵視し、なにを難詰し、学生たちをどう挑発し、彼らにどんな苦言を呈し、若い世代になにを求めているのか、そしてなぜそのような発言をしたのかを、読者は理解できるだろう。

段落分割の合理性と段落の論理

　原文の段落分割は一種独特であり、明らかに内容が区分されるところで分割されていないこともあれば、非常に細かく分けられていることもあり、現代日本人の書く一般的な文章における段落分割とはまったく異なっている。そしてこれまで、段落を増やしたいという誘惑に抗しきれなかった翻訳者がいる。原典は四〇段落で、出口・間場・三木は段落変更をしていない。一方、尾高は六一段落（二一段落増やし、段落をひとつ削除している）に切り、中山は一〇八段落を、三浦はじつに二五九段落を与えている。中山訳は《短冊切り》、三浦にいたってはもう《千切り》状態である。そしてこれらの訳をみると、段落を多くしたからといって理解しやすくなるわけではないことが明らかである。一続きのまとまった内容をなしているものを無理に分断し、その結果、論旨展開の行方がわからなくなっているからである。[57]

　本書においては段落変更操作をいっさいおこなっていない。なるほど筆者自身がものを書くときにはもっと段落を多くするだろう。しかし、じつはヴェーバーの段落分割にはきわめて明確な方針と理由がある（これはこの講演録に限ったことではない）。彼の段落は、節よりも小さなひとまとまりの内容を束ねたものであり、それは、われわれ現代日本人の文章感覚からすると、日本文の段落よりも一段大きな括りであり、小見出しを与えるのが適切であるようなまとまりである。たとえば、いまこの「研究編」で与えている小見出しのまとまりが、ヴェーバーが構築している段落にかなり近い。そしてヴェーバーの与えた段落の論理をしっかり見極めたときにはじめて正確な解釈が可能である。各段落がどういう論理構造になっているのか、各段落相互間の関連づけがどうなっているのかを読みとくことも、翻訳者のきわめて重要な仕事であって、段落分割の合理性をきちんとしめすことも、本書に掲げた訳文のめざしたところである。

　また、原文の——とくに長大な——段落には独特の勢いとリズムがある。講演者は、長大な段落のなかで、聴衆（読者）である学生たちにたいしてゆとりを与えず、一気呵成に畳みかけるように大量の難解な論述を連射し、彼らを挑発し、翻弄し、打ちのめしていく。そうした講演の生々しい姿を伝えるためにも、段落分割を変更すべきでない。

翻訳史の諸問題

　筆者は、まず既存の訳を忘れるよう努め、自分で訳して内容を掌握し、そのあと渡辺の注釈や他の訳本を参照した。そうしないと、前の訳や他人の解釈に引きずられて失敗する危険性があるからである[58]——おそらくそれでもなお失敗の危険から自由ではないが——。

　これまで、既存の翻訳にたいして批判をおこなう例はすくなかったと思われるが、これはむしろ翻訳文化における悪弊である。研究が進展すると、古い研究は無意味化し、やがて忘れさられるのであり、こうした運命は、ほかならぬヴェーバー自身がこの講演のなかで強調していることである。同様に、新しい事実発掘、テキスト批判、新たな観点からのテキスト研究によって、古い翻訳が無意味化するのはむしろ自然なことである。そのさい、事実誤認や誤ったテキスト読解（やドイツ人編集者による恣意的なテキスト改変）にもとづく古い誤認・誤解を――痕跡を残さず――徹底的に除去することは、新しい翻訳・研究の担うべき使命である。ところが実際には、本書の個別注解群において明らかにしているように、これまでに出たこの講演録の新しい邦訳が古い訳の誤りを訂正しているケースは――三木訳以外には――ほとんどみあたらない。それどころか、従来の誤訳が無批判に踏襲される一方で、訳が新しくなるとかえって誤訳が増えていくという奇怪な退化・不毛化がすすんでいる。同一人物が改訳したときにも、それはどうみても改悪であるケースが目につく。

　これにたいして、渡辺金一をはじめとして、さまざまなヴェーバー研究者が、従来の訳の不備を指摘しており、正しいテキスト解釈も提示されてきた。ところが、明白な誤訳がすでに一九七〇年代には指摘されていたのに、訳者たちはその訂正を拒否し、その後、誤訳ではなく誤訳批判のほうが忘れられてしまい、大昔の初歩的な誤訳が二〇〇九年の新訳にいたるまで後生大事に受けつがれるという珍事が大量に発生している。また研究者のあいだでも、誤訳に依拠してヴェーバーを誤読・誤解するケースが生じている。たとえば、『価値自由論』までは近代知を批判してきたヴェーバーが、『職業としての学問』ではそれを諦めて近代知を容認するようになったなどという珍趣旨の論文をみかけたことがある。

　こうした過去の失敗を踏まえ、本書の個別注解においては、『職業としての学問』にたいしていかなる解釈をなそうとする者であっても、否応なしに認めざるをえない基礎的文法事項を明示し、またとくに重大な誤訳が定着してしまっている箇所にかんしては、これまでの訳者たちがなにをどのように訳しまちがえてきたのかを、ある程度まで翻訳史的に解明した。これによって、今後二度と同じ誤認が生じないよう防ぎたかったからである。

翻訳・解釈の四つの必須条件

　この講演を翻訳するか、解釈しようとする者は、無条件に、次の四つの作業をひとつ残らずすべて遂行しなくてはならない。

　第一に、翻訳者・解釈者は、ヴェーバーの用いるドイツ語を完全に理解しなくてはならない。周知のように、ヴェーバーの文章は、往々にして非常に入りくんでいるが、彼は、厳密で正確な意味伝達を心がけた結果として、そうした叙述を練りあげているのであって、訳そうとする者が、ドイツ語の文法知識を総動員し、またヴェーバー独自の用語法に熟達したうえで、訳出と解釈に取りくむならば、――たとえ「近似値」にすぎないとしても――正確な訳文と明晰な解釈を提供することが可能である。たしかに、『職業としての学問』のなかには、主動詞を欠く不完全な文が含まれている（個別注解⑩13を参照）。ほかに、付すべきコンマの不在など、いくらか不備が散見されるが、そうしたわずかな例外を除けば、ヴェーバーのドイツ語は、文法知識を有した読者には明晰に理解できるものである。

　また翻訳者・解釈者は、ヴェーバー固有の用語法を、また彼特有の言い回しと作文法を学ばなくてはならない。ドイツ法学・新カント派哲学・歴史学派経済学の専門用語、それを鋳直したヴェーバー固有の用語法、さらに接続法の明快な使い分け等の理解は、ヴェーバー読解に不可欠である。

さらに、翻訳をなす者に必要不可欠なのは、既存の訳を否定する能力である。尾高による初訳は、最初から最後まで、膨大な数の誤訳に塗れており、その多くは一目で看取できる性質のものである（紙幅の都合で省いたが、個別注解で指摘しなかった誤訳も大量にある）。ところが、個別注解の【翻訳史】において縷々指摘したように、後発の訳者たちが尾高の誤訳を訂正しているケースはごくわずかである。これにたいして、三木正之は、その卓越した読解力をもって、尾高他の「意訳」を否定し、ヴェーバーの与えた文意を浮かびあがらせることにかなり成功している。二番目以降の翻訳にあっては、既存の訳に引きずられないだけのしっかりした文法把握能力を有しているか否かが——つまり翻訳者の真の読解力が——試されるのである。

第二に、翻訳者・解釈者は、『職業としての学問』では簡略な記述にとどめられている事項について、ヴェーバーの他の著作から学ばなくてはならない。『職業としての学問』は、ヴェーバーの全著作活動と関連づけられているが、なかでも密接な関連を有する彼の著作は、シルズや上山安敏らが集積した大学関連の論稿・発言集、『理解社会学論』、『世界宗教の経済倫理』への「緒言」と「中間考察」、「二つの律法のはざま」にかんするゲルトルート・ボイマーへの書簡、『価値自由論』、講演『社会主義』、講演『職業としての政治』、『社会学的基礎概念』である。これらを読むと、『職業としての学問』の従来の訳がいかに多くの——また大きな——錯誤に満ちていたかを容易に看取できる。つまり、これまでの邦訳者たちは、大学・学問（ないし科学）にかかわるヴェーバーの他の論稿を読まないまま『職業としての学問』を訳すという愚挙をなしてきたのであり、その怠慢ぶりは明らかである。

第三に、『職業としての学問』は、大学教育論・学者論（科学者論）・学生論であるから、翻訳者・解釈者は、大学人・職業人としてのヴェーバーその人にかかわるさまざまな事実を正確に把握しなくてはならない。ところが、よく知られているマリアンネ夫人による伝記や、ヴェーバーに接した人々によるさまざまな回想録のなかには、伝記作者・回想者の思い違いにもとづく事実誤認が多々認められ、しかもそれはまさにヴェーバー自身の「職業としての学問」にかかわる誤認であるケースが多い。したがって、彼や『職業としての学問』にかかわるあれこれの伝記記述や回想録を不用意に鵜呑みにしてはならない。そうではなく、まずドイツ各地に散在している第一次史料を判読し、つぎにこれらの史料によって〈ヴェーバーと大学〉〈大学人ヴェーバー〉にかんする基礎的事実関係を詳細に究明し、最後に、これに依拠して、周囲の人々の主観によって歪められ矮小化されない彼の実像に迫ろうと努めること——もとよりそれが不十分なものにとどまらざるをえないにしても——もまた、本講演録を訳出ないし解釈するうえで不可欠の作業である。

ヴェーバーが亡くなる一九二〇年までの彼の政治にかかわる発言は、〈政治と学問〉の峻別と関連づけとに深く係わっており、この問題は『職業としての学問』の底流をなしている。したがって、とりわけこの講演と深く係わる時期（具体的にしめすと一八九八年頃から一九二〇年まで）におけるヴェーバーの動静を詳細に辿り、大学人としての彼のさまざまな言動そのものを――マリアンネ夫人による伝記に頼るのでなく、諸史料に記録されている彼の言動そのものを――徹底的に掘りおこし、その言動が、『職業としての学問』にしめされている学者像とどのように結びついているのかを解明することは、今日《こんにち》研究者が――したがって翻訳者が――当然なさなくてはならない研究過程の一部である。これを怠る者に、『職業としての学問』を訳出したり解釈したりする資格はない。

第四に、翻訳者・解釈者は、第二帝政期におけるドイツの大学事情を学ばなくてはならない。とくに、当時大学や学者や学生をめぐってどのような問題が顕在化していたのかを詳細に知らなくてはならない。『職業としての学問』の原講演は、第二帝政期のドイツの特異な大学事情を前提として語られた。再講演は、第二帝政崩壊直後の混沌とした情勢を踏まえ、そこで動揺し逡巡する学生たちを直接眼前にみて語られ、出版物は、彼らの姿を念頭に置いて刊行された。そこに綴られている言葉が、ドイツの大学のどの時期のどのような問題を念頭に置いて語られたものなのか――原講演と出版と再講演とのそれぞれの意図――を見誤ると、従来の訳者たちのように、深刻な錯誤・誤読に陥る。

『職業としての学問』の深奥には、こうした四つの作業を通じてのみはじめて到達できる。従来の訳者のなかで、第一のドイツ語読解力を有しているのは三木のみであり、第二～四点にかんしては、従来のすべての訳者が失格である。

もしも今後この講演録を新たに訳出しようとするならば、①まずまともなドイツ語読解力を身につけ、ヴェーバーの用語法・作文法を把握し、②ヴェーバーの主要著作や重要書簡をきちんと読み、③ヴェーバーと大学にかかわる未公刊史料を渉猟・判読・分析し、④第二帝政期ドイツの大学事情をしっかり学ばなくてはならない。そのうえで、⑤もしも本書にしめした訳と解釈に重大な不備が認められるのなら、そのときはじめて新訳を出すべき理由が生じる。

文法分析、原著者の基本思想の理解、その著作と他の著作との関連づけ、その執筆背景と執筆動機の探究、その用語法と言い回しの癖の把握等々のじつに面倒な作業を、丹念に倦まず弛まず続け、原意を十分に汲みつくすという基礎のうえにのみ翻訳・解釈は可能である。翻訳・解釈の奥義は《愚直》の一言に尽きる。そして翻訳者・解釈者の使命は、原著者と読者とを橋渡しすることであり、翻訳者・解釈者はこの二者にたいして責任を負う。この意味において、翻訳業・研究業には誠意と職業意識と責任倫理とが要求される。

文献利用の四つの可能性

この講演をなすにあたってヴェーバーが参照しえた――また参照したと推定できる――文献を、典拠として要説と個別注解に提示した。そのさい、一九一八年までに刊行されたものに限定した（研究編への注21を参照）。

ヴェーバーの情報源としては四つの可能性がある。第一に、ハイデルベルク大学の蔵書である。これについて、インターネット蔵書検索（HEIDI）によって、その文献がハイデルベルク大学図書館に所蔵されているかどうかを確認した。ただ、古い文献であっても、ヴェーバーがこの講演録を出版した一九一九年以降にこの図書館が購入した可能性もあるから、この検索結果はあくまでも目安にとどまる。

第二に、彼は、他の大学の蔵書を取りよせて利用していた。これまで誤認されてきたが、彼は、一九〇三年にハイデルベルク大学を退職しておらず、一九一九年にいたるまでこの大学の専任教員である。したがって、ハイデルベルク大学図書館を通じて、他の大学の蔵書（主として稀覯本・貴重書）を取りよせ、これを閲覧することができた。利用法については彼自身が明言している。『倫理と精神』の執筆のために必要とした古文献（とくに英書）の利用事情について、「ドイツの図書館は購入経費がまったく不十分なので、『田舎』〔ハイデルベルクを指す〕では、最重要の史料集・研究書を、ベルリンから、あるいは他の地域の大図書館から、ほんの数週間にかぎって現物貸借によって利用できるのみということになる」（MWGI/9: 246. RSI: 87）。

第三に、ハイデルベルク以外の図書館を利用した可能性もある。彼がミュンヒェン大学に着任したのは一九一九年（書類上は同年四月、実質的には同年六月）なので、『職業としての学問』における参照文献がミュンヒェン大学蔵書である可能性は低い。これにたいして、彼がかつて在職していたベルリン大学とフライブルク大学の蔵書を利用したことはもちろん十分ありうる。また大学以外の公共図書館も利用したことであろう。

第四に、ヴェーバー自身の蔵書がある。たとえば『資本論』は彼自身の蔵書中に含まれている（Ando 2003: 598）。またヴィンデルバントの『哲学史教程』（一九〇七年の第四版）やグンドルフの『ゲーテ』は、著者からの献呈本を夫婦で読んでいる（Arbeitsstelle der Max Weber Gesamtausgabe）。そしてそれ以外にも、参照書のうち彼の蔵書中に含まれていたものが大量に存在したと推察される。現在彼の蔵書として確認されているものはわずかで、それは『マックス・ヴェーバー全集』編集部とハイデルベルク大学図書館に所蔵されているが、前者は、小ぶりの書棚ひとつの三分の二を埋める程度の量にすぎず、彼の蔵書の大半は散逸したと思われる。

散逸事情について付言する。夫マックスの死に前後して、マリアンネ・ヴェーバーはリーリ・シェーファー（マックスの妹）の遺児を引きとって育てており、そのため生活費のやりくりに大きな困難が生じていた。夫の死によって、バイエルン政府から寡婦年金が支給されるようになったが、ヴァイマル期のあの狂乱的物価上昇のなか、寡婦年金や執筆報酬等だけではとうてい生活できなかったことが明らかであり、そのことは当時の書簡中にも綴られている[59]。彼女が一九二〇年代にあいついで夫の著作集を出版したのは、ひとつには、それによって生活費・育児費を確保するためであった。しかしそれだけでは足りず、彼女は夫の蔵書をあちこちに売却したと推察される。その一部がハイデルベルク大学にも所蔵されているのであろう。

Ⅵ 『職業としての学問』を読むための留意事項

誰にたいして語りかけているか

講演と出版の企画者であるビルンバウムが、この講演録の表題に拘泥したように、これは、「自由学生同盟（Freistudentischer Bund）」のメンバーにたいして語りかける講演という体裁をとっている。しかし事前に新聞広告が出され、当日券売場でチケットを入手することができたことから（巻末資料二）、同盟外の者が聴講することもできたと推察される。

ビルンバウムが主宰する「自由学生同盟」は、「自由ドイツ青年（Freideutsche Jugend）」の運動に連なる団体のひとつである。「自由ドイツ青年」は、既存の学生・青年組織から離れたところで新たな連帯組織をつくろうとする運動であり、それは、キリスト教青年連盟、社会民主党その他の政党に系列化された青年組織、国家から指導され後押しされている青年団体（国防連盟、青年ドイツ・ブント）等から截然と自己を区別するところにそのレーゾン・デートルを確保した（上山安敏　一九八六／九四：九三頁）。ただし、これらの文化・政治団体に加入している者を排除するものではない。ビルンバウム自身をみても、一九一七年に社会民主党に入党し、学生運動の指導者としてドイツ革命にも参画している。

「自由ドイツ青年」を支持した人々のなかには、ゲルトルート・ボイマー、フリードリヒ・ナウマン、ヴェーバーの弟アルフレート・ヴェーバーといったヴェーバー周辺の人々がおり、「職業としての教育」の講演予定者とされていたケルシェンシュタイナーも挨拶を寄せている（前掲書：九五〜九六頁）。

ヴェーバー自身は、この講演の内容からもわかるように、「自由ドイツ青年」にたいして一定の距離を置いている。しかしじつは、この運動にたいして並々ならぬ期待を寄せてもいる。そのことは、一九一八年十一月二十四日付オットー・クルージウス宛書簡のなかにはっきり記されている。戦後復興における青少年教育の課題を念頭に置いて、「まったく巨大な教育問題」があることを確認した彼は、その教育手段を、「アメリカ流の『クラブ』しかありません」とし、その「クラブ」を、「どのような種類のものであれ、すでに幼年期および青年期において存在している閉鎖的な、つまり構成員の選抜に依拠している団体で、その目的は問いません」と説明し、さらに具体的に、「その萌芽は『自由ドイツ青年』に」認められると明言している（MWGII/10: 318f.）。この書簡は、『職業としての学問』の原講演と再講演とのあいだの時期に書かれたもので、彼が、この講演の聴衆にたいして大きな期待を掛けていたことが明らかである。

この点で、青年運動がヴェーバーを見限ったため、彼は失望して死んだとみるのは適切でなく、彼は、あくまでも「世界の歴史的状況にたいする明晰な洞察によってのみ、また、この洞察にもとづいて理念的なものを明晰な形象へと構想することによってのみ、世界を救出しうるのであって、空想によってでも、愚挙によってでもない」ということを青年たちにわからせようとしたのだというトレルチの論評は、青年運動とヴェーバーとの関係を的確にしめしている（ETGS3: 162）。また、ヴェーバーは、当時の青年運動を頭ごなしに批判し、排斥しようとしたのではなく、それどころか、この『職業としての学問』という講演自体が「きわめて青年運動的」とも考えられるのであり、彼は、「青年運動の真の精神に照らして、その亜流である性急な政治的冒険主義者や空想家たちに批判を浴びせた」と三島憲一が評しているのも的確である（三島憲一　二〇一〇：九六〜九七頁）。

この講演録を読むときには、それが誰に向けて書かれたものなのか、著者がどのような読者を想定しているのかをたえず確認する必要がある。彼は全世界の民衆に向けて書いているわけではなく、まして百年後に極東の読者が読むことをまったく想定していない。

また、この講演録の辛辣な論調は、話している相手に理解させることに努めるよりも、むしろ異様なまでに入りくんだ議論をつぎつぎに投げつけて聴き手を痛めつけ、「どうだ、わかるか、いやわかるまい」と罵倒し、それによって聴き手自身に考えさせるよう仕向けている感がある。それは、講演者と聴衆とのあいだに存する緊張関係をたしかにしめしている。

ところが同時に、ヴェーバーは、この聴衆（ミュンヒェンの学生たち）に大きな期待を掛けている。彼らにたいする辛辣な評言は、〈諸君のようなやりかたでは主知主義という悪魔と闘うことはできない〉〈古くさい大学のありかたに批判的な諸君のような人士こそ、いまの大学に必要だ〉という文脈における同志的批判なのであって、この若者たちを敵に回そうとしているのではない。むしろ、ヴェーバーは、彼らを味方に引きいれようと腐心しているのである。そうでなければ、そもそも彼らの前でこのような講演をなしたりはしない。

これにたいして、「事実をして語らしめる」とばかりに客観性を装い、みずからの職分と科学の使命にたいして無自覚・無関心なまま、結果として既存の体制・秩序に奉仕している似非学者たちこそ、ヴェーバーの仇敵である。ドイツの大学の現状に安閑と寄りかかって既得権を享受している凡百の教授たちや似非価値自由の主たちにたいして、ヴェーバーはなんの期待も掛けていない。彼は、こうした者を見限り、大学や科学の現状に批判的な若者たちをこそ学問の世界に誘《いざな》おうと努めている。だからわざわざシュヴァービングに足を運んで熱弁を振るっているのである。

『価値自由論』との関連

この講演録と好一対をなすのは『価値自由論』である。原講演は、もともと出版するつもりで語っておらず、ヴェーバーは、『価値自由論』で展開した論旨をこの講演中で随時援用している。だから、『価値自由論』と『職業としての学問』とを並べて読むことによって、ヴェーバーの思考をよりよく理解できる。

『価値自由論』は、もともと社会政策学会における討論資料として一九一三年に書かれたものの改訂版であり、掲載誌は、ヴェーバー自身が編集委員を務めている哲学系の学術雑誌である。したがって、学者・大学教員を読者として想定しており、この論文は、教壇上から講義を展開している人々にたいして根本的な問題を提起している。これにたいして、『職業としての学問』において、彼は、教壇に向かって腰掛けてノートをとっている人々にたいして語りかけている。だから、前者にあっては、あなたたちがもしも預言者めいた言動をすると、それは大学教育のありかたとしておおいに問題であり、かといって客観性を装うのも問題だと論じているのにたいして、後者にあっては、預言者ぶった言動をする教師にだまされないよう気をつけ、みずから科学の明晰性を備えるように努め、これによって似非学者や似非預言者を見破る洞察力を身につけ、みずからの知力に依拠して主知主義と闘いなさいという論調で語られているのである。

従来の日本の読者のなかには、こうした想定読者層を無視して、「本分を果たせ」と書かれているから、これがヴェーバーの学問論のエッセンスだなどと速断する者があまりにも多かった。『価値自由論』も『職業としての学問』も、特定の読者にたいして、特定の目的をもって働きかけているのであって、ここをみないと、ヴェーバーが、誰にたいして、どのような意図をもって、なにを吟味して、なにを主張しているのかを見失いかねない。そして従来の「訳者」たちは、実際にこれを見失っていたのである。

管見のかぎりでは、『価値自由論』と『職業としての学問』とを整合的に理解しようとする努力が日本では希薄であった[60]。それどころか、『職業としての学問』の従来の訳者たちは、これを、ヴェーバーの他の著作と関連づけることを怠ってきた。私見では、前記のように、この講演録を、すくなくとも、上山他編『ヴェーバーの大学論』所収の諸論稿、『理解社会学論』、『世界宗教の経済倫理』への「緒言」と「中間考察」、『価値自由論』、『社会主義』、『職業としての政治』、『宗教社会学論集』への「序文」、『社会学的基礎概念』と――もちろんこれだけで十分だとするわけではないが――整合的に理解することが、『職業としての学問』を正確に読むうえで不可欠である[61]。

諦念の色調

リッケルトは、『職業としての学問』の語り口について、次のように評している。教育的な配慮から、ヴェーバーは、「学問の本質についての理論的叙述に、それに即して不可避の諦念の語調を混ぜこんでおり、こうした方向性において、彼自身にとってはもっとも重要な事柄を、過度に『称揚する』のではなく、それを、相対的に副次的な事案として登場させるというヴェーバーの性分に内在しているものが作用している」(Rickert 1926: 232)。この講演は、学生教育上の配慮から、〈私自身は、大学と高等教育の諸問題にかんしてこのように考え、このように闘ってきたし、これからも闘いつづけるつもりだが、諸君がどうするのかは、自分で考えて判断してもらいたい〉というスタンスで語られている。このスタンスが、この講演に、ある種の「諦念（Resignation）」の色調を与えている。しかしこの「諦念」は、近代知（主知主義）との闘いを諦めるという「諦念」ではなく、〈諸君のなかに、私に続いて近代知との闘争に乗りだす者がいるかどうか〉にかんする「諦念」なのである。ここを読みちがえると、あたかも彼が近代知との闘争を放棄して、結局は末人的主知主義に屈してしまったかのような誤読に陥ることになる[62]。読者は、この点に十分注意しながら読む必要がある。

また彼の控え目な語り口は、教壇禁欲論とも深く係わっている。「そもそも教壇上で価値選択をなしてもいいかよくないかという問題は、その問題の側からみると、実践的大学政策の問題であり、それゆえ最終的に、個々人が、自分の価値選択から、大学にふさわしいものとみなそうとしている諸課題の見地からのみ、決定可能なことである」（WL6: 491）。「実践的大学政策の問題」とは、大学における研究活動と教育実践とをいかに健全なかたちで遂行するかという問題であり、これにたいする回答もまた、大学教員それぞれの価値選択によってさまざまである。大学教育による人間形成という古典的信念を有する者と、知的誠実が、大学教員によってもたらされる唯一の徳性だと信ずる者とで、この問題への取り組みは大きく異なる。ヴェーバー自身は後者の立場をとるが、だからといって、誰もがいますぐこの立場をとれと主張するものではない（ebd.）。このように、みずからの見解をたえず相対化しようとする態度は、『職業としての学問』にあっても貫かれているのである。

『職業としての学問』の反響とその後

この著作にたいする反響を知ることはもちろん有益だが、この「反響」は——ヴェーバーに賛意を呈しているものであっても——多くの誤読を含んでいる。『倫理と精神』にたいする反響＝誤読にたいしては、ヴェーバー自身が反駁し、正確な理解を促していたが、『職業としての学問』の場合は事情が異なる。

この講演録にたいする（現在までに確認されているかぎりで）最初の書評は、エルンスト・ローベルト・クルティウスのものである(63)（Curtius 1920）。その後、エーリヒ・カーラーの『学問の職分』（Kahler 1920）、カール・レーヴィットのカーラー批判書簡（DLAM/A:Kahler. 91.88.71/1-12）、エルンスト・クリークの『学問の革命』と「内側からの革命」（Krieck 1920a, ders. 1920b）、アルトゥール・ザルツの『学問のために』（Salz 1921）、ゲオルク・ケルシェンシュタイナーの『教育者の魂と教師養成の問題』（Kerschensteiner 1921/59）、エルンスト・トレルチの「学問における革命」（一九二一年、ETGS4: 653–677）、マックス・シェーラーの「世界観学と社会学と世界観措定」（Scheler 1922/63）、ジークフリート・クラカウアーの「学問の危機」（Kracauer 1923/90）、ヤスパースの『大学の理念』（初版、Jaspers 1923）が現れた(64)。ここで展開された論争問題は、大学改革問題をめぐるヤスパースとハイデガーとの対立（一九三三年）に通じており(65)、また戦後のレーオ・シュトラウスによるヴェーバー批判（Strauss 1953: 35–80）、これを念頭に置いたレーヴィットの批判的考察（Löwith 1964）、これにたいするシュトラウスの批判的コメント（Strauss 2001: 691–693）、さらにこれにたいするレーヴィットの補注における応答（一九六五年の加筆分、Löwith 1988: 431）にまで通じている。

クルティウスの書評において、すでに誤読が始まっており、またカーラーの批判書が上梓される直前にヴェーバーは没している。そしてヴェーバー不在のまま論争が展開されていく。これらについてくわしく紹介するのは、もはや本書の領分を超えているのだが、注意を促しておきたいのは、レーヴィットのカーラー批判と、ケルシェンシュタイナーの『教育者の魂と教師養成の問題』と、ヤスパースの『大学の理念』（初版）である。

カーラーの『学問の職分』は、ゲオルゲを支持する論客によるヴェーバー批判として知られているが、カーラーと親しかったレーヴィットは、これを読んで、激烈かつ詳細な批判（反批判）をカーラーに書きおくっている（一九二〇年九月十五日付、未公刊）。『職業としての学問』をめぐる論争史をみるうえで、この書簡は欠かせない。ヴェーバーは、この講演において、とくにゲオルゲ支持者たちにたいする公然たる批判を展開し、〈君たちのやりかたでは主知主義と闘うことはできないのであり、知にたいする認識を根底からつくりなおすほかはない〉と主張した。レーヴィットのカーラー批判は、まさにこのヴェーバーの突きつけた問題を真正面から受けとめた若者がすくなくともひとり存在したことをしめす証左である(66)。ヴェーバーは、若い世代のなかに自分の問題提起を受けとめることのできる者がいるかどうかについてきわめて懐疑的だったが、『職業としての学問』を語ったことはたしかに無駄ではなかったのである。

ケルシェンシュタイナーとヤスパースの論著は、ヴェーバーの問題提起にたいする応答という性格を帯びている。ケルシェンシュタイナーの『教育者の魂と教師養成の問題』は、「職業としての教育」に相当する著作である。またヤスパースの『大学の理念』（初版）は、今日《こんにち》よく知られている改訂版の同名書とは内容が異なっており、これも研究対象として重要である。ドイツにおいても、ヤスパース以外の論客は、ドイツの大学問題にたいする闘争の契機をほとんど見失っているので、その点からも、この著作に注目する必要がある。

Ⅶ　『職業としての学問』の定位
——中断された不完全な中間考察——

ドイツの大学問題の歴史的連関文脈とヴェーバー

以上の考察から明らかなように、ドイツの大学問題や、ドイツのアカデミズムにおける専門化の進行の問題性を理解しないと、『職業としての学問』の読解は不可能である。それは、こうした問題に直接言及している箇所だけを言っているのではない。この講演全体の論旨を理解するためには、とりわけドイツの大学問題の掘り下げが不可欠なのであり、ドイツの大学問題の歴史的連関文脈（Kontext）を理解したときにはじめて、『職業としての学問』のひとつひとつの文言《もんごん》（Text）の理解が可能なのである。

そもそもヴェーバー自身が生涯悩まされつづけた精神神経疾患は、——もともと遺伝的な要素があり、またマラリア感染が直接の引き金になったにしても——ドイツの大学制度の歪みのなかで、正教授に過重な負担が押しつけられた結果、彼が慢性的な過労状態に陥っていたことから発症にいたっている。彼のみならず、この講演中で言及されているヴァイエルシュトラースもまた、重い教育負担を抱え、激務のなかで神経系の異常を訴えるようになり、ついには職務遂行不能に陥っている（個別注解⑭20を参照）。ヴェーバーの実体験からも、またドイツの大学教員全体の状況をみても、私講師から正教授にいたるまで、ひどく非人間的な扱いを受けていることが明らかである。彼は、この現状を見据え、ドイツの大学教員自身が問題意識を共有しなくてはならないと考えているのであり、ドイツ大学教員会議における彼の言動がそれを明示している。

野心的試論としての性格

この講演は試論であり、結論・回答・処方箋の類はなんら与えられていない。ここで彼は、ドイツの大学・大学制度・文教体制全般の問題性を深く抉り、そこに生きる人間の不条理な運命を克明に分析し、大学人の主体性の確立によってもどうにも打開できない問題状況を解明した。こうした点において、ヴェーバーの社会学的学問論・大学論は群を抜いている。そしてこの問題状況に対処する人格が備えるべきは、価値自由な学問活動である。

ヴェーバーの説く価値自由な学問活動には二つの方向性がある。一方では、ある特定の観点から問題設定をなし、それにかかわる事実関係を掘りおこし、整序することである。他方では、価値をめぐる熾烈な闘争の只中に身を置き、そのなかで、「客観性」「非党派性」を装う習俗倫理の党派性や、「無前提」を標榜する見地の前提拘束性を暴くことである。とくに、科学と政策とを分離し、現実の諸課題から人為的に遊離させた「科学」にのみ専心しようとする——似非価値自由の見——「事実をして語らしめる」といった類の地にたいして非妥協的な攻撃をなし、そうした似非科学がいかに既成事実を追認し、どのような価値に奉仕するものなのかを暴くことである。

さらに、学問活動に従事する者は、妥協を排して首尾一貫性を確保しなくてはならない。『価値自由論』のなかで、ヴェーバーは次のように語気鋭く論じている。「最高度に断固として克服しなくてはならないのは、科学的『客観性』への道が、相異なった価値選択間の釣り合いをとり、それら相互間を『政略家的に』調停することによってすすまれるものだというよくある想念である。『中道路線』は、『もっとも極端な』価値選択とまったく同様に、経験科学の分野の手段をもって科学的に証明できない。そうではなく、価値選択領域においては、〔かりに『中道路線』などというものがあるとすれば、〕まさにその『中道路線』こそが、規範的にみて、もっともひどく一義性を欠くことであろう。それは、教壇に属するものではなく、政治綱領や、役所や、議会に属するものである」(WL6: 499)。「中道路線」なるものは妥協の産物であって、それ自身は、みずからの一義性・首尾一貫性を証しだてようとしないものだから、学問の世界からは排斥されてしかるべきである。あるいはすくなくとも、価値選択として「中道の立場」をとるなどということ自体がそもそもありえない(だから接続法第Ⅱ式の wäre が用いられている)。亡くなる二カ月前の書簡中でも、彼は、「政治家は妥協をなすべきだし、なさざるをえない。しかし、私は学者を生業としている」と語っている(一九二〇年四月十四日付カール・ペーテルゼン宛書簡、MWGII/10: 986)。論争問題において、妥協を図ったり、対立する見地の「中間」をとろうとしたりするのは、立場なき末人的似非学者のなす業であり、意味喪失そのものである。

ドイツの大学の伝統が大学教員に押しつけている研究と教育という二つの任務を果たしうるのは、この二つの異なった職務にたいする天分を備えた人物だけであるが、この職務を果たしうるのがそうした稀有な存在だけであるということ自体がすでに不条理である。というのは、大学はいまや巨大組織と化しつつあり、そこにおいては非常に多くの専門スタッフを必要とし、また多くの学生の指導に当たらなくてはならないのに、その職務を果たしうる存在が、僥倖によってごく稀にしか与えられないからである。しかもその職務の多くは、私講師という――それ自体矛盾に満ちた――職位にある者が担わなくてはならないのだが、多岐にわたる任務を担いうるそうした優秀な人物がもしも幸運にも得られたとしても、そうした人物が、私講師の低劣な待遇に長年にわたって甘んじるなどということがあるだろうか。そうした稀有な人材は、自分の能力がよりよく発揮できる別の方面(たとえば官界)へとすみやかに転じていくにちがいないから、結局大学は、その期待する優秀な人材を確保できない。これは、大学教員を志す人の心構えの問題ではなく、大学制度の問題である。だからヴェーバーは、ドイツの大学の伝統を鋭く告発し、その制度の問題を深く剔っているのである。

一方、この講演の後半部において、ヴェーバーは、ルカーチを強く意識した論旨展開をなしている。ヴェーバーの脳裏には、眼前の学生たちと重なってルカーチの姿が浮かんでおり、彼は、ゲーテやトルストイの立論を吟味しながら、同時にルカーチのゲーテ論・トルストイ論にたいする批判的論究を試みているように思われる。

ヴェーバーは、一九一二年以降、ルカーチの教授資格取得のために腐心している。しかし、肝心のヴィンデルバントがルカーチにたいしてひどく冷淡な態度をとっていたため、資格取得の見込みは薄かった（MWGII7: 625）。ヴィンデルバントの没後、ヴェーバーはこのポストにジンメルを招こうと画策する。そこには、一面では、ジンメルの許でならルカーチが教授資格を取得できるだろうという読みがあったのだが、それは実らなかった。またヴェーバーは、哲学分野でなく社会学分野において、ルカーチに教授資格を取得させる可能性も考えるが（MWGII/9: 495）、結局うまく運ばなかった。『職業としての学問』の原講演を語った一九一七年は、そうした苦境にあったルカーチにたいするヴェーバーの尽力がもっとも顕著だった時期である。ドイツの大学の不条理性のなかで行き場を失っている傑出した美学者のために労を惜しまないヴェーバーは、まさにその不条理性を取りあつかったこの講演のなかで、ルカーチの立論を換骨奪胎し、芸術の運命を近代人の運命と重ねあわせ、芸術の世界を考察する切り口（のひとつ）をみずからしめしている。

しかし、すでに第一次世界大戦勃発時に、ルカーチとヴェーバー夫妻とのあいだには大きな亀裂が生じており、それはもはや修復しようがなかった。一九一四年八月頃、英雄的行為の道徳的価値を称揚するマリアンネ・ヴェーバーにたいして、ルカーチは、英雄的行為がよいものであればあるほど、それはかえって悪いのだと応酬している（GLW18: 73）。こうしてルカーチは、この夫妻から離反していく。『職業としての学問』のなかで価値自由な研究活動へと若者たちを導こうと試みているとき、ヴェーバーの念頭には、この才気溢れる美学者が置かれており、この講演は、ある程度まではルカーチのエピゴーネンに比定されている若い聴衆に向かって展開される説得工作であるが、このとき当のルカーチ自身は、ハンガリーでルカーチ・クライスを形成し、やがてハンガリー革命に深くコミットする。そしてこの講演の聴衆であるミュンヒェンの学生たちも、ある者は革命に身を投じ、ある者は反革命に赴き、それぞれ過酷な運命に立ちむかうことになる。

『職業としての学問』の原講演が語られた一九一七年十一月七日は、ユリウス暦では十月二十五日であり、これはロシア十月革命の当日である。この日に蜂起したボリシェヴィキは、二十世紀を揺るがす大きな動きをかたちづくる。そしてほぼこの時期を境として、ヴェーバーとルカーチとは決定的に訣別する。二人のこうした立場決定と緊張関係が、この講演録に投影されているのである。

学問論、科学論、大学教育論、研究者論

職業をどうみるか、学問（科学）をどうみるか、職業としての学問（科学）をどうみるか、そしてそれをどう担い、それをどう変革するかは、それ自体、価値にかかわる闘争問題である。スワンメルダムは、神と自然と科学との合一を信じることができた。しかしその後呪力剥奪が深化し、それでもなおその合一を信じようとしたゲーテは、時代に抗うことを余儀なくされ、また当然にも、ゲーテとヘーゲルらの近代哲学とのあいだには埋められない溝が生じていた（個別注解㉕9を参照）。そしてそのゲーテと、信仰に則って科学の無意味性を主張して譲らないトルストイとのあいだには、まったく宥和不能の「神々の闘争」がある。一方ヴェーバーは、「神への道」としての科学を拒絶することによって、ゲーテと明確に一線を画す。かつ科学の欺瞞性を鋭く問いつめるトルストイの問題提起を

真正面から受けとめる。しかし科学を見限っているトルストイの結論には同調せず、深刻な主知主義的隘路に陥っている時代にあって、ヴェーバーはそれでもなお科学――ないし科学者の営み――の存在意義と科学者の使命を探っている。この三者間に伏在する立場と価値観と方向性と方法論の相違をみることが重要である。〈ゲーテとヴェーバー〉という問題を論じたいくつかの論稿を読むかぎりでは、ゲーテとヴェーバーとのあいだに存する埋められない溝が等閑視されているのではないかとの感を拭うことができないので、この点に注意を促しておきたい。

段落⑫⑬要説（五）において指摘したように、ゲーテは、他の人々がどうあろうと、自分が正しいと信ずる道を邁進し、自分が取りくむべき本分への専心を心がければいいのだと確信していた（GWM19: 117）。もちろんゲーテも、ただ没入していればいいという粗いスタンスをとっていたわけではないが、基調としては本分への専心を人生の指針としていた。こうした人生観が成りたつのは、ゲーテが神観念を固持しているからである。つまり、現世の誰にも顧みられなくとも、自分のおこないは神がみていてくださるという揺るぎない確信があるからこそ、ゲーテは、みずからの内なるデモーニッシュなものを制御しながら、神の命ずるところに従い、本分への献身を基調とする生活に没入できるのである。

『ファウスト』の終結部は、こうしたゲーテの世界観をよくしめしている（GWH3: 364）。

一切の移ろいゆくもの
所詮それは影像〔＝仮象〕にすぎない
不十分なもの
ここ〔＝高きところ〕でそれは〔十全の〕生起物となる
言表不能なもの
ここでそれは成就した
永遠にして女性的なるものが
ここへとわれらを引きあげる[67]

現世にいるわれわれは、所詮無常の存在にすぎない。ゲーテがめざすのは、言表不能なもの（das Unbeschreibliche, 人間理性によってはけっして把捉できないもの、人間理性を峻拒するもの）が実現される高き神秘の世界である。これは、ヴェーバーの表現を用いるなら「知性の犠牲」が成就される世界であり、その世界においては、ファウストが修めてきた学問（＝人間の賢しら）がすべて否定され克服されることになる。これにたいしてヴェーバーは、まさにこの高き世界を断念している。神に疎遠な時代においては、もはやゲーテのような信仰・信念は成りたちえず、神の眼差しの下でみずからの職務に邁進することに意味を認めるという境地を確保することは不可能である。われわれにあっては、神は見失われ、果てしない進歩と専門化の系列に組みこまれた自分の営為の意味をどこにもみいだしえないとヴェーバーは考えている。

この認識はトレルチも共有している。「ゲーテがその判断を下すのに依拠している基調は、ショーペンハウアーとニーチェを体験したあとの今日《こんにち》、われわれにとってはもはやそのようには自明でない」（ETGS4: 365）。トルストイも、ショーペンハウアーとニーチェを熱心に読んでいた。この二人の思想家の《洗礼》を受けた現代人は、ゲーテのような信念と、持ち分への専心による自己確証という境地とを、もちたくてももつことができない。つまり現代人は、専門化の枠に嵌めこまれながら、しかも専門への専心による自己充足をけっして実現できないという不条理な境遇に否応なしに立たされるのである。

そこで、専門化のなかで強制された持ち分への献身を余儀なくされる状況からの離脱ないし逃避を目論む者も出現する。これはむしろ当然の成り行きである。しかしヴェーバーは、そうした離脱・逃避と当てのない願望とによって事態を打開することは不可能だとし、その強いられた（所与の）状況下にあえて身を置き、この過酷な暗黒の現実を内部から直視しながら、この無意味状況・閉塞状況を打破し、そこから脱却する途を探ろうとする。『職業としての学問』の末尾にみられる展望は、闘争を通じて現状からの脱却を図り、そこから変革への道を切りひらくという《闘争・脱却・変革》論として読まれるべきものである。

ヴェーバーが、その闘争論を構築するさいに、ゲーテ、マルクス、ニーチェ、ヘルムホルツ、トルストイ、ルカーチといった論者たちから、なにを引きつぎ、また彼らの立論のなにを否定したのか、あるいは彼らの立論をどのように組みかえていったのかは、研究課題として重要である。現時点では、〈ヴェーバーとゲーテ〉〈ヴェーバーとマルクス〉〈ヴェーバーとニーチェ〉等にかんする考究例が存在しているが、ヴェーバーとゲーテとのあいだにある世界観上の埋められない溝や、ヴェーバーのトルストイ評価については、まだ十分認識されていないように思われる。たとえば、段落⑰要説に記した「進歩」批判は、ヴェーバーがニーチェから受けついだのではなく、むしろ直接にはトルストイから受けついだものとみなすべきであり、ヴェーバーと、彼に先行する論者との関係については、慎重な考証がなお必要である。[68] こうした点について論じだすと切りがないので、本書の要説・個別注解ではあまり踏みこまず、おおむね典拠を列記するにとどめている。

ヴェーバーと森鷗外の時代感覚

ヴェーバーの生きた時代における学問論・学者論・研究機関論として参考になるのは、森鷗外の立論である。十九世紀後半におけるドイツの大学状況を直接見聞した鷗外は、ヘルムホルツらの議論を読み、大学と学問のありかたについて、独自の考察を巡らせるにいたった（清田文武　一九九一：一五九〜一六二頁）。帰国後、鷗外は、「傍観機関」にかんする論争（一八九三〜九四年）において、明治日本における官学の所与の状況にたいして、控え目ながらも鋭い問題提起をなし、閉塞的学問状況の刷新をめざした（鷗外全集㉚：四五九〜五九二頁）。そして自由な学問活動の確保を基盤として、あるべき学者像を構想し、その一端を『澁江抽斎』（一九一六年）において描いた。鷗外の抽斎像――抽斎の現実の姿であるよりはむしろ鷗外の描こうとした人物像――は、医薬にたいする高い志をもち、哲学文芸の考証家として立ち、学殖が深く、新規を追う世俗とは距離を置き、世間的な「用」「無用」をひとまず度外に置き、「学問の生活と時務の要求と」を峻別するとともに、修養と考証との両立をめざして研鑽を積み、「内徳義を蓄へ、外誘惑を卻《しりぞ》け、恒に己の地位に安んじて、時の到るを待つてゐた」人格者である（鷗外歴史文学⑤：八四、一九、二九、一四五、一七八〜一八二、一八八頁）。また、才のある者を引きたてるために助力を惜しまなかった（前掲書：一五八〜一六〇頁）。一方、やむをえない場合には諫言して去ることをも辞さなかった祖父の気質を継ぎ、あるとき師の息子を叱責している。さらに、「内に已むことを得ざるものがあって敢て」専門外の政事・武備に及ぶ進言をもなしている（前掲書：三九、八八、一四六〜一四八、一五五〜一五六、一六一頁）。

　鴎外の抽斎像と同様に、ヴェーバーの「人格（者）」概念も、たんに（禁欲的プロテスタンティズムの担い手のような）自己限定のなかに埋没する人物像をしめしているのではない。第一に、みずからの専門に依拠して研究の進歩に寄与しながら、それにとどまらず第二に、主知主義的合理化が際限なく進行する学術界の現状を問題視し、その閉塞状況を打破する途を模索し、とりわけ比較研究のような野心的な試みをなし、それとともに第三に、現実世界とりわけ現実政治にも積極的・主体的に関与するのが、ヴェーバーの描く「人格（者）」なのである。鴎外の求めた学者像とヴェーバーのそれには、たしかに重なりあう部分があり、それは、同世代に属するこの二人の時代感覚をしめしている。

現代アカデミズムにおける「人格」の問題をめぐって

『職業としての学問』は、主として、学問（科学）研究に職業として従事することをめざしている者にたいして語られている。そこでは、ヴェーバー自身の体験と自省とを踏まえて、あるべき研究者像が提示され、次の五つの課題が明示されている。

　①主知主義的合理化によって、大学における研究・教育と大学制度とにいちじるしく不条理な問題状況が不可避的に深刻化していることを直視し、しかしそれでもなお②専門化がすすむ学問のなかでみずからが本分と信ずることに邁進し、かつ③そこで当然直面することになる諸問題にたいして、倦まず弛まず改革・改善の途を探り、必要とあれば内部告発も辞さず、つねに大学問題への毅然たる批判的アプローチをなし、かつ④自分が日々なしている科学の営みにはいったいどのような意味があるのか（ありうるのか）を日々批判的に問いつづけ、かつ⑤社会生活の場において、市民として発言し行動する者――これがヴェーバーの提起する人格者である[69]。私講師職に端的に顕現しているように、国家官僚制的格差の下で生きることを余儀なくされ、「進歩」の美名の下に進行する知の官僚制化（専門化）の枠内に押しこめられ、神に疎遠な呪力剥奪時代に生きている研究者は、本分への邁進による自己確証をけっして得られない。それでもなお自己存在を見失わず、ヤスパースの言う「研究者たる人格者」でありうる者は、こうした五つの課題を見据えて日々――外部世界と自己の内面との両面において――闘う人格者なのである。

　この講演の論調は、一見すると、この五つの課題のうち、どちらかというと①②④の側面を強調するものとなっているようにもみえる。しかしそれは、彼が③⑤の課題を軽視していたからではない。彼の目の前にいる一九一九年の聴衆たち、また彼が出版物の読者として想定している者たちの大多数は、①の不条理性にたいして辟易し、③の取り組みなど無駄だとあきらめ、④の問いへの回答を出せないことから、②の任務を捨ててかかるようになり、結局⑤の社会運動に（革命あるいは反革命のさまざまな方向性で）身を投じることに活路をみいだそうとしている若者たちである。そこで、彼らにたいして、まず①の状況を見極めるとともに、④の問いを投げかけながら②の任務に向かっていくことから始め、そこを足場として③⑤の取り組みに向かうという道順をしめすことになっているのである。

《中断された中間考察》という特殊な性格

このこととかかわって重要なのは、もともと出版するつもりのなかった――ただ一度だけの講演として語ったにすぎない――『職業としての学問』を、彼はなぜ入念な加筆のうえで出版することに決めたのか、また出版途上でなぜ再講演をなしたのかという問題である。第一に、原講演（一九一七年秋）は、講義活動に復帰しようとする途上で、それまでの自分の教育活動を振りかえり、また新たな教育活動のあるべき姿について考察を巡らした《途上における中間考察・試論》であった。第二に、ビルンバウムに勧められてこれを出版することに決めたのは、一九一八年春から開始される見込みの彼のヴィーン大学における新しい教育活動に合わせたガイドブックにするつもりだったと考えるのが至当である（この新しい教育活動は、結局一九一九年春からミュンヒェン大学で開始されることになった）。今後彼の講義に出席し、また彼のゼミに参加するであろう学生たち――こうした非常に狭く限定された人々――に向けた副読本・参考図書として、彼はこの講演録を出版することにして、加筆に取りかかったのである。そして第三に、この出版物を仕上げる途上で彼が再講演（一九一九年一月）をおこなったということは、こうした著作が学生教育上有効であるかどうかを確認するため、加筆したものをためしにしゃべってみて、これを聴いた学生たちの反応をみたことをしめしている。

このような特殊な狙いを有しているため、ヴェーバーは、わかりやすく語るどころか、まったく逆に故意にわかりづらく書いており、また、十全な記述を与えることを意図的に回避した。つまり、彼は、こうしたわかりづらさと不十分性とをこの講演録に与えることによって、学生たち自身に、学問・科学にまつわる根本問題を深く考えさせるよう仕組んだのである。このように、この講演録は、狭く限定された学生たちをターゲットとして設定し、彼らにたいする教育効果を最大限に発揮するよう調えられている。

こうした事情を知らないままこの講演録を読んだ者が抱かざるをえない感想は、ガイドライン・注釈抜きでこれを理解することはとうてい不可能だという《不親切感》《生硬感》であり、またこの講演録に盛られている内容だけではどうみても不十分で、論旨が十分に出尽くしていないという《残尿感》である。この講演録は、それだけで完結した著作ではないのだから、事情を知らない者が、読みおえてこうした感想を抱くのは当然である。この本は、あくまでも、ヴェーバー自身がミュンヒェン大学における教育活動において活用するためのガイドブックという限定された用途に即して制作されたものであり、いわば『大学生のための実践的学修ガイド（基礎理論編）』という性格を有している。ガイドブックを読んだだけで十分理解できる学生などひとりもいない。教師は、ガイドブックを用い、それを敷衍しながら、授業においてさまざまな展開をなす。そして学生が、ガイドブックを参照しながら一定期間学びおえたとき、ようやくその学修欲求は充足される。われわれの目の前にある小冊子は、そうした目的に合わせたガイドブックなのであって、学修の手引という特殊な目的のために、故意に不完全な《中断された中間考察》という性格をもたせられている。つまりこれは、詳細なレジュメ、あるいは簡略化されレジュメ化された論文、あるいはレジュメと論文との中間という性格を有しており、ヴェーバー自身が、講義や演習にさいして、この冊子を元にして、さまざまなかたちで敷衍したときに——つまり、段落⑩でしめされているように、学生たちが「自立した思考へと到達するように詳解」したときに——はじめて、学生たちは十全な理解に到達することができるように調えられている。したがって、レジュメよりはくわしいが、十全な論文よりは必要項目の箇条書きに近いこの冊子を、これだけで完結しているはずだという臆断をもって読むのは誤りである。このことがわかっていない読者の多くが——当時のドイツ人でさえ——、この講演録の重要な論旨を読みあやまり、とくに段落⑬⑯あたりの論旨を正反対に読みちがえてしまったのは、わざと十全な表現が回避されているというこの事情が大きく影響している。この冊子は、もともと、それを補う口頭論述（敷衍・詳解）を予定して——そうした論述をともなうことを当然の前提として——作成されている。だから、本書に掲げた訳文中に付した補足記述や、要説・個別注解のような膨大な補足・補充がつねに必要なのである。

　ヴェーバーは、ミュンヒェン大学で講義をおこなうさいに、「講義活動そのものや、学問と政治のありかたにかんする私の考えは、最近刊行した『職業としての学問』と『職業としての政治』において明らかにしておいたので参照するように」と指示し、ゼミにおいては、必要におうじて、本書の要説・個別注解でなしたような立ちいった注釈を、ゼミ参加学生たちにたいしてなしたと推察される。現に彼は、段落㉙要説（一）で紹介したように、この見地から、講義においても演習においても、焦眉の政治問題を直接取りあつかっているのである。

　彼は、現実政治の問題を、講義においても演習においても取りあげたが、講義と演習とではスタンスが異なる。講義においては、政論そのものにはあまり踏みこまずに、国家の歴史的ないし構造的問題群を整序して展開する一方、演習においては、意見を異にする演習参加者たちとのあいだで文字通りの「神々の闘争」を展開した。そして、学問的議論にかんするそうした自分の見地と手法とを、ほかならぬ『職業としての学問』において、彼は学生たちに提示した。この講演録は、そうした位置づけを与えられているのである。

ヴェーバーの提起した課題を担って

　この講演において、ヴェーバーは、大学教員としての（その当時までの）二十七年間[70]の歩みを振りかえり、また一定の健康恢復を踏まえ、さらに第一次世界大戦後の困難な状況とドイツ革命の混迷を睨んで、大学という場において、自分が新たにどのようなスタンスで闘おうとしているのかを率直に語った。彼は、若い頃の信念を引っこめたり、かつての行状を「若気の至り」とみなして固陋化したりすることはすこしもなかった。五十代の半ばに差しかかっても、いささかも分別臭く老成することはなかった。それどころか彼は、『職業としての政治』のなかで、「ある種の事柄においては、六十代の頃よりも二十代の頃のほうが正当だったということもありうる」というゲーテの言をとらえ、「年齢が業《わざ》をなすのではありません。そうではなくて、生《せい》の現実を冷徹に洞察する力を鍛錬することと、この現実を受けとめ、これに内的に立ちむかう能力をもつことがそれをなすのです」と語っている（個別注解㊲1を参照）。この態度は、『職業としての学問』の全体をも通底しており、彼は、ドイツの大学の現実にたいする長年にわたる戦闘姿勢をあらためて確認し、自分の闘争ぶりを若者たちに提示し、自分のあとに続くよう慫慂しているのである。こうした《つねに新たに若い》闘うヴェーバー像をしっかり捉えることが、人間ヴェーバーを理解するうえでなによりも重要である。この講演録を通して、読者は、現代の学問と高等教育機関とがどのような深い問題状況にあるのかを文明史的に理解することができる。これを踏まえ、今日《こんにち》それにたいしてどのように立ちむかうべきなのか――あるいは立ちむかうことができるのか――を考えなくてはならない。それを怠る者は、この講演録からなんの糧も得ることができない。『職業としての学問』は、われわれに大きな問題を突きつけつづけているという点においても、またその問題を、いままでほとんどの訳者・読者がほぼ完全に見過ごしてきたという点においても、いまなお新しい著作なのである。

すでにみたように、『倫理と精神』の末尾近くにおいて、「かつては宗教的な内容を有していたものの亡霊として、『職業義務』の想念が、われわれの生《せい》のなかを徘徊している」と述べられている。「職業義務」の想念は、かつては宗教的な内容を有しており、ゲーテにおいてはなお生《せい》の核心をなしていたのだが、現代においては、それは内実を失った亡霊として、われわれの生《せい》のなかを当てもなく徘徊するにいたった。いまや、こんな想念を拠りどころとするなどというのは時代錯誤の妄執にすぎないのだが、かといって、職業義務から遁走することも無益である。こうして行き場を失ったわれわれ現代の文化人間が、学問の職責を担いつつ、しかも主知主義の支配に抗し、呪力剝奪状況（およびそのもとでの主知主義）にたいする闘争を通じてみずからの生《せい》を再構築することはいかにして可能なのか――これこそが、他人によって『職業としての学問』と名づけられた講演の真の論題だったのである。[71]

神に疎遠な呪力剝奪時代・主知主義時代においては、もはや、神の眼差しのもとで科学研究に邁進するという態度をとることはできず、かといって、現代の文化人間は、トルストイのように、科学をはじめとする文化的所産をことごとく否定し、ついには自分の所有物をすべて擲って家出し、無一物になって行路死するわけにもいかない。たしかに、この講演録の末尾近く（段落㊵）で直接言及されているように、みずからの信念にしたがって「古教会の腕のなかへと」「黙したまま帰ろうとする」トルストイの行動にたいして、ヴェーバーは高い価値査定を呈している。しかし、ヴェーバー自身はそうした価値選択（実践的立場決定）を峻拒する。現代人は、自分の選んだ――あるいは自分に与えられた――職責を果たしつつ、現代の職業が不可避的に陥っている主知主義的問題状況と対決する以外に途がないとするのが彼の見解である。そこで、その対峙・対決をいかになすか、閉塞状況打開の方向はどこにあるのか、とりわけ大学の現実にたいしてどう闘うかが問題となる。そしてまさにその途を探ったのが『職業としての学問』である。

このことは、ヴェーバー自身にとっても、また（ある程度までは）当日の聴衆にとっても、講演録出版にさいして念頭に置かれていた読者層にとっても自明の前提であった。ところが、その後こうした暗黙の前提が忘れられてしまい、講演録だけが後世の読者の前に置かれた。その結果、なにかヴェーバーが、主知主義のもたらした諸問題を等閑視し、現状に安閑としてとどまることを称揚したかのような笑止な誤読がはびこることにもなった。しかし本書を読みおえた者は、かかる迷妄からすみやかに脱却し、ヴェーバーとともに、呪力剥奪状況下の人間精神の退嬰をみつめ、主知主義の深化に対峙し、ドイツの大学の腐敗した伝統と訣別し、アルトホフのもたらした新たな大学問題と対決し、そこから今度はあらためて現代日本の大学・科学・科学者の現状をみつめなおし、大学の危機と科学の意味喪失と大学教育の隘路とをどう打開するのかを模索することであろう。

　ヴェーバーにとって、――この講演中で「悪魔」に比定されている――敵と闘いつつ、果たすべき課題はいくつかある。第一に、ドイツの大学の伝統に内包されている不条理性の克服である。私講師身分に端的に凝集されているそれを打開し、思想・信条を問わず優秀な研究者に正当な安定した地位を与えることは、価値自由な研究に不可欠の物質的基盤をかたちづくる。第二に、ドイツの大学の伝統を押しのけるかたちで台頭してきた資本主義的な大学経営体は、従来の伝統下でそれなりに存立していた緊密な研究指導を駆逐しようとしている。これに抗し、むしろ知的エリート層の事象としての鍛錬を展開することが重要な課題である。第三に、アルトホフによって再編された文部官僚制支配は、大学教授団の腐敗と対峙するという役割をもある程度担ってきたものの、アルトホフの退任とともに、そうした役割は消え、大学を官僚制支配の下に従属させていく。これを打倒し、大学人は、みずからの手でみずからを隷従状態から脱却させなくてはならない。第四に、研究の現場では、「専門化」という知の官僚制化が進行し、そこに押しこめられている研究者たちは、広い視野や批判的視座を見失っていく。そこでは、「似非価値自由」「自己欺瞞」と評せられるべき腐敗も進行している。この退嬰状況を見据え、大学人自身の内的闘争を――場合によっては研究者団体を組織しつつ――持続的に遂行する必要がある。そして第五に、呪力剥奪状況下における大学と大学人との堕落は、若い世代の幻滅を招き、彼らをたとえば「体験」希求へと走らせている。まさにその彼らを大学をめぐる闘争へと誘《いざな》い、闘争の隊列を強化することもまた、ヴェーバーにとって喫緊の課題なのである。

　こうして、価値自由な研究と健全な教育との確立をめざすヴェーバーは、その障害を突きくずすべく、ミュンヒェンの若者たちに挑みかかり、あらゆる先入見を破砕しようとする。そしてこの講演録を公刊して世に問い、大学の刷新を希求する。緊張に満ちた政情のなかで、社会科学はなにができるのか――したがってまたなにができないのか――をみずからに問いつづけた彼の営みは、この講演のなかで極度に論争的に燃えあがっている。そのアクチュアリティを体感し、彼の罵声を細大漏らさず聴きとり、その鋒《きっさき》を真正面から受けとめ、彼が問題視した状況の重みを理解し、彼の挑戦が向けられた先をみつめるところに、この講演録を読む意味がある。

　ヴェーバーは、その具有する論理の万力を駆使して、この講演を聴く者の目を、否応なしに近代知の奈落に向けさせ、その奥底を覗きこませた。そして、ここでわざと考察を打ちきり、なんの解決策も与えずにそのまま会場を立ちさった。その後ろ姿は、〈私は、先のみえないこの闇のなかをそれでもなお歩みつづけ、また闘いつづけるつもりだが、私に続く者はいるか〉とわれわれに問いかけている。彼は、大学・科学・科学者・科学者業界にまとわりついている種々の問題状況を打破するために闘う「人格」のありかたを模索し、聴衆・読者にたいして、その《闘う人格》にみずからの姿を重ねることを促し、この講演の末尾において、彼自身が、この闘争の先頭に立つべく歩をすすめはじめる。この講演録を読む者は、一九一九年のドイツの大学の不条理な状況に身を置き、またそれから百年を経て、近代知がいっそう深刻な諸問題を噴出させている現代に立って、その問題の深化を体感し、あらためて彼の指ししめす奈落に目を向け、足が竦む思いに囚われ、それでもなおこの暗い道を歩むことに意味を認め、そこに立ちふさがる数多の困難に立ちむかおうと決意したときにはじめて、彼の突きつけた根源的問題群を理解しはじめる。

〔研究編への注〕

（1） マリアンネ・ヴェーバーによる伝記記述に疑問を呈し、その批判的検討の必要性を訴えたのは安藤英治であった。彼は、渡航困難な時代に東西ドイツ各所を訪問し、ヴェーバーの足跡を探った。しかし残念ながら、安藤の調査は十分な成果を挙げることなく、彼の『ウェーバー紀行』等にもまた重大な誤りや疑問点が含まれていることはすでに指摘した（野﨑敏郎　二〇一一：二〇四、三五一、三五九、三六二～三六三頁）。それでも、彼がこうした批判的検討に先鞭をつけたことを記憶しておくべきである。

（2） 拙著中では「十九通」としていたが（野﨑敏郎　二〇一一：一一九頁）、その後ミュンヒェンで追加調査をおこなったところ、書簡の現物がなく、封筒のみが現存しているものがあることが判明した。ほかにもあったかもしれないので、「約二十通」としておく。

（3） イプセンの戯曲『ヨーン・ガブリエル・ボルクマン』の終結近くで語られる台詞である。ヴェーバーの読んだドイツ語訳によると、雪のなか、ベンチに倒れたボルクマンは、「やっとこいつが俺を放しやがった（Jetzt ließ sie mich los）」「氷のような手があって、こいつが俺の心臓のあたりをひっつかんだんだ（es war eine Eishand, die mich um's Herz packte）」と言って息絶える（Ibsen 1896/97: 171）。ヴェーバーの書簡中では „eine eisige Hand ließ mich los“ と書かれている。

（4） ここでヴェーバーが用いている「痙攣的にしがみつくこと（krampfhaftes Anklammern）」という表現は、エーミール・ランペがヴァイエルシュトラースの病状説明のために用いた「痙攣性の発作（krampfhafte Erscheinungen）」という表現を借用したものである（個別注解⑭20を参照）。ランペの講演は、一八九七年に小冊子として公刊されており、ヴェーバーは、この書簡を書いた時点ですでにこれを読んでいたと思われる（Lampe 1897）。この小冊子は、重要な症例記述として、コンスタンツァー・ホーフに所蔵されていたのかもしれない。

（5） この書簡の一部は、マリアンネによる伝記中で紹介されている（LB1: 249f., LB2: 271f.）。この伝記は邦訳され、よく読まれているので、この書簡記述は日本でもすでに知られているが、そこには彼女の判断による省略があるので、バイエルン州立図書館手稿室において委託管理されている元の書簡によってそれを復元した（BSBM/Ana 446.C（2））。この書簡は、『全集』の書簡編に収録され、近く公刊される予定なので、確認されたい。

なお、大久保和郎の邦訳には不備があり、接続法第Ⅱ式の見落としのほか、最後の「できなかった」の助動詞 *konnte* の強調が見逃されている。またもう一箇所大きなミスがある。「今思い返してみてもそれはあまりはっきりしていない」と訳されているのは誤りで（大久保訳一八九頁）、「かなりはっきりしている」とするのが正しい。折原浩は、この誤訳を早い時期に訂正していた（折原浩　一九六九：二九三頁）。

（6）一九〇〇年一月七日付退任（降格）願と、一九〇二年三月二十六日付退任（降格）願の主要部分は拙著中に訳出した（野﨑敏郎　二〇一一：一二九～一三〇、一八二頁）。

（7）一九〇三年四月十六日付退任（降格）願の主要部分は拙著中に訳出した（野﨑敏郎　二〇一一：一九九～二〇〇頁）。

（8）正嘱託教授の職位の詳細および一九〇三年秋の配置替えの特異性にかんする詳細は拙著中で解明した（野﨑敏郎　二〇一一：一五〇～一五六、二〇一～二〇五頁）。

（9）この問題はすでに解明した（野﨑敏郎　二〇一一：二二三頁）。

（10）また、彼の病態は、時間とともに変化しているようであり、とくにミュンヒェン期のそれは、初期とは異なっていたと思われる。これについてもすでに指摘しておいた（野﨑敏郎　二〇一一：三〇八～三〇九頁）。

（11）大学問題への取り組みにかかわる彼の言論活動は、『全集』第Ⅰ部門第一三巻に収録される予定だが、二〇一五年現在で未刊である。こうした活動は、ジョン・ドレイジマニスが編纂した『学問の使命と政治の使命とに寄せたマックス・ヴェーバーの著作全集』にまとめられていて便利である（Dreijmanis 2010）。ただし、ここに収録されている『職業としての学問』には恣意的な書き替えがあるので注意が必要である。また、これに先立って英訳も出たが（Dreijmanis 2008）、薦められる水準にない。日本では、すでに一九七〇年代に、上山安敏らが、ヴェーバーの大学問題への取り組みに着目し、紹介と研究をすすめ、最終的に単行本にまとめていた（上山安敏　一九七八、上山安敏他編訳　一九七九）。有益な労作である。筆者が発見した文献や未公刊史料の主要なものは拙著中で紹介した（野﨑敏郎　二〇一一：第九章）。

（12）ここから明らかなように、ヴェーバーがミュンヒェン大学から就任要請されたのは一九一七年春のことである。拙著において詳細に解明したように、一九一七年にミュンヒェン大学とヴィーン大学から就任要請されたヴェーバーは、まず一九一八年にヴィーン大学で試験的に講義活動をしてみることにした。しかしヴィーン大学のさまざまな任務に堪えないと判断した彼は、政治的な理由もあってドイツにとどまることに決め、ミュンヒェン大学は、この年の秋に彼の招聘手続をほぼ終える。ところが、あとはバイエルン国王が署名するだけという段になって革命が勃発し、王制が打倒されてしまったため、この人事はいったん宙に浮く。そしてアイスナー政権下で、あらためてミュンヒェン大学はヴェーバー招聘に向かって働きかけていき、ボン大学との引き抜き競争を経て、最終的に一九一九年三月にようやくヴェーバーのミュンヒェン大学就任が決定するのである（野﨑敏郎　二〇一一：二六二～二九二頁）。

　この人事をめぐる一連の事実関係は、拙著においてはじめて明らかにしたことであり、従来は、彼が招聘されたのが戦後（革命後）であったかのように誤認されていた（上山安敏　一九八四／二〇〇一：一六頁）。上山の『神話と科学』は優れた労作だが、残念なことに、「ミュンヘン革命と講演」と題された『職業としての学問』に直接係わる節にかぎっては、この講演の趣旨（解釈）にかんする誤りもあって信頼性に欠ける（前掲書：一四～二四頁）。

（13）　二月十七日付ヘレーネ・ヴェーバー宛書簡のなかで、マリアンネは、ボンの条件はすばらしいが、俸給の多寡にかかわらず、ミュンヒェン側が（国民経済学ではなく）社会学と国家学を講ずることを認めるならば、夫はミュンヒェンへ行くだろうと述べている（MWGI/17: 20）。

（14）　シュヴァープが言及している「疎外（Entfremdung）」は、いうまでもなくヘーゲルとマルクスの重要概念である。ホッブズやルソーが用いていた"alienation"概念は、Entäußerung（外化）と訳されるのが通例だったが、ディドロの『ラモーの甥』のなかに記されている"alienation d'esprit"を、ゲーテが„Entfremdung des Geistes"と訳してから（GWM7: 634）、Entfremdung（疎外）という訳語も用いられるようになった（宮本十蔵　一九七七：五七～五九頁）。ゲーテ訳『ラモーの甥』を読んだヘーゲルが、『精神現象学』中で、とりわけ「精神」章「疎外された精神」節でこの概念を駆使し（HWS3: 359–441）、それをマルクスが受けつぎ、『経済学・哲学草稿』のなかで「疎外された労働」として彫琢した（Marx 2009a: 82–98）。

ただし、シュヴァープの論文が書かれた時点で、まだ『草稿』は公刊されていない（はじめて公刊されたのは一九三二年）。「疎外」概念の用例は『資本論』第一巻・第三巻中にあり、シュヴァープはここから引用している。

とくに重要なのは、ヘーゲルの「疎外」概念にかんして、「疎外の揚棄が、対象性の揚棄と同一視されている」とマルクス自身が（一八四五年の断片中で）批判していることである（MEHKGAI/5: 531）。マルクスは、この概念をさらに掘りさげ、『資本論』においてこれを剰余価値概念と結びつける。つまり、「疎外」は、「外化＝対象化」一般とは異なり、資本主義体制下で、労働（労働者の対象化活動）そのものが資本家の命令下に置かれ、しかも不払労働となり、対象化された生産物が労働者から分離されて資本家の手中に収まり、これが資本に転化するという事態である。『資本論』中には、〈疎外され、資本家に奪取されている〉という意味で「疎遠な（fremd）」という形容詞が随所で用いられており、この「疎外」―「疎遠」のカテゴリーは、『資本論』の論旨展開において重要な位置を占めている（ただし別の意味で「疎外」という語が用いられている例もある）。

『資本論』第一巻中でEntfremdung（entfremden）という語が（この意味において）用いられている例を挙げる。初版（一八六七年）中には次の用例がある。「資本主義的生産様式が、労働者にたいして、労働条件および労働生産物に一般に与えている独立化され疎外された姿態は、こうして機械装置によって〔労働者にたいする〕完全な対立にまで進展する」（MEGAII/5–1: 354）。「労働者が生産過程に入る前に、〔すでに〕彼みずからの労働は彼自身から疎外され、資本家に奪取され、資本に併呑されているので、彼の労働は、生産過程進行中つねに疎遠な生産物のうちに対象化される」（ebd.: 461）。マカロックによると、「現在進行中の労働過程において、生産手段という形態のもとに参入作用する過去の労働の重要性がたえず増大することは、それゆえ過去の労働が労働者自身——過去の労働というのは彼の過去の不払労働だ——から疎外された姿態に、つまり労働が資本に姿を変えた姿態に遡及される」(ebd.: 491)。また、次のような疎外状況が描出される。「資本主義的形式のなかで労働の社会的生産力を増強させる方法はすべて、労働者個人を犠牲にして発生する。生産を豊富化させる手段はすべて、生産者を支配し搾取する手段へと転化する。この手段は、労働者を人間部品へと切りきざみ、労働者を機械の付属品へと貶め、労働の辛苦をもって労働の内容を虚無化し、労働過程が科学を独立した内在力として吸収するのと程度を同じくして、労働者から労働過程の精神的内在力を疎外し、労働者が働くさいの諸条件を、たえず異常なものに化し、労働過程進行中に、労働者を小心翼々たる意地悪い専制に服従させ、労働者の生涯〔すべて〕を労働時間に変えてしまい、労働者の妻と子供を、資本のジャガナート山車の下に投げこむ」(ebd.: 520)。

この四つの箇所は、第二版(一八七二年)、第三版(一八八三年)、第四版(一八九〇年)ではすこしずつ表現が変更され、また強調処理が外されている(MEGAII/6-1: 417, 527, 558, 587f., MEGAII/8-1: 419, 537, 571, 605f., MEGAII/10-1: 388, 510f., 545, 579)。検索の便を図るため、ヴェルケ版(ディーツ社版)の頁も記しておく(MEW23: 455, 596, 635, 674)。このうち、比較的に大きな変更が認められるのは、最後の引用箇所である。「資本主義的体制の内部では、労働の社会的生産力を増強させる方法はすべて、労働者個人を犠牲にして生成する。生産を発展させる手段はすべて、生産者を支配し搾取する手段へと転化する。この手段は、労働者を人間部品へと切りきざみ、労働者を機械の付属品へと貶め、彼の労働の辛苦をもって労働の内容を虚無化し、科学が独立した内在力として労働過程に吸収されるのと程度を同じくして、労働者から労働過程の精神的内在力を疎外する。この手段は、労働者が働くさいの諸条件を醜悪化し、労働過程進行中に、労働者を小心翼々たる意地悪い専制に服従させ、労働者の生涯〔すべて〕を労働時間に変えてしまい、労働者の妻と子供を、資本のジャガナート山車の下に投げこむ」(MEGAII/8-1: 605f., MEGAII/10-1: 579)。シュヴァープが、「職業は、精神疎外の作用であり、またその原因でもある」と述べていることから、彼の典拠は、主としてこの最後の引用箇所だと思われる。

シュヴァープが読むことのできなかった文献だが、『直接的生産過程の諸結果』中の次の記述も重要である。主体の客体への転倒は、「人間みずからの労働の疎外過程である。資本家が、かかる疎外過程に根を下ろしていて、この過程において自分の絶対的充足を得ており、一方労働者が、その過程の犠牲として、はじめからこの過程にたいして反抗的な関係に立ち、この過程を隷属化過程と感じているかぎりにおいて、労働者は、ここではじめから資本家よりも高い位置に立っている」(Marx 2009b: 69)。このように、『資本論』における「疎外」—「疎遠」のカテゴリーは、資本主義的生産様式下に置かれている労働が資本へと転化する事態をしめす重要な役割を担っている。「疎外」は剰余価値の源であり、「疎外」によって生じた「疎遠」な事態は、資本主義体制下で顕現する諸問題の根底に存している。

(15)　この人物は Wilhelm Schäfer である(巻末資料五を参照)。彼は、ビルンバウムらの企画とは別に、シュタイニッケザールで講演をおこなった模様である（巻末資料七を参照）。

（16）Schwabingという呼称は、しばしば地理上の区分を越えて周辺地域にたいしても用いられていた。シュタイニッケ書店のあるアーダルベルト通一五番は、シュヴァービングではなくマックスフォアシュタットに属するが、シュタイニッケは、巻末資料七の回想録中で、みずからを「シュヴァービングの書店主（der Schwabinger Buchhändler）」と称している。

なお、十九世紀末から二十世紀初頭にかけてのミュンヒェンの芸術文化について、とくにシュヴァービング地区の文化的活況については、宮下健三が活写している（宮下健三　一九八五）。

（17）当初、この講演は十一月六日（火曜日）に予定されていた。ヴェーバーは、十一月三日付マルタ・リーゲル宛書簡中で、講演がおこなわれるのが「火曜日の夕刻」だと書いている。しかし十一月七日付ミーナ・トブラー宛書簡中では、「今日の夕刻」に延期されたと書いている（MWGII/9: 807f.）。

（18）これは、ビルンバウムのノーアク宛書簡に記されている記述を、ノーアクが書きうつしたもので、ノーアクのマリアンネ宛書簡（巻末資料五）中に引用されている。重要な記述なので、原文を掲げておく。„M. W. erhielt das v. Kammerstenographen aufgenommene *Stenogramm*, das er außerordentlich erweiterte und umarbeitete.“

（19）Percy Gotheinの読みは「パーシー・ゴートハイン」だと思われる。彼の名は、母マリー・ルイーゼが好きだったイギリスの詩人シェリー（Percy Bysshe Shelley）から採られているので、ドイツ語読みの「ペルツィ（ペルツュ）」ではなく、英語読みで「パーシー」と読ませていたのであろう。また Gotheinは、従来「ゴータイン」「ゴタイン」とされてきたが、もともとの家名はGottheiner（ゴットハイナー）であり、これを詰めてGotheinと名乗るようになった。このことを考慮してドイツ語の発音原則に当てはめると、これは「ゴートハイン」と読むのが正しい。

（20）再講演の聴講者であることが判明しているのはこの五人だが、ほかに、カール・シュミットが来ていた可能性がある。彼は、一九一五年二月から一九一九年七月までミュンヒェンで兵役に就いており、平和運動や独立社会民主党の動向を、またそれにかかわって、さまざまな講演や集会を監視する立場にあった。そしてこの間《かん》、彼は、ミュンヒェンでおこなわれたヴェーバーの公開講演すべてを聴講したという（佐野誠　二〇〇三：五二頁）。ということは、シュミットは、一九一七年十一月の原講演と、一九一九年一月と推定される再講演とのいずれか（あるいはその両方）を聴いていた可能性が高い。

（21）シュペングラーとヴェーバーとの対論については、エードゥアルト・バウムガルテンが記録している。それによると、これは一九二〇年二月にミュンヒェン市庁舎内の会議室でおこなわれた討論会で、シュペングラーが、自著『西洋の没落』について解説し、ヴェーバー、ノイラート、学生らが討論に参加した（Baumgarten 1964: 554f.）。このとき、レーヴィットはすでにフライブルクに移ったあとだから、この討論会に参加していないと思われる。レーヴィットは、バウムガルテンの本を読んで引用しているのであろう。

なお、後述のように（三八二頁）、本書では、『職業としての学問』においてヴェーバーが参照しえた——また参照したと推定できる——文献をしめしているが、シュペングラーの『西洋の没落』は挙げていない。たしかに、この著作の第一巻は、ヴィーンのブラウミュラー社から一九一八年に刊行されたのだが、ヴェーバーがこのときこの著作を読んだ形跡がない。この第一巻は、翌一九一九年にミュンヒェンのベック社から再刊され、ヴェーバーはどうやらこのときはじめて読んだようである。彼が、この書にたいするエドガル・ザリーンの書評に言及したのは一九一九年十二月一日付書簡中であり、さらに一九二〇年一月三日付書簡中でシュペングラーを酷評している（MWGII/10: 848, 877）。したがって、『西洋の没落第一巻』を『職業としての学問』の典拠のひとつとはみなさなかった。

(22)　レーヴィットのこの論稿は、当初雑誌『メルクール（メルクリウス）』に発表されたが、このとき、誌面の都合で原稿が大幅に削減されていたことが、レーヴィットと編集者との往復書簡によって判明した（編集者ハンス・ペシュケの一九六四年四月七日付、二十一日付レーヴィット宛書簡、レーヴィットの四月十日付、十七日付ペシュケ宛書簡、DLAM/D:Merkur, HS.1980.0003）。そして後に、削減箇所を復元し、さらに加筆した完全版が刊行された。ここでは『カール・レーヴィット著作集』版（加筆後の版）を用いた。

(23)　一九一七／一八年冬学期に、レーヴィットはミュンヒェン大学に在籍していることから、シュルフターは、レーヴィットがこの学期の開始時頃にミュンヒェン大学に学籍登録したかのような虚偽情報を捏造し、これを根拠として、彼が一九一七年十一月七日の『職業としての学問』原講演を聴くことができたかのように強弁している（MWGI/17: 45）。シュルフターは、この件について、ミュンヒェン大学公文書館に問いあわせただけで済ませており、自分でレーヴィットの在籍情報を調べていない（ebd.: Anmerkung 180）。ミュンヒェン大学のこの時期の学籍登録簿（Matrikel）が保存されていないため、レーヴィットの学籍登録がいつだったのか、日付を特定することはできないのだが、学期別の学籍状況は記録されている。それによると、たしかに彼は、一九一七／一八年冬学期にミュンヒェン大学に在籍している（PSUM 1917/18WS: 102）。ミュンヒェン大学公文書館は、この学期の記載のみをみて、シュルフターに情報を提供し、シュルフターは、この学期にレーヴィットが学籍登録したと勘違いしたのである。

　ところが実際には、レーヴィットは、そのひとつ前の一九一七年夏学期にもすでに在籍しており、しかも備考欄には„im Heere"（従軍中）と記されている（PSUM 1917SS: 144）。シュルフターに情報を提供したミュンヒェン大学公文書館の館員は、これを見落としていた。これ以前には在籍していないので、レーヴィットは、一九一七年夏学期（四月〜八月）中のどこかの時点で、従軍のままミュンヒェン大学に学籍登録したことが明らかである。

　このときレーヴィットは、イタリアで捕虜生活を送っており、自分でミュンヒェン大学に出向いて学籍登録することは不可能だった。彼は、ミュンヒェンの自宅に宛てて書簡を書き、もうすぐ捕虜交換によって帰国できる見込みで、帰国したらすぐ学業を開始したいので、ミュンヒェン大学に学籍登録するよう家族に依頼したのであろう。これ以外に、一九一七年夏学期に彼が学籍登録している事実を説明できない。

　シュルフターは、一九一七年夏学期の学籍情報を調べることを怠ったため、あたかもレーヴィットが一九一七／一八年冬学期の開始時頃（十一月以前）にすでに帰郷し、自分で学籍登録したかのような錯誤に陥った。実際には、すでに一九一七年夏学期中に、レーヴィットの家族が代理で学籍登録したと推定される。しかし捕虜交換が遅れたため、彼は、結局この学期に学業に就くことが叶わなかった。彼は、一九一七年十二月にようやく帰郷を果たし（Löwith 1986/2007: 16）、被弾して傷ついた肺のリハビリテーションに努め、二カ月後（一九一八年二月頃）にはミュンヒェン大学に住所を登録するが（ebd.: 11, 16. PSUM 1917/18WS: 102）、肺の機能が思うように恢復しなかったため、まだ実質的に学びはじめることができなかった。彼がはじめて本格的に学業に取りかかることができたのは一九一八／一九年冬学期であり、彼が、この学期を、「私のこの最初のミュンヒェンの学期」と呼んでいるのはそのためである（Löwith 1988: 423f.）。レーヴィットの記憶は関係資料と完全に整合的であり、正確である。レーヴィットは、一九一七年十一月七日にはまだ帰還しておらず、したがって『職業としての学問』の原講演を聴くことができなかった。彼が聴いたのは一九一九年の再講演にまちがいない。

以上の考証から明らかなように、事実確認を怠ったシュルフターが、レーヴィットのこの一連の自伝記述を記憶違いと決めつけているのは不当であり、レーヴィットが一九一七年の原講演を聴いたとするシュルフターの説は、事実誤認にもとづく虚妄である。このような妄言が『全集』において吹聴されているのは大きな問題である。

(24)　学籍登録せずに受講するケースは珍しくなく、またそれは大学が公式に認めていることでもある。この学期にミュンヒェン大学に学籍登録している学生が八六二五名であるのにたいして、非登録男子聴講生が三四一名記録されている（PSUM 1918/19WS: 174）。パーシーはこの三四一名のなかに含まれている。

(25)　この一月十五日付書簡は、フェルトからミュンヒェンへの移動途中で、おそらく長い接続待ちの時間を利用して書かれ、ニュルンベルク駅で投函されたと思われる。

(26)　この一九一九年一月末の時点では、各冊子にビルンバウムの「まえがき（Vorbemerkung）」を付することになっていたが、最終的に、これは「あとがき（Nachwort）」に落ちつき、また後述するように、『職業としての学問』にのみ付することになった。

(27)　ミュンヒェン大学教授ジークムント・ヘルマンの小冊子『ヨーロッパの大革命――現状研究――』（Hellmann 1919）を指す。これは一九一八年十二月二十三日におこなわれた講演の記録である（ebd.: 26）。

(28)　ヘルマンの講演録『ヨーロッパの大革命』（Hellmann 1919）は一頁三五行で二六頁、一方『職業としての学問』は、ビルンバウムの「あとがき」を除く本文一頁三七行で三九頁である。ヴェーバーの講演録は、ヘルマンのものより分量が多いため、出版社は、行間を詰めて一頁あたりの行数を二行増やすよう指示したことがわかる。

(29)　この書簡は日付を欠いているが、すぐ後にしめす出版社の三月三日付ビルンバウム宛書簡に、「本日」ヴェーバーに送付したと記されていることから、当該書簡もまた三日に書かれたことがわかる。

(30)　この「残り（Rest）」というのは、『職業としての学問』の棒組みゲラの残り（後半部）のことだと思われる。後出の三月十九日付印刷所宛指示書のなかで、出版社は、『職業としての政治』について、これを「二枚の棒組みゲラ」にせよと指示している。『職業としての学問』についても、棒組みが二枚にわたって作成され、まずその前半部がヴェーバーに送付されたのであろう。

(31) この葉書の日付は „5. II“（二月五日）と記されているのだが、消印は三月五日である（Arbeitsstelle der Max Weber Gesamtausgabe）。自分の「来週」の予定について出版社に知らせようとしているこの葉書が、書かれてから一カ月も経ってようやく投函されるのは明らかにおかしい。これは、じつは三月五日に書かれたのだが、ヴェーバーが「二月」と書きまちがえてしまったと解するのが自然である。月の初めには、うっかり前月の日付を書いてしまうことがありうる。また、二月十一日と十二日に彼がハイデルベルクにいることは、別の書簡の発信地から明らかで（MWGII/10: 447, 449）、二月十日からの週に、彼はミュンヒェンを訪れていない。したがって、やはりこの葉書の執筆日は三月五日だと解さなくてはならない。『全集』版では「三月五日」と訂正されている（ebd.: 506）。「来週」の実際の動静についてはすぐあとにしめす。

(32) ヴェーバーの前出の三月五日付葉書によると、ビルンバウムに『職業としての政治』の校正済原稿を送付したのは三月一日か二日である。

(33) 前出の三月三日付書簡を指す。

(34) ビルンバウムはミュンヒェン商科大学に在籍したことがあるらしく、そのため出版社は、この大学にビルンバウムの住所を問いあわせた模様である。出版社のこの書簡そのものは、ミルテンベルクのホテル・ツム・リーゼン（ビルンバウムの逗留先）に送付されている。

(35) 十五日（土）には、招聘手続を急ぐようミュンヒェン大学に求める書簡を書いているので、このときのミュンヒェン行きによって招聘条件が固まったことがわかる（発信地ミュンヒェン、MWGII/10: 518f.）。

(36) 拙著中では刊行時期を「一九一九年六月上旬」としていたが（野﨑敏郎　二〇一一：三八一頁）、ここで述べた理由から、時期を繰りさげることにする。

(37) これらの論者の著作には、版による異同、編纂上の問題、記述の真偽問題等が存在し、たとえばエッカーマンの『ゲーテとの対話』中の記述と、ニーチェの『力への意志』中の記述の信憑性には疑義が提出されている。しかし本書では、こうした問題には言及していない。ゲーテやニーチェの発言としてヴェーバーが受けとったものが、本書においてはもっぱら問題だからである。

(38) ポアンカレの科学論は、ドイツのみならず日本でも、早い時期に注目されていた。寺田寅彦は、ヴェーバーも読んだと思われるリンデマン夫妻のドイツ語訳（およびホールステッドの英訳）に依拠して、『科学と方法』から「事実の選択」「偶然」の二編を選んで訳出している（『東洋学芸雑誌』第三二巻第三九九、四〇六、四〇七号、一九一五年、いずれも『寺田寅彦全集』第九巻（岩波書店、一九五一年）所収）。

(39) 大学にかかわる諸問題にたいするヴェーバーの非妥協的な闘争については、上山安敏らが詳細に追跡・考究している（上山安敏他一九七九）。ところが、上山らの重要な貢献にもかかわらず、ヴェーバーが、大学行政・大学運営の諸問題に誠実に取りくむとともに、大学教授の主知主義的腐朽化を激しく告発してきたという事実が、依然として等閑視されつづけている。これは従来のヴェーバー研究の大きな弱点なので、ここにあらためて注意を促しておく。

(40) 清野智昭も指摘するように、助動詞sollenが「ベキ」「ネバナラヌ」という意味になるケースはむしろすくない（清野智昭　二〇〇八：一一四〜一一五頁）。ところが、現実には、機械的に「ベキ」「ネバナラヌ」と訳してしまう失敗例が非常に多い。秋間実は、こうした安直な短絡訳に注意を促している（Heidegger 1933/83 = 秋間実訳：六六頁）。

(41) ②は、ヴェーバーの一九一八年六月一日付ミーナ・トブラー宛書簡のなかの一文である（段落㊵要説（二）を参照、MWGII/10: 175）。①は、この文を加工したものである。

(42) プロイセン文化財枢密公文書館に所蔵されているこの書簡の現物と、『青年時代の手紙』の記載とを照合したところ、かなりの異同がみられた。なかにはマリアンネによる明らかな判読ミスもあり、おそらく彼女が判読できなかったと思われる箇所等が省略されてもいる。ここに引用した箇所には、判読上の問題は認められないが、念のため、ここでは書簡現物の表記を掲げ、マリアンネによる補充を二箇所角カッコ（[…]）で囲んでおいた（GStAPK/MW3: 160a, JB: 373）。この書簡は、『全集』に収録され、近く公刊される予定である。

なお、『青年時代の手紙』では、この箇所の直後の文が省かれている。それは、„Ich schreibe Clara netten Brief nächsten Tag: sie fragt Mariannes Geburtstag: es ist am 2ten (nicht 4ten)."（明日〔妹〕クラーラに親しみを込めた手紙を書きます。彼女はマリアンネの誕生日がいつか問いあわせています。〔八月〕四日ではなく二日です）という文で、これはマリアンネが判読できなかったのではなく、まったく個人的な内容なので省いたのであろう。

(43) ところが今野元は、阿閉と同様、この接続法を見逃して文意を取りそこね、ヴェーバーが実際にベルリンとフライブルクとを両天秤に掛けていたかのような錯誤に陥っている。今野は、なんと、「ヴェーバーの二股状況に気付いたアルトホフ」（！）が、ヴェーバーにとってフライブルクは「踏み台に過ぎない」という噂を流したと思いこんでいるのである。アルトホフがどのような策謀を展開していたのかを把握できなかった今野は、この事態をまったく理解できず、窮したあげく、アルトホフにたいするヴェーバーの批判をすべて「記憶違い」（！）と断ずるという驚くべき愚挙に及んだ。そしてヴェーバーにたいして、「ベルリンとフライブルクとの二股状態を維持して、結局最大限の利益を引き出したのはヴェーバー」であったなどという的外れな非難を投げつけている（今野元　二〇〇七：一五一、一五四〜一五五頁）。阿閉の誤訳を鵜呑みにした今野は、みずからの初歩的な誤読に気づかないまま、こともあろうにヴェーバーを論難するにいたり、支離滅裂な珍解釈を開陳・強弁しているのである。

この人事過程の全貌は、二〇一一年刊行の拙著においてはじめて解明したので、今野がそれを踏まえていないのは、ある程度までやむをえないことではある。しかしそれでも今野を非難せざるをえないのは、彼が上山安敏の一九七〇年代の仕事を無視しているからである。

一八九三年の比較的早い時期に、ヴェーバーの気持ちがすでに「フライブルクの方に傾いている」のにたいして、「アルトホフやシュモラーがフライブルクやカールスルーエで、ウェーバーがフライブルク行きをたんに将来のスプリングボードに利用しているのだという噂をばらまいて」妨害を図っており、ヴェーバーがこれを不愉快に思っていることを、上山は正確に把握している（上山安敏一九七八：三五～三六頁）。読解力のない今野とはちがって、上山は、阿閉の誤訳をきちんと訂正したうえで引用している。そして同年七月のアルトホフによる妨害工作を受けて、七～八月にはヴェーバーとアルトホフとのあいだで激しいやりとりがあり、このときアルトホフは、ヴェーバーをベルリンにとどめておくことを義務づける内容の秘密証書をいったん作成したが、ヴェーバー宛八月六日付書簡において突如これを撤回し、ヴェーバーがフライブルクに移籍してかまわないと確約するにいたる。上山は、アルトホフのこの態度豹変に注意を促している（前掲書：四三頁）。未公刊史料こそ用いていないが、上山は、このように、手堅い文献研究によって、フライブルクをめぐる紛糾の実態をかなり正確に把握していた。あまねく知られている上山のこの労作をきちんと読んでいれば、今野は初歩的な錯誤を回避できたはずである。先行研究によってすでに解明されていることを学ばないまま、勝手な臆断を吹聴することは、研究者としてもっとも恥ずべきことである。

　なお、拙著は、上山の推論を踏まえ、追跡調査によってそれが正しいことを確認したうえで、そこに、上山の目に入っていなかった文献と未公刊史料調査結果を加えて、事実関係の究明を果たしたものである。

（44）この関連で、もうひとつ致命的な誤読・誤訳例を挙げておく。ヴェーバーの一八九六年十月十五日付アードルフ・ハウスラート宛書簡は、彼の人生行路を理解するためにきわめて重要な資料だが、邦訳はひどい錯誤に陥っており、そこにはやはり接続法第Ⅱ式（hätte）にかんする無理解が絡んでいる（安世舟他訳『マックス・ヴェーバーとドイツ政治　一八九〇～一九二〇　Ⅰ』未來社、一九九三年、二三〇頁）。さらに、当該書簡を紹介しているこの本の原著者ヴォルフガング・モムゼンは、この書簡を一箇所——おそらく故意に——改竄しており、これもまた接続法第Ⅱ式（könnte）に係わっている（Mommsen 1959/2004: 136）。この問題については拙著中で立ちいって解明した（野﨑敏郎　二〇一一：六九、三四四～三四五頁）。この書簡も近く公刊される予定なので、確認されたい。

（45）個別注解⑦10・⑩16・⑬8・⑯7・⑲7・㉖1・㊲2とこの研究編において明示的に指摘した誤訳のほか、目についたかぎりで、とくにはなはだしいケースを挙げておく。この研究編中（三二七頁）にしめしたヴェーバーの書簡中の『ヨーン・ガブリエル・ボルクマン』にかんする記述（LB1: 249, LB2: 271, 大久保和郎訳：一八九頁、E・バウムガルテン〔生松敬三訳〕『マックス・ヴェーバー　人と業績』福村出版、一九七一年、一二〇頁）、この研究編中（三四〇頁）にしめしたシュルフターの訳文（Schluchter 1980: 238, 米沢和彦・嘉目克彦訳：一四〇頁）、段落㉗要説（三）で引用したヴェーバーの学会討論発言の訳文（MWGI/8: 271f., 中村貞二訳『政治論集　二』みすず書房、一九八二年、八二～八三頁）、個別注解㉜10で引用したトラーの訳文（Toller 1933/63: 158, 船戸満之訳二四一頁）、巻末資料三に掲げた新聞記事中の「主知化」にかんする記述（MWGI/17: 60, 安世舟他訳『マックス・ヴェーバーとドイツ政治一八九〇～一九二〇 Ⅱ』未來社、一九九四年、五一八頁）、巻末資料六に掲げたマリアンネ・ヴェーバーの訳文（Weber 1919/26: 5, 市西秀平訳：一六九頁）のなかに、それぞれ接続法第Ⅰ式・第Ⅱ式の見逃しによる錯誤が認められ、文意がひどく曲げられてしまっている。原文・拙訳と対照して点検されたい。

(46) 関口の重要著作『ドイツ文法接続法の詳細』は、戦前期の一九四三年に刊行され、戦後たびたび再刊され、その後『関口存男著作集 ドイツ語学篇一（POD版）』（三修社、二〇〇〇年）に収録された。最後のものは現在も入手可能である。また、牧野紀之が編纂した『関口ドイツ文法』（未知谷、二〇一三年）も有益である。

(47) 後年、折原は、福島原発にかかわる諸問題に言及し、社会的分化（専門化）の深化にともなって、細分化された枠内に閉じこめられた科学者が、なかば無自覚なまま支配的価値に従属し、「使命としての科学」を忘れていく事態を捉えている。そして現代の大衆は、専門化的経営の所産に適応し、そうした所産が人間によって創出された人工物であることから、専門家の合理的予測によって制御できると信じこんでいるにすぎないことを指摘している（折原浩　二〇一三a：九二〜九三頁）。

しかし折原は、かつてたしかに、この世界の事物が合理的な予測によって支配できると人々が信ずるにいたった主知主義的合理化の実際上および技術上の意義を、ヴェーバーが暗黙のうちに「肯定的に評価し、いずれにせよ不問に付している」とみなしていた。折原は、自身のこの一九七〇年代の誤読（折原浩　一九七二：八一頁、同　一九七七：三〇頁）を訂正していないので、二〇一三年の論稿はいささか説得力に欠ける。現代科学と現代科学者と現代の大衆とをめぐるこうした問題について、ヴェーバーに依拠して考察している折原でさえ、一九七〇年代の時点では、『職業としての学問』の当該箇所におけるヴェーバーの発言が、まさにかかる科学信仰にたいする――また主知主義的合理化そのものにたいする――痛烈な批判であることに気づいていなかったのである。

(48) この箇所の読解の問題については、まず拙稿「ヴェーバー日本生活精神論の文献学的考察」において取りあげ（野﨑敏郎　一九九四：九四〜九五頁）、その後、ここで語られている「ヨーロッパの実業家たち」と「日本の商人」の所在を突きとめ、ヴェーバーが念頭に置いているのが、明治期日本の貿易業者のなかで生じていた腐敗問題であることを解明し（野﨑敏郎　二〇〇〇：一九九〜二〇四、二一五〜二二二頁）、さらに、この論点を、ヴェーバーの資本主義論のなかに位置づける作業をおこなった（野﨑敏郎　二〇〇五：三一七〜三三九頁）。

(49) 大河内のこの文章は、わずかに手直しされ、「ある勇気あることば」と改題されて『思想との対話一　自分で考える』（講談社、一九六七年）に収録され、その後さらに加筆され、「『思い付き』の価値について」と改題されて『日常茶飯』（読売新聞社、一九七一年）に収録された。

(50) しかし田川は、この論稿中で、いくつか有益な指摘をなしている。とくに、日本のヴェーバー研究者（とりわけ大塚久雄）が、マルクスを歪曲し、マルクスによって、経済学が拠って立つ現実基盤そのものが批判されたことを等閑視しているという指摘は傾聴に値する（田川健三　一九七六：一九五〜二〇三頁）。付言するならば、日本におけるヴェーバー受容そのものもまた、ヴェーバー自身の勝《すぐ》れて実践的な側面――現代科学の拠って立つ現実そのものへの批判――を等閑視しつづけてきた。現実と格闘するマルクス像、現実と格闘するヴェーバー像を描きだすことは、われわれ自身が現実と格闘するために必要な作業である。

(51)『世界宗教の経済倫理』の「中間考察」中にある „Es ist am besten ...“で始まり、„... von eigenem ‚Verdienst.‘“で終わる段落(RSI: 563, MWGI/19: 510f.)は、校正段階で追加されたものである(BSBM/Ana 446.C (OM14))。マリアンネは、このゲラ刷を、一九二〇年五月二十九日のものと推定している(ebd., MWGI/19: 511)。『宗教社会学論集第一巻』の末尾に置かれている「中間考察」のゲラ刷が仕上がって校正段階にあったのだから、『論集第一巻』全体の改訂作業はすでに完了しており、その校正時に、ヴェーバーは、もう組版をあまり動かさなくていいように、末尾近くにひとつ段落を追加し、また次に記す献辞も追加したと考えるのが至当である。

『宗教社会学論集第一巻』のマリアンネにたいする献辞(Widmungsblatt)は、一九二〇年六月七日にヴェーバーが書いて印刷所に送ったものである。(遺されていない)六月七日の元原稿には、おそらく1893 „bis ins Pianissimo des höchsten Alters“と引用符つきで書かれていたと思われる。彼はこれを送付し、当時の郵便事情から、八～九日頃にはテュービンゲンの印刷所に届いたであろう。この程度の短いものはすぐ組版できるから、初校は九～十一日頃に送られてきたことだろう。筆者がこの初校ゲラの現物を確認したところ、そこには1893 bis ins Pianissimo des höchsten Alters と記されており、引用符が脱落していることが判明した。このとき体調を崩して病床にあったヴェーバーは、この脱落に気づき、マリアンネに„“を追加記入(代筆)させ(この引用符の筆跡はマリアンネのものである)、返送したのだろう。これが、現在遺されているゲラ刷(Korrektur)である(BSBM/Ana 446.C (OM13))。ゲラ刷の返送(発送)がかりに十一日だったとすると、この日は金曜日なので、印刷所にこれが到着したのは週明けになったと思われる。

このゲラ刷の右下に押されている印刷所のスタンプには、インクがうまく紙に固着せず、消えている箇所があり、「一九二〇年」の「二日」であることははっきりしているが、何月かは判然としない。『全集』は七月(Juli)と判定しており(MWGI/19: 511)、筆者も同意見である。印刷所は、六月十四日(月曜日)頃に到着したこの追加修正指示をみて、この本の本文と同様、引用符(„“)をギュメ(»«)で処理しようと考え、ヴェーバーに再確認してもらおうとするが、その十四日に彼は亡くなっている。そこでこの件は一時保留され、おそらくのちに未亡人マリアンネの承諾を得て、この引用符処理を印刷所が最終的に確認したのが七月二日だったのであろう。最終的に、この箇所は1893 »bis ins Pianissimo des höchsten Alters« とされている(RSI: Widmungsblatt)。

この献辞中で引用されている文言に係わる書簡(未発の草稿、年代不詳)も遺されている(BSBM/Ana 446.C (OM14), MWGI/19: 511)。このなかで、当該の言句は、„durch alle Abwandlungen der Liebe hindurch, bis zum Pianissimo des höchsten Alters“(愛のあらゆる変容を貫いて、最高齢のピアニシモにいたるまで)とされている。ここで引用されているのは、マリアンネの著作『法発展史のなかの主婦と母』の末尾近くの記述であり、そこには、„durch alle Abwandlungen in der Färbung der Liebe hindurch, bis zum Pianissimo des höchsten Alters“(愛の色調にみられるあらゆる変容を貫いて、最高齢のピアニシモにいたるまで)と書かれている(Weber, Marianne 1907: 571f., MWGII/10: 638)。当該書簡草稿は、その内容から、『論集第一巻』の刊行直前期のものと思われる。この頃、ヴェーバーは、十年以上前に妻が書いたこの文言にあらためて着目しているのである。

『論集第一巻』の献辞（および「中間考察」）におけるマリアンネからの引用は、直接には、マックスとエルゼ・ヤッフェとの不倫関係が妻に発覚したことから、彼がこの関係を清算し、妻に謝罪していることをしめしており、これについてはいくつかの傍証がある（とくに献辞の二日後に書かれたマリアンネのエルゼ宛書簡を参照、MWGII/10: 31）。また、「中間考察」の加筆箇所のなかにある「責任を自覚した愛情の償い（Abwandlung des verantwortungsbewußten Liebesgefühls）」という件《くだり》、およびそこで引用されているゲーテの詩文（個別注解㊵13を参照）は、謝罪の意を端的に表現している（MWGI/19: 511）。この事実は、彼が、その突然の死の直前期にどのような境地に立っていたのかを考証するさいに、ひとつの手がかりとなるであろう。

なお付言する。マリアンネ・ヴェーバーとエルゼ・ヤッフェとの交友関係は、これをもって断絶することはなかった。一九二一年から一九三六年まで、マリアンネがエルゼに宛てた二十三通の書簡が遺されており、その内容から、二人が、その後も、腹蔵なく語りあうことのできる間柄でありつづけたこと、おたがいの都合を合わせて会うことを楽しみにしていたこと、またマリアンネが引きとっていたリーリ・シェーファーの遺児たち、エルゼの子供たちをも含んだ家族ぐるみのつきあいが長く続いていたことがわかる（BAK/N1197（50））。マリアンネからの書簡がこの二十三通のみだったとは考えにくく、またエルゼからも相当数の来簡があったことであろう。

（52）ローレンツ・シュタインは、『今日《こんにち》のフランスにおける社会主義と共産主義』（一八四二年）のなかで、「共産主義」という「不気味な迫りくる亡霊（ein finstres drohendes Gespenst）」という表現を用いていた（Stein 1842: 4）。マルクスとエンゲルスは、これを借用して、『共産党宣言』（一八四八年）の冒頭部で用いている。「亡霊がヨーロッパを徘徊している――共産主義という亡霊が（ein Gespenst geht um in Europa — das Gespenst des Kommunismus）」（MEW4: 461）。ここで用いられている名詞 „Gespenst“ には「妖怪」「亡霊」の両義がある。ここでは、的場昭弘の考証に従い、「亡霊」と解する（ebd. = 的場昭弘訳：八三～八八頁）。

ヴェーバーは、この表現を（直接にはマルクスとエンゲルスから）借用して、「職業義務」という「亡霊（Gespenst）」がわれわれの生《せい》のなかを「徘徊する（umgehen）」と表現している（MWGI/9: 422, RSI: 204）。ヴェーバーの用例は、かつては宗教的な内容を有していたものが、いまやその内実を失ったという文脈なので、„Gespenst“は、「妖怪」ではなく「亡霊」である。

（53）西村は、この論稿において、法学を技術的装置として扱うという闘争手法としての形式主義と、技術的合理性の頽落態とを明確に区別し、〈法学は技術学であればいい〉という安直な当為（Sollen）を注意深く斥け、専門人と個人との分裂・相剋の問題に迫り、技術的合理性に抵抗するための「価値」への自由の意義を明示している（西村稔　一九九四（二）：一七〇頁）。ところがそれにもかかわらず、価値自由論は「ピューリタン的な倫理性」に依拠したものと誤認され、ヴェーバーが、「職業人」＝「専門人」であることの「積極的な意味をピューリタンに求めた」かのように捉えられている。そして西村は、ヴェーバーが、「専門人」に徹することを通じて「文化人（教養人）」になるように教育するという逆説的な教育論を抱いていたかのように強弁するのである（前掲書：一六六、一七一～一七二、一八一～一八二頁）。かかる論理の混濁は、西村が、他の論者と同様に、専門内に閉じこもらざるをえないという現実（Sein）の問題を、〈専門内に閉じこもれ〉という奇怪な当為（Sollen）と混同してしまったために生じたものである。

ヴェーバー自身は、ピューリタンのように専門人に徹すること（徹しているつもりでいること）を自己欺瞞とみなすトルストイの見解に同意しているのであって（段落⑫⑬要説（二）を参照）、かかる自己欺瞞によって人格が陶冶されて教養人になることはありえない。まったく逆に、専門人であらざるをえない自己存在にたいする冷徹な批判的内省が、現代における人格陶冶の最初の――また不可欠の――一歩を記すのである。

なお、ここで西村の見解をあえて引き合いに出しているのは、この周到な考証と丹念な考察にもとづく労作にあってもなお尾高訳の呪縛から抜けていないという深刻な研究上の問題状況（隘路）をしめすためであって、西村の研究の価値を低くみているのではない。

（54）ヴェーバーが『職業としての学問』において投げかけた問題は、その後の時代における科学をめぐる諸問題に通じている。このことを如実にしめしているのが、湯川秀樹と加藤周一の対談「科学と芸術」である。以下にヴェーバーと関連する論点を拾っておく。

芸術には「進歩」がない（加藤）。科学には進歩があるにしても、科学の進歩が人間社会の進歩でもあるという十九世紀的な思想が通用しなくなり、二十世紀の後半にもなると、いよいよ科学と人間社会との関係がおかしくなる。ところが科学の進歩は急に止まることができないから、いわゆる「進歩」が暴走してしまい、人間の価値体系も科学の進歩に流されてしまう（湯川）。科学者のものの考えかたの影響力が強まる一方で、それとは別に大衆化（俗流化）された科学主義が蔓延し、科学によって産みだされたメディアがまた大きな影響力を発揮する（加藤）。とくに西洋音楽は、ピュタゴラスの時代から、数学や物理と近い関係を保ってきているため、科学文明との並行関係が強い（湯川）。レオナルドにあっては、解剖学と絵画芸術とがまったく未分化で、科学的なものと芸術的なものとが彼の人格のなかで統一されていた（加藤）。しかし他方で、簡単な方程式で書ける図形でないもののほうがかえって美しいとされる傾向も（とくに日本には）あった。また近年、「科学の進歩」という一方的傾向にかんして限界意識・危機意識が強くなっている（湯川）。西洋人のなかでも、芸術家の内的魂・精神の表現として芸術活動がなされるという気韻躍動の思想が、表現主義以来強まっている。人間の置かれている環境を理解したいという動機も人間にとって根源的だが、その人生の内的充実を求めようとする願望もまた根源的だ（加藤）。西洋におけるギリシャの伝統と対比すると、インドに数学はあっても徹底した一神論はなく、有神論はやはり汎神論的である。イスラム教は徹底した一神論で、ギリシャ的伝統とこの一神論とが結びつくとおおいに科学が発達するはずだったが、そうならなかったのはなぜか。そこには実験・実証の不在が係わっているのではないか（湯川）。キリスト教とアリストテレスが結びついた西洋中世では、世界は神がつくったものだからよく理解しなくてはならず、被造物を知れば知るほど創造者に近づくことができるという観念があった。経験主義と合理主義がスコラ的統一の枠を破ってそれぞれ徹底し、正面からぶつかりあったときに緊張関係が生じ、それが科学を発展させた。ところがアラビア世界には実験がなかった。また西洋に固有の条件として、政教分離が決定的だった（加藤）。キリスト教世界における聖と俗との争いが非常に激しかったために、合理的精神が教権との戦いを余儀なくされ、そのとき「非合理なるがゆえにわれ信ず」という非合理な要素を押しのけようとする力が働いた。未来は悪くなるぞという考えかたのほうが昔は普通だったが、科学が発達してくると、今度は進歩史観が台頭する。しかし科学文明がすすむことによって人類が幸福になるという考えかたにたいして、いまや終末観のほうが勢いを増している。科学のなかには、物理のように、わりあい早く発達して、進歩が止まりそうなものもある。古典的時代、ロマンティック時代、ドグマの時代を経て、アカデミック時代に入ると、個別の問題にかんして非常に精密なディテールの分析的研究がなされるけれども、もはや全体をひっくりかえすようなものは出てこないだろう（湯川）（湯川秀樹一九八一：四三一～四七二頁）。

この二人は、別段ヴェーバーを意識せずに語りあっているようだが、ここにしめされている論点が、期せずして『職業としての学問』のなかで提起されている論点と重なりあっていることは、誰の目にも明らかであろう。とくに、アカデミック時代にあってはますます細分化・専門化がすすみ、「非常に精密なディテールの分析的研究」がなされるが、大きな仕事は不可能になるという認識は、半世紀前のヴェーバーの発言に呼応している。そしてヴェーバーは、この閉塞状況を打開するための手立てを探っていたのである。彼の講演録は、今日にいたるまでの——また今日なお解かれていない——科学のアクチュアルな問題を読みとく手がかりをたしかに備えている。

なお、この対談（初出『図書』二七二号、一九七二年四月）を、ここでは『科学と人間のゆくえ——湯川秀樹対談集二——』（講談社、一九八一年）から引用しているが、これは、『湯川秀樹著作集別巻』（岩波書店、一九九〇年）のほか、現在容易に入手できる加藤周一の対談集『歴史・科学・現代』（筑摩書房、二〇一〇年）にも収録されている。各版で仮名遣いに多少の異同がみられる。

(55) 今回の訳出にあたって、まずひととおり訳し、そのあと各種邦訳・英訳・注釈・研究を参照した。そのさい、非常に有益だったのは、『科学論集』第二版（一九五一年）のためにヨハネス・ヴィンケルマンが作成したHinweiseである。また、渡辺金一が、学修版『Wissenschaft als Beruf』（南江堂、一九七四年）のために作成したAnmerkungenも示唆に富んでいる。既訳のうちでは、いうまでもなく三木正之訳が傑出しており、これは、他の邦訳・英訳とはまったく別格の存在である。ほかに、細谷貞雄・長尾龍一・横田理博の著作中に掲げられている訳例からも学ぶところがあった（細谷貞雄　一九七五、長尾龍一　一九九八、横田理博　二〇一一）。

(56) 口語表現としては、wennschon, entsetzlich, sich breit machen, verehrte Anwesende! einspannen, auf et. hinauskommen, absolut, allerhand, schlicht und einfach 等が用いられており、文語表現としては、infolgedessen, prekär, vorzugsweise, qualifiziert, unermeßlich, Gabe, schwerlich, bald ... bald ... zu tun pflegen, trivial, entkleiden,

entsteigen, Antlitz, unentrinnbar, in +Dativ aufstehen, zuweilen 等が用いられている。

（57）このことは三笘利幸も指摘している。「原著者ヴェーバーの付けた段落は壊され、訳者〔＝中山と三浦〕の解釈にそった小見出しが付けられてしまっていて、読者は訳者の意図する方向に導かれてしまいこそしても、原著者ヴェーバーの意図するところをたどることは難しくなっている」（三笘利幸　二〇一四：二〇五頁）。

（58）木本幸造も、「ほんやくをするときは、先に訳した人のものを見て訳してはならない、というのは、そうすると同じまちがいを踏襲しがちだからだ」という忠告を受けている（木本監訳『社会学・経済学における「価値自由」の意味（第二版）』日本評論社、一九八〇年、一九三頁）。

（59）たとえば、一九二一年十一月二十一日付エルゼ・ヤッフェ宛書簡のなかで、マリアンネは次のように嘆息している。「クリスマスは、いまもうすでに子供たちのために世話を焼かざるをえなくなっているの。毎日毎日物価が上昇しているから。ここ数週間は、なにもかもあまりにも法外で、毎日悲鳴を上げる必要がないように、もっと多くの蓄えをしておくために、何日も買い溜めをしておいたわ。いまそれでも来年初まで各種燃料のことで頭を悩ます必要はないのよ。〔それにしても、〕ネクタイがまだ〔どの商店にも〕なくて、マーガリン一ポンドがもう三五マルクで、ラード一ポンドは五〇～六〇マルクだなんて、ただもうびっくり」（BAK/N1197 (50)）。

　ヴァイマル期にあっては、寡婦年金のみならず、退職教授本人の年金もまた十分なものではなくなっていた。既述のように、第二帝政下のドイツの大学教授たちは、Emeritierung（Pensionierung）によって退職教授になると、現役時代の年俸と同額の年金を住居手当とともに受給し、それは物価上昇におうじて引きあげられていくという厚遇に浴していたが、第一次世界大戦の敗戦にともなう国家財政の急速な悪化によって、そうした潤沢な年金生活はたちまち維持できなくなった。そこで、一九二〇年に、ライプツィヒ大学退職教授カール・ビューヒャーは、自分の蔵書をすべて売却することに決め、岩崎小弥太が四〇〇〇ポンドでこれを購入し、京都帝国大学に寄贈している（大野英二　一九七〇：iii～iv頁）。この年以降の天井知らずの物価上昇を考えると、ビューヒャーがこの取引をイギリスの通貨で処理したことはまったく正しかった。

　なお、この時期のドイツの国民生活については坂口昂が活写している（坂口昂　一九八一：二〇八～二一三頁）。

（60）そこで安藤英治は、『客観性論』『価値自由論』『職業としての学問』の三つの論稿を対比しつつ考証し、『価値自由論』を等閑視しつづけていた出口勇蔵の所論を論破した（安藤英治　一九六五：八七～一五四頁）。安藤の議論のなかには、もはや通用しえないものがたしかに含まれているが、それでも日本のヴェーバー研究史上忘れることのできない業績である。なお、安藤は『価値自由論』の新訳を企てていたが（安藤英治　一九六六：二八〇）、これは果たされることがなかった。

（61）ただし、これらの著作が完全に整合的な関係にあるわけではない。とくに、『理解社会学論』と『社会学的基礎概念』とのあいだで、カテゴリー区分の重要な異同が生じているので、読解にさいしては注意が必要である。この問題についてはすでに詳細に検討されている（中野敏男　一九八三：二〇九～二一七頁、折原浩　一九九六、

シュルフター他　二〇〇〇、折原浩　二〇一三b）。

（62）この点において、リッケルトのこのヴェーバー評もまた、厳密にはヴェーバーの真意を十分に汲みとっていないように思われる。

（63）クルティウスとゲオルゲとグンドルフとの関係については生松敬三が追跡している（生松敬三　一九七七：九九～一一九頁）。

クルティウスの書評論文が掲載された雑誌『労働共同体』の号数と刊行時期については疑問がある。この掲載誌は、一九一九年七月に創刊された月刊誌の第一巻第七号とされており、これが正しいとすると、一九二〇年一月号である。しかし、筆者が、ハンブルク大学に所蔵されている当該巻（合冊版）を調べたところ、掲載誌は、創刊から数えて第六番目の冊子であることが判明した。合冊版には第一巻の総目次と総索引が掲載されており、また、創刊号から第一巻最終号まで、通しでノンブルが振られており、創刊号の第一頁から、第一巻最終号（第一〇冊）の最終頁（三六八頁）まで、一頁の欠落もないから、この合冊版に欠号はありえない。

一方、マックス・シェーラーは、クルティウスの書評掲載誌を、一九一九年の第一巻第七号とみなし、生松敬三もそれに倣っている（Scheler 1922/63: 13. 生松前掲書：五一頁、クルティウス『読書日記』みすず書房、一九七三年、一九一頁）。シェーラーは、この掲載号を直接みているはずだが、この号が第一巻第七号で、しかも一九一九年に刊行されたというのは明らかにおかしい。

合冊版では、各号の表紙が省かれているため書誌情報が不明なのだが、さしあたり可能性は二つある。第一に、第一巻第七号とされてきたのは誤りで、じつは一九一九年十二月に刊行された第一巻第六号だという可能性である。第二に、どこかに合併号が含まれている可能性である。実際、当該巻は一〇の冊子から成っているから、刊行されなかった月が二回あるはずである。筆者は、当該の号（第六冊）が第六・七合併号（一九一九年十二月刊）ではないかと考えているのだが、いまのところ証拠がない。本書では、暫定的に、この号を一九二〇年一月刊の第一巻第七号（第六冊）とみなしておく。

この雑誌の第二巻（一九二〇年七月～一九二一年六月）・第三巻（一九二一年七月～一九二二年六月）・第四巻（一九二二年七月～一九二三年六月？）を調べると、第二巻と第三巻はそれぞれ九冊しか刊行されず、第四巻は六冊で終刊になり、一九二四年四月に発刊された後継誌も二冊で消えた。

『労働共同体』誌の表紙（書誌情報）つきの号を二冊だけ確認できた。第二巻第二号は一九二〇年八月号、同第六号は一九二〇年十二月号である。各号の表紙裏には、「年十二冊刊行」と明記されているが、その約束は一度も果たされなかった。

（64）ヤスパースは、この論著の巻末で、ヴェーバーの講演録を参照指示している。「マックス・ヴェーバー著『職業としての学問』、一九一九年。『科学論集』（テュービンゲン、一九二二年）に再録。教育的な意図をもって語られた講演録で、学問を『重く』捉え、迷妄を峻拒しており、学問のなかで『生きる』者にたいしてのみ、あるいは学問とはまったく疎遠な者にたいしてのみ語っている。というのは、この講演録は、学問の意味について、またそうした意味の充足について、なにも確たることを言わず、すこしも学問へと誘《いざな》うことなく、むしろ戒めを与えているからである。このなかで、マックス・ヴェーバーは、彼自身の膨大な学問業績の解明を与えていない」（Jaspers 1923: 81）。

(65) ハイデガーは、一九三三年夏に、「ドイツの大学の自己主張」(Heidegger 1933/83) をヤスパースに進呈している。ちょうどその頃、ヤスパースは、「大学改革問題へ向けた提題」を執筆しており (Jaspers 1933/89)、これをバーデン政府に呈示するつもりだったが、それは果たされなかった。ヤスパースは、バーデン政府に影響力を及ぼしうるハイデガーにたいする期待をもっていたが、この間《かん》のやりとりのなかで、大学のありかたをめぐる二人の見解の相違が顕在化する。この問題については、すでにハンス・ザーナーが立ちいって論じている (Saner 1994: 167–187)。

(66) この時期のレーヴィットを、はたしてゲオルゲ・サークルのひとりと位置づけていいのかどうかについてはひとまず留保したい。一九一七年十二月に復員したレーヴィットは、翌年、パーシー・ゴートハインとの邂逅を通して、「ゲオルゲとグンドルフとに発して、自分と同世代の若者たちの多くに決定的なしかたで刻印を与えている人間形成の力を味わった。すべての社会的因習を軽蔑している点においても突出していて、端麗で情熱的なこの男〔＝パーシー〕は、はじめて知りあったあとたちまち私を魅了した」が、同時に、パーシーとの交友には、同調を妨げる「ぼんやりとした抵抗 (dunkle Widerstände)」がつきまとっていた (Löwith 1986/2007: 20f.)。この「抵抗」は、レーヴィットの苛烈なカーラー批判において顕在化する。ところがそれにもかかわらず、カーラーとの文通はその後も長く続いていく。こうしてみると、レーヴィットがゲオルゲ・サークルのなかにいたか、あるいはすくなくともゲオルゲ・サークルの人々と親しく交わっていたことは確実だが、ゲオルゲ支持者のひとりだったとまでは言えなかったのではなかろうか。この点については、くわしい史料調査が必要になるかもしれない。

付言すると、レーヴィットのヴェーバー理解・マルクス理解が今《こん》日《にち》そのまま通用しうるか否かについては、なお慎重な考証が必要であり、ここでは留保したい。本書ではただ、彼のヴェーバー論の真意がどこにあるのか、それをわれわれははたして正当に価値査定してきたか否かを問題とするにとどめておく。

(67) マーラーは、交響曲第八番 (一九〇六～〇七年) の第二部において、『ファウスト』のエピローグ「山峡」のテキストを (いくらか省略しながら) 用いている。ここに引用した箇所は、この交響曲の終結部でもある。最後の「永遠にして女性的なるもの (das Ewig-Weibliche)」は、直接には、この引用箇所の直前に登場するグレートヒェンと聖母マリアを指すととるのが自然だが、マーラーの当初の構想では、全四楽章のなかの第三楽章はアダージョ「愛」とされていたから (柴田南雄 一九八四：一四一頁)、彼は、これを、女性名詞 die ewige Liebe (永遠の愛) と解していたのかもしれない。

現に、彼は、一九一九年六月の妻宛書簡中で、当該のゲーテの章句を敷衍して、次のように書いている。「万物は、所詮なにものかにとっての影像にすぎず、このなにものかの〔影像として顕現している〕姿は、所詮ここで求められているものにたいする不十分な表現にすぎない。それが、まさに移ろいゆくものを言表するのはたしかだが、しかし、われわれの感官が捉え、感じとっているけれども、けっして到達しないであろう (それゆえここ〔＝高き世界〕において〔はじめて、十全の〕生起物となりうる) まさにそのものは、つまり全現象物の背後でたえず移ろいゆくものは、言表不能なのである。神秘的な力でわれわれを上へと引きあげてくれるもの、あらゆる被造物が、おそらく石ころでさえも、無条件の確かさをもって、みずからの存在の中心として感じとるもの、この箇所でゲーテが――またしても影像（似姿）のかたちにおいて――永遠にして女性的なるものと名づけたもの、こうしたものはすなわち憩うものであり、目標だ。これの対極にあるのが、永遠にこの目標に焦がれること、永遠にこの目標の獲得をめざすこと、永遠にこの目標に向かって行動すること、つまり永遠にして男性的なるものだ。君〔＝アルマ・マーラー〕が、これ〔＝永遠にして女性的なるもの〕を、愛の力（Liebesgewalt）と特徴づけなくてはならないのは、まったく当を得ている」。さらにゲーテに仮託して、次のように再敷衍している。「一切の移ろいゆくもの（ここに二晩にわたって諸君にご披露したもの）は、ただもう喩え話にすぎない。もちろんその現世における現象にあっては不十分なものであるが、しかし彼の地で、現世的に不十分な肉体から解放されると、その移ろいゆくものは生起し、そのときわれわれは言葉による解釈を、つまりそれにたいする比定――影像――をもはや必要としない。この作品で私が言表しようと試みたもの、しかしやはり所詮言表不能であるものこそが、彼の地では成就する。ではそれはなんだ。私は、諸君にたいしてまたしても比喩において言うことしかできない。永遠にして女性的なるものがわれわれを引きあげ、われわれはそこにおり、われわれは憩い、われわれは、現世にいるかぎり、ただ切望し、得ようともがくことしかできないはずのものを所有している」（Mahler-Werfel 1971: 352f.）。

　マーラーにとって、永遠なるもの（das Ewige）は、これに続く交響曲『大地の歌』（一九〇七〜〇八年）と交響曲第九番（一九〇九〜一〇年）の重要なモティーフであった。とくに、『大地の歌』第六楽章に、「永遠に愛し生きることに陶酔する世界（ewigen Liebens - Lebens - trunk'ne Welt）」という歌詞が置かれていることが注目される。これは、ピアノ稿から管弦楽稿へと改訂するさいに、マーラー自身が付加した歌詞である（最上英明 二〇〇三〜〇四（下）：一一八頁）。さらに、„ewig, ewig"（永遠に、永遠に）と繰りかえす『大地の歌』の終結部は、《吐息のモティーフ》として、交響曲第九番のなかで何度も再浮上する（柴田前掲書：一六三〜一六四頁）。

　一九一八年、ヴィーン滞在中のヴェーバーは、交響曲第八番の演奏会情報を得て、チケットを入手しようとしたが、果たせなかった（段落㊵要説（二）を参照、MWGII/10: 119, 175）。この作品は、一九一〇年にミュンヒェンで初演されて絶賛を浴び、またマーラー没後の一九一一年秋から翌年春にかけて、ヴィーンで一三回上演されていた（柴田前掲書：一四五〜一四六頁）。ヴェーバーは、ヴィーンで（あるいはミュンヒェンでも）この作品の評判を耳にして、興味を抱いたのであろう。

(68)　ここでは詳論しないが、筆者は、ヴェーバーとニーチェとの関係について、基本的に折原浩の見解を支持するものである（段落⑭要説（二）を参照）。その理由は《闘争》の問題と係わる。

　ニーチェは、たしかに近代の知的世界のさまざまな相貌を辛辣に批評した。そしてヴェーバーは、ニーチェの批評を重視し、それをみずからの立論に組みいれた。しかし、ニーチェの近代文明批評は、〈揶揄する〉〈悪態をつく〉といった性格の発言であって、彼の思想と行動には、そうした知の腐敗をもたらした社会的現実ないし制度的現実そのものの分析も、その現実にたいする闘争の観点も欠落しており、闘争への萌芽すらない。ニーチェには、忌むべき現実からの逃避はあっても、その現実の変革への志向性はないので、ヴェーバーの思想の根幹をなす《闘争の契機》と《闘争する人格》の淵源をニーチェに求めることはできない。

《闘争の契機》と《闘争する人格》は、ヴェーバーが、主としてマルクスとトルストイから学んだものである。ヴェーバーは、マルクスの資本主義分析とトルストイの科学批判・社会批評とを高く価値査定し、またこの二人が実践した現実社会との闘争をも高く価値査定しつつも、マルクスの予言性やトルストイの神秘主義をみずからの価値として選択・採用・内面化することは峻拒し、この二人の立論をヴェーバー流に鋳直して、独自の《闘争》論を構築し、またそれを実践したのである。したがって、トルストイからの影響を過小に見積もり、ヴェーバーのトルストイ体験をニーチェ体験に解消しようとする樋口辰雄の見解には同意できない（樋口辰雄　一九九八：二四～二六、二三五～二三六頁）。

管見のかぎりにおいて、日本のヴェーバー研究者たちは、『なにをなすべきか』『懺悔』『生《せい》について』『芸術とはなにか』「進歩および教育の定義」といったトルストイの重要著作を（ヴェーバーが読んだドイツ語訳に依拠して）読むことを怠ってきたようであり、そのため、『職業としての学問』におけるトルストイとの対論の意義を見過ごしているようにみうけられる。

（69）ヴェーバーが要求した学者＝人格者の水準は、このようにたいへん高いものだが、その要求水準に達した例として、たとえば坂田昌一を挙げることができよう。さまざまな社会問題・政治問題にかんして発言し、行動した科学者はすくなくないが、坂田はとくに、研究者や学生が置かれている閉鎖的な状況・境遇にメスを入れ、研究活動そのものの民主化と、研究団体の自主的組織化に尽力した。研究者団体（民主主義科学者協会）の創出は、ある程度までは、ドイツ社会学会へのヴェーバーの関与と対比できると思われる。そして名古屋大学における研究組織・研究体制の刷新は、ヴェーバーにはなかった新機軸であり、その意味において注目すべきであろう（西谷正　二〇一一：第七章）。

（70）一八九二年四月にベルリン大学私講師に就任したヴェーバーは、その後一度も大学職から離れることなく、一九二〇年六月に亡くなるまで、まったく切れ目なく連続して二十八年余にわたって大学教員でありつづけた。しかしこのことは、ドイツにおいても日本においてもまったく認知されておらず、彼があたかも一九〇三年九月末をもってハイデルベルク大学から退職したかのように誤認されつづけてきた。このような恥ずべき誤認が放置されつづけてきたこと自体が、ヴェーバー研究の問題状況の一端をしめしている。

筆者が、二〇〇四～〇八年に、「マックス・ヴェーバーとハイデルベルク大学——人事案件・教育活動・同僚たち——」を佛教大学『社会学部論集』に連載していたとき、彼が一九〇三年に退職していないことにはじめて気づき、一九〇三年秋から一九一九年春にいたるまで（途中一九一八年夏学期に一時休職してヴィーン大学の教壇に立っていた以外）、彼が正嘱託教授として実質的にハイデルベルク大学に勤務しつづけていた事実を突きとめた。そしてその後、詳細な追加調査を経て、確認できた事実関係を拙著『大学人ヴェーバーの軌跡』にまとめた。今後、こうした正確な事実認識にもとづいて、彼の人生行路を全面的に考究しなおす必要がある。

(71) この点で、安藤英治が、ヴェーバーの学問論を、主知主義の克服をめざす闘争をなす人格を表すものと特徴づけていたのを想起すべきである（安藤英治　一九七二b：一九頁）。

二　資　料　編

【資料一】　講演「人格と生《せい》秩序」について（フェルディナント・テンニースのメモ、一九一七年九月二十九日、十月一日、MWGI/15: 707）

（一九一七年九月二十九日のメモ）

夕刻、ラウエンシュタイン城到着。マックス・ヴェーバーの講演。

統治（執務）一　合理的、二　伝統的、三　カリスマ。

指導者問題。社会的選抜　一　内容　二　方法　三　選抜する者たち

（一九一七年十月一日のメモ）

続き。「宗教的問題」にかんする討論。「信仰と知」にかんする〔討論〕。

再度（討論会の続きで）マックス・ヴェーバー。午後、「信仰――〔なにものか〕を信じること――信仰、愛、希望」にかんする私〔の講演〕。

【資料二】　「職業としての学問」講演広報（一九一七年十一月七日付『ミュンヒェン新報（夕刊）』、*Münchner Neueste Nachrichten*, 70. Jahrgang, Nr. 564 vom Mittwoch, 7. November 1917, Abend-Ausgabe, S. 2. MWGI/17: 59）

地方欄　ミュンヒェン発、十一月七日

宮廷・人員短信

講演と集会〔この欄の一部〕

大学教授マックス・ヴェーバー博士（ハイデルベルク）は、今宵八時に、自由学生同盟の招きにより、シュタイニッケザールにおいて「職業としての学問」を語る。チケットは当日券売場で。

【資料三】　「職業としての学問」講演概要紹介記事(1)（一九一七年十一月九日付『ミュンヒェン新報（朝刊）』、*Münchner Neueste Nachrichten*, 70. Jahrgang, Nr. 567 vom Freitag, 9. November 1917, Morgen-Ausgabe, S. 3. MWGI/17: 59f.）

地方欄　ミュンヒェン発、十一月八日

宮廷・人員短信〔この欄の一部〕

職業としての精神労働。肉体的業績が特別な評価を受ける時代に、この論題が検討に値することを認めなくてはならない。自由学生同盟バイエルン支部は、精神的労働が職業生活と結びつく可能性を論ずる四本の講演を実際に企画した。

講演シリーズの劈頭を飾って、大学教授マックス・ヴェーバー博

士（ハイデルベルク）が、シュタイニッケ芸術ホールにおいて「職業としての学問」という論題を詳論した。それは、なみはずれて生気に溢れ、才気に満ち、最初から最後まで聴衆を惹きつけた少人数講義であり、これを聴きそこなったのなら残念なことだ。最初に論じられたのは、職業としての学問が、この言葉の外的な意味においてどのように展開されているのかである。またそのさい折に触れて、アメリカの大学運営を素材として、彼自身の思い出話が活用された。講演者が科学の内的使命を語るにいたったとき、考察の範囲は広がった。ここで、講演予告が物語っていたことをはるかに超えるものが開陳された。つまりそれは生《せい》の哲学の一端であった。今日《こんにち》、優れた業績は専門家の業績とされていることに注意が喚起された。情熱が、すなわち無条件に「本分に事えること」が、学問的業績の前提である。芸術家と学者は、着想すなわち想像力というひとつのことを共有している。しかしながら科学は進歩に事えている。つまり凌駕されることがまさに科学の意味である。ここで「無前提の学問」という概念にたいして、根拠をしめして詳論がなされた。学問的成果が、進歩の系列に組みこまれている。主知化は、生活条件についての知識を意味する。つまりそれは、なにかを知りたいと欲すれば知ることができるかのように信じこむことを意味する。つまりそれは現世の呪力剥奪を意味する。学問は人生のためになにをなすのか。それは知識と思考方法と明晰性とを提供する。学問が今日《こんにち》ひとつの職業であるということは、歴史的に生成した免れえない論理である。それではわれわれはなにをなすべきかという問いにたいして、学問はなにも答えないのである。

講演者にたいして、非常に多くの聴衆による盛大な謝意がしめされた。これに続く夕べに、ハウゼンシュタイン博士(2)が「職業としての芸術」を、ケルシェンシュタイナー博士(3)が「職業としての教育」を講演する予定である。

【資料四】『職業としての学問』刊行前後の書簡から

資料四―一　マックス・ヴェーバーのマリアンネ・ヴェーバー宛書簡から（一九一九年六月二十八日付、発信地ミュンヒェン）(MWGII/10: 667)

『仕事ぶり』は非常にいまひとつで、一日一～二時間といったところだ。びっくりするほどくたくたで、頭は不快な状態だ。しかしきっとうまくいくだろうし、元のようにできるようになるには、ゆっくりと『馴らすこと』がたぶん唯一の方途だろう。いま、印刷用に調えるために『プロテスタント倫理』をやっている。そのあと『経済倫理』だ。並行して社会学(4)、そう、これは講義への緒言（だった内容）だ。どうなるか乞うご期待！　僕は、いまはとにかく文筆人であり、教壇人ではない。しかし、あらざるをえないものはあらざるをえない(5)。

資料四―二　マックス・ヴェーバーのマリアンネ・ヴェーバー宛書簡から（一九一九年七月五日付、発信地ミュンヒェン）（MWGII/10: 675f.）

とくに変わったことはなく、（『プロテスタント倫理』その他の論稿にかんする）仕事を非常にゆっくりとすすめていて、この案件をきっとやりぬくだろうし、それにまた、冬には本格的な休養があり、誰かにのしかかっている抑圧がすべて流れさる手筈になっている。

一昨日、最初の学部教授会があった――四時間半もかかった！――。〔アルトゥール・〕ザルツの教授資格請求論文だけでもう二時間かかっており、これはとにかく却下された――予想通り、「レーテ共和国」に係わるすべてに憤激が起こり、反ユダヤ主義、ハイデルベルク大学から転じて教授資格を試みていることへの反感等々――このすべてが一斉に起こった。結局、要するにザルツは苦情を言うことができない。というのは、実際には、事の理由はほんとうに存在しておらず、彼ならハイデルベルクでひきつづきうまくやっていくことができたはずだからだ。彼の最新作〔＝教授資格請求論文〕はどのみち不出来だった〔＝もう済んだことだ〕し、またその書き替えはできないし、また加えて彼はこのことを熟慮すべきだったのだ。ともかく、私からみれば、彼と、とりわけゾーシャ[6]はやはりじつに残念で〔彼は、まず当地〔＝ミュンヒェン〕から、それからさらにコンスタンツからも追放されたんだが、どこへ行けばいいのか見当がつかない〕、まあ明日この夫婦の許に行くよ。今日エルゼ〔・ヤッフェ〕から、彼女の「恋の使者」パーシー[7]〔・ゴートハイン〕――彼は、目下「プスススト！」というおそろしい鳴き声に晒されている。〔パーシーの母〕マリー・ルイーゼ[8]は、彼女の誕生日にプレゼントを受けとるまで、〔息子が〕詩作を始めていることをぜんぜん知らなかったそうだ。彼はみずから「霊」を招きよせ、一日中「彼のミューズ〔＝文学好きの母親〕で手一杯」だ――を通じて、メモが届けられた。僕は今日彼女〔＝エルゼ〕と話すつもりだ。それで、たぶん彼女は、またエドガル[9]のために話をするだろう。なんにせよすぐ先方へ行ってみよう。昨晩はロッツ邸にいて、ブレンターノとボン[10]も同席していて、ボンは、ヴェルサイユの件で、またエルツベルガーの非常にまずい役回りについてずいぶんとしゃべった。僕は、そのほかはまったくもって家に引きこもっていて、――ようやく、たぶん、なにか暖かい感覚が来ている。それは非常に高揚したひとときで、思うに、僕にはいい兆しで、よくなったらそのうち一日どこか緑のあるところへひとりで行ってみる。というのは、なぜかはわからないが、どうもこれが一番の骨休めになるからだ。〔たった〕いま『職業としての政治』と『職業としての学問』の発送が完了した。二～三日中に、君宛に何冊か献呈用の本を送る〔リッケルト、ヤスパース、トーマ等々には僕から直接送付する〕。

【資料五】　フリートヨフ・ノーアク[11]のマリアンネ・ヴェーバー宛書簡から（一九二四年十月二十六日付、発信地ミュンヒェン）

（BSBM/Ana 446.C (19)）

敬愛するヴェーバー教授夫人

貴女が何カ月もご所望でした一九一八年十一月四日の講演にかんする報告[12]を同封いたしましたのでご査収下さい。小職自身が用意いたしました新聞からの抜粋は、すでに六月中にできていたものでございます。しかしながら、私の匿名の審査者たちは、何度もくりかえし督促したにもかかわらず、完全に、あるいはいままで私〔の要請〕を黙殺しておりました。小職が突きとめることができたことは、同封したものにまとめました。〔中略〕マックス・ヴェーバー自身の思想は、たしかに〔一九〕一八年十月〜十一月の『フランクフルト新聞』（現在は『政治論集』に収録[13]）によっても確認できます。

重要な信仰告白講演『職業としての学問』は、『ミュンヒェン新報』のバックナンバーで確認しますと、すでに一九一七年十一月初頭の七日に、イマヌエル・ビルンバウムによって開催された自由学生同盟の連続講演のなかでおこなわれておりました。当時小職はギーセンで初年兵でした。『職業としての政治』は、一年半後、一九一九年二月か三月に、『学問』が第一講演であるこの連続講演の掉尾として[14]（当地のシュタイニッケザールで）おこなわれました。私自身がその〔＝『職業としての政治』の〕聴衆のひとりであり、マックス・ヴェーバーが、（その当時）〔講演のなかの〕そこここで労農評議会経済にたいする超然たる軽視を語ったことを鮮明に覚えております。また別の箇所で、彼は、挿話的に、貴女が議員として加わっておられたバーデン地方議会の討論にさいして、この評議会の機関銃による威嚇があったことにも言及しました。たぶんこのことは、さらに詳しい〔この講演の〕日付特定のために役立つことでしょう。

それはそうと、貴女は、学位公開討論にさいしての輝かしいモムゼン挿話をもうご存知ですか。モムゼンの結語は、おおよそ、「ここにいる息子よ、汝にわが槍を授けよう」といった内容だったとのことでした。小職のかつての師ロッツ[15]は、このときマックス・ヴェーバーの対論者としてそこに居合わせており、いまから四週間前の夕刻、シュトゥットガルトで、私とテーオドール・ホイス[16]にこの話をしてくれて、この〔ふだんは〕感情を表に出さない人が、思い出話のなかで文字通り顔を輝かせていました。ところで、彼が言うには、もしも貴女がもっと詳しくこの挿話について知りたいのなら、依頼状をください（ミュンヒェン、マンドル通五のⅡ）とのことです[17]。なんにせよ、ロッツの話は、私にとっては忘れられない時間でした。

経済史論集の巻[18]が刊行されることを予告なさった貴女の今月九日付のお葉書が到着するのと同時に、その巻そのものも到着しました。そして小職は、まさにこの数日間、古ゲルマンの社会制度と古代農業史にかんする論稿に取りくむ実り豊かな早朝の時間を送っておりました。しかしそのあと、『経済史』[19]のなかの社会史的章のいくつかについて、また一九一八年の「社会主義」講演[20]について読みすすめ、まさに内的感動をもって、四日間の〔私の〕講演に向けての題材と精神的興奮とを獲得しました。小職は、次の二週間、この講演のなかで、ミュンヒェン社会民主主義経営評議会にたいして、階級の本質について講ずることになっております。これは非常に反マルクス主義的なものになるでしょうし、マックス・ヴェーバーの批判の激流から掬いとったものを、暗愚なマルクス主義的正統信仰のなかに注ぎいれることがうまくいくかどうか、小職は気が張っているところです。

〔以下、この段落の末尾と謝辞と書簡末挨拶とを省略〕

一九二四年十月二十八日の追伸

前述した内容物は、一夜経って〔インクが〕乾きましたが、昨日早く、ほぼ四カ月待っていたビルンバウムの報告[21]が到着しました。非常に詳細なこの書簡中から、本質的な箇所を抜きだしておきます。

一九一八年十一月四日の集会について〔以下この項省略〕

講演『職業としての学問』『職業としての政治』について

自由学生同盟の年長者であるビルンバウムとその友人たちは、アルフレート・ヴェーバーの門下生であるアレクサンダー・シュヴァープ[22]の「職業と若者」（『白草紙』一九一七年五月号）と題された論稿に刺激を受けて、「職業（Beruf）、とりわけ『精神的』職業は、この語の本来の高貴な意味において、いまなお可能か」という問題に取りくみました。こうして彼〔＝ビルンバウム〕は、マックス・ヴェーバーへの要請のなかで、この論題を呈示しました。見込まれている四つの講演（職業としての学問・教育・芸術・政治）のなかで、マックス・ヴェーバーには第一のものを引きうけてもらう手筈になっており、第二のものはケルシェンシュタイナーに了承され、第三のものはヴィルヘルム・シェーファー[23]に〔宛てられました〕。「ヴェーバーは、『若者のデマゴーグ』云々として彼がひどく軽蔑するヴュネーケンが教育講演をなさないことをとりわけ喜びました」。政治の講演者が長く懸案となっていたとき、マックス・ヴェーバー自身はナウマン[24]を推薦しました。「彼について、ヴェーバーは、その時代の正真正銘のドイツの代表的政治家だとみなしていました」。〔しかし〕ナウマンは、病気のため固辞しましたので、マックス・ヴェーバーは、この講演をも自分で引きうける必要に迫られました。

「ヴェーバーにとって重要なことは、彼の講演の聴衆のなかでは、自由学生同盟と、文学的で革命的な思想傾向をもつ学生グループ（トルムラー[25]、ロートら[26]）も代表者であったことで、彼は、自分が同席している機会に、こうした人々と討論しました。いまでは、すでに公刊されている書簡から、彼が、トルムラーとも書簡を交わしていたことがわかります[27]。両講演中の論述のなかで際立った箇所は、とりわけ若者のなかのこうした傾向を相手としています。また二番目の講演〔＝『職業としての政治』〕では、おそらくエルンスト・トラー[28]（ビルンバウムは、トラーをともなって、ときおりグリュンヴァルト・ホテル[29]に投宿中のマックス・ヴェーバーを訪ねました）を相手としています。革命的な心情を有するまさにこのグループと討論したいというマックス・ヴェーバーの欲求がいかに強かったかは、レヴィーエン[30]と知りあいたいという彼の願望から看取されます。というのは、ヴェーバーは、もう長いあいだロシアのボリシェヴィキたちとの接触がないままだったからです。それゆえ、彼の最後の一連の講演のあちこちで引用されているヴィーンのアードラー夫人との対論[31]（革命は戦争と等価だということになります）は、彼にはまだ満足できるものではありませんでした。というのは、ツィンマーヴァルトの方向[32]は、全体として、まだ極端な左翼を代表するものではなかったからです。」「心性倫理と責任倫理とをヴェーバーが峻別したことにたいする討論は、後年の重要な文献にまとめられており、今《こん》日《にち》おそらくすでにゼミ演習の大きなリポートの論題なのではないでしょうか」。

「マックス・ヴェーバーは、議会の議事速記者の手で記録された速記文字原稿を受けとり、この原稿に尋常でないほどの増補と改訂を加えました。私がいまなお覚えておりますのは、彼の小さな文字で書かれたひどく読みづらい膨大な書き込みで、これについて、フォイヒトヴァンガー博士（ドゥンカー&フンブロート社）が言うには、さいわいにも、この筆跡にとくに通じているとみなされている植字工がみつかったとのことでした。この判読を終えてしまわないと、まったくもってこの原稿の十全の読破は不可能でした」。

あらためまして心からのご挨拶を

F・ノーアク

〔以下、この書簡を口述筆記していたノーアクの妻のマリアンネ宛挨拶と、三頁から成る参考資料(33)を省略〕

【資料六】『職業としての政治』第二版（一九二六年）**への「序言」(34)**（マリアンネ・ヴェーバー）(Weber, M., *Politik als Beruf*, 2. Aufl. München: Duncker & Humblot, 1926, S. 5)

以下に掲載する著作にしめされている見解は、ミュンヒェンの自由学生同盟の依頼で、一九一九年の革命期の冬に無料講演として伝えられ、それゆえ〔以下においても〕なお直接口述された言葉そのものの姿を保っている。『職業としての学問』と同様に、この講演は、〔もともと〕何人もの講師が担当する連続講演の一部であり、この連続講演は、兵役を解かれ、戦時期および戦後期〔＝革命期〕の体験によって深く揺りうごかされていた若者たちにたいして、精神労働にもとづくさまざまな活動形態のための道標を提供するはずのものであった〔が、結局完結しなかった〕。講演者マックス・ヴェーバーは、これを印刷に付するために、自己の議論に加筆訂正を施し、一九一九年夏、現在の体裁において第一回目の刊行をおこなった。

ハイデルベルク、一九二六年八月

マリアンネ・ヴェーバー

【資料七】「私はいかにしてシュヴァービングの書店主になったか」（ゲオルク・C・シュタイニッケ）(Georg C. Steinicke, Wie ich der Schwabinger Buchhändler wurde. *Münchner Mitteilungen für künstlerische und geistige Interessen*, Jg. 2, H. 40, 1928, S. 605–607)

（※文中で挙げられている人物については人名索引を参照）

最初は「微々たるもの」だった。つまり小さな文具店の跡地(35)に店を開き、アウグスト・シェルルの『ヴォッヘ』誌(36)〔からの切り抜き〕を効果的に〔広告〕文に貼りつけたときようやく、まず遠慮がちにぱらぱらと、それからどんどん大勢〔の客〕が近所の食品店からやってきて、この最初の客である女中たちが、〔自分の勤務先に〕戻って、シュヴァービングの〔新しい〕書店について知らせた。

次の客は二〜三の若い文士たちで、彼らは、書店の向かいのカフェ「レーオポルト」〔ここはのちに飲食店「ベンツ」になった〕からやってきた。彼らが最初のうち私の書店の貸本コーナーをうろうろしていたとき、彼らは、それでもすくなくとも私に無形の励ましをくれたし、この一角が将来夢物語のような発展を遂げる様子を私に語ってくれた。じきに私の貸本業が評判になり、さっそくヴィル・フェスパー、ハンス・ブランデンブルク、〔その頃はまだ出版社主だった〕ヴァルデマル・ボンゼルス、ヴィルヘルム・ミヒェル、カール・シュロースらの若き「名士たち」が常連客になり、私は、いつも喜んで彼らの〔集書〕提案に従うことにした。大勢の読者が人だかりをなして「中央」に居座った。新しいものにたいしてはなお懐疑的な姿勢をとる人びとがおり、当時〔書店業の〕同業者たちのあいだでは、私が何軒かの書店をもってミュンヒェンを「汚染し

書店跡地に掲げられている「パパ・シュタイニッケ」の記念レリーフ（筆者撮影）.

ている」という話がもちあがったものだ。次の一歩は「グラフィック・アート展示室」の開設で、昔キュウリや保存食品や酒類の貯蔵庫だったところにこれを開いた。またここの小さな中庭で講演会を開催した。マックス・ローエは、当時はまだ『ミュンヒェン新報』紙で美術評論を担当していて、ここで「フランス印象派」にかんする最初の討論会をおこなった。これが〔後年の〕「シュタイニッケザール」の萌芽だ。グラフィック・アートの競売は、ずたずたに引きさかれた『パン』[37]誌の紙片が舞いちるもので、そこでは二〇ペニヒから競りに参加することができ、若い学生に、遊び半分で、あるいは大まじめで彼らの収集欲を焚きつける機会を提供した。そうこうするうち、アウクスブルクに支店を開設し、そこでも同様に、同じ経営方針のもとに好意的な読者層を集めた。アウクスブルクに招かれたミュンヒェンの講演者たちは、たしかに期待通りの喝采を得られるとは限らなかったが、伝統重視のフッガーの都市に、独自の活気の評判を喚起した。一九一四年初頭にアウクスブルク支店をふたたび売却することができ、私のミュンヒェン本店について長年温めてきた計画を実現させるのに好都合だと思われた。この計画が認められ、古い建物が取りこわされはじめたとき、戦争〔＝第一次世界大戦〕が勃発し、その膠着化が草創期のシュタイニッケザールに尋常でない重荷となった。

　戦争中でさえ、「シュヴァービングの書店主」をたびたび気に入ってもらわなくてはならなかった。それどころか、なんと非常に熱を帯びた調子で。私は、連隊長御用達の〔書籍〕売買において責任があり、このとき軍司令部の最上層部から命令を受けた。興奮した様子の連隊長は、「なんということだ、シュヴァービングの書店主よ、軍令は文学談義だとさ」と叫んだ。

　このとき起きたことは語り種で、ミュンヒェンは、政治のせいで死に瀕していて、それは書店業にとっても絶望的にみえた。勇を鼓して、自由で精神的な芸術創作のために尽くす者はまったくみられなかった。この地でそれをなしたのはシュタイニッケザールで、五年にわたって、自由・独立で、左派にも右派にも目をやることなく、精神的に価値あるもののために役立ち、そのために犠牲を払った。

　そして、この時期にシュタイニッケザールでミュンヒェンの心ある人々の前でくりかえしこころよく講じた人々の名を聞き、あるいは目にする者は、共鳴を失ってしまった都市のためのこのホールの活動の性質・意義を、以下の名のなかにもっともよく認めるのである。フランク・ヴェーデキント、ハンス・ヨースト、アルトゥール・クッチャー、グスタフ・ヴュネーケン、マックス・ケンメリヒ、オットー・フラーケ、トーマス・マン、ハインリヒ・マン、テーオドール・ドイブラー、ヘルマン・オープリスト、リカルダ・フッフ、A・デ・ノーラ、ヨーゼフ・ベルンハルト、ラオウル・フランセ、ハンス・ブランデンブルク、ベッヒャー教授、カール・フォスラー、フェルヴァイエン、フリッツ・シュトリヒ、ヴィルヘルム・シェーファー、ルードルフ・ボルヒャルト、パウル・エルンスト、ヴィルヘルム・フォン・ショルツ、ルートヴィヒ・ハルト、ティム・クライン、ルート・シャウマン、ハンス・カロッサ、ヴィリ・ザイデル、カール・ファレンティン、ベリース・フォン・ミュンヒハウゼン、ルードルフ・フォン・デーリウス、オスカー・マリーア・グラーフ、マイヤー＝グレーフェ、ブルーノ・フランク、ゴットフリート・ケルヴェル、ヨーゼフ・ポンテン、マックス・ハルベ、ユーリウス・クライス、クラブント、J・M・ヴェーナー、ゴットフリート・タッシロ・フォン・シェッファー。学者たち、詩人たち、歌手たち、預言者たち、これらの人々全員が、この時期にシュタイニッケザールで古いものと新しいものとの架橋に手を貸し、それはいまもなおこのホールの歴史的功績でありつづけている。また、この激動の時代には、最初フェルバーのもとで、のちにメリンガーのもとで実験舞台が開かれていたこともなお付言しておきたい。また『アルゴナウテン』誌[38]が、当時はまだ這い這いの状態だったが、この場所からこの世へと産声を上げたことも忘れるべきでない。

「夢遊病者祭」[39]もこの回想に入れる必要はないのだろうか。そうではあるが、これは、ミュンヒェンのカーニバル思想の下品などんちゃん騒ぎと誤解の時期に、またしても伝統に培われたパーティを維持したものである。さらにいくつか言うべきことがあるのだが〔もう紙幅がない〕。〔たとえば〕書籍市の社会経済的設置について、これは当初書店業界から反対されたものだが、のちにはひろく同様の催しがおこなわれた。シュヴァービングについて、たくさんのくだらないことが語られている。それにしても、この一角から、じつに多くの立派な人士が輩出し、そして大都市ミュンヒェンを特色づけたことは、われわれが将来自由な精神的創作の思想にふたたび貢献する動機づけとなるだろう。

〔資料編への訳注〕

（1）　この新聞記事は、（最後の段落を除いて）ヴォルフガング・モムゼンが紹介しており、既訳がある（安世舟他訳『マックス・ヴェーバーとドイツ政治一八九〇～一九二〇 Ⅱ』未來社、一九九四年、五一八頁）。

（2）　ヴィルヘルム・ハウゼンシュタインは美術史評論家である。彼は、一九一七年十月末にミュンヒェンに戻り、翌月から『ミュンヒェン新報』紙の仕事を始めているので（Hausenstein 1999: 514）、この頃ビルンバウムが彼に打診したのであろう。しかし彼の講演は実現しなかった。

（3）　ゲオルク・ケルシェンシュタイナーは著名な教育学者である。ビルンバウムによる再三の慫慂にもかかわらず、彼の講演そのものは実現しなかったが、ほぼそれに相当する（と推定される）内容の著書が後年公刊された（Kerschensteiner 1921/59）。研究編三三七頁を参照。

（4）　この「社会学（Soziologie）」は、『経済と社会』の最初のほうのカテゴリー論を指していると思われる。これは、一九一九年夏学期の講義「社会学（Gesellschaftswissenschaft）のもっとも一般的なカテゴリー」にもとづいている（MWGII/10: 667, Anm. 10）。

（5）　この「あらざるをえないものはあらざるをえない（was sein muß, muß sein）」という言は、『倫理と精神』中の次の言句のパラフレーズである。「ピューリタンは職業人であろうと欲した——われわれはそうあらざるをえない（der Puritaner *wollte* Berufsmensch sein, — wir *müssen* es sein)」(MWGI/9: 422, RSI: 203)。

(6) ゾーシャ・ザルツはアルトゥールの妻である。

(7) この書簡が書かれた頃、パーシー・ゴートハインは、一時的にヤッフェ邸に寄宿していた（MWGII/10: 676)。

(8) パーシー・ゴートハインの母マリー・ルイーゼは、文化史研究者で、とりわけ造園史の研究者として知られ、この方面の著作がある。文学全般に造詣が深く、グンドルフを通じてゲオルゲと交友を結んだ。直前に書かれている „Pßßßt!“ という擬声語は、自分の誕生日に贈られた息子の詩を読んだ彼女の舌打ちの音（いわゆる「駄目出し」）ではなかろうか。

(9) エドガル・ヤッフェは精神疾患のため療養中であった。

(10) ヴァルター・ロッツとモーリッツ・ユーリウス・ボンはブレンターノ門下の経済学者で、この当時、ロッツはミュンヒェン大学に、ボンはミュンヒェン商科大学に勤務していた。

(11) フリートヨフ・ノーアクはミュンヒェンの公文書館員・歴史研究者で、マリアンネの依頼でヴェーバーの事績を調査していた。

(12) 一九一八年十一月四日にミュンヒェンで開かれた進歩人民党の集会において、ヴェーバーは、「ドイツの政治的新秩序」と題した講演をおこなった。マリアンネは、ヴェーバーの伝記を執筆するさい、この講演の内容を確認するため、ノーアクに資料送付を依頼した。ノーアクが彼女に送付した「報告」は、『全集』に収録されている新聞記事である（MWGI/16: 359–369)。

　この集会にかんして、ノーアクはビルンバウムに問いあわせたようであり、ノーアクは、この集会に参加していたビルンバウムによる報告をもマリアンネに送付している。ただし、ここではこのビルンバウム報告をカットした。彼女は、送られてきた新聞記事とビルンバウムの報告とを参照して、伝記中でこの講演の模様を伝えている（LB1: 638f., LB2: 673–675)。

　なお、この講演「ドイツの政治的新秩序」の聴衆のなかにカール・シュミットがいたことがわかっている（佐野誠　二〇〇三：五二)。

(13) 論説「次の内政的課題」「停戦と講話」「ドイツの将来の国家形態」を指す。いずれもマリアンネが編纂した『政治論集』初版に収録されている（GPS1: 337–376)。

(14) ノーアクは、講演「職業としての教育」「職業としての芸術」がおこなわれ、「職業としての政治」が四番目の（最後の）講演だったと勘違いしている。また、「政治」の講演時期を「一九一九年二月か三月」としているが、正しくは一九一九年一月二十八日である。

(15) ベルリン大学では、学位審査にさいして公開討論が開かれた。ヴェーバーの場合、オットー・バウムガルテン、ヴァルター・ロッツらが対論者として招かれ、ヴェーバーの立論に攻撃を加えた（LB1: 121, LB2: 132)。

(16) 第二次世界大戦後、西ドイツの初代連邦大統領となるテーオドール・ホイスその人である。直接の師はブレンターノで、ホイスはヴェーバーとも親しかった。

(17) マリアンネは、ノーアクからこの情報を得て、実際にロッツにたいして依頼状を書く。そしてそれを受けて、ロッツは、マックス・ヴェーバーにかんする回想記を書いてマリアンネに送っている

(GStAPK/MW21: 2a–b)。マリアンネは、この回想記の後半部分を伝記中で引用している (LB1: 121, LB2: 132)。

(18) マリアンネが編纂したヴェーバーの論文集『社会史・経済史論集』(*Gesammelte Aufsätze zur Sozial- und Wirtschaftsgeschichte.* Tübingen: J. C. B. Mohr (Paul Siebeck), 1924) を指す。

(19) ジークムント・ヘルマンとメルヒオール・パリュイが編纂したヴェーバーのミュンヒェン大学における一九一九／二〇年冬学期の講義録『経済史』(*Wirtschaftsgeschichte; Abriss der universalen Sozial- und Wirtschafts-Geschichte.* München: Duncker & Humblot, 1923, MWGIII/6) を指す。

(20) ヴェーバーがヴィーンでおこなった講演の記録『社会主義』(*Der Sozialismus.* Wien: „Phöbus" Kommisionsverlag Dr. V. Pimmer, 1918, MWGI/15) を指す。

(21) ビルンバウムのこのノーアク宛書簡そのものは遺されていないので、以下に記すノーアクによる抜き書きが貴重な資料である。以下カッコ書きになっている部分がビルンバウムの記述からの引用記述、地の部分はノーアクによる要約記述である。

(22) シュヴァープについては、ビルンバウムの「あとがき」への個別注解2を参照。

(23) ビルンバウムは、詩人ヴィルヘルム・シェーファーに講演「職業としての芸術」を依頼したが、ビルンバウムの書簡（三五〇頁）によると、シェーファーは延期を懇請し、そして結局実現しなかった。ただし、シェーファーは、シュタイニッケザールで別の講演をおこなっている（後出資料七を参照）。

(24) フリードリヒ・ナウマンは、ヴェーバーと親交のあった政治家である。

(25) エーリヒ・トルムラーは、ルードルフ・シュタイナーに学んだ人智学者である。

(26) オイゲン・ロートは詩人で、トルムラーやトラーと親交があった。

(27) 一九一八年一月十七日付エーリヒ・トルムラー宛書簡は、マリアンネの編纂した『政治論集』（一九二一年）に収録されている (GPS1: 474f.)。

(28) エルンスト・トラーは詩人で、第一次世界大戦中、ハイデルベルクでヴェーバーに師事していた。ミュンヒェン革命に参画し、その後アメリカに亡命する。

(29) ミュンヒェンのホテルで、ヴェーバーの定宿である。

(30) マックス・レヴィーエンはドイツの革命家である。

(31) 医師イェニー・アードラーは、オーストリア・マルクス主義の理論家マックス・アードラーの妻である。ヴェーバーは、一九一九年二月三日の会合における発言のなかで、「トロツキーは、〔ブレスト＝リトフスクの〕交渉にさいして、けっして誠実な態度をとらなかったそうで、フォン・アードラー夫人は、もしも戦争がなお三年続き、そのあと世界革命が生起することが確実なら、われわれには好都合だとヴィーンで言ったそうだ」と語っている (MWGI/16: 206, MWGI/17: 239)。これが、ノーアクによって「革命は戦争と等価だ」と要約された対論の内容である。なお次注を参照。

(32) 一九一五年にスイスのツィンマーヴァルトで開催された国際社会主義者会議において形成されたツィンマーヴァルト左派の方向を指す。ヴェーバーは、『職業としての政治』のなかで、「〔ツィンマーヴァルトの方向における〕革命的社会主義者たちが、すでに大戦中に、『もしもわれわれが、なお数年の戦争と、その後に続く革命とを選ぶのか、あるいは、いますぐ平和と無革命とを選ぶのかの選択を迫られているのならば、われわれは、なお数年の戦争のほうを選ぶ』という言葉のなかに簡潔に定式化できるような原理を信奉していることを告白した」と述べている（MWGI/17: 239）。

（33）この書簡には、「ドイツの新しい政治秩序」にかんするヴェーバーの講演（一九一八年十一月四日）をめぐる激しい討論の様子を活写した資料が添付されている。

（34）この「序言（Vorbemerkung）」には、市西秀平による既訳がある（『世界大思想全集 社会・宗教・科学思想篇二一 ウェーバー』河出書房、一九五四年、一六九頁）。

この訳業を市西のものとみなすことにかんしては説明が必要である。というのは、この訳書において、『職業としての政治』の訳者は清水幾太郎とされているからである。ところが、一九六二年に「改訳」を出すとき、清水は、その「解説」中で、清水名義で刊行された一九三九年および一九五四年の訳業は、全面的に市西の手になるものだったこと、印税は全額市西に支払われたこと、また清水自身は、この市西訳に目を通すことすらしなかったことを明かしている（『世界教養全集一五 空想から科学へ 共産党宣言 職業としての政治 矛盾論 第二貧乏物語』平凡社、一九六二年、一八九頁）。そこで、これを「市西秀平訳」とみなすことにした。

（35）シュタイニッケ書店は、アーダルベルト通一五番に位置していた。ミュンヒェン大学から西へ歩いてすぐのところで、王宮からも徒歩圏内にある。

（36）『ヴォッヘ』誌はイラスト入りの雑誌で、シュタイニッケは、ここからイラストを切りとり、自分の書店の広告（店頭のポスターか配布チラシ）に貼りつけて使ったようだ。

（37）『パン』はベルリンで刊行されていた文芸誌である。

（38）『アルゴナウテン』はハイデルベルクで刊行されていた雑誌である。

（39）Nachtwandler-Feste については不詳。若者たちのしでかした乱痴気騒ぎらしい。

あとがき

近年、さまざまなジャンルの古典的な作品にかんして、「新訳」が数多く出版されている。それによって古典に親しむ人が増えるのは喜ばしいことだが、「読みやすい」「わかりやすい」として評判になっているもののなかには、原著者の置かれていた歴史的状況を訳者が知らず、原典の入りくんだ論旨や重要な論点を訳者が理解できないまま、そうした箇所を飛ばしたり、勝手な作文に走ったりして、さもわかりやすいかのようにみせかけている似非訳（いわゆる「超訳」）もみうけられる。こうしたケースでは、訳が新しくなればなるほど原意から遠ざかっていくという主知主義的退行（末人状況）が生じるので、「新訳」を出した意味がない。すくなくとも社会科学の古典にかんして、優れた翻訳は、読みやすくわかりやすい翻訳ではなく、読む者を、原著者とともに深い考察へと誘《いざな》う《考えさせる》翻訳である。

そもそも、（おそらく文学作品は事情が異なるのであろうが）社会科学において、すでに翻訳が存在する著作の新訳を出すことが正当であるのは、旧来の訳に問題があり、どうしても訳しなおさなくてはならないかぎりにおいてである。そうではなく、旧訳に部分的な訂正や補充が必要な場合、あるいはテキストの批判的研究がすすんだため、最新の研究成果を反映する必要がある場合には、旧訳の補訂という方法が適切である。実際、原訳者の名を残し、原訳者の功績を尊重し、そこに新たな研究成果を盛りこんで豊富化を図った良心的な補訂訳書がいくつか存在する。ところが、昨今の新訳のなかには、旧訳の誤りを直さず（それに気づかず）、それどころか、かえって新たな誤訳を付加してしまった粗忽な訳書があり、あるいは、旧訳（他人の訳）をほとんどそのまま踏襲して多少表現を変えただけであるのに、あたかも別人が新たに訳したかのように偽装している末人的似非訳書すら散見される。

したがって、筆者は、基本的にこの「新訳」ブームに与しないのだが、『職業としての学問』にかんしては、これまでまともな翻訳がなく、長年にわたって、研究者の使用に堪える邦訳が望まれてきており、筆者自身も、もっとましな訳がほしいと思っていた。この作品にかんしては、きちんと訳しなおさないと、読者はけっして原著者（講演者）の真意をつかむことができない。だからどうしても新しい訳が必要であった。そして従来の訳の最大の欠陥は、ヴェーバーとその時代とにかんする無知であるから、「新しい訳」の必須条件は、ヴェーバー個人とその思想とその時代とにかんする入念な考証を踏まえた翻訳である。そこで、本書において提供するのは、こうした条件をある程度まで備えた《時代考証訳》である。

＊　＊　＊

本書に掲載した訳文は、もともと、筆者が『大学人ヴェーバーの軌跡——闘う社会科学者——』（晃洋書房、二〇一一年二月刊）を執筆しているとき、そのかたわらで作成していたものである。拙著は『職業としての学問』と密接な係わりをもっているが、その執筆中に、この講演録の従来の翻訳（邦訳・英訳）がまったく役に立たないことにあらためて閉口させられ、このさい自分できちんと訳しておく必要に迫られ、二〇〇九年末から二〇一〇年三月にかけてひとまず訳しおえた。

訳出にさいしてとくにむずかしかったのは、誤解と歪曲に満ちた従来の訳をすべて忘却することであった。旧訳を忘れさったところで原文と正対し、これまで筆者が蒐集してきた関連史料群と照らしあわせ、ヴェーバーの他の著作の記述とも照合し、歴史の大状況を勘案しつつ、彼の放つ辛辣な言葉の重みを全身で受けとめたとき、その肉体の苦痛のなかから醇乎たる豊穣な内容が浮かびあがってきた。それは大きな驚きであり、なにものにも代えがたい愉悦であった。そうした苦痛を通じた愉悦を、本書の読者にも味わってほしいと思う。

訳出後、この講演録の理解・解釈のために必要な注釈を作成しはじめたが、この作業――とりわけ典拠探し――は予想通り難渋を極め、現時点でもまだ十分なものではない。しかし、これ以上先延ばしにするよりも、この段階で世に出すべきだと判断した。

本書の内容の大部分は、二〇一二年末にすでに脱稿していたのだが、注の数と注記文の分量があまりにも膨れあがったため、どういう体裁を与えるのが適切か考えあぐねていた。その後、二〇一三年夏・二〇一四年夏の追加調査によって補充・補強し、必要な考証をほぼ終え、また長すぎる原稿の削減をすすめた。その後、注釈のうち、各段落を読解するうえでとくに重要な論点を、段落毎にまとめて配し、細部にわたる注記は個別注に置くこと、つまり「要説」と「個別注解」との二種の注釈に仕分けるのが合理的であることに思いいたった。そこで、この方針に立ち、第Ⅰ部をコメンタール形式でまとめなおし、第Ⅱ部を、詳細な時代考証を中心とする「研究編」と、日本初紹介のものを中心とする「資料編」とで括った。晃洋書房の井上芳郎・石風呂春香両氏は、本書の趣旨をよく理解され、こうした大部の書物にたいして、読みやすい体裁を与えるよう腐心された。こうして成ったのが本書である。

＊　＊　＊

注釈を積みあげているあいだに、ミュンヒェン、ハイデルベルク、ベルリン、マルバッハ他における追跡調査によって、この講演録にかんする新事実を発見することができた。そのさい、『マックス・ヴェーバー全集』編集部のエディット・ハンケ氏には、筆者の調査にたいして、数次にわたって格別の便宜を図っていただいた。とりわけヴィンケルマンによる『科学論集』第三版の編纂状況の詳細については、氏のご協力なしには突きとめることができなかった。ハンケ氏のご厚情にたいして深く感謝したい。バイエルン州立図書館手稿室に寄託されているヴェーバー夫妻遺稿集の閲覧許可を賜ったペーター・

ミュンヒェン・レジデンツの一角にあるバイエルン学術アカデミー．最上階に『マックス・ヴェーバー全集』編集部がある（筆者撮影）．

ヴェーバー＝シェーファー教授（ボーフム大学）とM・ライナー・レプジウス教授（ハイデルベルク大学）にも感謝したい。

三木正之先生（神戸大学）には、長年にわたるドイツ語教育の結晶である『訳稿ドイツ講演選』をご恵贈賜り、その「ドイツ的誠実」を体現して綴られた苦心の訳文を参照することができた。これを落手したのは、ちょうど全体を訳しおえた直後で、三木訳は、多くの点で拙訳と解釈が一致しており、おおいに意を強くした。三木先生と、仲介の労を執られた油井清光先生（神戸大学）にも謝意を表したい。

これまで、史料・文献の所在確認と蒐集にたいして、また「この手稿のこの箇所のこの——まさにこの——判読」にたいしてご助力を賜った以下の公文書館・図書館スタッフに、さらに筆者の研究にたいしてご助力・ご助言を賜った以下の方々にもお礼を申しあげたい。

アンナ・アマーリア大公夫人記念図書館（ヴァイマル）
イェーナ大学図書館
ヴィーン大学公文書館
エルフルト大学図書館
オーストリア国立公文書館（ヴィーン）
オットー・フォン・ビスマルク財団史料館（フリードリヒスルー）
カールスルーエ総合公文書館
カールスルーエ大学公文書館
キール大学世界経済研究所図書館
キール大学図書館
ゲッティンゲン大学公文書館
ケルン大学図書館
国立国会図書館憲政資料室
ザクセン州立図書館（ドレースデン）
シュレースヴィヒ＝ホルシュタイン州立図書館（キール）
シュレースヴィヒ＝ホルシュタイン州立博物館（シュレースヴィヒ）
テュービンゲン大学図書館および同館手稿室
ドイツ外務省政治公文書館（ベルリン）
ドイツ世界地域研究所アジア分館図書室（ハンブルク）
ドイツ文学公文書館（マルバッハ・アム・ネッカール）
バイエルン州立図書館手稿室（ミュンヒェン）
バイエルン中央州立公文書館（ミュンヒェン）
ハイデルベルク大学公文書館
ハイデルベルク大学図書館および同館手稿室
ハイデルベルク大学博物館
ハッレ大学公文書館
ハッレ大学図書館
バーデン州立図書館（カールスルーエ）
バラン県公文書館（ストラスブール）
ハンブルク州立公文書館
ハンブルク大学図書館
フライブルク大学公文書館
フライブルク大学図書館
フランクフルト大学図書館
プロイセン文化財枢密公文書館（ベルリン）
ベルリン州立図書館ウンター・デン・リンデン分館

ベルリン州立図書館ポツダマー・シュトラーセ分館および同館手稿室
ベルリン大学公文書館
ボン大学図書館および同館手稿室
マールブルク州立公文書館
マールブルク大学図書館
マンハイム大学図書館
ミュンヒェン市立図書館モナツェンジア
ミュンヒェン大学公文書館
連邦公文書館コブレンツ館
連邦公文書館ベルリン館
連邦国防軍大学図書館（ハンブルク）
バルトルト・C・ヴィッテ博士、バルバラ・ミルバッハ氏およびニーブール・ラートゲン同族会
大井博夫氏
エッカルト・クラウゼ博士（ハンブルク大学史史料室）
コンラート・クリム博士（カールスルーエ総合公文書館）
クリスティアン・シェーア教授（ハンブルク大学）
ヴォルフガング・シュヴェントカー教授（大阪大学）
ユルゲン・ツァンダー博士（シュレースヴィヒ＝ホルシュタイン州立図書館）
中村健吾教授（大阪市立大学）
エーリヒ・パウアー教授（マールブルク大学）
レギーネ・マティアス教授（ボーフム大学）
ハインリヒ・メンクハウス教授（明治大学）

ミュンヒェン北部の湖畔通（Seestraße）16番に建つ旧ヘレーネ・ベーラウ邸．1919年秋，ヴェーバーはここの上階に間借りし，翌年６月14日にここで息を引きとった（筆者撮影）．

ヘルヴィヒ・ヨーン博士（カールスルーエ総合公文書館）

本書には、平成二十三〜二十五年度科学研究費（基盤研究（C））による研究成果を盛りこんでいる。記して謝意を呈する。

＊　＊　＊

本書は不評をもって迎えられることであろう。既訳の批判を敢行し、従来の誤訳がきわめて初歩的な性質のものであることを暴露し、これまでの翻訳のありかたそのものに疑義を呈し、昨今の新訳ブームを否定し、そればかりか、誤読にもとづく従来の研究者の誤解・錯誤——そのなかにはほとんど通説化してしまっているものもすくなくない——を名指しで指弾しているからである。しかし、初訳以来七十九年ものあいだ、訂正されないまま放置されてきた誤訳を指摘することは、誰かがやらなくてはならなかったはずである。あるいは、すでに良心的な研究者によって誤訳だと指摘されながら、誤訳ではなくその指摘のほうが忘れられてしまったケースがすくなくないので、そうした誤訳をきちんと明示しなおし、同様の誤読・誤認が二度と繰りかえされないような手立てをとることは、誰かがやらなくてはならなかったはずである。渡辺金一・雀部幸隆・今井弘道の学的営為をはじめとする実直な批判的研究に再度光を当てることもまた、本書において留意したところである。また現在、研究者の多くは、尾高他の誤訳をすでに克服しているのかもしれないが、一般読書界では尾高の似非訳の影響が非常に大きいので、これを全面的に払拭することもまた、誰かがやらなくてはならなかったはずである。この「誰かがやらなくてはならなかったはず」のことが、長年にわたって回避されてきたこと自体が、日本のヴェーバー研究における問題状況の一端をしめしているのではなかろうか。ヴェーバー自身なら、こうした荒廃状況の放置をよしとはしなかったはずである。よく知られているように、彼は、その教授就任講演を公刊するとき、これを公にすることに決めたのは、自分の主張が人々の賛同を得たからではなく、逆に不興を買ったからだと明言している(MWGI/4: 543)。人々が目を向けたがらない不都合な事実をあえて指摘することが学問に従事する者の責務だという彼の見地からすれば、たとえ先達にたいする無礼な振る舞いと思われようとも、誤りは誤りとしてきちんと正し、新事実を掘りおこし、新たな知見を提供し、研究の豊富化を図ることは、ヴェーバーから学ぼうとする者が本来なら積極的におこなってしかるべきことである。本書においては、筆者がさしあたり可能な範囲内でそれをおこなった。疎まれ、嫌われ、孤立させられることを意に介さず、後難が予想される直言を厭わなかった彼の生涯をあらためて想起したい。

筆者自身は、自分を「ヴェーバー研究者」と規定していない。十一年前、別件で調査中に、たまたまヴェーバー関連の未公刊史料を目にしたことから、〈ヴェーバーと第二帝政期の大学問題〉というテーマを掘りさげることにしたのだが、本来なら、専門のヴェーバー研究者であることを自認する者たちが、こうした仕事を引きうけてしかるべきであった。しかし、こうした労苦が多く報われることのすくない仕事をみずからの任務と考える者がほとんどみあたらないのが現状である。また、ドイツの大学問題、大学教育の問題、大学人の資質の問題は、ヴェーバーの全考究課題群と彼の人格の根幹とに不可分に結びついているにもかかわらず、シルズ・上山安敏・潮木守一・早島瑛らの先駆的業績以降、長年にわたって等閑視されつづけてきた。こうした事態も——日本にかぎらず——ヴェーバー研究における大きな問題状況のひとつである。

「ヴェーバー研究」と銘打たれたものは驚くほど多いが、彼が生涯をかけて立ちむかったドイツの大学問題について知ろうとしないまま、めいめい勝手な「ヴェーバー像」を描こうとするケースが目につく。また、たとえば彼が一九〇三年秋にどのような特殊な職位に配置替えされたのか、彼がいつハイデルベルク大学から退職したのか、一八九七年九月以降その死にいたるまで、彼の心身の状態がどのように推移したのかといったごく基本的な事実すら知られないままであった。こうした重要な事実関係の一端は、すでに前掲拙著中に証拠書類を揃えてしめしておいたが、それは、第二帝政期ドイツの社会変動と思想状況を、明治・大正期日本のそれと対比し、そのなかにラートゲンやヴェーバーらの——またラートゲンの日本人門下生らの——活動を位置づけるという作業の一環としておこなったことである。つまり、ヴェーバーを含むさまざまな人々の姿を通じて歴史の大状況を追ってきた結果として、ヴェーバーの知られざる姿を捉えたのであって、ヴェーバーの姿だけを追ってきたのではない。ヴェーバーとその妻の書いたものだけを耽読することによってヴェーバーを理解することはまったく不可能であり、彼の生きた時代を知り、彼が立ちむかった問題群に彼とともに立ちむかい、彼が置かれていた問題状況のなかで、彼がどのような潮流に抗い、誰と闘い、なにをめざしていたのかを突きとめたときに——そのときにはじめて——彼の立論と思想を理解できる。筆者は、まさにヴェーバー耽読者たる「ヴェーバー研究者」でないからこそ、ヴェーバーその人にかんする重要な新事実を発見し、その意義を解明することができたのである。本書の公刊にあたって、ヴェーバー研究にとって、またヴェーバーを手がかりとした社会科学研究にとって、本来ならもっと早期になされなくてはならなかったはずのこうした大学人ヴェーバーにかかわる基礎的事実関係の発掘・究明がきわめて重要であり、かつ依然として急務であることに再度注意を促しておく。

ヴェーバーの思想と行動と学説とを知り、これによってわれわれ近代文化人間の立たされている歴史的地点を解明し、かつその不条理な境遇を打開する闘争に参加するために、本書が役に立つことを希望する。

二〇一五年三月二十一日

著者

ヴェーバー『職業としての学問』の研究（完全版）

2016年1月20日　初版第1刷発行　＊定価はカバーに表示してあります

著者の了解により検印省略

著 者　野 﨑 敏 郎©
発行者　川 東 義 武
印刷者　藤 森 英 夫

発行所　株式会社　晃 洋 書 房
〒615-0026　京都市右京区西院北矢掛町7番地
電話　075（312）0788番㈹
振替口座　01040-6-32280

ISBN978-4-7710-2655-1　印刷・製本　亜細亜印刷㈱

《著者紹介》

野 﨑 敏 郎（のざき　としろう）

1959年　松江市生

1993年　神戸大学大学院文化学研究科博士課程単位取得退学（社会構造基礎論専攻）
　　　　福岡教育大学講師，同助教授，佛教大学助教授を経て

現　在　佛教大学社会学部公共政策学科教授

専　攻　歴史社会学

著書

『日本社会の基層構造――家・同族・村落の研究――』（共著，法律文化社，1991年）

『カール・ラートゲンの日本社会論と日独の近代化構造に関する研究』（科研報告書，2005年）

『大学人ヴェーバーの軌跡――闘う社会科学者――』（晃洋書房，2011年）

論文

「村・村中入会・家の連関構造――行政村と村落共同体の関係――」『ソシオロジ』第36巻第1号（1991年）

「日本人の商業道徳と黄禍論――日本資本主義精神論争への忘れられた前哨――」歴史と方法編集委員会編『歴史と方法4　帝国と国民国家』（青木書店，2000年）

Karl Rathgen in Japan (1882-1890). *Karl Rathgen (1856-1921); Nationalökonom und Gründungsrektor der Universität Hamburg. Reden, gehalten beim Akademischen Festakt zum 150. Geburtstag, 24. Januar 2007, 16-18 Uhr, Hörsaal C Universitätshauptgebäude.* Universität Hamburg, 2009

「カール・ラートゲンの少年期と青年期――歴史のなかの自我形成と思想形成――」（上下）佛教大学『社会学部論集』第51号（2010年），第54号（2012年）

「〈資料の紹介と研究〉カール・ラートゲン『日本人の世界観』」佛教大学『社会学部論集』第56号（2013年）

「〈資料の紹介と研究〉帝国実業講習会と渋沢栄一の『実践商業道徳講話』――大正期実業教育の一側面――（上・中・下）」佛教大学『社会学部論集』第60号，第61号（2015年），第62号（2016年刊行予定）

人名索引

（書誌情報および「あとがき」に出てくるだけの人名は省いた）

〈ア　行〉

アイスキュロス（Αἰσχύλος, 525–456 B.C., 詩人）　133
アイスナー（クルト Kurt Eisner, 1867–1919, 政治家, 作家）　341, 344
間場寿一（1933–, 社会学者）　iv, 18, 20, 22, 35, 41, 45–49, 52f., 59f., 62, 64-66, 70, 72, 92, 94, 96, 98f., 104f., 113, 119, 129, 137f., 151f., 157, 161, 175, 187, 189, 196-198, 206f., 211, 213, 216, 226, 230, 244, 247, 252f., 278–280, 285, 306f., 309, 311, 379
アインシュタイン（アルベルト Albert Einstein, 1879–1955, 物理学者）　75, 78
アウグスティヌス（Augustinus von Hippo, 354–430, 教父, 神学者）　268, 274
青木周蔵（1844–1914, 政治家）　24
秋間実（1928–, 哲学者）　406
秋元律郎（1931–2004, 社会学者）　378
アッシジの聖フランチェスコ（Franciscus Assisiensis, 1182–1226, 修道士）　249
阿閉吉男（1913–1997, 社会学者）　vi, 364, 406
アードラー①（イェニー Jenny Adler, 1877–1950, 医師, アードラー②の妻）　423, 428
アードラー②（マックス Max Adler, 1873-1937, 法学者, 政治家, アードラー①の夫）　428
阿部行蔵（1907–1981, 歴史学者）　vii, 67, 105f., 189f., 286
阿部良雄（1932–2007, 仏文学者）　252
アーペルト（オットー Otto Apelt, 1845–1932, 翻訳家）　167
アーミラ（カール Karl von Amira, 1848–1930, 法学者）　76
荒川敏彦（1972–, 社会学者）　154, 318, 367f.
アラン（オリヴィエ Olivier Alain, 1918–1994, オルガニスト, 作曲家）　174
アリストテレス（アリストテレース Ἀριστοτέλης, 384–322 B.C., 哲学者）　164, 168, 180, 186
アルトホフ（フリードリヒ Friedrich Althoff, 1839–1908, プロイセンの文部官僚）　10, 37, 41, 43, 45f., 58f., 63, 74f., 98, 269, 359, 364–366, 397, 406f.
アルベルティ（レオン・バッティスタ Leon Battista Alberti, 1404–1472, 芸術理論家）　173f.
アルンスペルガー（ルートヴィヒ Ludwig Arnsperger, 1837–1907, バーデンの文部官僚）　37, 45f., 63
アーロンス（レーオ Martin Leo Arons, 1860–1919, 物理学者, 政治家）　8f., 21f., 25, 50, 74, 360
安藤英治（1921–1998, 経済学者）　vi, vii, 26, 67, 77, 189f., 198, 218, 222, 286, 343f., 346, 350, 375, 377, 383, 398, 413, 418
イェリネク（ゲオルク Georg Jellinek, 1851–1911, 法学者）　9f., 13, 15f., 31, 75, 204, 208
イェーリング（ルードルフ Rudolf von Jhering, 1818–1892, 法学者）　24, 107, 117f.
生松敬三（1928–1984, 社会思想史研究者）　vi, 98, 223, 368, 407, 414
池田昭（1929–, 宗教学者）　vi, 286, 369f.
市西秀平（法政大学助手）　vi, 407, 429
イプセン（ヘンリク Henrik Ibsen, 1828–1906, 劇作家）　293f., 327, 398
今井弘道（1944–, 法学者）　127, 203, 300f., 367f., 375
岩崎小弥太（1879–1945, 実業家）　413
ヴァイエルシュトラース（カール Karl Theodor Wilhelm Weierstraß, 1815–1897, 解析学者）　70f., 107, 119–122, 359, 388
ヴァーグナー①（アードルフ Adolph Wagner, 1835–1917, 経済学者）　14, 25, 112, 194
ヴァーグナー②（リヒャルト Richard Wagner, 1813–1883, 作曲家）　155, 294
ヴァールブルク（エーミール Emil Warburg, 1846–1931, 物理学者）　63
ヴィヴィアーニ（ヴィンチェンツォ Vincenzo Viviani, 1622–1703, 物理学者）　176
ヴィーザー（フリードリヒ Friedrich Freiherr Wieser, 1851–1926, 経済学者）　36–38
ヴィーラント（クリストフ・マルティン Christoph Martin Wieland, 1733–1813, 作家）　154
ヴィルヘルムII世（Wilhelm II., 1859–1941, プロイセン王, ドイツ皇帝）　8, 50, 359
ヴィンケルマン（ヨハネス Johannes Winckelmann, 1900–1985, 社会学者）　30, 48, 97, 153, 156, 205f., 226f., 244–246, 250, 257, 263, 280f., 412

ヴィンデルバント（ヴィルヘルム Wilhelm Windelband, 1848–1915, 哲学者） 16f., 31, 67f., 76, 102, 123, 143, 162, 165f., 168, 170, 172, 175-177, 181, 204, 223f., 271-273, 277f., 283f., 286, 357, 383, 390
ヴェーデキント（フランク Frank Wedekind, 1864–1918, 作家） 425
ヴェーナー（ヨーゼフ・マグヌス Josef Magnus Wehner, 1891–1973, 作家） 426
ヴェーバー①（アードルフ Adolf Weber, 1876–1963, 経済学者） 194, 196
ヴェーバー②（アルフレート Alfred Weber, 1868–1958, 社会学者, ヴェーバーの弟） 9, 313, 335f., 384, 423
ヴェーバー③（クラーラ）→モムゼン③
ヴェーバー④（ヘレーネ Helene Weber, 1844–1919, ヴェーバーの母） 327, 348, 400
ヴェーバー⑤（マリアンネ Marianne Weber, 1870–1954, 女権活動家, ヴェーバーの妻） 30, 82, 85, 97, 121, 124, 154, 156, 163, 207f., 216, 224f., 261, 286, 295, 307f., 324-329, 332f., 335, 342, 349, 357, 373, 375, 381-383, 390, 398, 400, 402, 406f., 409f., 413, 420f., 424, 427f.
ヴェーバー⑥（リーリ）→シェーファー③
上村忠男（1941–, 思想史研究者） 368
上山安敏（1925–, 法学者） 47, 124f., 193, 335, 381, 384, 386, 399f., 405–407
ウェルズ（ゴードン Gordon C. Wells, 翻訳家） v, 18, 22, 35, 41, 45–48, 53, 60, 64–66, 70, 73, 92, 95f., 98f., 104f., 129, 138, 151-153, 161f., 188, 196, 198, 211, 213, 216, 226, 230, 245, 252f., 278–280, 307, 310f.
ヴェルフリン（ハインリヒ Heinrich Wölfflin, 1864–1945, 美術史家） 337
ヴェンティヒ（ハインリヒ Heinrich Waentig, 1870–1943, 経済学者, 政治家） 69
ウォラー（リチャード Richard Waller, ca. 1650–1715, 自然科学研究者） 176
ヴォルテール（Voltaire, 本名フランソワ＝マリー・アルエ François-Marie Arouet, 1694–1778, 作家） 237
ヴォルフ（ユーリウス Julius Wolf, 1862–1937, 経済学者） 196
潮木守一（1934–, 教育学者） 50, 74, 77f., 255
内山昭（1929–, 技術者） 112
宇野弘蔵（1897–1977, 経済学者） 215
ヴュネーケン（グスタフ Gustav Wyneken, 1875–1964, 教育学者） 124f., 287, 423, 425
ウーラント（ヨハン・ルートヴィヒ Johann Ludwig Uhland, 1787–1862, 詩人） 26, 31
エアトマンスデルファー（ベルンハルト Bernhard Erdmannsdörfer, 1833–1901, 歴史学者） 68, 211
エウリピデス（エウリピデース Εὐριπίδης, ca. 480–406 B.C., 詩人） 133
江口豊（1957–, 社会言語学者） 208
エッカーマン（ヨハン・ペーター Johann Peter Eckermann, 1792–1854, 詩人） 67, 90, 132f., 135, 303f., 405
海老原明夫（1954–, 法学者） vii, 153
エルスター（ルートヴィヒ Ludwig Elster, 1856–1935, 経済学者, プロイセンの文部官僚） 37f.
エルツベルガー（マティアス Matthias Erzberger, 1875–1921, 政治家） 421
エルンスト（パウル Paul Ernst, 1866–1933, 作家） 426
エーレンベルク（リヒャルト Richard Ehrenberg, 1857–1921, 経済学者） 196
エンゲル（エルンスト Ernst Engel, 1821–1896, 統計学者） 112
エンゲルス（フリードリヒ Friedrich Engels, 1820–1895, 社会活動家） 410
オイレンブルク（フランツ Franz Eulenburg, 1867–1943, 経済学者） 20, 358
大愛崇晴（音楽学者） 175
大内兵衛（1888–1980, 経済学者） 69
大久保和郎（1923–1975, 文学者） 156, 399, 407f.
大河内一男（1905–1984, 経済学者） 371, 377, 408
大塚久雄（1907–1996, 経済史学者） vi, vii, 67, 105f., 189f., 223, 286, 371f., 377, 408
大野英二（1922–2005, 経済学者） 69, 413
大野晋（1919–2008, 国語学者） 69
大林信治（1934–, 社会思想史研究者） 349, 375
岡部拓也（1969–, 物理学者） iv, 20, 64f., 169, 216, 252
オストホフ（ヘルマン Hermann Osthoff, 1847–1909, 言語学者） 76
尾高邦雄（1908–1993, 社会学者） ii, 17f., 20, 22, 35, 39–41, 45–49, 52f., 59f., 62, 64–66, 70, 72,

92–94, 96, 98–100, 104f., 113, 119, 129, 136–138, 151f., 157, 161, 169, 175, 187, 189, 196–198, 201, 206f., 211f., 215, 226, 230, 243f., 247, 252f., 278–280, 285, 306f., 309–311, 368, 371, 374, 377–379, 381, 411
オーブリスト（ヘルマン Hermann Obrist, 1862–1927, 彫刻家）　425
折原浩（1935–, 社会学者）　vi, 100, 109, 214, 301f., 328, 368, 374, 399, 408, 413f., 416
オルスハウゼン（ユストゥス Justus Olshausen, 1800–1882, オリエント学者）　50
オルデンベルク（カール Karl Oldenberg, 1864–1936, 経済学者）　37f., 40
オルンスタイン（マーサ Martha Ornstein, 1879–1915, 科学史学者）　176
オンケン（ヘルマン Hermann Oncken, 1869–1945, 歴史学者）　334

〈カ　行〉

カエサル（ガイウス・ユーリウス Gaius Iulius Caesar, 100–44B.C., 政治家）　241, 266
梶山力（1919–1941, 経済学者）　vii, 67, 89, 105f., 189f., 286
ガース（ハンス Hans Gerth, 1908–1978, 社会学者）　v, 18, 22, 35, 41, 45–48, 53f., 60, 64–66, 70, 73, 92, 94–96, 98f., 104f., 129, 138, 151–153, 161f., 188, 196, 198, 211–213, 216, 226, 230, 243f., 247, 252f., 278–280, 307, 310,
堅田剛（1950–, 法学者）　285
加藤周一（1919–2008, 評論家）　411f.
加藤房蔵（評論家）　23
亀嶋庸一（1949–, 政治学者）　28, 32, 218f., 336
カーラー（エーリヒ Erich Kahler, 1885–1970, 教育学者）　156, 358, 372, 387, 415
カーライル（トマス Thomas Carlyle, 1795–1881, 作家, 歴史家）　78, 101–104, 346
ガリレイ①（ヴィンチェンツォ Vincenzo Galilei, 1520–1591, 作曲家, ガリレイ②の父）　175
ガリレイ②（ガリレオ Galileo Galilei, 1564–1642, 科学者, ガリレイ①の息子）　169, 171f., 175f., 180f., 200
カールⅤ世（Karl V., 1500–1558, 神聖ローマ皇帝）　227
カルヴァン（ジャン Jean Calvin, 1509–1564, 宗教改革指導者）　148, 308, 343
カルドゥッチ（ジョズエ・アレッサンドロ・ジュゼッペ・カルドゥッチ Giosuè Alessandro Giuseppe Carducci, 1835–1907, 詩人）　307
ガルベ（リヒャルト Richard Garbe, 1857–1927, インド研究者）　172
カロッサ（ハンス Hans Carossa, 1878–1956, 詩人）　426
川合隆男（1938–, 社会学者）　378
河上倫逸（1945–, 法学者）　143
川瀬謙一郎（教育学者）　279f.
川端香男里（1933–, ロシア文学者）　162
河村望（1931–, 社会学者）　378
姜尚中（1950–, 政治学者）　72, 367f., 372
ガンス（エードゥアルト Eduard Gans, 1798–1839, 法哲学者）　113
カンディンスキー（ヴァシリー Василий Васильевич Кандинский, 1866–1944, 画家）　295, 338
カント（イマヌエル Immanuel Kant, 1724–1804, 哲学者）　182, 267, 270–274, 283f., 297, 357, 381
木本幸造（1925–, 経済学者）　vi, 244, 266, 413
ギュンター（ジークムント Siegmund Günther, 1848–1923, 数学史研究者）　176f.
清田文武（1939–, 日本文学研究者）　43
キルヒホフ（グスタフ Gustav Robert Kirchhoff, 1824–1887, 物理学者）　114f.
キンダーマン（カール Carl Kindermann, 1860–1938, 経済学者）　27, 31, 111
クッチャー（アルトゥール Artur Kutscher, 1878–1960, 文学研究者）　425
グナイスト（ルードルフ Rudolf Gneist, 1816–1895, 法学者）　210
クナップ（ゲオルク・フリードリヒ Georg Friedrich Knapp, 1842–1926, 経済学者, ホイスの岳父）　14, 49, 112, 151, 211
クニース（カール Karl Knies, 1821–1898, 経済学者）　46, 49, 61, 112, 115, 122, 196, 210f., 358
クライス（ユーリウス Julius Kreis, 1891–1933, 作家）　426
クライン（ティム Tim Klein, 1870–1944, 作家）　426
クラカウアー（ジークフリート Siegfried Kracauer, 1889–1966, ジャーナリスト, 社会学者）　387
クラーゲス（ルートヴィヒ Friedrich Konrad Eduard Wilhelm Ludwig Klages, 1872–1956, 心理学者）

337
グラッドストン（ウィリアム・エワート William Ewart Gladstone, 1809–1898, 政治家） 209, 215
グラーフ（オスカー・マリーア Oskar Maria Graf, 1894–1967, 作家） 426
クラブント（Klabund, 本名 Alfred Henschke, 1890–1928, 作家） 426
クリーク（エルンスト Ernst Krieck, 1882–1947, 教育学者） 387
クリース（ヨハネス Johannes Adolf von Kries, 1853–1928, 心理学者，生理学者） 204, 208
グリルパルツァー（フランツ Franz Grillparzer, 1791–1872, 劇作家） 154
クルージウス（オットー Otto Crusius, 1857–1918, 古典文献学者） 292f., 384
クルティウス（エルンスト・ローベルト Ernst Robert Curtius, 1886–1956, 文芸評論家） 98, 367, 387, 414
クルンカー（カールハンス Karlhans Kluncker, 文学研究者） 342f.
クレーナウ（パウル・アウグスト Paul August von Klenau, 1883–1946, 作曲家，指揮者） 125
クレープシュ（アルフレート Alfred Clebsch, 1833–1872, 数学者） 121
クレープス（カール Carl Krebs, 音楽史学者） 170, 174f.
クロプシュトック（フリードリヒ・ゴットリープ Friedrich Gottlieb Klopstock, 1724–1803, 詩人） 154
クン（ベーラ Kun Béla, 1886–1939, 政治家） 51f.
グンドルフ（フリードリヒ Friedrich Gundolf (Gundelfinger), 1880–1931, 文学研究者） 25, 124–126, 129–131, 133–136, 138, 219, 288, 316, 383, 414f.
ゲオルゲ（シュテファン Stefan George, 1868–1933, 詩人） 101, 124f., 131, 133, 135, 236, 252, 287f., 332, 387, 414f.
ケスラー（ディルク Dirk Käsler, 1944–, 社会学者） 30, 97, 246
ゲーテ（ヨハン・ヴォルフガング Johann Wolfgang von Goethe, 1747–1832, 詩人，作家） 26, 67, 82f., 89–91, 102, 116–119, 129f., 132–135, 154, 186f., 206, 235, 261, 263, 265f., 278, 295, 298, 302–305, 308–311, 357, 389–392, 396, 400, 405, 410
ゲルヴィヌス（ゲオルク・ゴットフリート Georg Gottfried Gervinus, 1805–1871, 歴史学者，政治家） 194
ケルヴェル（ゴットフリート Gottfried Kölwel, 1889–1958, 詩人） 426
ケルシェンシュタイナー（ゲオルク Georg Kerschensteiner, 1854–1932, 教育学者） 313, 336–338, 340, 350, 353, 384, 387f., 420, 423
ケンメリヒ（マックス Max Kemmerich, 1876–1932, 文化史学者） 425
コヴァレフスカヤ（ソーニャ Софья Васильевна Ковалевская, 1850–1891, 数学者） 121
國府田武（1941–, 歴史学者） 284
古在由重（1901–1990, 哲学者） vi, 286, 369f.
小島定（1948–, 政治思想史学者） 187
ゴットヘルフ（イェレミアス Jeremias Gotthelf, 1797–1854, 作家） 293
ゴートハイン①（エーベルハルト Eberhard Gothein, 1852–1923, 経済学者，歴史学者，ゴートハイン③の夫，②の父） 272, 288, 342f.
ゴートハイン②（パーシー Percy Gothein, 1896–1944, 文化史研究者，詩人，ゴートハイン①③の息子） 288f., 340–343, 345, 402, 404, 415, 421
ゴートハイン③（マリー＝ルイーゼ Marie Luise Gothein, 1863–1931, 庭園芸術研究者，ゴートハイン①の妻，②の母） 402, 421
コペルニクス（ニコラウス Nicolaus Coppernicus, 1473–1543, 天文学者） 200, 270
コールディング（ルドヴィグ・アウグスト Ludvig August Colding, 1815–1888, 物理学者） 115
ゴルトシュミット（レヴィン Levin Goldschmidt, 1829–1897, 法学者） 19
ゴールドスタイン（ハーマン Herman Heine Goldstine, 1913–2004, 数学者） 111f.
コールラウシュ（エードゥアルト Eduard Kohlrausch, 1874–1948, 法学者） 14
コーン（グスタフ Gustav Cohn, 1840–1919, 経済学者） 194
コント（オーギュスト Auguste Comte, 1798–1857, 社会学者） 238, 240, 242f., 247
今野元（1973–, 政治思想史研究者） 406f.
ゴンペルツ①（エリーゼ Elise Gomperz, 1848–1929, 翻訳家，ゴンペルツ②の妻） 239
ゴンペルツ②（テーオドール Theodor Gomperz, 1832–

1912, 哲学者, ゴンペルツ①の夫)　243

〈サ 行〉

ザイデル（ヴィリ Willy Seidel, 1887–1934, 作家）　426
ザウダー（ゲルハルト Gerhard Sauder, 史料研究者）　76, 272
佐伯胖（1939–, 認知科学者）　69
坂口昂（1872–1928, 歴史学者）　413
坂田昌一（1911–1970, 物理学者）　377, 417
阪谷芳郎（1863–1941, 大蔵官僚）　43, 68f.
佐々木力（1947–, 科学史研究者）　119, 144
雀部幸隆（1936–2013, 政治学者）　201f., 206f., 367f.
佐武弘章（1934–, 経済学者）　113
佐藤自郎（1926–, 独文学者）　364
ザーナー（ハンス Hans Saner, 1934–, 哲学者）　415
佐野誠（1954–, 法学者）　247, 402, 427
ザリーン（エドガル Edgar Salin, 1892–1974, 経済学者）　403
ザルツ①（アルトゥール Arthur Salz, 1881–1963, 経済学者, ザルツ②の夫）　387, 421, 427
ザルツ②（ゾフィー（ゾーシャ）Sophie Salz, 1887–1960, ザルツ①の妻）　421, 427
ザルリーノ（ジョゼッフォ Gioseffo Zarlino, 1517–1590, 作曲家, 音楽理論家）　169–171, 174f.
シェークスピア（ウィリアム William Shakespeare, 1564–1616, 劇作家）　133f., 206
シェッファー（ゴットフリート・タッシロ Gottfried Thassilo von Scheffer, 1873–1951, 詩人）　426
シェーファー①（ヴィルヘルム Wilhelm Schäfer, 1868–1952, 詩人）　337, 350, 401f., 423, 426, 428
シェーファー②（ディートリヒ Dietrich Schäfer, 1845–1929, 歴史学者）　49, 208, 212
シェーファー③（リーリ Lili Schäfer, 1880–1920, ヴェーバーの妹）　383, 410
シェラー（ハンス（ヨハネス）Hans (Johannes) Scherrer, 1828–1917, 経済学者）　16f., 31
シェーラー（マックス Max Scheler, 1874–1928, 哲学者）　387, 414
シェリー（パーシー Percy Bysshe Shelley, 1792–1822, 詩人）　402
シェリング（フリードリヒ・ヴィルヘルム・ヨーゼフ Friedrich Wilhelm Joseph Schelling, 1775–1854, 哲学者）　67, 70, 82, 268, 357f., 376
シェルル（アウグスト August Scherl, 1849–1921, 出版社主）　424
シェーンベルク①（アルノルト Arnold Schönberg, 1874–1951, 作曲家）　294f.
シェーンベルク②（グスタフ Gustav von Schönberg, 1839–1908, 経済学者）　49
柴田周二（1948–, 経済学者）　244
柴田隆行（1949–, 哲学者）　50, 92
芝田豊彦（1952–, 神学者）　186
柴田南雄（1916–1996, 作曲家）　294, 415f.
澁江抽斎（1805–1858, 医師）　392f.
渋谷一夫（1953–, 科学史研究者）　116
ジーベック（パウル Paul Siebeck, 1855–1920, 出版社主）　111
ジーベル（ハインリヒ Heinrich von Sybel, 1817–1895, 歴史学者）　194
清水幾太郎（1907–1988, 社会学者）　vi, 136, 429
清水禮子（1935–2006, 哲学者）　vi, 136
ジーメス（ヨハネス Johannes Siemes, 1907–1983, 哲学者）　76
シャウマン（ルート Ruth Schaumann, 1899–1975, 詩人）　426
ジャンセニウス（コルネリウス Cornelius Jansenius, 1585–1638, 神学者）　284
シュヴァープ（アレクサンダー Alexander Schwab = Franz Xaver Schwab = Albert Sigrist, 1887–1943, 政治家）　312f., 335f., 339, 400f., 423, 428
シュヴェーラー（ヴィクトル Viktor Freiherr von Schwoerer, 1865–1943, バーデンの文部官僚）　46
シュタイナー（ルードルフ Rudolf Joseph Lorenz Steiner, 1861–1925, 人智学者, 教育学者）　213f., 428
シュタイニッケ（ゲオルク Georg Carl Steinicke, 1877–1939, 書店主）　i, iii, 322, 337f., 341, 345, 349, 401f., 419f., 422, 424–426, 429
シュタイン①（ハインリヒ・フリードリヒ・カール Heinrich Friedrich Karl vom und zum Stein, 1757–1831, 政治家）　7
シュタイン②（ローレンツ Lorenz von Stein, 1815–1890, 法学者, 財政学者）　50, 92, 410
シュティヒヴェー（ヴィルヘルム Wilhelm Stichweh, ミュンヒェン大学学生）　218
シュテープーン（フョードル Fedor Steppuhn (Stepun), 1884–1965, 哲学者）　183

シュトゥム（カール・フェルディナント Carl Ferdinand von Stumm-Halberg, 1836-1901, 政治家）　8
シュトラウス（レーオ Leo Strauss, 1899-1973, 政治哲学者）　387
シュトリヒ（フリッツ Fritz Strich, 1882-1963, ゲルマン語研究者）　426
シュトルム（テーオドール Theodor Storm, 1817-1888, 作家）　292-294
シュパーン（マルティン Martin Spahn, 1875-1945, 歴史学者）　45, 75, 193, 198
シュペーナー（フィリップ・ヤーコプ Philipp Jacob Spener, 1635-1705, 神学者）　177, 179-181, 186, 192, 278, 289
シュペングラー（オスヴァルト Oswald Arnold Gottfried Spengler, 1880-1936, 歴史哲学者）　341, 402f.
シューマン（ヴォルフガング Wolfgang Schumann, 1887-1964, 作家，ジャーナリスト）　66
シュミット（カール Carl Schmitt, 1888-1985, 法学者）　402, 427
シュミット（ハインリヒ Heinrich Schmidt, 1874-1935, 哲学者）　281
シュモラー（グスタフ Gustav von Schmoller, 1838-1917, 経済学者）　14, 25, 112, 173, 194, 196, 236f., 263, 364f., 406f.
シュライエルマッハー（フリードリヒ Friedrich Daniel Ernst Schleiermacher, 1768-1834, 神学者）　123, 167
ジュール（ジェームズ・プレスコット James Prescott Joule, 1818-1889, 物理学者）　114-116
シュルツ（ハインリヒ Heinrich Schurtz, 1863-1903, 歴史学者）　148, 151
シュルツェ＝ゲファーニッツ（ゲルハルト Gerhart Schulze-Gävernitz, 1864-1943, 経済学者）　27, 37f., 40
シュルフター（ヴォルフガング Wolfgang Schluchter, 1938-, 社会学者）　157, 246, 340f., 344f., 349, 403f., 407f., 414
シュロース（カール Karl Schloß, 1876-1944, 作家）　424
ショーペンハウアー（アルトゥール Arthur Schopenhauer, 1788-1860, 哲学者）　31f., 82-84, 90, 138, 235, 277, 280, 311, 391
ショルツ（ヴィルヘルム Wilhelm von Scholz, 1874-1969, 作家）　426
ジョン（マイケル Michael John, 翻訳家）　v, 18, 22, 35, 41, 45-48, 53, 60, 64-66, 70, 73, 92, 95f., 98f., 104, 130, 138, 151f., 161f., 188, 196, 198, 211, 213, 216, 226, 230, 244, 252f., 278-280, 307, 310f.,
シラー（フリードリヒ Johann Christoph Friedrich von Schiller, 1759-1805, 詩人）　154
シルズ（エドワード Edward Shils, 1910-1995, 社会学者）　v, 18, 22, 35, 40f., 45-49, 53f., 60, 64-66, 70, 73, 92, 94-96, 98f., 104, 129, 381
ジンメル（ゲオルク Georg Simmel, 1858-1918, 社会学者）　41, 53, 76, 124, 129, 132f., 135, 151, 204, 284, 390
杉浦忠夫（1929-, 独文学者）　8
杉浦宏（?-1952, 外交官）　vi, 223
杉山滋郎（1950-, 科学史研究者）　116
スミス（アダム Adam Smith, 1723-1790, 経済学者）　32
スワンメルダム（ヤン Jan Swammerdam, 1637-1680, 生物学者）　118f., 177-179, 181, 185f., 302, 305, 390
清田文武（1939-, 文学研究者）　43, 392
清野智昭（1964-, ドイツ語学者）　406
セガン（マルク Marc Seguin, 1786-1875, 技術者）　115
関口存男（1894-1958, ドイツ語学者）　366, 408
世良晃志郎（1917-1989, 法制史学者）　34, 255
ゼーリング（マックス Max Sering, 1857-1939, 経済学者）　36-38, 69
センゲルディウス（ヴォルフェルドゥス Wolferdus Senguerdius, 1646-1724, 自然哲学者）　177
添田寿一（1864-1929, 経済学者）　69
ソクラテス（ソークラテース Σωκράτης, 469-399 B.C., 哲学者）　67, 164, 166-168, 191, 303
ゾンバルト（ヴェルナー Werner Sombart, 1863-1941, 経済学者）　35, 40f., 53, 173, 196, 236

〈タ　行〉

タイディヒスマン（エドガル Edgar Thaidigsmann, 1941-, 宗教学者）　279
高根義人（1867-1930, 法学者）　43f., 47
高林武彦（1919-1999, 物理学者）　116
田川建三（1935-, 宗教学者）　371f., 408
田中収（1925-, 思想史研究者）　369f.

田中正平（1862–1945, 音響学者）　174f.
ダールマン（フリードリヒ・クリストフ Friedrich Christoph Dahlmann, 1785–1860, 歴史学者，政治家）　194
ダンテ（Dante Alighieri, 1265–1321, 作家）　77, 101, 103
ダンネマン（フリードリヒ Friedrich Dannemann, 1859–1936, 科学史研究者）　176f., 185
チェンバレン（ジョーゼフ Joseph Chamberlain, 1836–1914, 政治家）　212
ツィーグラー（テーオバルト Theobald Ziegler, 1846–1918, 思想史研究者）　359
ツィルカー（オットー Otto Zirker, 作家）　289
ツェムリンスキー（アレクサンダー Alexander von Zemlinsky, 1871–1942, 作曲家）　294f.
ツェラー（エードゥアルト Eduard Zeller, 1814–1908, 哲学者）　17
常木実（1913–2005, ドイツ語学者）　369
ディーデリヒス（オイゲン Eugen Diederichs, 1867–1930, 出版社主）　289, 332, 335
テイト（ピーター Peter Guthrie Tait, 1831–1901, 科学評論家）　114, 116
ディドロ（ドゥニ Denis Diderot, 1713–1784, 作家，哲学者）　400
ディールス（ヘルマン Hermann Diels, 1848–1922, 哲学史研究者）　173
ディルタイ（ヴィルヘルム Wilhelm Dilthey, 1833–1911, 哲学者）　134f., 358, 376
テヴノ（メルシセデク Melchisédech Thévenot, ca. 1620–1692, 作家・科学者）　179, 189, 302
デカルト（ルネ René Descartes, 1596–1650, 哲学者）　68
出口勇蔵（1909–2003, 経済学者）　v, 18, 20, 22, 35, 41, 45–48, 52f., 59f., 62, 64–66, 70, 72, 92, 94, 96, 98f., 104f., 113, 119, 129, 137f., 151f., 157, 161, 175, 187, 189, 196–198, 206f., 211f., 215f., 226, 230, 243f., 247, 252f., 278–280, 285, 306f., 309, 311, 377–379, 413
デューイ（ジョン John Dewey, 1859–1952, 哲学者）　189
寺田寅彦（1878–1935, 物理学者）　405
デーリウス（ルードルフ Rudolf von Delius, 1878–1946, 編集者，作家）　426
テルトゥリアヌス（Quintus Septimius Florens Tertullianus, ca. 150–220, 神学者）　274, 277f., 284, 286
テンニース（フェルディナント Ferdinand Tönnies, 1855–1936, 社会学者）　280, 290, 419
ドイブラー（テーオドール Theodor Däubler, 1876–1934, 作家）　425
トゥーキュディデース（Τουκυδίδης, ca. 460–396 B.C., 歴史家）　345f.
徳永恂（1929–, 社会学者）　vi, 162, 223
ドストエフスキー（フョードル Фёдор Михайлович Достоевский, 1821–1881, 作家）　163
戸田武雄（1905–1993, 経済学者）　vi, 215, 266
トーデ（ヘンリー Henry（Heinrich）Thode, 1857–1920, 美術評論家）　227
土橋寶（1949–, ゲーテ研究者）　186
トブラー（ミーナ Mina Tobler, 1880–1967, 音楽教師）　294f., 311, 348f., 402, 406
トーマ（リヒャルト Richard Thoma, 1874–1957, 法学者）　421
トムソン（ウィリアム William Thomson, 1824–1907, 物理学者）　115
豊田利幸（1920–2009, 物理学者）　176
トラー（エルンスト Ernst Toller, 1893–1939, 作家，政治家）　249, 306, 308, 407, 423, 428
トライチュケ（ハインリヒ Heinrich von Treitschke, 1834–1896, 歴史学者）　68, 194, 210f., 226f.
トライバー（フーベルト Hubert Treiber, 1942–, 社会学者）　187
トリチェッリ（エヴァンジェリスタ Evangelista Torricelli, 1608–1647, 物理学者，数学者）　176
トルスターヤ（アレクサンドラ Александра Толстая, 1817–1904, 伯爵夫人，トルストイの叔母）　159, 162
トルースデル（レオン Leon Edgar Truesdell, 1880–?, 統計学者）　112
トルストイ（レフ Лев Николаевич Толстой, 1828–1910, 作家）　iii, viii, 78, 84f., 131, 139–144, 157–163, 165, 183, 190–192, 195f., 200, 204, 214, 221, 231, 236, 238, 249, 268, 270, 278, 291, 296–298, 301, 305, 307, 317, 357, 360f., 373–376, 389–392, 396, 411, 417
トルムラー（エーリヒ Erich Trummler, 1891–1983, 人智学者）　128, 262, 423, 428
ドレイジマニス（ジョン John Dreijmanis, 社会学者）

9, 34, 41, 45, 58, 80, 330f., 399
トレルチ（エルンスト Ernst Troeltsch, 1865-1923, 宗教学者）　237, 358, 384, 387, 391
ドロー①（アンリ Henri-Louis Jaquet-Droz, 1752-1791, 機械技師，ドロー②の息子）　245
ドロー②（ピエール Pierre Jaquet-Droz, 1721-1790, 機械技師，ドロー①の父）　245
ドロイゼン（ヨハン・グスタフ Johann Gustav Droysen, 1808-1884, 歴史学者）　50, 194
トロツキー（レフ Лев Троцкий, 1879-1940, 政治家）　428

〈ナ　行〉

内藤莞爾（1916-2010, 社会学者）　vi
ナウマン（フリードリヒ Friedrich Naumann, 1860-1919, 政治家）　313, 339f., 384, 423, 428
中井真之（1966-, 独文学者）　311
長尾龍一（1938-, 法学者）　189, 247, 374, 412
中川恒次郎（1863-1900, 経済学者，外交官）　69
中野敏男（1950-, 社会思想史研究者）　vii, 12, 153, 413
中村健吾（1963-, 社会学者）　208
中村貞二（1930-, 経済学者）　vi, 187, 223, 244, 266, 407
中山元（1949-, 翻訳家）　v-vii, 17f., 20, 22, 35, 41, 45-48, 52f., 59f., 62, 64-67, 70, 72, 92, 94, 96, 98f., 104-106, 113, 119, 129, 136, 138, 151f., 157, 161, 175, 188f., 196-198, 206f., 211, 213, 216, 226, 230, 244, 247, 252f., 278-280, 285f., 306f., 309-311, 379, 413
中山茂（1928-, 科学史研究者）　255
ニーキッシュ（エルンスト Ernst Niekisch, 1889-1967, 政治家）　218
西島芳二（1907-1987, ジャーナリスト）　vi, 135f.
西谷正（1949-, 物理学者）　417
西村稔（1947-, 法学者）　367f., 373f., 410f.
ニーチェ（フリードリヒ Friedrich Wilhelm Nietzsche, 1844-1900, 哲学者）　32,67f., 82-85, 90, 109, 136, 140f., 154-156, 162, 232, 235f., 248, 298, 306f., 357, 391f., 405, 416f.
ニーブール（マルクス Marcus von Niebuhr, 1817-1860, 官僚政治家）　294
ノーアク（フリートヨフ C. L. Frithjof Noack, 1886-?, ミュンヒェンの公文書館員，経済史学者）　iii, 349f., 402, 421-424, 427f.
ノイマン（リリ Lilli Neumann, フライブルク大学学生）　2, 250, 262
ノイラート（オットー Otto Neurath, 1882-1945, 経済学者）　402
ノーラ（A. de Nora, 本名 Anton Alfred Noder, 1864-1936, 医師，詩人）　425
ノール（ヘルマン Herman Nohl, 1879-1960, 教育学者，哲学者）　358

〈ハ　行〉

ハイデガー（マルティン Martin Heidegger, 1889-1976, 哲学者）　387, 406, 415
バイロン（ジョージ・ゴードン George Gordon Byron, 1788-1824, 詩人）　265f.
ハウスラート（アードルフ Adolf Hausrath, 1837-1909, 教会史学者）　407
ハウゼンシュタイン（ヴィルヘルム Wilhelm Hausenstein, 1882-1957, 美術史評論家）　337, 340, 420
バウムガルテン①（エードゥアルト Eduard Baumgarten, 1898-1982, 社会学者，バウムガルテン③の孫，②の息子）　77, 347, 349, 402, 407
バウムガルテン②（オットー Otto Baumgarten, 1858-1934, 神学者，バウムガルテン③の息子，①の父）　427
バウムガルテン③（ヘルマン Hermann Baumgarten, 1825-1893, 歴史学者，バウムガルテン①の祖父，②の父）　22, 68, 227
パガニーニ（ニッコロ Niccolò Paganini, 1782-1840, ヴァイオリニスト，作曲家）　304
橋本進吉（1882-1945, 国語学者）　69
橋本文夫（1909-1983, ドイツ語学者）　366
バッハ（ヨハン・ゼバスティアン Johann Sebastian Bach, 1685-1750, 作曲家）　133, 252
バナール（ジョン・デズモンド John Desmond Bernal, 1901-1971, 科学史研究者）　174, 185
ハーネマン（ザムエル Samuel Hahnemann, 1755-1843, 医学者）　154
浜島朗（1926-, 社会学者）　vi, 136, 162
浜田健次郎（1860-1918, 経済学者）　69
林道義（1937-, 経済学者）　vii, 153
原久一郎（1890-1971, ロシア文学者）　162
パリュイ（メルヒオール Melchior Palyi, 1892-1970,

経済学者）　428
ハルデンベルク（カール・アウグスト Karl August Freiherr von Hardenberg, 1750–1822, 政治家）
ハルト（ルートヴィヒ Ludwig Hardt, 1886–1947, 朗読家）　426
ハルトマン①（エードゥアルト Eduard von Hartmann, 1842–1906, 哲学者，美学者）　248
ハルトマン②（ルード・モーリッツ Ludo Moritz Hartmann, 1865–1924, 歴史学者，政治家，モムゼン③の女婿）　74
ハルベ（マックス Max Halbe, 1865–1944, 作家）　426
パワーズ（ジェームズ James Legrand Powers, 1871–1927, 機械技師）　111
ピカンダー（Picander, 本名 Christian Friedrich Henrici, 1700–1764, 詩人）　252
樋口辰雄（1945–, 社会学者）　40, 90, 92, 154, 187, 367f., 417
日隈威徳（1936–, 宗教学者）　vi, 369
ビスマルク（オットー Otto von Bismarck, 1815–1898, 政治家）　76, 307, 359
肥前栄一（1935–, 経済学者）　69
ビーゼンバッハ（フリートヘルム Friedhelm Biesenbach, 大学史研究者）　36f.
ビューヒャー（カール Karl Bücher, 1847–1930, 経済学者）　49, 211, 413
ヒューム（デイヴィッド David Hume, 1711–1776, 哲学者）　270
平川祐弘（1931–, 比較文学研究者）　101
平田東助（1849–1925, 政治家）　23f.
平野一郎（1929–, 大学史研究者）　359
ビリングズ（ジョン・ショウ John Shaw Billings, 1838–1913, 図書館学者）　111
ビルンバウム（イマヌエル Immanuel Birnbaum, 1894–1982, ジャーナリスト）　i–iii, 2, 3, 51, 93, 219, 308, 312f., 325, 336–340, 349–353, 355–357, 370, 383f., 394, 401f., 404f., 422–426, 428
ピンクス（テーオ Theo Pinkus, 1909–1991, 評論家）　250
ファーマー（ポール Paul Farmer, 教育学者）　359
ファーラント（ヨアヒム Joachim Vahland, 1949–, 社会思想史学者）　97, 246, 284
ファレンティン（カール Karl Valentin, 1882–1948, 喜劇俳優，歌手）　426
フィヒテ（ヨハン・ゴットリープ Johann Gottlieb Fichte, 1762–1814, 哲学者）　102, 357
フィリッポヴィチ（オイゲン Eugen Freiherr Philippovich, 1858–1917, 経済学者）　36f., 63
フェスパー（ヴィル Will Vesper, 1882–1962, 作家）　424
フェルヴァイエン（ヨハネス・マリーア Johannes Maria Verweyen, 1883–1945, 哲学者）　426
フェルスター（フリードリヒ Friedrich Wilhelm Foerster, 1869–1966, 哲学者，教育学者）　208, 210, 212, 298
フェルバー（オイゲン Eugen Felber, 舞台演出家）　426
フォアレンダー（カール Karl Vorländer, 1860–1928, カント研究者）　286
フォイクト（アンドレアス Andreas Voigt, 1860–1940, 経済学者）　196
フォイヒトヴァンガー（ルートヴィヒ Ludwig Feuchtwanger, 1885–1947, 弁護士，ドゥンカー＆フンブロート社顧問）　308, 340, 352, 356, 423f.
フォスラー（カール Karl Voßler, 1872–1949, ロマンス語研究者）　425
フォルダー（ブルヒャルドゥス Burchardus de Volder, 1643–1709, 科学者）　177
深沢宏（1931–1986, 経済学者）　vi, 286, 369f.
藤沼貴（1931–, ロシア文学者）　307
フッガー（ヤーコプ Jakob Fugger, 1459–1525, 金融業者）　425
フックス（カール・ヨハネス Carl Johannes Fuchs, 1865–1934, 経済学者）　37f., 40, 63
フッサール（エドムント Edmund Husserl, 1859–1938, 哲学者）　119, 372
ブッセ（ハンス Hans H. Busse, 1871–1920, 筆跡学者）　337
フッフ（リカルダ Ricarda Huch, 1864–1947, 作家）　425
船戸満之（1935–, 独文学者）　407
ブーブノフ（ニコライ Nikolai von Bubnoff, 1880–1962, 宗教史研究者）　25f., 182–184, 187
ブライジヒ（クルト Kurt Breysig, 1866–1940, 歴史学者）　148
ブライス（ジェームズ James Bryce, 1838–1922, 法学者，歴史家，政治家）　48f.
フラーケ（オットー Otto Flake, 1880–1963, 作家）　425

プラトン（プラトーン Πλάτων, 428/427–348/347 B.C., 哲学者）　67f., 107, 122f, 163–167, 173, 180, 307f.
ブラームス（ヨハネス Johannes Brahms, 1833–1897, 作曲家）　294
フランク（ブルーノ Bruno Frank, 1887–1945, 作家）　426
フランセ（ラオウル Raoul Francé, 1874–1943, 植物学者）　425
ブランデンブルク（ハンス Hans Brandenburg, 1885–1968, 作家）　424f.
プラントル（カール Carl Prantl, 1820–1888, 哲学者）　226f.
プリーストリー（ジョーゼフ Joseph Priestley, 1733–1804, 自然哲学者）　188
フリードリヒ大王（Friedrich II, 1712–1786, プロイセン国王）　237
ブールハーフェ（ヘルマン Herman Boerhaave, 1668–1738, 生物学者）　177
ブルーム（アラン Allan Bloom, 1930–1992, 文化哲学者）　189
ブルーン（ハンス・ヘンリク Hans Henrik Bruun, 1943–, 社会学者）　v, 18, 22, 35, 40f., 45–48, 53f., 60, 64–66, 70, 73, 92, 95f., 98f., 104f., 129, 138, 151–153, 161f., 188, 196, 198, 211–213, 216, 226, 230, 245, 252f., 278–280, 307, 310f.,
ブルンス（マックス Max Bruns, 1876–1945, 詩人）　143
ブルンチュリ（ヨハン・カスパル Johann Caspar Bluntschli, 1808–1881, 法学者）　23f.
フレクスナー（エイブラム Abraham Flexner, 1866–1959, 教育学者）　359
プレスナー（ヘルムート Helmuth Plessner, 1892–1985, 哲学者）　77, 340, 343–346, 350
プレラー①（フリードリヒ Friedrich Preller, 1804–1878, 画家，プレラー②の父）　245
プレラー②（フリードリヒ Friedrich Preller, 1838–1901, 画家，プレラー①の息子）　245
ブレンターノ（ルーヨ Lujo Brentano, 1844–1931, 経済学者）　194, 332, 357f., 421, 427
フロイト（ジークムント Sigmund Freud, 1856–1939, 精神分析学者）　109
ブロックドルフ（ウルリヒ Ulrich Graf Brockdorff-Rantzau, 1869–1928, 外務大臣）　353
ブロッホ（エルンスト Ernst Bloch, 1885–1977, 哲学者）　163
プロティノス（プローティノス Πλωτῖνος, 205–270, 哲学者）　182
フローベール（ギュスターヴ Gustave Flaubert, 1821–1880, 作家）　294
ヘーゲル（ゲオルク・ヴィルヘルム・フリードリヒ Georg Wilhelm Friedrich Hegel, 1770–1831, 哲学者）　91, 105, 113, 132, 155f., 193, 237f., 248, 252, 272–274, 285, 303, 357f., 376, 390, 400
ベーコン（フランシス Francis Bacon, 1561–1626, 哲学者）　169, 171f., 175f., 180f., 209, 284, 286
ペシュケ（ハンス Hans Paeschke, 1911–1991,『メルクール』誌編集者）　403
ベッカー①（カール・ハインリヒ Carl Heinrich Becker, 1876–1933, イスラム学者，プロイセン文部大臣）　45f.,75, 78, 353
ベッカー②（C. Becker）　62
ヘッセン（セルゲイ Sergej Hessen, 1887–1950, 哲学者）　183
ベッヒャー（エーリヒ Erich Becher, 1882–1929, 哲学者，心理学者）　425
別府昭郎（1945–, 大学史研究者）　6f., 358, 361
ヘッベル（フリードリヒ Friedrich Hebbel, 1813–1863, 詩人，作家）　154
ペーテルゼン（カール Carl Wilhelm Petersen, 1868–1933, 政治家）　389
ベートーヴェン（ルートヴィヒ・ヴァン Ludwig van Beethoven, 1770–1827, 作曲家）　133, 294
ベートマン＝ホルヴェーク（テーオバルト Theobald von Bethmann Hollweg, 1856–1921, 政治家）　336
ヘニス（ヴィルヘルム Wilhelm Hennis, 1923–, 政治学者）　335
ベーベル（アウグスト August Bebel, 1840–1913, 政治家）　256
ベーム（フランツ Franz Böhm, 1861–1915, バーデンの文部官僚，文部大臣）　46
ヘルクナー（ハインリヒ Heinrich Herkner, 1863–1932, 経済学者）　41, 75
ヘルダーリーン（フリードリヒ Johann Christian Friedrich Hölderlin, 1770–1843, 詩人）　154
ヘルトリング（ゲオルク Georg Friedrich Karl Freiherr von Hertling, 1843–1919, 政治家）　194

ヘルフェリヒ（カール Karl Helfferich, 1872–1924, 財政学者）　151f.
ヘルマン（ジークムント Siegmund Hellmann, 1872–1942, 歴史学者）　351, 404, 428
ヘルムホルツ（ヘルマン Hermann von Helmholtz, 1821–1894, 物理学者）　43, 54, 57, 60–62, 70, 78–83, 106f., 109, 114–118, 154, 160, 170, 174f., 177, 209, 245, 268, 357–359, 376f., 392
ベルンシュタイン（エードゥアルト Eduard Bernstein, 1850–1932, 政治家）　313
ベルンハルト①（エルンスト Ernst Bernhard, 文化史研究者）　248f.
ベルンハルト②（ヨーゼフ Joseph Bernhart, 1881–1969, 神学者）　425
ベルンハルト③（ルートヴィヒ Ludwig Bernhard, 1875–1935, 経済学者）　43, 45, 196, 330
ベロウ（ゲオルク Georg von Below, 1858–1927, 歴史学者）　17, 86–89, 251
ベンサム（ジェレミー Jeremy Bentham, 1748–1832, 哲学者）　188
ヘンゼル（パウル Paul Hensel, 1860–1930, 倫理学者）　101f.
ポアンカレ（アンリ Henri Poincaré, 1854–1912, 数学者）　120f., 143f., 161, 357f., 405
ホイス（テーオドール Theodor Heuss, 1884–1963, 政治家，クナップの女婿）　215, 422, 427
ボイマー（ゲルトルート Gertrud Bäumer, 1873–1954, 政治家）　124, 163, 234, 381, 384
細見博志（1949–, 社会思想史研究者）　194, 196
細谷貞雄（1920–1995, 哲学者）　162, 412
ボタチーニ（ウンベルト Umberto Bottazzini, 1947–, 数学史研究者）　119
ボダンスキー（アルトゥール Artur Bodanzky, 1877–1939, ヴァイオリニスト，指揮者）　294
ホッブズ（トマス Thomas Hobbes, 1588–1679, 哲学者）　181, 400
ポッホハンマー（パウル Paul Pochhammer, 1841–1916, ダンテ研究者）　77
ホトー（ハインリヒ・グスタフ Heinrich Gustav Hotho, 1802–1873, 哲学者，芸術史学者）　273
ボードレール（シャルル Charles-Pierre Baudelaire, 1821–1867, 詩人）　139f., 143, 232, 235f., 248, 252
ボーニッツ（ヘルマン Hermann Bonitz, 1814–1888, 哲学者）　168
ホーニヒスハイム（パウル Paul Honigsheim, 1885–1963, 社会学者）　13f., 24, 29, 76f., 163, 182, 219, 249, 288f., 294f.
ホブズボーム（エリック Eric John Ernest Hobsbawm, 1917–2012, 歴史学者）　113
ホメーロス（Ὅμηρος, 紀元前八世紀後半，詩人）　167
堀米庸三（1913–1975, 歴史学者）　110, 367f., 375
ボルコンスキー（G. S. Bolkonskij, 朗読者）　346
ホールステッド（ジョージ・ブルース George Bruce Halsted, 1853–1922, 数学者）　405
ボルヒャルト（ルードルフ Rudolf Borchardt, 1877–1945, 作家）　426
ポーレ（ルートヴィヒ Ludwig Pohle, 1869–1926, 経済学者）　193–196
ホレリス（ハーマン Herman Hollerith, 1860–1929, 発明家）　111
ボン（モーリッツ・ユーリウス Moritz Julius Bonn, 1873–1965, 経済学者）　421, 427
ボンゼルス（ヴァルデマル Waldemar Bonsels, 1880–1952, 作家，出版社主）　424
ポンテン（ヨーゼフ Josef Ponten, 1883–1940, 作家）　426

〈マ　行〉

マイネッケ（フリードリヒ Friedrich Meinecke, 1862–1954, 歴史学者）　45, 193
マイヤー①（ユーリウス・ローベルト Julius Robert von Mayer, 1814–1878, 医師，物理学者）　106, 109, 114–116
マイヤー②（ユーリエ Julie Meyer-Frank, 1897–1970, 社会学者）　308, 340, 344f., 348
マイヤー＝グレーフェ（ユーリウス Julius Meier-Graefe, 1867–1935, 美術史家，『パン』誌の初期の編集者）　426
マウラー（ミヒャエル Michael Maurer, 1954–, 歴史学者）　343
マウレンブレッヒャー（マックス Max Maurenbrecher, 1874–1930, 牧師，政治家）　66
前田護郎（1915–1980, 聖書学者）　4f., 12
マカロック（ジョン・ラムジー John Ramsay MacCulloch, 1789–1864, 経済学者）　400
牧野紀之（1939–, 哲学者，ドイツ語学者）　408
牧野雅彦（1955–, 政治学者）　104f., 149, 353f.

松井秀親（1924-, 経済学者）　vii
松島鈞（1925-2011, 教育学者）　49f.
松代和郎（1931-, 経済学者）　vi, 242, 244, 266
マット（フランツ Franz Matt, 1860-1929, バイエルンの文部官僚，政治家）　29, 353
松村健吾（1947-, 哲学者）　285
的場昭弘（1952-, 経済学者）　410
マーラー①（アルマ Alma Maria Mahler-Werfel, 1879-1964, マーラー②の妻）　415f.
マーラー②（グスタフ Gustav Mahler, 1860-1911, 作曲家，マーラー①の最初の夫）　294f., 363, 415f.
マルクス（カール Karl Marx, 1818-1883, 社会活動家）　32, 34f., 74f., 76, 112f., 152, 155, 263, 358, 400f., 410, 415, 417, 422
マン①（トーマス Thomas Mann, 1875-1955, 作家，マン②の弟）　237, 248, 293, 425
マン②（ハインリヒ Heinrich Mann, 1871-1950, 作家，マン①の兄）　425
三浦展（1958-, 評論家）　v, 17f., 20, 22, 35, 40f., 45-48, 52f., 59f., 62, 64-66, 70, 72, 92, 94-96, 98f., 104f., 113, 119, 129, 138, 151f., 157, 161, 175, 188f., 196-198, 206f., 211, 213, 216, 226, 230, 244, 247, 252f., 278-280, 285, 306f., 310f., 379, 413
三木正之（1926-, 独文学者）　v, 18, 20, 22, 35, 40f., 45-48, 53, 59f., 62, 64-66, 70-72, 92f., 95f., 98f., 104f., 113, 119, 129, 138, 151f., 157, 161, 169, 175, 188f., 196-198, 206f., 211f., 216, 226, 230, 244f., 252f., 278-280, 285, 307, 309, 362, 366, 368, 379-382, 412
三島憲一（1942-, 哲学者）　384
水沼知一（1930-1998, 経済学者）　151
水野建雄（1940-, 哲学者）　285
ミーゼス（ルートヴィヒ Ludwig von Mises, 1881-1973, 経済学者）　151
三笘利幸（1969-, 社会思想史研究者）　215f., 378, 413
ミヒェル（ヴィルヘルム Wilhelm Michel, 1877-1942, 作家）　424
ミヒェルス（ローベルト Robert Michels, 1876-1936, 社会学者）　9, 41, 74, 80
ミヒャエリス（ゲオルク Georg Michaelis, 1857-1936, 法学者，政治家）　24
宮下健三（1930-, 独文学者）　402
宮永孝（1943-, 歴史学者）　378
宮本十蔵（1925-, 哲学者）　400
ミュラー（アルヴィーネ Alwine Müller, 1855-1936, ヴェーバー⑤の叔母）　92
ミュルベルガー（F. Mülberger, コンスタンツの精神科医師）　326
ミュンヒハウゼン（ベリース Börries von Muenchhausen, 1874-1945, 作家）　426
三好洋子（1922-, 歴史学者）　98
ミル①（ジェームズ James Mill, 1773-1836, 神学者，歴史家，哲学者，ミル②の父）　243-247
ミル②（ジョン・ステュアート John Stuart Mill, 1806-1873, 哲学者，経済学者，ミル①の息子）　112, 147, 188, 231, 234f., 238-247, 358
ミルズ（ライト Charles Wright Mills, 1916-1962, 社会学者）　v, 18, 22, 35, 41, 45-48, 53f., 60, 64-66, 70, 73, 92, 94-96, 98f., 104f., 129, 138, 151-153, 161f., 188, 196, 198, 211-213, 216, 226, 230, 243f., 247, 252f., 278-280, 307, 310
メーリス（ゲオルク Georg Mehlis, 1875-1842, 哲学者）　183
メリンガー（フレデリック Frederic Mellinger, 1890-1970, 舞台演出家）　426
最上英明（1959-, ドイツ語学者）　416
モーツァルト（ヴォルフガング・アマデウス Wolfgang Amadeus Mozart, 1756-1791, 作曲家）　116, 206
モムゼン①（ヴォルフガング Wolfgang Mommsen, 1930-2004, 政治学者，モムゼン④の曾孫，②の孫）　347, 349, 407
モムゼン②（カール Karl Mommsen, 1861-1922, モムゼン④の息子，①の祖父）　294
モムゼン③（クラーラ Clara Mommsen, 1875-1953, ヴェーバーの妹，モムゼン④の息子エルンストの妻）　50, 333, 406
モムゼン④（テーオドール Theodor Mommsen, 1817-1903, 歴史学者，モムゼン①の曾祖父，②の父，③の岳父）　11, 14, 24, 74, 193-195, 210f., 293f., 376, 422
諸田実（1928-, 経済史学者）　vii
森鴎外（林太郎 1862-1922, 作家，軍医）　43, 47, 248, 309, 392f.
モーレンツ（ルートヴィヒ Ludwig Morenz, 1929-2012, 歴史学者）　351

〈ヤ　行〉

ヤコービ（フリードリヒ・ハインリヒ Friedrich Heinrich Jacobi, 1743-1819, 哲学者）　186
矢島祐利（1903-1995, 科学史研究者）　116
安世舟（1935-, 政治学者）　407
安田徳太郎（1898-1983, 科学史学者）　177
ヤスパース（カール Karl Jaspers, 1883-1969, 哲学者）　88, 187, 212, 249, 262, 305, 332, 337f., 376f., 387f., 393, 414f., 421
ヤッフェ①（エドガル Edgar Jaffé, 1866-1921, 経済学者，ヤッフェ②の夫）　421
ヤッフェ②（エルゼ Else Jaffé, 1874-1973, 経済学者，ヤッフェ①の妻）　32, 347f., 410, 413, 421
矢野善郎（1968-, 社会学者）　61, 239f., 247, 251, 302
山折哲雄（1931-, 宗教学者）　vi, 369
山岸健（1934-, 社会学者）　174
山口和男（1927-1986, 経済学者）　244
山田吉二郎（1949-, メディア社会研究者）　208
山田高生（1932-, 政治学者）　367f.
山之内靖（1933-, 社会思想史研究者）　156, 368
山本義隆（1941-, 科学史研究者）　116
湯川秀樹（1907-1981, 物理学者）　411f.
横田理博（1963-, 倫理学者）　412
吉沢伝三郎（1924-2003, 哲学者）　189
嘉目克彦（1948-, 経済学者）　367f., 407
ヨースト（ハンス Hanns Johst, 1890-1978, 作家）　425
米沢和彦（1943-, 社会学者）　407

〈ラ　行〉

ライアン（アラン Alan James Ryan, 1940-, 政治学者）　242
ラスク（エーミール Emil Lask, 1875-1915, 哲学者）　16, 76, 143, 358
ラッソン（ゲオルク Georg Lasson, 1862-1932, 哲学者）　113, 273
ラッハファール（フェリックス Felix Rachfahl, 1867-1925, 歴史学者）　38
ラートゲン①（カール Karl Rathgen, 1856-1921, 経済学者，ラートゲン②の弟）　14, 25, 29, 41, 43, 47, 58f., 62f., 68f., 112, 155f.
ラートゲン②（ベルンハルト Bernhard August Niebuhr von Rathgen, 1847-1927, 軍人，兵器史研究者，ラートゲン①の兄）　14
ラートブルフ（グスタフ Gustav Radbruch, 1878-1949, 法学者，政治家）　14f., 17
ラトリーユ（マルガレーテ Margarete Latrille, ジャーナリスト）　212
ラーバント（パウル Paul Laband, 1838-1918, 法学者）　37
ラファエロ（Raffaello Santi, 1483-1520, 画家）　206
ラモー（ジャン＝フィリップ Jean-Philippe Rameau, 1683-1764, 作曲家）　400
ランケ（レーオポルト Franz Leopold Ranke, 1795-1886, 歴史学者）　54, 61f., 70, 122, 141f., 194
ランゲ（アルベルト Friedrich Albert Lange, 1828-1875, 哲学者）　175
ランダウ（ゲオルク Georg Landau, 1807-1865, 歴史学者）　154
ランダウアー（グスタフ Gustav Landauer, 1870-1919, 社会活動家）　341
ランペ（エーミール Emil Lampe, 1840-1918, 数学者）　119f., 398
リヴィングストン（ロドニー Rodney Livingstone, 1934-, 独文学者）　v, 18, 22, 35, 40f., 45-48, 53f., 60, 64-66, 70, 73, 92, 95f., 98f., 104f., 129, 138, 151f., 161f., 188, 211, 213, 216, 226, 230, 244f., 247, 252f., 278-280, 307, 310f.,
リカード（デイヴィッド David Ricardo, 1772-1823, 経済学者）　32
リーゲル（マルタ Martha Riegel, 1884-1962, 教師）　348, 402
リスト①（フェレンツ（フランツ）Liszt Ferencz, 1811-1886, 作曲家，ピアニスト，リスト②の従兄）　280, 294
リスト②（フランツ Franz Eduard von Liszt, 1851-1919, 刑法学者，リスト①の従弟）　14f.
リーゼブロート（マルティン Martin Riesebrodt, 1948-, 社会学者）　340
リッケルト（ハインリヒ Heinrich Rickert, 1863-1936, 哲学者）　16, 124, 143, 168, 204, 272f., 342, 357f., 386, 414, 421
リッター（カール Carl Ritter, 翻訳家）　84, 297f., 360
リヒトホーフェン①（エルゼ）→ヤッフェ
リヒトホーフェン②（フェルディナント Ferdinand

von Richthofen, 1833–1905, 地理学者, 中国研究者) 14, 25
リービヒ（ユストゥス・フライヘル Justus Freiherr von Liebig, 1803–1873, 化学者） 20
リーフマン（ローベルト Robert Liefmann, 1874–1941, 経済学者） 24f.
リーマン（ベルンハルト Georg Friedrich Bernhard Riemann, 1826–1866, 数学者） 121
リューメリン（グスタフ Gustav Friedrich Eugen Rümelin, 1848–1907, 法学者） 63f.
リューレ（オットー Otto Rühle, 1874–1943, 政治家） 313
リーリエンタール（カール Karl von Lilienthal, 1853–1927, 法学者） 14f.
リンカー（カール Karl Lyncker, 1823–1855, 歴史学者） 154
リンデマン①（フェルディナント Ferdinand von Lindemann, 1852–1939, 数学者, リンデマン②の夫） 405
リンデマン②（リースベト Lisbeth Lindemann-Küssner, 1861–1936, 数学者, リンデマン①の妻） 405
ルイ十四世（Louis XIV, 1638–1715, フランス国王） 189
ルカーチ（ジェルジ（ゲオルク）Lukács György, 1885–1971, 哲学者） 15f., 41, 51f., 76, 88f., 97, 135, 156, 159f., 163, 249f., 267, 271–274, 285, 293, 303, 358, 389f., 392
ルーストウ（エドワード・グラント Edward Grant Ruestow, 1937–, 科学史学者） 177
ルソー（ジャン＝ジャック Jean-Jacques Rousseau, 1712–1778, 哲学者, 作家, 作曲家） 400
ルター（マルティン Martin Luther, 1483–1546, 神学者, 宗教改革指導者） 343
レオナルド・ダ・ヴィンチ（Leonardo da Vinci, 1452–1519, 画家, 科学者） 155, 169f., 174, 177, 185
レヴィーエン（マックス Max Levien, 1885–1937, 政治家） 423, 428
レーヴィット（カール Karl Löwith, 1897–1973, 哲学者） 156, 288, 292, 305f., 308, 338, 340–348, 350, 358, 368, 387, 402–404, 415
レーヴェンシュタイン（カール Karl Loewenstein, 1891–1973, 政治学者） 175, 340, 344–346, 350
レーヴェンフェルト（ラファエル Raphael Löwenfeld, 1854–1910, 文学研究者） viii
レクシス（ヴィルヘルム Wilhelm Lexis, 1837–1914, 経済学者） 13, 194
レーザー（エマヌエル Emanuel Leser, 1849–1914, 経済学者） 27, 31, 76
レースラー（ヘルマン（ロエスレル）Hermann Roesler, 1834–1894, 法学者, 経済学者） 76
レーデラー（エーミール Emil Lederer, 1882–1939, 経済学者） 16, 25
レプジウス（ライナー Mario Rainer Lepsius, 1928–, 社会学者） 28
レフマン（ザロモン Salomon Lefmann, 1831–1912, 比較言語学者） 75f.
レフラー（アン Anne Charlotte Leffler, 1849–1892, 作家） 121
レーマン（エーミール Emil Lehmann, 1823–1887, 翻訳家） 243f.
レンブラント（Rembrandt Harmenszoon van Rijn, 1606–1669, 画家） 133
老子（紀元前6世紀頃, 哲学者） 184, 191
ローエ（マックス Max Rohe, 美術史家） 425
ローゼンクランツ（カール Karl Rosenkranz, 1805–1879, 哲学者） 132, 248
ロッシャー（ヴィルヘルム Wilhelm Roscher, 1817–1894, 経済学者） 61, 115, 122, 141f., 196, 210, 358
ロッツ（ヴァルター Walter Lotz, 1865–1941, 経済学者） 24, 37f., 40, 175, 353, 421f., 427f.
ロート（オイゲン Eugen Roth, 1895–1976, 詩人） 423, 428
ローライ（ヴィルヘルム Wilhelm Lorey, 1873–1955, 数学者） 119

〈ワ 行〉

ワイルド（オスカー Oscar Wilde, 1854–1900, 詩人） 294
脇圭平（1924–, 政治学者） vi, 136
渡辺金一（1924–2011, 経済学者） v, 18, 20–22, 34, 48, 52f., 100f., 104f., 118, 129, 149, 168, 209, 244, 259, 263, 270, 278–280, 285, 380, 412
渡邊順生（1950–, 音楽史学者, チェンバロ奏者） 175

史料・文献一覧

I　原典および翻訳等

Bolkonskij, G. S., *Max Weber-Politik als Beruf; Wissenschaft als Beruf, vollständige Lesung* (Hörbuch: 1 MP3 CD), gelesen von G. S. Bolkonskij. Würflach: P. Eder（年代不詳）

Bruun, H. H. & S. Whimster (eds.) 2012: *Max Weber; Collected methodological writings*. London & New York: Routledge

Dreijmanis, J. (ed.) 2008: *Max Weber's Complete Writings on Academic and Political Vocations*. New York: Algora

Dreijmanis, J. (Hrsg.) 2010: *Max Webers vollständige Schriften zu akademischen und politischen Berufen*. Bremen: Europäischer Hochschul-Verlag（本書で用いたのはこの初版本だが、その後タイトルが変更されて第二版が刊行された。Dreijmanis, J. (Hrsg.) 2010/12: *Max Webers vollständige Schriften zu wissenschaftlichen und politischen Berufen*, 2. Aufl. Bremen: Europäischer Hochschul-Verlag）

Gerth, H. H. & C. W. Mills (eds.) 1946: *From Max Weber; Essays in sociology*. New York: Oxford University Press

Lassman, P., & I. Velody (eds.) 1988: *Max Weber's 'science as a vocation.'* London: Routledge

MWGI/17: *Max Weber Gesamtausgabe, I, Bd. 17, Wissenschaft als Beruf 1917/1919-Politik als Beruf 1919*. Tübingen: J. C. B. Mohr (Paul Siebeck), 1992

Owen, D. S. & T. B. Strong (eds.) 2004: *The Vocation Lectures; Science as a Vocation, Politics as a Vocation*. Indianapolis: Hackett

Shils, E. (ed.) 1974: *Max Weber on Universities; The Power of the State and the Dignity of the Academic Calling in Imperial Germany*. Chicago & London: The University of Chicago Press

Vahland, J. (Hrsg.) 1995: *Max Weber. Wissenschaft als Beruf, Politik als Beruf*. Stuttgart u. a.: E. Klett

Weber, M. 1919: *Geistige Arbeit als Beruf; Vorträge vor dem Freistudentischen Bund, Erster Vortrag, Prof. Max Weber (München), Wissenschaft als Beruf*. München und Leipzig: Duncker & Humblot

Weber, M. 1921: *Wissenschaft als Beruf*, 2. Aufl. München und Leipzig: Duncker & Humblot

Weber, M. 1930: *Wissenschaft als Beruf*, 3. Aufl. (Wissenschaftliche Abhandlungen und Reden zur Philosophie, Politik und Geistesgeschichte, H. VIII) München und Leipzig: Duncker & Humblot

Weber, M. 1995: *Wissenschaft als Beruf*. (Universal-Bibliothek, Band 9388) Stuttgart: Ph. Reklam jun.

WL1: Weber, M., *Gesammelte Aufsätze zur Wissenschaftslehre*. Tübingen: J. C. B. Mohr (Paul Siebeck), 1922

WL2: Weber, M., *Gesammelte Aufsätze zur Wissenschaftslehre*, 2., durchgesehene und ergänzte

Auflage, herausgegeben von J. Winckelmann. Tübingen: J. C. B. Mohr (Paul Siebeck), 1951
WL3: Weber, M., *Gesammelte Aufsätze zur Wissenschaftslehre*, 3., erweiterte und verbesserte Auflage, herausgegeben von J. Winckelmann. Tübingen: J. C. B. Mohr (Paul Siebeck), 1968
WL4: Weber, M., *Gesammelte Aufsätze zur Wissenschaftslehre*, 4. Auflage, herausgegeben von J. Winckelmann. Tübingen: J. C. B. Mohr (Paul Siebeck), 1973
WL5: Weber, M., *Gesammelte Aufsätze zur Wissenschaftslehre*, 5., erneut durchgesehene Auflage, herausgegeben von J. Winckelmann. Tübingen: J. C. B. Mohr (Paul Siebeck), 1982
WL6: Weber, M., *Gesammelte Aufsätze zur Wissenschaftslehre*, 6., erneut durchgesehene Auflage, herausgegeben von J. Winckelmann. Tübingen: J. C. B. Mohr (Paul Siebeck), 1985
間場訳：間場寿一訳 1968『職業としての学問（対訳）』三修社
岡部訳：岡部拓也訳 2002「職業としての科学」(http://jaguar.eng.shizuoka.ac.jp/etc/WB-ja.html)
尾高訳①：尾高邦雄訳 1936『職業としての学問』岩波書店
尾高訳②：尾高邦雄訳 1980『職業としての学問（改訳）』岩波書店
出口訳①：出口勇蔵訳 1954「職業としての学問」『世界大思想全集 社会・宗教・科学思想篇21 ウェーバー』河出書房
出口訳②：出口勇蔵訳 1965「職業としての学問」『世界の思想18 ウェーバーの思想』河出書房新社
出口訳③：出口勇蔵訳 1968「職業としての学問」『世界の大思想Ⅱ-7 ウェーバー 宗教・社会論集』河出書房
出口訳④：出口勇蔵訳 1982「職業としての学問」『完訳・世界の大思想1 ウェーバー 社会科学論集』河出書房新社
中山訳：中山元訳 2009『職業としての政治／職業としての学問』日経BP社
三浦訳：三浦展訳 2009『現代訳 職業としての学問』プレジデント社
三木訳：三木正之訳 1992『訳稿ドイツ講演選』私家版
渡辺編：渡辺金一編注 1974『Wissenschaft als Beruf』南江堂

Ⅱ 未公刊史料一覧

BAK/N1197 (50): N1197. Nachlaß Alfred Weber. Nr. 50. Briefe Marianne Webers an Else Jaffé, 1921–1936. Bundesarchiv Koblenz
BSBM/Ana 446.C (OM13): 2 Druckseiten mit handschriftlichen Korrekturen Max Webers (Religionssoziologie). Bayerische Staatsbibliothek München
BSBM/Ana 446.C (OM14): 2 Manuskriptseiten zugehörend zu OM12 (Wirtschaftsethik der Weltreligionen). Bayerische Staatsbibliothek München
BSBM/Ana 446.C (2): Nachlässe Max und Marianne Weber (Depot: Weber-Schäfer). Schachtel 2. Briefe Max Webers an Marianne Weber. Bayerische Staatsbibliothek München
BSBM/Ana 446.C (6): Nachlässe Max und Marianne Weber (Depot: Weber-Schäfer). Schachtel 6. Korrespondenzen Max Webers (außer Verwandte). Bayerische Staatsbibliothek München
BSBM/Ana 446.C (7): Nachlässe Max und Marianne Weber (Depot: Weber-Schäfer). Schachtel 7. Reisebriefe von Max (und Marianne) Weber (Abschriften). Bayerische Staatsbibliothek

München
BSBM/Ana 446.C (19): Nachlässe Max und Marianne Weber (Depot: Weber-Schäfer). Schachtel 19. Korrespondenzen von Marianne Weber (nicht mit Verwandten). Bayerische Staatsbibliothek München
DLAM/A: Kahler, 91. 88. 71/1-12: Briefe von Löwith, Karl an Kahler, Erich von (1920-1952). Deutsches Literaturarchiv Marbach
DLAM/D: Merkur, HS. 1980. 0003: Löwith, Karl an Merkur/ Merkur an Löwith, Karl (1948-1971). Deutsches Literaturarchiv Marbach
GLA235/2643: Grossherzogthum Baden. Ministerium des Kultus und Unterrichts. Universität Heidelberg. Diener Dr. Weber Karl Emil Maximilian. Generallandesarchiv Karlsruhe
GLA235/3140: Ministerium des Kultus und Unterrichts. Universität Heidelberg. Dienst. Die Lehrkanzel der Staatswirtschaft, Finanz- und Polizeiwissenschaft, und die Besetzung der Bestellung. Nationalökonomie. 1821-1930. Teil 1. Generallandesarchiv Karlsruhe
GLA235/43005: Badische Universität Freiburg. Generalia. Dienste. Rechts-u. staatswiss. Fakultät. Die Besetzung der Lehrstühle der Nationalökonomie, Finanzwissenschaft und Volkswirtschaftslehre sowie die Direktion des Kameralistischen Seminars betr. Teil II Jahr 1870-1937. Generallandesarchiv Karlsruhe
GStAPK/CHB1-326: VI. Hauptabteilung, Nachlaß Carl Heinrich Becker. Teil 1. Korrespondenzen. 326. Einstein, Albert 1929 März 20, 1930. Geheimes Staatsarchiv preußischer Kulturbesitz
GStAPK/FA133: VI. Hauptabteilung, Nachlaß Friedrich Althoff. Nr. 133. Privatdozenten (1852), 1878-1898. Geheimes Staatsarchiv preußischer Kulturbesitz
GStAPK/GS131a: VI. Hauptabteilung, Nachlaß Gustav Schmoller, Nr. 131a. Geheimes Staatsarchiv preußischer Kulturbesitz
GStAPK/MW: VI. Hauptabteilung, Nachlaß Max Weber. Geheimes Staatsarchiv preußischer Kulturbesitz（この遺稿集のファイル番号を30（3)（第30巻第3番ファイル）等と記し、場合におうじて文書番号を付す）
MMSB/A22: Das Gästebuch Steinicke. Monacensia (Münchner Stadtbibliothek)
MMSB/GK/B77: Briefe von Immanuel Birnbaum an Georg Kerschensteiner. Monacensia (Münchner Stadtbibliothek)
ÖStA/U2, 752, 4C1, 19226 u. 20041: Weber, Max Dr. Prof. Anzeige über seinen Austritt. Österreichisches Staatsarchiv
UAB1218: Acta der Königl. Friedrich-Wilhelms-Universität zu Berlin betreffend: Habilitationen der Privat-Docenten vom 2/1. 91 bis November 1892. Forts. in vol. XXII. Philosophische Fakultät. Littr. H. No. 1 Vol. XXI, Signatur 1218. Humboldt-Universität zu Berlin. Universitätsarchiv zu Berlin
UAG/MA: Matrikel der Georg-August-Universität Göttingen. Universitätsarchiv Göttingen
UAG/SA1918: Sekretariatsakten, Abgangszeugnisse 1918, Nr. 283. Universitätsarchiv Göttingen
UAH/IV/102/66: Akten der philosophischen Fakultät 1865/66. Universitätsarchiv Heidelberg
UAH/IV/102/131: Akten der Philosophischen Fakultät 1900-1901. Universitätsarchiv Heidelberg

UAH/PA2408: Personalakten. Weber, Karl Emil Max 1897–1920. Universitätsarchiv Heidelberg

UAH/Rep.27/1036: Akademische Quästur. Philosophische Fakultät, Rickert, Dr. Heinrich. Universitätsarchiv Heidelberg

UAM/Y-XVI-5 (2): Nachfolge Brentano. Wiederbesetzung der erledigten Professur für Nationalökonomie, Finanzwissenschaft u. Wirtschaftsgeschichte („Brentano-Professur"). Universitätsarchiv München

UAM/Y-XVI-5 (3): Nachfolge Brentano. Universitätsarchiv München

阪谷852 (1): 阪谷芳郎関係文書852「ラートゲン氏政治学（明治十五〜十六年)」(第一冊) 国立国会図書館憲政資料室

Ⅲ　文献一覧

Amira, K. 1908: Die Stellung des akademischen Lehrers zur Freiheit in Forschung und Lehre. *Beilage der Münchner Neuesten Nachrichten*, Jg. 1908, Nr. 8

Ando, H. 2003: Die Interviews mit Else Jaffe, Edgar Salin und Helmuth Plessner über Max Weber 1969/1970. *Kölner Zeitschrift für Soziologie und Sozialpsychologie*, Jg. 55, H. 3

Aristoteles 1890: *Metaphysik*, uebersetzt von H. Bonitz, aus dem Nachlass herausgegeben von E. Wellmann. Berlin: G. Reimer

AVUG: *Amtliches Verzeichnis des Personals und der Studierenden der Königlichen Georg-Augusts-Universität zu Göttingen*. Göttingen: Universität Göttingen. (各学期)

AVUB: *Amtliches Verzeichnis des Personals und der Studierenden der Königlichen Friedrich-Wilhelms-Universität zu Berlin*. Berlin: A. Scholem. (各学期)

AVUF: *Ankündigung der Vorlesungen, welche auf der Grossherzoglich Badischen Albrecht-Ludwigs-Universität zu Freiburg im Breisgau gehalten werden*. Freiburg i. B.: Chr. Lehmann. (各学期)

AVUH: *Anzeige der Vorlesungen der Grossherzoglichen Badischen Ruprecht-Karls-Universität zu Heidelberg*. Heidelberg: K. Groos/ J. Hörning. (各学期，なお学期によって名称に若干の異同がある)

Bach, J. S. 1967: *Matthäus-Passion; Johannes-Passion; Weihnachts-Oratorium; H-Moll-Messe*, hrsg. und eingeleitet von J. Müller-Blattau. Stuttgart: Ph. Reclam

Baudelaire, Ch. 1901: *Die Blumen des Bösen*, Umdichtungen von S. George. Berlin: G. Bondi. 阿部良雄訳 1983『ボードレール全集Ⅰ　悪の華』筑摩書房

Baudelaire, Ch. 1905: *Charles Baudelaires Werke, Bd. 4. Zur Ästhetik der Malerei und der bildenden Kunst*, übersetzt von M. Bruns. Minden in Westfalen: Bruns. 阿部良雄訳 1985『ボードレール全集Ⅲ 美術批評 (上)』，同訳 1987『ボードレール全集Ⅳ 美術批評 (下)』筑摩書房

Baumgarten, E. (Hrsg.) 1964: *Max Weber; Werk und Person*, Dokumente ausgewählt und kommentiert von E. Baumgarten. Tübingen: J. C. B. Mohr (Paul Siebeck). 生松敬三訳 1971『マックス・ヴェーバー　人と業績』福村出版

Becker, C. 1901: Hausagrarier. *Die Nation; Wochenschrift für Politik, Volkswirtschaft und Literatur*, 18. Jg., Nr. 46

Below, G. v. 1920/26: *Probleme der Wirtschaftsgeschichte; Eine Einführung in das Studium der Wirtschaftsgeschichte*, photomechanisch gedruckte und durch ein ausführliches Vorwort ergänzte Aufl. Tübingen: J. C. B. Mohr (Paul Siebeck)

Bernal, J. D. 1954/65: *Science in History*, 3rd ed. London: C. A. Watts. 鎮目恭夫訳 1966『歴史における科学』みすず書房

Bernhard, E. 1912: Die Struktur des französischen Geistes. *Logos; Internationale Zeitschrift für Philosophie der Kultur*, Bd. III

Biesenbach, F. 1969: *Die Entwicklung der Nationalökonomie an der Universität Freiburg i. Br. 1768–1896; eine dogmengeschichtliche Analyse*. Freiburg i. Br.: E. Albert

Birnbaum, I. 1974: *Achtzig Jahre dabeigewesen; Erinnerungen eines Journalisten*, 2. Aufl. München: Süddeutscher Verlag

Bloom, A. 1988: *The closing of the American mind; How higher education has failed democracy and impoverished the souls of today's students*. London: Penguin Books. 菅野盾樹訳 1988『アメリカン・マインドの終焉――文化と教育の危機――』みすず書房

Breysig, K. 1904: Entwicklung des Staates aus der Geschlechterverfassung bei den Irokesen und Tlinkit. *Jahrbuch für Gesetzgebung, Verwaltung und Volkswirthschaft im Deutschen Reich*, 28. Jg.

Bryce, J. 1890: *The American commonwealth, in two volumes. V. 2. The party system, Public opinion, Illustrations and reflections, Social institutions*, 2nd ed. revised. London: Macmillan. 人見一太郎訳 1891『平民政治 第三・四編』民友社（扉には第四編・第五編と誤記されている）

Bubnoff, N. 1920: Das Problem der spekulativen Mystik. *Logos; Internationale Zeitschrift für Philosophie der Kultur*, Bd. VIII

Byron, G. G. 1900: *The works of Lord Byron, with his letters and journals, and his life*, vol. VII. Boston: F. A. Niccolls. 良田玲子訳 2009「翻訳：バイロン作『醜男変身譚』」龍谷大学大学院英語英米文学会『英語英米文学研究』37

Carlyle, Th. 1853a: *Über Helden, Heldenverehrung und das Heldenthümliche in der Geschichte; Sechs Vorlesungen*, übersetzt von J. Neuberg. Berlin: Decker

Carlyle, Th. 1853b: *Über Helden, Heldenverehrung und das Heldentümliche in der Geschichte; 6 Vorträge*, für die Bibliothek der Gesamt-Litteratur des In- und Auslandes übersetzt. Halle a. d. S.: Hendel

Carlyle, Th. 1895: *Ueber Helden, Heldenverehrung und das Heldentümliche in der Geschichte*, übersetzt von F. Bremer. Leipzig: O. Wigand

Carlyle, Th. 1897: *On heroes, hero-worship and the heroic in history*. London: Chapman & Hall. 入江勇起男訳 1962『カーライル選集第２巻 英雄と英雄崇拝』日本教文社

Carlyle, Th. 1900: *Über Helden, Heldenverehrung und das Heldentümliche in der Geschichte*, übersetzt von E. Pfannkuche. Leipzig: Reclam

Clebsch, A. 1872: *Zum Gedächtnis an Julius Plücker* (Sonderdruck der Abhandlungen der Königlichen Gesellschaft der Wissenschaften zu Göttingen, Bd. 16). Göttingen: Dieterich

Curtius, E. R. 1920: Max Weber über Wissenschaft als Beruf. *Die Arbeitsgemeinschaft, Monatsschrift für das gesamte Volkshochschulwesen*, Bd. 1, Nr. 7. 生松敬三訳 1973「マックス・ヴェーバー『職業としての学問』評――1919年――」『読書日記』みすず書房

Dannemann, Fr. 1911 (2): *Die Naturwissenschaften in ihrer Entwicklung und in ihrem Zusammenhange, Bd. 2. Von Galilei bis zur Mitte des 18. Jahrhunderts.* Leipzig: W. Engelmann

Dannemann, Fr. 1911/21 (2): *Die Naturwissenschaften in ihrer Entwicklung und in ihrem Zusammenhange, Bd. 2. Von Galilei bis zur Mitte des 18. Jahrhunderts*, 2. Aufl. Leipzig: W. Engelmann. 安田徳太郎訳 1978『新訳大自然科学史第 4 巻・第 5 巻』三省堂

Dannemann, Fr. 1911 (3): *Die Naturwissenschaften in ihrer Entwicklung und in ihrem Zusammenhange, Bd. 3. Das Emporblühen der modernen Naturwissenschaften bis zur Entdeckung des Energieprinzipes.* Leipzig: W. Engelmann. 安田徳太郎訳 1978/79『新訳大自然科学史第 6 巻・第 7 巻・第 8 巻』三省堂（1922年刊第二版の訳）

Dante Alighieri 1901: *Dantes Göttliche Komödie*, in deutschen Stanzen frei bearbeitet von P. Pochhammer. Leipzig: B. G. Teubner

Diederichs, U. (Hrsg.) 1967: *Eugen Diederichs; Selbstzeugnisse und Briefe von Zeitgenossen.* Düsseldorf: E. Diederichs

Diels, H. 1914: *Antike Technik; Sechs Vorträge.* Leipzig u. Berlin: B. G. Teubner. 平田寛訳 1970『古代技術』鹿島研究所出版会

Dietze, C. 2005/06: *Nachgeholtes Leben; Helmuth Plessner 1892–1985*, 2. Aufl. Göttingen: Wallstein

Dreijmanis, J. (Hrsg.) 2010: *Max Webers vollständige Schriften zu akademischen und politischen Berufen.* Bremen: Europäischer Hochschul-Verlag. 上山安敏・三吉敏博・西村稔訳 1979『ウェーバーの大学論』木鐸社

ETGS3: Troeltsch, E., *Gesammelte Schriften, Bd. 3. Der Historismus und seine Probleme, erstes (einziges) Buch. Das logische Problem der Geschichtsphilosophie.* Tübingen: J. C. B. Mohr (Paul Siebeck). 1922

ETGS4: Troeltsch, E., *Gesammelte Schriften, Bd. 4. Aufsätze zur Geistesgeschichte und Religionssoziologie.* Tübingen: J. C. B. Mohr (Paul Siebeck), 1925. 内田芳明訳 1959『ルネサンスと宗教改革』岩波書店

Eulenburg, F. 1908: *Der akademische Nachwuchs; Eine Untersuchung über die Lage und die Aufgaben der Extraordinarien und Privatdozenten.* Leipzig: B. G. Teubner

Farmer, P. 1950: Nineteenth Century Idea of a University; Continental Europe. M. Clapp (ed.), *The modern University.* Ithaca, New York: Cornell University Press

Flexner, A. 1930: *Universities; American, English, German.* New York: Oxford University Press. 坂本辰朗他訳 2005『大学論――アメリカ・イギリス・ドイツ――』玉川大学出版部

Garbe, R. 1896: *Saṃkhya und Yoga.* (Grundriss der indo-arischen Philologie und Altertumskunde, herausgegeben von G. Bühler, 3. Bd., 4. Heft.) Straßburg: Trübner

GLW8: Lukács, G., *Werke, Band 8. Der junge Hegel; Über die Beziehungen von Dialektik und Ökonomie*, 3. Aufl. Neuwied: Luchterhand, 1967. 生松敬三・元浜清海訳 1987『ルカーチ著作集第10～11巻 若きヘーゲル（上下）』白水社

GLW16: Lukács, G., *Werke, Band 16. Frühe Schriften zur Ästhetik, 1. Heidelberger Philosophie der Kunst (1912–1914)*, aus dem Nachlaß herausgegeben von G. Márkus und F. Benseler. Darmstadt: Luchterhand, 1974. 城塚登・高幣秀知訳 1979『ハイデルベルク美学論稿1912～1914』紀伊國屋書店

GLW17: Lukács, G., *Werke, Band 17. Frühe Schriften zur Ästhetik, 2. Heidelberger Ästhetik (1916–1918)*, aus dem Nachlaß herausgegeben von G. Márkus und F. Benseler. Darmstadt: Luchterhand, 1975

GLW18: Lukács, G., *Werke Bd. 18. Autobiographische Texte und Gespräche*. Bielefeld: Aisthesis, 2005. 清水幾太郎訳 1957「思想的自伝」『岩波講座 現代思想 別巻 歴史・人間・思想』岩波書店，池田浩士訳 1984『生きられた思想――対話による自伝――』白水社

GPS1: Weber, M., *Gesammelte politische Schriften*. München: Drei Masken, 1921

GPS3: Weber, M., *Gesammelte politische Schriften*, 3., erneut vermehrte Aufl. Tübingen: J. C. B. Mohr (Paul Siebeck), 1971. 中村貞二他訳 1982『政治論集（1・2）』みすず書房

GRG7: Radbruch, G., *Gesamtausgabe, Bd. 7. Strafrecht I*. Heidelberg: C. F. Müller Juristischer Verlag, 1995

GRG16: Radbruch, G., *Gesamtausgabe, Bd. 16. Biographische Schriften*. Heidelberg: C. F. Müller Juristischer Verlag, 1988. 山田晟訳 1962『ラートブルフ著作集第10巻 心の旅路』東京大学出版会

Grillparzer, Fr. 1969: *Sämtliche Werke; Ausgewählte Briefe, Gespräche, Berichte, Bd. 1. Gedichte - Epigramme - Dramen I*, 2., durchgesehene Aufl. München: C. Hanser

GSG15: Simmel, G., *Gesamtausgabe in 24 Bänden, Bd. 15. Goethe/ Deutschlands innere Wandlung/ Das Problem der historischen Zeit/ Rembrandt*, 2. Aufl. Frankfurt a. M.: Suhrkamp, 2003. 小田秀人訳 1924『ゲエテ』大村書店

GSG16: Simmel, G., *Gesamtausgabe in 24 Bänden, Bd. 16. Der Krieg und die geistigen Entscheidungen/ Grundfragen der Soziologie/ Vom Wesen des historischen Verstehens/ Der Konflikt der modernen Kultur/ Lebensanschauung*. Frankfurt a. M.: Suhrkamp, 1999. 生松敬三訳 1976「現代文化の葛藤」『ジンメル著作集第 6 巻』白水社

Günther, S. 1909: *Geschichte der Naturwissenschaften*, Teil 2., 2. Aufl. Leipzig: Ph. Reclam jun. 黒田啓次訳 1917『世界自然科學史』洛陽堂

Gundolf, Fr. 1908: Gefolgschaft und Jüngertum. *Blätter für die Kunst*, 8. Folge. 上村清延訳 1943「随順と門弟」ゲオルゲ『芸術について』三笠書房

Gundolf, Fr. 1916/30: *Goethe*, 13. Aufl. Berlin: G. Bondi. 小口優訳 1956『若きゲーテ』、同訳 1957『古典期のゲーテ』、同訳 1958『晩年のゲーテ』未來社

GWH1: Goethe, J. W., *Goethes Werke; Hamburger Ausgabe in 14 Bänden, Bd. 1. Gedichte und Epen I*, 12. neubearbeitete Aufl. München: C. H. Beck, 1981. 飛鷹節訳 1980「芸術と絵のための詩」『ゲーテ全集 2　詩集』潮出版社

GWH3: Goethe, J. W., *Goethes Werke; Hamburger Ausgabe in 14 Bänden, Bd. 3. Dramatische Dichtungen I*, 12. neubearbeitete Aufl. München: C. H. Beck, 1981. 井上正蔵訳 1980『世界文学全集14 ファウストⅠ・Ⅱ』集英社，山下肇訳 1992『ゲーテ全集 3　ファウスト』潮出版社

GWH7: Goethe, J. W., *Goethes Werke; Hamburger Ausgabe in 14 Bänden, Bd. 7. Romane und Novellen II*, 10. neubearbeitete Aufl. München: C. H. Beck, 1981

GWH8: Goethe, J. W., *Goethes Werke; Hamburger Ausgabe in 14 Bänden, Bd. 8. Romane und Novellen III*, 10. neubearbeitete Aufl. München: C. H. Beck, 1981. 登張正實訳 1981『ゲーテ全集 8　ヴィルヘルム・マイスターの遍歴時代』潮出版社

GWH9–10: Goethe, J. W., *Goethes Werke; Hamburger Ausgabe in 14 Bänden, Bd. 9–10. Autobiographische Schriften I*, 12. neubearbeitete Aufl. München: C. H. Beck, 1981. 山崎章甫訳 1997『詩と真実』岩波書店

GWM4. 1: Goethe, J. W., *Sämtliche Werke nach Epochen seines Schaffens; Münchner Ausgabe, Bd. 4. 1. Wirkungen der Französischen Revolution 1791–1797*. München: C. Hanser, 1988. 高辻知義訳 1979「四季」『ゲーテ全集 1　詩集』潮出版社

GWM14: Goethe, J. W., *Sämtliche Werke nach Epochen seines Schaffens; Münchner Ausgabe, Bd. 14. Autobiographische Schriften der frühen Zwanzigerjahre*. München: C. Hanser, 1986. 関口存男訳 1944/94『関口存男著作集 翻訳・創作篇第 7 巻　年代記録——私の爾余の告白の追補としての日記年記——（ゲーテ作）』三修社

GWM7: Goethe, J. W., *Sämtliche Werke nach Epochen seines Schaffens; Münchner Ausgabe, Bd. 7. Leben des Benvenuto Cellini; Diderots Versuch über die Malerei; Rameaus Neffe*. München: C. Hanser, 1991. 本田喜代治・平岡昇訳 1964『ラモーの甥』岩波書店

GWM19: Goethe, J. W., *Sämtliche Werke nach Epochen seines Schaffens; Münchner Ausgabe, Bd. 19. Eckermann, J. P., Gespräche mit Goethe in den letzten Jahren seines Lebens*. München: C. Hanser, 1986. 山下肇訳 2012『ゲーテとの対話（上中下）』岩波書店

GWW14: *Goethes Werke; Weimarer Ausgabe, Abth. 4. Goethes Briefe, Bd. 14. Briefe 1799*. Weimar: H. Böhlau, 1893

Hahnemann, S. 1793: *Samuel Hahnemann's Apothekerlexikon*, Theil 1, Abth. 1. A bis E. Leipzig : Crusius

Hartmann, E. v. 1887: *Ausgewählte Werke, Bd. 4. Aesthetik, zweiter systematischer Theil. Philosophie des Schönen*, 2. wohlfeile Ausgabe. Leipzig: W. Friedrich

Hausenstein, W. 1999: *Ausgewählte Briefe 1904–1957* herausgegeben von H. H. Rennert. Oldenburg: Igel-Verl. Literatur

Hebbel, Fr. 1963: *Friedrich Hebbel Werke, Bd. 3. Gedichte, Erzählungen, theoretische Schriften*. München: C. Hanser. 猿田悳訳 1963「ルビー」手塚富雄編『世界短篇文学全集第 3 巻　ドイツ文学 十九世紀』集英社

Hebbel, Fr. 1970: *Friedrich Hebbel Sämmtliche Werke, historisch kritische Ausgabe, Bd. 3, Abt. 1. Dramen 3//b. Der Rubin; Michel Angelo; Agnes Bernauer; Gyges und sein Ring; Ein Steinwurf; Verkleidungen*. Bern: H. Lang

Hegel, G. W. Fr. 1842: *Georg Wilhelm Friedrich Hegel's Werke, vollständige Ausgabe, Bd. 10. Vorlesungen über die Aesthetik, Abt. 1.*, 2. Aufl., herausgegeben von H. G. Hotho. Berlin: Duncker und Humblot

Hegel, G. W. Fr. 1854: *Georg Wilhelm Friedrich Hegel's Grundlinien der Philosophie des Rechts, oder, Naturrecht und Staatswissenschaft im Grundrisse*, 3. Aufl., herausgegeben von E. Gans. Berlin: Duncker und Humblot

Hegel, G. W. Fr. 1931: *Sämtliche Werke, Bd. 10a. Vorlesungen über die Ästhetik, 1. Halbbd. Einleitung und erster Teil, 1. Abt. Die Idee und das Ideal*, nach den erhaltenen Quellen neu herausgegeben von G. Lasson. Leipzig: F. Meiner. 竹内敏雄訳 1956『美学第 1 巻上』岩波書店

Hegel, G. W. Fr. 1973: *Vorlesungen über Rechtsphilosophie 1818–1831, Bd. 4. Philosophie des*

Rechts; Nach der Vorlesungsnachschrift K. G. v. Griesheims 1824/25, nach der Vorlesungsnachschrift von D. F. Strau, herausgegeben von K-H. Ilting. Stuttgart-Bad Cannstatt: Frommann-Holzboog. 長谷川宏訳 2000『法哲学講義』作品社

Hegel, G. W. Fr. 1986/99: *Wissenschaft der Logik, erster Band. Die objektive Logik, erstes Buch. Das Sein (1812)*, 2. verbesserte Aufl., neu herausgegeben von H.-J. Gawoll. Hamburg: F. Meiner. 寺沢恒信訳 1977『大論理学 1　1812年初版』以文社

Heidegger, M. 1933/83: *Die Selbstbehauptung der deutschen Universität; Rede, gehalten bei der feierlichen Übernahme des Rektorats der Universität Freiburg i. Br. am 27. 5. 1933; Das Rektorat 1933/34; Tatsachen und Gedanken*. Frankfurt a. M.: V. Klostermann. 秋間実訳 1996「ハイデガーのフライブルク大学学長就任演説『ドイツの大学の自己主張』(1933年) を読む――試訳と注解――」『千葉商大紀要』34 (3)

Hellmann, S. 1919: *Die großen europäischen Revolutionen; Eine Gegenwartsstudie*. München: Duncker & Humblot

Helmholtz, H. v. 1863/70: *Die Lehre von den Tonempfindungen als physiologische Grundlage für die Theorie der Musik*, 3., überarbeitete Aufl. Braunschweig: F. Vieweg

Helmholtz, H. v. 1882: *Wissenschaftliche Abhandlungen*, Bd. 1. Leipzig: J. A. Barth. 矢島祐利訳 1949『力の恒存について』岩波書店、高林武彦訳 1969「力の保存についての物理学的論述」湯川秀樹・井上健編『世界の名著第65巻 現代の科学 I』中央公論社

Helmholtz, H. v. 1896a: *Gesammelte Schriften, Bd. 5, Vorträge und Reden, Bd. 1.*, 4. Aufl. Braunschweig: F. Vieweg. 常木実訳注 1961『一科学者の回想』郁文堂、三好助三郎訳注 1962『自然力の交互作用』大学書林，三好助三郎訳 1961「自然科学の科学全体に対する関係について」『世界大思想全集 社会・宗教・科学思想篇 34』河出書房新社

Helmholtz, H. v. 1896b: *Gesammelte Schriften, Bd. 5, Vorträge und Reden, Bd. 2.*, 4. Aufl. Braunschweig: F. Vieweg. 三好助三郎訳注 1958『大学の自由・回想』大学書林

Hennis, W. 1987: *Max Webers Fragestellung; Studien zur Biographie des Werks*. Tübingen: J. C. B. Mohr (Paul Siebeck). 雀部幸隆・嘉目克彦・豊田謙二・勝又正直訳 1991『マックス・ヴェーバーの問題設定』恒星社厚生閣

Hensel, P. 1903: *Hauptprobleme der Ethik; Sieben Vorträge*. Leipzig: B. G. Teubner

Hensel, P. 1903/12: *Hauptprobleme der Ethik; Neun Vorträge*, 2. Aufl. Leipzig: B. G. Teubner. 伏見文雄訳 1929『倫理学の主要問題』理想社出版部

Hensel, P. 1905: Problems of Ethics. H. J. Rogers (ed.), *Congress of arts and science; Universal Exposition, St. Louis, 1904, vol. 1. History of the Congress, scientific plan of the Congress, philosophy and mathematics*. Boston & New York: Houghton, Mifflin & Co.

Hessen, S. 1912: Mystik und Metaphysik. *Logos; Internationale Zeitschrift für Philosophie der Kultur*, Bd. II

Hobsbawm, E. J. 1964/68: *Labouring men; Studies in the history of labour*. London: Weidenfeld and Nicolson. 鈴木幹久・永井義雄訳 1968『イギリス労働史研究』ミネルヴァ書房

Hölderlin, Fr. 1951: *Friedrich Hölderlin Sämtliche Werke, Bd. 2. Gedichte nach 1800, erste Hälfte, Text*. Stuttgart: W. Kohlhammer. 手塚富雄・浅井真男訳 1967『ヘルダーリン全集第2巻 詩II (1800～1843)』河出書房新社

HWS1: Hegel, G. W. F., *Werke in zwanzig Bänden, Bd. 1. Frühe Schriften*, 4. Aufl. Frankfurt a.

M.: Suhrkamp, 1999. 久野昭・水野建雄訳 1973「既成宗教としてのキリスト教の性格」『ヘーゲル初期神学論集 I』以文社、中埜肇訳 1974「キリスト教の精神とその運命」『ヘーゲル初期神学論集 II』以文社

HWS3: Hegel, G. W. F., *Werke in zwanzig Bänden, Bd. 3. Phänomenologie des Geistes*, 6. Aufl. Frankfurt a. M.: Suhrkamp, 1998. 金子武蔵訳 1971/79『精神の現象学（上下）』岩波書店, 牧野紀之訳 2001『精神現象学』未知谷

HWS7: Hegel, G. W. F., *Werke in zwanzig Bänden, Bd. 7. Grundlinien der Philosophie des Rechts, oder Naturrecht und Staatswissenschaft im Grundrisse, mit Hegels eigenhändigen Notizen und den mündlichen Zusätzen*, 6. Aufl. Frankfurt a. M.: Suhrkamp, 2000. 藤野渉・赤澤正敏訳 2001『法の哲学（I・II）』中央公論社, 上妻精・山田忠彰・佐藤康邦訳 2000–01『法の哲学――自然法と国家学の要綱――（上下）』岩波書店

HWS12: Hegel, G. W. F., *Werke in zwanzig Bänden, Bd. 12. Vorlesungen über die Philosophie der Geschichte*, 5. Aufl. Frankfurt a. M.: Suhrkamp, 1999. 武市健人訳 1954『歴史哲学（改訳）（上下）』岩波書店、真下信一訳 1966「歴史哲学緒論」『世界の思想 4 ヘーゲルの思想』河出書房新社

HWS13: Hegel, G. W. F., *Werke in zwanzig Bänden, Bd. 13. Vorlesungen über die Ästhetik* I, 6. Aufl. Frankfurt a. M.: Suhrkamp, 1999. 長谷川宏訳 1995『ヘーゲル美学講義（上）』作品社

Ibsen, H. 1896/97: *John Gabriel Borkman; Schauspiel in vier Aufzügen*, übersetzt von S. Ibsen. Paris et al.: A. Langen. 原千代海訳 1989「ヨーン・ガブリエル・ボルクマン」『原典によるイプセン戯曲全集第 5 巻』未來社

Jacobi, F. H. 1811: *Von den Göttlichen Dingen und ihrer Offenbarung*. Leipzig: G. Fleischer

Jaspers, K. 1923: *Die Idee der Universität*. Berlin: J. Springer

Jaspers, K. 1933/89: Thesen zur Frage der Hochschulerneuerung. *Jahrbuch der österreichischen Karl-Jaspers-Gesellschaft*, Jg. 2

Jaspers, K. 1951: *Rechenschaft und Ausblick; Reden und Aufsätze*. München: R. Piper. 鈴木三郎編 1955『実存的人間』新潮社, 桑木務編 1954『大学の本質』新潮社, 草薙正夫編 1955『現代の精神的課題』新潮社, 草薙雅夫・林田新二・増淵幸男・宮崎佐和子訳 1980『哲学への道』以文社

Jaspers, K. 1958: *Philosophie und Welt; Reden und Aufsätze*. München: R. Piper. 重田英世訳 1965『ヤスパース選集14 哲学的自伝』理想社

Jaspers, K. 1960: Psychologie der Weltanschauungen, 5. Aufl. Berlin: J. Springer. 上村忠雄・前田利男訳 1971『ヤスパース選集25・26 世界観の心理学（上下）』理想社

Jaspers, K. 1969: *Provokationen; Gespräche und Interviews*, herausgegeben von H. Saner. München: R. Piper. 武藤光朗・赤羽竜夫訳 1970『根源的に問う――哲学対話集――』読売新聞社

Jaspers, K. 1988: *Max Weber; Gesammelte Schriften*. München: R. Piper. 森昭訳 1942『独逸的精神――マクス・ウェーバー――』弘文堂, 林田新二・増淵幸男・宮崎佐和子訳 1980「マックス・ウェーバー――追悼演説――」『哲学への道』以文社, 小倉志祥訳 1962「マックス・ウェーバーの政治的思考」『実存主義』26

JB: Weber, M., *Jugendbriefe*, herausgegeben von Marianne Weber. Tübingen: J. C. B. Mohr (Paul Siebeck), 1936. 阿閉吉男・佐藤自郎訳 1995『青年時代の手紙（上下）』文化書房博文

社

Jellinek, G.（Hrsg.）1908: *Gesetze und Verordnungen für die Universität Heidelberg*. Heidelberg: C. Winter

Jhering, R. v. 1884/1912: *Scherz und Ernst in der Jurisprudenz*, 11. Aufl. Leipzig: Breitkopf u. Härtel. 眞田芳憲・矢澤久純訳 2009『法学における冗談と真面目――法学書を読む人へのクリスマスプレゼント 笑いながら真実を語る――』中央大学出版部

Kaesler, D.（Hrsg.）2002: *Max Weber, Schriften 1894–1922*. Stuttgart: A. Kröner

Kahler, E. v. 1920: *Der Beruf der Wissenschaft*. Berlin: Bondi

Kandinsky, W. 1955/73: *Essays über Kunst und Künstler*. Bern: Benteli. 西田秀穂訳 1979『カンディンスキー著作集 3 芸術と芸術家 ある抽象画家の思索と記録』美術出版社

Kant, I. 1998: *Kritik der reinen Vernunft*. Hamburg: F. Meiner. 宇都宮芳明監訳 2004『純粋理性批判（上下）』以文社，原佑訳，渡邊二郎他補訂 2005『純粋理性批判（上中下）』平凡社

Kerbs, D. 2005: Alexander Schwab（1887–1943）; Architekturtheoretiker, politischer Pädagoge, Rätekommunist, Schriftsteller und Widerstandskämpfer. *Internationale wissenschaftliche Korrespondenz zur Geschichte der deutschen Arbeiterbewegung*, 41（4）

Kerschensteiner, G., 1919/20: Die seelische Veranlagung zum Erzieher- und Lehrerberuf. *Jahrbuch der Schweizerischen Gesellschaft für Schulgesundheitspflege*, 20. Jg.

Kerschensteiner, G. 1921/59: *Die Seele des Erziehers und das Problem der Lehrerbildung*, 7. Aufl. Stuttgart: B. G. Teubner. 玉井成光訳 1957『教育者の心――その本質の構造――』協同出版

Klopstock, Fr. G. 2010: *Werke und Briefe, historisch-kritische Ausgabe. Abt. Werke; I, 1. Oden*, Bd. I. Text. Berlin: W. de Gruyter

Kracauer, S. 1923/90: Die Wissenschaftskrisis; Zu den grundsätzlichen Schriften Max Webers und Ernst Troeltschs. *Siegfried Kracauer Schriften*, 5. 1. Frankfurt a. M.: Suhrkamp

Krebs, C. 1892: Die besaiteten Klavierinstrumente bis zum Anfang des 17. Jahrhunderts. *Vierteljahresschrift für Musikwissenschaft*, Jg. 8

Krieck, E. 1920a: *Die Revolution der Wissenschaft; Ein Kapitel über Volkserziehung*. Jena: E. Diederichs

Krieck, E. 1920b: Die Revolution von innen. *Die Tat, Monatsschrift für die Zukunft deutscher Kultur*, XII. Jg., H. 9

Kries, J. 1888: Über den Begriff der objektiven Möglichkeit und einige Anwendungen desselben. *Vierteljahrsschrift für wissenschaftliche Philosophie*, 12. Jg. 山田吉二郎・江口豊訳 2010～13「客観的可能性という概念とその若干の応用について」北海道大学大学院メディア・コミュニケーション研究院『メディア・コミュニケーション研究』59, 60, 62

Lampe, E. 1897: *Karl Weierstraß; Gedächtnissrede, gehalten in der Sitzung der physikalischen Gesellschaft zu Berlin am. 5. März 1897*. Leipzig: J. A. Barth

Lampe, E. 1899: Karl Weierstraß. *Jahresbericht der Deutschen Mathematiker-Vereinigung*, Bd. 6

Landau, G. 1840: Gebräuche, Aberglauben und Sagen aus Hessen. *Zeitschrift des Vereins für Hessische Geschichte und Landeskunde*, Bd. II

Lange, F. A. 1866/1974: *Geschichte des Materialismus und Kritik seiner Bedeutung in der Gegenwart*, 2 Bde. Frankfurt a. M.: Suhrkamp. 川合貞一訳 1928–32『唯物論史（上中下）』

丸善

Latrille, M. 1918: Vom akademischen Burgfrieden in München. *Die Hochschule; Blätter für akademisches Leben und studentische Arbeit*, Jg. 2, H. 2

LB1: Weber, Marianne 1926: *Max Weber; Ein Lebensbild*, 1. Aufl. Tübingen: J. C. B. Mohr (Paul Siebeck)

LB2: Weber, Marianne 1926/50: *Max Weber; Ein Lebensbild*, 2. Aufl. Heidelberg: Schneider. 大久保和郎訳 1963『マックス・ウェーバー』みすず書房

Leffler, A, Ch. and S. Kovalevsky 1895: *Sonya Kovalevsky; A biography, and, Sisters Rajevsky; Being an account of her life*, translated by A. De Furuhjelm and A. M. Clive Bayley. London: T. Fisher Unwin. 野上弥生子訳 1960「ソーニャ・コヴァレフスカヤ」『世界ノンフィクション全集 8』筑摩書房

LGS2: Lask, E., *Gesammelte Schriften, Bd. 2.*, herausgegeben von E. Herrigel. Tübingen: J. C. B. Mohr (Paul Siebeck), 1923. 久保虎賀壽訳 1929『判断論』岩波書店

Loewenstein, K. 1966: Persönliche Erinnerungen an Max Weber. K. Englisch, B. Pfister u. J. Winckelmann (Hrsg.), *Max Weber; Gedächtnisschrift der Ludwig-Maximilian-Universität München zur 100. Wiederkehr seines Geburtstages 1964*. Berlin: Duncker & Humblot. 得永新太郎訳 1967「補論 マックス・ウェーバーの個人的追憶」『マックス・ウェーバーと現代政治』未來社

Löwith 1964: Die Entzauberung der Welt durch Wissenschaft; Zu Max Webers 100. Geburtstag, Fritz Ernst zum Gedächtnis. *Merkur, deutsche Zeitschrift für europäisches Denken*, Jg. XVIII, H. 6. 生松敬三訳 1964「学問による魔術からの世界の解放――マックス・ヴェーバー生誕百年を記念して――」『みすず』6 (11), 上村忠男・山之内靖訳 1989『学問とわれわれの時代の運命――ヴィーコからヴェーバーへ――』未來社

Löwith, K. 1986/2007: *Mein Leben in Deutschland vor und nach 1933; Ein Bericht*, Neuausgabe. Stuttgart: J. B. Metzler. 秋間実訳 1990『ナチズムと私の生活――仙台からの告発――』法政大学出版局

Löwith, K. 1988: *Sämtliche Schriften, Bd. 5. Hegel und die Aufhebung der Philosophie im 19. Jahrhundert - Max Weber*. Stuttgart: J. B. Metzler

Lorey, W. 1916: Amtliche Urteile über Weierstraß als Lehrer. *Zeitschrift für mathematischen und naturwissenschaftlichen Unterricht aller Schulgattungen*, Bd. 47

Lukács, G. 1911: *Die Seele und die Formen; Essays*. Berlin: E. Fleischel. 川村二郎・円子修平・三城満義禧訳 1969『ルカーチ著作集第 1 巻 魂と形式』白水社

Lukács, G. 1920/71: *Die Theorie des Romans; Ein geschichtsphilosophischer Versuch über die Formen der großen Epik*. Darmstadt: Luchterhand. 原田義人・佐々木基一訳 1994『小説の理論』筑摩書房

Lyncker, K. 1854: *Deutsche Sagen und Sitten in hessischen Gauen*. Cassel: O. Bertram

Mahler-Werfel, A. 1971: *Erinnerungen an Gustav Mahler; Briefe an Alma Mahler*. Frankfurt a. M.: Propyläen. 酒田健一訳 1973『グスタフ・マーラー――回想と手紙――』白水社

Marx, K. 2009a: *Ökonomisch-philosophische Manuskripte*, Kommentar von M. Quante. Frankfurt a. M.: Suhrkamp. 藤野渉訳 1963『経済学・哲学手稿』大月書店、城塚登・田中吉六訳 1964『経済学・哲学草稿』岩波書店, 山中隆次訳 2005『マルクス パリ手稿――経済学・哲学・

社会主義――』御茶の水書房

Marx, K. 2009b: *Das Kapital, 1. 1. Resultate des unmittelbaren Reproduktionsprozesses; Sechstes Kapitel des ersten Bandes des „Kapitals" (Entwurf)*. Berlin: Dietz. 岡崎次郎訳 1970『直接的生産過程の諸結果』大月書店

MEGAII/5-1: Marx, K., *Karl Marx, Friedrich Engels Gesamtausgabe, Abt. 2. „Das Kapital" und Vorarbeiten, Bd. 5. Text. Das Kapital; Kritik der politischen Ökonomie*, erster Band. Hamburg 1867. Berlin: Dietz, 1983. 江夏美千穂訳 1983/85『初版資本論（第二版）』幻燈社

MEGAII/6-1: Marx, K., *Karl Marx, Friedrich Engels Gesamtausgabe, Abt. 2. „Das Kapital" und Vorarbeiten, Bd. 6. Text. Das Kapital; Kritik der politischen Ökonomie*, erster Band. Hamburg 1872. Berlin: Dietz, 1987. 江夏美千穂訳 1985『第二版資本論』幻燈社

MEGAII/8-1: Marx, K., *Karl Marx, Friedrich Engels Gesamtausgabe, Abt. 2. „Das Kapital" und Vorarbeiten, Bd. 8. Text. Das Kapital; Kritik der politischen Ökonomie*, erster Band. Hamburg 1883. Berlin: Dietz, 1989

MEGAII/10-1: Marx, K., *Karl Marx, Friedrich Engels Gesamtausgabe, Abt. 2. „Das Kapital" und Vorarbeiten, Bd. 10. Text. Das Kapital; Kritik der politischen Ökonomie*, erster Band. Hamburg 1890. Berlin: Dietz, 1991. 長谷部文雄訳 1964『世界の大思想18 マルクス 資本論１』河出書房新社、岡崎次郎訳 1965『マルクス＝エンゲルス全集第23巻第１・２分冊 資本論Ⅰａ・ｂ』大月書店、資本論翻訳委員会訳 1997『資本論第１巻ａ・ｂ』新日本出版社

MEHKGAI/5: *Karl Marx - Friedrich Engels, historisch-kritische Gesamtausgabe, Abt. I, Bd. 5.* Berlin: Marx-Engels-Verlag, 1932. 横川次郎訳 1932「現象学のヘーゲル的構成」『マルクス＝エンゲルス全集第26巻』改造社

MEW4: *Karl Marx - Friedrich Engels, Werke, Bd. 4.* Berlin: Dietz, 1959. 的場昭弘訳 2010『新訳共産党宣言――初版ブルクハルト版（1848年）――』作品社

MEW23: *Karl Marx - Friedrich Engels, Werke, Bd. 23. Das Kapital; Kritik der politischen Ökonomie*, Bd. 1. Berlin: Dietz, 1962

Mehlis, G. 1912: Formen der Mystik. *Logos; Internationale Zeitschrift für Philosophie der Kultur*, Bd. II

Meyer-Frank, J. 1982: Erinnerungen an meine Studienzeit. H. Lamm (Hrsg.), *Vergangene Tage; Jüdische Kultur in München, erw. und neu durchgesehene Ausgabe des 1958 erschienenen Bandes „Von Juden in München, ein Gedenkbuch"*. München: Langen Müller

Michaelis, G. 1922: *Für Staat und Volk; Eine Lebensgeschichte*. Furche-Verlag. 堅田剛訳 2010「「独逸協会学校」教師としてのゲオルク・ミヒャエリス――ミヒャエリス著『国家と国民のために』より――」堅田『独逸法学の受容過程――加藤弘之・穂積陳重・牧野英一――』御茶の水書房

Mill, J. S. 1874: *John Stuart Mill's Gesammelte Werke, Bd. 9. August Comte und der Positivismus*, übersetzt von E. Gomperz. Leipzig: Fues

Mill, J. S. 1875: *Ueber Religion; Natur, die Nützlichkeit der Religion, Theismus*, übersetzt von E. Lehmann. Berlin: F. Duncker

Mill, J. S. 1969: *Collected works of John Stuart Mill, vol. 10. Essays on Ethics, Religion and Society*. Toronto: University of Toronto Press. 村井久二訳 1978『コントと実証主義』木鐸社、大久保正健訳 2011『宗教をめぐる三つのエッセイ』勁草書房

Mommsen, Th. 1905: Universitätsunterricht und Konfession. *Reden und Aufsätze*. Berlin: Weidmann

Mommsen, W. 1959/2004: *Max Weber und die deutsche Politik 1890–1920*, 2. Aufl. Tübingen: J. C. B. Mohr (Paul Siebeck). 安世舟・五十嵐一郎・田中浩・小林純・牧野雅彦訳 1993–94『マックス・ヴェーバーとドイツ政治1890〜1920（Ⅰ・Ⅱ）』未來社

Morenz, L. (Hrsg.) 1968: *Revolution und Räteherrschaft in München; Aus der Stadtchronik 1918/1919*. München: Langen. 守山晃訳 1978『バイエルン1919年――革命と反革命――』白水社

MWGI/4: *Max Weber Gesamtausgabe, Abt. I, Bd. 4. Landarbeiterfrage, Nationalstaat und Volkswirtschaftspolitik; Schriften und Reden 1892–1899*. Tübingen: J. C. B. Mohr (Paul Siebeck), 1993. 田中真晴訳 2000『国民国家と経済政策』未來社

MWGI/6: *Max Weber Gesamtausgabe, Abt. I, Bd. 6. Zur Sozial- und Wirtschaftsgeschichte des Altertums; Schriften und Reden 1893–1908*. Tübingen: J. C. B. Mohr (Paul Siebeck), 2006. 渡辺金一・弓削達訳 1959『古代社会経済史』東洋経済新報社、堀米庸三訳 1962「古代文化没落論」『世界思想教養全集18 ウェーバーの思想』河出書房新社

MWGI/8: *Max Weber Gesamtausgabe, Abt. I, Bd. 8. Wirtschaft, Staat und Sozialpolitik; Schriften und Reden 1900–1912*. Tübingen: J. C. B. Mohr (Paul Siebeck), 1998. 山岡亮一訳 1954「農業制度と資本主義」『世界大思想全集 社会・宗教・科学思想篇21 ウェーバー』河出書房、中村貞二訳 1982「カルテルと国家の関係によせて」『政治論集１』みすず書房

MWGI/9: *Max Weber Gesamtausgabe, Abt. I, Bd. 9. Asketischer Protestantismus und Kapitalismus; Schriften und Reden, 1904–1911*. Tübingen: J. C. B. Mohr (Paul Siebeck), 2014. 梶山力訳、安藤英治編 1994『プロテスタンティズムの倫理と資本主義の《精神》』未來社、住谷一彦・山田正範訳 1980「資本主義の『精神』に関する反批判」『思想』674

MWGI/10: *Max Weber Gesamtausgabe, Abt. I, Bd. 10. Zur Russischen Revolution von 1905; Schriften und Reden 1905–1912*. Tübingen: J. C. B. Mohr (Paul Siebeck), 1989. 雀部幸隆・小島定・肥前栄一・鈴木健夫・小島修一・佐藤芳行訳 1997–98『ロシア革命論（1・2）』名古屋大学出版会

MWGI/11: *Max Weber Gesamtausgabe, Abt. I, Bd. 11. Zur Psychophysik der industriellen Arbeit. Schriften und Reden 1908–1912*. Tübingen: J. C. B. Mohr (Paul Siebeck), 1995. 鼓肇雄訳 1975『工業労働調査論』日本労働協会

MWGI/14: *Max Weber Gesamtausgabe, Abt. I, Bd. 14. Zur Musiksoziologie. Nachlaß 1921*. Tübingen: J. C. B. Mohr (Paul Siebeck), 2004. 安藤英治・池宮英才・角倉一朗訳 1967『音楽社会学』創文社

MWGI/15: *Max Weber Gesamtausgabe, Abt. I, Bd. 15. Zur Politik im Weltkrieg. Schriften und Reden, 1914–1918*. Tübingen: J. C. B. Mohr (Paul Siebeck), 1984. 中村貞二他訳 1982『政治論集（1・2）』みすず書房、三沢謙一訳 1962「社会主義」『世界思想教養全集18 ウェーバーの思想』河出書房新社

MWGI/16: *Max Weber Gesamtausgabe, Abt. I, Bd. 16. Zur Neuordnung Deutschlands; Schriften und Reden 1918–1920*. Tübingen: J. C. B. Mohr (Paul Siebeck), 1984

MWGI/17: *Max Weber Gesamtausgabe, Abt. I, Bd. 17. Wissenschaft als Beruf 1917/1919 - Politik als Beruf 1919*. Tübingen: J. C. B. Mohr (Paul Siebeck), 1992. 西島芳二訳 1959『職業と

しての政治』角川書店

MWGI/19: *Max Weber Gesamtausgabe, Abt. 1. Bd. 19. Die Wirtschaftsethik der Weltreligionen; Konfuzianismus und Taoismus; Schriften 1915–1920.* Tübingen: J. C. B. Mohr (Paul Siebeck), 1989. 木全徳雄訳 1971『儒教と道教』創文社，徳永恂訳 1971「宗教的現世拒否のさまざまの方向と段階の理論――世界宗教の経済倫理『中間考察』――」『現代社会学大系5 ウェーバー社会学論集――方法・宗教・政治――』青木書店

MWGI/20: *Max Weber Gesamtausgabe, Abt. 1. Bd. 20. Die Wirtschaftsethik der Weltreligionen; Hinduismus und Buddhismus; 1916–1920.* Tübingen: J. C. B. Mohr (Paul Siebeck), 1996. 深沢宏訳 2002『ヒンドゥー教と仏教』東洋経済新報社，古在由重訳 2009『ヒンドゥー教と仏教』大月書店

MWGI/21: *Max Weber Gesamtausgabe, Abt. 1. Bd. 21. Die Wirtschaftsethik der Weltreligionen, das antike Judentum; Schriften und Reden 1911–1920.* Tübingen: J. C. B. Mohr (Paul Siebeck), 2005. 内田芳明訳 1996『古代ユダヤ教（上中下）』岩波書店

MWGI/22-1: *Max Weber Gesamtausgabe, Abt. I, Bd. 22. Wirtschaft und Gesellschaft. Teilband 1, Gemeinschaften.* Tübingen: J. C. B. Mohr (Paul Siebeck), 2001. 厚東洋輔訳 1975「経済と社会集団」尾高邦雄編『世界の名著50 マックス・ウェーバー』中央公論社、中村貞二訳 1977「種族的共同社会関係」『みすず』211、浜島朗訳 1954「政治共同体」「勢力形象。『国民』」「階級、身分、党派」『権力と支配』みすず書房，紺野馨訳 2007「政治的共同体」『述（近畿大学国際人文科学研究所紀要）』1

MWGI/22-2: *Max Weber Gesamtausgabe, Abt. I, Bd. 22. Wirtschaft und Gesellschaft. Teilband 2, Religiöse Gemeinschaften.* Tübingen: J. C. B. Mohr (Paul Siebeck), 2001. 武藤一雄・薗田宗人・薗田坦訳 1976『宗教社会学』創文社

MWGI/22-3: *Max Weber Gesamtausgabe, Abt. I, Bd. 22. Wirtschaft und Gesellschaft. Teilband 3, Recht.* Tübingen: J. C. B. Mohr (Paul Siebeck), 2010. 世良晃志郎訳 1974『法社会学』創文社

MWGI/22-4: *Max Weber Gesamtausgabe, Abt. I, Bd. 22. Wirtschaft und Gesellschaft. Teilband 4, Herrschaft.* Tübingen: J. C. B. Mohr (Paul Siebeck), 2005. 世良晃志郎訳 1960–62『支配の社会学（Ⅰ・Ⅱ）』創文社

MWGI/22-5: *Max Weber Gesamtausgabe, Abt. I, Bd. 22. Wirtschaft und Gesellschaft. Teilband 5, Die Stadt.* Tübingen: J. C. B. Mohr (Paul Siebeck), 1999. 世良晃志郎訳 1965『都市の類型学』創文社

MWGI/23: *Max Weber Gesamtausgabe, Abt. I, Bd. 23. Wirtschaft und Gesellschaft. Soziologie, unvollendet 1919–1920.* Tübingen: J. C. B. Mohr (Paul Siebeck), 2013. 浜島朗訳 1971「社会学の基礎概念」『現代社会学大系5 ウェーバー社会学論集――方法・宗教・政治――』青木書店、富永健一訳 1975「経済行為の社会学的基礎範疇」尾高邦雄編『世界の名著50 マックス・ウェーバー』中央公論社、世良晃志郎訳 1970『支配の諸類型』創文社、水沼知一訳・解説 1977「G・クナップの貨幣国定理論について――マックス・ウェーバー「経済と社会」第1部第2章第36節補論――」東京都立大学経済学会『経済と経済学』38

MWGI/24: *Max Weber Gesamtausgabe, Abt. I, Bd. 24. Wirtschaft und Gesellschaft. Entstehungsgeschichte und Dokumente*, dargestellt und herausgegeben von Wolfgang Schluchter. Tübingen: J. C. B. Mohr (Paul Siebeck), 2009

MWGII/4: *Max Weber Gesamtausgabe, Abt. II, Bd. 4. Briefe 1903–1905*. Tübingen: J. C. B. Mohr (Paul Siebeck), 2015

MWGII/5: *Max Weber Gesamtausgabe, Abt. II, Bd. 5. Briefe 1906–1908*. Tübingen: J. C. B. Mohr (Paul Siebeck), 1990

MWGII/6: *Max Weber Gesamtausgabe, Abt. II, Bd. 6. Briefe 1909–1910*. Tübingen: J. C. B. Mohr (Paul Siebeck), 1994

MWGII/7: *Max Weber Gesamtausgabe, Abt. II, Bd. 7. Briefe 1911–1912*. Tübingen: J. C. B. Mohr (Paul Siebeck), 1998

MWGII/8: *Max Weber Gesamtausgabe, Abt. II, Bd. 8. Briefe 1913–1914*. Tübingen: J. C. B. Mohr (Paul Siebeck), 1998

MWGII/9: *Max Weber Gesamtausgabe, Abt. II, Bd. 9. Briefe 1915–1917*. Tübingen: J. C. B. Mohr (Paul Siebeck), 2008

MWGII/10: *Max Weber Gesamtausgabe, Abt. II, Bd. 10. Briefe 1918–1920*. Tübingen: J. C. B. Mohr (Paul Siebeck), 2012

MWGIII/1: *Max Weber Gesamtausgabe, Abt. III, Bd. 1. Allgemeine ("theoretische") Nationalökonomie; Vorlesungen 1894–1898*. Tübingen: J. C. B. Mohr (Paul Siebeck), 2009

MWGIII/6: *Max Weber Gesamtausgabe, Abt. III, Bd. 6. Abriß der universalen Sozial- und Wirtschaftsgeschichte; Mit- und Nachschriften 1919/20*. Tübingen: J. C. B. Mohr (Paul Siebeck), 2012. 黒正巖・青山秀夫訳 1954–55『一般社会経済史要論（上下）』岩波書店

MWGIII/7: *Max Weber Gesamtausgabe, Abt. III, Bd. 7. Allgemeine Staatslehre und Politik (Staatssoziologie), unvollendet; Mit- und Nachschriften 1920*. Tübingen: J. C. B. Mohr (Paul Siebeck), 2009

MWzG: König, R. u. J. Winckelmann (Hrsg.), *Max Weber zum Gedächtnis; Materialien und Dokumente zur Bewertung von Werk und Persönlichkeit*. Köln u. Opladen: Westdeutscher Verlag, 1963. ホーニヒスハイム（P）〔大林信治訳〕1972『マックス・ウェーバーの思い出』みすず書房

Niekisch, E. 1974: *Erinnerungen eines deutschen Revolutionärs, erster Band, Gewagtes Leben 1889–1945*. Köln: Verlag Wissenschaft und Politik

NSWK2: Nietzsche, F., *Sämtliche Werke in zwölf Bänden, Bd. 2. Unzeitgemässe Betrachtungen*. Stuttgart: A. Kröner, 1964. 渡辺二郎訳 1994『ニーチェ全集第３巻 哲学者の書』筑摩書房，小倉志祥訳 1993『ニーチェ全集第４巻 反時代的考察』筑摩書房

NSWK4: Nietzsche, F., *Sämtliche Werke in zwölf Bänden, Bd. 4. Morgenröte; Gedanken über die moralischen Vorurteile*. Stuttgart: A. Kröner, 1964. 茅野良男訳 1993『ニーチェ全集第７巻 曙光』筑摩書房

NSWK6: Nietzsche, F., *Sämtliche Werke in zwölf Bänden, Bd. 6. Also sprach Zarathustra; Ein Buch für Alle und Keinen*. Stuttgart: A. Kröner, 1964. 吉沢伝三郎訳 1993『ニーチェ全集第９・10巻 ツァラトゥストラ』筑摩書房

NSWK7: Nietzsche, F., *Sämtliche Werke in zwölf Bänden, Bd. 7. Jenseits von Gut und Böse. Zur Genealogie der Moral*. Stuttgart: A. Kröner, 1964. 信太正三訳 1993『ニーチェ全集第11巻 善悪の彼岸 道徳の系譜』筑摩書房

NSWK8: Nietzsche, F., *Sämtliche Werke in zwölf Bänden, Bd. 8. Götzendämmerung. Der Anti-*

christ. Ecce homo. Gedichte. Stuttgart: A. Kröner, 1964. 川原栄峰訳 1994『ニーチェ全集第15巻 この人を見よ 自伝集』筑摩書房

NSWK9: Nietzsche, F., *Sämtliche Werke in zwölf Bänden, Bd. 9. Der Wille zur Macht; Versuch einer Umwertung aller Werte*. Stuttgart: A. Kröner, 1964. 原佑訳 1993『ニーチェ全集第12・13巻 権力への意志』筑摩書房

NWKG7 (1): Nietzsche, F., *Nietzsche Werke, kritische Gesamtausgabe, Abt. 7, Bd. 1. Nachgelassene Fragmente Juli 1882 bis Winter 1883–1884*. Berlin: W. de Gruyter, 1977

NWKG8 (1): Nietzsche, F., *Nietzsche Werke, kritische Gesamtausgabe. Abt. 8, Bd. 1. Nachgelassene Fragmente, Herbst 1885 bis Herbst 1887*. Berlin: W. de Gruyter, 1974

NWN2/12: Nietzsche, F., *Nietzsche's Werke, 2. Abt., Bd. 12. Schriften und Entwürfe*. Leipzig: C. G. Naumann, 1897

NWN2/14: Nietzsche, F., *Nietzsche's Werke, 2. Abt., Bd. 14. Nachgelassene Werke. Unveröffentlichtes aus der Umwerthungszeit* (*1882/83–1888*). Leipzig: C. G. Naumann, 1904

NWU4: Nietzsche, F., *Werke, Bd. 4. Aus dem Nachlaß der Achtzigerjahre Briefe* (*1861–1889*), 6., durchgesehene Aufl. herausgegeben von K. Schlechta. Frankfurt a. M.: Ullstein, 1969

Ornstein, M. 1913/75: *The role of the scientific societies in the seventeenth century*. New York: Arno Press

Pinkus, Th. (Hrsg.) 1967: *Gespräche mit Georg Lukács*. Reinbek bei Hamburg: Rowohlt. 池田浩士訳 1968『ルカーチとの対話』合同出版

Platon 1904: *Phaidros*, übertragen von R. Kassner. Jena: E. Diederichs

Platon 1916: *Platons Staat*, 4. Aufl., neu übersetzt und erläutert sowie mit Griechisch-Deutschem und Deutsch-Griechischem Wörterverzeichnis versehen von O. Apelt. Leipzig: F. Meiner

Platon 1918: *Platons Ausgewählte Werke in fünf Bänden*, übersetzt von F. Schleiermacher. München: G. Müller

Plessner, H. 1975/85: Selbstdarstellung. *Gesammelte Schriften, Bd. X. Schriften zur Soziologie und Sozialphilosophie*. Frankfurt a. M.: Suhrkamp

Pohle, L. 1911: *Die gegenwärtige Krisis in der deutschen Volkswirtschaftslehre; Betrachtungen über das Verhältnis zwischen Politik und nationalökonomischer Wissenschaft*. Leipzig: A. Deichert

Pohle, R. 2009: *Max Weber und die Krise der Wissenschaft; Eine Debatte in Weimar*. Göttingen: Vandenhoeck & Ruprecht

Poincaré, H. 1899: L'oeuvre mathématique de Weierstrass. *Acta Mathematica*, 22 (1)

Poincaré, H. 1904: *La valeur de la science*. Paris: E. Flammarion. 吉田洋一訳 1977『科学の価値』岩波書店

Poincaré, H. 1904/06: *Der Wert der Wissenschaft*, übersetzt von E. Weber. Leipzig: B. G. Teubner

Poincaré, H. 1908: *Science et méthode*. Paris: E. Flammarion. 吉田洋一訳 1953『科学と方法（改訳)』岩波書店

Poincaré, H. 1908/2003: *Wissenschaft und Methode*, autorisierte deutsche Ausgabe mit Erläuterungen und Anmerkungen von F. und L. Lindemann, unveränderte Neuauflage der 1.

Auflage 1914 von B. G. Teubner, Berlin und Leipzig. Berlin: Xenomoi. 寺田寅彦訳 1951「事実の選択」「偶然」『寺田寅彦全集第 9 巻』岩波書店

Poincaré, H. 1910: *Savants et écrivains*. Paris: E. Flammarion. 平林初之輔訳 1928『科学者と詩人』岩波書店

PSUM: *Personalstand der Ludwig-Maximilians-Universität München*. München: Universität München.（各学期）

PVUH: *Personal-Verzeichnis der Ruprecht-Karls-Universität in Heidelberg. Nachrag zum Personal-Verzeichnis der Ruprecht-Karls-Universität in Heidelberg*. Heidelberg: J. Hörning.（各学期）

Ranke, L. v. 1890: *Leopold von Ranke's Sämmtliche Werke, Bd. 53/54. Zur eigenen Lebensgeschichte*. Leipzig: Duncker & Humblot

Ranke, L. v. 1910: *Weltgeschichte, Bd. 4.*, mit einem Anhang. Aufsätze zur eigenen Lebensbeschreibung. Tagebuchblätter. 3., unveränderte Aufl. Leipzig: Duncker & Humblot. 林健太郎訳 1966『ランケ自伝』岩波書店

Rathgen, K. 1907: *Staat und Kultur der Japaner*. Bielefeld und Leipzig: Velhagen & Klasing

Rickert, H. 1926: Max Weber und seine Stellung zur Wissenschaft. *Logos; Internationale Zeitschrift für Philosophie der Kultur*, Bd. 15, H. 2. 内山稔訳 1969「マックス・ウェーバー——その人柄と学問観——」日本大学『社会学論叢』47

Rickert, H. 1999: *Philosophische Aufsätze*, herausgegeben von R. A. Bast. Tübingen: J. C. B. Mohr（Paul Siebeck）

Rosenkranz, K. 1844: *Georg Wilhelm Friedrich Hegel's Leben*. Berlin: Duncker und Humblot. 中埜肇訳 1983『ヘーゲル伝』みすず書房

Rosenkranz, K. 2007: *Ästhetik des Häßlichen*, herausgegeben und mit einem Nachwort von D. Kliche. Stuttgart: P. Reclam. 鈴木芳子訳 2007『醜の美学』未知谷

RSI: Weber, M. 1920: *Gesammelte Aufsätze zur Religionssoziologie*, I. Tübingen: J. C. B. Mohr（Paul Siebeck）. 松井秀親・諸田実訳 1960「『宗教社会学論文集』序言」福島大学『商学論集』29（1），徳永恂訳 1971「宗教社会学論集への序文」『現代社会学大系 5　ウェーバー社会学論集——方法・宗教・政治——』青木書店，梶山力訳，安藤英治編 1994『プロテスタンティズムの倫理と資本主義の《精神》』未來社，杉浦宏訳 1946「プロテスタント諸派と資本主義精神」『アメリカ資本主義とキリスト教』喜久屋書店，中村貞二訳 1968「プロテスタンティズムの教派と資本主義の精神」『世界の大思想Ⅱ—7　ウェーバー 宗教・社会論集』河出書房

Ruestow, E. G. 1973: *Physics at seventeenth and eighteenth-century Leiden; Philosophy and the new science in the university*. The Hague: M. Nijhoff

Ryan, A. 1988: John Stuart Mill und Max Weber über Geschichte, Freiheit und Vernunft. W. J. Mommsen und W. Schwentker（Hrsg.）, *Max Weber und seine Zeitgenossen*. Göttingen und Zürich: Vandenhoeck & Ruprecht

Salz, A. 1921: *Für die Wissenschaft; Gegen die Gebildeten unter ihren Verächtern*. München: Drei Masken

Saner, H. 1994: *Einsamkeit und Kommunikation; Essays zur Geschichte des Denkens*. Basel: Lenos. 盛永審一郎・阪本恭子訳 2000『孤独と交わり——ヤスパースとハイデッガー——』

晃洋書房

Sauder, G. 1984: Von Formalitäten zur Politik; Georg Lukács' Heidelberger Habilitationsversuch. *Zeitschrift für Literaturwissenschaft und Linguistik*, 53/54

Schäfer, D. 1926: *Mein Leben*. Berlin, Leipzig: Koehler

Scheler, M. 1923/63: Weltanschauungslehre, Soziologie und Weltanschauungssetzung. *Max Scheler Gesammelte Werke, Bd. 6. Schriften zur Soziologie und Weltanschauungslehre*, 2., durchgesehene Aufl. Bern: A. Francke. 飯島宗享他訳 1977『シェーラー著作集第九巻 社会学および世界観学論集（上）』白水社

Schelling, F. W. J. 2008: *Vorlesungen über die Methode des akademischen Studiums*, herausgegeben von R. Nölle. Books on Demand. 勝田守一訳 1957『学問論』岩波書店

Schluchter, W. 1979: Excursus; The Question of the Dating of "Science as a Vocation" and "Politics as a Vocation". G. Roth and W. Schluchter, *Max Weber's Vision of History; Ethics and Methods*. Berkeley: University of California Press

Schluchter, W. 1980: *Rationalismus der Weltbeherrschung; Studien zu Max Weber*. Frankfurt a. M.: Suhrkamp. 米沢和彦・嘉目克彦訳 1984『現世支配の合理主義――マックス・ヴェーバー研究――』未來社

Schluchter, W. 1996: *Unversöhnte Moderne*. Frankfurt a. M.: Suhrkamp

Schluchter, W. 2009: *Die Entzauberung der Welt; Sechs Studien zu Max Weber*. Tübingen: J. C. B. Mohr（Paul Siebeck）

Schmidt, H. 1921: *Philosophisches Wörterbuch*, 6. verb. Aufl. Stuttgart: A. Kröner

Schmoller, G. 1998: *Historisch-ethische Nationalökonomie als Kulturwissenschaft; ausgewählte methodologische Schriften*, herausgegeben von H. H. Nau. Marburg: Metropolis. 戸田武雄訳 1939「国民経済に於ける正義」『社会政策の理想』有斐閣

Schopenhauer, A. 1988（4–5）: *Arthur Schopenhauers Werke in fünf Bänden, Bd. 4–5. Parerga und Paralipomena, kleine philosophische Schriften*, Bd. I, II. München: Haffmans-Heyne. 有田潤他訳 1973–74『ショーペンハウアー全集第10～14巻 哲学小品集（Ⅰ～Ⅴ）』白水社

Schwab, F. X. 1917: Beruf und Jugend. *Die weißen Blätter; Eine Monatsschrift*, Jg. 4, H. 5

Sombart, W. 1902/16: *Der moderne Kapitalismus; Historisch-systematische Darstellung des gesamteuropäischen Wirtschaftslebens von seinen Anfängen bis zur Gegenwart, Bd. 1. Einleitung - Die vorkapitalistische Wirtschaft - Die historischen Grundlagen des modernen Kapitalismus*, 2. neugearbeitete Aufl. München: Duncker & Humblot. 岡崎次郎訳 1942–43『近世資本主義』生活社

Sombart, W. 1906: *Das Proletariat; Bilder und Studien*. Frankfurt a. M.: Rütten & Loening.

Spener, Ph. J. 1964: *Pia desideria; Programm des Pietismus*, in neuer Bearbeitung herausgegeben von Erich Beyreuther, 1. Aufl. Wuppertal: Aussaat. 堀孝彦訳 1969「敬虔なる願望」佐藤敏夫編『キリスト教教育宝典Ⅴ』玉川大学出版部

Spener, P. J. 1999: *Schriften, Bd. 11. 1. Korrespondenz Theologische Bedencken, 1. Theil. Theologische Bedencken und andere Brieffliche Antworten, 1–1. Capitel. Darinnen entweder einige stellen der schrifft oder glaubens-puncten, controversen und dergleichen materien; tractirt werden*. Hildesheim: G. Olms

SSP: Weber, M., *Gesammelte Aufsätze zur Soziologie und Sozialpolitik*. Tübingen: J. C. B. Mohr

(Paul Siebeck), 1924. 中村貞二他訳 1982『政治論集(1・2)』みすず書房，中村貞二訳 1982「ドイツ社会学会の立場と課題」「ドイツ社会学会討論集」『完訳世界の大思想 1 ウェーバー 社会科学論集』河出書房新社

Stein, L. v. 1842: *Der Socialismus und Communismus des heutigen Frankreichs; Ein Beitrag zur Zeitgeschichte*. Leipzig: O. Wigand. 石川三義・石塚正英・柴田隆行訳 1990『平等原理と社会主義——今日のフランスにおける社会主義と共産主義——』法政大学出版局

Stein, L. 1883: *Die Verwaltungslehre, 5. Teil. Die innere Verwaltung. 2. Hauptgebiet. Das Bildungswesen. 1. Teil. Das System und die Geschichte des Bildungswesens der alten Welt*, 2. Aufl. Stuttgart: J. G. Cotta

Steiner, R. 1976/2005: *Rudolf Steiner Gesamtausgabe, Abteilung B. Vorträge, Band GA145. Welche Bedeutung hat die okkulte Entwicklung des Menschen für seine Hüllen (physischen Leib, Ätherleib, Astralleib) und sein selbst?* 6. durchgesehene Aufl. Dornach: Rudolf-Steiner-Verlag

Steppuhn, F. 1912: Die Tragödie des mystischen Bewußtseins. *Logos; Internationale Zeitschrift für Philosophie der Kultur*, Bd. III

Strauss, L. 1953: *Natural right and history*. Chicago: University of Chicago Press. 塚崎智・石崎嘉彦訳 1988『自然権と歴史』昭和堂

Strauss, L. 2001: *Gesammelte Schriften, Bd. 3. Hobbes' politische Wissenschaft und zugehörige Schriften - Briefe*. Stuttgart u. Weimar: Metzler

SVS132: *Verhandlungen der Generalversammlung in Wien, 27., 28 und 29. September 1909*. Schriften des Vereins für Socialpolitik, Bd. 132. Leipzig: Duncker & Humblot, 1910. 戸田武雄訳 1937「1909年維納の社会政策学会の日程に於ける国民経済の生産性に関する論議のための討論演説」(ヴェーバーの発言の訳)『社会科学と価値判断の諸問題』有斐閣

Swammerdamm, J. 1752: *Bibel der Natur, worinnen die Insekten in gewisse Classen vertheilt, sorgfältig beschrieben, zergliedert, in saubern Kupferstichen vorgestellt, mit vielen Anmerkungen über die Seltenheiten der Natur erleutert, und zum Beweis der Allmacht und Weisheit des Schöpfers angewendet werden*, übersetzt von J. J. Reiske. Leipzig: J. Fr. Gleditschen

Tait, P. G. 1868: *Sketch of thermodynamics*. Edinburgh: Douglas

Tanaka, S. 1890: Studien im Gebiete der reinen Stimmung. *Vierteljahresschrift für Musikwissenschaft*, Jg. 6

TGW1-7: Tolstoj, L. N., *Gesammelte Werke, Serie 1, Bd. 7. Novellen, Bd. 5. Der Tod des Iwan Iljitsch; Wandelt, dieweil ihr das Licht habt; Der Herr und sein Knecht. Die Dekabristen*. Jena: E. Diederichs, 1911. 川端香男里訳 1989「イヴァン・イリイチの死」『ロシア短篇集』国書刊行会，原久一郎訳 1967「主人と下男」『トルストイ全集第 3 巻』春陽堂書店

TGW2-1: Tolstoj, L. N., *Gesammelte Werke, Serie 2, Bd. 1. Meine Beichte*. Jena: E. Diederichs, 1911. 木村彰一訳 1964「ざんげ」『トルストイ 4 (世界文学大系84)』筑摩書房

TGW2-7: Tolstoj, L. N., *Gesammelte Werke, Serie 2, Bd. 7. Das Leben*. Jena: E. Diederichs, 1911. 原卓也訳 1975『人生論』新潮社

Thaidigsmann, E. 2011: »Religiös unmusikalisch«; Aspekte einer hermeneutischen Problematik. *Zeitschrift für Theologie und Kirche*, 108 (4)

TMW117: *Thomas Mann Werke; Politische Schriften und Reden*, Bd. 2.（Moderne Klassiker 117）Frankfurt a. M.: S. Fischer, 1968. 塚越敏訳 1972「戦時に思う」『市民・芸術・神話――トーマス・マンの世界――』人文書院

Toller, E. 1933/63: *Eine Jugend in Deutschland*. Reinbek bei Hamburg: Rowohlt. 船戸満之訳 1969「ドイツの青春」『全集・現代世界文学の発見 1　革命の烽火』学藝書林

Tolstoï, L. N. 1889: *My confession, My religion, Gospel in brief.*（The Complete Works of Lyof N. Tolstoï）New York: Th. Y. Crowell

Tolstoi, L. N. 1906: *Leo N. Tolstois Biographie und Memoiren, autobiographische Memoiren, Briefe und biographisches Material*, herausgegeben von P. Birukof und durchgesehen von L. Tolstoi, Bd. 1. Wien & Leipzig: M. Perles

Tolstoi, L. N. 1913: *Leo Tolstoi's Briefwechsel mit der Gräfin A. A. Tolstoi 1857–1903*, herausgegeben von L. Berndl. München: G. Müller. 原久一郎訳 1966『トルストイ全集第 1 巻』春陽堂書店

Tolstoj, L. N. 1902: *Was ist Kunst?* übersetzt von Michael Feofanoff. Leipzig: E. Diederichs. 原久一郎訳 1948『芸術論』白桃書房，河野與一訳 1958『芸術とはなにか』岩波書店

Treiber, H. 1991: Die Geburt der Weberschen Rationalismus-These; Webers Bekanntschaften mit der russischen Geschichtsphilosophie in Heidelberg. *Leviathan; Zeitschrift für Sozialwissenschaft*, 3

Truesdell, L. E. 1965: *The development of punch card tabulation in the Bureau of the Census, 1890–1940, with outlines of actual tabulation programs.* Washington: U. S. Department of Commerce, Bureau of the Census

TSW1–3/4: Tolstoj, L. N., *Sämtliche Werke, Serie 1. Sozial-ethische Schriften, Bd. 3/4. Was sollen wir denn tun? Bd. 1/2.* Jena: E. Diederichs, 1902. 原久一郎訳 1952『トルストイ全集第26巻　われら何を爲すべきか』講談社，米川正夫訳 1968『われら何をなすべきか』角川書店

TSW1–8: Tolstoj, L. N., *Sämtliche Werke, Serie 1. Sozial-ethische Schriften, Bd. 8. Pädagogische Schriften, Bd. 1.* Jena: E. Diederichs, 1907. 海老原遙訳 1969「進歩と教育の定義」『ロシヤ国民教育論（トルストイ）（世界教育学選集44）』明治図書

Verhandlungen II: *Verhandlungen des II. Deutschen Hochschullehrertages zu Jena im September 1908*（Sonderabdruck aus der „Beilage der Münchner Neuesten Nachrichten“). München: Knorr & Hirth, 1908.

Verhandlungen III: *Verhandlungen des III. Deutschen Hochschullehrertages zu Leipzig am 12. und 13. Oktober 1909.* Leipzig: E. Avenarius, 1910

Verhandlungen IV: *Verhandlungen des IV. Deutschen Hochschullehrertages zu Dresden am 12. und 13. Oktober 1911.* Leipzig: E. Avenarius, 1912

Vorländer, K.（Hrsg.）[1899]: *Immanuel Kants Kritik der reinen Vernunft.* Halle/Saale: O. Hendel

VVUM: *Verzeichnis der Vorlesungen.* München: Ludwig-Maximilians-Universität München.（各学期）

Waller, R. 1684/1964: *Essayes of natural experiments; made in the Academie del Cimento, under the protection of the most serene Prince Leopold of Tuscany.* New York & London: Johnson

Reprint Corporation

WDGS4: Dilthey, W., *Gesammelte Schriften, Bd. 4. Die Jugendgeschichte Hegels und andere Abhandlungen zur Geschichte des deutschen Idealismus*, 5. Aufl. Stuttgart: B. G. Teubner, 1974. 久野昭・水野建雄訳 1976『ヘーゲルの青年時代』以文社

WDGS26: Dilthey, W., *Gesammelte Schriften, Bd. 26. Das Erlebnis und die Dichtung; Lessing, Goethe, Novalis, Hölderlin*. Göttingen: Vandenhoeck & Ruprecht, 2005. 柴田治三郎訳 1961『体験と創作（上下）』岩波書店

Weber, Marianne 1907: *Ehefrau und Mutter in der Rechtsentwicklung; Eine Einführung*. Tübingen: J. C. B. Mohr（Paul Siebeck）

Weber, Marianne, 1906: Beruf und Ehe/ Die Beteiligung der Frau an der Wissenschaft; Zwei Vorträge. Berlin: Buchverlag der „Hilfe“. 掛川典子訳 2000「女性の学問参加」『昭和女子大学女性文化研究所紀要』25

Weber, M. 1904/05: Die protestantische Ethik und der „Geist“ des Kapitalismus. *Archiv für Sozialwissenschaft und Sozialpolitik*, Bd. 20 u. 21.

Weber, M. 1906: „Kirchen“ und „Sekten“. *Frankfurter Zeitung*, 50. Jg., Nr. 102, 13. April 1906, 4te Morgenblatt, und Nr. 104, 15. April 1906, 6te Morgenblatt. 安藤英治訳 1964「マックス・ウェーバー〝教会〟と〝セクト〟」成蹊大学『政治経済論叢』14（1）

Weber, M. 1917: Der Sinn der „Wertfreiheit“ der soziologischen und ökonomischen Wissenschaften. *Logos; Internationale Zeitschrift für Philosophie der Kultur*, Bd. VII, H. 1

Weber, M. 1919/26: *Politik als Beruf*, 2. Aufl. München: Duncker & Humblot. 市西秀平訳 1954「職業としての政治」『世界大思想全集 社会・宗教・科学思想篇21 ウェーバー』河出書房

Winckelmann, J.（Hrsg.）1956: *Max Weber, Soziologie, weltgeschichtliche Analysen, Politik*. Stuttgart: A. Kröner

Winckelmann, J.（Hrsg.）1959: *Max Weber, Soziologie, weltgeschichtliche Analysen, Politik*, 2., durchgesehene und ergänzende Aufl. Stuttgart: A. Kröner

Winckelmann, J.（Hrsg.）1964: *Max Weber, Soziologie, weltgeschichtliche Analysen, Politik*, 3., durchgesehene und ergänzende Aufl. Stuttgart: A. Kröner

Winckelmann, J.（Hrsg.）1968a: *Max Weber, Soziologie, weltgeschichtliche Analysen, Politik*, 4., erneut durchgesehene und verbesserte Aufl. Stuttgart: A. Kröner

Winckelmann, J.（Hrsg.）1968b: *Max Weber, Methodologische Schriften*, Studienausgabe, mit einer Einführung, besorgt von JohannesWinckelmann. Frankfurt a. M.: S. Fischer

Winckelmann, J.（Hrsg.）1973: *Max Weber, Soziologie, universalgeschichtliche Analysen, Politik*, 5., überarbeitete Aufl. Stuttgart: A. Kröner

Winckelmann, J. 1980: Die Herkunft von Max Webers „Entzauberungs“-Konzeption; Zugleich ein Beitrag zu der Frage, wie gut wir das Werk *Max Webers* kennen können. *Kölner Zeitschrift für Soziologie und Sozialpsychologie*, Jg. 32

Winckelmann, J.（Hrsg.）1992: *Max Weber, Soziologie, universalgeschichtliche Analysen, Politik*, 6., überarbeitete Aufl. Stuttgart: A. Kröner. 安藤英治訳 1994「アメリカ合衆国における〝教会〟と〝ゼクテ〟――教会政治的・社会政治的な一つのスケッチ――」『プロテスタンティズムの倫理と資本主義の《精神》』未來社

Windelband, W. 1884/1921: *Präludien; Aufsätze und Reden zur Philosophie und ihrer Geschich-*

te, Bd. 1, 7. und 8. unveränderte Aufl. Tübingen: J. C. B. Mohr (Paul Siebeck). 河東涓訳 1926『プレルーディエン』上、岩波書店

Windelband, W. 1892/1907: *Lehrbuch der Geschichte der Philosophie*, 4. durchgesehene Aufl. Tübingen: J. C. B. Mohr (Paul Siebeck). 井上忻治訳 1932『一般哲学史』第一書房，服部英次郎訳 1952『西洋哲学史要第1巻』創元社

Windelband, W. 1894/1923: *Geschichte der abendländischen Philosophie im Altertum*, 4. Aufl. München: C. H. Beck

Windelband, W. 1900/20: *Platon*, 6. Aufl. F. Frommann (H. Kurtz). 出隆・田中美知太郎訳 1924『プラトン』大村書店

Windelband, W. 1911/19: *Die Geschichte der neueren Philosophie in ihrem Zusammenhange mit der allgemeinen Kultur und den besonderen Wissenschaften*, sechste, unveränderte Aufl. Leipzig: Breitkopf & Härtel. 豊川昇訳 1956『西洋近世哲学史』新潮社

Windelband, W. 1927: *Die Philosophie im deutschen Geistesleben des 19. Jahrhunderts; Fünf Vorlesungen*, 3., photomechanisch gedruckte Aufl. Tübingen: J. C. B. Mohr (Paul Siebeck). 吹田順助訳 1929『十九世紀独逸思想史』春秋社

WL1: Weber, Max, *Gesammelte Aufsätze zur Wissenschaftslehre*, herausgegeben von Marianne Weber. Tübingen: J. C. B. Mohr (Paul Siebeck), 1922

WL2: Weber, Max, *Gesammelte Aufsätze zur Wissenschaftslehre*, 2., durchgesehene und ergänzte Auflage, besorgt von J. Winckelmann. Tübingen: J. C. B. Mohr (Paul Siebeck), 1951

WL3: Weber, Max, *Gesammelte Aufsätze zur Wissenschaftslehre*, 3., erweiterte und verbesserte Auflage, herausgegeben von J. Winckelmann. Tübingen: J. C. B. Mohr (Paul Siebeck), 1968

WL4: Weber, Max, *Gesammelte Aufsätze zur Wissenschaftslehre*, 4., erneut durchgesehene Auflage, herausgegeben von J. Winckelmann. Tübingen: J. C. B. Mohr (Paul Siebeck), 1973

WL5: Weber, Max, *Gesammelte Aufsätze zur Wissenschaftslehre*, 5., zeilengleich neu gesetzte Auflage, herausgegeben von J. Winckelmann. Tübingen: J. C. B. Mohr (Paul Siebeck), 1982

WL6: Weber, Max, *Gesammelte Aufsätze zur Wissenschaftslehre*, 6. erneut durchgesehene Auflage, herausgegeben von J. Winckelmann. Tübingen: J. C. B. Mohr (Paul Siebeck), 1985. 松井秀親訳 1988『ロッシャーとクニース』未來社，富永祐治・立野保男訳，折原浩補訳 1998『社会科学と社会政策にかかわる認識の「客観性」』岩波書店、松井秀親・諸田実訳 1965「エドゥアルト・マイヤーに関する論評——文化科学の論理学の領域における批判的研究・1906年・第一部——」「歴史的因果考察における客観的可能性と適合的因果連関——文化科学の論理学の領域における批判的研究・1906年・第二部——」福島大学『商学論集』33 (4)，34 (1)，松井秀親訳 1982「R・シュタムラーの唯物史観の『克服』」『完訳世界の大思想1 ウェーバー 社会科学論集』河出書房新社，朝倉恵俊訳 1997「限界効用学説と『心理物理的基本法則』」龍谷大学『社会学部紀要』11，松井秀親・樋口徹訳 1984「『エネルギー論』的文化理論」福島大学『商学論集』53 (1)(2)，海老原明夫・中野敏男訳 1990『理解社会学のカテゴリー』未來社，戸田武雄訳 1937「社会学的及び経済学的科学の『没価値性』の意味」『社会科学と価値判断の諸問題』有斐閣，木本幸造監訳 1972/80『社会学・経済学の「価値自由」の意味（改訂版）』日本評論社，松代和郎訳 1976『社会学および経済学の「価値自由」の意味』創文社，中村貞二訳 1982「社会学・経済学における『価値自由』の意味」『完訳世界の大思想1　ウェーバー 社会科学論集』河出書房新社

Ziegler, Th. 1911: *Die geistigen und sozialen Strömungen Deutschlands im 19. und 20. Jahrhundert; Bis zum Beginn des Weltkrieges*, ungekürzte Volksausgabe. Berlin: G. Bondi. 伊藤吉之助・飯田忠純訳 1933『現代独逸の精神的社会的潮流』第一書房
秋元律郎 1979『日本社会学史――形成過程と思想構造――』早稲田大学出版部
阿閉吉男 1972『初期のマックス・ウェーバー』勁草書房
荒川敏彦 2002「脱魔術化と再魔術化――創造と排除のポリティクス――」『社会思想史研究』26
アラン（O）〔永富正之・二宮正之訳〕1969『和声の歴史』白水社
アリストテレス⑫：出隆訳 1968『アリストテレス全集第12巻 形而上学』岩波書店
安藤英治 1965『マックス・ウェーバー研究――エートス問題としての方法論研究――』未來社
安藤英治 1966「〈読書室〉思想家としてのウェーバー」『世界』246
安藤英治 1972a『ウェーバー紀行』岩波書店
安藤英治 1972b『ウェーバーと近代――一つの社会科学入門――』創文社
安藤英治 1992『ウェーバー歴史社会学の出立――歴史認識と価値意識――』未來社
生松敬三 1977『現代思想の源流――1920年代への照射――』河出書房新社
イプセン（H・J）〔原千代海訳〕1989『イプセン戯曲全集第2巻』未來社
今井弘道 1988a「自律的『人格』と公的判断――〈ウェーバーにおける実践的判断〉のための試論的考察――」名古屋大学『法政論集』119
今井弘道 1988b「『技術』的機構としての国家理解と民主主義――マックス・ウェーバーに即して――」『歴史と社会』8
上山安敏 1978『ウェーバーとその社会――知識社会と権力――』ミネルヴァ書房
上山安敏・三吉敏博・西村稔編訳 1979『ウェーバーの大学論』木鐸社
上山安敏 1984/2001『神話と科学――ヨーロッパ知識社会 世紀末～20世紀――』岩波書店
上山安敏 1986/94『世紀末ドイツの若者』講談社
潮木守一 1986『キャンパスの生態誌――大学とは何だろう――』中央公論社
潮木守一 1993a『アメリカの大学』講談社
潮木守一 1993b『ドイツ近代科学を支えた官僚――影の文部大臣アルトホーフ――』中央公論社
内山昭 1983『計算機歴史物語』岩波書店
宇野弘蔵 1950/74「『思想の自由』と『思想からの自由』――マックス・ウェーバー『職業としての学問』への批判――」『宇野弘蔵著作集第10巻 資本論と社会主義』岩波書店
鴎外全集⑧：森林太郎『鴎外全集第8巻』岩波書店，1972年
鴎外全集㉑：森林太郎『鴎外全集第21巻』岩波書店，1973年
鴎外全集㉒：森林太郎『鴎外全集第22巻』岩波書店，1973年
鴎外全集㉚：森林太郎『鴎外全集第30巻』岩波書店，1974年
鴎外歴史文学⑤：森林太郎『鴎外歴史文学集第5巻 澁江抽斎』岩波書店、2000年
大愛崇晴 2002「ジョゼッフォ・ザルリーノにおける数学的音楽観と情念の言語としての音楽――バロック音楽草創期における音楽思想の一側面――」美学会『美學』53（1）
大愛崇晴 2003「ザルリーノの音楽論における幾何学の位置」東京大学大学院人文社会系研究科・文学部美学芸術学研究室『美学藝術学研究』22
大愛崇晴 2004「ヴィンチェンツォ・ガリレーイのザルリーノ批判――ピュタゴラス主義の変容――」日本音楽学会『音楽学』50（1）
大内兵衛 1955『私の履歴書』河出書房

大内兵衛⑫：『大内兵衛著作集第12巻 学ぶにしかず』岩波書店，1975年
大河内一男 1967『思想との対話 1 自分で考える』講談社
大河内一男 1971『日常茶飯』読売新聞社
大塚久雄 1969「現代における社会科学の展望――とくに『専門化の問題』について――」『大塚久雄著作集第 9 巻』岩波書店
大野英二 1970「序言」*Katalog der Karl Bücher Bibliothek in der wirtschaftswissenschaftlichen Fakultät der Universität Kyoto.* 京都大学経済学部ビューヒャー文庫目録作成委員会
大野晋 1992（インタビュー）「ひとつの言葉の素性から全体が見えてくる」『学問の仕事場（別冊宝島167)』JICC 出版局
大林信治 1993『マックス・ウェーバーと同時代人たち――ドラマとしての思想史――』岩波書店
尾高邦雄 1953『産業における人間関係の科学』有斐閣
尾高邦雄 1970『職業の倫理』中央公論社
尾高邦雄 1975「マックス・ウェーバー」『世界の名著50 ウェーバー』中央公論社
尾高邦雄 1979「職業社会学の歩み」『キャリア ガイダンス』11（1）
折原浩 1969『危機における人間と学問――マージナル・マンの理論とウェーバー像の変貌――』未來社
折原浩 1971「マックス・ウェーバーと『大学問題』――学問における《人為》と《運命》――」『情況』41
折原浩 1972「ウェーバーと『大学問題』」名古屋学院大学附属図書館友の会編『ウェーバーの思想と学問』風媒社
折原浩 1977「『大学問題』とウェーバー――『職業としての学問』再考――」『大学―学問―教育論集』三一書房
折原浩 1981『デュルケームとウェーバー――社会科学の方法――』三一書房
折原浩 1988a『マックス・ウェーバー基礎研究序説』未來社
折原浩 1988b「学問の基本姿勢と大学教育の課題――村上陽一郎氏の論説を批判する――」『朝日ジャーナル』1988年 4 月29日号
折原浩 1996『ヴェーバー『経済と社会』の再構成――トルソの頭――』東京大学出版会
折原浩 2013a「ヴェーバーの科学論ほか再考――福島原発事故を契機に――」『名古屋大学社会学論集』33
折原浩 2013b『日独ヴェーバー論争――『経済と社会』（旧稿）全篇の読解による比較歴史社会学の再構築に向けて――』未來社
堅田剛 2009『ヤーコプ・グリムとその時代――「三月前期」の法思想――』御茶の水書房
加藤房蔵編 1927『伯爵平田東助伝』平田伯伝記編纂事務所
亀嶋庸一編〔今野元訳〕2005『回想のマックス・ウェーバー――同時代人の証言――』岩波書店
川合隆男 2003『近代日本社会学の展開――学問運動としての社会学の制度化――』恒星社厚生閣
河上倫逸 1990『巨人の肩の上で』未來社
川瀬謙一郎 1979「ウェーバーにおける『宗教的音痴』の意味」『国際基督教大学学報Ⅲ―A アジア文化研究11 宗教・文化・社会――大塚久雄教授古稀記念――』国際基督教大学
川端香男里 1982『トルストイ』講談社

河村望 1973/75『日本社会学史研究（上下）』人間の科学社
姜尚中 1986/2003『マックス・ウェーバーと近代』岩波書店
國府田武 2006「ジャンセニスムと実証神学（Ⅰ・Ⅱ）」『東海大学紀要 文学部』85，86
小島定 1998-2002「マックス・ウェーバーとロシア――ロシアにおけるウェーバー――（1）～（5）」福島大学『行政社会論集』10（3），11（1），12（2），13（1），14（4）
小島定 2008『マックス・ヴェーバーとロシア宗教思想の交錯』科研報告書
ゴールドスタイン（H・H）〔末包良太・米口肇・犬伏茂之訳〕1979『計算機の歴史――パスカルからノイマンまで――』共立出版
佐伯胖 1982「若手研究者の力量形成について」『UP』11（5）
坂口昴 1981『歴史家の旅から』中央公論社
坂田昌一 1974『新しい自然観』大月書店
阪谷芳郎 1909「余が学生時代の回顧」『成功』17（2）
佐々木力 1985/95『科学革命の歴史構造（上下）』講談社
佐々木力 1997『学問論――ポストモダニズムに抗して――』東京大学出版会
雀部幸隆 1993『知と意味の位相――ウェーバー思想世界への序論――』恒星社厚生閣
佐武弘章 1984「マルクス機械論に影響を与えた一匿名書について」『大阪府立大学紀要 人文・社会科学』32
佐野誠 2003『近代啓蒙批判とナチズムの病理――カール・シュミットにおける法・国家・ユダヤ人――』創文社
柴田隆行 2006『シュタインの社会と国家――ローレンツ・フォン・シュタインの思想形成過程――』御茶の水書房
柴田隆行 2014『シュタインの自治理論――後期ローレンツ・フォン・シュタインの社会と国家――』御茶の水書房
芝田豊彦 2007『ドイツにおける神秘的・敬虔的思想の諸相――神学的・言語的考察――』関西大学出版部
柴田南雄 1984『グスタフ・マーラー』岩波書店
渋谷一夫 2008「ローベルト・マイヤーとエネルギー保存則の発見」『材料技術』26（1）
シュルフター（W）・折原浩 2000『『経済と社会』再構成論の新展開――ヴェーバー研究の非神話化と『全集』版のゆくえ――』未來社
杉浦忠夫 1991「アーロンス事件――ヴィルヘルム時代のベルリン大学人事紛争――（1）（2）」『明治大学人文科学研究所紀要』29、明治大学『教養論集』233
杉山滋郎 1982「科学における発見の位相――エネルギー保存則を例に――」渡辺正雄編『科学の世界――その形成と展開――』共立出版
杉山滋郎 1987「一九世紀後半におけるJ・R・マイヤーの再評価――T・グロスの場合――」筑波大学『哲学・思想論集』12
清野智昭 2008『中級ドイツ語のしくみ』白水社
関口存男 1955『ドイツ文法接続法の詳細』三修社
高根義人 1902『大学制度管見』寶文館
田川建三 1976「ウェーバーと現代――日本ウェーバー学者の問題意識――」『歴史的類比の思想』勁草書房
ダンテ（A）〔平川祐弘訳〕2010『ダンテ 神曲 完全版』河出書房新社

常木実 1960『接続法――その理論と応用――』郁文堂
出口勇蔵編 1977『世界の思想家21 ウェーバー』平凡社
土橋寶 1999『ゲーテ世界観の研究――その方法と理論――』ミネルヴァ書房
豊田利幸 1973「ガリレオの生涯と科学的業績」『世界の名著21 ガリレオ』中央公論社
中井真之 2003「ゲーテにおける『デモーニッシュなもの』についての覚書」上智大学『ドイツ文学論集』40
中井真之 2009「ゲーテにおける『デモーニッシュなもの』――『神性』の理解との関わりにおいて――」日本独文学会『ドイツ文学』138
長尾龍一 1998『争う神々』信山社
長尾龍一 2000『歴史重箱隅つつき』信山社
中野敏男 1983『マックス・ウェーバーと現代――〈比較文化史的視座〉と〈物象化としての合理化〉――』三一書房
中野敏男 1993『近代法システムと批判――ウェーバーからルーマンを超えて――』弘文堂
中村健吾 1993「『社会的国家学』から『国家社会学』へ――イェリネクとヴェーバー――」大阪市立大学経済学会『経済学雑誌』94 (2)
中村貞二 1987『ヴェーバーとその現代』世界書院
西谷正 2011『坂田昌一の生涯――科学と平和の創造――』鳥影社
西村稔 1994「マックス・ウェーバーと『教養』」岡山大学『法学会雑誌』44 (1) (2)
野﨑敏郎 1994「ヴェーバー日本生活精神論の文献学的考察――比較村落構造論のために (3)――」神戸大学社会学研究会『社会学雑誌』11
野﨑敏郎 2000「日本人の商業道徳と黄禍論――日本資本主義精神論争への忘れられた前哨――」歴史と方法編集委員会編『歴史と方法4 帝国と国民国家』青木書店
野﨑敏郎 2005『カール・ラートゲンの日本社会論と日独の近代化構造に関する研究』科研報告書
野﨑敏郎 2011『大学人ヴェーバーの軌跡――闘う社会科学者――』晃洋書房
野﨑敏郎 2013「〈資料の紹介と研究〉カール・ラートゲン『日本人の世界観』」佛教大学『社会学部論集』56
橋本文夫 1956『詳解ドイツ大文法』三修社
樋口辰雄 1998『逆説の歴史社会学――ニーチェとヴェーバーへ――』尚学社
肥前栄一 2005「大野英二先生を偲ぶ――ある学者の風景――」京都大学『経済論叢』176 (4)
平川祐弘 2010『ダンテ『神曲』講義』河出書房新社
平野一郎 1969「大学自治の理念（世界の大学）」福島要一編『大学の理念と自治』明治図書出版
藤沼貴 2009『トルストイ』第三文明社
プラトン⑤：鈴木照雄・藤沢令夫訳『プラトン全集第5巻 饗宴 パイドロス』岩波書店，1974年
プラトン⑪：田中美知太郎・藤沢令夫訳『プラトン全集第11巻 クレイトポン 国家』岩波書店，1976年
ベーコン（F）〔服部英次郎訳〕1969『世界の大思想6　ベーコン』河出書房新社
別府昭郎 1978「私講師概念の再検討」『大学史研究通信』11
別府昭郎 1982/84「十九世紀に至るまでの私講師の系譜に関する考察（上下）」明治大学『教職・社会教育主事・学芸員課程年報』4，6
細見博志 1978「マックス・ウェーバーと歴史主義の問題」『倫理学年報』27

細見博志 1983「マックス・ウェーバーと〈決断主義〉の問題」『北里大学教養部紀要』17
細見博志 1994「ウェーバーとシュモラー」『金沢大学医療技術短期大学部紀要』18
細見博志 1995a「〈文化と学問の危機〉としての価値判断論争」金沢大学人間科学研究所『Telos』14
細見博志 1995b「マックス・ウェーバーと『教養』の概念」『金沢大学医療技術短期大学部紀要』19
細見博志 1998「マックス・ウェーバーと価値判断論争――ウェーバー、シュモラー、反講壇社会主義者の三極構造――」『社会思想史研究』22
細谷貞雄 1975「際会と帰属――『職業としての学問』をめぐって――」『哲学の作文――現代ドイツ哲学研究――』未來社
ボタチーニ（U）〔好田順治訳〕1990『解析学の歴史――オイラーからワイアストラスへ――』現代数学社
ボードレール（C）〔阿部良雄訳〕1985『ボードレール全集 3　美術批評（上）』筑摩書房
堀米庸三 1969「ウェーバー 職業としての学問」日本放送協会編『わたしの古典（正）』日本放送出版協会
前田護郎 1957『若き日の欧州記』学生社
牧野紀之編 2013『関口ドイツ文法』未知谷
牧野雅彦 2005『学問の職分――マックス・ウェーバー『職業としての学問』を読む――』慧文社
牧野雅彦 2009『ヴェルサイユ条約――マックス・ウェーバーとドイツの講和――』中央公論社
牧野雅彦 2011『マックス・ウェーバーの社会学――『経済と社会』から読み解く――』ミネルヴァ書房
松島鈞 1968『フランス革命期における公教育制度の成立過程』亜紀書房
松村健吾 2007『革命と宗教――初期ヘーゲル論考――』近代文芸社
三島憲一 2010『ベンヤミン――破壊・収集・記憶――』講談社
水沼知一訳・解説 1977「G・クナップの貨幣国定理論について――マックス・ウェーバー「経済と社会」第 1 部第 2 章第36節補論――」東京都立大学経済学会『経済と経済学』38
水野建雄 1975「歴史的理性の成立――初期ヘーゲルにおける『実定性』の問題――」『亜細亜大学教養部紀要』12
三笘利幸 2014『「価値自由」論の系譜――日本におけるマックス・ヴェーバー受容の一断面――』中川書店
宮下健三 1985『ミュンヘンの世紀末――現代芸術運動の源流――』中央公論社
宮永孝 2011『社会学伝来考――明治・大正・昭和の日本社会学史――』角川学芸出版
宮本十蔵 1977『哲学の理性――ヘーゲル・マルクス研究序説――』合同出版
三好洋子 1981『イギリス中世村落の研究』東京大学出版会
最上英明 2003-04「マーラーの《大地の歌》――唐詩からの変遷――（上下）」香川大学『經濟論叢』76（3），76（4）
矢野善郎 2000「『西洋人』と『日々の要求』――ヴェーバーにおける科学と思想の交差点：再訪――」『情況』第二期11（6）
矢野善郎 2002「神々はいかにして闘争すべきか――ヴェーバーによる価値討議論と方法論的合理主義――」『創文』443

矢野善郎 2008「社会学教育における『古典』についての断想――石川晃弘先生へのオマージュ――」『中央大学文学部紀要 社会学・社会情報学』18
山岸健 1974『レオナルド・ダ・ヴィンチ考』日本放送出版協会
山田吉二郎 2010-13「マックス・ウェーバーとフォン・クリース――方法論の時代――（その１）～（その３）」北海道大学大学院メディア・コミュニケーション研究院『メディア・コミュニケーション研究』59，60
山田高生著刊 2003『専門家の時代と職業倫理――マックス・ヴェーバー研究――』
山之内靖 1993『ニーチェとヴェーバー』未來社
山本義隆 2009『熱学思想の史的展開――熱とエントロピー――（2）』筑摩書房
湯川秀樹 1981『科学と人間のゆくえ――湯川秀樹対談集２――』講談社
横田理博 2011『ウェーバーの倫理思想――比較宗教社会学に込められた倫理観――』未來社
嘉目克彦 1994『マックス・ヴェーバーの批判理論』恒星社厚生閣
レオナルド・ダ・ヴィンチ〔杉浦明平訳〕1954『レオナルド・ダ・ヴィンチの手記（上）』岩波書店
渡邊順生 2000『チェンバロ・フォルテピアノ』東京書籍